부동산학원론

서경규

PRINCIPLES OF
REAL ESTATE

박영사

머리말

부동산학은 부동산현상과 부동산활동을 연구대상으로 하는 응용과학으로서 법학·경제학·공학 등 관련 학문의 연구방법도 활용하고 있다. 그 결과 부동산학은 연구의 범위가 매우 넓으면서도 그 내용이 늘 변하고 다양한 학문에 대한 이해가 필요하여 단독으로 원론서를 출판하는 것이 어렵다. 부동산학의 이러한 특성과 더불어 최근 출판 환경이 어려워지면서 최신의 이론과 실무를 종합적으로 정리한 부동산학원론서가 거의 출판되지 못했다.

저자는 지난 30여 년 동안 감정평가사로서 또는 대학교 교수로서 부동산현장에서 많은 경험과 연구를 하면서 부동산학의 최신 이론과 실무를 집대성한 부동산학원론서의 필요성을 절감해 왔다. 특히, 감정평가사 또는 공인중개사 자격시험에서 출제위원으로 활동하면서 부동산학 전반에 대한 최신 이론과 실무를 체계적으로 다룬 도서가 부족하여 문제출제에 어려움을 느낀 경우가 많아 더욱 부동산학원론서에 대한 출판 욕구를 느껴 왔다.

저자는 2018년부터 부동산학을 연구하는 교수 3명의 공저로 부동산학원론서를 출판하기 위해 노력해 왔으나, 여러 사정으로 인해 출판에 이르지 못한 아쉬움이 있었다. 그 후 재직하고 있는 대구가톨릭대학교의 교내연구비 지원제도를 활용하여 부족하나마 단독으로 이를 출판하기로 생각을 바꾼 후 그동안 준비한 원고를 대폭 수정·보완하여 이번에 출판하게 되었다.

이 책을 집필하면서 부동산학의 연구대상에 대해 법학·경제학·공학 등 다양한 학문의 관점에서 이론과 실무를 종합적으로 정리하고자 노력하였다. 이런 취지에서 부동산학 전반을 부동산학의 기초, 부동산법과 권리, 부동산정책, 부동산현상과 경제, 부동산활동과 산업, 부동산감정평가 등 6개의 편으로 구분하고, 각 편마다 서너 개의 장을 두어 총 23개의 장으로 부동산학 전반을 체계화하였다. 특히, 어려운 내용의 정확한 이해를 돕고자 많은 표와 그림을 활용하여 정리하였다.

이 책은 우선 대학의 부동산학과뿐 아니라 법학과·경제학과·건축공학과 등 관련 학과의 학부생 및 대학원생이 전공서로 활용할 수 있을 것이다. 이 경우 내용이 방대하여 한 학기에 모두 다루기보다는 부동산의 이해, 부동산학원론, 부동산활동과 법, 부동산정책론, 부동산경제론, 부동산금융론, 부동산투자론, 부동산개발론, 부동산관리론, 부동산감정평가론 등 다양한 총론 및 각론의 과목에서 여러 번 부분적으로 활용하는 것이 합리적일 것이다. 또한, 이 책은 부동산 금융·개발·관리·중개·감정평가 등 다양한 부동산활동에 종사하는 사람에게는 업무에 유용한 실무서로 활용될 수 있을 것이다. 그 외에도 공인중개사·감정평가사 등의 자격시험을 준비하는 수험생에게는 유익한 수험서로 활용되고, 부동산에 관심이 많은 일반인에게는 재미있고 유익한 입문서로 활용되기를 기대한다.

저자는 이 책을 집필하면서 부동산학 분야의 국내외 많은 학자들의 연구물에서 큰 도움을 받았기에 지면을 빌려 이들 학자들에게 존경과 감사를 표한다. 한편, 부동산학의 전반에 대해 종합적으로 정리하고자 오랜 기간 노력했지만 저자의 역량 부족으로 미진한 부분도 있을 수 있다. 앞으로 계속 보완해 나갈 예정이다. 독자 여러분의 많은 관심과 지원을 부탁드린다.

이 책을 출판하는 데 부산대학교 통계학과의 조영석 교수, 대구가톨릭대학교 부동산학과의 겸임교수인 이대희 박사와 김종수 박사, 부동산학과 박사과정에 재학 중인 이치환 대표의 도움을 많이 받았기에 감사를 드린다. 또한, (주)박영사의 임직원(특히, 장규식 팀장, 조영은 대리)들이 출판에 많은 지원과 배려를 해 주었기에 감사를 드린다.

이 책이 독자들에게 부동산학을 공부하고 이해하는 데 도움이 되기를 기대한다.

2025년 3월
대구가톨릭대학교 효성캠퍼스에서
저자 씀

차례

제1편　부동산학의 기초

제1장 · 부동산학의 이해

제1절　부동산학의 의의 ··· 2

제2절　부동산학의 연구대상과 접근방법 ································· 5

제3절　부동산업 ·· 8

제4절　부동산활동의 기초용어 ··· 13

제2장 · 부동산의 이해

제1절　부동산의 의의 ·· 23

제2절　부동산의 분류 ·· 36

제3절　부동산의 특성 ·· 40

제3장 · 부동산정보의 이해

제1절　부동산정보의 의의 ··· 47

제2절　부동산정보의 해석 ··· 52

제2편 부동산법과 권리

제1장·부동산법의 이해

제1절 부동산법의 의의 ·· 68

제2절 부동산법의 기초용어 ······································ 73

제2장·부동산권리

제1절 부동산권리의 의의 ·· 80

제2절 부동산등기제도 ·· 98

제3절 에스크로제도와 권원보험 ································ 106

제4절 특별법상 임차인보호제도 ································ 110

제3장·부동산경매

제1절 부동산경매의 의의 ·· 117

제2절 부동산경매의 절차 ·· 125

제4장·부동산권리분석

제1절 부동산권리분석의 의의 ··································· 134

제2절 부동산경매의 권리분석 ··································· 141

제3편 부동산정책

제1장·부동산정책의 이해

제1절 부동산문제와 시장실패 ··································· 152

제2절 부동산정책의 의의 ·· 163

제3절 부동산정책의 분류와 사례 ······························ 167

제 2 장 · 토지정책

제1절　토지공개념과 토지정책의 의의 ································· 174

제2절　토지정책의 내용 ·· 179

제 3 장 · 주거정책

제1절　주택과 주거정책의 의의 ·· 205

제2절　주거정책의 내용 ·· 213

제 4 장 · 부동산조세정책

제1절　부동산조세의 의의 ··· 238

제2절　부동산 거래과세: 취득단계 ····································· 249

제3절　부동산 거래과세: 양도단계 ····································· 267

제4절　부동산 보유과세 ·· 285

제 4 편　부동산현상과 경제

제 1 장 · 부동산경제론

제1절　부동산의 수요 ·· 298

제2절　부동산의 공급 ·· 307

제3절　부동산시장의 균형 ··· 312

제4절　부동산경기의 변동 ··· 316

제 2 장 · 부동산시장론

제1절　부동산시장의 의의 ··· 325

제2절　부동산시장의 내용 ··· 330

제3절　부동산시장 관련 이론 ··· 334

제3장 · 부동산입지론

제1절 부동산입지의 의의 ··· 347

제2절 상업입지 ·· 350

제3절 주거입지 및 공업입지 ··· 356

제4절 입지 관련 이론 ··· 360

제4장 · 부동산금융론

제1절 부동산금융의 의의 ·· 377

제2절 부동산담보대출 ·· 383

제3절 부동산유동화 ··· 397

제4절 부동산간접투자 ·· 414

제5절 부동산개발금융과 입주자저축 ································· 438

제5편   부동산활동과 산업

제1장 · 부동산투자론

제1절 부동산투자의 의의 ·· 450

제2절 부동산투자이론 ·· 460

제3절 부동산투자분석 ·· 477

제4절 부동산투자실무 ·· 488

제2장 · 부동산개발론

제1절 부동산개발의 의의 ·· 497

제2절 부동산개발실무 ·· 511

제3절 부동산개발사업 ·· 530

제 3 장 · 부동산관리론

제1절 부동산관리의 의의 ································· 566
제2절 부동산마케팅 ································· 580
제3절 부동산신탁 ································· 589

제 4 장 · 부동산중개론

제1절 부동산중개의 의의 ································· 597
제2절 부동산중개업 ································· 600

제 6 편   부동산감정평가

제 1 장 · 감정평가의 기초

제1절 감정평가의 개요 ································· 618
제2절 경제적 가치의 판정 ································· 625
제3절 감정평가의 절차와 기준 ································· 636

제 2 장 · 부동산감정평가의 이해

제1절 부동산의 지역성 ································· 641
제2절 부동산의 가치형성 ································· 650
제3절 부동산의 감정평가 ································· 660

제 3 장 · 감정평가방식

제1절 감정평가방식의 개요 ································· 673
제2절 비교방식 ································· 679
제3절 원가방식 ································· 689
제4절 수익방식 ································· 699

제 4 장 · 부동산가격공시제도

제1절   부동산가격공시제도의 이해 ··· 712

제2절   지가공시제도 ·· 717

제3절   주택가격 공시제도 ·· 723

참고문헌 ··· 726

색인 ·· 731

약어표

■ 법규

○○○○법규칙 ··· ○○○○법 시행규칙
○○○○법령 ··· ○○○○법 시행령
감정평가규칙 ··· 감정평가에 관한 규칙
감정평가기준 ··· 감정평가 실무기준
감정평가법 ··· 감정평가 및 감정평가사에 관한 법률
개발이익환수법 ··· 개발이익 환수에 관한 법률
개발제한법 ··· 개발제한구역의 지정 및 관리에 관한 특별조치법
건축물대장규칙 ··· 건축물대장의 기재 및 관리 등에 관한 규칙
건축물분양법 ··· 건축물의 분양에 관한 법률
공간정보법 ··· 공간정보의 구축 및 관리 등에 관한 법률
공동주택법 ··· 공동주택관리법
공유재산법 ··· 공유재산 및 물품관리법
공익사업법 ··· 공익사업을 위한 토지 등의 취득 및 보상에 관한 법률
공장설립법 ··· 산업집적 활성화 및 공장설립에 관한 법률
광역교통법 ··· 대도시권 광역교통관리에 관한 특별법
구조조정회사법 ··· 기업구조조정투자회사법
국가계약법 ··· 국가를 당사자로 하는 계약에 관한 법률
국토계획법 ··· 국토의 계획 및 이용에 관한 법률
군사시설법 ··· 군사기지 및 군사시설 보호법

금융혁신법 ··· 금융혁신지원 특법법
농지기금법 ··· 한국농어촌공사 및 농지관리기금법
도시공원법 ··· 도시공원 및 녹지 등에 관한 법률
도시재생법 ··· 도시재생 활성화 및 지원에 관한 특별법
도시재정비법 ··· 도시재정비 촉진을 위한 특별법
도시정비법 ··· 도시 및 주거환경정비법
동산저당법 ··· 자동차 등 특정동산 저당법
민간임대주택법 ··· 민간임대주택에 관한 특별법
민간투자법 ··· 사회기반시설에 대한 민간투자법
부동산개발법 ··· 부동산개발업의 관리 및 육성에 관한 법률
부동산거래법 ··· 부동산 거래신고 등에 관한 법률
부동산공시법 ··· 부동산 가격공시에 관한 법률
부동산업진흥법 ··· 부동산서비스산업 진흥법
빈집등정비법 ··· 빈집 및 소규모주택 정비에 관한 특례법
산림자원법 ··· 산림자원의 조성 및 관리에 관한 법률
산업입지법 ··· 산업입지 및 개발에 관한 법률
상가임대차법 ··· 상가건물임대차보호법
송전설비주변법 ··· 송·변전설비 주변지역의 보상 및 지원에 관한 법률
역세권법 ··· 역세권의 개발 및 이용에 관한 법률
자본시장법 ··· 자본시장과 금융투자업에 관한 법률

자산유동화법 … 자산유동화에 관한 법률

재건축환수법 … 재건축 초과이익 환수에 관한 법률

재단저당법 … 공장 및 광업재단 저당법

전통시장법 … 전통시장 및 상점가 육성을 위한 특별법

제주특별법 … 제주특별자치도 설치 및 국제자유도시 조성을 위한 특별법

조세특례법 … 조세특례 제한법

주택공급규칙 … 주택공급에 관한 규칙

주택임대차법 … 주택임대차보호법

지방세특례법 … 지방세특례 제한법

지역개발법 … 지역개발 및 지원에 관한 법률

지역균형법 … 지역균형개발 및 지방중소기업 육성에 관한 법률

집합건물법 … 집합건물의 소유 및 관리에 관한 법률

토지비축법 … 공공토지의 비축에 관한 법률

■ 조문

15 … 제15조

15-2 … 제15조의2

15 ① … 제15조 제1항

■ 판례

대판 … 대법원 판결

대판(전원) … 대법원 전원합의체 판결

헌결 … 헌법재판소 결정

헌결(전원) … 헌법재판소 전원재판부 결정

제1편 부동산학의 기초

제1장 ▸ 부동산학의 이해

제2장 ▸ 부동산의 이해

제3장 ▸ 부동산정보의 이해

부동산학의 이해

제1절 | 부동산학의 의의

1 부동산학의 개념

1) 부동산학의 뜻

부동산학에 대해서는 학자마다 다양한 정의를 하고 있지만, 한마디로 말하면 부동산과 관련된 제반 현상이나 활동을 연구하여 인간의 삶의 질을 향상시키는 방법을 찾고자 하는 학문이라 할 수 있다. 부동산학의 개념을 나누어 설명하면 다음과 같다.

첫째, 부동산학의 연구대상은 부동산현상과 부동산활동이다. 부동산학은 부동산현상과 부동산활동을 연구하여 일반적인 원리(原理)를 도출하고자 하는 학문이다. 여기서 원리란 사물이나 현상의 근본이 되는 이치를 말한다.

둘째, 부동산학의 연구목적은 인간의 삶의 질을 향상시키는 방법을 찾는 것이다. 삶의 질을 향상시키기 위해서는 부동산문제의 해결이 필수적이다.

2) 부동산학의 이념

부동산학의 이념(idea)이란 부동산학에서 추구하는 가치를 말한다. 부동산학의 분야와 범위가 매우 방대하여 그 이념을 일률적으로 제시하는 것이 어려우나 대표적으로 효율성·형평성·안전성·삶의 질 등이 있다.

첫째, 효율성(efficiency)은 효과성과 능률성을 합친 개념으로 한정된 부동산 자원으로 효과를 극대화하는 것을 말한다. 즉, 최소의 희생(비용)으로 최대의 효과(편익)를 얻으려는 개념으로서 부동산학 전반에서 지향하는 이념이다.

둘째, 형평성(equity)은 효율성 추구에서 나타나는 문제를 해결하기 위해 등장한 개념으로 사회정의 실현을 도모하는 이념이다. 여기서, 형평성은 둘 이상의 재화나 대상 등이 서로 균형을 이루는 상태를 말한다. 부동산학에서 형평성은 주로 공적 부동산활동에서 지향하며, 부동산의 소유 또는 부동산으로부터 창출된 편익의 공평한 분배와 관련된다.

셋째, 안전성(stability)은 부동산활동에 있어 법적·경제적·기술적으로 안전을 추구하는 것을 말한다. 법적 안전성은 거래 사고(또는 권리의 하자)로부터의 안전, 경제적 안전성은 부동산에 대한 가치 보전(또는 원금 회수)의 확실성, 기술적 안전성은 재해나 사고로부터의 안전이 핵심이다.

넷째, 삶의 질(quality of life)은 삶에 있어 개인이 물질적으로나 비물질적으로 느끼는 만족의 정도를 말한다. 공적 부동산활동에서는 국민의 삶의 질 향상을 추구하며, 사적 부동산활동에서도 개인의 삶의 질 향상을 추구한다.

▶ 용어의 구별

배분과 분배는 그 의미가 다르다. 배분이 바람직한가의 여부를 평가하는 기준은 효율성이며, 분배가 바람직한 가의 여부를 평가하는 기준은 형평성이다. 따라서 효율성이 잣대가 되는 배분의 문제와 형평성이 잣대가 되는 분배의 문제는 구별되어야 한다.[1]

---

3) 부동산학의 성격

부동산학의 성격으로는 응용과학·종합과학·경험과학·규범과학을 들 수 있다.

먼저, 응용과학이다. 응용과학(applied science)[2]이란 인간의 생활에 실제적으로 응용함을 목적으로 하는 과학을 의미하는데, 부동산학은 부동산활동에 대한 실천과학으로서 인간의 삶의 질 향상이라는 궁극적 목적을 달성하기 위한 '수단의 이론'이다. 즉, 실천방법을 제시하고, 그 유용성을 검증할 수 있는 응용과학이다.

둘째, 종합과학이다. 부동산학의 연구대상은 인간, 부동산, 부동산현상과 활동 등 광범위한 분야에 걸쳐 있다. 따라서 이론을 정립할 때 법학·경제학·공학·지리학·통계학·사회학·심리학 등 다양한 학문의 기초이론을 종합하여야 하는 점에서 종합과학의 성격을 갖고 있다.

---

[1] 이준구·이창용(2020), 경제학원론, 문우사, p.20. 참조

[2] 순수과학에 대응되는 개념이다. 순수과학은 인과관계에 기초한 어떤 법칙이나 원리를 규명하는 학문으로 물리학, 생물학, 심리학, 경제학 등을 들 수 있다.

셋째, 경험과학이다. 부동산학은 추상적인 학문이 아니라 현실의 부동산활동을 대상으로 하는 구체적인 경험과학(empirical science)[3]이다. 경험과학은 사물의 인식보다는 현실의 사실을 설명하는 과학이다.

마지막으로, 규범과학[4]이다. 규범(norm)은 여러 가지 의미가 있으나 부동산학의 규범은 부동산문제 해결을 위한 정언적(定言的) 규범이어야 한다. 부동산학은 학문의 이념을 실현하기 위한 바람직한 행동양식을 찾는 이론분야도 있다. 즉, 부동산학은 원인을 규명하는 분석적 측면과 해결방안을 모색하는 처방적 측면을 동시에 지니고 있다.

② 부동산학의 인접과학

1) 부동산학과 법학

법학은 법(法)을 연구대상으로 하는 학문으로 법의 제정, 적용 및 해석 등을 연구한다. 법학은 부동산학이론 및 실무활동에서 직접적인 관계를 갖는다. 「민법」을 중심으로 하는 사법(私法)분야 뿐 아니라 부동산활동에 대한 직접·간접적인 규제 또는 조장의 기능을 담당하는 공법(公法)분야도 그 수가 날로 증가하고 있다.

2) 부동산학과 경제학

경제학은 재화나 용역[5]을 생산·교환·분배·소비하는 데서 발생하는 여러 가지 현상을 연구하는 학문이다. 부동산현상이나 부동산활동을 분석하는데 수요와 공급, 가격, 금리, 소비자심리, 환율 등 많은 경제적 변수가 관심의 대상이 된다.

3) 부동산학과 공학

공학은 과학적 원리와 실용적 기술을 활용하여 인간에게 유용한 물건을 만들거나 환경을 구축하는 것을 목적으로 하는 학문이다. 부동산활동의 기술측면 또는 대물활동의 측면

---

3 형식과학에 대응되는 개념이다. 형식과학은 경험적 사실이나 경험적 개념을 대상으로 하지 않는 과학으로 형식논리학, 수학 등이 예이다.
4 기술(記述)과학에 대응되는 개념이다. 기술과학은 사실을 설명하는 것을 임무로 하는 과학이다. 규범과학은 실천적인 목표 달성을 위한 제언을 임무로 하므로 실천과학의 성격을 가지며, 기술과학은 이론과학의 성격을 가진다.
5 인간의 욕구를 만족시켜 주는 인간의 활동이나 작용을 말하며, 서비스(service)라고도 한다.

을 지원하는 학문분야로 건축공학·토목공학·도시공학 등 공학 분야가 있다.

4) 부동산학과 기타 인접과학

부동산학은 종합과학으로서 법학·경제학·공학 이외에도 행정학·경영학·지리학·통계학·사회학·심리학 등의 지원을 받는다. 부동산학의 발전에 따라 인접과학의 범위가 점점 늘어나고 있다.

제2절 | 부동산학의 연구대상과 접근방법

1 부동산학의 연구대상

1) 부동산학의 연구대상

부동산학의 연구대상은 부동산현상과 부동산활동으로 구분할 수 있다.

첫째, 현상(現象)은 말 그대로 나타난 모습을 뜻하므로, 관찰되고 확인된 모든 사실을 말한다. 부동산현상(real estate phenomena)은 부동산에 관한 어떤 법칙적이고 반복적인 모습이나 사실을 말한다. 수시로 부동산현상은 인간의 부동산활동으로부터 생기기도 하지만 부동산의 본질로부터 생기는 경우도 많다.

둘째, 활동(活動)은 말 그대로 활발하게 움직이는 것을 뜻한다. 부동산활동(real estate activity)은 인간이 부동산을 대상으로 전개하는 여러 가지 행동을 말한다. 따라서 인간이 부동산을 상대하는 활동을 뜻하므로 자연현상과는 구별된다.

2) 부동산현상

부동산현상은 그 원천에 따라 자연적 현상과 인문적 현상으로 분류할 수 있다. 전자는 부동산이라는 고유한 면에서 생기는 현상이며, 후자는 부동산과 관계하는 인간 활동으로부터 생기는 현상이다.

한편, 부동산현상은 그 분야에 따라 기술적·경제적·법적 현상으로 분류할 수도 있다.[6]
첫째, 기술적 현상은 부동산현상 가운데서 주로 인위적인 물리력 등으로 이루어질 수 있는 제반 현상을 가리키며, 법칙성의 양상이 다양하고 기술혁신 등으로 인해 법칙성이 창조 또는 파괴되기도 한다. 인근지역의 연령성(age cycle), 건물의 내용연수, 도시화 등이 그 예이다.

둘째, 경제적 현상은 부동산현상 가운데서 경제와 관련된 내용이 그 중심이 되고 있는 현상을 말하며, 주로 부동산의 가격과 관련된 측면이다. 경제적 현상으로는 부동산시장, 부동산가격, 부동산경기변동 등이 있다.

셋째, 법적 현상은 부동산의 소유·사용·수익·처분 등에 관한 제도적 환경이 그 중심이다. 법적 현상은 사회환경이나 자연환경의 변화에 따라 제정·개정·폐지 등의 과정을 통해 변화한다.

3) 부동산활동

(1) 경제활동의 주체

부동산활동을 포함한 경제활동의 주체는 크게 가계·기업·정부로 구분한다.

첫째, 가계는 생산요소(즉, 토지, 노동, 자본 등)를 공급하고 생산물(즉, 재화와 서비스)을 소비하는 소비의 주체로서 가구(家口)를 말한다. 가계소비, 가계대출, 1인가구 등으로 쓰인다.

둘째, 기업은 생산요소를 투입하여 생산물을 생산하는 생산의 주체를 말한다. 기업은 법적 형태에 따라 개인기업과 법인기업으로 구분할 수 있고, 운영 목적에 따라 공기업과 사기업으로 구분할 수도 있다.

셋째, 정부는 어느 국가 또는 지역을 통치하는 기관을 말하며, 경제정책의 주체이다. 정부는 생산자가 되기도 하고(예: 공공재 생산), 소비자가 되기도 한다(예: 재화와 서비스의 조달). 정부는 중앙정부와 지방정부로 구분할 수 있다.

(2) 부동산활동의 분류

부동산활동은 그 주체에 따라 사적 부동산활동과 공적 부동산활동으로 분류할 수 있다. 사적 부동산활동은 가계 또는 기업(특히, 사기업)이 하는 부동산활동으로 사익(私益)을 추구한다. 사적 부동산활동은 권리의 유무·내용에 따라 소유자활동·이용자활동·서비스활

---

[6] 자세한 내용은 이창석(2004), 부동산학개론, 형설출판사, p.232. 이하 참조

동으로 세분할 수 있다.

① 소유자활동: 부동산의 소유자가 하는 활동으로 사용활동·수익활동·처분활동이 포함된다. 소유자는 사용가치와 교환가치의 증대를 추구한다. 여기서 사용가치는 물건의 사용이나 물건으로부터 생기는 과실과 관련된 가치를 말하며, 교환가치는 물건의 처분과 관련된 가치를 말한다.

② 이용자활동: 부동산에 대해 소유권 이외의 물권 또는 채권을 가진 자가 하는 활동을 말한다. 여기서 소유권 이외의 물권 또는 채권을 가진 자를 이용자라 한다. 따라서 이용자에는 지상권자·전세권자·유치권자·저당권자·임차권자 등이 포함된다. 이용자는 사용가치의 증대와 교환가치의 보전을 추구한다.

▶ 용어의 구별

1) 이용(利用): 이용은 사전적으로 사용(使用)보다 넓은 개념이다. 따라서 이용은 물건을 직접 점유하여 사용하는 것뿐 아니라 물건을 점유함이 없이 편익을 얻는 것도 포함된다.

2) 사용가치: 이용과 사용의 개념을 위의 설명과 같이 엄밀하게 구별하면 물건의 사용·수익과 관련된 가치는 이용가치 또는 용익가치로 표현하는 것이 옳다. 그러나 경제학에서 오랫동안 이를 사용가치로 표현한 점을 고려하여 이 책에서는 보다 익숙한 용어인 사용가치로 표현하기로 한다.

----

③ 서비스활동: 부동산에 대해 물권이나 채권이 없는 제3자가 행하는 활동을 말한다. 여기에는 부동산에 대한 기획·개발·관리·중개·감정평가·금융·마케팅·자문·정보제공 등의 활동이 포함된다. 서비스활동에는 특히 전문성이 중시된다.

한편, 공적 부동산활동은 정부가 행하는 부동산활동으로 국토공간의 효율적 이용 및 공정한 분배, 국민의 삶의 질 향상 같은 공익을 추구한다. 부동산정책이 대표적이다.

2 부동산학의 접근방법

1) 부동산학의 접근방법

부동산학은 역사가 일천함에도 불구하고 여러 나라에서 연구가 활발한 편이다. 그래서 종래 부동산과 관련을 맺고 있는 여러 학문분야에서 단편적으로 다루던 것을 이제는 독자분야로 인식하고 다양한 접근방법을 이용하여 이론을 설명하고 있다. 특히, 복지국가를 지향하는 나라들은 여러 가지 부동산문제를 해결하지 않고는 그 실현이 불가능하다는 것을 인식하였고, 이에 따라 부동산이론의 체계화를 시도한 많은 학자들이 나타나 부동산학이 정착되는 데 기여했다. 부동산학의 연구대상인 부동산현상과 부동산활동에 대한 연구자의 연구태도 또는 연구시각을 접근방법이라 한다. 부동산학의 접근방법은 크게 경험적·실증적 접근방법과 규범적·처방적 접근방법으로 구분할 수 있다.

2) 경험적 · 실증적 접근방법

이는 존재하고 있는 경험적 사실 또는 현상을 기술·설명·예측하는 것을 말한다. 경험적·실증적 접근방법은 경험한 사실을 연구대상으로 하기 때문에 존재(sein)에 관한 연구이다. 경험적·실증적 접근방법에서는 원인과 결과가 되는 현상의 정확한 측정이 중요하다. 따라서 가능한 대로 현상을 계량화해야 한다. 그러나 계량화할 수 없는 변수들이 많기 때문에 연구자의 직관이나 통찰력 등을 이용하고 다각적인 관찰을 통해 계량화하기 어려운 측면을 놓치지 않고 연구하는 것이 필요하다.[7]

3) 규범적 · 처방적 접근방법

이는 현실문제에 대한 진단과 처방에 관심을 갖는 이론체계이다. 규범적·처방적 접근방법은 바람직한 가치가 무엇인지를 판단하는 가치판단적 접근이며 당위(sollen)에 관한 연구이다. 규범적·처방적 접근방법은 부동산문제 중에서 어느 것을 해결해야 옳은지, 그래서 무엇을 목표로 해야 하는지 등을 판단하고, 설정된 목표를 달성하기 위한 최선의 수단은 무엇인지를 선택해야 할 때 유용하다.

제3절 | 부동산업

① 부동산업의 의의

1) 부동산업의 개념

부동산업의 개념은 다양하게 정의되고 있다. Britannica 사전에 의하면 부동산업이란 '토지나 건물을 개발관리 또는 상품화하는 업'이라고 규정하고 있고, UN이 정한 ISIC(국

---

7 정정길(2000), 정책학원론, 대명출판사. pp.20~22. 참조

제표준산업분류)는 부동산업을 '각종 부동산, 즉 오피스·빌딩·아파트·주택 등의 대여 및 운영, 기타 판매와 주택개발까지 포함한 부동산의 개발 및 분양, 임차인·부동산중개업자 및 계약에 의하거나 보수(報酬)를 받는 부동산임대·판매·관리·부동산감정평가에 종사하는 경영자를 총칭하나 여기서는 호텔업·여관업·기타 하숙업은 포함되지 않는다'고 정의하고 있다.

한편, 2017. 12. 제정된 「부동산서비스산업 진흥법」(약어로 부동산업진흥법이라 한다)에는 다양한 용어의 정의가 있다. 여기서 부동산서비스란 부동산에 대한 기획·개발·임대·관리·중개·평가·자금조달·자문·정보제공 등의 행위를 말하며, 부동산서비스산업이란 부동산서비스를 통하여 경제적 또는 사회적 부가가치를 창출하는 산업을 말하고, 부동산서비스사업이란 부동산서비스 활동을 수행하는 사업을 말한다.

부동산업의 뜻을 규정할 때 사업과 산업은 그 개념을 구별하여야 한다. 여기서 사업(business)은 각 경제주체가 일정한 목적을 가지고 하는 활동을 의미하며, 산업(industry)은 특정 분야의 재화나 서비스를 생산·제공하는 활동의 전체를 의미한다. 따라서 사업은 각 경제주체 개개의 관점에서 파악한 용어이고, 산업은 특정 분야의 전체 관점에서 파악한 용어라 할 수 있다.

이 책에서는 부동산업을 '부동산을 개발 또는 공급하거나 부동산관련 서비스를 제공하는 산업'으로 정의하고자 한다. 따라서 부동산업은 부동산산업의 약어라 할 수 있다.

참고적으로 정부는 매년 11월 11일을 부동산산업의 날로 정해 기념하고 있다. 11월 11일을 부동산산업의 날로 정한 이유는 쭉쭉 성장해 나가는 부동산산업을 형상화하고자 했기 때문이다.[8]

2) 부동산업의 특성

부동산업은 다른 산업과는 다른 특성이 있다. 이는 부동산이 일반재화와 다른 특성을 가지고 있기 때문이다. 부동산업의 특성은 다음과 같다.

첫째, 다른 산업에 비해 사업규모가 영세하고, 법인보다 개인사업자가 많다

둘째, 영업 범위가 국지성을 가지므로 지역밀착형 산업이며, 전국적으로 산업을 조직화하기 어렵다.

셋째, 부동산경기에 민감하고, 다른 산업에 비해 이익률이 높은 편이다.

넷째, 부동산개발업의 경우 부동산 취득에 많은 자금이 소요되므로 차입금 의존도가 높다. 따라서 부동산업은 자기자본비율이 낮은 편이다.

---

[8] 국토교통부 보도자료(2016. 11. 10) 참조

다섯째, 부동산임대업의 경우 창업자금이 많이 소요되므로 고령자가 많고, 전업자보다 겸업자가 많다.

여섯째, 부동산관련서비스업의 경우 폭넓은 전문지식과 풍부한 경험이 중시된다.

② 부동산업의 분류

1) 부동산업의 분류사례

링(A. A. Ring)과 다소(J. Dasso)교수는 부동산업을 부동산금융 및 투자업, 부동산개발업, 부동산중개업, 부동산서비스업의 4가지로 분류하고 있고, 김영진 교수는 부동산업을 부동산거래업(부동산서비스업·부동산임대업·기타)과 부동산공급업(주거용 부동산공급업·개발업·비주거용 부동산공급업·기타)으로 분류하고 있다.[9]

2) 표준산업분류

통계청의 한국표준산업분류에 의하면 부동산업은 부동산의 임대·구매·판매에 관련되는 산업활동으로서, 직접 건설한 주거용 및 비주거용 건물의 임대활동과 토지 및 기타 부동산의 개발·분양, 임대 활동도 포함된다.

부동산업(산업코드: 68)은 부동산 임대 및 공급업과 부동산관련 서비스업으로 소분류되고, 다시 ① 부동산 임대 및 공급업은 부동산 임대업과 부동산개발 및 공급업으로, ② 부동산관련 서비스업은 부동산 관리업과 부동산 중개, 자문 및 감정평가업으로 세분류된다.

세분류의 산업 중 ① 부동산 임대업은 자기 소유 또는 임차한 각종 부동산을 임대하는 산업 활동을 말하며, ② 부동산개발 및 공급업은 직접적인 건설활동을 수행하지 않고 일괄 도급하여 개발한 택지·상가건물 등의 토지와 건물 등을 분양·판매하는 산업활동을 말하고(구입한 부동산을 임대 또는 운영하지 않고 재판매하는 경우도 포함), ③ 부동산 관리업은 수수료 또는 계약에 의하여 타인의 부동산 시설을 유지 및 관리하는 산업활동을 말한다.

한편, 한국표준산업분류의 제11차 개정(2024. 1.) 때 부동산 분양 대행업이 세세분류에 추가되었다.

---

9 자세한 것은 이창석(2004), 앞의 책, p.343. 이하 참조

표 1.1.1 　　　　**한국표준산업분류상 부동산업**

대분류	중분류	소분류	세분류	세세분류
부동산업(L)	부동산업 (68)	부동산 임대 및 공급업	부동산 임대업	• 주거용 건물 임대업 • 비주거용 건물 임대업 • 기타 부동산 임대업
			부동산 개발 및 공급업	• 주거용 건물 개발 및 공급업 • 비주거용 건물 개발 및 공급업 • 기타 부동산 개발 및 공급업
		부동산관련 서비스업	부동산 관리업	• 주거용 부동산 관리업 • 비주거용 부동산 관리업
			부동산 중개, 자문 및 감정평가업	• 부동산 중개 및 대리업 • 부동산 투자자문업 • 부동산 감정평가업 • 부동산 분양 대행업

자료: 통계청

➡ 한국표준산업분류

통계작성을 목적으로 생산단위(사업체단위, 기업체단위 등)가 주로 수행하는 산업활동을 그 유사성에 따라 체계적으로 분류한 것을 말한다. 1963년 3월 제정된 이후 산업구조의 변화를 반영하여 지속적으로 개정하였고, 2024년 1월 제11차 개정(시행일: 2024. 7. 1.)이 있었다. 분류구조는 대분류(1자리, 영문대문자), 중분류(2자리 숫자), 소분류(3자리 숫자), 세분류(4자리 숫자). 세세분류(5자리 숫자)의 5단계로 구성되어 있다. 대분류는 21개인데, 그 내용은 A: 농업, 임업 및 어업, B: 광업, C: 제조업, D: 전기, 가스, 증기 및 공기조절 공급업, E: 수도, 하수 및 폐기물처리, 원료재생업, F: 건설업, G: 도매 및 소매업, H: 운수 및 창고업, I: 숙박 및 음식점업, J: 정보통신업, K: 금융 및 보험업, L: 부동산업, M: 전문, 과학 및 기술서비스업, N: 사업시설 관리, 사업지원 및 임대서비스업, O: 공공행정, 국방 및 사회보장행정, P: 교육서비스업, Q: 보건업 및 사회복지서비스업, R: 예술, 스포츠 및 여가관련 서비스업, S: 협회 및 단체, 수리 및 기타 개인서비스업, T: 가구 내 고용활동 및 달리 분류되지 않은 자가소비 생산활동, U: 국제 및 외국기관이다.

　또한, 표준산업분류에서는 건물건설업·토목건설업은 종합건설업(산업코드: 41)으로 분류하고, 자료 처리업·온라인정보 제공업 등은 정보서비스업(산업코드: 63)으로, 신탁업·집합투자업·여신금융업 등은 금융업(산업코드: 64)으로, 세무사업·법무사업 등은 전문서비스업(산업코드: 71)으로, 건축설계업·도시계획업·측량업 등은 건축기술·엔지니어링 및 기타 과학기술서비스업(산업코드: 72)으로 각각 분류하고 있다. 따라서 종합건설업·정보서비스업·금융업·전문서비스업 등은 부동산업에 속하지 않는다.

③ 부동산업의 현황

우리나라 부동산업의 현황을 표준산업분류에 따라 사업체수와 종사자 수를 살펴보면 다음과 같다. 사업체 수와 종사자 수는 지속적으로 증가하고 있음을 보여준다. 그러나 종사자 수를 사업체 수로 나누어 사업체의 규모를 분석하면(2020년 기준) 부동산 임대 및 공급업은 2.1명, 부동산관련 서비스업은 2.7명으로 영세한 편이다.

표 1.1.2 부동산업의 현황 1

구분		부동산업(전체)	부동산 임대 및 공급업	부동산관련 서비스업
사업체 수 (개, %)	2020년	278,339(100.0)	113,322(40.7)	165,017(59.3)
	2010년	113,154(100.0)	10,409(9.2)	102,745(90.8)
	2000년	61,170(100.0)	4,850(7.9)	56,320(92.1)
종사자 수 (명, %)	2020년	684,981(100.0)	243,627(35.6)	441,354(64.4)
	2010년	395,956(100.0)	59,318(15.0)	336,638(85.0)
	2000년	263,741(100.0)	32,898(12.5)	230,843(87.5)

자료: 통계청

한편, 조직형태별로 분석하면(2020년 기준) 전체 사업체 중 개인사업체가 58.4%를 차지했고, 회사법인은 30.7%를 차지하는데 그쳤다. 소분류 업종별로 살펴보면 부동산임대 및 공급업의 경우 회사법인이 53.8% 차지한 반면, 부동산관련 서비스업의 경우에는 개인사업체가 70.4%를 차지했다.

표 1.1.3 부동산업의 현황 2: 조직형태별(2020년)

구분		부동산업(전체)	부동산 임대 및 공급업	부동산관련 서비스업
합계	사업체 수	278,339	113,322	165,017
	종사자 수	684,981	243,627	441,354
개인	사업체 수	162,695	46,538	116,157
	종사자 수	236,591	87,573	149,018

구분		부동산업(전체)	부동산 임대 및 공급업	부동산관련 서비스업
회사법인	사업체 수	85,473	60,983	24,490
	종사자 수	275,180	127,955	147,225
회사이외 법인	사업체 수	21,464	5,677	15,787
	종사자 수	139,435	27,822	111,613
비법인 단체	사업체 수	8,707	124	8,583
	종사자 수	33,775	277	33,498

자료: 통계청

 ## 제4절 | 부동산활동의 기초용어

① 토지 관련 용어

1) 이용 관련 용어

토지의 이용과 관련된 용어로서 필지·획지·단지·일단지·가구 등이 있다.

첫째, 필지(筆地)는 하나의 지번이 붙은 토지의 등록단위를 말하며(공간정보법 2), 법적 개념이다. 지번부여지역(즉, 지번을 부여하는 단위지역으로서 동·리 또는 이에 준하는 지역을 말한다)의 토지로서 소유자와 용도가 같고 지반이 연속된 토지는 1필지로 할 수 있다. 여기서 지번은 필지에 부여하여 지적공부에 등록한 번호를 말한다.

둘째, 획지(劃地)는 자연적·인문적 조건에 따라 다른 토지와 구별되는 이용활동의 단위가 되는 일정한 토지를 말한다. 획지는 부동산의 이용활동에 따른 개념으로 경제적 개념에 속한다. 또한, 지구단위계획에서는 획지에 관한 계획을 포함하고 있는데, 여기서 획지는 건축활동의 단위이다. 즉, 건축 시 획지별로 구분하여 건축하여야 하며, 인접한 여러 필지가 같은 획지로 계획된 경우에는 공동개발 하여야 한다. 획지는 일반적으로 하나의 필지로 구성되지만 다수의 필지로 구성되거나 한 필지의 일부로 구성되는 경우도 있다.[10]

---

10 구분소유적 공유관계에 있는 하나의 필지에서 공유자가 각각 위치를 특정하여 이용하는 경우, 대규

토지의 감정평가에 있어 획지는 표준적 획지, 획지조건 등으로 자주 쓰이며, 가치판단의
단위가 된다.

표 1.1.4 필지와 획지의 비교

구분	필지	획지
개념	등록·등기의 단위, 법적 개념	이용활동의 단위, 경제적 개념
특징	토지의 관리와 소유권 보호에 기여	감정평가에서 중시(가치판단의 단위)
관계	• 1필지 = 1획지 (예: 일반적인 경우) • 1필지 = 2획지 이상 (예: 1필지 내에서 위치에 따라 구분하여 이용하고 각 위치마다 가치가 다른 경우: 구분감정평가 가능) • 2필지 이상 = 1획지 (예: 2필지 이상을 일단지로 이용하고 가치가 동일한 경우: 일괄감정평가 가능)	

셋째, 단지(團地)는 주택·공장·작물재배지 등이 집단을 이루고 있는 일정 구역을 말한
다(예: 아파트단지, 산업단지, 친환경농업단지 등).

넷째, 일단지(一團地)는 용도상 불가분의 관계에 있는 2필지 이상의 일단의 토지를 말한
다. 국토교통부 고시인 「감정평가 실무기준」(약어로 감정평가기준이라 한다)에 의하면 '2필
지 이상의 토지가 일단으로 이용 중이고 그 이용상황이 사회적·경제적·행정적 측면에서
합리적이고 대상토지의 가치형성 측면에서 타당하다고 인정되는 등 용도상 불가분의 관
계에 있는 경우에는 일괄감정평가를 할 수 있다'고 규정하고 있다.

다섯째, 가구(街區)는 가로(街路)로 둘러싸인 시가지의 범위를 말하며, 도시계획에 있어
토지이용·인구·교통시설 등의 계획을 수립하는 단위이다. 블록(block)이라고도 한다.

2) 상태 관련 용어

토지의 상태와 관련된 용어로 각지·맹지·선하지·포락지·법지·제내지·제외지 등이
있다.

첫째, 각지(角地)는 둘 이상의 도로에 접하고 있는 토지를 말한다. 각지는 접하고 있는
도로의 수에 따라 2면각지·3면각지·4면각지 등으로 세분된다.

둘째, 맹지(盲地)는 지적도상 공로(公路: 공도와 같은 뜻임)에 접한 부분이 없는 토지를

모 필지로서 전면과 후면의 자연적·인문적 조건이 달라 따로 이용하는 경우 등이 한 필지의 일부
로 구성된 획지의 예이다.

말한다(감정평가기준 610: 1.7.12 참조).

셋째, 선하지(線下地)는 송전·배전을 위한 전선 아래의 토지를 말한다. 선하지는 공중에 설치된 전선으로 인해 공중이용 제한, 소음 또는 전파장애, 안전사고 위험 등이 있어 지가가 일반토지에 비해 낮다.

넷째, 포락지(浦落地)는 지적공부[11]에 등록된 토지가 물에 침식되어 수면 밑으로 잠긴 토지를 말한다(공유수면 관리 및 매립에 관한 법률 제2조 참조). 일반적으로 포락지는 활용실익이 거의 없어 지가가 낮다.

다섯째, 법지(法地)는 필지의 경계에 경사진 부분이 있어 유용성이 낮은 토지를 말한다. 법지는 소유권은 있지만 경사진 부분으로 인해 활용실익은 적다.

여섯째, 빈지(濱地)는 바다와 육지 사이의 해변토지를 말한다. (구)「공유수면 관리법」상의 용어로 1999. 2. 전부개정 시 '바닷가'로 한글화하였다. 여기서 바닷가는 해안선으로부터 지적공부에 등록된 지역까지의 사이를 말한다(공유수면 관리 및 매립에 관한 법률 2).

일곱째, 제내지(堤內地)는 제방의 안쪽(즉, 제방에서 마을쪽)에 있어 제방의 보호를 받는 토지를 말하며, 제외지(堤外地)는 제방의 바깥쪽(즉, 제방에서 하천쪽)에 있는 토지를 말한다. 여기서 내·외는 마을을 중심으로 판단한 것이며, 제외지에는 포락지와 고수부지가 있다.

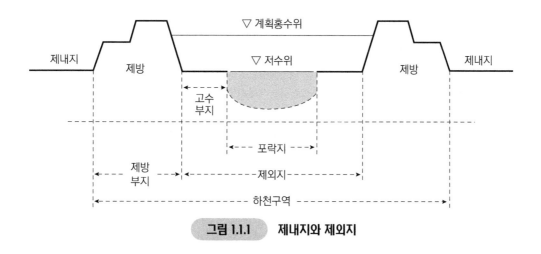

그림 1.1.1   제내지와 제외지

---

11 토지대장, 임야대장, 공유지연명부, 대지권등록부, 지적도, 임야도 및 경계점좌표등록부 등 지적측량 등을 통하여 조사된 토지의 표시와 해당 토지의 소유자 등을 기록한 대장 및 도면(정보처리시스템을 통하여 기록·저장된 것을 포함한다)을 말한다(공간정보법 제2조 제19호).

3) 용도 관련 용어

토지의 용도와 관련된 용어에는 부지·택지·건부지·나대지·농지·산지·산림·초지 등이 있다.

첫째, 부지(敷地)는 일정한 용도로 제공되고 있는 바닥 토지를 말한다(예: 사업부지, 도시·군계획시설부지, 도로부지, 하천부지 등). 매우 넓은 개념이다.

둘째, 택지(宅地)는 좁은 의미로는 주택의 부지로 이용 중이거나 이용가능한 토지[택지개발촉진법 제2조, (구)택지소유상한에 관한 법률 제2조 참조]를 말하나, 넓은 의미로는 건축물의 부지로 이용할 목적으로 조성[12]한 토지(표준지공시지가 조사·평가기준 제2조 참조)를 말한다. 택지는 건부지와 나대지로 세분된다.

셋째, 건부지(建附地)는 건축물이 있는(즉, 건축물의 부지로 이용 중인) 토지를 말한다.[13]

넷째, 나대지(裸垈地)는 택지 중 건축물이 없는 토지를 말한다. 따라서 농지나 산지는 나대지가 아니며, 사법상의 권리설정 여부와는 무관한 용어이다. 따라서 감정평가 관련 용어인 나지와는 구별하여야 한다.

다섯째, 농지(農地)는 농작물 경작지·다년생식물 재배지·농축산물 생산시설 부지를 통틀어서 말한다(농지법 참조). 농경지보다 넓은 개념이다.

여섯째, 농경지(農耕地)는 농작물을 경작하는 토지를 말한다. 농경지는 농지에 속한다.

➡ 「농지법」상 농지: 다음 각 목의 어느 하나에 해당하는 토지를 말한다(제2조 참조).

가. 전·답, 과수원, 그 밖에 법적 지목을 불문하고 실제로 농작물 경작지 또는 다년생식물 재배지로 이용되는 토지. 다만, 「초지법」에 따라 조성된 초지 등 대통령령으로 정하는 토지는 제외한다.

나. 가목의 토지의 개량시설과 가목의 토지에 설치하는 농축산물 생산시설로서 대통령령으로 정하는 시설의 부지

일곱째, 산지(山地)는 입목(立木)이 집단적으로 자라고 있는 토지를 말하며, 임지라고도 한다. 산지는 「공간정보법」상의 개념인 임야와는 다른 개념이다. 임야는 (임지와 야산)의 의미이다. 여기서 야산은 완경사의 산을 말하며 입목의 생육여부와는 무관하다.

여덟째, 산림(山林)은 산지와 입목을 합하여 부르는 용어이다.

---

12 여기서 조성은 토지에 건설공사 또는 형질변경을 하여 유용성을 높이는 것을 말한다.

13 건부지의 한자 표기에 대해 관련 자료에서 建附地, 建付地, 建敷地 등을 혼용하고 있으나, 건축물이 붙은 토지라는 개념에 建附地가 더 적합하다고 본다. 附(붙을 부)는 建附減價 등에서도 쓰인다.

➡️ 「산지관리법」상 산지: 다음 각 목의 어느 하나에 해당하는 토지를 말한다. 다만, 주택지 및 대통령령이
정하는 농지, 초지, 도로, 그 밖의 토지는 제외한다(제2조 참조).
　가.「공간정보법」제67조 제1항에 따른 지목이 임야인 토지
　나. 입목·대나무가 집단적으로 생육하고 있는 토지
　다. 집단적으로 생육한 입목·대나무가 일시 상실된 토지
　라. 입목·대나무의 집단적 생육에 사용하게 된 토지
　마. 임도(林道), 작업로 등 산길
　바. 나목부터 라목까지의 토지에 있는 암석지 및 소택지(沼澤地)

아홉째, 초지(草地)는 다년생개량목초의 재배에 이용되는 토지 및 사료작물재배지와 목장도로·진입도로·축사 및 부대시설을 위한 토지를 말한다(초지법 2).

4) 개발 관련 용어

토지의 개발과 관련된 용어로서 대지·공지·용지·소지·원형지·체비지 등이 있다.

첫째, 대지(垈地)는 건축[14]이 가능한 토지를 말한다(예: 대지조성사업, 대지면적 등). 둘 이상의 필지를 하나의 대지로 하거나 하나 이상의 필지의 일부를 하나의 대지로 할 수 있다. 한편, 「건축법」에서는 「공간정보법」에 따라 각 필지로 나눈 토지로 정의하고 있다(건축법 제2조). 따라서 농지도 대지가 될 수 있다.

➡️ 현재 「농지법」상 축사부지도 농지에 해당한다. 따라서 농작물의 경작지에 축사를 건축하더라도 농지의
전용에 해당하지 않고 지목을 목장용지로 변경하지 못한다(농지법 41 참조). 따라서 현실 이용상황이 축
사부지인 경우 감정평가할 때에는 축사를 설치한 시기(또는 농지전용부담금 납부 여부), 지목 변경 여부
(또는 간주취득세 납부 여부) 등을 조사하여 이를 반영하여야 할 것이다. 참고적으로 2007. 7. 4. 이전에
는 농경지에 축사를 건축한 경우 지목을 목장용지로 변경하였다.

둘째, 공지(空地)는 건축물의 바닥면적을 제외한 비워둔 부분을 말한다. 즉, 건폐율·건축선·인접 대지경계선으로부터의 이격거리 등의 제한으로 인해 대지 안에서 건축물을 꽉 메워서 건축하지 않고 남겨 둔 부분을 말한다.

셋째, 용지(用地)는 일정용도로 이용할 수 있도록 조성 중(조성계획 중인 경우도 포함)이거나 조성한 토지를 말한다. 따라서 용지는 조성을 전제로 하며, 부지보다 좁은 개념이다 (예: 상업용지, 학교용지, 용지도 등).

14　건축이란 건축물을 신축·증축·개축·재축 또는 이전하는 것을 말한다.

넷째, 소지(素地)는 자연 상태 그대로의 토지를 말하며, 원지(原地)라고도 한다. 따라서 소지는 용지로 조성하기 이전의 토지이다.

다섯째, 원형지(原形地)는 기초적인 기반시설만 설치하고 부지에 대한 조성공사 없이 미개발상태로 공급하는 토지를 말한다. 상대적으로 싼 가격으로 공급받아 토지 수요자가 원하는 목적에 맞게 직접 개발할 수 있는 장점이 있다.

여섯째, 체비지(替費地)는 도시개발사업에 필요한 경비에 충당하기 위해 환지로 정하지 아니한 토지를 말한다.

일곱째, 보류지(保留地)는 도시개발사업의 환지계획에서 일정한 토지를 환지로 정하지 않고 보류해 두는 토지를 말한다. 보류지에는 체비지와 공공시설용지가 있다(도시개발법 34 참조).

5) 감정평가 관련 용어

감정평가와 관련된 용어로서 나지·표준지·표본지·후보지·이행지 등이 있다.

첫째, 나지(裸地)는 일반적으로 토지에 정착물이 없는 토지를 말한다. 다만, 지가공시제도에 있어서는 토지에 정착물이 없고 지상권 등 토지의 사용·수익을 제한하는 사법상의 권리가 설정되어 있지 아니한 토지를 말한다(표준지공시지가 조사·평가기준 2). 택지 이외에 농지나 산지도 나지가 될 수 있다. 따라서 부동산활동에서 나지는 그 활동의 목적이나 근거법령 등에 따라 용어의 뜻이 다를 수 있다.

➡ 보충설명

1) 감정평가와 관련된 용어로서 나지는 유의할 점이 있다. 표준지공시지가를 위한 감정평가상 나지의 개념에는 ① 토지에 정착물이 없을 것, ② 사법상의 제한이 없을 것의 2가지 요건이 필요하나(표준지공시지가 조사·평가기준 2 및 17 참조), 보상을 위한 감정평가상 나지의 개념에는 토지에 정착물이 없을 것의 1가지 요건만 필요하다(공익사업을 위한 토지 등의 취득 및 보상에 관한 법률 시행규칙 22 참조).

2) 갱지(更地): 일본에서는 토지에 정착물이 없고 사법상의 제한이 없는 토지를 갱지라고 한다.

표 1.1.5   **나지와 나대지의 비교**

구분	나지		나대지
	광의	협의	
활용분야	감정평가활동상 일반적 용어	지가공시제도상 용어	부동산활동상 일반적 용어

구분	나지		나대지
	광의	협의	
토지용도	택지·농지·산지 모두 가능	좌동	택지에서만 가능
요건	토지에 정착물이 없을 것	• 토지에 정착물이 없을 것 • 사법상의 제한이 없을 것	택지에 정착물이 없을 것

둘째, 표준지(標準地)는 지가의 공시를 위해 가치형성요인이 유사하다고 인정되는 일단의 토지 중에서 선정한 토지를 말한다. 표준지로 선정된 토지의 단위면적당 적정가격을 감정평가사가 조사·평가한 후 국토교통부장관이 공시한 것을 표준지공시지가라 한다.

셋째, 표본지(標本紙)는 행정구역별·용도지역별·이용상황별로 지가변동률을 조사·산정하기 위하여 선정한 대표적인 필지를 말한다(지가변동률 조사·산정에 관한 규정). 지가변동률은 표본지의 시장가치를 기초로 산정된 기준시점의 지가지수와 비교시점의 지가지수의 비율을 말한다.

넷째, 후보지(候補地)는 택지지대·농지지대·산지지대(임야지대) 상호 간에 다른 지역으로 전환되고 있는 일단의 토지를 말한다(예: 택지후보지, 농지후보지). 즉, 인근지역의 주위 환경 등의 사정으로 보아 현재의 용도에서 장래 택지 등 다른 용도로의 전환이 객관적으로 예상되는 토지를 말한다(표준지공시지가 조사·평가기준 제2조 참조). 이를 가망지(可望地)·예정지(豫定地)라고도 한다.

다섯째, 이행지(移行地)는 택지지대·농지지대·산지지대(임야지대) 내의 세부 지역 간 전환이 이루어지고 있는 일단의 토지를 말한다(예: 매장용지이행지, 공동주택지이행지 등).

2 최유효이용을 위한 활동

1) 토지 관련 활동

토지의 최유효이용을 위한 활동과 관련한 용어로는 형질변경, 지목변경, 분할, 합병, 도시·군관리계획의 변경 등이 있다.

첫째, 토지의 형질변경은 절토(땅깎기)·성토(흙쌓기)·정지(땅고르기)·포장 등의 방법으로 토지의 형상을 변경하는 행위와 공유수면의 매립(경작을 위한 토지의 형질변경을 제외한다)을 말한다(국토계획법 시행령 51 ①).

둘째, 지목변경은 지적공부에 등록된 지목을 다른 지목으로 바꾸어 등록하는 것을 말한다(공간정보의 구축 및 관리 등에 관한 법률. 약어로 공간정보법이라 한다). 여기서 지목은 토지의 주된 용도에 따라 토지의 종류를 구분하여 지적공부에 등록한 것을 말하며, 현재 28개가 있다.

셋째, 분할은 지적공부에 등록된 1필지를 2필지 이상으로 나누어 등록하는 것을 말한다(공간정보법). 분할을 통해 필지의 수·면적, 형상, 도로상태 등을 바꿀 수 있다.

넷째, 합병은 지적공부에 등록된 2필지 이상을 1필지로 합하여 등록하는 것을 말한다(공간정보법). 합병을 통해 필지의 수·면적, 형상, 도로상태 등을 바꿀 수 있다.

다섯째, 도시·군관리계획의 변경은 기존의 도시·군관리계획을 다른 내용으로 변경하는 것을 말한다. 여기서 도시·군관리계획은 특별시·광역시·특별자치시·특별자치도·시 또는 군의 개발·정비 및 보전을 위하여 수립하는 토지 이용, 교통, 환경, 경관, 안전, 산업, 정보통신, 보건, 복지, 안보, 문화 등에 관한 계획을 말한다. 도시·군관리계획에는 ① 용도지역·용도지구·용도구역에 관한 계획, ② 기반시설에 관한 계획, ③ 도시개발사업이나 정비사업에 관한 계획, ④ 지구단위계획구역에 관한 계획과 지구단위계획이 있다. 특별시장·광역시장·특별자치시장·특별자치도지사·시장 또는 군수는 5년마다 관할구역의 도시·군관리계획에 대해 그 타당성을 전반적으로 재검토하여 정비하여야 한다(국토계획법 참조). 도시·군관리계획 변경의 예로는 용도지역의 변경, 도시·군계획시설의 해제 등이 있다.

한편, 도시·군관리계획의 변경은 그 권한이 지방자치단체의 장에게 있어 소유자가 권리를 가지는 다른 최유효이용을 위한 활동과 구별된다.

➡ 용어의 구별

1) 권한(權限): 타인을 위해 일정한 행위를 할 수 있도록 법이 인정한 자격을 말한다. 그 일정한 법률효과가 행위자(즉, 권한자)가 아닌 타인에게 귀속되는 점에서 권리자 자신이 그 법률효과를 받은 권리와 구별된다.
2) 권리(權利): 일정한 이익을 누릴 수 있도록 법이 인정한 힘을 말한다. 권리 발생의 근거가 되는 법의 종류에 따라 공권, 사권, 사회권으로 구분할 수 있다.

---

2) 복합부동산 관련 활동

복합부동산의 최유효이용을 위한 활동과 관련한 용어로는 건축·대수선·리모델링·용도변경·건축물대장의 전환·건축물대장의 합병·용도폐지 등이 있다.

첫째, 건축은 건축물을 신축·증축·개축·재축(再築)하거나 건축물을 이전하는 것을 말한다(건축법 2). 여기서 세부 용어에 대해 설명하면 다음과 같다.

① 신축은 건축물이 없는 대지(기존 건축물이 해체되거나 멸실된 대지를 포함한다)에 새로 건축물을 축조(築造)하는 것[부속건축물만 있는 대지에 새로 주된 건축물을 축조하는 것을 포함하되, 개축(改築) 또는 재축(再築)하는 것은 제외한다]을 말한다.

② 증축은 기존 건축물이 있는 대지에서 건축물의 건축면적, 연면적, 층수 또는 높이를 늘리는 것을 말한다.

③ 개축은 기존 건축물의 전부 또는 일부[내력벽·기둥·보·지붕틀 중 셋 이상이 포함되는 경우를 말한다]를 해체하고 그 대지에 종전과 같은 규모의 범위에서 건축물을 다시 축조하는 것을 말한다.

④ 재축은 건축물이 천재지변이나 그 밖의 재해(災害)로 멸실된 경우 그 대지에 다음 각 목의 요건을 모두 갖추어 다시 축조하는 것을 말한다.
  • 가. 연면적 합계는 종전 규모 이하로 할 것
  • 나. 동(棟)수, 층수 및 높이는 다음의 어느 하나에 해당할 것
      - 동수, 층수 및 높이가 모두 종전 규모 이하일 것
      - 동수, 층수 또는 높이의 어느 하나가 종전 규모를 초과하는 경우에는 해당 동수, 층수 및 높이가 건축법령 또는 건축조례에 모두 적합할 것

⑤ 이전은 건축물의 주요구조부를 해체하지 아니하고 같은 대지의 다른 위치로 옮기는 것을 말한다.

둘째, 대수선은 건축물의 기둥, 보, 내력벽, 주계단 등의 구조나 외부 형태를 수선·변경하거나 증설하는 것으로서 대통령령으로 정하는 것을 말한다(건축법 2).

셋째, 리모델링은 법령에 따라 용어의 뜻이 다르다. ①「건축법」에서는 건축물의 노후화를 억제하거나 기능 향상 등을 위하여 대수선하거나 건축물의 일부를 증축 또는 개축하는 행위를 말한다(건축법 2). ②「주택법」에서는 건축물의 노후화 억제 또는 기능 향상 등을 위하여 대수선 또는 일정한 범위에서 증축하는 행위를 말한다(주택법 제2조제25호). 따라서 개축하는 행위가「건축법」에서는 포함되나「주택법」에서는 포함되지 않는다.

넷째, 용도변경은 사용승인 받은 건축물의 용도를 다른 용도로 변경하는 것을 말한다(건축법 19). 현재 건축물의 용도는 30개로 분류하고 있다.

다섯째, 건축물대장의 전환은 일반건축물대장이 집합건축물대장으로 되는 것을 말한다(건축물대장의 기재 및 관리 등에 관한 규칙, 약어로 건축물대장규칙이라 한다). 예컨대 공동주택에 속하는 다세대주택을 단독주택에 속하는 다가구주택으로 용도변경하면 건축물대장의 전환을 신청해야 한다.

여섯째, 건축물대장의 합병은 집합건축물대장이 일반건축물대장으로 되는 것을 말한다(건축물대장규칙 2).

일곱째, 용도폐지는 국유재산 또는 공유재산 중 행정재산의 용도를 폐지하여 일반재산으로 변경하는 것을 말한다(국유재산법 40, 공유재산 및 물품 관리법 40 등 참조). 국유재산 또는 공유재산 중 일반재산은 대부·매각·교환·양여 등을 할 수 있다.

한편, 용도폐지는 그 권한이 행정청에게 있어 소유자가 권리를 가지는 다른 최유효이용을 위한 활동과 구별된다.

➡️ '률'과 '율'의 표기 한글맞춤법에 의하면 모음이나 'ㄴ' 받침 뒤에 이어지는 '렬, 률'은 '열, 율'로 적는다(제10항). 예) 백분율, 건폐율, 연부상환율, 낙찰가율, 용적률, 지가변동률, 시세반영률, 주택보급률, 미분양률 등

제 2 장

부동산의 이해

 ### 제1절 | 부동산의 의의

① 부동산의 개념

1) 부동산의 뜻

우리나라에서 부동산이란 용어가 처음으로 쓰인 것은 조선의 부동산 및 관련 관습을 조사하기 위해 1906년에 설치된 '부동산법조사회'인 것으로 알려져 있고, 법령에서 처음으로 쓰인 것은 1912. 3. 제정[15]된 「조선부동산등기령」으로 알려져 있다.

▶ 부동산법조사회

대한제국과 일제 사이에 맺은 을사조약(1905. 11)에 따라 설치된 통감부에 초대통감으로 임명된 이토 히로부미(伊藤博文)는 1906년 7월 부동산법조사회를 설치하여 조선의 부동산제도와 관련 관습을 조사하게 하였다. 부동산법조사회는 1907년 11월까지 활동하였는데 그 조사를 바탕으로 「토지가옥증명규칙」 (1906.10), 「토지가옥전당집행규칙」(1907.2), 「토지가옥소유권증명규칙」(1908.8) 등을 제정하였다. 조선에서 외국인은 거류지로부터 10리 범위에서만 토지·가옥을 취득할 수 있었고, 그 소유권을 공시할 방법이 없었는데 「토지가옥증명규칙」의 제정으로 일본인의 토지·가옥 취득이 용이하게 되었고 그 소유권도 법적으로 보장되었다. 한편, 통감부는 부동산법조사회를 확대 개편하여 1908년 1월 법전조사국을 설치하여 전국에 걸쳐 다양한 관습을 조사하여 식민지 지배를 효과적으로 하기 위한 법령을 만들고자 하였다. 이때의 조사를 바탕으로 1912년 3월 「조선민사령」, 「조선형사령」 등이 제정되었다.

---

15 입법형식은 조선총독의 명령인 조선총독부제령이다.

부동산(不動産)이라는 용어는 영어의 real estate, real property 또는 realty를 번역한 것이다. real estate는 미국에서 부동산이라는 표현으로 가장 많이 쓰는 말로서 물리적인 부동산 그 자체뿐 아니라, 소유권으로부터 연유되는 모든 권리까지도 포함한다.

부동산의 사전적 의미는 그 소재를 쉽게 이동할 수 없는 재산이지만, 그에 대한 정의(定義)는 시대, 나라, 학자 등에 따라 다양하다. 이를 물리적·경제적 및 법적 개념으로 구분하여 설명하면 다음과 같다.

(1) 부동산의 물리적 개념

① 자연(nature): 토지는 스스로 생성된 무상의 선물이다. 따라서 인간이 생산할 수 없으며, 시대나 위치마다 기후·지형·토질 등이 다르다.

② 공간(space): 공간으로서 토지는 인간의 삶의 터전이며, 지표뿐만 아니라 공중과 지중을 포함한다. 여기서 공중·지표·지중의 공간을 3차원의 공간이라 한다. 토지의 표면을 지표라 하는데 지표는 곳에 따라 높낮이의 기복이 있다. 공간을 수직적으로 표시할 때 공중·지표·지중을 통틀어 입체공간이라 한다.

③ 위치(location): 토지는 그 위치에 따라 특성이 다르므로, 특정의 위치마다 특정의 가치가 발생한다. 따라서 부동산활동에서 토지의 위치는 매우 중요하다.

④ 환경(environment): 토지는 그 위치가 고정되어 특정 위치에서 나타나는 자연환경의 상태나 변화를 피할 수 없다. 따라서 대부분 자연환경에 순응하면서 생활한다.

(2) 부동산의 경제적 개념

① 재산(property): 부동산은 일반적으로 다른 재화에 비해 경제적 가치가 크고 영속성의 특성이 있으므로 재산으로서의 성격이 강하다. 따라서 부동산은 재산보유나 재산증식의 수단으로 활용된다.

② 자산(asset): 사전적으로 자산은 생산활동에 사용되는 재화를 말한다. 회계학에서는 자본의 구체적인 존재형태(예: 유동자산, 고정자산, 이연자산)를 말한다. 토지는 경제활동 중 생산활동에 꼭 필요한 재화로서 자산으로서의 성격을 가진다.

③ 생산요소(a factor of production): 경제학자들은 생산요소로 노동·자본과 함께 토지를 들고 있다. 생산요소를 자원(resource)이라고도 한다. 자원으로서 토지는 자연자원에 속한다. 생산요소의 예로는 공장용지, 농지 등이 있다.

④ 자본(capital): 흔히 경제학에서는 토지를 인간이 만든 것이 아니라는 이유로 자본재로 간주하지 않았으나, 때로는 토지를 자본에 포함시켜 노동과 자본을 본원적인 생

산요소로 보기도 한다. 사전적으로 자본은 재화나 서비스를 생산하는 데 필요한 실물(즉, 실제 물건, 예: 공장, 기계, 원재료)과 자금(즉, 화폐액)을 말한다. 따라서 생산재로서 자본에는 실물자본과 화폐자본이 있다.

⑤ 소비재(consumption goods): 토지는 생산요소인 동시에 소비재이다. 토지의 이용목적이 주거·휴양 등인 경우에는 소비재로서의 성격도 가진다. 소비재의 예로는 주거용지, 공원 등이 있다.

⑥ 상품(commodity, product): 부동산은 소비재의 하나로서 시장에서 거래되는 재화라는 관점에서는 상품이다. 부동산 그 자체는 지표에 고정되어 움직이지 않는 상품이나 거래대상은 추상적인 부동산권리로서 유통된다.

▶ 용어의 구별

1) 재화: 경제적 가치가 있는 물건이나 권리를 말하며(부가가치세법 2 참조), 널리 쓰이는 용어이다. 대가의 지불 유무에 따라 자유재와 경제재로 구분하며, 용도에 따라 소비재와 생산재로 구분한다.

2) 재산: 생산활동의 결과 축적된 재화를 말하며, 소비활동 측면의 용어라 할 수 있다. 법률적으로는 적극적 재산(플러스 가치) 외에 소극적 재산(마이너스 가치)을 포함하는 경우가 있다(예: 상속재산).

3) 자산: 생산활동에 사용되는 재화를 말한다. 즉, 생산활동의 밑천인 재화를 부르는 말이다. 회계학에서는 자본의 구체적인 존재형태(즉, 유동자산, 고정자산, 이연자산)를 말한다.

4) 자원: 재화나 서비스를 생산하기 위하여 투입되는 것을 말하며 생산요소(a factor of production)라고도 한다. 자원은 크게 인적자원(예: 노동)과 비인적자원으로 구분되며, 비인적자원은 자연자원(예: 토지, 광물)과 생산재(예: 건축물, 기계)로 세분된다. 여기서 자원은 자산보다 넓은 개념이다. 자원 중 대가를 지불하고 가지고 있는 비인적자원 만이 자산이다.

5) 자본: 학문과 용도에 따라 다양한 개념으로 사용된다. 생산요소로서 자본은 토지·노동 등의 생산요소와 결합하여 재생산을 가능하게 하는 생산재를 의미하며, 생산재로서의 자본에는 실물자본(實物資本)과 화폐자본(貨幣資本)이 있다. 회계학에서 자본은 자기자본을 말하는 것으로 자본금, 자본잉여금, 이익잉여금으로 구성된다.

6) 상품: 시장에서 사고 파는 재화나 서비스를 말한다. 따라서 상품은 경제재이다.

---

(3) 부동산의 법적 개념

「민법」 제99조에서는 부동산을 '토지와 토지의 정착물'로 정의하고 있다. 첫째, 토지는 일정한 지표와 그 상·하를 말한다. 토지는 물리적으로 연속되어 있으나 하나의 소유권 객체로 하기 위하여 인위적으로 구분하여 지번을 붙여 등록하고 있다. 둘째, 토지의 정착물은 토지에 고정되어 쉽게 이동할 수 없는 물건을 말하며, 건축물·공작물·수목 등이 예이다. 가식(假植) 중인 수목·이동식 컨테이너 등은 토지의 정착물이 아니다. 토지의 정착물은 토지와의 독립성 정도에 따라 세 가지로 구분할 수 있는데, 다음의 2)에서 추가적으로 설명한다.

일반적으로 부동산의 개념은 법적 개념에 의한다. 법적 측면에서 부동산은 협의의 부동산과 광의의 부동산으로 구분할 수 있다. 협의의 부동산은 「민법」 제99조에서 정의한 '토지와 토지의 정착물'을 말하며, 광의의 부동산은 협의의 부동산에 준부동산(의제부동산)을 포함한 개념이다.

▶ 용어의 뜻이 중요한 이유: 용어에 대한 정확한 이해는 모든 활동의 기본이라 할 수 있다. 따라서 부동산 활동에서도 관련 용어를 정확하게 이해하고 활용하여야 한다. 대부분의 법령은 해당 법령에서 쓰는 용어의 뜻을 규정하고 있는데 이는 법령의 적용과 해석에 있어 혼란과 분쟁을 방지하기 위함이다. 법령에서 쓰는 용어는 일상생활에서 쓰는 용어와 그 뜻이 다른 경우도 있고, 동일한 용어라도 법령마다 그 뜻이 다를 수 있다. 따라서 어떤 법령을 적용하거나 해석하는 경우에는 반드시 그 법령에서 규정하고 있는 용어의 뜻을 확인하여야 한다.

1) 법령에서 쓰는 용어와 일상생활에서 쓰는 용어의 뜻이 다른 경우: 예컨대 「건축법」에서 "거실"이란 건축물 안에서 거주, 집무, 작업, 집회, 오락, 그 밖에 이와 유사한 목적을 위하여 사용되는 방을 말한다(법률 2). 일상 생활에서는 방, 거실, 욕실 등을 구분하지만 「건축법」에서는 모두 거실이라 한다.

2) 동일한 용어라도 법령마다 그 뜻이 다른 경우: 예컨대 「민법」에서는 토지 및 그 정착물을 부동산으로 규정하고 있으나(제99조), 「지방세법」에서는 취득세에서 사용하는 용어로서 "부동산"을 토지 및 건축물로 규정하고 있다(제6조). 따라서 부동산의 용어도 법령에 따라 그 뜻이 다름에 유의하여야 한다.

한편, 「건축법」에서는 기숙사를 공동주택의 하나로 규정하고 있으나(건축법령 별표 1), 「주택법」에서는 주택이 아닌 준주택으로 규정하고 있다(주택법령 제4조).

---

2) 토지의 정착물 구분

토지의 정착물은 그것이 토지와 독립된 물건으로 취급될 수 있는지와 관련하여 독립정착물·반독립정착물·종속정착물의 세 가지 유형이 있다.

(1) 독립정착물

독립정착물은 토지와는 별개의 독립된 물건으로 취급되는 것으로, 건축물이 예이다. 따라서 토지와 그 토지 위의 건축물은 각각 소유권의 객체가 된다.

여기서 법적으로 건물과 건축물의 구별이 필요하다. 건물과 건축물은 같은 의미로 쓰는 경우가 많으나, 엄격하게는 다른 개념이다. 법무부 소관의 법률에서는 건물이라는 용어를 주로 쓰고(예: 민법, 부동산등기법, 상가건물 임대차보호법), 국토교통부 소관의 법률에서는 건축물이라는 용어를 주로 쓰고 있다(예: 건축기본법, 건축법, 건축물의 분양에 관한 법률).

먼저, 건물의 정의를 법적으로 한 것은 없다. 대법원 판례[16]에서는 건물을 토지에 정착한 공작물로서 지붕·기둥·벽이 있는 것으로 해석하고 있다. 따라서 건축 중인 경우나 철거 중인 경우 건물을 독립한 물건으로 볼 것인가의 여부도 이러한 기준에서 판단하여야 한다. 예컨대 건축 중인 건물이 지붕·기둥·벽을 갖추었다면 사용승인을 받기 전에도 독립한 물건으로 취급된다.

다음으로, 건축물은 「건축법」 등에 그 정의가 있다. 여기서 건축물은 토지에 정착하는 공작물 중 지붕과 기둥 또는 벽이 있는 것과 이에 딸린 시설물, 지하나 고가(高架)의 공작물에 설치하는 사무소·공연장·점포·차고·창고, 그 밖에 대통령령으로 정하는 것을 말한다. 따라서 건물보다 건축물이 더 넓은 개념이다.

건축물대장에 기재된 건축물이라도 건물의 요건을 갖추지 못하면 부동산으로 등기할 수 없다. 대법원 예규인 「등기능력 있는 물건 여부의 판단에 관한 업무처리지침」에 의하면 「건축법」상 건축물에 관하여 건물로서 소유권보존등기를 신청한 경우, 등기관은 그 건축물이 토지에 견고하게 정착되어 있는지(정착성), 지붕 및 주벽 또는 그에 유사한 설비를 갖추고 있는지(외기분단성), 일정한 용도로 계속 사용할 수 있는 것인지(용도성) 여부를 당사자가 신청서에 첨부한 건축물대장등본 등에 의하여 종합적으로 심사하여야 한다. 따라서 대법원 예규에서는 건축물의 등기능력으로 특히 지붕 및 주벽을 요구하고 있다. 예규에 의하면 지붕 및 주벽 또는 그에 유사한 설비를 갖추지 않고 있거나, 토지에 견고하게 부착되어 있지 않는 것은 건물로서 소유권보존등기를 할 수 없는데, 건물의 부대설비(승강기, 발전시설, 보일러시설, 냉난방시설, 배전시설 등), 지하상가의 통로, 컨테이너, 비닐하우스, 주유소 캐노피[17], 일시 사용을 위한 가설건축물, 양어장, 옥외 풀장 등이 그 예이다.

한편, 「감정평가 실무기준」(약어로 감정평가기준이라 한다)에서는 건물의 정의로 「건축법」상 건축물의 정의와 같게 하여 건물과 건축물을 같은 의미로 해석하고 있다(610: 2.1). 그러나 「소득세법」이나 「법인세법」에서는 건물(부속설비를 포함) 및 구축물을 합쳐 건축물로 부른다(소득세법령 62, 법인세법령 24).

---

16 최소한의 기둥과 지붕 그리고 벽이 이루어지면 독립한 부동산으로서의 건물의 요건을 갖춘 것이 된다(대법원, 2011. 6. 30. 선고 2009다30724 판결).

17 대법원의 예규가 제정(2004. 10. 01) 되기 전에는 주유소의 캐노피에 대해 소유권보존등기가 가능했으나, 그 이후에는 주벽이 없어 불가능한 실정이다.

➡ 용어의 구별

1) 공작물과 구축물: 공작물은 사전적으로 인공을 가하여 제작한 물건을 말하므로 매우 넓은 개념이나 좁은 개념으로는 토지에 정착한 공작물로서 건축물 이외의 것을 말한다. 공작물에는 교량 · 터널 · 우물 · 철탑 등이 있다. 구축물은 넓은 개념으로 토지에 정착한 공작물로서 건축물 이외의 것을 말하나 좁은 개념으로는 토지에 정착한 건축물 이외의 공작물로서 쌓아올려 만든 것을 말한다(예: 담장 · 굴뚝 · 제방). 일반적으로는 공작물과 구축물을 구별하지 않고 통용하는 경우가 많다. 한편, 회계학에서는 토지에 정착하는 공작물과 조경물을 포함 하여 구축물이라 한다.

2) 설비: 인공적으로 필요한 물건을 설치한 것을 말하며, 시설이라고도 한다. 설비는 크게 토지에 설치하는 것과 건축물 또는 공작물에 설치하는 것으로 구분할 수 있다. 통상 전자(前者)는 공작물이라 하므로 좁은 개념으로 후자(後者)만을 설비라 한다. 후자로서 설비는 철거 또는 이동이 가능한 경우가 많다.

(2) 반독립정착물

반독립정착물은 토지의 일부로서 토지와 함께 처분될 수는 있지만, 일정한 공시를 갖추는 것을 전제로 독립한 물건으로 취급될 수도 있는 정착물을 말한다. 반독립정착물의 예는 다음과 같다. ① 「입목에 관한 법률」에 의한 입목: 토지에 부착된 수목의 집단을 그 소유자가 「입목에 관한 법률」에 따라 소유권보존의 등기를 하면 독립한 부동산으로 본다. ② 명인방법을 갖춘 수목의 집단 또는 개개의 수목: 수목의 집단이나 개개의 수목이 명인방법이라는 관습법상의 공시방법을 갖추면 독립한 부동산으로 취급된다. 여기서 명인방법은 소유자가 누구인지 명확하게 인식할 수 있는 공시방법을 말하는데, 수목에 소유자를 표시한 명찰을 게시하거나 수목의 집단에 철사 등으로 줄을 치고 소유자를 표시한 명찰을 게시하는 것 등이 예이다. 주의할 점은 개개의 수목의 경우 「입목에 관한 법률」에 의한 소유권보존의 등기는 불가능하나 명인방법에 의한 소유권 공시는 가능하다는 것이다. ③ 명인방법을 갖춘 미분리의 과실(果實: 과수의 열매) · 입도(立稻: 수확 전에 서 있는 벼) · 뽕잎 등도 명인방법을 갖추면 독립한 물건으로 취급된다. ④ 농작물: 명인방법을 갖춘 농작물은 독립한 물건으로 취급된다. 한편, 토지소유자와 농작물의 경작자가 다른 경우에는(심지어 정당한 권원 없이 타인의 토지에서 경작하는 경우에도) 명인방법을 갖추지 않더라도 농작물의 소유권은 경작자에게 있다는 것이 판례이다. 이 판례에 대해서는 불법행위인 무단경작을 조장하는 점, 「민법」상 부합의 규정(제256조)과 배치되는 점 등을 이유로 비판이 많다.

(3) 종속정착물

종속정착물은 정착물이 토지의 구성부분으로 취급되어 항상 토지와 일체로 처분되는 것으로서, 축대 · 담장 · 교량 · 제방 · 포장된 도로 · 인공적인 수로 등이 있다.

▶ 토지의 구성부분에 대한 논의

1) 채굴되지 않은 광물: 채굴되지 않은 광물(즉, 미채굴의 광물)이 토지의 구성부분인가에 대해 긍정설과 부정설의 대립이 있다. 「광업법」은 광물에 해당하는 물질을 열거하여 규정하고 있고, "채굴되지 아니한 광물은 채굴권의 설정 없이는 채굴할 수 없다"고 규정하고 있다(법률 4). 생각건대 「광업법」에서 광물로 규정한 물질(이를 법정광물이라 한다)로서 채굴되지 않은 것은 토지의 구성부분이지만, 「광업법」이 적용되는 한도에서 소유권 행사가 제한되는 것으로 본다.

※ 법정광물의 예: 금광, 은광, 동광, 철광, 석탄, 석유, 수정, 금강석, 석회석, 고령토

2) 지하수와 온천수: 지하수와 온천수는 「광업법」상 법정광물이 아니다. 따라서 정당한 이익이 있는 범위에 있는 지하수와 온천수는 토지의 구성부분이므로 토지소유권의 효력이 미친다.[18]

▶ 「광업법」의 주요 내용

1) 용어의 정의
- "광업권"이란 탐사권과 채굴권을 말한다.
- "탐사권"이란 등록을 한 일정한 토지의 구역(이하 "광구"라 한다)에서 등록을 한 광물과 이와 같은 광상(鑛床)에 묻혀 있는 다른 광물을 탐사하는 권리를 말한다.
- "채굴권"이란 광구에서 등록을 한 광물과 이와 같은 광상에 묻혀 있는 다른 광물을 채굴하고 취득하는 권리를 말한다.
- "조광권"(租鑛權)이란 설정행위에 의하여 타인의 광구에서 채굴권의 목적이 되어 있는 광물을 채굴하고 취득하는 권리를 말한다.

2) 주요 조문
- 제4조(광물의 채굴) 채굴되지 아니한 광물은 채굴권의 설정 없이는 채굴할 수 없다.
- 제10조(광업권의 성질) ① 광업권은 물권으로 하고, 이 법에서 따로 정한 경우 외에는 부동산에 관하여 「민법」과 그 밖의 법령에서 정하는 사항을 준용한다.

3) 물건의 개념과 분류

(1) 물건의 개념

「민법」에서 물건(物件)이라 함은 유체물 및 전기 기타 관리할 수 있는 자연력을 말한다(제98조). 따라서 물건이 되려면 다음의 요건을 구비해야 한다.

먼저, 유체물(有體物) 또는 자연력이어야 한다. 유체물은 형체를 가진 물건이며, 자연력

---

18 "지하수"란 지하의 지층(地層)이나 암석 사이의 빈틈을 채우고 있거나 흐르는 물을 말하며(지하수법 2), 한편, "온천"이란 지하로부터 솟아나는 섭씨 25도 이상의 온수로서 그 성분이 대통령령으로 정하는 기준에 적합한 것을 말한다(온천법 2).

은 자연계의 온갖 힘을 말하는데 빛·열·전기·에너지 등이 그 예이다.

둘째, 관리할 수 있어야 한다. 관리할 수 있다는 것은 배타적으로 지배할 수 있다는 뜻이다. 따라서 해·달·별 등은 물건이 아니다.[19]

셋째, 사람의 신체나 그 일부가 아니어야 한다. 그러나 인체로부터 분리된 것(예: 채취된 혈액, 잘린 모발 등)은 물건이다.

넷째, 독립성이 인정되어야 한다. 하나의 독립된 물건에는 하나의 물권만이 성립한다는 일물일권주의(一物一權主義)에 의해 원칙적으로 물건의 일부나 여러 개의 물건에는 하나의 물권이 성립하지 않는다. 다만, 물건의 일부나 여러 개의 물건에 대해 하나의 물권을 인정해야 할 실익이 있고, 물권의 공시가 가능한 경우에는 물권의 객체가 될 수 있다. 물건의 일부에 하나의 물권이 성립하는 예로는 부동산의 일부에 용익물권이 성립하는 경우이고, 여러 개의 물건에 하나의 물권이 성립하는 예로는 「공장 및 광업재단저당법」에 의한 공장재단·광업재단, 「입목에 관한 법률」에 의한 입목 등이 있다.

(2) 물건의 분류

물건은 크게 동산과 부동산으로 구분된다. 부동산 이외의 물건은 동산으로 간주하고 있다.

양자(兩者)는 공시방법에 차이가 있고, 그 외에도 공신력, 취득시효, 제한물권의 설정범위[20] 등에서 차이가 있다.

표 1.2.1 **부동산과 동산의 비교**

구분	부동산	동산
개념	토지와 그 정착물	부동산 이외의 것
공시방법	등기	점유
공신력 (공신의 원칙)	부인	인정 (선의취득제도)
취득시효	• 미등기상태에서 20년 점유 • 등기상태에서 10년 점유	• 소유의사로 10년 점유 • 선의·무과실로 5년 점유

---

19 강태성(2018), 민법총칙, 대명출판사, p.392.

20 「동산·채권 등의 담보에 관한 법률」이 제정(2010년)되어 동산·채권·지식재산권도 담보권 설정이 가능해졌다. 따라서 이와 같은 차원에서는 동산과 부동산의 구분실익이 완화되었다.

구분	부동산	동산
제한물권 설정범위	• 용익물권 모두 가능 • 담보물권 중 유치권·저당권	• 용익물권 모두 불가능 • 담보물권 중 유치권·질권
무주물귀속	국가	선점자

② 준부동산의 개념

1) 준부동산의 뜻

준부동산(準不動産) 또는 의제부동산이란 부동산이 아닌 것으로 등기나 등록에 의해 소유권이 공시되는 것을 말한다. 따라서 준부동산은 권리의 변동을 등기나 등록에 의해 공시하므로 제3자가 쉽게 인식할 수 있다. 여기에는 입목, 공장재단·광업재단, 선박, 비행기, 건설기계, 자동차 등이 있다.

한편, 「자동차 등 특정동산 저당법」에 의하면 등록의 대상이 되는 소형선박·항공기·경량항공기·건설기계·자동차를 특정동산이라고 한다. 특정동산은 저당권의 목적물로 할 수 있다(제3조).

2) 준부동산의 분류

(1) 입목

입목이란 토지에 부착된 수목의 집단으로서 그 소유자가 「입목에 관한 법률」에 따라 소유권보존의 등기를 받은 것을 말한다. 여기서 수목의 집단은 2그루 이상을 말하므로 개개의 수목은 입목이 될 수 없다. 다만, 수목의 종류는 상관이 없다.[21]

수목의 집단을 등기하기 위해서는 먼저 입목등록원부에 등록하여야 하며, 등록을 받으려는 자는 그 소재지를 관할하는 특별자치도지사·시장·군수 또는 구청장(자치구의 구청장을 말함)에게 신청하여야 한다(제8조). 입목은 부동산으로 보며, 입목의 소유자는 토지와 분리하여 입목을 양도하거나 저당권의 목적으로 할 수 있고, 토지소유권 또는 지상권 처분의 효력은 입목에 미치지 아니한다(제3조). 입목을 목적으로 하는 저당권의 효력은 입목을 베어 낸 경우에 그 토지로부터 분리된 수목에도 미치며(제4조), 입목의 경매나 그 밖의 사유로 토지와 그 입목이 각각 다른 소유자에게 속하게 되는 경우에는 토지소유자는 입목

---

21 산림청(2022), 입목등록 및 입목등기 안내, p.9.

소유자에 대하여 지상권(즉, 법정지상권)을 설정한 것으로 본다(제6조).

(2) 공장재단 · 광업재단

공장재단은 공장에 속하는 일정한 기업용 재산으로 구성되는 일단(一團)의 기업재산으로서「공장 및 광업재단저당법」(약어로 재단저당법이라 한다)에 따라 소유권과 저당권의 목적이 되는 것을 말하며, 광업재단은 광업권(鑛業權)과 광업권에 기하여 광물(鑛物)을 채굴(採掘)·취득하기 위한 각종 설비 및 이에 부속하는 사업의 설비로 구성되는 일단의 기업재산으로서「재단저당법」에 따라 소유권과 저당권의 목적이 되는 것을 말한다. 공장재단(또는 광업재단)은 공장재단(또는 광업재단)등기부에 소유권보존등기를 함으로써 설정한다(법률 10 및 54).

공장 소유자가 공장에 속하는 토지(또는 건물)에 설정한 저당권의 효력은 그 토지(또는 건물)에 부합된 물건과 그 토지(또는 건물)에 설치된 기계, 기구, 그 밖의 공장의 공용물(供用物)에 미친다. 또한, 공장 소유자는 하나 또는 둘 이상의 공장으로 공장재단을 설정하여 저당권의 목적으로 할 수 있으며(제10조), 공장재단은 ① 공장에 속하는 토지, 건물, 그 밖의 공작물, ② 기계, 기구, 전봇대, 전선(電線), 배관(配管), 레일, 그 밖의 부속물, ③ 항공기, 선박, 자동차 등 등기나 등록이 가능한 동산, ④ 지상권 및 전세권, ⑤ 임대인이 동의한 경우에는 물건의 임차권, ⑥ 지식재산권의 전부 또는 일부로 구성할 수 있다(제13조).

한편, 광업권자는 광업재단을 설정하여 저당권의 목적으로 할 수 있으며, 광업재단은 광업권과 ① 토지, 건물, 그 밖의 공작물, ② 기계, 기구, 그 밖의 부속물, ③ 항공기, 선박, 자동차 등 등기 또는 등록이 가능한 동산, ④ 지상권이나 그 밖의 토지사용권, ⑤ 임대인이 동의하는 경우에는 물건의 임차권, ⑥ 지식재산권 중 그 광업에 관하여 동일한 광업권자에 속하는 것의 전부 또는 일부로 구성할 수 있다(제53조).

(3) 선박

선박의 공시방법은 총톤수와 종류에 따라 등기와 등록으로 구분된다. 여기서 선박의 종류는 다음과 같다.

① 기선: 기관(機關)을 사용하여 추진하는 선박[선체(船體) 밖에 기관을 붙인 선박으로서 그 기관을 선체로부터 분리할 수 있는 선박 및 기관과 돛을 모두 사용하는 경우로서 주로 기관을 사용하는 선박을 포함한다]과 수면비행선박(표면효과 작용을 이용하여 수면에 근접하여 비행하는 선박을 말한다).

② 범선: 돛을 사용하여 추진하는 선박(기관과 돛을 모두 사용하는 경우로서 주로 돛을 사

용하는 것을 포함한다).

③ 부선: 자력항행능력(自力航行能力)이 없어 다른 선박에 의하여 끌리거나 밀려서 항행
되는 선박

「선박등기법」은 총톤수 20톤 이상의 기선(機船)과 범선(帆船) 및 총톤수 100톤 이상의
부선(艀船)에 대하여 적용하며, 등기할 사항으로 소유권·저당권·임차권이 있다.

한편, 한국선박의 소유자는 선적항을 관할하는 지방해양항만청장에게 해양수산부령으
로 정하는 바에 따라 그 선박의 등록을 신청하여야 하며, 「선박등기법」의 적용대상 선박
은 선박의 등기를 한 후에 선박의 등록을 신청하여야 한다(선박법 제8조). 여기서 「선박등
기법」 적용대상이 아닌 선박을 소형선박이라고 한다. 소형선박은 총톤수 20톤 미만의 기
선과 범선 및 총톤수 100톤 미만의 부선을 말한다. 소형선박에 대한 소유권의 득실변경은
등록을 하여야 효력이 발생한다(제8조의2).

(4) 항공기

항공기는 「항공안전법」에 의하여 등록된 비행기·헬리콥터·비행선·활공기(滑空機) 등
을 말한다. 항공기를 소유하거나 임차하여 항공기를 사용할 수 있는 권리가 있는 자는 항
공기를 국토교통부장관에게 등록을 하여야 한다. 또한, 항공기에 대한 소유권의 취득·상
실·변경은 등록하여야 그 효력이 생기며, 항공기에 대한 임차권은 등록하여야 제3자에
대하여 그 효력이 생긴다.

한편, 항공기의 분류를 표로 나타내면 다음과 같다.

표 1.2.2   항공기의 분류

대분류	동력의 유무		명칭	비고
공기보다 가벼움	무동력		비행기구	헬륨가스·수소가스 등 기체를 이용하여 공중 부양
	유동력		비행선(airship)	
공기보다 무거움	무동력		활공기(glider)	비행기 또는 기류 등을 이용
	유동력	고정익	비행기(airplane)	고정익 항공기
		회전익	헬리콥터(helicopter)	회전익 항공기

주: 항공우주선(spacecraft)은 지구 대기권 내외를 비행할 수 있는 비행체를 말함

(5) 건설기계

건설기계는 건설공사에 사용할 수 있는 기계로서 등록된 것을 말한다. 종전에는 이를 중기라 하였으나 소형기계가 포함되어 있는 점을 고려하여 건설기계로 명칭을 변경하였다(1993. 6. 건설기계관리법 전문개정). 건설기계에는 불도저·굴삭기·로더·지게차·스크레이퍼·덤프트럭(적재용량 12톤 이상)·기중기·모터그레이더·롤러·노상안정기·콘크리트뱃칭플랜트·콘크리트피니셔·콘크리트살포기·콘크리트믹서트럭·콘크리트펌프·아스팔트피니셔·아스팔트살포기·골재살포기·쇄석기(20㎾ 이상의 원동기를 가진 이동식)·공기압축기(공기토출량이 매분당 2.83㎥ 이상의 이동식)·항타 및 항발기·자갈채취기·준설선·특수건설기계·타워크레인 등이 있다.

한편, 건설기계의 소유자는 소유자의 주소지 또는 건설기계의 사용본거지를 관할하는 특별시장·광역시장·도지사 또는 특별자치도지사에게 건설기계 등록신청을 하여야 한다(법령 제3조).

(6) 자동차

자동차는 원동기에 의하여 육상에서 이동할 목적으로 제작한 용구 또는 이에 견인되어 육상을 이동할 목적으로 제작한 용구를 말한다(자동차관리법). 자동차는 다음과 같이 구분한다.

① 승용자동차: 10인 이하를 운송하기에 적합하게 제작된 자동차
② 승합자동차: 11인 이상을 운송하기에 적합하게 제작된 자동차. 다만, 다음 각 목의 어느 하나에 해당하는 자동차는 승차인원에 관계없이 이를 승합자동차로 본다.
  • 내부의 특수한 설비로 인하여 승차인원이 10인 이하로 된 자동차
  • 국토교통부령으로 정하는 경형자동차로서 승차인원이 10인 이하인 전방조종자동차
  • 캠핑용자동차 또는 캠핑용트레일러
③ 화물자동차: 화물을 운송하기에 적합한 화물적재공간을 갖추고, 화물적재공간의 총 적재화물의 무게가 운전자를 제외한 승객이 승차공간에 모두 탑승했을 때의 승객의 무게보다 많은 자동차
④ 특수자동차: 다른 자동차를 견인하거나 구난작업 또는 특수한 작업을 수행하기에 적합하게 제작된 자동차로서 승용자동차·승합자동차 또는 화물자동차가 아닌 자동차
⑤ 이륜자동차: 총배기량 또는 정격출력의 크기와 관계없이 1인 또는 2인의 사람을 운송하기에 적합하게 제작된 이륜의 자동차 및 그와 유사한 구조로 되어 있는 자동차

한편, 자동차(단, 이륜자동차는 제외) 소유권의 득실변경은 등록을 하여야 그 효력이 생긴다.

3) 준부동산의 비교

준부동산을 비교하여 표로 정리하면 다음과 같다.

표 1.2.3 준부동산의 비교

구분	대상	공시방법	관할	법률
입목	수목의 집단	등기	입목 소재지 지방법원 등	입목에 관한 법률
공장재단	공장재단	등기	공장 소재지 지방법원 등	공장 및 광업재단저당법
광업재단	광업재단	등기	광산 소재지 지방법원 등	공장 및 광업재단저당법
선박	등기대상 선박	등기	선적항 관할 지방법원 등	선박등기법
	소형선박	등록	선적항 관할 지방해양항만청	선박법
항공기	항공기, 경량항공기	등록	국토교통부	항공안전법
건설기계	건설기계	등록	소유자의 주소지 또는 사용본거지 관할 시·도	건설기계관리법
자동차	자동차	등록	소유자의 주소지 관할 시·도	자동차관리법

한편, 준부동산의 등기제도를 비교하면 다음의 표와 같다.

표 1.2.4 준부동산의 등기제도 비교

구분	대상	공시방법	등기 절차	법률
입목	수목의 집단	등기	입목등록원부에 등록 후 등기 가능	입목에 관한 법률
공장재단	공장재단	등기	(등록 절차 없음)	공장 및 광업재단저당법
광업재단	광업재단	등기	(등록 절차 없음)	공장 및 광업재단저당법
선박	등기대상 선박	등기	등기를 한 후 선박원부 등록 신청	선박법

제2절 | 부동산의 분류

1 부동산분류의 기준

부동산은 여러 가지 기준에 따라 다양하게 분류할 수 있다. 먼저, 법적 형태에 따라 토지와 토지의 정착물로 구분할 수 있다. 토지의 정착물은 다시 독립정착물, 반독립정착물, 종속정착물로 세분할 수 있다.

둘째, 용도에 따라 분류할 수도 있다. 부동산을 용도에 따라 분류한 것을 부동산의 종별[22]이라고 한다. 부동산의 종별은 용도지대의 종별과 개별토지의 종별로 구분할 수 있다. 여기서 용도지대란 토지의 실제용도에 따른 구분으로서 토지의 지역 특성이 동일하거나 유사한 지역의 일단을 말하며, 용도지대에는 택지지대(상업지대·주거지대·공업지대로 세분)·농지지대·산지지대[23]·후보지지대·이행지지대 및 기타지대가 있다. 개별토지의 종별은 용도지대의 제약 하에서 이루어진 개별토지의 용도에 따른 구분으로서 택지(상업용지·주거용지·공업용지)·농지·산지·특수용지 및 공공용지 등이 있다.

한편, 법적 형태와 용도 이외에도 소유자, 구분소유 여부 등에 따라 분류할 수 있는데, 아래에서는 토지와 건축물로 구분하여 그 분류에 대해 설명하고자 한다.

2 부동산분류의 내용

1) 토지의 분류

(1) 소유자에 따른 분류

토지는 소유자에 따라 국유지·공유지·사유지로 구분할 수 있다. ① 국유지(國有地)는 국가가 소유하는 토지를 말한다. ② 공유지(公有地)는 지방자치단체가 소유하는 토지를 말한다. ③ 사유지(私有地)는 자연인이나 법인(私法人) 등이 소유하는 토지를 말한다. 한편, 국토교통부의 지적통계에서는 공유지 중 시·도가 소유하는 것은 도유지, 시·군·구가 소

---

22 부동산의 종별에 대해서는 제6편 제2장 제1절 참조(p.644)

23 용도지대의 구분에 따른 용어에 대해 교재나 법령에서 통일되지 못해 혼란이 있다. 이 책에서는 관련 법령의 명칭 등을 고려하여 택지지대·농지지대·산지지대 등으로 정비하고자 한다.

유하는 것은 군유지라 하고, 사유지 중 자연인이 소유하는 것은 민유지(民有地)라 한다.

<표 1.2.5>를 보면 국·공유지와 법인의 사유지는 계속 증가한 반면, 민유지(즉, 자연인의 사유지)는 계속 감소하고 있다. 국·공유지가 증가한 것은 정부의 각종 공공사업의 시행, 토지비축기능의 강화 등으로 사유지를 많이 취득했기 때문으로 풀이되며, 법인의 토지소유가 증가한 것은 법인의 신설과 토지취득이 증가했기 때문으로 풀이된다.

표 1.2.5   소유자별 토지소유 현황

연도	합계 (km²)	국유지	공유지		사유지			기타
			도유지	군유지	민유지	법인	비법인	
2020	100,412.6	25,429.5	2,855.2	5,433.3	50,752.7	7,245.3	8,387.9	308.7
2015	100,295.4	24,936.2	2,755.9	5,170.5	51,972.4	6,748.4	8,374.9	337.1
2010	100,033.1	24,086.5	2,631.2	4,970.9	53,357.1	6,287.3	8,282.8	417.3

자료: 국토교통부 통계누리

(2) 「공간정보법」상 지목의 분류

「공간정보의 구축 및 관리 등에 관한 법률」(약어로 공간정보법이라 한다)에서는 연속한 한 면의 지표 위에 인위적으로 선을 그어 구분하고 각각의 용도에 따라 지목을 정해 등록한다. 이것은 하나의 소유권 대상이 되며 1필의 토지라 부른다. 지목은 전, 답, 과수원, 목장용지, 임야, 광천지, 염전, 대, 공장용지, 학교용지, 주차장, 주유소용지, 창고용지, 도로, 철도용지, 제방, 하천, 구거, 유지, 양어장, 수도용지, 공원, 체육용지, 유원지, 종교용지, 사적지, 묘지, 잡종지의 28개로 분류된다.[24]

2) 건축물의 분류

(1) 구조양식에 따른 분류

건축구조양식에 따라 가구식(架構式), 조적식(組積式), 일체식(一體式), 조립식 및 절충식 구조로 구분한다. 먼저, 가구식은 목조·철골조 등과 같이 보·기둥 등을 짜아 맞추거나 핀(pin)으로 접합한 구조로서 각 부재(部材)[25]를 원형대로 해체할 수 있는 구조이다. 둘째, 조

---

24 자세한 내용은 제1편 제3장 제2절 참조(p.55)

25 구조물의 뼈대를 이루는데 중요한 요소가 되는 재료를 말한다.

적식은 벽돌조·석조 등과 같이 역학상 힘을 받는 부분의 각 개체를 쌓아올린 구조이다. 셋째, 일체식은 라멘(Rahmen, 독일어임)조라 하며, 기둥과 보 등이 일체로 고정된 철근콘크리트조·철골콘크리트조 등을 말한다. 넷째, 조립식은 건축부재를 공장에서 생산하여 현장으로 운반하여 조립하는 것을 말한다. 다섯째, 절충식은 단일 구조의 단점을 보완한 복합의 구조를 말한다.

표 1.2.6 **건축구조의 구분과 특징**

구조		시공	해체(이축)	내화성	내구성	시공방식	공사기간
가구식	목조	용이	약간 용이	없다	약간 크다	건식[26]	짧다
	철골조	용이	약간 용이	약간 작다	약간 크다	건식	짧다
조적식	블록조	약간 용이	약간 곤란	크다	작다	습식	약간 길다
	벽돌조	약간 용이	약간 곤란	크다	약간 크다	습식	약간 길다
	석조	약간 용이	약간 곤란	크다	크다	습식	약간 길다
일체식	철근 콘크리트조	곤란	곤란	매우 크다	크다	습식	길다
	철골 콘크리트조	곤란	곤란	매우 크다	매우 크다	습식	길다
조립식	조립식패널조	용이	약간 용이	없다	작다	건식	짧다
	PC조	용이	약간 용이	크다	크다	건식	짧다
절충식	보강콘크리트 벽돌조	약간 용이	약간 곤란	크다	약간 크다	습식	약간 길다

주: 용이 → 곤란의 정도는 매우 용이 → 용이 → 약간 용이 → 약간 곤란 → 곤란 → 매우 곤란의 순임.

(2) 건축재료에 따른 분류

① 구체재료(軀體材料)에 의한 분류: 건축물의 힘을 받는 구조체(기둥·보 등)의 재료에 따라 철골조, 철골콘크리트조, 철근콘크리트조, PC(Precast Concrete)조, 석조, 벽돌조, 블록조, 목조 등으로 구분할 수 있다.

---

26 시공방식에 따라 건식과 습식이 있다. 건식은 구조체의 제작에 물이 필요 없는 구조이며, 습식은 물이 필요한 구조로서 주로 시멘트를 사용한다. 습식은 경화에 시간이 소요되므로 공사기간이 비교적 길다.

② 지붕재에 의한 분류: 지붕재로는 슬래브(slab), 아스팔트 슁글(asphalt shingle), 슬레이트(slate), 기와, 패널(panel) 등이 있다.

▶ 용어의 해설

1) 슬래브: 철근콘크리트구조의 바닥판을 뜻하는데, 넓은 뜻으로 철근콘크리트구조의 평면판을 의미한다.
2) 아스팔트 슁글: 종이섬유와 동식물성 섬유 등을 원료로 하여 만든 종이에 스트레이트 아스팔트를 먹인 후 표면을 채색한 돌가루로 코팅한 판을 말한다. 아스팔트 슁글은 가볍고 방수성이 뛰어나며 시공이 간편하고 색상이 다양한 것이 장점이다.
3) 패널(panel): 흔히 판넬이라 부르나 패널이 옳은 표현이다. 건축용 사각형 판을 말한다.
4) 샌드위치 패널(sandwich panel): 내부에는 단열재나 경량복합재를 채우고 외부에는 얇은 철판의 표면재를 붙여 만든 패널을 말한다. 조립식으로 시공이 간단하고 가격이 상대적으로 저렴한 장점이 있으나, 심재가 불연재가 아닌 경우 화재에 취약하고 유독가스가 많이 발생하는 단점이 있다.

---

(3) 층수 또는 높이에 따른 분류

건축물의 층수 또는 높이에 따라 저층·중층·고층·초고층 건축물로 구분할 수 있다.

첫째, 저층 건축물은 4층 이하의 건축물을 말한다. 저층주택을 중심으로 관리하는 제1종 일반주거지역에는 4층 이하의 건축물만 가능한 규정(국토계획법령 제71조 ①)이 그 근거이다.

둘째, 중층 건축물은 해석이 어려운 용어이다. 다만, 중층주택을 중심으로 관리하는 제2종 일반주거지역의 경우 종전에는 18층 이하의 층수 제한이 있었으므로(2011. 7 개정 시 층수 제한을 없앰) 이를 기준으로 하거나, 저층과 고층의 정의를 참고하여 그 중간으로 해석할 수도 있을 것이다.

셋째, 고층 건축물은 층수가 30층 이상이거나 높이가 120미터 이상인 건축물을 말한다.

넷째, 초고층 건축물은 층수가 50층 이상이거나 높이가 200미터 이상인 건축물을 말한다(건축법령 2, 초고층 및 지하연계 복합건축물 재난관리에 관한 특별법 2 각각 참조).

(4) 「건축법」상의 용도 분류

「건축법」에서는 건축물의 용도에 따라 단독주택, 공동주택, 제1종 근린생활시설, 제2종 근린생활시설, 문화 및 집회시설, 종교시설, 판매시설, 운수시설, 의료시설, 교육연구시설, 노유자시설, 수련시설, 운동시설, 업무시설, 숙박시설, 위락시설, 공장, 창고시설, 위험물저장 및 처리시설, 자동차 관련시설, 동물 및 식물 관련시설, 자원순환 관련시설, 교정시설, 국방·군사시설, 방송통신시설, 발전시설, 묘지 관련시설, 관광휴게시설, 장례식장,

야영장시설의 30개로 구분한다.

➡ 건축물의 단위 관련 용어

1) 동(棟): 건축물을 세는 단위이다.
2) 채: 동(棟)과 같은 의미의 순우리말이다. 다만, 「주택법령」에서는 주택을 세는 단위로 쓴다.
3) 실(室): 독립하여 구획된 방을 의미한다. 법령의 예: 각 실별로 욕실은 설치할 수 있으나, … (건축법령 별표 1). 각 실에 있는 자가 지하층 각 층에서 건축물 밖으로 피난하여 … (건축법령 37).
4) 구(構): 1동의 건축물 중 독립하여 구획된 각 부분을 의미한다. 「지방세법령」에서는 주거용 건축물에서 1세대가 독립하여 구분 사용할 수 있도록 구획된 부분을 말한다(28 ④). 법령의 예: 1구(構)의 건물이 주거와 주거 외의 용도로 사용되고 있는 경우에는 … (지방세법 106 ②). 다가구주택은 1가구가 독립하여 구분 사용할 수 있도록 분리된 부분을 1구의 주택으로 본다(지방세법령 112).
5) 호(戶): 사전적으로 호적상의 가족으로 구성된 집을 뜻한다. 다수의 법령에서 단독주택을 세는 단위로 쓴다.
6) 세대(世帶): 사전적으로 주거 및 생계를 같이하는 사람의 집단을 말한다. 다수의 법령에서 공동주택을 세는 단위로 쓴다.
7) 가구(家口): 사전적으로 주거 및 생계를 같이하는 사람의 집단을 말한다.
※ 건축물의 단위와 관련하여 법령에서 단독주택은 '호', 공동주택은 '세대'로 구별하여 쓰는 경우가 많으나, 부동산실무에서는 주로 '호'로 쓰고 있다. 따라서 혼란방지를 위해 이를 '호'로 통일할 것을 제안한다.

 제3절 | 부동산의 특성

부동산의 특성

부동산의 특성은 일반적으로 토지의 특성을 말한다. 이는 토지가 부동산이란 개념에 가장 적합하며, 건축물은 토지에 정착되어 토지에 종속하는 성격이 있기 때문이다. 부동산의 특성은 자연적 특성과 인문적 특성으로 구분할 수 있다. ① 자연적 특성은 부동산이 본래부터 가지고 있는 특성으로 물리적 특성이라고도 하며, 부동산이 본원적(선천적)으로 가진 특성이므로 불변적이다. ② 인문적 특성은 부동산과 인간이 어떤 관계를 가질 때 나타나는 특성이다. 부동산이 후천적으로 가지는 특성이므로 가변적이다.

② 부동산의 자연적 특성

1) 부동성(不動性, 지리적 위치의 고정성)

토지는 그 자체를 움직일 수 없고 지리적 위치도 고정되어 있는 특성이 있다. 이를 부동성 또는 지리적 위치의 고정성이라 한다. 부동성으로 인해 파생되는 내용은 다음과 같다.

① 부동성은 부동산과 동산을 구별하는 근거가 된다.

② 부동산활동을 위해서는 부동산이 위치한 곳으로 가서 조사·확인해야 하므로 임장활동화(臨場活動化)시킨다.

③ 부동산시장을 추상적 시장으로 만든다. 일반적인 시장은 물건을 특정의 장소에 모아 거래하므로 그 장소와 범위가 구체적이지만, 부동산은 이동이 불가능하므로 부동산 자체를 특정의 장소에 모아 거래할 수 없다. 따라서 부동산시장은 추상적 시장으로서 그 거래는 부동산의 권리를 대상으로 한다.

④ 부동성으로 인해 부동산현상이나 활동이 지리적으로 한정되어 국지화(局地化)시킨다. 이는 부동산이 위치하는 지역마다 다른 특성을 가지게 한다. 따라서 부동산정책은 지역특성에 맞게 수립해야 한다.

⑤ 부동산시장은 추상적 시장으로서 국지성의 특성이 있으므로 부동산감정평가 시에는 반드시 시장지역[27]을 설정하고 지역분석을 하여야 한다.

⑥ 외부효과가 필연적으로 발생한다. 따라서 부동산활동에 있어 반드시 외부효과를 고려하여야 한다. 외부효과는 어떤 경제 주체의 행위가 다른 경제 주체에게 의도하지 않은 혜택(편익)이나 손해(비용)를 발생시키는 것을 말한다. 예컨대 어떤 부동산의 인근에 공원을 조성하거나 축사를 건축하여 부동산의 가치가 상승하거나 하락하는 경우이다. 이때 편익을 발생시키는 것을 외부경제[또는 정(正)의 외부효과]라 하고, 비용을 발생시키는 것을 외부불경제[또는 부(負)의 외부효과]라 한다.

⑦ 부동산활동에서 입지선정을 중요하게 만든다. 입지선정은 경제주체가 추구하는 입지조건을 갖춘 장소를 정하는 것을 말하는데, 한번 입지를 선정하면 마음대로 위치를 바꾸기 어렵기 때문에 입지선정은 매우 중요하다.

---

27 시장지역은 대상부동산과 대체·경쟁관계가 성립하여 가치형성과 거래에 서로 영향을 미치는 지리적 범위를 말하며, 동일수급권이라고도 한다.

2) 부증성(不增性, 비생산성)

토지는 다른 생산물과 달리 생산비를 투입하여 순수한 그 자체의 양을 늘릴 수 없는 특성이 있다. 이를 부증성 또는 비생산성이라 한다. 부증성으로 인해 파생되는 내용은 다음과 같다.

① 토지는 물리적으로 생산할 수 없으므로 생산비의 법칙이 성립되지 않는다.
② 토지의 물리적 공급곡선은 수직이다(즉, 완전비탄력적이다).
③ 토지의 절대량이 부족해 희소성의 문제가 발생한다. 이는 토지를 투기의 대상으로 만든다.
④ 경제적 공급은 가능하지만, 그 공급에 많은 시간과 비용이 필요하므로 가격변동에 느리게 반응한다(즉, 비탄력적이다).
⑤ 부동산문제의 근본 원인으로 토지공개념의 이론적 근거가 된다.
⑥ 공급조절이 곤란하여 균형가격의 형성을 어렵게 하며, 토지가격은 수요요인의 영향을 크게 받는다.
⑦ 토지소유에 대한 경쟁을 촉진하며, 토지이용을 집약화시킨다.

3) 영속성(불변성)

공간으로서의 토지는 영원히 존속하므로 시간의 경과에 의해 소멸되지 않는 특성이 있다. 이를 영속성 또는 불변성이라 한다. 영속성으로 인해 파생되는 내용은 다음과 같다.

① 토지는 물리적으로 감가상각의 적용이 없으므로 비상각자산이다. 따라서 마모(磨耗)·부식(腐蝕)·소실(燒失) 등이 없어 관리가 쉬운 편이다.
② 토지는 현 세대만의 전유물이 아닌 미래 세대도 이용하여야 할 항구성을 지닌 재화이다.
③ 재산으로서의 성격을 강하게 한다. 따라서 재산 또는 담보물로서 토지를 선호하는 근거가 된다.
④ 부동산활동에 있어 장기적 배려를 요구하며, 감정평가 시 장래의 동향에 대한 분석이 중요하게 된다.
⑤ 토지의 가치를 '장래 수익을 현재가치로 환원한 값'으로 보는 수익환원법의 근거가 되며, 그 가치를 판정하는 것이 어렵다.
⑥ 정부가 장기적인 관점에서 토지이용계획을 수립해야 하는 논리가 성립한다.
⑦ 토지의 가격은 사용가치 보다 교환가치(처분가치)에 더 크게 영향을 받는다.

4) 개별성(이질성)

토지는 위치·지형·지세·형상·토양 등이 개별 토지마다 다른 특성이 있다. 이를 개별성 또는 이질성(異質性)이라 한다. 개별성은 부동성의 특성과 밀접한 관련이 있는데, 개별성으로 인해 파생되는 내용은 다음과 같다.

① 동일한 토지가 없으므로 토지 간에 완전한 대체는 불가능하며, 부동산시장을 불완전경쟁시장으로 만드는 요인이다.

② 토지의 가격을 개별화시키므로 일물일가(一物一價)의 법칙을 배제시킨다.

③ 동일한 토지가 없어 거래사례를 통한 지가산정이 어렵다. 따라서 토지의 경제적 가치에 관한 정확한 판정을 위해서는 전문자격자제도가 필요하다.

④ 부동산시장에서 특정 부동산에 대한 정보수집이 어렵고, 수집된 정보를 활용하기 위해서는 반드시 개개특성을 분석하여야 한다. 따라서 감정평가 시 사례자료를 활용하기 위해서는 반드시 개별요인의 비교가 필요하다.

⑤ 경제학에서 어떤 재화의 가격을 분석할 때에는 재화의 동질성을 가정한다. 그런데 토지는 개별성으로 인해 가격의 원리를 일반화하는 데 한계가 있다.

⑥ 부동산투자에 있어 포트폴리오(portfolio) 구성을 용이하게 한다.

5) 인접성(연결성)

물리적으로 토지는 반드시 다른 토지와 연결되어 있는 특성이 있다. 이를 인접성 또는 연결성이라 한다. 인접성은 부동성의 특성과 밀접한 관련이 있는데, 인접성으로 인해 파생되는 내용은 다음과 같다.

① 공간적으로 인접되어 있어 외부효과를 발생시킨다. 외부효과의 발생은 부동산의 특성 중 부동성과 인접성에 모두 관련이 있다.

② 인접성으로 인한 외부효과는 토지이용의 규제나 개발이익환수·개발손실보상의 이론적 근거가 된다. 즉, 부(-)의 외부효과가 발생하지 않도록(또는 최소화되도록) 토지이용을 규제할 필요가 있다. 또한, 외부효과로 인한 이익은 환수하고, 손실은 보상할 필요가 있다. 예컨대 어떤 개발사업으로 인해 인근의 지가가 상승(또는 하락)하는 경우 환수(또는 보상)의 문제가 생긴다.

③ 인접한 각각의 토지는 상호 영향을 미친다. 따라서 서로 간에 협동적 이용이 필요하다.

④ 인접성은 인접한 토지 간에 복잡한 법률관계를 형성한다. 인접 토지 간의 이용을 조절하기 위한 제도로 물권으로서 지역권과 법률의 규정에 의한 상린관계가 있다.

⑤ 부동산활동을 위해서는 연결된 토지를 인위적으로 구획하여 등록하는 것이 필요하다.

⑥ 토지는 이용주체의 편의에 따라 법이 허용하는 한도 내에서 자유롭게 합병·분할할 수 있다. 인접 토지 간의 합병과 분할을 통해 토지의 가치를 변화시킨다.

6) 기반성(基盤性)

토지는 각종 생물의 생장과 생활을 위한 바탕이자 토대라는 특성이 있다. 이를 기반성이라 한다. 여기서 기반성은 토지의 생산성과 적재성을 포함하는 개념이다. 토지의 생산성은 식물이 나서 클 수 있도록 영양분을 공급하는 특성이며, 토지의 적재성은 각종 생물이나 건축물 등의 물건을 지지(支持)하여 그 기능을 발휘할 수 있도록 하는 특성을 말한다. 기반성으로 인해 파생되는 내용은 다음과 같다.

① 인간의 모든 생산과 생활은 토지 위에서 이루어지므로 토지는 본원적 생산요소이자 삶의 터전이다. 따라서 역사적으로 더 많은 토지를 확보하기 위해 투쟁해 왔다.

② 기반성의 특성이 있어 토지는 유용성이 크며, 토지에 대한 소유 욕구를 촉진시킨다.

③ 기반성으로 인해 토지는 다른 재화보다 강한 공공성을 지니며, 그 소유는 공공복리에 적합하여야 한다.

④ 토지재산권에 대한 제한과 의무를 과할 수 있는 근거[28]이며, 토지공개념의 이론적 근거가 된다.

3 부동산의 인문적 특성

1) 용도의 다양성

토지는 생산재뿐 아니라 소비재로 쓸 수도 있어 그 용도가 매우 다양한 특성이 있다. 이를 용도의 다양성이라 한다. 예컨대 생산재에서도 1·2·3차 산업용지와 농지·산지 등으로 이용할 수 있고, 소비재에서도 단독주택지·공동주택지와 운동장·공원 등으로 이용할 수도 있다. 토지의 용도는 법에 의해 지정되기도 하지만 토지 수요의 변화에 따라 변하기도 한다. 용도의 다양성으로 인해 파생되는 내용은 다음과 같다.

---

28 헌법 제122조 참조: 국가는 국민 모두의 생산 및 생활의 기반이 되는 국토의 효율적이고 균형있는 이용·개발과 보전을 위하여 법률이 정하는 바에 의하여 그에 관한 필요한 제한과 의무를 과할 수 있다.

① 토지의 용도가 다양하므로 토지에 대한 수요도 다양하다. 따라서 수요자의 토지소유 욕구가 매우 다양하여 가격에 민감하게 반응하지 않는 경향이 있다(즉, 비탄력적이다).

② 토지는 다양하게 이용할 수 있으므로 다양한 용도 중에서 최유효이용을 해야 하는 과제가 생긴다. 즉, 다양한 용도 중에서 가장 유용성이 높은 이용을 찾아야 한다.

③ 정부의 계획에 의한 토지이용결정의 필요성을 정당화하는 근거가 된다[29]. 즉, 토지 이용 계획을 통해 효율적인 토지이용을 유도할 필요가 있다.

④ 용도의 전환(예: 농지가 주거용지로, 산지가 농지로)이 가능하다. 따라서 용도측면에서 유용성을 증대시키는 경제적 공급은 가변적이며, 경제적 공급곡선은 우상향한다.

⑤ 토지거래를 활발하게 하고 토지의 효율적 배분이나 이용을 유도한다. 수요자는 자신의 욕구에 맞는 토지를 찾아 먼저 거래를 제안하는 경우가 있다.[30] 또한, 경매나 공매에 있어 입찰참가자마다 자신이 판정하는 최유효이용을 고려하여 입찰가격을 제안한다. 이는 토지거래의 활성화와 토지이용 및 분배의 효율화에 기여한다.

2) 상대적 위치의 가변성

토지의 물리적 위치는 고정되어 있으나 상대적 위치는 사회적·경제적·정책적 요인의 변화에 따라 항상 변화하는 특성이 있다. 이를 상대적 위치의 가변성이라 한다. 예컨대 인구 성장의 정도, 사회환경의 개선, 경제성장, 공공시설의 신설, 용도지역의 변경 및 부동산 정책의 변화 등은 부동산의 상대적 위치에 영향을 주는 중요한 요인들이다. 상대적 위치의 가변성으로 인해 파생되는 내용은 다음과 같다.

① 상대적 위치가 변화한다는 것은 부동산활동에는 항상 불확실성이라는 위험이 있다는 것을 의미한다.

② 토지의 가치형성요인은 시간의 경과에 따라 변화하므로 항상 동태적으로 이를 파악하여야 하며, 장래의 동향에 특히 유의하여야 한다.

③ 감정평가 시 기준시점 확정의 근거가 된다. 가치형성요인의 변화에 따라 토지의 가치가 변하므로 토지의 가치는 특정의 시점을 확정하여 판정하여야 한다.

④ 토지의 상대적 위치는 시간의 경과에 따라 변화하므로 정확한 가치 판정을 위해 전문가가 필요하다.

---

29 이정전(2015), 토지경제학(전면재정판), 박영사, p.143.

30 단독주택부지를 아파트부지로 개발하기 위해 사업시행사가 단독주택 소유자에게 매매를 제안하는 경우가 그 예이다. 이는 토지거래를 활발하게 하고 토지의 효율적 이용에 기여한다.

3) 부동산물권의 탁월성

부동산물권(不動産物權)은 동산물권에 비해 탁월한 특성이 있다. 여기서 부동산물권이란 부동산을 대상으로 하는 물권을 말한다. 먼저, 소유권의 경우 소유자는 그 소유물을 사용·수익·처분할 권리가 있다(민법 211). 그런데 토지소유자는 동산소유자와 달리 사용의 권능으로 개발권을 가지는데, 이는 토지소유자가 가지는 특수한 권능으로 토지의 유용성을 높이는 요인으로 작용한다. 둘째, 토지소유권의 범위는 정당한 이익이 있는 범위 내에서 토지의 상하에 미친다(민법 212). 따라서 토지의 유용성은 입체적으로 발휘되며, 토지의 지하 또는 지상공간의 일부에 대한 독점적 사용도 가능하다(예: 구분지상권의 설정). 셋째, 용익물권의 목적물은 토지(지상권·지역권의 경우) 또는 부동산(전세권의 경우)에 한하므로 동산에는 성립할 수 없다. 넷째, 부동산을 목적물로 하는 저당권(근저당권 포함)은 담보물권자의 입장에서 관리가 상대적으로 쉬운 장점이 있다. 부동산물권의 탁월성으로 인해 파생되는 내용은 다음과 같다.

① 토지에 있어 소유권은 동산에 비해 그 권능과 범위가 탁월하여 토지의 유용성을 높이며, 토지에 대한 소유 욕구를 촉진시킨다.

② 토지소유자는 동산소유자와 달리 개발가치를 가진다. 즉, 개발가치는 토지에 특유한 가치로서 토지의 가치는 개발가치에 크게 의존한다.

③ 토지의 가치는 지표의 가치뿐 아니라 공중·지중의 가치를 포함하여 입체적으로 판정하여야 한다.

④ 하나의 토지를 다양한 이해관계인이 평면적 또는 입체적으로 구분하여 사용할 수 있게 된다.

⑤ 토지는 용익물권의 목적물로 가능하다. 따라서 소유자는 용익물권을 활용하여 소득수익을 얻을 수 있다.

⑥ 부동산을 목적물로 하는 저당권(근저당권 포함)은 담보물권자의 입장에서 관리가 상대적으로 쉬워 담보제도로서 선호한다. 여기서 담보제도로서 저당권의 탁월성은 금융의 활성화에 기여한다.

⑦ 토지의 감정평가에 있어 소유자 및 각 용익물권자가 가지는 권리별로 감정평가해야 할 필요성이 생긴다.

제3장

부동산정보의 이해

 ## 제1절 | 부동산정보의 의의

① 부동산정보의 개념과 유형

1) 부동산정보의 개념

부동산정보는 부동산에 관련된 모든 정보를 말한다. 따라서 부동산정보에는 토지 또는 건축물의 속성이나 현황에 관한 사항 뿐 아니라 소유자·근저당권자 등 권리관계, 가격·거래통계 등 시장정보가 포함된다.

2) 부동산정보의 유형

(1) 물건정보

물건정보는 한마디로 물건의 속성이나 현황에 관한 정보를 말한다. 물건정보는 각종 공부에서 도형, 문자, 숫자 등으로 표시된다. 부동산활동과 관련된 대표적 물건정보는 다음과 같다.

① 지리정보: 지리정보에는 지형 및 지물(地物) 등에 관한 정보가 있다[31]. 지형은 지표의 기복을 말하며, 지물은 지표에 존재하는 자연적·인문적 물체를 말한다. 따라서 지리정보에는 해발고도에 관한 사항뿐 아니라 산, 평야, 하천, 마을, 도로, 철도 등의 자연적·인문적 물체에 관한 사항도 포함된다.

---

31 「국토기본법시행령」 제10조 참조

② 지적정보: 시·군·구에서 관리하는 지적공부, 즉 토지대장·임야대장·지적도·임야도 등에 수록되어 있는 정보를 말한다.

③ 토지이용계획정보: 「국토계획법」에 의한 도시·군관리계획의 내용, 「국토계획법」 이외의 다른 법률에 의한 지역·지구·구역 등의 지정 및 토지이용규제사항 등을 말한다.

④ 건축물정보: 건축물에 관한 현황(구조·용도·면적·사용승인일자 등) 및 소유자현황 등에 관한 정보를 말한다.

(2) 권리정보

권리정보는 부동산의 권리에 관한 정보를 말하며, 등기정보가 대표적이다. 등기정보는 등기소에서 관리하는 부동산등기부에 등재되어 있는 정보를 말한다. 부동산등기부는 부동산에 관한 권리관계 또는 부동산의 현황을 기재하는 장부이다. 그 외에 부동산등기부에 등재되지 않는 유치권·분묘기지권 등에 관한 정보나 주택임대차 및 상가건물임대차의 확정일자도 권리정보에 포함된다. 한편, 준부동산의 경우 주로 등록에 의해 권리관계가 공시된다.

(3) 시장정보

시장정보는 부동산시장에 관한 여러 가지 정보를 말한다. 부동산시장은 부동산권리가 거래되는 장소를 말하며, 부동산권리의 거래는 매매·교환·임대차 등의 방법에 의한다. 시장정보에는 부동산가격, 거래량, 매물 및 분양 등에 관한 정보가 포함된다.

① 가격정보: 매년 공시하는 공시지가 및 공시주택가격, 분기마다 발표하는 아파트 실거래가 등이 있다. 지가변동률도 넓은 의미에서 가격정보에 포함된다.

② 거래정보: 부동산거래에 관한 통계가 대표적이며, 매물 및 분양 등에 관한 정보도 포함된다.

표 1.3.1 　**부동산정보의 유형**

정보 유형		근거 법률	제도 또는 공부(公簿)
물건정보	지리정보	국토기본법, 국가공간정보 기본법	국토조사, 지형도, 식생도 등
	지적정보	공간정보법	지적제도, 토지대장, 지적도 등

정보 유형		근거 법률	제도 또는 공부(公簿)
물건정보	토지이용계획정보	국토계획법, 토지이용규제기본법	지형도면 고시, 토지이용계획확인서
	건축물정보	건축법	건축허가(또는 신고)제, 건축물대장
권리정보	등기정보	부동산등기 특별조치법, 부동산등기법 등	부동산등기 의무제, 등기사항증명서
	등록정보	자동차관리법, 건설기계관리법, 선박법, 항공안전법 등	자동차(건설기계 등) 등록제, 등록원부
	확정일자정보	주택임대차보호법, 상가건물 임대차보호법	확정일자 부여, 임대차 정보제공 요청
시장정보	가격정보	부동산가격공시에 관한 법률 등	부동산가격 공시제, 공시지가, 공시주택가격
	거래정보	부동산거래법, 주택법 등	부동산거래 신고제, 부동산거래통계 등

2 부동산정보의 공시

1) 부동산정보공시의 필요성

부동산정보는 부동산정책은 물론 국민생활과 불가분의 관계에 놓여 있다. 특히 부동산 시장에 정부가 개입하기보다는 시장의 자율성에 맡기는 것이 더 효율적일 경우에는 더욱 그 중요성이 커진다. 따라서 부동산정보에 대해 정부만이 아니라 일반 국민도 그 요구가 많으며, 정보의 양과 질도 크게 진전되고 있다. 정부는 부동산에 대한 각종 정보의 정확 한 공시를 통해 효율적인 부동산정책의 수립 및 일반 국민의 원활한 부동산활동에 기여할 필요가 있다. 각종 부동산 정보는 정부(국토교통부·국세청 등), 시·군·구청 또는 법원에서 발표 또는 관리하고 있으며, 일반인은 정부의 발표나 관련 공부(公簿)를 통해 확인 가능하 다. 따라서 부동산활동에 참여하는 자는 반드시 이들 정보를 확인하거나 분석하여야 한다.

2) 부동산정보공시의 내용

부동산정보는 앞의 <표 1.3.1>과 같이 다양한 법령에 근거하여 생산·관리·공시되고 있다. 부동산정보공시의 내용을 관련 공부(公簿)를 중심으로 정리하면 다음의 표와 같다.

표 1.3.2 부동산정보공시 관련 내용

정보유형	관련 공부		분석내용	발급처 (확인처)
물건정보	부동산종합증명서	물건분석	토지, 건축물, 집합건물에 대한 종합 정보	시·군·구청
	토지대장 (또는 임야대장)	물건분석	지목, 면적, 소유자, 축척, 개별공시지가 등	시·군·구청
	지적도(또는 임야도)	물건분석	형상, 방위, 인접도로 여부, 축척 등	시·군·구청
	토지이용계획확인서	물건분석	용도지역 등 공법상 제한사항	시·군·구청
	건축물대장	물건분석	구조, 용도, 사용승인일자, 소유자, 건축물현황도면(배치도, 평면도) 등	시·군·구청
권리정보	등기사항증명서	권리분석	권리관계(부동산의 표시, 소유권에 관한 사항, 소유권이외의 권리에 관한 사항)	등기소
시장정보	(공시지가 또는 공시주택가격)	시장분석	연도별 공시지가 또는 공시주택가격	시·군·구청 또는 국토교통부
	(아파트 실거래가)	시장분석	아파트의 실거래가	국토교통부
	(지가변동률 또는 부동산거래통계)	시장분석	시·군·구별 지가변동률 및 부동산거래통계	국토교통부

부동산정보는 다양한 누리집(homepage)에서 확인·열람할 수 있고, 관련 공부를 발급할 수 있다. 정부 대표포털인 정부24(www.gov.kr)에서는 토지대장(또는 임야대장), 지적도(또는 임야도), 건축물대장 등을 열람·발급할 수 있으며, 국토교통부 부동산 통합민원서비스인 일사편리(kras.go.kr)에서는 부동산종합증명서를 열람·발급할 수 있다. 또한, 토지이음(www.eum.go.kr)에서는 토지이용계획, 지형고시도면, 지역·지구별 행위제한 정보 등을 열람할 수 있고, 건축행정시스템인 세움터(cloud.eais.go.kr)에서는 건축 인허가 통계·건축물 통계 등의 열람과 건축물대장의 발급이 가능하다.

한편, 대법원 인터넷등기소(www.iros.go.kr)에서는 등기사항증명서를 열람·발급할 수 있으며, 법원경매정보(www.courtauction.go.kr)에서는 법원경매물건에 관한 다양한 정보를 제공하고 있다. 또한, 국토교통부와 한국부동산원은 부동산시장에 관한 다양한 정보를 부동산공시가격 알리미(www.realtyprice.kr), 실거래가 공개시스템(rt.molit.go.kr),

부동산 통계정보시스템(www.rone.co.kr) 등을 통해 제공하고 있다.

표 1.3.3 **부동산정보공시 관련 누리집**

명칭	누리집	운영자	정보의 내용
정부24 (정부 대표포털)	www.gov.kr	행정안전부	토지(임야)대장, 지적(임야)도, 건축물대장 등 발급
일사편리 (부동산 통합민원서비스)	kras.go.kr	국토교통부	부동산 관련 민원신청, 부동산종합증명서 발급
토지이음	www.eum. go.kr	국토교통부	토지이용계획, 행위제한정보 등 확인
세움터 (건축행정시스템)	cloud.eais. go.kr	국토교통부	건축민원 신청, 건축물대장 발급, 건축통계 확인
인터넷 등기소	www.iros. go.kr	대법원	등기사항증명서 열람 및 발급
법원경매정보	www. courtauction. go.kr	법원	법원경매물건에 관한 정보 확인
부동산공시가격 알리미	www. realtyprice.kr	국토교통부 (한국부동산원)	공시지가, 공시주택가격 등 열람
실거래가 공개시스템	rt.molit.go.kr	국토교통부	부동산의 실거래가(매매, 임대차) 확인
공동주택관리정보 시스템	www.kapt. co.kr	국토교통부 (한국부동산원)	공동주택의 단지 정보, 관리비 정보 확인
부동산통계정보 시스템	www.rone. co.kr	한국부동산원	지가변동률, 공동주택 실거래가격지수, 거래현황 등의 통계 확인

제2절 | 부동산정보의 해석

① 축척과 면적

1) 축척의 의의

(1) 축척의 개념

실제 거리를 지도(=도면)상에 나타내기 위하여 축소시킨 비율, 즉 실제 크기를 일정한 크기로 줄이는 비율을 축척(scale)이라 한다. 따라서 축척은 지도상의 거리 / 실제거리이다.

(2) 축척의 내용

축척별 지도상 1㎝에 대한 실제거리

표 1.3.4 **축척과 실제거리의 비교**

축척	1/500	1/600	1/1,000	1/1,200	1/2,400	1/3,000	1/6,000
실제거리	5m	6m	10m	12m	24m	30m	60m

▶ 예시

1) 1/500 = 1/실제거리 ∴ 실제거리 = 500 × 1 = 500㎝ = 5m
   이 축적의 지도상 가로 1㎝, 세로 1㎝의 실제면적을 구하면 5m × 5m = 25㎡
2) 축척 1/1,200인 지적도에서 도면상 거리가 5㎝ 이면 실제거리는?
   1,200 × 5 = 6,000㎝ = 60m

2) 면적의 단위

(1) 미터법

1㎡를 기본으로 함
1㎢ = 100ha = 1,000,000㎡

1ha = 100a = 10,000㎡
1a = 100㎡

(2) 척관법

1평(坪) = 1보(步)를 기본으로 함

1정(町) = 3,000평

1단(段) = 300평

1무(畝) = 30평

1보 = 1평

1홉(合) = 0.1평

1작(勺) = 0.01평

➡ 척관법과 미터법: 척관법은 우리나라의 전통적인 계량방법(도량위법)으로 길이의 기본단위로 자 또는 척(尺), 무게의 기본단위로 관(貫)을 쓰는 것이다(양의 기본단위는 되). (구)「지적법」 제정(1950. 01) 당시에는 면적의 단위를 척관법인 '평'으로 하였으나, 1975년 개정 시 미터법으로 전환하여 '평방미터' 로 하였고(시행일: 1976. 04. 01), 1986년 개정 시 '평방미터'를 '제곱미터'로 용어 변경하였다(시행일: 1986. 11. 09).

➡ 리(里): 척관법에 의한 길이의 계량단위인 자(尺)의 보조 계량단위이다. 1리는 1,296자이며 1,296 × 1자(10/33m) = 12,960/33m = 0.392727km = 약 0.4km이다. 따라서 보통 약 4km 를 10리라고 한다. 예) 삼천리, 200리, 명사십리, 만리장성(중국에서는 0.5㎞를 1리라 한다) 한편, 도량형 환산표에서는 이와 달리 1리 = 3927.27m(3.92727km = 약 4km)로 되어있어 혼란이 있다.

한편, 정부는 공정한 상거래질서 유지 및 산업의 선진화를 위해 법정계량단위 외의 단위(=비법정계량단위)의 사용을 금지하고 있으며, 이를 위반하면 과태료를 부과하도록 하고 있다(계량에 관한 법률 5 및 76). 척관법에 의한 계량단위는 모두 비법정계량단위이다.

(3) 면적환산기준

① 평(또는 보) × 400/121 = 평방미터(㎡)

　　예) 1평 = 6자 × 6자

　　　　1자 = 30.3㎝, 30.3㎝ = 10/33m

　　　　따라서 (6자 × 10/33m) × (6자 × 10/33m) = 400/121

② 토지의 경우 축척이 1/500 및 1/600인 지역의 경우에는 소수점 이하 2자리에서 반올림하여 0.1㎡까지 산정하고, 그 외의 축척인 경우에는 소수점 이하 1자리에서 반올림하여 1㎡까지 산정

예) 87평1홉인 경우(축척 1/500) 87.1 × 400/121 = 287.9(㎡)

1정5단2무보의 경우(축척 1/1,200) 1.52 × 3,000 × 400/121 = 15,074(㎡)

3무27보의 경우(축척 1/1,200) (3 × 30 + 27) × 400/121 = 387(㎡)

③ 건물의 경우 소수점 이하 3자리에서 반올림하여 소수점 이하 두 자리까지 산정

예) 9평3홉8작인 경우 9.38 × 400/121 = 31.01(㎡)

➡ 「공간정보법」상 면적의 결정 및 측량계산의 끝수처리(공간정보법령 60 ①)

1) 토지의 면적에 1제곱미터 미만의 끝수가 있는 경우 0.5제곱미터 미만일 때에는 버리고 0.5제곱미터를 초과하는 때에는 올리며, 0.5제곱미터일 때에는 구하려는 끝자리의 숫자가 0 또는 짝수이면 버리고 홀수이면 올린다. 다만, 1필지의 면적이 1제곱미터 미만일 때에는 1제곱미터로 한다.

2) 지적도의 축척이 600분의 1인 지역과 경계점좌표등록부에 등록하는 지역의 토지 면적은 제1호에도 불구하고 제곱미터 이하 한 자리 단위로 하되, 0.1제곱미터 미만의 끝수가 있는 경우 0.05제곱미터 미만일 때에는 버리고 0.05제곱미터를 초과할 때에는 올리며, 0.05제곱미터일 때에는 구하려는 끝자리의 숫자가 0 또는 짝수이면 버리고 홀수이면 올린다. 다만, 1필지의 면적이 0.1제곱미터 미만일 때에는 0.1제곱미터로 한다.

ㄹ 토지(임야)대장

1) 의의

지적공부는 토지대장·임야대장·공유지연명부·대지권등록부·지적도·임야도 및 경계점좌표등록부 등 지적측량 등을 통하여 조사된 토지의 표시와 해당 토지의 소유자 등을 기록한 대장 및 도면(정보처리시스템을 통하여 기록·저장된 것을 포함)을 말한다(공간정보법 2).

토지대장은 토지에 관한 사항을 기록하는 지적공부로서, 토지대장에 등록하는 토지 이외의 토지는 임야대장에 등록한다.

➡️ 지적공부의 이원화 사유: 일제강점기에 일본이 「토지조사령」(1912. 08. 13. 제정)에 따라 대지, 농지, 특수토지 등(임야는 다른 조사 및 측량지 간에 끼여 있는 것에 한함)을 대상으로 토지조사 및 측량을 하고 토지대장 및 지도를 작성하였고, 그 후 「조선임야조사령」(1918. 05. 01. 제정)에 따라 임야를 대상으로 조사 및 측량을 하고 임야대장 및 임야도를 작성함으로써 토지대장과 임야대장으로 이원화되었다.

➡️ 경계점좌표등록부: 필지를 구획하는 선의 굴곡점을 경계점이라 하는데 이를 좌표 형태로 등록하는 장부를 말한다[지적도나 임야도는 경계점을 도해(圖解) 형태로 등록]. 경계점좌표등록부를 종전에는 수치지적부라 하였는데 2001. 01. (구)「지적법」 전부개정 시 용어를 변경하였다. 지적소관청은 도시개발사업 등에 따라 새로이 지적공부에 등록하는 토지에 대하여는 경계점좌표등록부를 작성하고 갖춰 두어야 한다(법률 73). 경계점좌표등록부를 갖춰 두는 지역의 지적도에는 해당 도면의 제명 끝에 "(좌표)"라고 표시하고, 도곽선의 오른쪽 아래 끝에 "이 도면에 의하여 측량을 할 수 없음"이라고 적어야 한다(공간정보법규칙 69 ③).

2) 지목의 종류

지목이란 토지의 주된 용도에 따라 토지의 종류를 구분하여 지적공부에 등록한 것을 말하며, 시장·군수·구청장이 결정한다.

「공간정보의 구축 및 관리 등에 관한 법률」에서는 지목을 28개로 구분하고 1필지마다 1개의 지목을 설정하도록 하고 있다(1필지 1지목의 원칙). 따라서 1필지가 2 이상의 용도로 활용되는 경우에는 주된 용도에 따라 지목을 설정하며, 일시적 또는 임시적인 용도로 사용되는 때에는 지목을 변경하지 않는다.

한편, 지목을 지적도나 임야도에 등록하는 때에는 ( ) 안의 부호로 표기하여야 한다(공간정보법규칙 64).

표 1.3.5 **지목의 표기방법**

지목	부호	지목	부호	지목	부호	지목	부호
전	전	대	대	철도용지	철	공원	공
답	답	공장용지	장	제방	제	체육용지	체
과수원	과	학교용지	학	하천	천	유원지	원
목장용지	목	주차장	차	구거	구	종교용지	종
임야	임	주유소용지	주	유지	유	사적지	사
광천지	광	창고용지	창	양어장	양	묘지	묘
염전	염	도로	도	수도용지	수	잡종지	잡

3) 토지(임야)대장의 해석

토지대장에는 토지소재·지번·축척·도면번호와 필지별대장의 장번호·지목·면적·토지이동 등의 사유·소유권의 변동일자 및 변동원인·소유자의 성명(또는 명칭) 및 주소·토지등급 및 개별공시지가·공유자의 소유권지분 등이 등록된다.

③ 지적(임야)도

1) 의의

지적(임야)도는 토지(임야)대장에 등록된 토지에 관한 지번·지목·경계 등을 도시하는 공부이다. 지적(임야)도에는 토지의 소재·지번·지목·축척·도면의 색인도(인접도면의 연결순서를 표시하기 위하여 기재한 도표와 번호를 말함) 등이 등록된다.

한편, 지적도면의 축척은 ① 지적도: 1/500, 1/600, 1/1000, 1/1200, 1/2400, 1/3000, 1/6000, ② 임야도: 1/3000, 1/6000 이다(공간정보법규칙 69 ⑥).

2) 지번의 설정

지번은 본번과 부번으로 구성되어 있고, 북서에서 남동으로 순차적으로 설정하는 것을 원칙으로 한다. 신규등록 및 등록전환의 경우에는 당해 지번설정지역 안의 인접토지의 본번에 부번을 붙여서 지번을 설정한다.

분할의 경우에는 특별한 경우를 제외하고는 분할 후의 필지 중 1필지의 지번은 분할 전의 지번으로 하고, 나머지 필지는 분할 전의 지번의 본번에 부번을 붙여 설정한다.

합병의 경우에는 특별한 경우를 제외하고는 합병 전 지번 중 선순위의 것을 그 지번으로 하되, 합병 전 지번 중 본번만으로 된 지번이 있는 때에는 본번 중 선순위의 것을 그 지번으로 한다.

3) 지적(임야)도의 해석

지적(임야)도에서 윗부분은 북쪽을, 아랫부분은 남쪽을 가리키는 것이 일반적이며, 지적(임야)도를 통해 형상·방위·인접도로 여부 등을 확인할 수 있다. 현장조사를 통해 지적도상 경계와 실제의 경계가 일치하는지, 지적도상의 도로와 현황도로가 일치하는지 등을 조사하여야 한다.

➡️ 시·군·구에서 토지(임야)대장을 변경·작성하는 것과 지적(임야)도를 변경·작성하는 것에 시차가 있어 양자가 일치하지 않는 경우가 있으므로 유의하여야 한다.

4) 토지이용계획확인서

1) 의의

토지이용계획확인서는 당해 토지의 도시·군계획사항 등 공법상 제한 사항을 확인하는 서류로서 시장·군수·구청장이 발급한다. 지역지구제 또는 도시·군계획시설의 내용을 정확하게 해석하기 위해서는 토지이용계획확인서에 첨부된 확인도면을 확인할 필요가 있다. 한편, 토지이용계획확인서로도 확인이 불가능한 공법상 제한이 많으므로 유의하여야 한다.

2) 토지이용계획의 내용

(1) 토지이용계획의 개념

토지이용계획이란 장래의 경제·사회변화를 예측하여, 한정된 토지의 합리적인 이용을 위해서 장래 수용되어야 할 기능에 따라 토지공간을 양적으로 배분하고, 각 기능별로 사용될 토지의 위치를 결정하는 것이다.[32]

토지를 이용하는 경우 토지이용계획을 따라야 하므로 토지이용계획은 공용제한의 일종으로서 계획제한에 속하며, 토지이용계획의 대표적인 수법으로 지역지구제와 도시·군계획시설이 있다. 지역지구제는 제한 그 자체로 목적이 완성되고 구체적인 사업 시행이 필요하지 않으므로 일반적 제한에 속하고, 도시·군계획시설은 제한 그 자체로 목적이 완성되지 않고 구체적인 사업 시행이 필요하므로 개별적 제한에 속한다.

(2) 지역지구제

지역지구제(zoning system)는 토지의 기능과 적성에 따라 토지를 가장 적합하게 이용하기 위한 토지이용구분으로 토지이용계획의 한 유형이다. 이 제도는 공공의 건강과 복리를 증진시키기 위해 공권력에 의해 개인의 토지이용을 규제하는 것으로 일종의 공용제한에 해당한다.

---

32 대한국토·도시계획학회(1998), 도시계획론, 보성각, p.483.

토지이용을 소유자의 자의적 이용에 맡길 경우 한정된 토지자원의 이용이 무질서하게 되고, 용도 간 토지이용의 경합으로 혼란이 초래될 우려가 높기 때문에 계획적인 이용이 불가피하다. 지역지구제는 이런 요청에 부응하기 위한 제도로서, 토지이용의 혼란과 비효율을 사전에 배제하고 합리적이고 효율적인 토지이용과 개발을 유도하여 쾌적한 환경을 만들기 위한 것이다.

지역지구제의 현실적인 정책수단은 건축규제라 할 수 있으며, 건축규제는 건축물의 용도를 규제하는 용도규제와 건폐율·용적률·높이 등을 규제하는 밀도규제로 세분할 수 있다.

「국토계획법」은 그 성질과 목적에 따라 용도지역·용도지구·용도구역으로 구분하고 있다.

표 1.3.6 **용도지역·용도지구·용도구역의 내용**

구분	용도지역	용도지구	용도구역
지정 원칙	• 모든 토지에 지정 • 중복 지정 불가	• 필요한 토지에 지정 • 중복 지정 가능	• 필요한 토지에 지정 • 중복 지정 가능
지정 목적	• 토지의 경제적·효율적 이용 • 공공복리의 증진 도모	• 용도지역의 기능 증진 • 경관·안전 등을 도모	• 시가지의 무질서한 확산 방지 • 계획적이고 단계적인 토지이용 도모 • 복합적인 토지활용의 촉진 • 토지이용의 종합적 조정·관리
행위 제한	토지의 이용 및 건축물의 용도·건폐율·용적률 등을 제한	용도지역의 행위제한을 강화 또는 완화	용도지역 및 용도지구의 행위제한을 강화 또는 완화하여 따로 정함
예시	주거지역, 상업지역, 공업지역, 녹지지역, 관리지역, 농림지역, 자연환경보전지역	경관지구, 고도지구, 방화지구, 보호지구, 취락지구, 개발진흥지구, 복합용도지구 등	개발제한구역, 도시자연공원구역, 시가화조정구역, 수산자원보호구역, 도시혁신구역, 복합용도구역 등
상호 관계	서로 독립적으로 지정될 수 있음		

(3) 도시·군계획시설

도시·군계획시설이라 함은 기반시설 중 도시·군관리계획으로 결정된 시설을 말한다. 여기서 도시·군관리계획은 특별시·광역시·특별자치시·특별자치도·시 또는 군의 개발·정비 및 보전을 위하여 수립하는 토지이용·교통·환경·경관·안전·산업·정보통신·보건·복지·안보·문화 등에 관한 계획을 말한다. 도시·군관리계획은 원칙적으로 특별시장·광역시장·특별자치시장·특별자치도지사·시장 또는 군수가 관할 구역에 대하여 입안하며, 결정권자는 원칙적으로 시·도지사이다. 따라서 도시·군계획시설은 도시·군관리계획의 입안권자가 관할 구역의 공간구조와 발전방향을 반영하여 미리 기반시설의 입지를 정하여 도시·군관리계획의 절차에 따라 결정한다.

한편, 도시·군계획시설이 그 지정목적을 달성하기 위해서는 구체적인 사업 시행이 필요한데, 도시·군계획시설을 설치·정비 또는 개량하는 사업을 도시·군계획시설사업이라 한다. 여기서 도시·군계획시설을 분류하면 다음의 표와 같다.

표 1.3.7   **도시 · 군계획시설의 분류**

구분	세부 내용
교통시설	도로·철도·항만·공항·주차장·자동차정류장·궤도·차량 검사 및 면허시설
공간시설	광장·공원·녹지·유원지·공공공지
유통·공급시설	유통업무설비, 수도·전기·가스·열공급설비, 방송·통신시설, 공동구·시장, 유류저장 및 송유설비
공공·문화체육시설	학교·공공청사·문화시설·공공필요성이 인정되는 체육시설·연구시설·사회복지시설·공공직업훈련시설·청소년수련시설
방재시설	하천·유수지·저수지·방화설비·방풍설비·방수설비·사방설비·방조설비
보건위생시설	장사시설·도축장·종합의료시설
환경기초시설	하수도·폐기물처리 및 재활용시설·빗물저장 및 이용시설·수질오염방지시설·폐차장

3) 토지이용계획확인서의 해석

토지이용계획확인서에 표시되는 토지이용계획에는 ① 지역·지구 등의 지정여부, ② 「토지이용규제 기본법 시행령」 제9조제4항 각 호에 해당되는 사항이 있다.

먼저, 지역·지구 등의 지정여부는 ① 「국토의 계획 및 이용에 관한 법률」(약어로 국토계획법이라 한다)에 따른 지역·지구등, ② 다른 법령 등에 따른 지역·지구등으로 구분하여 표시한다. 「국토계획법」에 따른 지역·지구등에 해당하는 대표적인 것으로 용도지역·용도지구·용도구역이 있다.

둘째, 「토지이용규제 기본법 시행령」 제9조제4항 각 호에 해당되는 사항으로는 ① 「부동산 거래신고 등에 관한 법률」에 따라 지정된 토지거래계약에 관한 허가구역, ② 그 밖에 일반 국민에게 그 지정내용을 알릴 필요가 있는 사항으로서 국토교통부령으로 정하는 사항(예: 「국토계획법」에 따른 도시·군관리계획 입안사항, 지방자치단체가 도시·군계획조례로 정하는 토지이용 관련 정보 등)이 있다.

토지이용계획은 부동산활동에서 필수적으로 확인해야 할 중요한 정보이다. 따라서 활동자 스스로 토지이용계획확인서를 발급받아 이를 해석하여야 한다. 이때 도시·군관리계획 입안사항 등 토지이용계획확인서로 확인되지 않는 내용이 있는 경우에는 해당 시·군·구청의 담당부서를 방문하여 확인할 필요도 있다.

⑤ 건축물대장

1) 의의

건축물대장은 시장·군수·구청장이 건축물의 소유와 이용상태를 확인하거나 건축정책의 기초자료로 활용하기 위하여 작성하는 공부이다. 건축물 1동을 단위로 하여 각 건축물마다 작성하고, 부속건축물은 주된 건축물에 포함하여 작성한다. 한편, 시장·군수 또는 구청장은 하나의 대지 안에 2 이상의 건축물(부속건축물은 제외)이 있는 경우에는 총괄표제부를 작성하여야 한다(건축물대장의 기재 및 관리 등에 관한 규칙).

건축물대장은 일반건축물대장과 집합건축물대장으로 구분된다. 일반건축물대장은 「집합건물의 소유 및 관리에 관한 법률」(약어로 집합건물법이라 한다)의 적용을 받는 건축물(즉, 집합건축물) 외의 건축물 및 대지에 관한 현황을 기재한 건축물대장이며, 집합건축물대장은 집합건축물에 해당하는 건축물 및 대지에 관한 현황을 기재한 건축물대장이다.

2) 건축물의 구조

건축물은 그 힘을 받는 구조체(기둥·보 등)의 재료에 따라 다음과 같이 구분할 수 있다.

표 1.3.8   건축물의 구조

구분	내용
목조	기둥과 들보 및 서까래 등이 목재로 된 구조. 단, 통나무조와 목구조는 제외
통나무조	원목에 인위적인 힘을 가하여 형태를 변화(원형 또는 다각형)시킨 후 이를 세우거나 쌓아 기둥과 외벽 전체면적의 1/2 이상을 차지하도록 축조한 구조

구분	내용
목구조	목재를 골조로 하고 합판·합성수지·타일·석고보드 등을 사용하여 신공법으로 축조한 구조
철골조	여러 가지 단면으로 된 철골과 강판을 조립하여 리벳으로 조이거나 용접을 한 구조
경량철골조	비교적 살이 얇은 형강(즉, 압연하여 만든 단면이 ㄴ, ㄷ, H, I, 원주형 등의 일정한 모양을 이루고 있는 구조용 강철재)을 써서 꾸민 구조
블록조	주체인 외벽의 재료가 시멘트블록 또는 시멘트콘크리트블록 등으로 된 구조
ALC조	경량의 기포 콘크리트 제품인 ALC(Autoclaved Lightweight Concrete)블록을 이용한 건축물로서 ① ALC블록으로만 조적시공하거나, ② 철골로 기둥·보·지붕 등을 연결 조립하고 내외벽을 ALC블록으로 조적시공한 구조
벽돌조	외벽을 시멘트벽돌로 쌓은 후 화장벽돌[33]이나 타일을 붙이거나 모르타르를 바른 구조
연와조	외벽 전체면적의 3/4 이상이 연와[34] 또는 이와 유사한 벽돌로 축조된 구조. 다만, 벽돌조와 블록조에 외벽 전체면적의 1/2 이상에 돌·타일·인조석 붙임 등을 한 것도 포함
석조	외벽을 석재로 축조한 구조
철근콘크리트조	철근콘크리트를 사용하여 건축을 하거나 이 구조와 조적 기타의 구조를 병용하는 구조. 흔히 RC(Reinforced Concrete)조라 한다.
철골콘크리트조	철골의 기둥·벽·바닥 등 각 부분에 콘크리트를 부어 넣거나 철근콘크리트로 피복한 구조. 흔히 SRC(Steel Reinforced Concrete)조라 한다.
조립식패널조	비교적 살이 얇은 형강 사이에 단열재인 폴리스텐폼을 넣어 만든 패널[35]을 조립한 구조
PC조	공장에서 만든 조립용 콘크리트인 PC(Precast Concrete)를 건축현장에서 조립한 구조
보강콘트리트벽돌조	시멘트벽돌조의 결함을 보완하기 위하여 벽체 또는 기둥부에 철근을 넣어 축조한 구조

3) 건축물의 용도

(1) 건축물의 용도 구분

「건축법」에서는 건축물의 용도를 30개로 구분하고 있고, 이를 용도변경과 관련하여 9개의 시설군으로 분류하고 있다.

---

33 건물의 외벽을 꾸미는 데 쓰는 벽돌

34 흙과 모래를 버무려 틀에 박은 후 불에 구워 만든 벽돌

35 종전에 판넬이라 불렀으나 패널이 옳은 표기이다.

표 1.3.9 건축물의 시설군과 용도

건축물의 시설군	건축물의 용도
자동차 관련 시설군	자동차 관련 시설
산업 등의 시설군	운수시설, 창고시설, 공장, 위험물저장 및 처리시설, 자원순환 관련 시설, 묘지 관련 시설, 장례시설
전기통신시설군	방송통신시설, 발전시설
문화 및 집회시설군	문화 및 집회시설, 종교시설, 위락시설, 관광휴게시설
영업시설군	판매시설, 운동시설, 숙박시설, (제2종 근린생활시설 중 다중생활시설)
교육 및 복지시설군	의료시설, 교육연구시설, 노유자시설, 수련시설, 야영장시설
근린생활시설군	제1종 근린생활시설, 제2종 근린생활시설(다중생활시설은 제외)
주거업무시설군	단독주택, 공동주택, 업무시설, 교정시설, 국방·군사시설
그 밖의 시설군	동물 및 식물 관련 시설

(2) 주택의 구분

「건축법」에서는 주택을 단독주택과 공동주택으로 구분하고 있다. ① 단독주택은 다시 단독주택, 다중주택, 다가구주택, 공관으로 세분하며, ② 공동주택은 다시 아파트, 연립주택, 다세대주택, 기숙사로 세분한다(건축법 시행령 [별표 1] 참조).

표 1.3.10 주택의 구분(「건축법」)

구분	세부 구분	
	용어	주요 요건
단독주택	단독주택	(특별한 요건 없음)
	다중주택	각 실별로 독립 주거 불가능, 바닥면적 합계: 660㎡ 이하, 3개 층 이하
	다가구주택	바닥면적 합계: 660㎡ 이하, 3개 층 이하, 19세대 이하
	공관	(특별한 요건 없음)
공동주택	아파트	5개 층 이상
	연립주택	바닥면적 합계: 660㎡ 초과, 4개 층 이하

구분	세부 구분	
	용어	주요 요건
공동주택	다세대주택	바닥면적 합계: 660㎡ 이하, 4개 층 이하
	기숙사	• 일반기숙사: 공동취사시설 이용 세대 수가 50% 이상 • 임대형기숙사: 20실 이상 임대 목적으로 제공하고 공동취사시설 이용 세대 수가 50% 이상

여기서 다중주택·다가구주택·아파트·연립주택·다세대주택을 중심으로 비교하여 설명하면 다음과 같다.

① 다중주택: 다음의 요건 모두를 갖춘 주택을 말한다.
- 학생 또는 직장인 등 여러 사람이 장기간 거주할 수 있는 구조로 되어 있는 것
- 독립된 주거의 형태를 갖추지 않은 것(각 실별로 욕실은 설치할 수 있으나, 취사시설은 설치하지 않은 것을 말한다)
- 1개 동의 주택으로 쓰이는 바닥면적(부설 주차장 면적은 제외)의 합계가 660㎡ 이하이고 주택으로 쓰는 층수(지하층은 제외)가 3개 층 이하일 것. 다만, 1층의 전부 또는 일부를 필로티 구조로 하여 주차장으로 사용하고 나머지 부분을 주택(주거 목적으로 한정한다) 외의 용도로 쓰는 경우에는 해당 층을 주택의 층수에서 제외한다.
- 적정한 주거환경을 조성하기 위하여 건축조례로 정하는 실별 최소 면적, 창문의 설치 및 크기 등의 기준에 적합할 것

② 다가구주택: 다음의 요건 모두를 갖춘 주택으로서 공동주택에 해당하지 아니하는 것을 말한다.
- 주택으로 쓰는 층수(지하층은 제외)가 3개 층 이하일 것. 다만, 1층의 전부 또는 일부를 필로티 구조로 하여 주차장으로 사용하고 나머지 부분을 주택(주거 목적으로 한정한다) 외의 용도로 쓰는 경우에는 해당 층을 주택의 층수에서 제외한다.
- 1개 동의 주택으로 쓰이는 바닥면적의 합계가 660㎡ 이하일 것
- 19세대(대지 내 동별 세대수를 합한 세대를 말한다) 이하가 거주할 수 있을 것

③ 아파트: 주택으로 쓰는 층수가 5개 층 이상인 주택

④ 연립주택: 주택으로 쓰는 1개 동의 바닥면적(2개 이상의 동을 지하주차장으로 연결하는 경우에는 각각의 동으로 본다) 합계가 660㎡를 초과하고, 층수가 4개 층 이하인 주택

⑤ 다세대주택: 주택으로 쓰는 1개 동의 바닥면적 합계가 660㎡ 이하이고, 층수가 4개 층 이하인 주택(2개 이상의 동을 지하주차장으로 연결하는 경우에는 각각의 동으로 본다)

표 1.3.11　　**유사 용어의 비교**

구분	다중주택	다가구주택	다세대주택	연립주택
건축물 용도	단독주택	단독주택	공동주택	공동주택
구분소유 여부	불가능	불가능	가능	가능
주택의 바닥면적 합계	660㎡ 이하	660㎡ 이하	660㎡ 이하	660㎡ 초과
주택의 층수	3개 층 이하	3개 층 이하	4개 층 이하	4개 층 이하
독립 주거 형태	불가능	가능	가능	가능
세대 수	(개념 없음)	19세대 이하	제한 없음	제한 없음

▶ 층수의 용어로서 '층'과 '개 층'

1) 층: 해당 건축물의 전체 층수를 지칭할 경우에는 '층'으로 표현한다. 사례: "초고층 건축물"이란 층수가 50층 이상이거나 높이가 200미터 이상인 건축물을 말한다(건축법령 제2조제15호).

2) 개 층: 해당 건축물 중 개개의 층수를 지칭할 경우에는 '개 층'으로 표현한다. 사례: 초고층 건축물에는 피난층 또는 지상으로 통하는 직통계단과 직접 연결되는 피난안전구역을 지상층으로부터 최대 30개 층마다 1개소 이상 설치하여야 한다(건축법령 제34조제3항)

※ 다세대주택의 요건으로서 층수는 4개 층 이하이므로 전체 층수가 5층 이상인 건축물도 개개의 층수 4개 층 이하를 주택으로 쓰는 경우 해당 부분은 다세대주택이 될 수 있다. 예컨대 전체 층수 5층 중 1층은 제1종 근린생활시설로 쓰고, 2층~5층은 주택으로 쓰는데 그 바닥면적 합계가 660㎡ 이하이면 2층~5층은 다세대주택에 속한다.

(3) 제2종 근린생활시설 중 다중생활시설

다중생활시설(「다중이용업소의 안전관리에 관한 특별법」에 따른 다중이용업 중 고시원업의 시설로서 국토교통부장관이 고시하는 기준과 그 기준에 위배되지 않는 범위에서 적정한 주거환경을 조성하기 위하여 건축조례로 정하는 실별 최소 면적, 창문의 설치 및 크기 등의 기준에 적합한 것을 말한다)로서 같은 건축물에 해당 용도로 쓰는 바닥면적의 합계가 500㎡ 미만인 것

▶ 다중생활시설 건축기준(국토교통부 고시): 다중이용업 중 고시원업의 시설기준을 정하기 위해 2015. 12. 제정하였다. 주요 내용으로는 ① 각 실별 취사시설 및 욕조 설치는 설치하지 말 것(단, 샤워부스는 가능), ② 다중생활시설(공용시설 제외)을 지하층에 두지 말 것, ③ 시설 내 공용시설(세탁실, 휴게실, 취사시설 등)을 설치할 것, ④ 복도 최소폭은 편복도 1.2미터 이상, 중복도 1.5미터 이상으로 할 것 등이다.

(4) 업무시설 중 오피스텔

오피스텔(업무를 주로 하며, 분양하거나 임대하는 구획 중 일부의 구획에서 숙식을 할 수 있도록 한 건축물로서 국토교통부장관이 고시하는 기준에 적합한 것을 말한다)

➡️ 오피스텔 건축기준(국토교통부 고시) 제2조: 오피스텔은 다음 각 호의 기준에 적합한 구조이어야 한다.
1. 삭제 〈2024.2.23.〉 (즉, '각 사무구획별 발코니를 설치하지 아니할 것'을 삭제하여 발코니 설치를 허용)
2. 다른 용도와 복합으로 건축하는 경우(지상층 연면적 3천㎡ 이하인 건축물은 제외)에는 오피스텔의 전용 출 입구를 별도로 설치할 것. 다만, 단독주택 및 공동주택을 복합으로 건축하는 경우에는 건축주가 주거기 능등을 고려하여 전용출입구를 설치하지 아니할 수 있다.
3. 삭제 〈2024.12.30.〉 (즉, 바닥난방 면적제한을 삭제)
4. 전용면적의 산정방법은 건축물의 외벽의 내부선을 기준으로 산정한 면적으로 하고, 2세대 이상이 공동으 로 사용하는 부분으로서 다음 각목의 어느 하나에 해당하는 공용면적을 제외하며, 바닥면적에서 전용면 적을 제외하고 남는 외벽면적은 공용면적에 가산한다.
  가. 복도·계단·현관 등 오피스텔의 지상층에 있는 공용면적
  나. 가목의 공용면적을 제외한 지하층·관리사무소 등 그 밖의 공용면적
5. 오피스텔 거주자의 생활을 지원하는 시설로서 경로당, 어린이집은 오피스텔에 부수시설로 설치할 수 있다.

---

(5) 숙박시설 중 생활숙박시설

생활숙박시설(「공중위생관리법」제3조제1항 전단에 따라 숙박업 신고를 해야 하는 시설로 서 국토교통부장관이 정하여 고시하는 요건을 갖춘 시설을 말한다)

➡️ 생활숙박시설 건축기준(국토교통부 고시): 생활숙박시설에 대한 건축기준을 정하기 위해 2021. 11. 제 정하였다. 주요 내용으로는 ① 「공중위생관리법 시행규칙」 별표1에서 규정하고 있는 생활숙박업 설비기 준에 적합할 것. ② 프런트데스크, 로비(공용 화장실을 포함한다)를 설치할 것. ③ 관광객을 위한 식음료 시설(레스토랑 등)을 설치할 것. ④ 각 구획별 발코니를 설치할 경우 외기에 개방된 노대 형태로 설치하 여야 하며, 발코니 설치 시 「건축물 피난·방화구조 등의 기준에 관한 규칙」 제17조제4항에 따른 추락방 지를 위한 안전시설을 설치할 것 등이다.

표 1.3.12 유사 제도의 비교

구분	아파트	오피스텔	생활숙박시설
건축물 용도 (건축법)	공동주택	업무시설	숙박시설

구분		아파트	오피스텔	생활숙박시설
근거법률		주택법, 주택공급에 관한 규칙	건축법, 건축물분양법[36]	건축법, 건축물분양법, 공중위생관리법
구분소유		가능	가능	가능
전용면적 산정		안목치수 적용	안목치수 적용	중심선치수 적용
취사		가능	가능	가능
바닥난방		가능	가능	가능
분양방식		공개모집, 인터넷접수	공개모집, 인터넷접수(300실 이상)	공개모집, 인터넷접수 불필요
분양권 전매 (규제지역)		전매 제한	전매 제한(100실 이상)	제한 없음
발코니	설치	필수	가능	가능
	확장	가능	불가	불가
주차장 설치		세대당 1대 이상[37] (60㎡ 이하: 0.7대 이상)	실당 1대 이상 (60㎡ 이하: 0.7대 이상)	시설면적 300㎡당 1대 (조례로 규제 가능)
「주택법」상 분류		주택(공동주택)	준주택	해당 없음
주택의 수 계산		포함	주거용인 경우 포함	비포함
종합부동산세		부과 대상	주거용인 경우 부과 대상	비대상

4) 건축물대장의 해석

건축물대장에는 건축물현황(구조·용도·면적 등)과 소유자현황(소유자의 성명과 주소·소유권 지분 등), 허가일자·착공일자·사용승인일자, 건축물현황도면(건축물의 배치도·각 층의 평면도 등) 등이 표시된다.

허가일자·착공일자 및 사용승인일자 사이의 간격을 살펴보고, 특히 건축물의 구조와 연면적 등에 비해 착공일자와 사용승인일자 사이에 간격이 큰 경우에는 건축공사 중 중단 여부 등을 조사하여야 한다.

---

36 「건축물의 분양에 관한 법률」의 약어이다.
37 「주택건설기준 등에 관한 규정」제27조 참조

제2편 부동산법과 권리

제1장 ▸ 부동산법의 이해

제2장 ▸ 부동산권리

제3장 ▸ 부동산경매

제4장 ▸ 부동산권리분석

제1장

부동산법의 이해

 ## 제1절 | 부동산법의 의의

1 법과 부동산법

1) 법의 개념과 기능

법(法)은 한마디로 강제성을 띤 사회규범이라 할 수 있다. 사회규범으로서 도덕·종교·관습 등과 달리 법은 강제성을 띠므로 누구나 지켜야 할 사회규범이다. 따라서 법을 위반한 때에는 제재를 받는다.

법은 사람의 권리를 보호하고 사회의 질서를 유지하는 가능을 가진다. 사람이 증가하고 도시화·산업화·세계화되면서 법의 기능과 중요성은 더욱 확대되고 있다.

2) 부동산법의 개념

부동산법은 부동산에 관한 법의 총칭으로서, 부동산의 효율적이고 공평한 이용과 분배와 관련한 법률관계를 규율한다. 따라서 부동산법을 체계적으로 연구하는 것은 부동산학의 연구 및 실무활동을 지원하는 역할을 한다. 부동산법은 대상의 다양성 및 내용의 기술성 등으로 인해 일반적인 근거법이 없고 각 분야별·내용별로 이루어진 개별법이 있을 뿐이다. 부동산의 법률관계와 관련된 모든 법을 말하므로 그 범위가 넓고, 경계가 불분명한 경우도 있다.

⓶ 법의 체계

1) 법원(法源)

법원(法源)이란 법의 실질적인 효력근거로 이해되기도 하나(실질적 의미의 법원), 보통은 법의 존재형식 즉 법이 실제로 나타나는 형식과 종류의 뜻으로 사용된다(형식적 의미의 법원). 여기에서 법원은 그 표현형식에 따라 성문법(成文法)과 불문법(不文法)으로 나누어진다.

성문법이란 인위적으로 제정된 법을 말하며, 헌법·법률·명령·자치법규·조약 등이 있다. 한편, 불문법이란 성문법 이외의 법으로서 문장으로 표현되지 않고 자연적·자율적으로 생기는 법을 말하며, 관습법·판례법·조리 등이 있다.

2) 성문법의 내용

(1) 헌법

헌법은 국가의 이념, 조직 및 운영에 관한 근본법으로서 규범 중의 규범의 성질을 갖는 최고의 기본법이다. 헌법은 3권분립론에 따라 국가작용을 기능적 관점에서 입법·집행[1]·사법작용으로 구분하고, 이들 작용을 각기 분리·독립된 입법부·집행부·사법부로 분산시켜 권력상호간에 균형관계가 유지되도록 하고 있다.

부동산과 관련하여 헌법 제23조는 재산권의 보장과 제한에 대해 규정하고 있고, 그 외에 국토의 균형개발과 이용을 위한 계획수립(제120조 제2항), 농지의 경자유전(耕者有田) 원칙(제121조 제1항), 국토의 이용·개발과 보전을 위한 제한과 의무(제122조)에 대해 규정하고 있다.

(2) 법률

법률은 넓은 의미에서는 법 일반을 말하는 것이나, 좁은 의미에서는 입법기관인 국회에서 제정된 성문법을 뜻한다. 법률은 헌법의 하위에 있으므로 헌법에 위반되면 무효이다. 법률이 헌법에 위반되는가의 여부에 대한 심판은 헌법재판소가 담당한다. 다만, 법원의 위헌심판제청이 있어야 가능하다.

---

[1] 집행은 협의의 행정과 통치행위를 포괄하는 개념이다.

(3) 명령

명령은 국회의 의결을 거치지 않고 행정기관에 의하여 제정된 국가의 법령을 말한다. 명령은 내용에 따라 법규명령과 행정규칙(행정명령이라고도 한다)으로 구분한다. 법규명령은 법령상의 위임(수권)에 근거하여 행정기관이 제정한 것으로 대부분 국민에 대한 구속력이 있다. 법규명령은 제정권자에 따라 대통령이 제정하는 대통령령, 국무총리가 제정하는 총리령, 행정 각부의 장관이 제정하는 부령으로 구분된다. 대통령령을 시행령, 총리령과 부령을 시행규칙이라고도 한다. 부동산 관련 법률들 대부분이 시행령과 시행규칙이 있다. 한편, 행정규칙은 행정기관의 고유한 권능에 근거하여 제정한 것으로 대부분 행정기관 내부를 규율하는데 그치고 국민에 대한 구속력은 없다.[2] 행정규칙은 대부분 훈령·예규·고시의 형식으로 발령된다.

(4) 자치법규

자치법규에는 지방의회가 법령의 범위 내에서 의결을 거쳐 제정한 조례(條例)와 지방자치단체의 장이 법령 또는 조례가 위임한 범위 내에서 그 권한에 속하는 사무에 관하여 정한 규칙이 있다(지방자치법 29). 도시·군계획조례, 건축조례 등이 그 예이다.

(5) 소결

이상에서 설명한 헌법, 법률, 명령, 자치법규(조례·규칙)는 그 순서대로 단계를 가지고 있다. 따라서 법 적용에 있어 상위법이 하위법에 우선한다. 이를 상위법 우선의 원칙이라 한다. 한편, 자치법규는 헌법, 법률, 명령과 달리 해당 지방자치단체의 관할 구역에서만 효력을 가진다. 예컨대 도시·군계획조례의 경우 각 특별시·광역시·특별자치도·특별자치시·시 또는 군(郡)마다 제정되어 있고 서로 간에 그 내용이 다를 수 있으므로 어떤 지역에서 부동산활동을 할 경우에는 해당 지역의 조례를 확인하여야 한다.

---

[2] 헌법의 취지상 국민의 권리나 의무에 관련된 내용은 법률로 규율하거나 또는 법령상의 위임에 의한 법규명령으로 규율해야 하나, 법령상의 위임에 의하지 않은 행정규칙으로 이를 규율하는 것이 많다. 이와 같은 행정규칙은 헌법의 취지에 맞게 빨리 정비되어야 할 것이다.

표 2.1.1   성문법의 체계

구분		내용	효력
헌법		• 최고(最高)의 법(국가의 최상위 규범) • 국민이 제정(개정 절차: 제안 → 국회의결 → 국민투표)	전국
법률		국회가 제정한 법	
명령		• 행정부가 제정한 법 • 법규명령(예: 대통령령·총리령·부령)과 행정규칙으로 구분	
자치 법규	조례	지방의회가 제정한 법	해당 지방자치단체 관할 구역
	규칙	지방자치단체의 장이 제정한 법	

3) 불문법의 내용

(1) 관습법

관습법은 일정한 사실이 반복되어 일반인의 법적 확신 또는 법적 인식을 수반하여 국가에 의해 법으로서 시인되는 성문화되지 않은 것을 말한다.

하나의 관행으로서 특정한 사람들에 의해 행해지고 있는 관습 가운데서 국가의 힘에 의해 그에 대한 준수가 절대로 필요하다고 인정되어 강제력을 갖는 경우에 관습법이 되는 것이다.

「민법」 제1조는 '민사에 관하여 법률의 규정이 없으면 관습법에 의하고 관습법이 없으면 조리에 의한다'고 규정하고 있다.

관습법으로서 인정되는 것으로는 분묘기지권, 관습법상 법정지상권, 명인방법 등이 있다.

(2) 판례법

판례법은 법원의 판결 그 자체가 아니라, 일정한 법률문제에 동일한 취지의 판결이 반복됨으로써 법원으로서 인정하는 경우에 성립되는 불문법이다. 불문법주의인 영미법계에서는 판례는 그 자체가 선례가 되어 곧 판례법으로서 법원이 되지만, 성문법주의인 대륙법계에서는 엄밀한 의미에서 법원성이 부정되고 관습법의 발생을 촉구하거나 실정법 해석에 있어 해석의 기준이 되는 데 그칠 것이다.

(3) 조리(條理)

조리란 사물의 합리성, 본질적 법칙으로서 사회 공동생활에 있어서 이성에 의하여 승인된 원리를 말하며, 사회통념·경험(법)칙·선량한 풍속 기타 사회질서 등으로 표현되기도 한다. 조리의 예로는 비례의 원칙(과잉금지의 원칙), 평등의 원칙, 신뢰보호의 원칙, 신의성실의 원칙 등이 있다.

③ 부동산법의 분류

1) 법익이나 성질에 따른 분류

법을 공법(公法)과 사법(私法)으로 나누는 것은 로마법 이래의 전통적인 분류로서 공법은 공익적·국가적·강제적·복종적 관계의 규율을 내용으로 하고, 사법은 사익적·개인적·자율적·평등적 관계를 내용으로 하는 특색이 있다. 공·사법의 구별 필요성은 소송절차, 즉 행정소송으로 할 것인가 또는 민사소송으로 할 것인가를 결정하기 위해 필요하고, 구체적 법률관계에 적용할 법규나 법원칙을 결정하기 위하여 필요하다.

부동산법도 법익이나 성질을 기준으로 부동산공법과 부동산사법으로 구분할 수 있다. 현대 복리국가에 있어서는 재산권의 사회성이 강조되고 공공복리 증진을 위한 공법적 제한이 보다 확대·강화되고 있어 국토공간의 이용·보전·개발 등에 관한 공법적 법률인 부동산공법은 그 수가 매우 많다. 한편 부동산사법으로는 「민법」과 민사특별법 및 민사부속법 등이 있다. 「민법」은 총칙, 물권, 채권, 친족, 상속의 5편으로 구성되어 있고, 그 중에서 총칙, 물권 및 채권의 일부가 부동산사법으로 분류되며, 「민법」의 규정을 보충·수정하는 민사특별법으로는 「주택임대차보호법」, 「상가건물임대차보호법」, 「가등기담보 등에 관한 법률」, 「집합건물의 소유 및 관리에 관한 법률」 등이 있으며, 「민법」상의 제도들을 구체적으로 실현하기 위한 민사부속법으로 「부동산등기법」 등이 있다.

2) 분야에 따른 분류

부동산과 관련된 법률은 매우 다양하며, 이를 분야에 따라 구분하여 예시하면 다음과 같다.

표 2.1.2   부동산 관련 법률

구분	관련 법률(예시)
부동산소유	가등기담보 등에 관한 법률, 공장 및 광업재단저당법, 민법, 민사집행법, 부동산등기법, 부동산등기 특별조치법, 부동산 실권리자명의 등기에 관한 법률, 상가건물 임대차보호법, 입목에 관한 법률, 주택임대차보호법, 집합건물의 소유 및 관리에 관한 법률 등
부동산이용	국토기본법, 국토의 계획 및 이용에 관한 법률, 개발제한구역의 지정 및 관리에 관한 특별조치법, 농지법, 군사기지 및 군사시설 보호법, 도시공원 및 녹지 등에 관한 법률, 산림기본법, 산림자원의 조성 및 관리에 관한 법률, 산지관리법, 수도권정비계획법, 자연공원법, 접경지역 지원 특별법, 토지이용규제기본법, 환경영향평가법 등
부동산개발	건축법, 공공주택특별법, 공익사업을 위한 토지 등의 취득 및 보상에 관한 법률, 개발이익환수에 관한 법률, 농어촌정비법, 도시개발법, 도시 및 주거환경정비법, 도시재정비 촉진을 위한 특별법, 물류시설의 개발 및 운영에 관한 법률, 빈집 및 소규모주택 정비에 관한 특례법, 사회기반시설에 대한 민간투자법, 산업입지 및 개발에 관한 법률, 역세권의 개발 및 이용에 관한 법률, 재건축초과이익 환수에 관한 법률, 지역 개발 및 지원에 관한 법률, 택지개발촉진법 등
부동산관리	건축기본법, 건축물관리법, 건축물의 분양에 관한 법률, 공간정보의 구축 및 관리 등에 관한 법률, 공공토지의 비축에 관한 법률, 공동주택관리법, 공유재산 및 물품관리법, 국유재산법, 민간임대주택에 관한 특별법, 부동산 가격공시에 관한 법률, 부동산 거래신고 등에 관한 법률, 지하안전관리에 관한 특별법 등
부동산조세	국세기본법, 농어촌특별세법, 부가가치세법, 상속세 및 증여세법, 소득세법, 조세특례제한법, 종합부동산세법, 지방세기본법, 지방세법, 지방세특례제한법 등
부동산산업	감정평가 및 감정평가사에 관한 법률, 공인중개사법, 부동산개발업의 관리 및 육성에 관한 법률, 부동산서비스산업 진흥법, 부동산투자회사법, 자본시장과 금융투자업에 관한 법률, 자산유동화에 관한 법률, 주택도시기금법, 한국주택금융공사법 등

제2절 | 부동산법의 기초용어

1 권리·의무의 주체

권리·의무의 주체는 법적 개념에 속하며, 사람과 법인이 있다. 여기서 권리의 주체가 될 수 있는 자격을 권리능력이라 한다.

첫째, 사람은 감정표현·언어생활·직립보행을 모두 할 수 있는 동물을 말한다. 학문적으로 자연인이라고도 하며, 법령에서는 개인이라는 용어로도 많이 쓴다. 사람 중 19세 이상인 자를 성년자라 하며, 19세 미만인 자를 미성년자라 한다.

둘째, 법인(法人)은 사람이 아니면서 법률에 의해 권리능력이 인정된 사람이나 재산의 결합체를 말한다. 따라서 법인은 법률에 의해서만 성립할 수 있으며, 그 성립에는 등기가 필요하다. 법인은 다음의 표와 같이 다양한 기준에 의해 분류할 수 있다.

표 2.1.3 법인의 구분

구분 기준	구분 내용	사 례
결합체의 실체기준	• 사단법인: 사람의 결합체	한국감정평가사협회, 주식회사
	• 재단법인: 재산의 결합체	학교법인, ○○장학재단
영리 목적의 여부 기준	• 영리법인: 법인의 이익을 구성원[3]에게 분배하는 것을 목적으로 하는 법인	주식회사, 협동조합[4]
	• 비영리법인: 영리법인이 아닌 법인	(모든 재단법인), 사회적협동조합
근거법률 기준	• 일반법인: 「민법」과 「상법」에 의해 설립된 법인	○○장학재단, 주식회사,
	• 특수법인: 그 이외의 법률에 의해 설립된 법인	한국부동산원, 재건축조합

한편, 사람과 법인을 비교하면 다음의 표와 같다.

표 2.1.4 사람과 법인의 비교

구분	사람	법인
권리능력의 존속기간	출생에서 사망까지 존속	설립등기에서 청산 종료까지 존속
	유한함	영속적임
권리능력의 제한	없음	성질상 생명권·상속권 등을 가질 수 없음

---

3 여기서 구성원은 법인의 구성원으로서 사원(社員)을 말하며(주식회사의 경우 주주) 법인에 근무하는 직원을 말하는 것이 아니다. 재단법인은 이익을 분배할 사원이 없으므로 영리법인이 될 수 없다.

4 여기서의 협동조합은 「협동조합 기본법」상 협동조합을 말한다. 한편, 「법인세법」에서는 특별법에 의해 설립된 법인으로서 ① 「농업협동조합법」에 따라 설립된 조합, ② 「산림조합법」에 따라 설립된 산림조합, ③ 「신용협동조합법」에 따라 설립된 신용협동조합, ④ 「새마을금고법」에 따라 설립된 새마을금고 등에 대해서는 그 구성원에게 이익을 배당함에도 비영리법인으로 규정하였다(법률 제2조제2호 및 동법시행령 제2조제1항).

구분	사람	법인
법률행위	스스로 함	기관(이사)을 통해 함
	대리(代理) 가능	대리(代理) 가능
제한능력자제도	있음	없음
형벌	제한 없음	성질상 생명형·자유형 등을 부과할 수 없음

ㄹ 행정의 행위형식

1) 개요

현대국가에 이르러 행정기능이 확대됨에 따라 행정목적달성을 위한 행정수단이 다양화되었다. 즉, 전통적으로 행정의 행위형식은 행정입법과 행정행위에 한정되었으나, 행정계획·공법상 계약·행정지도·행정상 사실행위 등이 새로운 행위형식으로 등장하였다.

2) 유형

첫째, 행정입법은 행정주체가 일반적·추상적 규범을 정립하는 작용을 말하며, 위임입법이라고도 한다. 행정입법은 법규명령과 행정규칙으로 구분할 수 있다. ① 법규명령은 상위 법령의 수권에 근거하여 행정부가 정립하는 대외적 구속력이 있는 규범을 말한다. 법규명령에는 대통령령·총리령·부령 등이 있다. ② 행정규칙은 행정조직 내부에서 행정의 사무처리 기준으로 제정된 대외적 구속력이 없는 규범을 말한다. 실무상 훈령·예규 등이 이에 해당한다.

둘째, 행정행위는 일반적으로 행정주체가 공법영역에 속하는 구체적 사실을 규율하기 위하여 외부에 대하여 직접적인 법적효과를 발생시키는 권력적 단독행위를 말한다. 행정행위는 가장 핵심적인 행정의 행위형식이라 할 수 있으며, 법률행위적 행정행위와 준법률행위적 행정행위로 구분한다. ① 법률행위적 행정행위는 다시 명령적 행정행위와 형성적 행정행위로 구분한다. 명령적 행정행위에는 하명(下命), 허가, 면제가 있고, 형성적 행정행위에는 특허, 인가, 대리(代理)가 있다. ② 준법률행위적 행정행위에는 확인, 공증, 통지, 수리(受理)가 있다.

셋째, 행정계획은 행정주체가 일정한 행정활동을 위한 목표를 설정하고, 그 행정목표를 달성하기 위한 활동기준을 설정하는 것을 말한다. 행정계획의 예로는 국토종합계획, 도시·군계획, 주거종합계획 등이 있다.

넷째, 공법상 계약은 공법적 효과의 발생을 목적으로 하는 복수 당사자의 의사의 합치에 의해 성립하는 계약을 말한다. 공법상 계약은 계약의 주체에 따라 행정주체 상호 간의 공법상 계약(예: 지방자치단체 사이의 사무 위탁), 행정주체와 사인(私人)간의 공법상 계약(예: 행정청인 사업시행자와 보상대상자 사이의 보상계약), 공무수탁사인(公務受託私人)[5]과 사인간의 공법상 계약(예: 공무수탁사인인 사업시행자와 보상대상자 사이의 보상계약)으로 구분할 수 있다.

다섯째, 행정지도는 행정주체가 그 소관사무의 범위에서 일정한 행정목적을 실현하기 위해 특정인에게 일정한 행위를 하거나 하지 아니하도록 지도·권고·조언 등을 하는 행정 작용을 말한다. 따라서 행정지도는 국민의 임의적인 협력을 전제로 하는 비권력적 사실행위이다.

여섯째, 행정상 사실행위는 일정한 법적 효과의 발생을 목적으로 하는 것이 아니라 사실상의 효과나 결과의 실현을 목적으로 하는 행정작용을 말한다. 행정상 사실행위는 권력적 사실행위와 비권력적 사실행위로 구분할 수 있다. ① 권력적 사실행위의 예로는 행정 대집행의 실시, 전염병환자의 격리조치 등이 있다. ② 비권력적 사실행위의 예로는 인구주택총조사, 쓰레기 수거 등이 있다.

3) 행정행위의 구분

(1) 행정청의 재량 유무에 따른 구분

행정행위는 행정청의 재량 유무에 따라 기속행위(羈束行爲)와 재량행위(裁量行爲)로 구분할 수 있다.

첫째, 기속행위는 법규의 집행에 있어 행정청의 재량의 여지가 허용되지 않고 법규가 정한 행위요건이 충족되면 행정청은 법규가 정한 바를 단순히 집행하는 데 그치는 행정행위를 말한다.

둘째, 재량행위란 행정행위를 행할 것인가, 또는 행한다면 어떤 내용으로 할 것인가를 결정함에 있어 행정청에게 자유로운 재량이 인정되는 행정행위를 말한다. 재량행위는 다시 기속재량과 자유재량으로 나누는 것이 보통이다. 기속재량은 구체적인 경우에 무엇이

---

5 공무수탁사인은 행정주체로서의 지위를 부여받은 사인(私人)을 말한다. 공익사업에 있어 민간의 사업시행자, 표준지공시지가업무에 있어 감정평가사 등이 그 예이다.

법인가의 문제에 관한 행정청의 재량(→ 무엇이 법인가의 재량, 즉 법의 해석판단에 관한 것)을 말하며, 법규재량이라고도 한다. 자유재량은 구체적인 경우에 무엇이 공익에 적합한가의 문제에 관한 행정청의 재량(→ 무엇이 공익에 적합한가의 재량)을 말하며, 공익재량이라고도 한다.

기속행위와 기속재량행위를 잘못하면 위법행위가 되고 따라서 행정소송의 대상이 되나, 자유재량행위를 잘못하는 경우는 단순히 부당의 문제가 생기는 데 그치고 행정행위를 위법하게 만들지는 않으므로 행정심판의 대상은 되지만 행정소송의 대상은 안 된다. 다만 자유재량행위라도 재량권의 한계를 넘거나 그 남용이 있는 때에는 법원이 이를 취소할 수 있다. 어떤 행정행위가 기속행위인지 재량행위인지는 일률적으로 규정 지을 수는 없고, 당해 처분의 근거가 된 규정의 형식·체제 또는 문언에 따라 개별적으로 판단하여야 한다.

(2) 행정행위의 내용에 따른 구분

행정행위의 내용과 관련하여 특허·허가·인가 등의 구분이 필요하다.

첫째, 특허(特許)는 행정청이 특정인을 위해 특정의 권리를 설정하는 행정처분[6]을 말한다. 여기서 특허는 학문상 용어로 법령에서는 특허라고 표현하는 경우는 드물고, 허가, 인가, 면허 등의 용어가 혼용되고 있다. 특허의 예로는 공기업 특허, 행정재산의 사용허가, 조합설립인가, 도로점용허가, 어업면허, 공익사업의 사업인정 등이 있다. 한편, 「특허법」상의 특허는 행정청이 특정 발명의 독점적 실시를 특정인에게 부여하는 행정처분을 말한다.

둘째, 허가(許可)는 행정청이 법령에 의해 일반적으로 금지되어 있는 행위를 특정의 경우에 해제하여 그 행위를 할 수 있도록 하는 행정처분을 말한다. 여기서 허가는 학문상 용어로 법령에서는 허가, 인가, 면허, 승인 등의 용어가 혼용되고 있다. 허가의 예로는 개발행위허가, 건축허가, 농지전용허가, 영업허가, 운전면허 등이 있다.

셋째, 인가(認可)는 행정청이 제3자의 법률행위를 동의하여 그 행위의 효력을 완성시키는 행정처분을 말한다. 여기서 인가는 학문상 용어로 법령에서는 인가, 허가, 승인 등의 용어가 혼용되고 있다. 인가의 예로는 정비사업의 사업시행인가, 환지계획인가, 토지거래허가, 주택건설사업의 사업계획승인 등이 있다.

---

[6] 행정처분은 행정청이 행하는 구체적 사실에 관한 법집행으로서의 공권력의 행사 또는 그 거부와 그밖에 이에 준하는 행정작용을 말한다(행정소송법 2 ①).

특허, 허가, 인가의 비교

구분		특허	허가	인가
행위의 성질		형성적 행위	명령적 행위	형성적 행위
		상대방을 위한 행위	상대방을 위한 행위	제3자를 위한 행위
		재량행위의 성격이 강함	기속행위의 성격이 강함	근거법령에 따라 다름
행위의 효과		유효요건	적법요건	유효요건
		법률상 이익 발생	금지행위의 해제 (반사적 이익 발생)	법률행위의 효력 발생
행위의 상대방		특정인	특정인·불특정인 모두 가능	특정인
신청의 유무		신청을 전제	신청 없이도 가능	신청을 전제
권리의 이전성		이전 가능	이전 가능	이전 불가능
사례		조합설립인가, 도로점용허가, 공익사업의 사업인정	개발행위허가, 건축허가, 농지전용허가	정비사업의 사업시행인가, 환지계획인가, 토지거래허가

여기서 유효요건은 그 행정처분이 없이 행하면 효력을 발생하지 아니하는 데 그치고 처벌의 문제는 생기지 않는 것이 원칙이다. 반면, 적법요건은 당해 행정처분을 요하는 행위를 그 행정처분 없이 행하는 것은 위법으로서 법령이 정하는 내용에 따라 처벌의 대상이 되고, 그 효력은 부인되지 않는 것이 원칙이다.

한편, 사람과 법인이 행정청에 일정한 사실을 통지하는 행위를 신고(申告)라 한다. 신고의 예로는 건축신고, 착공신고, 철거신고, 부동산거래신고, 농지전용신고 등이 있다.

③ 그 밖의 용어

1) 수도권

수도권은 서울특별시, 인천광역시 및 경기도를 말한다(수도권정비계획법 2). 「수도권정비계획법」은 수도권에 과도하게 집중된 인구와 산업을 적정하게 배치하도록 유도하여 수도권을 질서 있게 정비하고 균형 있게 발전시키는 것을 목적으로 제정(1982. 12.)되었다.

수도권은 인구와 산업을 적정하게 배치하기 위하여 과밀억제권역, 성장관리권역, 자연보전권역으로 구분한다.

표 2.1.6 **수도권의 권역 구분**

구분	내용	권역의 범위[7]
과밀억제권역	인구와 산업이 지나치게 집중되었거나 집중될 우려가 있어 이전하거나 정비할 필요가 있는 지역	• 서울특별시 전체 • 인천광역시 일부 • 경기도 일부
성장관리권역	과밀억제권역으로부터 이전하는 인구와 산업을 계획적으로 유치하고 산업의 입지와 도시의 개발을 적정하게 관리할 필요가 있는 지역	• 인천광역시 일부 • 경기도 일부
자연보전권역	한강 수계의 수질과 녹지 등 자연환경을 보전할 필요가 있는 지역	• 경기도 일부

2) 도시지역

도시지역은 다양한 뜻으로 쓰이고 있으나 「국토의 계획 및 이용에 관한 법률」(약어로 국토계획법이라 한다)에서는 용도지역의 하나로서 '인구와 산업이 밀집되어 있거나 밀집이 예상되어 그 지역에 대하여 체계적인 개발·정비·관리·보전 등이 필요한 지역'에 지정한 것을 말한다(법률 6). 구체적으로 도시지역에는 주거지역·상업지역·공업지역·녹지지역이 속한다.

한편, 도시지역에 속하지 않는 용도지역을 통틀어서 도시지역 외의 지역 또는 비도시지역이라 한다. 도시지역 외의 지역에는 관리지역·농림지역·자연환경보전지역이 속한다.

---

7 권역 구분의 자세한 내용은 「수도권정비계획법령」 [별표 1] 참조.

제2장

부동산권리

제1절 | 부동산권리의 의의

1 부동산권리의 의의

1) 부동산권리의 개념과 내용

권리는 일정한 이익에 대한 법률상의 힘이라 할 수 있으므로 부동산권리는 부동산에 대한 물권·채권 등 경제적 이익을 내용으로 하는 권리를 말한다. 근대 자본주의사회는 재화에 대한 사적 지배(私的 支配)와 그의 자유로운 교환을 전제로 형성되었는데, 이를 위한 법적 제도가 소유권과 계약이며, 여기서 전자를 규율하는 것이 물권법이고 후자를 규율하는 것이 채권법이다.[8]

물권(物權)은 권리자가 물건[9]을 직접 지배하여 이익을 얻는 배타적 권리로서, 법률(또는 관습법)에 의해서만 성립한다(物權法定主義). 물권은 직접적·배타적 지배성, 절대성 및 양도성의 성질을 가지며, 이 성질에서 우선적 효력과 물권적 청구권의 효력이 나온다.

채권(債權)은 특정인(= 채권자)이 다른 특정인(= 채무자)에게 일정한 행위를 청구할 수 있는 권리로서, 계약과 법률의 규정에 의해 발생한다. 여기서 권리로서의 채권(債權)과 권리를 표시한 증권으로서의 채권(債券)은 구별하여야 한다.

---

8 김준호(2014), 민법강의, 법문사, p.467.

9 「민법」에서 물건이란 유체물 및 전기 기타 관리할 수 있는 자연력을 말하며, 크게 부동산과 동산으로 구분된다.

1) 채권(債權, credit): 특정인(= 채권자)이 다른 특정인(= 채무자)에게 일정한 행위를 청구할 수 있는 권리를 말한다. 채권의 목적인 채무자의 행위를 강학상 급부라고 하며, 급부의 유형에는 행위·이행·지급 등이 있다.

2) 채권(債券, bond): 자금을 조달하면서 발행한 증서를 말한다. 즉, 일정한 날짜에 일정한 금전을 지급하겠다고 약속하고 발행한 차용증서이다. 여기서 채권(債券)은 금전채권(金錢債權)을 표시한 증서라 할 수 있다. 채권(債券)은 권리(즉, 금전채권)와 증권을 결합한 것으로 권리의 행사와 이전을 원활하게 할 수 있다. 한편, 주식 회사의 출자에 대해 발행한 증서를 주식이라 한다.

하나의 독립된 물건에는 하나의 물권만이 성립한다(一物一權主義). 따라서 시간적으로 앞서 성립한 물권은 뒤에 성립한 물권에 우선한다. 그리고 물권과 채권 상호 간에는 그 성립시기를 불문하고 항상 물권이 우선하며(물권의 우선적 효력), 채권 상호 간에는 동일채무자에 대한 수개의 채권은 그 발생원인·발생시기·채권액을 불문하고 평등하다(채권자평등의 원칙).

표 2.2.1   물권과 채권의 비교

구분	물권(物權)	채권(債權)
분류	• 재산권 • 지배권(물건에 대한 지배) • 절대권(모든 사람에게 주장)	• 재산권 • 청구권(사람에 대한 청구) • 상대권(특정인에 대해서만 주장)
대상	물건(→ 대물권)	사람(→ 대인권)
목적	물건의 지배	채무자의 행위
성립	법률 또는 관습법(물권법정주의가 적용)	• 계약(계약자유의 원칙이 적용) • 법률의 규정(사무관리·부당이득·불법행위)
특징	일물일권주의(一物一權主義)	–
공시	필요	불필요
양도성	자유로움	제한가능
효력	성립순위에 따라 우선적 효력	채권자 평등주의
경합	물권과 채권 경합 시: 물권이 우선	

2) 부동산물권의 종류

「민법」에 규정된 물권의 종류는 점유권·소유권·지상권·지역권·전세권·유치권·질권·저당권의 8가지가 있으며, 「민법」 이외의 법률이 인정하는 물권으로는 상사유치권·선박저당권(상법), 입목저당권(입목에 관한 법률), 공장저당권·공장재단저당권·광업재단저당권(공장 및 광업재단저당법), 자동차저당권·건설기계저당권·항공기저당권(자동차 등 특정동산 저당법), 가등기담보권·양도담보권(가등기담보 등에 관한 법률), 동산담보권·채권담보권(동산·채권 등의 담보에 관한 법률), 광업권·조광권(광업법), 어업권(수산업법), 양식업권(양식산업발전법) 등이 있다. 또한 관습법에 의해 인정되는 것으로는 분묘기지권과 관습법상 법정지상권 등이 있다.

「민법」에 규정된 물권 중 질권을 제외한 7개가 부동산물권에 속한다.

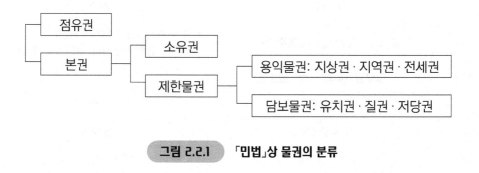

그림 2.2.1 「민법」상 물권의 분류

(1) 점유권(占有權)

물건을 사실상 지배하는 것이 점유이고, 여기에 권리로서의 물권을 인정하는 것이 점유권이다. 본권인 소유권과 제한물권은 물건의 사용가치 또는 교환가치로부터 적극적으로 일정한 이익을 얻는 것을 내용으로 하는 데 반해, 점유권은 단지 물건에 대한 사실적 지배의 상태를 그대로 보호하는 것을 내용으로 한다.

점유자가 점유물에 대하여 행사하는 권리는 적법하게 보유한 것으로 추정한다. 또한 선의의 점유자는 점유물의 과실을 취득하며, 점유물이 멸실 또는 훼손된 때에 선의의 점유자는 이익이 현존하는 한도에서 배상하면 되고, 점유물을 반환할 때에는 회복자에 대해 비용 상황을 청구할 수 있다. 점유가 침해된 경우에는 점유보호청구권이 있다.

(2) 소유권(所有權)

소유권은 법률의 범위 내에서 소유물을 사용·수익·처분할 수 있는 권리이다. 먼저, 사용은 어느 누구의 간섭을 받지 않고 물건을 사용하고 향유하는 것을 말하며, 보유·이용·개발이 포함된다. 둘째, 수익은 물건으로부터 생기는 과실을 수취하는 것을 말하며, 과실에는 천연과실과 법정과실이 있다. 셋째, 처분은 물건의 소비·변형·파괴 등의 사실적 처분을 하거나, 물건의 양도 또는 담보 설정 등의 법적 처분을 하는 것을 말한다.

물권은 물건을 지배하는 권리로서 여기에는 사용가치를 얻는 것과 교환가치를 얻는 것이 포함된다. 사용·수익은 전자에, 처분은 후자에 속하는 것인데, 소유권은 이 양자를 모두 가지는 점에서 어느 하나의 권능만을 가지는 제한물권에 비해 완전한 물권으로 평가된다.

한편, 소유권은 완전성·혼일성·탄력성·항구성의 특성이 있다.

① 완전성: 제한물권과는 달리 소유권은 물건이 가지는 사용가치와 교환가치의 전부에 대해 전면적으로 미친다.

② 혼일성(渾一 性): 소유권은 사용·수익·처분 등 제 권능의 단순한 집합이 아니라 이러한 권능은 혼일한 지배권능에서 흘러나오는 것이다.

③ 탄력성: 소유권은 일시적으로 그 권능의 행사가 제한받기도 하지만 그 제한이 해소되면 곧바로 본래의 상태로 되돌아간다. 예컨대 어떤 부동산에 지상권이나 전세권이 설정되는 경우 그 존속기간 동안 소유자의 사용권능 행사가 제한받지만 존속기간이 만료하면 다시 소유자의 사용권능이 회복된다.

④ 항구성: 소유권은 존속기간이 없으며, 제3자의 취득시효로 인해 상대적으로 소유권을 잃을 수는 있어도 그 자체 소멸시효에 걸리지는 않는다.

➡️ 소멸시효는 권리를 행사할 수 있음에도 불구하고 권리불행사의 상태가 일정한 기간 계속됨으로써 권리가 소멸하는 제도이다. 따라서 시효로 권리가 소멸하려면 ① 권리가 소멸시효의 목적이 될 수 있는 것이어야 하고(소멸시효에 걸리는 권리), 소멸시효에 걸리는 권리는 채권과 소유권 이외의 재산권이며, 소유권 이외의 재산권 중 소멸시효에 걸리는 것은 지상권·지역권이다(용익물권 중 전세권은 그 존속기간이 10년을 넘지 못하므로 20년의 소멸시효에 걸리는 일은 없다). ② 권리자가 권리를 행사할 수 있음에도 불구하고 행사하지 않아야 하며(권리의 불행사), ③ 그 권리불행사의 상태가 일정기간 계속되어야 한다(소멸시효기간).

소멸시효기간은 보통의 채권은 10년이며, 상행위로 생긴 채권은 5년이다(상법 64). 또한 소유권 이외의 재산권은 20년이다. 한편 3년(예: 의사의 진료비, 전기요금 등) 또는 1년(예: 음식료, 수업료 등)의 단기 소멸시효에 걸리는 채권도 있다(민법 163 및 164).

영미법에서는 소유권을 혼일적 권리로 파악하는 것이 아니라 사용·수익·처분의 제 권리가 하나로 통합되어 있는 권리로 파악하므로 소유권은 그 부분적인 권리가 독립된 권리로 분리될 수 있다. 토지소유권에서 개발권을 분리하여 양도할 수 있는 제도가 개발권양도제(TDR: Transferable Development Rights)인데, 우리나라에서는 시행되지 않고 있다.

➡️ 용어의 구별

1) 개발권양도제: 개발을 제한할 필요가 있는 지역의 토지소유권에서 개발권을 분리하여 당해 지역에서는 이를 행사하지 못하도록 하는 대신 개발이 필요한 다른 지역에서 행사하거나 타인에게 양도할 수 있도록 하는 제도이다. 개발권양도제는 일정한 토지이용규제가 적용되는 지역에 대해 실시되는데, 개발을 제한하는 지역(송출지역)의 토지소유자에 대해 당해 토지를 개발하지 못하게 하는 대신, 그에 상당하는 개발권을 부여하여 개발을 유도하는 지역(수용지역) 안에서 행사할 수 있도록 허용한다. 이에 따라 토지소유자는 수용지역에서 개발권을 직접 행사하거나 타인에게 양도하여 송출지역 토지에서 발생하는 손실을 보전한다. 이때 수용지역은 개발압력이 커서 장래 개발이 집중될 것으로 예상되는 지역으로 선정하여 이 지역에서 개발권을 보유하고 있으면 법정밀도 이상의 개발을 허용한다. 현행 「민법」은 토지소유권을 포괄적·일체적 지배권으로 규정하고 있으므로 「민법」의 개정 없이는 우리나라에서 시행되기는 어렵다.

2) 결합건축제: 건축물의 용적률을 개별 대지마다 적용하지 아니하고, 일정한 요건을 충족하는 2개 이상의 대지를 대상으로 통합적용하여 건축할 수 있는 제도이다. 예컨대 용적률 300%인 대지의 건축주가 인근 다른 대지의 건축주로부터 용적률 100%를 이전받아 용적률 400%로 건축할 수 있다. 결합건축제는 2016. 1. 「건축법」 개정 때 건축투자시장 활성화를 위해 도입된 제도로서 인근 대지끼리 용적률을 이전할 수 있어 해외의 '개발권양도제'와 구별하여 '용적률거래제'로 부르기도 한다.

3) 이축권(移築權): 개발제한구역 지정 당시부터 있던 주택, 공장 또는 종교시설이 공익사업의 시행에 따라 철거되는 등 일정한 사유가 있는 경우 인근의 다른 지역으로 옮겨 건축할 수 있는 권리를 말한다(「개발제한 구역법」 12 참조). 부동산실무에서는 '딱지' 또는 '용마루'로 불리기도 하며, 이축가능지역 등에 따라 웃돈이 붙어 거래된다.

(3) 용익물권(用益物權)

용익물권은 타인의 물건을 일정한 범위 내에서 사용·수익하는 것을 내용으로 하는 권리로서, 물건의 사용가치만을 지배하며, 지상권·지역권·전세권이 있다.

먼저, 지상권(地上權)은 타인의 토지에 건물 기타 공작물이나 수목을 소유하기 위하여 그 토지를 사용하는 권리이다. 지상권은 당사자 간의 지상권설정계약과 등기에 의해 성립하며(약정지상권), 그 외에 일정한 경우 법률의 규정에 의해 지상권이 성립한 것으로 간주되는 법정지상권과 관습법에 의해 인정되는 관습법상의 법정지상권이 있고, 지상권과 유사한 것으로 분묘기지권이 있다. 한편, 토지의 지하 또는 지상의 공간에 상하의 범위를 정하여 건물 기타 공작물을 소유할 목적으로 인정되는 구분지상권이 있다.

둘째, 지역권(地役權)은 일정한 목적을 위하여 타인의 토지를 자기 토지의 편익에 이용하는 권리이다. 여기서 편익을 얻는 토지를 요역지(要役地)라 하고, 편익을 주는 토지를 승역지(承役地)라 한다. 토지의 편익의 종류에는 제한이 없으며, 용수·통행 이외에 조망이나 일조를 위한 지역권도 가능하다. 지역권은 실제 활발하게 활용되지 못하는데 이는 소유권의 한계로서 정한 상린관계의 규정이 실질적으로 지역권의 기능을 담당하고 있고, 지역권 설정의 법률관계가 애매하고 구체적이지 못하기 때문이다.

셋째, 전세권(傳貰權)은 전세금[10]을 지급하고 타인의 부동산을 점유하여 사용·수익하며, 그 부동산 전부에 대하여 후순위권리자 기타 채권자보다 전세금을 우선변제 받을 수 있는 권리이다. 따라서 전세권은 용익물권적 성격(사용·수익권)과 담보물권적 성격(우선변제권)을 동시에 가진다. 전세권은 관습법상 인정되어 오던 전세제도를 물권화한 것으로 우리나라 특유의 제도이나, 실제는 경제적으로 강자인 부동산소유자가 등기하는 것을 기피하여 전세권보다는 채권적 전세(=미등기전세)가 더 많이 행해지고 있다. 따라서 채권적 전세를 적절히 규율하여 「민법」에 대한 특례를 규정함으로써 국민의 주거생활 또는 경제생활의 안정을 보장하기 위해 「주택임대차보호법」과 「상가건물임대차보호법」이 제정되었다. 이들 특별법에서는 임차인 보호를 위해 대항력, 우선변제권, 최우선변제권 등을 규정하고 있다.[11]

여기서 전세권과 특별법상의 우선변제권을 비교하면 다음의 표와 같다.

---

10 전세금은 전세권자가 전세권 설정자에게 교부하는 금전으로서, 전세권이 소멸하는 때에는 다시 그 반환을 받게 된다. 따라서 목적물의 사용대가인 차임 또는 지료의 특수한 지급방법으로서 사용대가는 전세금의 이자로서 충당된다. 또한, 전세권자의 귀책사유로 인한 손해를 담보하는 보증금으로서의 성질도 가진다. 실제 채권적 전세에 있어서는 전세보증금 또는 보증금으로도 칭한다.

11 특별법의 자세한 내용은 제2편 제2장 참조(p.110~116)

표 2.2.2   전세금(보증금) 보호제도의 비교

구분	전세권	특별법상의 우선변제권
내용	물권	채권인 임대차에 대해 특별법상 인정
성립요건	등기 필요	• 주택: 대항력(인도 + 주민등록) + 확정일자 • 상가건물: 대항력(인도 + 사업자등록) + 확정일자
배당요구	배당요구의 종기까지 배당요구	배당요구의 종기까지 배당요구
장점	• 확실한 전세금 보호제도 • 등기권리증을 분실해도 보호받음	• 성립요건 구비가 간단(비용이 거의 없음) • 임대인의 동의 불필요
단점	• 전세권설정자의 동의 필요 • 등기시 등록면허세 등 비용 발생	• 대항력 요건 상실시 보호받지 못함 • 계약서 분실시 보호받지 못함

(4) 담보물권(擔保物權)

담보물권은 채무자가 채권의 담보로 제공한 목적물의 교환가치를 지배하는 제한물권으로, 유치권·질권·저당권이 있다. 질권의 목적물은 동산 또는 재산권이므로 질권은 부동산물권에서 제외된다.

먼저, 유치권(留置權)은 타인의 물건(또는 유가증권)을 점유한 자가 그 물건(또는 유가증권)에 관하여 생긴 채권을 가지는 경우에 그 채권의 변제를 받을 때까지 그 물건(또는 유가증권)을 유치할 수 있는 권리이다. 유치권은 일정한 요건을 갖추면 법률상 당연히 성립하는 법정담보물권이다. 따라서 등기할 사항인 권리가 아니고, 우선변제권도 없다. 그러나 경매의 결과 경락인이 결정되어도 그 경락인이 유치권자에게 채권액 전액을 변제하지 아니하면 목적물을 인도 받을 수 없기 때문에 사실상으로는 우선변제를 받게 된다.

▶ 유가증권(有價證券)은 재산권(물권·채권·사원권)을 표시한 증권을 말하며, 권리의 행사에는 증권의 점유를 요한다. 자본주의 경제가 발전하면서 권리도 거래의 대상이 되었고, 권리의 원활한 유통을 위해 무형의 권리를 증권의 형태로 유형화한 것이라 할 수 있다. 유가증권제도로 인해 재산권의 유통이 가능했을 뿐만 아니라 자금결제가 편리해지고 자금조달이 가능해졌다. 유가증권은 그가 표시하는 재산권의 성질에 따라 화폐증권·상품증권·자본증권으로 구분할 수 있다. ① 화폐증권은 화폐를 청구할 수 있는 권리를 표시한 유가증권으로서 은행권·어음·수표 등이 있다. ② 상품증권은 상품의 소유권을 표시한 유가증권으로서 선하증권·창고증권 등이 있다. ③ 자본증권은 자본투하(자본조달)의 사실을 표시한 유가증권으로서 주식(주권)·채권(債券) 등이 있다.

둘째, 저당권(抵當權)은 채무자 또는 제3자(= 물상보증인)가 점유를 이전하지 아니하고 채무의 담보로 제공한 부동산(또는 부동산물권: 지상권·전세권)으로부터 다른 채권자보다 자기 채권의 우선변제를 받는 권리이다. 저당권은 목적물의 소유자가 그 목적물을 그대로 이용하면서 그것을 담보로 활용할 수 있는 점에서 질권에 비해 우수한 것으로 평가된다. 한편, 목적물에 대한 점유의 이전 없이 우선변제권을 인정하므로 그 공시는 점유가 아닌 등기에 의한다.

▶ 근저당권(根抵當權): 당사자 사이의 계속적인 거래관계로부터 발생하는 불특정채권을 어느 시기에 계산 하여 잔존하는 채무를 일정한 한도액 범위 내에서 담보하는 저당권으로서, 보통의 저당권과 달리 발생 및 소멸에서 피담보채무에 대한 부종성이 완화되어 있는 점이 특징이다. 근저당권의 설정등기를 신청하 는 경우에는 신청서에 채권의 최고액 및 채무자를 기재하여야 한다(부동산등기법 75).

---

3) 부동산채권의 종류

채권의 발생원인으로 「민법」은 계약·사무관리·부당이득·불법행위의 4가지를 규정한다. 계약은 당사자의 합의에 의해 채권이 발생하는 경우이고, 나머지 3가지는 당사자의 의사와는 무관하게 「민법」이 일정한 이유에서 채권을 발생시키는 것으로 정한 경우이다. 「민법」은 근대시민사회에서 보편적으로 많이 행하여져 왔던 계약유형으로 15가지를 들고 있고 이를 전형계약이라 한다. 계약에는 계약자유의 원칙이 적용되며, 전형계약의 종류 및 내용에 관한 「민법」의 규정은 임의규정이므로 수많은 비전형계약이 출현할 수 있고, 특히 중개계약·리스계약·할부매매계약 등이 새로운 종류의 계약으로 보편화되고 있다. 전형계약 중에서 부동산을 대상으로 하는 계약에는 증여·매매·교환·임대차·사용대차 등이 있다.

표 2.2.3　전형계약의 비교

구분	목적	대가 유무	내용
증여	재산권의 이전 (소유권 변동)	무상	당사자 일방이 무상으로 재산을 상대방에게 수여하는 의사표시를 하고 상대방이 이를 승낙함으로써 효력이 생기는 계약
매매	재산권의 이전 (소유권 변동)	유상	당사자 일방이 상대방에게 재산권을 이전할 것을 약정하고 상대방이 그 대금을 지급할 것을 약정함으로써 효력이 생기는 계약

구분	목적	대가 유무	내용
교환	재산권의 이전 (소유권 변동)	유상	당사자 쌍방이 금전 이외의 재산권을 상호 이전할 것을 약정함으로써 효력이 생기는 계약
임대차	물건의 이용	유상	당사자 일방이 상대방에게 목적물을 사용·수익하게 할 것을 약정하고 상대방이 이에 대해 차임을 지급할 것을 약정함으로써 효력이 생기는 계약
사용대차	물건의 이용	무상	당사자 일방이 상대방에게 무상으로 목적물을 사용·수익하게 하기 위하여 인도할 것을 약정하고 상대방은 이를 사용·수익한 후 반환할 것을 약정함으로써 효력이 생기는 계약

2 부동산소유권

1) 부동산소유권의 특성

부동산소유권은 부동산을 전면적으로 지배하여 사용·수익·처분할 수 있는 권리를 말한다. 그런데 부동산소유권은 동산소유권과 다른 특성이 있다.

첫째, 소유권의 공시방법이 등기이다. 동산의 소유권 공시방법이 점유인 점에서 서로 차이가 있다. 특히, 공동소유의 경우 등기로 공동소유의 유형과 지분 등을 공시하므로 동산에 비해 권리관계가 명확한 특징이 있다.

둘째, 다양한 제한물권의 활용이 가능하다. 용익물권으로서 지상권·지역권·전세권은 부동산에 한하여 성립하며, 담보물권으로서 저당권은 권리자의 점유를 요하지 않는 등의 장점이 있어 동산을 대상으로 하는 질권보다 활용도가 높다.

셋째, 사용의 권능으로 개발권을 가진다. 특히 토지의 개발권은 토지의 가치형성에 크게 영향을 미친다.

넷째, 토지는 영속성이 있으므로 원칙적으로 토지의 소비·변형·파괴 등 사실적 처분이 성립될 수 없다.[12] 따라서 토지는 동산과 달리 소비나 파괴로 소유권이 상실되지 않는다.

다섯째, 토지의 소유권은 정당한 이익이 있는 범위 내에서 토지의 상하에 미친다(민법 212). 따라서 토지의 유용성은 이를 입체적으로 판정하여야 한다.

여섯째, 건물의 경우 구분소유(區分所有)할 수 있다. 즉, 여러 사람이 구조상 구분된 1동의 건물을 각각 구분하여 소유할 수 있다(집합건물의 소유 및 관리에 관한 법률).

일곱째, 부동산소유권에는 상린관계가 적용된다. 즉, 서로 인접하거나 이웃하는 부동산

---

12 이선영(2018), 신감정평가법, 리북스, p.215 참조. 건축물의 철거는 사실적 처분의 예이다.

소유권 상호간의 이용을 조절하기 위한 규정이 있다(민법 216 ~ 244). 상린관계는 동산소유권에는 적용되지 않는다.

2) 부동산의 공동소유

(1) 개요

하나의 물건을 2인 이상이 소유하는 것을 공동소유라 한다. 반면, 하나의 물건을 한사람이 소유하는 것을 단독소유라 한다.

소유자는 그 소유물을 사용·수익·처분할 권리가 있는데 단독소유일 때는 그 권리행사가 쉬우나 공동소유일 때는 일정한 제약이 있을 수 있다. 「민법」상 공동소유의 유형에는 공유(共有)·합유(合有)·총유(總有)의 3가지가 있다.

(2) 내용

첫째, 공유는 2인 이상이 단순히 물건을 공동으로 소유하는 형태이다. 각 공유자가 공유물에 대하여 가지는 소유의 비율을 지분이라 하며, 공유자는 그의 지분을 자유로이 처분할 수 있다.

둘째, 합유는 2인 이상이 조합체로서 물건을 소유하는 형태이다. 조합 자체는 권리능력이 없어 조합의 단독소유로 되지는 못한다. 조합원에게도 지분은 있으나 전원의 동의 없이 지분을 처분하지 못한다.

셋째, 총유는 법인이 아닌 사단의 사원이 집합체로서 물건을 소유하는 형태이며, 문중 또는 교회가 소유하는 경우가 그 예이다. 각 사원은 지분을 갖지 못하며, 물건을 처분하려면 사원총회의 결의가 있어야 한다.

표 2.2.4 소유권의 유형과 내용

구분	단독소유	공동소유		
		공유	합유	총유
인적 결합	불필요	없음	조합체	권리능력 없는 사단
등기 방식	소유자 1인 명의	공유자 전원 명의	합유자 전원 명의	사단(社團)의 명의
지분의 매매	지분 없음 (전체 소유)	자유(다른 공유자 동의 불필요)	합유자 전원 동의 필요	지분이 인정되지 않음

구분	단독소유	공동소유		
		공유	합유	총유
부동산 전체 매매	단독으로 함	공유자 전원 동의	합유자 전원 동의	사원총회 결의 필요
사례	농지를 A명의로 등기	아파트를 부부 공동명의로 등기	공동투자자가 조합계약 후 전원 명의로 등기	선산(先山)을 종중 명의로 등기

▶ 구분소유적 공유: 1필지의 토지 중 일부에 대해 위치와 면적을 특정하여 매매하거나 1동의 건물 중 일부에 대해 위치와 면적을 특정하여 매매하면서도 그 등기는 편의상 공유로 한 것을 말한다. 구분소유적 공유에서는 공유자간의 내부관계에서는 각자가 특정부분을 단독소유하는 것으로 보지만, 공부상(또는 대외적)으로는 공유지분을 갖는 것으로 본다. 이 경우 특정부분 이외의 부분에 대한 등기는 공유자 사이에 상호명의신탁을 한 것으로 본다.

한편, 구분소유적 공유의 물건을 감정평가하는 경우 대상물건의 위치가 확인된다면 그 위치에 따라 감정평가할 수 있다. 이때 특정지분의 위치는 ① 공유지분자 전원 또는 인근 공유자 2인 이상의 위치확인동의서, ② 토지의 경우 합법적인 건축허가도면이나 합법적으로 건축된 건물, ③ 상가·빌딩 관리사무소나 상가번영회 등에 비치된 위치도면 등으로 확인할 수 있다.

3) 건물의 구분소유

(1) 개요

구분소유(區分所有)란 2인 이상이 1동의 건물을 구분하여 각각 그 일부분을 소유하는 것을 말한다. 1동의 건물 중 구분된 각 부분이 구조상·이용상 독립성을 가지고 있을 때 그 각 부분을 1개의 구분건물로 하는 것이 가능하다. 여기서 개개의 구분건물로 이루어진 1동의 건물을 집합건물이라 하고, 집합건물에서 구조상·이용상 독립되어 구분소유권의 목적이 되는 개개의 건물부분을 구분건물이라 한다.[13] 따라서 집합건물은 구분건물의 집합체라 할 수 있다.

구분건물이 되기 위해서는 구분건물로서 독립성을 갖추고 그 건물을 구분소유권의 객체로 삼으려는 소유자의 의사표시(이를 구분행위라 한다)가 있어야 한다. 따라서 1동의 건물을 집합건물로 할 것인지 일반건물로 할 것인지의 여부는 소유자에 의해 결정된다.

1960년대 후반 이후의 경제발전과 인구의 도시집중으로 인하여 대도시에 아파트 등 공동주택이 급격히 증가하였고, 이에 수반하여 고층건물의 소유와 이용의 형태가 종래와

---

13 「부동산등기법」 제40조제1항 참조.

는 달라서 1동의 건물을 수십 내지는 수백의 구분소유와 공동이용이라는 새로운 형태로 발전하고 있음에 반하여 이러한 새로운 생활관계를 규율할 법령이 미비하여 구분소유권의 대상과 한계, 구분소유자 상호간의 법률관계, 구분소유권과 그 공동이용부분 및 그 대지에 대한 소유이용관계가 불분명하고 구분건물 및 그 대지에 대한 등기방법도 매우 복잡하여 이를 개선하고자 1984년 4월 「집합건물의 소유 및 관리에 관한 법률」(약어로 집합건물법이라 한다)을 제정하였다(시행일: 1985. 4. 11).

(2) 내용

「집합건물법」에서 사용하는 용어의 뜻은 다음과 같다. ① "구분소유권"이란 구조상·이용상 독립성을 가진 건물부분을 목적으로 하는 소유권을 말한다. ② "구분소유자"란 구분소유권을 가지는 자를 말한다. ③ "전유부분"(專有部分)이란 구분소유권의 목적인 건물부분을 말한다. 부동산실무에서는 흔히 이를 전용부분이라 한다.[14] ④ "공용부분(共用部分)"이란 전유부분 외의 건물부분, 전유부분에 속하지 아니하는 건물의 부속물 및 규약 등으로써 공용부분으로 된 부속의 건물을 말한다. ⑤ "건물의 대지"란 전유부분이 속하는 1동의 건물이 있는 토지 및 규약으로써 건물의 대지로 된 토지를 말한다. ⑥ "대지사용권"이란 구분소유자가 전유부분을 소유하기 위하여 건물의 대지에 대하여 가지는 권리를 말한다.

한편, 구분건물의 면적을 표시할 때 사용하는 용어의 뜻을 정리하면 다음의 표와 같다.

표 2.2.5 구분건물의 면적 관련 용어

구분	용어의 뜻
전유면적	전유부분의 면적(부동산실무에서는 흔히 전용면적이라 함)
공용면적	전유부분 이외의 건물부분으로 구분소유자가 공동으로 쓰는 부분의 면적
주거공용면적	계단, 복도, 현관 등 공동주택의 지상층에 있는 공용면적(주택공급규칙 21 ⑤)
그 밖의 공용면적	주거공용면적을 제외한 지하층, 관리사무소, 노인정 등의 공용면적
공급면적	• 공동주택의 경우 전용면적(전유면적)으로 표시하여야 함(주택공급규칙 21 ⑤) • 부동산실무에서는 [전용면적 + 주거공용면적]으로 표시하는 경우가 많음[15]

---

14 그 이유는 「집합건물법」에서는 '전유'라는 용어를 쓰고, 「주택법」에서는 '전용'이란 용어를 쓰는 등 법령에 따라 용어를 달리 쓰기 때문으로 풀이된다.

15 종전에는 공동주택의 공급면적을 [전용면적 + 주거공용면적]으로 표시하도록 하였으나, 전용면적

구분	용어의 뜻
계약면적	• 공동주택의 경우 [전용면적 + 주거공용면적 + 그 밖의 공용면적]으로 표시 • 공동주택 이외의 경우 [전용면적 + 공용면적]으로 표시
총면적	공동주택의 경우 [계약면적 + 서비스면적(발코니의 면적)]으로 표시
전용률 (전용비율)	• 공동주택의 경우 [전용면적 / 공급면적] × 100(%)으로 표시 • 공동주택 이외의 경우 [전용면적 / 계약면적] × 100(%)으로 표시

부동산활동에서 구분건물의 전용률이 중요한데 위의 표에서처럼 공동주택과 공동주택 이외의 경우(예: 상가, 오피스텔, 지식산업센터)에 있어 그 표시에 차이가 있다.

4) 토지소유권의 범위

(1) 개요

토지의 소유권은 정당한 이익이 있는 범위 내에서 토지의 상하에 미친다(민법 212). 따라서 지표뿐만 아니라 공중이나 지하에도 소유권이 미친다. 토지소유자는 소유권의 범위 내에서 사용·수익·처분의 권능을 가지며, 타인의 침해나 방해를 배제할 수 있다.

토지소유권의 범위는 입체공간으로 설명할 수 있다. ① 지표공간은 토지의 표면을 이루는 공간을 말한다. 토지소유권의 핵심을 이루는 공간으로 건축물 건축, 공작물 설치, 수목 식재, 농작물 경작, 용수·통행 등 다양한 용도로 이용된다. ② 공중공간은 지표에서 하늘을 향하는 공간을 말한다. 공중공간을 지배할 수 있는 권리를 공중권(空中權)이라 한다. 여기서 '지배한다'는 것은 물건의 사용가치나 교환가치를 얻는 것을 말한다.[16] 공중권은 다시 사적 공중권과 공적 공중권으로 세분할 수 있다. 사적 공중권은 토지소유자에게 인정되는 공중권으로서 일조권, 조망권 등이 대표적이다. 공적 공중권은 사적 공중권이 인정되는 범위를 넘어선 공중공간에 대해 인정되는 공중권으로서 항공기의 통행이나 전파의 발착 등에 이용된다. ③ 지중공간은 지표에서 지중(地中)을 향하는 공간을 말한다. 지중공간을 지배할 수 있는 권리를 지중권(지하권)이라 한다. 지중권은 다시 사적 지중권과 공적 지중권으로 세분할 수 있다. 사적 지중권은 토지소유자에게 인정되는 지중권으로서 지하수

이 같은 주택을 사업주체에 따라 다르게 표시함으로써 주택공급면적에 대한 혼란과 표준계량단위에 대한 불신을 초래하여 2009. 4. 「주택공급규칙」 개정 때 공동주택의 공급면적을 세대별로 표시하는 경우에는 주거전용면적으로 표시하도록 하되, 주거공용면적과 그 밖의 공용면적을 별도로 표시할 수 있도록 개정하였다(제8조 제7항).

16 김준호(2014), 앞의 책, p.480.

권(地下水權)이 대표적이다. 공적 지중권은 사적 지중권이 인정되는 범위를 넘어선 지중공간에 대해 인정되는 지중권을 말한다.

토지소유권은 정당한 이익이 있는 범위로 한정된다. 여기서 정당한 이익의 범위에 관한 구체적인 법률은 없으므로 사례마다 토지의 특성, 이용행위의 내용, 이용에 수반되는 경제적 이익, 당시의 기술수준, 장래의 동향 등을 종합 참작하여 객관적으로 판단하여야 할 것이다.

「국토계획법」은 도시·군계획시설을 공중·수중·수상 또는 지하에 설치하는 경우 그 높이나 깊이의 기준과 그 설치로 인하여 토지나 건물의 소유권 행사에 제한을 받는 자에 대한 보상 등에 관하여는 따로 법률로 정하도록 규정하고 있으나, 아직 법률이 제정되지 못했다. 다만,「도시철도법」의 위임에 따라 서울특별시 등에서 제정한 조례[17]에 의하면 정당한 이익의 범위에 관하여 한계심도의 개념을 활용하고 있다.

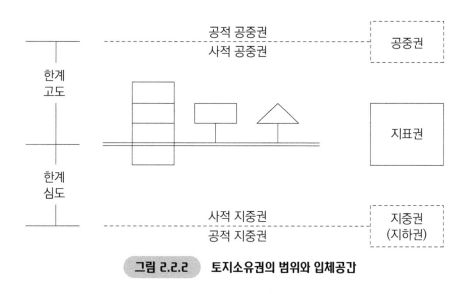

그림 2.2.2 **토지소유권의 범위와 입체공간**

한편, 타인의 사적 공중권·사적 지중권을 이용할 수 있는 권원으로는 구분지상권·지역권·임차권이 대표적이다.

(2) 한계심도

한계심도는 토지소유자의 통상적 이용행위가 예상되지 않으며 지하시설물 설치로 인하여 일반적인 토지이용에 지장이 없는 것으로 판단되는 깊이를 말한다. 한계심도의 범위

---

17 「서울특별시 도시철도의 건설을 위한 지하부분토지의 사용에 따른 보상기준에 관한 조례」등 참조

와 관련하여 각각의 법규에서 다른 근거 형식과 내용으로 규정하여 혼란이 있다.

[그림 2.2.2]에서처럼 한계심도는 사적 지중권의 범위와 동일하게 설정하는 것이 합리적이다. 관련 법규에서 설정한 한계심도의 범위를 정리하면 다음의 표와 같다.

표 2.2.7 한계심도의 비교

공익사업	근거 법률	근거 형식	한계심도의 범위
도시철도사업	도시철도법	조례	고층시가지: 40m, 중층시가지: 35m, 저층시가지 및 주택지: 30m, 농지 및 임지: 20m
철도사업	철도건설법	국토교통부 고시	
수도사업	수도법	환경부 고시	고층지대: 50m, 중층지대: 45m, 저층지대: 40m, 농지지대: 30m, 산지지대: 25m
하수도사업	하수도법	환경부 고시	

과학기술의 발전, 높은 지가, 환경의식의 강화 등의 영향으로 공중 및 지중공간의 활용가능성이 증대되고 있다. 따라서 토지소유권의 입체적 범위에 관한 법적 갈등을 사전에 예방하기 위해서는 한계심도 또는 한계고도에 대한 내용뿐 아니라 이를 초과하는 공간에 대한 소유권 제한 및 보상 등에 관한 구체적인 입법이 시급한 실정이다. 특별법을 제정하는 경우 「민법」 제212조를 '토지의 소유권은 법률의 범위 내에서 토지의 상하에 미친다'로 개정할 필요가 있다.

③ 부동산소유권의 제한

1) 부동산소유권 제한의 의의

부동산은 지리적 위치가 고정되어 있고 순수한 그 자체의 양을 늘릴 수 없으며 물리적으로 서로 인접하여 있는 등의 특성이 있으므로, 부동산소유권은 동산의 소유권에 비해 사회적 통제가 많은 것이 일반적이다. 헌법은 재산권을 보장하면서도 그 내용과 한계를 법률로 정하도록 하고 있으며(헌법 23), 「민법」에서도 소유자는 그 소유물을 사용·수익·처분할 권리가 있지만 그것은 법률의 범위 내에서만 가능하다(민법 211). 소유권을 제한하더라도 사유재산제도를 부정하거나, 소유권의 본질적인 내용을 침해하는 것은 허용되지 않으며, 공공필요에 의해 소유권을 침해하게 되면 반드시 정당한 보상을 하여야만 한다. 소유권의 제한은 이를 공적제한과 사적제한으로 구분할 수 있다.

2) 공적(公的)제한

헌법 제23조 제3항은 '공공필요에 의한 재산권의 수용·사용 또는 제한 및 그에 대한 보상은 법률로써 하되, 정당한 보상을 지급하여야 한다.'고 규정하고 있다. 따라서 헌법은 공공필요에 의한 재산권의 침해를 허용하고 있으며, 그 유형으로 공용수용, 공용사용, 공용제한을 들고 있다. 공용수용, 공용사용 및 공용제한을 총칭하여 공용침해라고 하는데, 공용침해의 허용요건인 공공필요는 전형적인 불확정개념이나 일반적으로 공익사업을 시행하거나 공익목적을 달성하기 위하여 재산권의 침해가 불가피한 경우를 말한다.

(1) 공용수용(公用收用)과 공용사용(公用使用)

공용수용은 공익사업을 위하여 타인의 재산권을 법률의 힘에 의하여 강제적으로 취득하는 것을 말하며, 공용징수(公用徵收)라고도 한다. 공용수용은 헌법상 보장된 재산권에 대한 제한으로서 반드시 법률에 근거하여야 하며, 정당한 보상을 하여야 한다.

공용사용은 공익사업을 위하여 타인의 재산권을 법률의 힘에 의하여 강제적으로 사용하는 것을 말하며, 사용제한이라고도 한다. 공용사용은 공익사업에 필요하여 한시적으로 사용하는 것으로 상대방인 권리자는 그 사용을 수인해야 할 공법상의 의무를 부담한다.

(2) 공용제한(公用制限)

공용제한은 공공복리나 공익사업을 위하여 또는 일정한 물건의 효용을 확보하기 위하여 개인의 재산권에 가해지는 공법상의 제한을 말한다. 제한의 내용에는 부작위(不作爲)의무·작위(作爲)의무·수인(受忍)의무가 있으며, 제한의 근거나 목적에 따라 계획제한·사업제한·공물제한·보전제한으로 구분할 수 있다.

① 계획제한은 공익목적을 위하여 행정계획에 따라 재산권에 가해지는 공법상의 제한을 말한다. 여기서 행정계획이란 행정주체가 일정한 행정목표를 달성하기 위하여 설정한 활동기준을 말한다. 계획제한의 예로는 도시·군관리계획에 의한 제한(국토계획법), 수도권정비계획에 의한 제한(수도권정비계획법) 등이 있다.

② 사업제한은 공익사업의 효율적 시행 또는 시행 이후 설치된 시설의 안정적 운영을 위해 사업지(사업예정지 포함) 또는 그 인접지역의 재산권에 가해지는 공법상의 제한을 말한다. 택지개발지구의 행위제한(택지개발촉진법 6), 사업인정고시 이후 토지 등의 보전(공익사업법 25), 접도구역(도로법 40)·철도보호지구(철도안전법 45) 등이 예이다.

③ 공물제한은 사유(私有)의 공물(公物)에 대해 그 소유권에 가해지는 공법상 제한을 말

한다. 여기서 공물이란 어떤 물건이 직접 공익상 필요하여 법령이나 행정주체에 의
해 공물지정을 받은 것을 말한다.[18] 공물제한의 예로 도로를 구성하는 부지 등에 대
한 사권행사의 제한(도로법 4), 국가지정문화유산의 현상변경행위에 대한 허가(문화
유산의 보존 및 활용에 관한 법률 35) 등이 있다.

④ 보전제한은 자연환경 또는 자원 등이 그 자체로서 공익상 필요하기 때문에 보호·보
전을 위해 당해 지역이나 물건에 대해 가해지는 공법상 제한을 말한다. 자연공원의
지정(자연공원법 4), 산림보호구역의 지정(산림보호법 7), 절대보전지역의 지정(제주
특별법 355) 등이 예이다.

(3) 공용환지(公用換地)와 공용환권(公用換權)

공용환지와 공용환권도 재산권의 제한이라 할 수 있다. 공용환지는 일정한 지역 안에서
개발사업을 통해 토지의 효용을 증진시키기 위해 토지에 대한 소유권 등을 강제적으로 교
환·분합하는 것을 말하며, 환지방식에 의한 도시개발사업[19]과 환지방식에 의한 농업기반
등 정비사업[20]이 그 예이다. 공용환권이란 일정한 지역 안에서 정비사업을 통해 토지의 입
체적 효용을 증진시키기 위해 토지 및 건축물에 대한 소유권 등을 강제적으로 교환·분합
하여 입체환지 하는 것을 말하며, 정비사업의 관리처분[21]이 그 예이다.

▶ 환지는 소유자의 변동 없이 사업시행 전 토지의 위치·지목·면적·토질·이용상황 및 환경 등을 고려하여
사업시행 후의 토지로 배분하는 것을 말한다. 이때, 필요한 사업비 충당을 위한 체비지 및 공공용지에 해
당하는 면적을 토지소유자가 일정량씩 부담하는 감보방식을 채택함으로써 매수방식에 비해 저렴한 개발
비가 소요되어 공공의 재원부담 없이 체계적인 도시개발과 쾌적한 도시환경의 조성이 가능하다. 또한 입
체환지는 환지의 목적인 토지에 갈음하여 토지 또는 건축물소유자의 신청을 받아 건축물의 일부와 그 건
축물이 있는 토지의 공유지분을 부여하는 것을 말하며(도시개발법 32), 평면환지에 대응하는 개념이다.
한편, 관리처분은 도시개발사업에서 소유자의 변동 없이 종전의 토지 또는 건축물의 위치·면적·이용상
황·환경 등을 고려하여 사업시행 후의 토지 및 건축물에 균형 있게 배분·조정하는 것을 말한다. 여기에
서 입체환지와 관리처분이 동일한 개념이 아니냐는 의문이 있다. 결국 관리처분은 도시개발사업의 일종
의 행정적인 절차를 규정한 것이고 그런 절차를 만족시키는 하나의 방법으로 사용되는 것이 입체환지에
의한 방법이라 할 수 있다.

---

18 공물은 공용물, 공공용물, 보존공물로 구분할 수 있다. ① 공용물: 국가나 지방자치단체의 사용을 위
하여 제공된 물건(예: 정부종합청사), ② 공공용물: 직접 일반공중의 사용을 위하여 제공된 물건(예:
도로, 하천), ③ 보존공물: 공공목적을 위하여 그 물건 자체의 보존이 필요한 물건(예: 문화유산)

19 「도시개발법」 제28조 내지 제49조 참조.

20 「농어촌정비법」 제25조 내지 제51조 참조.

21 「도시 및 주거환경정비법」 제72조 내지 제81조 참조.

3) 사적(私的)제한

부동산소유권에는 공적제한 이외에도 소유자의 필요 또는 소유자 상호 간의 이용 조절 등을 위해 사적제한이 가해진다. 사적제한에는 제한물권, 제한특약, 상린관계 등이 있다.

(1) 제한물권

제한물권은 일정한 목적을 위하여 타인의 물건을 제한적으로 지배하는 물권으로, 사용 가치의 지배를 목적으로 하는 용익물권과 교환가치의 지배를 목적으로 하는 담보물권으로 구분된다. 부동산물권으로 용익물권에는 지상권·지역권·전세권이 있고, 담보물권에는 유치권·저당권이 있다.

(2) 제한특약

제한특약은 소유권 이전 시 설정하거나 설정되어 있는 부동산의 사용 또는 처분에 관한 제한을 의미하며 당사자 간의 계약에 의해 성립한다. 환매권(還買權)에 대한 제한특약이 그 예이다.

(3) 상린관계(相隣關係)

상린관계는 인접하고 있는 부동산소유자 상호간의 이용을 조절하기 위해 「민법」에서 규정한 그들 사이의 권리관계를 말한다. 이는 한편에서는 소유권의 제한이지만, 다른 한편에서는 각 소유자가 각자의 소유권 행사를 그 범위밖에 까지 미칠 수 있다는 점에서 소유권의 확장이다. 인지(隣地)사용청구권(민법 216), 생활방해의 금지(민법 217), 수도 등 시설권(민법 218), 주위토지통행권[22](민법 219 및 220), 물에 관한 상린관계(민법 221~236), 경계에 관한 상린관계(민법 237~240), 공작물 설치에 관한 상린관계(민법 241~244)가 있다.

---

[22] 통행의 목적으로 타인의 토지를 이용할 수 있는 경우는 크게 당자자간의 약정(약정통행권)에 의한 것과 법률의 규정(법정통행권)에 의한 것이 있다. 약정통행권은 채권(예: 임대차)에 의하거나 또는 물권(예: 지역권)에 의해 생기며, 법정통행권은 상린관계로서 주위토지통행권이 있다.

제2절 | 부동산등기제도

1 부동산등기의 기초

1) 부동산등기의 의의

부동산등기란 등기사무를 처리하는 국가공무원인 등기관이 법정절차에 따라서 등기부에 부동산의 표시 또는 부동산에 관한 일정한 권리관계를 기재하는 것, 또는 그러한 기재 자체를 지칭하는 말이다. 한편, 등기부란 전산정보처리조직에 의하여 입력·처리된 등기 정보자료를 법(즉, 「부동산등기규칙」)에서 정한 절차에 따라 편성한 것을 말한다(부동산등기법 2).

2) 부동산등기의 효력

부동산등기는 다음과 같은 효력이 있다.

① 물권변동의 효력: 부동산에 관한 법률행위로 인한 물권의 득실변경은 등기하여야 그 효력이 생긴다.

② 대항력: 등기를 함으로써 제3자에게 대항력이 생기는 경우가 있다.

③ 순위확정의 효력: 동일한 부동산에 관하여 등기한 권리의 순위는 법률에 다른 규정이 없는 때에는 등기의 전후에 의한다.

④ 점유의 효력: 부동산의 소유자로 등기되어 있는 자가 10년 동안 자주점유를 한 때에는 소유권을 취득한다.

⑤ 추정력: 부동산에 관하여 등기가 되어 있는 경우 특별한 사정이 없는 한 그 원인과 절차에 있어서 적법하게 된 것으로 추정된다.[23]

---

23 김영현(2001), 부동산등기법, 수림, pp.18~19.

② 부동산의 등기사항

1) 등기사항으로서의 물건

등기사항으로서의 물건은 부동산이다. 부동산은 토지 및 그 정착물을 말하는데 정착물 중에는 건물만이 등기의 대상이 된다.

2) 등기사항으로서의 권리

등기사항으로서의 물권으로는 소유권, 지상권, 지역권, 전세권 및 저당권이 있다. 따라서 점유권과 유치권은 부동산물권이지만 등기할 수 있는 권리가 아니다. 부동산물권은 아니지만 등기할 수 있는 물권으로 권리질권[24]이 있다.

한편 물권이 아니지만 등기할 수 있는 권리로는 채권담보권과 임차권이 있다(부동산등기법 3). 여기서 채권담보권은 담보약정에 따라 금전의 지급을 목적으로 하는 지명채권[25](여러 개의 채권 또는 장래에 발생할 채권을 포함)을 목적으로 등기한 담보권을 말하며(동산·채권 등의 담보에 관한 법률 2), 임차권은 임대차계약에 의하여 목적물을 사용·수익할 수 있는 임차인의 권리를 말한다.

3) 등기사항으로서의 권리변동

「민법」은 부동산물권의 변동에 관해 법률행위에 의한 경우(제186조)와 법률의 규정에 의한 경우(제187조)로 구분하고 있다. 먼저, 부동산에 관한 법률행위로 인한 물권의 득실변경은 등기하여야 그 효력이 있다. 부동산에 관한 법률행위 중 전형계약으로 매매·증여·교환 등이 있다. 다음으로, 상속·공용수용·판결·경매 기타 법률의 규정에 의한 부동산물권의 변동은 등기를 요하지 아니한다. 다만, 등기를 하지 아니하면 이를 처분하지 못한다.

한편, 물권의 득실변경 또는 변동에는 설정, 보존, 이전, 변경, 처분의 제한 또는 소멸이 있다.

---

24 양도할 수 있는 재산권을 목적으로 하는 질권을 말하며, 부동산의 사용·수익을 목적으로 하는 권리는 질권의 목적이 될 수 없으므로 결국 권리질권의 목적이 될 수 있는 것은 채권·주식·무체재산권이다.

25 지명채권은 특정인을 채권자로 하는 채권으로서 증권적 채권(채권의 성립·존속·행사·양도에 증권을 필요로 하는 채권. 예: 지시채권, 무기명채권 등)에 속하지 않는 보통의 채권을 말한다. 금전의 지급을 목적으로 하는 지명 채권의 예로는 매매대금채권, 대출채권, 임차보증금채권 등이 있다.

➡️ 등기필정보: 부동산등기사무 처리의 효율화와 등기신청에 관한 국민의 편의증진을 위하여 2006년 5월 「부동산등기법」 개정 때 전산정보처리조직을 이용하여 등기를 신청할 수 있는 근거를 마련하였는데, 전산정보처리조직을 이용하여 등기신청을 하는 경우 등기관이 새로운 권리에 관한 등기를 마쳤을 때 작성하여 등기권리자에게 통지하는 정보를 말한다. 종전에 사용되던 등기권리증(등기필증)의 역할을 대신하여 만들어진 제도이다. 등기부 전산화 작업이 완료되어 2011년 4월 「부동산등기법」 개정 때 전산정보처리조직을 이용한 등기신청이 전면적으로 실시되었다(법률 11 ②).

③ 등기사항증명서의 이해

1) 의의

관할 등기소가 편성한 등기사항의 전부 또는 일부에 대한 증명서를 등기사항증명서라 한다(부동산등기규칙 26). 이를 종전에는 등기부등본이라 칭했다.

등기사항증명서의 종류에는 등기사항전부증명서(말소사항 포함)·등기사항전부증명서(현재 유효사항)·등기사항일부증명서(특정인 지분)·등기사항일부증명서(현재 소유사항)·등기사항일부증명서(지분취득 이력) 등이 있다(부동산등기규칙 29). 등기사항에 대한 전반적인 분석을 위해서는 등기사항전부증명서(말소사항 포함)를 발급하여야 한다.

한편, 등기사항증명서는 부동산의 유형에 따라 토지, 건물 및 집합건물로 구분되고, 집합건물의 경우에는 토지와 건물의 등기사항에 관해 1등기용지를 사용한다.

2) 등기사항증명서의 구성

등기사항증명서는 크게 표제부·갑구·을구[26]의 3부분으로 구성되어 있다.

표제부의 상단에는 등기번호란이 있어 각 토지 또는 건물대지의 지번을 기재한다. 그 이하에는 표시번호란과 표시란으로 구분되는데 표시번호란에는 표시란에 등기한 순서를 기재하고, 표시란에는 토지 또는 건물의 표시와 그 변경에 관한 사항을 기재한다. 그러나

---

[26] 십간(十干)은 갑(甲)·을(乙)·병(丙)·정(丁)·무(戊)·기(己)·경(庚)·신(辛)·임(壬)·계(癸)를 말하며, 천간(天干)이라고도 한다. 한편, 십이지(十二支)는 자(子)·축(丑)·인(寅)·묘(卯)·진(辰)·사(巳)·오(午)·미(未)·신(申)·유(酉)·술(戌)·해(亥)를 말하며, 지지(地支)라고도 한다. 십간과 십이지를 조합한 것을 간지(干支) 또는 육십갑자(六十甲子)라고 한다. 간지는 고대 중국에서 연·월·시나 방위 등을 나타내기 위해 만든 것으로 알려져 있고, 한자문화권에서 쓰이고 있다. 특히 십간의 경우 순위, 등급, 종류 등을 나타내기 위해 쓰이고 있으며, 점차 그 빈도가 감소하고 있다[예: 공직선거법(수성구갑선거구, 수성구을선거구)].

집합건물의 경우에는 1동의 건물의 표제부 및 구분한 건물의 표제부로 나누어, 1동의 건물의 표제부에는 1동의 건물의 표시와 대지권의 목적인 토지의 표시를 하고, 각 구분한 건물의 표제부에는 전유부분의 건물의 표시와 대지권의 표시를 한다.

▶ 등기사항증명서에 나타나는 한자어

1) 평가건(平家建), 2계건(貳階建), 3계건(參階建): 각각 단층 건물, 2층 건물, 3층 건물을 뜻한다.
2) 건평(建坪), 2계평(貳階坪), 3계평(參貳坪): 각각 1층 바닥면적, 2층 바닥면적, 3층 바닥면적을 뜻한다.
3) ○○즙(葺): ○○지붕을 뜻한다. 예컨대 와즙(瓦葺)은 기와지붕을 뜻한다.
4) 평옥개(平屋蓋), 육즙(陸葺), 육옥근(陸屋根): 모두 슬래브지붕 또는 평판지붕을 뜻한다.
5) 물치(物置), 납옥(納屋), 납가(納家): 모두 광 또는 곳간(庫間)을 뜻한다. 창고와 같은 의미이다.
6) 정(町), 단(段), 무(畝), 보(步), 홉(合), 작(勺): 각각 3,000평, 300평, 30평, 1평, 0.1평, 0.01평을 뜻한다.

갑구(甲區)는 소유권에 관한 사항을 기재하고, 을구(乙區)는 소유권 이외의 권리, 즉 지상권·지역권·전세권·저당권·권리질권·임차권에 관한 사항을 기재한다. 따라서 을구는 기재사항이 없는 경우 이를 두지 아니할 수 있다. 각 구에는 순위번호란과 사항란을 둔다. 순위번호란은 사항란에 등기한 순서를 기재하며, 사항란에는 각각의 권리에 관한 사항을 기재한다.

표 2.2.7 **등기사항증명서의 구성과 내용**

구분	난	공시내용	등기 내용
표제부	표시란	목적물의 표시	• 토지: 표시번호, 접수일자, 소재지, 지목, 면적, 등기원인 및 기타사항 • 건물: 표시번호, 접수일자, 소재지번 및 건물번호, 건물내역, 등기원인 및 기타사항 • 집합건물: (1동의 건물의 표시, 대지권의 목적인 토지의 표시, 전유부분의 건물의 표시, 대지권의 표시)
갑구	사항란	소유권	• 소유권에 관한 사항: 순위번호, 등기목적, 접수일자, 등기원인, 권리자 및 기타사항 • 압류·가압류·가처분·가등기·환매등기·경매·파산 등에 관한 사항
을구	사항란	소유권 이외의 권리	• 지상권·지역권·전세권·저당권·권리질권·임차권 등 소유권 이외의 권리에 관한 사항: 순위번호, 등기목적, 접수일자, 등기원인, 권리자 및 기타사항

3) 등기사항증명서의 해석

(1) 등기권리의 순위

등기권리의 순위는 같은 구에서는 그 순위번호에 의하여 정하며, 다른 구에서는(즉, 갑구와 을구 사이에서는) 접수일자와 접수번호에 의하여 순위를 정한다.

한편, 부기등기의 순위는 주등기의 순위에 의한다. 그러나 가등기가 있는 경우 본등기를 하면 그 본등기의 순위는 가등기의 순위에 의한다.

(2) 갑구의 해석

갑구에서는 소유권에 대한 압류·가압류·가처분·가등기·경매개시결정 등 처분제한의 등기가 있는지를 확인하여야 한다. 이들의 내용에 대해서는 다음의 4)에서 자세히 설명한다.

한편, 종전에는 예고등기제도가 있었으나 2011. 4.「부동산등기법」전부개정시 폐지되었다(시행일: 2012. 6). 예고등기는 등기원인의 무효 또는 취소로 인한 등기의 말소 또는 말소회복의 소송이 제기된 경우[27]에 그러한 소송이 제기되었다는 사실을 제3자에게 알림으로써 그 부동산에 관하여 법률행위를 하고자 하는 선의의 제3자로 하여금 소송결과에 따른 불측의 손해를 방지하려는 목적에서 그러한 소송을 접수한 법원의 직권 촉탁에 의해 하는 등기이었다. 이는 본래 등기의 공신력이 인정되지 아니하는 법제에서 거래의 안전을 보호하기 위하여 인정된 제도이나, 예고등기로 인하여 등기명의인이 거래상 받는 불이익이 크고 집행방해의 목적으로 소를 제기하여 예고등기가 행하여지는 사례가 있는 등 그 폐해가 크므로 이를 폐지하였다.

(3) 을구의 해석

을구에서는 근저당권·전세권·지상권 등이 설정되어 있는지를 확인하여야 한다. 근저당권의 채권최고액이란 채무자가 현실로 부담한 채무가 아니고 앞으로 부담할 최대한도의 채무액이란 뜻이며, 실무적으로 대출금(또는 채무원금)의 120%를 채권최고액으로 정하는 것이 일반적인 관행이다. 채무자가 근저당권 채권을 모두 변제하지 않으면 결국 그 부동산은 담보권 실행을 위한 경매의 대상이 된다.

전세권이 설정되어 있는 경우 특별한 사정이 없는 한 전세기간 내에는 전세권자를 임의로 나가게 할 수 없으며, 지상권·지역권 등은 그 토지에 대한 이용관계를 목적으로 설

---

27 예컨대 등기원인이 전혀 없는데도 인감증명서 등을 위조하여 소유권을 이전했거나 근저당권을 설정 또는 말소한 경우에 그 말소 또는 말소회복의 소송을 제기한 경우이다.

정되어 있는 권리이다. 전세권·지상권·지역권 등은 저당권과는 달리 부동산의 일부분에도 성립할 수 있으나 동일 부동산의 같은 부분에 중복하여 성립할 수는 없다.

4) 처분제한의 등기

(1) 압류(押留)

넓은 의미로는 특정 물건 또는 권리에 대해 사인의 사실상 또는 법률상 처분을 제한하는 국가기관에 의한 강제적 행위를 의미하나, 좁은 의미로는 금전채권에 대한 강제집행의 제1단계(착수)로서 집행기관이 채무자의 재산의 사실상 또는 법률상 처분을 금지하기 위해 행하는 강제적 행위를 말한다.

등기사항증명서에 기재되는 압류등기는 국세·지방세·국민건강보험료·국민연금보험료 등을 체납하는 경우 징수기관의 촉탁에 의해 이루어진다(국세징수법 45, 지방세기본법 153, 국민연금법 95 등). 이때 압류한 재산의 공매는 주로 한국자산관리공사가 대행하고 있다. 한편, 법원의 촉탁에 의해 이루어지는 경매개시결정의 기입등기도 압류의 효력이 있다.

(2) 가압류(假押留)

「민사집행법」에는 판결에 따른 집행을 미리 보전하기 위한 보전처분으로 가압류와 가처분을 규정하고 있다. 가압류는 금전채권이나 금전으로 환산할 수 있는 채권의 집행을 보전하기 위한 것이고, 가처분은 금전채권 이외의 특정채권의 집행을 보전하기 위한 것이다.

가압류는 약식절차의 하나로, 금전채권 또는 금전으로 환산할 수 있는 채권의 집행을 위하여 미리 채무자의 재산(동산 또는 부동산)을 동결시켜 장래의 강제집행이 불능 또는 곤란을 초래하지 않도록 하는 집행보전제도이다. 집행권원을 얻고 강제집행에 착수할 때까지 채무자의 재산 은닉·도망 및 빈번한 전입 등의 사실이 생겨 집행권원을 얻어도 집행이 불가능하거나 또는 현저히 곤란하게 될 염려가 있을 때에 채무자의 재산을 한동안 보유하여 강제집행을 가능하게 하려는 제도이다. 가압류 후 금전의 지급을 명하는 확정판결이 있게 되면 가압류는 본압류로 이전되어 가압류된 재산에 대한 금전채권의 강제집행절차를 밟게 된다.

(3) 가처분(假處分)

가처분은 금전채권 이외의 특정한 것의 지급을 목적으로 하는 청구권을 보전하기 위하여 또는 다툼이 있는 권리관계에 관하여 임시의 지위를 정하기 위하여 잠정적으로 행하여지는 처분을 말한다.

가처분에는 「민사집행법」상 다툼의 대상(즉, 계쟁물)에 관한 가처분과 임시의 지위를 정하기 위한 가처분이 있다. 전자(前者)는 채권자가 금전 이외의 물건이나 권리를 대상으로 하는 청구권을 가지고 있을 때 그 강제집행 시까지 다툼의 대상(즉, 계쟁물)이 처분·멸실되는 등 법률적·사실적 변경이 생기는 것을 방지하고자 계쟁물의 현상을 동결시키는 보전처분으로 금전채권의 보전을 위한 가압류와 구별된다. 후자(後者)는 당사자 간에 현재 다툼이 있는 권리 또는 법률관계가 존재하고 그에 대한 확정판결이 있기까지 현상의 진행을 그대로 방치하면 권리자가 현저한 손해를 입거나 급박한 위험에 처하는 등 소송의 목적을 달성하기 어려운 경우에 그로 인한 위험을 방지하기 위해 잠정적으로 권리 또는 법률관계에 관하여 임시의 지위를 정하는 보전처분이다.

부동산등기부에 기재되는 가처분은 처분금지가처분분이다. 이 경우 가처분권자가 본안소송에서 승소하면 종전의 매매는 무효 또는 취소가 되어 소유권이 매도인에게 되돌아가는 경우가 있다(그 결과 매수인은 소유권을 상실한다). 매도인이 이중매매를 한 경우로서 매수인과 적극적으로 공모한 경우(이는 무효사유임)이거나 매도인이 사해행위로 매도한 경우로서 매수인이 악의인 경우(이는 취소사유임)가 예이다.

(4) 가등기

가등기는 부동산물권변동을 일어나게 할 청구권을 보전하기 위하여 그것을 공시하는 등기를 말한다(즉, 청구권보전의 가등기). 가등기는 본등기 신청에 필요한 절차상의 요건이 미비하거나, 매매대금 중 일부가 남아 있는 상태에서 장래 대금 완납 시에 본등기를 하기로 약정하는 경우 등에 매도인의 이중매매를 방지하기 위하여 주로 활용된다.[28] 가등기를 한 다음에 본등기를 하면 대항력의 순위가 가등기를 한때로 소급하기 때문에 가등기 후에 한 일체의 등기는 효력을 상실한다.

한편, 담보가등기는 채무자가 채권자로부터 금전을 차용하면서 변제기에 상환하지 못하는 경우에는 부동산의 소유권을 채권자에게 이전한다는 대물변제의 예약에 의해 채권담보의 목적으로 하는 가등기를 말한다(가등기담보 등에 관한 법률).

(5) 환매등기

환매는 매도인이 매매계약과 동시에 특약으로 환매권을 보류[29]한 경우에, 후일 매매대금과 매수인이 부담한 매매비용을 반환하고 매매의 목적물을 다시 사는 것을 말한다. 환매특약을 한 경우에는 환매권자(전소유자)·환매금액·환매기간[30] 등을 등기해야만 제3자에 대하여 대항할 수 있다.

환매등기는 매수인에게 계약내용에 따른 목적물의 소유권 행사를 강제하거나, 소유권 이전형식의 채권담보의 수단 등으로 활용된다.

> ▶ 환매와 재매매의 예약: 매도한 목적물을 다시 매수할 수 있는 제도로 환매와 재매매의 예약이 있다. 일반적으로 「민법」 제590조 내지 제595조가 정하는 요건을 갖춘 경우를 환매라 하고, 그 요건에 해당하지 않는 경우를 재매매의 예약으로 본다. 따라서 환매이기 위해서는 ① 매매계약과 동시에 환매의 특약을 하여야 하고, ② 일정기간 내에 환매를 하여야 하며, ③ 부동산의 경우에는 환매등기를 할 수 있음에 반해, 매매계약 후에 환매의 특약을 맺거나 또는 일정기간을 넘는 환매기간을 설정하는 경우 등은 재매매의 예약으로 본다. 재매매의 예약에서는 그 청구권을 보전하기 위해 가등기를 할 수 있을 뿐이다. 결국 민법이 정하는 환매는 재매매의 예약을 법률로 특별히 제한한 것으로 볼 수 있다(김준호, 2014).

----

[28] 가등기는 효과가 크면서 등록면허세도 적어 많이 활용된다.

[29] 유보(留保)와 같은 의미이다.

[30] 환매기간은 부동산은 5년(동산은 3년)을 넘지 못한다.

(6) 경매개시결정

경매개시결정은 채권자가 경매신청을 하면 법원은 경매신청서 및 부대서류를 심사하여 요건이 구비되었다고 판단하면 경매개시의 결정을 한다. 법원이 경매개시결정을 하면 즉시 등기관에게 그 사유를 등기부에 기입(이를 경매개시결정 기입등기라 한다)하도록 촉탁하여야 한다(민사집행법 94). 경매개시결정의 등기에 의해 압류의 효력이 생긴다. 경매개시결정의 등기는 실무적으로 강제경매개시결정 또는 임의경매신청으로 기재한다.[31]

▶ 오래된 가압류·가처분·근저당권등기 등을 말소하는 방법: ① 가압류·가처분은 등기된 때로부터 3년 내에 본안소송(대여금청구소송, 소유권이전등기청구소송 등)을 제기하지 아니하면 채무자나 이해관계인은 가압류·가처분등기에 대해 취소소송을 제기할 수 있다(민사집행법 288 및 301). ② 매매예약에 의한 가등기는 예약완결권이 10년의 제척기간에 걸리므로 10년 내에 본등기를 하지 않으면 말소청구로 말소되고, 매매계약에 의한 가등기는 소유권이전등기 청구권이 10년의 시효로 소멸하니 역시 10년이 지나면 말소된다. ③ 담보가등기와 근저당권은 피담보채권이 시효(통상 5년 내지 10년)로 소멸하면 함께 말소청구로 말소된다. ④ 세금체납으로 인한 압류는 압류처분의 당연무효의 사유가 없는 한 체납세액을 납부했거나 압류채권이 소멸시효로 소멸되었더라도 행정청의 말소등기 촉탁에 의해서만 말소될 수 있고, 민사소송으로 말소를 청구할 수 없다(서울고법 77나 판결)(김재권변호사의 부동산 읽기, 영남일보, 2020. 03. 11).

제3절 | 에스크로제도와 권원보험

1 에스크로제도

1) 에스크로의 의의

에스크로(Escrow)의 사전적 의미는 일정한 조건이 성립하여 증서의 내용이 실행되기까지 제3자가 보관해두는 증서를 말하며, 일반적으로 부동산(不動産)이나 사업체(動産)의 매매(賣買) 시 판매자(Seller)와 구입자(Buyer) 사이에서 신속하고 안전한 거래를 위해 제3자가 중간역할을 대행하는 서비스를 말한다. 따라서 에스크로는 한마디로 계약이행보증

----

31 부동산경매의 종류에 관한 자세한 내용은 제2편 제3장 제1절 참조(p.119)

제도라 할 수 있다.

미국 대부분의 주에서는 부동산매매계약을 체결한 후부터 등기에 이르기까지 거의 전부를 전문회사인 에스크로에 맡겨 업무를 처리한다. 즉, 매매의뢰를 받은 부동산중개인(broker)이 매수인과 매도인을 구해 매매계약을 체결하면 당해 부동산거래과정에서 중개인의 업무는 끝나고 그 후는 에스크로가 업무를 수행한다. 에스크로는 상당한 기간을 두고 소유권관계의 조사와 확인을 하고 하자가 있으면 계약을 해제할 뿐만 아니라 숨은 권원의 하자로 인한 권리상실의 위험에 대비하여 권원보험에 가입한다. 권리조사와 권원보험가입이 끝나면 에스크로를 통해 매수인은 매매대금을 지급하고 매도인은 날인증서를 교부함으로써 매매과정이 종결된다.

2) 에스크로의 필요성

첫째, 에스크로의 장점은 동시이행의 효과가 있다는 것이다. 이는 에스크로회사가 매도인에게 대금을 지급하는 동시에 매수인에게 소유권이전등기가 이루어진다는 것을 의미한다.

둘째, 부동산의 거래사고를 예방할 수 있다. 이는 매매당사자들이 합법적으로 매매가 종결될 때까지 매매대금 등 금전을 직접 거래할 필요가 없기 때문에 가능하다.

셋째, 권원보험제도를 에스크로제도와 함께 도입하면 부동산소유권 및 목적부동산에서 발생할 수 있는 하자(瑕疵)에 대해 매수인을 보호할 수 있다.

3) 우리나라의 에스크로제도

(1) 제도의 도입

2000. 1. (구)「부동산중개업법」 개정 시 부동산거래의 당사자를 보호하는 차원에서 거래계약 성립 이후 계약금 등의 반환채무이행을 보장하기 위해 계약금 등을 제3자에게 예치하는 제도를 도입하였다. 이 제도는 거래당사자는 물론이고 개업공인중개사도 보호받을 수 있는 거래안전장치가 될 수 있다.[32] 예컨대, 권리관계가 복잡한 물건이거나 물적 하자가 있는 물건과 같이 계약이행여부가 불투명한 부동산을 중개하는 경우, 이 제도를 활용함으로써 계약성립 후 계약이행과정에서 발생할 수 있는 거래당사자 간의 분쟁이나 개업공인중개사와 중개의뢰인 간의 분쟁을 사전에 예방할 수도 있다.

---

[32] 이태교·김형선(2006), 부동산중개론, 부연사, p.237.

(2) 제도의 내용

개업공인중개사는 거래의 안전을 보장하기 위하여 필요하다고 인정하는 경우에는 거래계약의 이행이 완료될 때까지 계약금·중도금 또는 잔금(이하 계약금 등이라 한다)을 개업공인중개사 또는 대통령령이 정하는 자[33]의 명의로 금융기관,「공인중개사법」제42조의 규정에 의하여 공제사업을 하는 자 또는 「금융투자업법」에 따른 신탁업자 등에 예치하도록 거래당사자에게 권고할 수 있다(공인중개사법 31). 개업공인중개사는 계약금 등을 개업공인중개사의 명의로 금융기관 등에 예치할 것을 의뢰하는 경우에는 계약이행의 완료 또는 계약해제 등의 사유로 인한 계약금 등의 인출에 대한 거래당사자의 동의 방법, 반환채무이행 보장에 소요되는 실비 그 밖에 거래안전을 위하여 필요한 사항을 약정하여야 한다.

우리나라 에스크로제도의 구조를 그림으로 나타내면 다음과 같다.

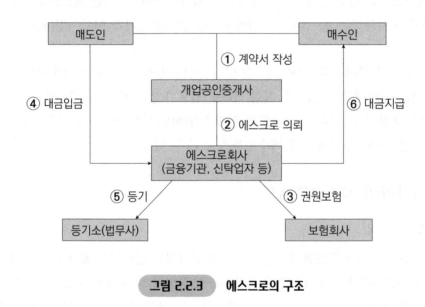

그림 2.2.3 에스크로의 구조

---

[33] 대통령령이 정하는 자라 함은 다음 각 호의 자를 말한다(공인중개사법령 제27조).
  1. 「은행법」에 따른 은행
  2. 「보험업법」에 따른 보험회사
  3. 「금융투자업법」에 따른 신탁업자
  4. 「우체국예금·보험에 관한 법률」에 따른 체신관서
  5. 법 제42조의 규정에 따라 공제사업을 하는 자
  6. 부동산 거래계약의 이행을 보장하기 위하여 계약금등 및 계약 관련서류를 관리하는 업무를 수행하는 전문회사

우리나라에서는 금융기관, 신탁업자 등 에스크로회사가 계약금 등을 대신 보관한 뒤 계약이행의 완료 후(또는 계약해제 시) 이를 매도자·매수자에게 전달함으로써 이중거래나 사기 등의 피해를 없애주는 기능을 한다. 그러나 아직 에스크로 전문회사가 거의 없고 계약금 등을 금융기관 등에 예치하는 수준에 머물러 있으며, 에스크로에 대한 인식부족, 매도자의 비협조, 비용부담 등의 요인으로 인해 활성화되지 못하고 있다.

2 권원보험

1) 권원보험의 개념

권원보험이란 부동산권리의 하자(瑕疵)로 인하여 소유권 또는 저당권 등을 가진 피보험자가 입게 되는 경제적 손실을 보상하는 보험으로, 부동산권리보험이라고도 한다. 등기의 공신력이 부인되고 등기절차에 있어 형식적 심사주의를 채택하고 있는 우리나라에서는 권원보험이 부동산거래의 안전을 도모하기 위한 제도로서 의미가 크며, 저당채권의 유통을 촉진하는 기능(저당권자 권원보험의 경우)도 가진다.

2) 권원보험의 내용

권원보험은 보험에 가입되는 권리에 따라 소유자 권원보험, 저당권자 권원보험 등으로 구분할 수 있다. 소유자 권원보험은 부동산의 매수인이 완전한 소유권이 이전되지 않을 경우 보상받기 위해 가입하고, 저당권자 권원보험은 금융기관 등 저당권자가 담보물의 소유권문제로 인한 손해를 보상받기 위해 가입한다. 현재 우리나라는 저당권자 권원보험이 더 활발하다. 이는 금융기관을 중심으로 부동산담보대출에 있어 권원보험의 가입을 확대하고 있기 때문이다.

소유자 권원보험제도는 에스크로제도와 연동되어 작용할 때 부동산거래의 안전을 보장하는 효과가 크게 나타난다.

표 2.2.8 **권원보험과 일반 손해보험의 비교**

구분	권원보험	일반 손해보험
목적	위험의 제거 및 손실의 예방	위험의 인수 및 손실의 분산
담보위험	과거에 발생한 권리의 하자로 인한 손해	계약체결 후 발생하는 손해

구분	권원보험	일반 손해보험
손해빈도	비교적 낮음	비교적 높음
보험기간	종기가 미확정 (매도시 또는 채권회수 완료시까지)	시기(始期) 및 종기(終期)가 확정
보험료	보험기간에 관계없이 일정	보험기간에 따라 증가
보험료 구성	사업비 비중이 높고 위험보험료의 비중이 낮음	사업비 비중이 낮고 위험보험료의 비중이 높음
해약여부	해약 불가 (대부분 보험료가 권원조사 비용에 충당)	해약 가능
역선택 여부	역선택의 문제 없음	역선택의 문제 발생

자료: 보험개발원(2001)에서 재작성

제4절 | 특별법상 임차인보호제도

1 임차인보호제도의 의의

1) 임대차의 개념

「민법」상 임대차(賃貸借)는 당사자 일방(= 임대인)이 상대방(= 임차인)에게 목적물을 사용·수익하게 할 것을 약정하고 상대방이 이에 대하여 차임을 지급할 것을 약정함으로써 성립하는 계약이다.

타인의 물건을 사용·수익할 수 있는 권리에는 물권으로서 지상권과 전세권이 있다. 그러나 이들은 그 대상이 토지 또는 부동산이라는 한계가 있고, 소유자가 물권 설정 자체를 기피하는 경향이 강해 실제 거래에 있어서는 채권으로서 임대차가 주로 활용된다.

2) 부동산임대차의 보호

부동산을 목적물로 하는 임대차가 많이 활용되고 있으나 채권에 속하므로 부동산의 소유권이 제3자에게 이전되면 임차인(賃借人)은 제3자에게 임차권을 주장할 수 없는 문제가 있다. 이 문제를 해결하고자 「민법」은 제정 당시(1958. 2)부터 부동산임대차에 대해 등기할 수 있는 길을 마련하고 그 등기를 한 때에는 제3자에게 주장할 수 있도록 규정했다(제621조).[34] 그러나 소유자(즉, 임대인)가 임차권 등기에 협력하지 않는 경우가 많아 임차인의 보호는 여전히 미흡했다.

경제활동에서 임대차제도의 활용이 활발해지면서 경제적 약자인 임차인의 권리보호문제가 크게 대두되었는데 「민법」으로는 이를 해소하기 어려워 특별법을 제정하였다. 임차인을 보호하기 위한 특별법으로는 1981년 제정된 「주택임대차보호법」(약어로 주택임대차법이라 한다)과 2001년 제정된 「상가건물임대차보호법」(약어로 상가임대차법이라 한다)이 대표적이다. 이들 법령에서는 임차권의 등기가 없더라도 일정한 요건 하에 임차권의 대항력, 우선변제권 또는 소액보증금의 최우선변제권 등을 인정함으로써 채권인 부동산임차권을 물권화하였다.

▶ 농지의 임대차: 농지의 임대차에 대해서는 「농지법」이 적용된다. 「농지법」에서는 경자유전(耕者有田)의 원칙에 따라 농지의 임대차와 사용대차를 원칙적으로 금지하고 가능한 사유에 대해 규정하고 있다(제23조). 농지 임대차와 사용대차의 경우 서면계약을 원칙으로 하고, 그 등기가 없는 경우에도 임차인이 농지소재지를 관할하는 시·구·읍·면의 장의 확인을 받고, 해당 농지를 인도(引渡)받은 경우에는 그 다음 날부터 제삼자에 대하여 효력이 생긴다(제24조). 또한, 임대차기간은 원칙적으로 3년 이상으로 하여야 하며, 다년생식물의 재배지로 이용하는 농지·임차인이 고정식온실 또는 비닐하우스를 설치한 농지는 5년 이상으로 하여야 한다(제24조의2).

---

② 주택임대차 보호

1) 적용범위

「주택임대차법」은 주거용 건물(이하 주택이라 한다)의 전부 또는 일부의 임대차에 관하여 적용하며, 그 임차주택(賃借住宅)의 일부가 주거 외의 목적으로 사용되는 경우에도 적용한다.

2) 내용

(1) 대항력

주택임대차는 그 등기가 없는 경우에도 임차인이 주택의 인도(引渡)와 주민등록을 마

---

[34] 제621조(임대차의 등기) ① 부동산임차인은 당사자간에 반대약정이 없으면 임대인에 대하여 그 임대차등기절차에 협력할 것을 청구할 수 있다.
② 부동산임대차를 등기한 때에는 그때부터 제삼자에 대하여 효력이 생긴다.

친 때에는 그 다음 날부터 제3자에게 대항할 수 있는 대항력이 생긴다. 즉, 대항력이 있는 경우에는 자신보다 후순위권리자에 대하여 임차목적물을 계속 사용·수익하며 인도를 거절할 수 있다. 따라서 주거용건물이 경락되어도 임차인은 임대차기간까지 거주할 수 있고, 임대보증금을 경락인에게 청구할 수 있다.

(2) 우선변제권

대항요건(즉, 주택의 인도 + 주민등록)과 임대차계약서상에 확정일자를 갖춘 임차인은 「민사집행법」에 의한 경매 또는 「국세징수법」에 의한 공매 시[35] 임차주택의 환가대금에서 후순위 권리자나 그 밖의 채권자보다 우선하여 보증금을 변제받을 권리가 있다. 즉, 일정한 요건을 갖추면 후순위로 전세권이나 저당권 등 물권이 있더라도 그 권리보다 우선하여 보증금을 변제받을 수 있다.

확정일자를 받은 임대차계약서를 분실한 경우에는 다시 임대차계약서를 작성한 후 현재의 시점에서 다시 확정일자를 받을 수밖에 없다. 따라서 다시 확정일자를 받은 시점에서 효력이 발생한다. 최초의 시점으로 소급하여 확정일자를 받을 수 없으므로 임차인은 확정일자부 계약서의 보관에 주의를 기울여야 한다.

▶ 확정일자란 법원 또는 동사무소 등에서 주택임대차계약을 체결한 날짜를 확인해 주기 위하여 임대차계약서의 여백에 그 날짜가 찍힌 도장을 찍어주는 바, 이때 그 날짜를 의미한다. 확정일자를 받는 방법은 ① 법원·등기소 또는 동사무소에 계약서 원본을 지참하고 확정일자를 요청하여 받거나, ② 공증기관(법무법인 또는 공증인가 합동법률사무소 등)에서 임대차계약서를 공정증서로 작성하는 방법이 있다.

---

(3) 소액보증금의 최우선변제권

보증금 중 법령에서 정한 일정액(이하 소액보증금이라 한다)은 순위에 관계없이 일반채권자 는 물론 선순위 담보물권자보다 우선하여 변제받을 권리가 있다(이를 최우선변제권이라 한다). 최우선변제를 받기 위해서는 임차보증금이 소액보증금에 해당하면서 경매신청의 등기 전에 대항요건(주택의 인도와 주민등록)을 갖추고, 배당요구종기일 이전에 배당요구신청을 해야 한다. 최우선변제권은 임차주택의 소유자가 변경된 경우에 새로운 소유자에 대해 임차권을 주장할 수 있는 대항력과 다르고, 확정일자를 갖춘 날을 기준으로 경매절차에서 순위에 따라 변제를 받게 되는 일반 임차인의 우선변제권과도 구별된다.

한편, 소액보증금의 범위와 기준에 대해서는 경제현실을 반영하여 지속적으로 상향조

---

35 경매와 공매의 개념에 대해서는 제2편 제3장 제1절 참조(p.118).

정해 왔으므로 법령의 확인이 필요하다.

(4) 임차권등기명령

임차인이 법원에 임차권등기명령을 신청하여 그 결정을 받고 촉탁에 의해 임차권등기를 마치면 주소를 옮기더라도 당초 대항력 요건의 구비일로부터 대항력을 유지하게 된다.

임차권등기명령을 신청하려면 관할시·군·구청과 등기소 및 동사무소에서 준비서류를 발급받아 임차주택 소재지를 관할하는 지방법원 등에 신청하여야 한다.

한편, 임차권등기를 해두면 새 임차인을 구하기가 어려워져 그 만큼 보증금을 돌려받기가 어려워질 수 있으며, 등기가 안 되는 무허가 주택이나 미등기 주택에는 임차권등기를 할 수 없다.

③ 상가임대차 보호

1) 적용범위

「상가임대차법」은 사업자등록의 대상이 되는 상가건물의 임대차(임대차 목적물의 주된 부분을 영업용으로 사용하는 경우를 포함한다) 중 환산보증금이 일정금액 이하인 임대차에 대해 적용한다. 여기서 환산보증금은 (보증금＋월세×100)으로 산정하며, 경제현실을 반영하여 지속적으로 상향조정해 왔으므로 법령의 확인이 필요하다.

한편, 적용범위에도 불구하고 대항력, 계약갱신 요구, 권리금 회수기회 보호 등은 환산보증금을 초과하는 임대차에 대하여도 적용한다.

2) 내용

(1) 대항력

상가건물에 있어 임차인은 임대인으로부터 건물을 인도받고, 세무서에 사업자등록을 신청한 경우 신청일의 다음 날부터 대항력이 발생한다. 임대차계약서상 내용이 사업자등록사항과 일치하고, 임대차계약서상 임대차 목적물이 등기사항전부증명서 등 공부와 일치하여야 대항력이 보장되므로 이를 일치시키도록 하여야 한다. 또한 사업자등록정정신고 사유에 임대차계약의 내용이 변경되는 경우를 포함시켰으므로 계약 변경 시 반드시 사업자등록정정신고를 하여야 한다.

(2) 우선변제권

상가건물에 있어 우선변제권은 임차인이 건물의 인도와 사업자등록 신청으로 대항력 요건을 갖추고 관할세무서장으로부터 임대차계약서상 확정일자를 받은 경우 「민사집행법」에 의한 경매 또는 「국세징수법」에 의한 공매 시 임차건물(임대인 소유의 대지를 포함한다)의 환가대금에서 후순위 권리자나 그 밖의 채권자보다 우선하여 보증금을 변제받을 권리가 있다.

(3) 소액보증금의 최우선변제권

이는 임차건물이 경매 또는 공매에 의하여 소유권이 이전되는 경우에도 경매절차에서 보증금 중 일정액을 모든 권리자보다 최우선하여 배당을 받을 수 있는 권리를 말한다. 최우선변제권은 임차인이 대항력을 갖추면(건물을 인도받고 사업자등록 신청) 생기는 것으로 확정일자와는 상관이 없다.

한편, 소액보증금의 범위와 기준에 대해서는 경제현실을 반영하여 지속적으로 상향조정해 왔으므로 법령의 확인이 필요하다.

(4) 임차권등기명령

임대차가 종료된 후 보증금이 반환되지 아니한 경우 임차인은 임차건물의 소재지를 관할하는 지방법원, 지방법원지원 또는 시·군법원에 임차권등기명령을 신청할 수 있다. 임차인이 법원에 임차권등기명령을 신청하여 그 결정을 받고 촉탁에 의해 임차권등기를 마치면 임차인은 대항력과 우선변제권을 취득한다. 다만, 임차인이 임차권등기 이전에 이미 대항력 또는 우선변제권을 취득한 경우에는 그 대항력 또는 우선변제권이 그대로 유지되며, 임차권등기 이후에는 대항요건을 상실하더라도 이미 취득한 대항력 또는 우선변제권을 상실하지 아니한다.

(5) 권리금 회수기회 보호

임대인은 임대차기간이 끝나기 6개월 전부터 임대차 종료 시까지 ① 임차인이 주선한 신규임차인이 되려는 자에게 권리금을 요구하거나 임차인이 주선한 신규임차인이 되려는 자로부터 권리금을 수수하는 행위, ② 임차인이 주선한 신규임차인이 되려는 자로 하여금 임차인에게 권리금을 지급하지 못하게 하는 행위, ③ 그 밖에 정당한 사유 없이 임대인이 임차인이 주선한 신규임차인이 되려는 자와 임대차계약의 체결을 거절하는 행위 등을 함으로써 권리금 계약에 따라 임차인이 주선한 신규임차인이 되려는 자로부터 권리금을 지급받는 것을 방해하여서는 아니 된다.

4 임차인보호제도의 비교

1) 대항력 · 우선변제권 · 최우선변제권의 비교

대항력·우선변제권·최우선변제권을 비교하면 다음의 표와 같다.

표 2.2.9 임차인보호제도의 비교

구분	대항력	우선변제권	최우선변제권
성립요건	• 주택: 인도 + 주민등록 • 상가: 인도 + 사업자등록	대항력 + 확정일자	대항력 + 소액보증금
효력	제3자에 대해 대항할 수 있음 (선순위권리자에게는 행사 불가)	환가대금에서 후순위권리자에 우선하여 보증금을 받음	환가대금에서 모든 권리자에 우선하여 보증금을 받음
배당요구	없음	배당요구의 종기까지 배당요구	배당요구의 종기까지 배당요구

2) 특별법상 임대차보호제도의 비교

「주택임대차법」과 「상가임대차법」의 내용을 비교하면 다음의 표와 같다.

표 2.2.10 「주택임대차법」과 「상가임대차법」의 비교

구분	주택임대차보호법	상가건물임대차보호법
연혁	1981. 03. 05. 제정, 공포한 날부터 시행	2001. 12. 29. 제정, 2002. 11. 01. 시행
적용대상	모든 주택임대차	영세상가건물 임대차: 환산보증금이 일정액 이하 • 서울특별시: 9억원 • 수도권 중 서울특별시를 제외한 과밀억제권역 및 부산시: 6억9천만원 • 광역시(수도권 중 과밀억제권역과 군지역, 부산시 제외), 세종시, 파주시, 화성시, 안산시, 용인시, 김포시 및 광주시: 5억4천만원 • 그 밖의 지역: 3억7천만원
임차인요건	원칙적으로 법인은 불가	법인도 가능

구분	주택임대차보호법			상가건물임대차보호법		
대항력	요건: 주택의 인도 + 주민등록			요건: 건물의 인도 + 사업자등록		
우선변제권	요건: 대항력 + 확정일자			요건: 대항력 + 확정일자		
소액보증금 최우선변제	요건: 대항력 + 소액보증금			요건: 대항력 + 소액보증금		
	지역	대상 보증금 (단위: 이하)	최우선 변제금액	지역	대상 보증금 (단위: 이하)	최우선 변제금액
	서울시	16,500만원	5,500만원	서울시	6,500만원	2,200만원
	과밀억제권역 (서울 제외), 세종시, 용인시, 화성시 및 김포시	14,500만원	4,800만원	과밀억제권역 (서울제외)	5,500만원	1,900만원
	광역시(과밀억제 권역 및 군지역 제외), 안산시, 광주시, 파주시, 이천시, 평택시	8,500만원	2,800만원	광역시(과밀 억제권역 및 군지역 제외), 안산시, 용인시, 김포시 및 광주시	3,800만원	1,300만원
	그 밖의 지역	7,500만원	2,500만원	그 밖의 지역	3,000만원	1,000만원
임차권 등기명령	가능			가능		
최단 임대기간	2년 (임차인 요구 시 2년 미만 계약 가능)			1년 (임차인 요구 시 1년 미만 계약 가능)		
임차인의 계약갱신 요구권	법정사유가 없으면 임대인은 임차인의 계약 갱신요구 거절 불가(갱신되는 임대차 기간: 2년) * 법정사유: 2기의 차임액을 연체한 경우, 임차 인의 의무를 현저히 위반한 경우 등 9가지			법정사유가 없으면 총 10년간 임대인은 임차 인의 계약갱신요구 거절 불가 * 법정사유 : 3기의 차임액을 연체한 경우, 임 차인의 의무를 현저히 위반한 경우 등 8가지		
임대료 인상제한	5% 이내 (20분의 1 초과 금지) [다만, 시·도의 조례로 달리 정할 수 있음]			5% 이내 (100분의 5 초과 금지)		
월세전환 이율제한	연 1할(즉, 10%) 또는 (기준금리 + 연 2%) 중 낮은 비율 이내			연 12% 또는 (기준금리 × 4.5배) 중 낮은 비율 이내		

부동산경매

제1절 | 부동산경매의 의의

1. 부동산경매의 의의

1) 부동산경매의 개념

(1) 경매와 부동산경매

일반적으로 경매라 함은 매도인이 가장 좋은 조건을 제시하는 매수희망자에게 물건을 매각하는 것을 말한다. 따라서 넓은 의미로는 미술품·농수산물 등의 사경매도 경매에 포함되나, 좁은 의미로 경매는 국가권력에 기하여 행해지는 법원의 경매를 말한다.

「민사집행법」에서는 강제집행·담보권 실행을 위한 경매·「민법」 또는 「상법」 등의 규정에 의한 경매를 민사집행이라 한다. 강제집행은 채권자의 신청에 의하여 국가의 집행기관이 채권자를 위하여 집행권원에 표시된 사법상의 이행청구권을 강제적으로 실현하는 법적 절차이다. 강제집행은 실현될 권리를 기준으로 금전채권의 집행과 비금전채권의 집행으로 분류할 수 있으며, 금전채권의 집행은 집행대상재산에 따라 부동산의 집행, 자동차·건설기계·선박·항공기의 집행, 동산의 집행으로 구분된다.

부동산의 강제집행방법에는 강제경매와 강제관리가 있다. 강제경매는 채무자 소유의 부동산을 압류, 현금화하여 그 매각대금에서 채권자의 금전채권의 만족을 얻고자 하는 강제집행방법이며, 강제관리는 부동산을 매각하지 않고 관리인이 부동산을 관리하면서 생기는 수익을 가지고 변제에 충당하는 방법[36]이다.

---

36 강제관리는 강제집행의 대상부동산이 양도(讓渡)가 금지된 경우 또는 부동산가격이 폭락하는 경우에 일단 수익을 올리면서 기다렸다가 그 가격이 등귀할 때에 강제경매를 하고자 하는 경우 등에 이

결국, 경매는 채권자가 채무자 등의 소유 재산을 국가기관인 법원을 통해 공개적으로 매각하고 그 대금으로부터 자신의 금전채권을 강제적으로 회수하는 절차를 말한다. 따라서 부동산경매는 민사집행의 대상재산이 부동산인 것을 말한다.

(2) 공매와의 구별

공매(公賣)라 함은 일반적으로 한국자산관리공사(KAMCO: Korea Asset Management Corporation)에서 시행하는 환가처분을 위한 물건의 공개매각을 의미한다. 공매에는 압류재산의 공매, 수탁재산의 공매 등이 있다. 압류재산의 공매는 국세·지방세 및 각종 공과금 등의 체납으로 압류된 재산을 세무서장 또는 지방자치단체장 등으로부터 매각을 위탁받아 시행하는 공매이며, 수탁자산의 공매는 금융기관 또는 기업체가 소유하고 있는 비업무용재산의 매각을 위탁받아 시행하는 공매이다. 금융기관의 비업무용재산은 주로 연체대출금을 회수하기 위해 법원경매를 통해 유입한 재산이다.

표 2.3.1 경매와 공매의 비교

구분	경매	공매 (압류재산공매의 경우)
시행기관	법원	한국자산관리공사
근거 법률	민사집행법	국세징수법
매각방법	입찰	입찰
낙찰자 명의변경	불가능	불가능
명도책임	매수인	매수인
가격인하율	일반적으로 전차가격의 20%씩 차감 (경매법원마다 상이)	1차 공매예정가격의 50%를 한도로 매회 1차 공매예정가격의 10%씩 차감
대금납부기한	낙찰허가결정 후 1개월 이내	매각결정일로부터 7일 이내(1천만원 미만) 또는 60일 이내(1천만원 이상)
대금미불입 시 입찰보증금 처리	배당할 금액에 포함	국고 또는 지방자치단체 금고에 귀속
저당권부채권의 상계	상계 가능	상계 불가

용될 수 있다. 그러나 강제관리는 부동산의 수익으로 채권만족을 얻는 것이 번거롭고 시간을 요하는 등의 이유로 실무상 거의 활용되지 않는다.

2) 부동산경매의 종류

부동산경매는 강제경매와 임의경매로 구분할 수 있다. 강제경매는 강제관리와 함께 부동산에 대한 강제집행방법의 하나이다. 강제경매는 집행권원에 의해 채무자 소유의 부동산을 압류한 후 그 부동산 자체를 매각하여 그 매각대금으로 변제에 충당하는 강제집행방법이고, 임의경매는 담보권 실행 등을 위한 경매를 가리킨다. 즉, 그 실행에 집행권원을 요하지 아니하는 경매를 강제경매에 대응하는 개념으로 강학(講學)상 임의경매라 한다. 임의경매는 다시 담보권 실행을 위한 경매인 실질적 경매와 재산의 가격보전 또는 정리를 위한 경매인 형식적 경매로 세분된다. 유치권은 담보물권이지만 우선변제권이 없으므로 유치권에 의한 경매는 형식적 경매절차에 따라 실시한다. 그 외에 형식적 경매에는 공유물분할을 위한 경매·청산을 위한 경매 등이 있다.

표 2.3.2   강제경매와 임의경매의 비교

구분		강제경매	임의경매
공통점	경매절차	경매개시결정부터 낙찰에 따른 소유권 이전까지 동일	
	진행주체	자력구제가 금지되므로 국가의 집행기관인 법원이 주체	
차이점	집행대상	채무자의 모든 부동산	채무자 또는 물상보증인의 부동산 중 담보권이 설정된 부동산
	경매신청	집행권원에 의함	담보권 실행에 의함
	공신적 효과	있음	없음
	경매결정의 이의사유	절차상 하자	절차상 하자, 실체상 하자
	송달 등의 기산일	등기필증 접수일로부터 3일 안	개시결정일로부터 3일 안
	배당관계	안분(비율)배당	순위배당
	「한국자산관리공사법」상의 송달특례	비적용	적용

주: 1) 송달 등의 기산일: 채무자에 대한 개시결정송달, 현황조사명령, 평가명령의 기산일

　　2) 「한국자산관리공사법상의 송달특례: 「금융기관 부실자산 등의 효율적 처리 및 한국자산관리공사의 설립에 관한 법률」 제45조의2

➡️ 공신적 효과: 강제경매는 일단 유효한 집행력 있는 정본에 기하여 매각절차가 완결된 때에는 후일 그 집행권원에 표상된 실체상의 청구권에 하자가 있더라도 매각절차가 유효한 한 매수인은 유효하게 목적물의 소유권을 취득한다. 그러나 임의경매에 있어서는 담보권자의 담보권에 기한 경매의 실행을 국가기관이 대행하는 것에 불과하므로 담보권에 하자가 있으면 그것이 매각허가결정의 효력에 영향을 미치므로 경매의 공신적 효과는 부정된다.

3) 부동산경매의 방식

부동산의 경매는 매각방법을 기준으로 호가경매, 기일입찰, 기간입찰로 구분할 수 있다. 어떠한 방식으로 매각할 것인지는 집행법원이 재량으로 정한다.

첫째, 호가경매(呼價競賣)는 매각기일에 매수희망자가 매수할 가격을 구두로 호창하고 경쟁자가 있으면 더 높은 가격을 호창하게 한 후 최고가로 매수신고한 자를 매수인으로 결정하는 방법이다. 실무상 유체동산매각은 호가방식에 의한다.

둘째, 기일입찰방식은 매각기일에 매수희망자가 매수할 가격을 서면으로 신청하고 최고가로 매수신고한 자를 매수인으로 결정하는 방법이다. 따라서 매각기일에 입찰과 개찰이 함께 이루어지며, 실무상 가장 많이 사용된다.

셋째, 기간입찰방식은 입찰기간 이내에 매수희망자가 매수할 가격을 서면으로 신청하고 매각기일에 개찰하여 최고가로 매수신고한 자를 매수인으로 결정하는 방법이다.

➡️ 경매와 입찰: 일반적으로 경매는 채무자 또는 물상보증인 소유의 재산을 압류·환가(換價)하여 배당하는 일련의 절차를 의미하며, 그 중 매각(환가)의 방법을 기준으로 다시 경매와 입찰로 구분할 수 있다. 이 경우 경매는 집행대상재산을 다수의 매수희망자 중에서 구두로 매수를 신청하도록 하고 최고가격의 신청인에게 매각하는 방법을 말하며, 입찰은 매수희망자들로부터 자기의 매수가격을 서면으로 신청하도록 한 후 최고가격의 신청인에게 매각하는 방법을 말한다. 1994. 2. 1.부터 법원에서는 종전의 경매방식에서 입찰방식 위주로 변경하였다.

2) **부동산경매의 내용**

1) 부동산경매의 장 · 단점

(1) 장점

① 시가보다 싸게 부동산 구입 가능

② 소유자의 이중매매 가능성 없음

③ 대금납부로 소유권의 원시취득

④ 중개보수의 절약

⑤ 말소기준등기보다 우선하는 권리 외에는 모두 소멸

⑥ 토지거래허가구역에서 토지거래허가 없이 부동산 취득

⑦ 투자대상물건이 다양하며 지속적으로 공급

(2) 단점

① 권리분석이나 물권분석 시 소유자의 협조가 곤란

② 확인하기 어려운 권리로 인한 위험

③ 부동산인도의 곤란 또는 지연

④ 매각허가결정의 실효 시 보증금만 반환

⑤ 입찰가격에 의한 거래세(취득세·등록면허세 등) 부과

⑥ 원하는 부동산을 원하는 시기에 취득하기 곤란

2) 부동산경매의 용어

첫째, 정지(停止)는 채권자 또는 이해관계인이 법원에 대해 경매진행절차를 정지시키는 것을 말한다.

둘째, 변경(變更)은 경매절차 진행도중 새로운 사항의 추가 또는 매각조건의 변경 등으로 인하여 권리관계가 변동되어 법원이 지정된 입찰기일에 경매를 진행시킬 수 없을 때 직권으로 입찰기일을 변경시키는 것을 말한다.

셋째, 연기(延期)는 채무자·소유자 또는 이해관계인의 신청에 의해 경매신청채권자(경매신청인)의 동의하에 지정된 입찰기일을 뒤로 미루는 것을 말한다.

넷째, 취하(取下)는 경매신청인이 자신이 행한 경매신청을 철회하는 것을 말한다. 경매신청의 취하는 매수인(즉, 매각허가결정이 확정된 자)의 대금완납시까지 할 수 있다. 다만, 입찰기일에 매수신고가 있은 후 취하하려면 최고가매수신고인·차순위매수신고인 또는 매수인의 동의를 받아야 그 효력이 생긴다.

다섯째, 취소(取消)는 채무의 변제 또는 경매원인의 소멸·잉여 없는 경매의 경우 법원이 경매개시결정을 취소하는 것을 말한다.

여섯째, 각하(却下)는 각종 신청에 있어 절차나 형식이 부적법한 경우 법원이 이를 처리하지 않는 것을 말한다.

일곱째, 기각(棄却)은 신청내용이 이유 없다고 인정될 때 법원이 신청 그 자체를 받아들이지 않는 것을 말한다.

여덟째, 입찰기일(＝경매기일, 매각기일)은 경매법원이 경매목적 부동산을 경매에 붙이는 날을 말한다.

아홉째, 낙찰기일(＝경락기일, 매각결정기일)은 경매법원이 최고가매수신고인·소유자 등 이해관계인의 진술을 듣고 낙찰허가여부를 결정하기 위해 재판을 하기로 정한 날을 말하며, 통상 입찰기일로부터 7일 이내의 날짜로 정한다. 낙찰허가여부는 결정으로 재판하고, 낙찰기일에 선고하여야 한다.

열째, 특별매각조건은 법정매각조건[37]자체를 변경하는 것으로 이해관계인간의 합의에 의한 매각조건 변경과 법원의 직권에 의한 매각조건변경이 있다. 특별매각조건의 예로는 대금지연납부의 경우 지연이자율을 연 2할 5푼(25%)으로 하는 경우, 보증금을 2할로 하는 경우, 농지취득자격증명 미제출 시 보증금을 반환하지 않고 이를 배당 시 매각대금에 산입하는 경우 등이다.

3 부동산경매의 유의사항

1) 물건분석

(1) 부동산공부를 확인한다.

매각물건명세서와 감정평가서에 기재된 내용이 각종 부동산공부와 일치하는지를 토지대장, 건축물관리대장, 지적도 또는 임야도, 토지이용계획확인서 등을 발급받아 재확인한다. 특히 토지이용계획은 감정평가시점과 입찰기일 사이에 변경되는 경우가 있으므로 반드시 재확인 하여야 한다(용도지역 변경, 도시·군계획시설 결정 등).

(2) 감정평가서를 자세히 살펴본다.

제시목록외의 물건(토지만 의뢰된 경우 지상의 건물 및 과수목, 부합물 및 종물, 대지권미등기건물의 경우 대지권 등)이 감정평가액에 포함되었는지의 여부를 확인하고, 현실이용상황이 어떠한지 여부 등을 확인한다.

---

[37] 법정매각조건은 모든 매각절차에 있어 공통적으로 적용되도록 「민사집행법」에서 미리 정해 놓은 매각조건을 말한다.

(3) 직접 현장확인을 한다.

경매목적물의 입지조건, 도로상태, 지형지세, 지상물의 상태, 경계확인, 제시외 물건 및 분묘 소재여부, 임차인의 유무 등을 직접조사를 통해 확인해야 한다.

또한, 감정평가의 기준시점 이후 과수목의 제거, 고압철탑의 철거, 건물의 소실, 분묘의 설치 등 가치형성요인의 변화가 있을 수 있으므로 반드시 재확인 한다.

(4) 정확한 시가를 조사한다.

경매부동산의 경우 대부분 감정평가 후 4~6개월 이상 지난 뒤 입찰이 이루어지는 경우가 많으므로 감정평가액이 입찰기일의 시가(즉, 시장가치)와 차이가 나는 경우가 있다. 또한 당초부터 감정평가액이 시가보다 낮거나 높은 경우도 있으므로 감정평가액은 단순한 참고가격으로 삼고 입찰기일의 시가를 다시 확인할 필요가 있다.

2) 권리분석
(1) 반드시 임대차관계를 조사한다.

경매정보지 또는 경매가 진행 중임을 알 수 있는 등기사항전부증명서를 동사무소 또는 세무서에 제시하고 경매목적물에 전입신고 되어있는 세대주 또는 사업자등록 되어 있는 사업자를 열람하여 법원서류의 기재사항과 일치하는지를 재확인하여야 한다.

① 선순위임차인이 확정일자를 받아 배당을 요구한 경우 배당요구를 철회하였는지를 확인한다.
② 선순위 소액임차인은 배당에 참가하도록 유도한다.
③ 대항력이 있는 임차인이 있는 경우에는 그 임차보증금액을 확인하고 입찰가격 결정에 신중을 기해야 한다.

(2) 권리분석에 철저를 기한다.

낙찰자에게 대항할 수 있는 권리가 있는 지의 여부에 따라 입찰여부 또는 입찰가격 등의 결정에 영향을 미치므로 철저한 권리분석이 필요하다.

(3) 명도가능성을 고려한다.

소유자 또는 임차인이 법적으로 대항력이 없더라도 명도가 어려운 경우가 있으므로 명도가능성 및 그 비용을 고려하여야 한다. 특히 상가의 경우 시설비 등으로 인해 권리금의 분쟁이 많다.

(4) 대위변제가능성을 확인한다.

경매에 있어서 순위상승을 목적으로 임차인 등이 대위변제할 가능성이 있으므로 낙찰기일 전에 권리변동사항을 재확인하여야 한다.

3) 기타사항

(1) 입찰가격 결정에 신중을 기한다.

경쟁자가 어느 정도일지에 따라 입찰가격 결정을 달리하여야 한다. 2인 정도의 경쟁자가 있을 것으로 판단되면 최저입찰가격에서 약 1%정도 높은 금액에서 결정하고, 다수의 경쟁자가 있을 것으로 판단되면 직전 회차의 최저금액 이상으로 접근하여야 할 것이며, 입찰가격은 동일한 금액이 있을 수 있으므로 백원단위까지 표시하는 것이 좋다.

(2) 경매정보지는 오류가 있을 수 있다.

경매정보지는 단순한 참고자료로만 활용하여야 하며 전적으로 이를 신뢰하는 것은 실수를 범하기 쉽다. 경매목적물의 소재지, 최저입찰가격, 일괄경매여부, 등기부상의 권리관계 등에 관한 사항에 대해 오류가 많다.

(3) 미리 자금계획을 세운다.

입찰 시에는 입찰보증금 외에 미리 전체 낙찰가에 대한 자금계획을 세우는 것이 바람직하다. 낙찰허가 후 준비기간 부족 등의 이유로 대금이 부족하여 대금지급일에 잔금을 지급하지 못하는 경우도 있을 수 있기 때문이다.

(4) 공유자의 우선매수권 행사가능성을 확인한다.

공유자가 우선매수신고를 하였거나 우선매수권을 행사할 가능성이 있는 경우는 최고가매수신고인이 되더라도 낙찰받을 수 없으므로 유의하여야 한다.

제2절 | 부동산경매의 절차

① 압류절차

1) 강제경매신청

강제경매신청서에는 채권자·채무자와 법원, 대상 부동산, 경매의 이유가 된 일정한 채권, 집행할 수 있는 일정한 집행권원, 대리인 등을 기재하고 첨부서류를 붙여야 한다. 첨부서류에는 집행력 있는 정본, 강제집행개시의 요건이 구비되었음을 증명하는 서류, 등기사항전부증명서, 대리인 등의 자격을 증명하는 자격증명서나 위임장 등이 있다.

2) 강제경매개시결정

강제경매의 신청이 있으면 집행법원은 강제집행의 일반요건 등에 관해 형식적 심사를 하고, 요건이 구비되었다고 판단되면 강제경매개시결정을 한다.

법원이 강제경매개시결정을 하면 경매개시결정등기의 촉탁과 강제경매개시결정의 송달을 하여야 한다. 부동산의 압류는 채무자에게 강제경매개시결정이 송달된 때 또는 경매개시결정등기가 된 때에 그 효력이 생긴다.

② 환가절차

1) 경매의 준비

(1) 배당요구의 종기(終期)결정 및 공고

압류의 효력이 발생하면 법원은 배당요구의 종기를 결정하고 공고한다. 즉, 절차에 필요한 기간을 감안하여 배당요구를 할 수 있는 종기를 첫 매각기일 이전으로 정한다(민사집행법 84).

배당요구종기는 요구배당채권자[38]에게 의미가 크다. 즉, 요구배당채권자는 배당요구종

---

38 집행력 있는 정본을 가진 채권자, 경매개시결정등기 이후의 가압류채권자, 법률에 의하여 우선변제권이 있는 채 권자를 말한다(민사집행법 제88조).

기까지 배당요구를 하지 아니하면 배당절차에서 제외된다. 한편, 배당요구가 없더라도 배당받을 자격이 인정되는 자를 당연배당채권자라 하는데 여기에는 ① 배당요구종기까지 경매신청을 한 압류채권자[39], ② 첫 경매개시결정등기 전에 등기된 가압류채권자, ③ 저당권·전세권 등 우선변제청구권으로서 첫 경매개시결정등기 전에 등기되었고 매각으로 소멸하는 것을 가진 채권자, ④ 경매개시결정 전에 체납처분에 의한 압류권자가 있다.

(2) 채권신고의 최고

먼저, 당연배당채권자 중 ② 및 ③에 대하여 채권의 유무·원인·액수를 배당요구 종기까지 신고하도록 최고하여야 한다. 또한, 조세 등 공과금을 주관하는 공공기관에 배당요구의 종기까지 신고하도록 최고하여야 한다. 최고할 공공기관은 국세에 대해 채무자 주소지를 관할하는 세무서, 지방세에 대해 부동산 소재지를 관할하는 시·군·구이다. 채무자가 회사인 경우에는 관세청에도 최고한다.[40]

(3) 공유자에 대한 통지

공유부동산의 지분에 관해 경매개시결정을 했을 때는 다른 공유자에게 이를 통지하여야 한다.

(4) 현황조사명령

집행관에게 부동산의 권리관계와 사실관계의 현황을 조사하도록 명령한다. 집행관이 현황조사를 마치면 현황조사보고서를 작성하여 집행법원에 제출하여야 한다.

(5) 임차인에 대한 통지

현황조사보고서 등에 의해 주택(또는 상가건물)임차인으로 판명된 자 등에게 배당요구 종기까지 배당요구할 것을 고지하여야 한다.

(6) 부동산의 감정평가와 최저매각가격의 결정

감정인에게 매각부동산을 감정평가하게 하고 그 감정평가액을 참작하여 최저매각가격을 정하여야 한다. 감정인의 자격에는 특별한 제한이 없다는 것이 판례의 입장이다. 실무적으로 대부분의 감정평가는 감정평가업자가 하고 있으며, 일부 동산의 경우 집행관이 하

---

39 이중경매를 신청한 채권자를 말한다.

40 전세정(2008), 민사집행법, 박영사, p.357.

는 경우도 있다. 한편, 최저매각가격은 통상 감정평가액을 그대로 결정한다.

▶ 경매목적의 감정평가 대상

1) 경매목록의 물건: 평가명령서상 경매목록에 기재된 물건은 당연히 감정평가의 대상이다.

2) 부합물: 감정평가의 대상이 된다. 다만, 타인의 권원에 의하여 부속된 것은 그 대상이 아니다.

3) 종물: 종물도 감정평가의 대상이 된다.

4) 종된 권리: 압류 및 저당권의 효력은 종된 권리에도 미치므로 감정평가의 대상이 된다. 부동산의 종된 권리로는 지역권(경매대상 토지가 요역지인 경우), 지상권(경매대상 건물의 소유를 목적으로 하는 지상권), 집합건물의 대지사용권(경매대상 집합건물이 대지권등기 없는 경우) 등이 있다.

5) 천연과실: 천연과실은 물건의 용법(用法)에 의해 산출된 물건을 말한다. 과수의 열매, 가축의 새끼, 토석(土石) 등이 그 예이다. 천연과실은 원칙적으로 감정평가의 대상이 되나, 감정평가의 기준시점과 낙찰기일의 시차가 있어 실무에서는 이를 제외하고 있다(민사집행법 83 ② 참조). 한편, 미분리의 천연과실은 원물(元物)의 일부이므로 물권의 객체가 될 수 없다. 따라서 이를 포함하여 감정평가하는 것이 원칙이다. 다만, 낙찰 기일까지 수확이나 채취가 예상되는 경우에는 이를 제외하는 것이 일반적이다.

6) 법정과실: 법정과실은 물건의 사용대가로 받는 금전과 그 밖의 물건을 말한다. 토지의 지료, 복합부동산의 임대료 등이 그 예이다. 압류 및 저당권의 효력은 법정과실에는 미치지 않으므로 감정평가의 대상이 아니다.

---

(7) 매각물건명세서 작성과 비치

매각부동산·점유관계·매각으로 효력을 잃지 아니하는 부동산 위의 권리 등을 기재한 매각물건명세서를 작성하고, 이를 현황조사보고서·감정평가서와 함께 매각기일마다 1주일 전까지 비치하여야 한다.

(8) 남을 가망이 없는 경우의 경매취소

최저매각가격으로 압류채권자의 채권에 우선하는 부동산의 모든 부담과 절차비용(이하 위 부담과 절차비용을 포함하여 우선채권이라 한다)을 변제하면 남을 것이 없겠다고 인정한 때에는 압류채권자에게 이를 통지하여 압류채권자가 우선채권을 넘는 가격으로 매수하는 자가 없을 때에는 자기가 그 가격으로 매수하겠다고 신청하면서 충분한 보증[41]을 제공하지 않는 한 경매절차를 취소하여야 한다.

---

41 실무에서는 저감된 최저매각가격과 매수신청액(우선하는 부담과 비용을 변제하고 남을 가격)의 차액을 보증액으로 하고 있다.

(9) 매각기일(입찰기일) 및 매각결정기일(낙찰기일)의 지정·공고·통지

매각기일과 매각결정기일을 지정하여 이를 법원게시판·신문 등에 공고하고, 이해관계인에게 통지하여야 한다.

2) 입찰실시: 기일입찰방식

(1) 매각의 개시

매각기일공고에 기재된 일시와 장소에서 집행관이 개시선언을 하고, 매각물건명세서 등을 열람하게 하여야 한다.

(2) 매수의 신청(응찰)

집행관은 법원이 정한 매각방법에 따라 매수가격을 신고하도록 최고하고, 매수신청인은 입찰표를 작성하고 최저매각가격의 10%에 해당하는 보증금[42]을 매수신청보증봉투(흰색 작은 통부)에 넣은 후 입찰표와 보증금을 다시 입찰봉투(황색 큰 봉투)에 넣어 봉한 뒤 입찰함에 투입하면 된다.

입찰표 작성 시 사건번호. 물건번호(물건번호가 여러 개 있을 경우 기재 필요), 입찰자의 인적사항, 입찰가격, 보증금액 등을 정확하게 기재하여야 한다. 특히, 입찰가격은 수정할 수 없으므로 수정이 필요한 때에는 새용지를 사용하여야 한다.

> ➡ 공동입찰신청: 여러 사람이 공유 또는 합유를 목적으로 공동하여 입찰 신청하는 경우에는 입찰표에 각자의 지분을 분명하게 표시하여야 한다.

---

(3) 개찰

집행관이 입찰마감을 선언하고, 입찰봉투를 개봉하여 최고가매수신고인을 결정한다. 최고자매수신고인이 2인 이상이면 그들만으로 추가입찰을 실시한다.

한편, 차순위매수신고제도가 있다. 이는 최고가매수신고인 외의 매수신고인이 매각기일을 마칠 때까지 집행관에게 최고가매수신고인이 대금지급기한까지 그 의무를 이행하지 아니하면 자기에 대하여 매각을 허가하여 달라는 취지의 신고를 하는 것을 말한다.

---

[42] 구법에서는 매수가격의 10%에 해당하는 보증금을 제공하도록 하여 매수신청가격의 고저에 따라 매수신청인간의 보증금에 차이가 있었다.

3) 낙찰절차

(1) 매각허가여부결정

최고가매수신고인이 결정되면 법원은 매각결정기일에 출석한 이해관계인의 진술을 듣는 외에 직권으로 매각불허가사유의 유무를 조사한 다음 매각허가여부에 대한 재판을 결정으로 하고 매각결정기일에 선고하여야 한다.

(2) 매각허가여부에 대한 즉시항고

매각허가여부의 결정에 따라 손해를 보는 이해관계인·매각허가에 정당한 이유가 없거나 결정에 적은 것 외의 조건으로 허가하여야 한다고 주장하는 매수인 또는 매각허가를 주장하는 매수신고인은 매각허가여부의 결정에 대해 즉시항고할 수 있다.

③ 배당 및 종결절차

1) 대금납부

매각허가결정이 확정되면 법원은 대금의 지급기한을 정하고, 이를 매수인과 차순위매수신고인에게 통지하여야 하고, 매수인은 대금지급기한까지 매각대금을 지급하여야 한다. 종전 민사집행부분이 「민사소송법」에 규정된 때에는 대금지급기일제도이었으나 2002년 민사집행부분을 분리하여 「민사집행법」을 제정하면서 대금지급기한제도로 변경하였다. 종전의 제도에서는 채무자 등이 대금지급기일 전까지 채무를 변제하고 경매절차를 취소시킴으로써 매수인의 지위가 불안정해지는 문제가 있어 이를 변경한 것이다. 따라서 매수인은 대금지급기한까지 언제든지 매각대금을 지급하고 소유권을 취득할 수 있게 되었다.

매수인이 대금지급의무를 불이행하는 경우 법원의 처리절차는 다음과 같다.

① 차순위매수신고인에 대한 매각허가여부의 결정: 차순위매수신고인이 있는 경우에 매수인이 대금지급기한까지 그 의무를 이행하지 아니한 때에는 차순위매수신고인에게 매각을 허가할 것인지를 결정하여야 한다.

② 재매각: 차순위매수신고인이 없는 때에는 법원은 직권으로 부동산의 재매각을 명하여야 하며 재매각절차에도 종전에 정한 최저매각가격, 그 밖의 매각조건을 적용한다.

2) 소유권 취득

매수인은 매각대금을 다 낸 때에 소유권을 취득한다. 경매는 법률의 규정에 의한 물권변동에 해당되어 소유권의 취득에 등기를 요하지 않는다(민법 187). 따라서 매수인이 매각대금을 완납한 때에 소유권을 취득한다(민사집행법 135). 매수인이 이를 등기하기 위해서는 법원에서 매각대금완납증명원을 발급받은 후 시·군·구청 세무과에서 취득세·등록면허세 고지서를 교부받고 관련서류[43]를 첨부하여 등기촉탁신청서를 법원에 제출하여야 한다.

3) 배당

(1) 배당의 의의

배당이란 경매부동산의 매각대금으로 채권자의 채권을 만족시키는 절차를 말한다. 배당절차는 다음과 같다.
① 배당요구: 배당요구를 하지 않아도 배당에 참여할 수 있는 자 이외의 채권자는 배당요구의 종기까지 배당요구를 하여야 한다.
② 배당기일의 지정 및 통지: 매수인이 매각대금을 지급하면 배당에 관한 진술 및 배당을 실시할 기일을 정하고, 이해관계인과 배당을 요구한 채권자에게 통지하여야 한다.

---

43 등기권리자의 주소를 증명하는 서면(주민등록등본), 부동산의 표시를 증명하는 서면(토지대장, 건축물관리대장), 등록면허세 영수필 통지서와 영수필 확인서, 국민주택채권매입필증 등이 있다.

③ 채권계산서의 제출: 채권자는 채권의 원금·배당기일까지의 이자·집행비용 등을 적은 채권계산서를 제출하여야 한다.

④ 배당표의 확정: 법원은 채권자와 채무자에게 보여 주기 위하여 배당기일의 3일 전에 배당표원안(配當表原案)을 작성하여 법원에 비치하여야 하고, 이에 기하여 배당기일에 출석한 이해관계인과 배당을 요구한 채권자를 심문하여 배당표[44]를 확정하여야 한다(민사집행법 149).

⑤ 배당의 지급과 공탁: 배당표에 따라 배당을 실시하고, 배당액을 즉시 채권자에게 지급할 수 없거나 지급하는 것이 적당하지 아니하는 때는 이를 공탁한다.

> ▣ 배당요구와 권리신고: 권리신고는 배당요구와는 달리 부동산 위의 권리자가 집행법원에 신고를 하고 그 권리를 증명하는 것이며, 권리신고를 함으로써 이해관계인이 되지만(민사집행법 제90조), 권리신고를 한 것만으로 당연히 배당을 받게 되는 것은 아니며 별도로 배당요구를 하여야 한다(민사집행법 제148조 참조).

(2) 배당순서

각 채권자는 「민법」·「상법」, 그 밖의 법률에 의한 우선순위에 따라 배당순서가 정해진다(민사집행법 145).

① 순위: 경매비용

② 순위: 저장물의 제3취득자가 그 부동산의 보존·개량을 위하여 지출한 필요비 또는 유익비(민법 367)

③ 순위: 최우선변제(소액보증금, 임금채권)

• 소액임차보증금 : 「주택임대차보호법」 및 「상가건물임대차보호법」상의 소액보증금

• 임금채권 중 일정액(근로자의 우선변제권): 최종 3개월분의 임금채권, 최종 3년간의 퇴직금, 재해보상금은 사용자의 총재산에 대하여 질권 또는 저당권에 의하여 담보된 채권, 조세·공과금 및 다른 채권에 우선하여 변제되어야 한다.

④ 순위: 당해세

당해세는 경매의 목적물에 대하여 부과된 세금과 가산금이다. 당해세에는 국세로서 상속세·증여세·종합부동산세(국세기본법 35 ⑤), 지방세로서 재산세·자동차세·지역자원시설세·지방교육세가 있다(지방세기본법 99 ⑤).

---

44 배당표에는 매각대금, 채권자의 채권의 원금, 이자, 비용, 배당의 순위와 배당의 비율을 적어야 한다.

⑤ 순위: 우선변제력 있는 세금, 저당권·전세권에 의한 채권, 확정일자부 임차보증금
- 우선변제력 있는 세금: 우선징수여부는 법정기일[45]을 기준으로 판단한다.
- 납세의무성립일전에 설정 등기된 (근)저당권·전세권에 의한 채권
- 확정일자부 임차보증금
  위 3자가 효력발생일이 동일한 경우에는 상호 간에는 동순위로 해석하는 것이 타당하다.
⑥ 순위: 임금채권
  최우선변제임금채권을 제외한 잔액
⑦ 순위: 세금
  ④ 순위 및 ⑤ 순위에 해당하지 않는 세금
⑧ 순위: 공과금
  건강보험료, 국민연금, 산업재해보상보험료, 고용보험료 등
⑨ 순위: 가압류 등 일반채권자
  일반채권자는 채권자평등의 원칙이 적용되어 안분된다.

4) 인도명령 및 명도소송

인도명령은 매수인이 대금을 낸 뒤 6월 이내에 신청하면 채무자(채무자의 일반승계인 포함)·소유자 또는 압류의 효력 발생 후의 점유자에 대하여 부동산을 매수인에게 인도하도록 명하는 것을 말한다. 인도명령의 상대방이 인도명령에 따르지 아니할 때에는 매수인 또는 채권자는 집행관에게 그 집행을 위임할 수 있다(민사집행법 136).

명도소송은 인도명령대상자가 아닌 자 또는 인도명령 대상자이지만 인도명령신청기간을 경과한 경우, 점유자가 부동산을 자진 명도하지 않을 때에 제기한다. 즉, 명도소송에 대한 확정판결을 받은 후 강제집행으로서 부동산을 명도 받는 것이다.

4 경매절차상 관련제도

1) 대위변제

대위변제란 제3취득자, 후순위 담보권자, 물상보증인 등과 같이 변제할 정당한 이익이 있는 자가 채무자의 채무를 대신하여 변제하여 주고, 대신 갚은 채무에 대하여는 채권자

---

[45] 법정기일은 신고납부방식의 조세에서는 신고일, 부과징수방식의 조세에서는 납세고지서 발송일 등을 말한다(국세기본법 제35조 제1항 제3호, 지방세본법 제99조 제1항 제3호 참조).

가 채무자에 대하여 가지고 있던 권리를 채권자에 대위하여, 채무자에게 행사하는 것이다 (구상권). 선순위 저당액 등이 후순위 임차인 등 채권자의 채권액보다 현저히 적은 경우에는 항상 대위변제 가능성 여부를 검토하여야 한다.

2) 공유자의 우선매수권

공유자는 매각기일의 종결을 고지하기 전까지 매수신청의 보증을 제공하고 최고매수신고가격과 동일한 가격으로 채무자의 지분을 우선매수하겠다는 신고를 할 수 있다. 이 경우 법원은 최고가매수신고가 있더라도 그 공유자에게 매각을 허가하여야 한다(민사집행법 140). 이는 공유지분매각으로 새로운 사람이 공유자가 되는 것보다는 기존의 공유자에게 우선권을 부여하여 공유물 관리의 효율을 기하자는 취지이다. 다만, 수 개의 부동산을 일괄매각하는 경우 일부의 부동산 만에 대한 공유자에게는 우선매수권이 인정되지 않는다.

한편, 판례는 입찰기일 전에 공유자 우선매수신고서를 제출한 공유자가 입찰기일에 입찰에 참가하여 입찰표를 제출하였다고 하여 우선매수권을 포기한 것으로 볼 수 없다고 한다(대결, 2002마234).

3) 차순위매수신고제도

차순위매수신고제도는 최고가매수신고인 외의 매수신고인이 매각기일을 마칠 때까지 집행관에게 최고가매수신고인이 대금지급기한까지 그 의무를 이행하지 아니하면 자기에 대하여 매각을 허가하여 달라는 취지의 신고를 하는 것을 말한다. 차순위매수신고는 그 신고액이 최고가매수신고액에서 그 보증을 뺀 금액[46]을 넘는 때에만 할 수 있다. 이 제도는 최고가매수신고인이 매각대금납부를 해태한 경우 재매각절차로 인해 경매가 지연되는 것을 방지하기 위한 제도이다.

---

46 보증금이 10%이므로 최고가 매수신고가액의 90% 이상 매수 신고한 자이다.

제4장

부동산권리분석

제1절 | 부동산권리분석의 의의

① 부동산권리분석의 개념과 내용

1) 부동산권리분석의 개념과 절차

부동산권리분석이란 부동산이 지니고 있는 권리 상태를 실질적으로 조사·확인·판단하는 일련의 작업이라 할 수 있다. 따라서 부동산권리분석은 대상부동산에 대한 권리관계를 다루는 부동산활동으로 비권력적 행위이다.[47]

부동산 권리분석의 절차는 ① 우선 분석대상이 되는 부동산을 확정하고, ② 분석에 필요한 각종 자료를 수집·판독[48]한 후, ③ 임장활동을 통해 유형적인 물적 측면과 무형적인 권리관계를 조사·확인하고, ④ 마지막으로 권리분석의 결과를 종합하여 권리 상태를 판단한다.

2) 부동산권리분석의 필요성

부동산등기에는 공신력이 없으므로 등기내용을 완전하게 믿을 수는 없다. 더욱이 부동산권리 중에는 등기를 요하지 않는 권리도 있으므로 등기사항증명서에 나타나지 않는 권리를 분석하는 것이 중요하다. 또한, 등기능력은 있으나 미등기된 권리관계 또는 등기능

---

47 이성근 외(2014), 최신 부동산학, 부연사, p.167.

48 판독(reading)이란 임장활동의 전단계활동으로 관련 자료를 수집하여 탁상에서 검토함으로써 1차적으로 하자(瑕疵)의 유무를 발견하려는 작업이다.

력이 없는 권리관계도 있으므로 안전한 부동산활동을 위해서는 대상부동산의 권리 상태를 분석하는 작업이 필수적이다.

3) 부동산권리분석의 내용

(1) 자료의 수집

① 물건확인자료: 토지(임야)대장, 지적(임야)도, 지형도, 토지이용계획확인서, 건축물대장, 건축도면, 측량도면, 공사계약서 또는 견적서 등
② 권리확인자료: 등기사항증명서, 등기필증, 등기원인을 증명하는 서류(계약서, 판결정본, 화해조서, 공정증서 등), 인감증명서, 주민등록등본, 대리인의 권한을 증명하는 서류(위임장, 법인등기사항증명서 등), 본인을 확인하는 서류(주민등록증, 운전면허증 등)

(2) 물건분석

부동산의 현황(유형적인 측면)에 관한 사항들을 확인·파악하기 위해 수집된 자료를 검토하고 반드시 임장활동을 통해 확인한다.

(3) 권리분석

부동산의 무형적인 측면인 권리에 관한 사항들을 분석하기 위해 기본적으로 수집된 자료의 진위를 판독하고 권리관계를 확인한 후 임장활동을 통해 재확인 및 추가조사를 실시한다.

② 등기사항증명서에 나타나지 않는 권리

1) 법정지상권

(1) 의의

토지와 건물을 독립한 부동산으로 다루는 우리 법제에서 건물의 소유를 위해서는 토지에 대한 사용권을 가져야 하는데, 일정한 경우 토지에 대한 임차권이나 지상권을 설정할 수 없는 상태에서 토지와 건물의 소유자가 다르게 되었을 때 건물소유자가 토지에 대해 지상권을 취득한 것으로 간주하는 것이 법정지상권이다.

한편, 일반지상권에 있어서는 지료 지급이 요소가 아니지만, 법정지상권은 토지소유자의 의사에 의하지 않고 성립하므로 지료를 지급하여야 한다.

(2) 성립유형

① 건물의 전세권과 법정지상권(민법 305 ①): 대지와 건물이 동일소유자에게 속한 경우 건물에 전세권을 설정한 때에는 그 대지소유권의 특별승계인은 전세권설정자에 대하여 지상권을 설정한 것으로 본다.

② 저당물의 경매와 법정지상권(민법 366): 저당물의 경매로 인해 토지와 그 지상건물이 다른 소유자에게 속한 경우 토지소유자는 건물소유자에 대하여 지상권을 설정한 것으로 본다.

③ 「가등기담보 등에 관한 법률」 제10조: 토지와 그 지상건물이 동일소유자에게 속한 경우 그 토지 또는 건물에 대하여 제4조 제2항(청산금의 지급)에 의한 소유권을 취득하거나 담보가등기에 기한 본등기가 행하여진 경우 그 건물의 소유를 목적으로 토지위에 지상권이 설정된 것으로 본다.

④ 「입목에 관한 법률」 제6조: 입목의 경매 기타 사유로 인하여 토지와 그 입목이 각각 다른 소유자에게 속한 경우 토지소유자는 입목소유자에 대하여 지상권을 설정한 것으로 본다.

(3) 「민법」 제366조(저당물의 경매로 인한 법정지상권)의 성립요건

① 저당권 설정 당시에 건물이 존재하여야 한다. 건물이 없는 토지에 저당권을 설정한 후에 건축된 건물에 관하여 법정지상권이 성립하면 토지의 교환가치가 떨어지고 저당권자가 피해를 입게 된다. 따라서 건물이 없는 토지에 저당권을 설정하고 그 후에 건물을 신축한 경우에는 그 건물을 위하여 법정지상권은 성립하지 않는다.

▶ 동일인의 소유에 속하는 토지 및 그 지상건물에 관하여 공동저당권이 설정된 후 그 지상건물이 철거되고 새로 건물이 신축된 경우에는, 그 신축건물의 소유자가 토지의 소유자와 동일하고, 토지의 저당권자에게 신축건물에 관하여 토지의 저당권과 동일한 순위의 공동저당권을 설정해 주는 등 특별한 사정이 없는 한, 저당물의 경매로 인하여 토지와 그 신축건물이 다른 소유자에 속하게 되더라도 그 신축건물을 위한 법정지상권은 성립하지 않는다고 해석함이 상당하다(대판 2003. 12. 18. 선고 98다43601 전원합의체).

---

② 저당권 설정 당시에 토지와 건물이 동일한 소유자에게 속하고 있어야 한다. 저당권 설정 당시에 토지와 건물이 다른 사람의 소유에 속하고 있으면 법정지상권은 인정되지 아니한다. 「민법」 제366조의 법정지상권은 저당권설정으로 인한 경매에 관한 것

이므로 임의경매의 경우에만 해당한다.

③ 토지와 건물의 어느 한쪽이나 또는 양자 위에 저당권이 설정되어야 한다.

④ 경매로 인하여 소유자가 달라져야 한다. 저당권의 목적으로 되어 있는 토지나 건물이 그 저당권자의 신청으로 경매가 붙여지고 토지와 건물의 소유자가 달라졌을 경우에 법정지상권이 성립한다.

(4) 존속기간

법정지상권은 토지의 사용목적에 따라 30년(석조 등 견고한 건물이나 수목의 소유를 목적으로 하는 경우), 15년(그 밖의 건물의 소유를 목적으로 하는 경우) 동안 존속한다.

▶ 법정지상권이 설정되어 있는 물건이더라도 토지사용료가 일정금액 이상이면 수익을 낼 수 있다. 박 모씨는 법정지상권이 성립하는 물건에 과감히 응찰하여 성공한 경우이다. 낙찰잔금지급 후 법원에 토지사용료 청구소송을 제기하여 연간 토지사용료로 1천 20만원(월 85만원)을 받아 낙찰가 및 소유권이전비용 등을 합쳐 7천 3백만원을 투자해 연 14%의 수익을 올린 셈이다. 이때 지상권자가 토지사용료를 2년 이상 연체하면 법정지상권을 없앨 수 있고(대법원 판례), 또 토지사용료 연체를 이유로 건물을 경매신청 할 수도 있다. 따라서 토지사용료를 받지 못할 것에 대한 걱정은 필요 없다.

---

(5) 관습법상 법정지상권

우리 「민법」은 일정한 조건 하에서의 법정지상권을 인정하고 있으나 그 밖에도 일정한 경우에는 관습법에 의해 법정지상권이 성립한다는 것이 판례의 입장이다.

판례에 의하면 「민법」에서 규정하는 법정지상권의 요건을 구비하지 아니하였다고 하더라도,

① 토지와 건물이 같은 소유자의 소유에 속하였다가(처분될 당시에 동일인의 소유에 속하였으면 족하고 원시적으로 동일인의 소유에 속하였을 필요는 없고, 동일인의 소유에 속하는 한 미등기의 무허가건물인 경우에도 적용된다)

② 그 건물 또는 토지가 매매·증여 또는 그 외의 원인(강제경매 또는 「국세징수법」에 의한 공매 등이 있다)으로 인하여 양자의 소유자가 다르게 된 경우에는

③ 특히 그 건물을 철거한다는 특약이 없는 이상 당연히 건물소유자는 관습에 의해 법정지상권을 취득한다고 한다.

판례에 의하면 토지와 건물의 소유자가 다르게 되는 원인에는 두 가지가 있다. ① 법률행위 즉, 토지와 건물 중 어느 하나가 매매나 증여에 의해 소유자가 다르게 되는 경우이고, ② 법률행위에 의하지 않은 것으로서, 강제경매나 공매 등에 의해 소유자가 다르게 되

는 경우이다. 그런데 ①의 경우는 건물의 소유를 위해 토지에 대한 사용권원을 취득할 기회가 있으므로 관습법상 법정지상권을 인정할 필요가 없다는 주장이 있다.[49]

2) 분묘기지권

(1) 의의

분묘기지권은 타인의 토지에 분묘라는 특수한 공작물을 설치한 자가 그 분묘를 소유하기 위하여 분묘의 기지부분(基地部分)인 토지를 사용할 수 있는 지상권과 유사한 물권이다. 이는 관습법상의 물권으로 대법원판례에서 인정하고 있다.

(2) 요건

다음의 3가지 중 하나에 해당하여야 한다.
① 승낙형: 토지소유자의 승낙을 얻어 그 토지에 분묘를 설치한 때이다. 분묘설치에 관한 합의 시 지상권·임차권 등의 약정을 하는 경우도 있으나, 그러한 사용권의 약정 없이 합의를 한 때에는 분묘기지권을 취득한다.
② 취득시효형: 타인 소유의 토지에 소유자의 승낙 없이 분묘를 설치한 때에는 20년간 평온·공연하게 그 분묘의 기지를 점유함으로써 분묘기지권을 시효취득한다. 이를 취득시효형 분묘기지권이라 하는데, 취득시효형 분묘기지권은 「장사 등에 관한 법률」 시행일(2001. 1. 13.) 이후에는 성립하지 않는다. 「장사 등에 관한 법률」상 토지소유자의 승낙 없이 설치한 분묘의 연고자는 토지소유자 등에게 토지사용권이나 그밖에 분묘의 보존을 위한 권리를 주장할 수 없기 때문이다(제27조 제3항).
③ 양도형: 자기 소유의 토지에 분묘를 설치한 자가 그 분묘를 이장한다는 특약이 없이 그 토지를 매매 등에 의해 처분한 때이다. 이는 관습법상의 법정지상권의 법리를 유추적용한 것이다.

(3) 효력

분묘기지권은 오직 분묘의 소유를 위해서만 타인의 토지를 사용할 수 있는 것이고, 그 존속기간은 당사자 사이에 약정이 있으면 그에 따르고 약정이 없는 경우에는 권리자가 분묘의 수호와 봉사를 계속하는 한 그 분묘가 존속하는 동안[50]은 분묘기지권도 존속한다.

---

49 김준호(2014), 앞의 책, p.779. 참조
50 따라서 영구히 존속할 수도 있다.

한편, 지료(地料)의 지급은 분묘기지권의 성립요소가 아니다. 취득시효형 분묘기지권의 지료 지급에 대해 종전에는 지급하지 않아도 되었으나 2021년 대법원은 종전 입장을 바꾸어 분묘기지권자는 토지소유자가 지료를 청구하면 그 청구한 날부터 지료를 지급할 의무가 있다고 판시했다(2021. 4. 29. 선고 2017다228007 전원합의체 판결).

▣ 분묘의 처리방법: 경매목적물에 분묘가 있는 경우 탐문조사 등을 통해 연고자를 파악하여야 한다. 연고자가 없다면 분묘개장제도(장사 등에 관한 법률 27)를 이용해 개장하고, 연고자가 있다면 분묘기지권이 성립하는지를 검토하여야 한다. 소유자의 승낙 없이 분묘를 설치한 지 아직 20년이 지나지 않았거나 벌초도 하지 않고 분묘를 방치한 경우 등은 분묘기지권이 성립하지 않는다. 연고는 있으나 분묘기지권이 성립하지 않는 분묘는 분묘개장제도에 따라 개장하면 되고, 분묘기지권이 인정되는 분묘는 협의에 의해 이장(移葬)하는 수밖에 없다.

3) 유치권

(1) 의의

유치권(留置權)은 타인의 물건(또는 유가증권)을 점유한 자가 그 물건(또는 유가증권)에 관하여 생긴 채권을 가지는 경우에 그 채권의 변제를 받을 때까지 그 물건(또는 유가증권)을 유치할 수 있는 권리이다. 유치권은 일정한 요건을 갖추면 법률상 당연히 성립하는 법정담보물권이며, 따라서 등기할 사항인 권리가 아니다.

(2) 성립요건

① 유치권의 목적물은 물건(즉, 동산·부동산)과 유가증권이다. 유치권은 점유와 그 시종(始終)을 같이하는 권리로서 법률의 규정에 의해 성립하는 물권이므로 부동산유치권의 경우 등기가 필요 없다.

② 유치권의 성립을 가져오는 채권자의 채권은 목적물과 강한 관련성이 있어야 한다. 즉, 목적물에 지출한 비용의 상환청구권, 수급인의 공사목적물에 대한 보수청구권 등 목적물과 관련하여 채권이 발생해야 한다. 또한, 채권의 변제기가 도래해야 한다.

▣ 건물의 임차인이 임대차관계가 종료 시에는 건물을 원상으로 복구하여 임대인에게 명도하기로 약정한 것은 건물에 지출한 각종 유익비 또는 필요비의 상환청구권을 미리 포기하기로 한 취지의 특약이라고 볼 수 있어, 임차인은 유치권을 주장할 수 없다(대판 1975. 04. 22. 선고 73다2010).

③ 목적물의 적법한 점유가 있어야 한다. 즉, 유치권에서 목적물의 점유는 성립 및 존속 요건이므로 점유를 상실하면 유치권도 소멸한다.

▶ 유치권의 사례: 성남시 수정구에 있는 5층 상가건물이 최저입찰가 6억 7천만원에 나왔는데 주위 시세를 확인한 결과 11억~12억원 정도였다. 그런데 유치권이 2억 5천만원이나 신고되어 있었고 경매공고에도 '유치권 성립여지 있음'이라고 기재돼 있었다. 그런데 유치권은 어느 누구(소유자, 매수인, 낙찰자)에게도 주장할 수 있기 때문에 그 부동산을 낙찰 받은 낙찰자는 유치권자가 주장하는 금액을 물어주어야만 부동산을 넘겨받아 사용할 수 있다. 관련 자료를 검토해 보니 상가건물 1층을 임차한 음식점 주인이 음식점 내부 인테리어공사를 하면서 그 공사대금을 지급받지 못하자 공사업자가 그 공사대금과 주방기구 등을 납품한 대금으로 유치권을 주장한 것이었다. 그러나 상가건물의 가치가 증가된 유익비가 아니고 현재 유치권자가 1층 음식점을 점유해 사용하고 있지 않아서(1층 임차인이 직접 음식점을 하고 있었다) 유치권이 인정될 수 없는 것이었다. 이에 따라 정모씨가 이를 8억 1천만원에 낙찰 받았고 유치권을 주장하는 자에게는 한 푼도 물어주지 않았다(매일경제 2001. 8. 16. 28면).

---

(3) 효력

유치권자는 그의 채권의 변제를 받을 때까지 목적물을 유치할 수 있다. 유치권은 물권이기 때문에 모든 사람에 대해 주장할 수 있으며, 채무자뿐만 아니라 목적물의 양수인 또는 경락인에 대해서도 채권의 변제가 있을 때까지 목적물의 인도를 거부할 수 있다.

(4) 쟁점

유치권은 일정한 요건을 갖추면 법률상 당연히 성립하는 법정담보물권으로서 유치권자는 그 채권을 변제받을 때까지 목적물을 유치할 수 있어 사실상 우선변제권을 갖는 효과가 있다. 이와 같은 유치권의 특징을 실제의 부동산경매에서 악용하는 사례가 많다. 유치권이 성립하면 낙찰자는 권리행사에 제한을 받으므로 입찰을 꺼리게 된다. 따라서 유치권이 신고된 경매물건은 그 성립여부를 떠나 경매 지연, 저가 낙찰 등의 문제를 야기하고 이 과정에 경매 브로커가 개입되는 경우도 있다. 유치권의 취지를 살려 진정한 권리자를 보호하면서도 부동산경매의 활성화와 거래 안전을 위해 제도개선의 목소리가 높다.

제2절 | 부동산경매의 권리분석

1 권리분석의 기초

1) 말소기준등기

경매대상 부동산을 낙찰 받은 자는 낙찰대금 완납과 함께 그 부동산의 소유권을 취득한다. 이후 소유권이전등기를 하는 과정에서 경매부동산의 등기부상 권리들 중 어떤 권리들은 말소촉탁등기의 대상이 되어 등기부상에서 말소되는가 하면, 어떤 권리들은 말소촉탁의 대상이 되지 않고 낙찰자에게 소유권이전등기가 되었음에도 불구하고 등기부상에 계속 남아 낙찰자의 인수부담으로 되는 권리들도 있다.

부동산경매에 있어 낙찰로 인해 말소촉탁등기의 대상인지 또는 낙찰자가 인수해야 하는 등기인지를 판단하는 기준이 되는 등기를 말소기준등기 또는 말소기준권리라 한다. 말소기준등기와 그 후에 등기된 권리는 모두 말소촉탁의 대상이 되므로 낙찰자에게 대항할 수 없다. 따라서 부동산경매의 권리분석에서는 말소기준등기를 찾는 것이 중요하다. 이 경우 등기부(즉, 등기사항증명서)의 갑구와 을구의 모든 등기를 등기순서로 나열하고, 매각물건명세서를 통해 매각으로 효력을 잃지 아니하는 권리를 확인한 후, 말소기준등기를 찾아 각 등기의 말소여부를 판단한다.

말소기준등기에는 ① (가)압류, ② (근)저당권, ③ 담보가등기, ④ 강제경매개시결정등기 등이 있다. 이들 등기 중에서 등기순서가 가장 빠른 것이 해당 경매사건의 말소기준등기가 된다.

먼저, 압류 또는 가압류가 말소기준등기인 경우이다. 압류와 가압류등기는 순위에 상관없이 말소된다. 그러나 가압류등기 후 소유권이 제3자에게 이전되고, 신소유자의 채권자가 경매신청을 하여 낙찰된 경우 전소유자의 가압류등기가 말소촉탁의 대상이 되는지에 대해 판례는 말소촉탁의 대상이 될 수 있으나 집행법원에 따라서는 가압류권자를 배당절차에서 제외할 수도 있다고 판결하였다(대판, 2005다8682). 즉, 전소유자 당시의 가압류는 집행법원의 판단에 따라 말소촉탁의 여부가 달라지므로 가압류가 등기부상 가장 선순위일 경우 주의해야 할 부분이다. 따라서 이 경우에는 매각물건명세서를 통해 낙찰자 인수 여부를 확인하여야 한다(민사집행법 105).

둘째, 저당권이나 근저당권이 말소기준등기인 경우이다. 부동산경매에 있어 대부분을 차지한다. 저당권이나 근저당권은 낙찰로 인하여 무조건 말소되므로(민사집행법 91), 소유자의 변동 여부에 상관없이 모두 말소대상이다.

셋째, 담보가등기가 말소기준등기인 경우이다. 법원은 가등기가 있는 경우 담보가등기이면 채권계산서를 제출하고, 보전가등기(즉, 소유권이전청구권보전 가등기)이면 그 사실을 통보하라고 최고한다. 법원의 최고에도 불구하고 가등기권자의 응답이 없으면 이를 보전가등기로 본다. 최선순위에 가등기가 설정되어 있는 경우 그 가등기의 유형에 대해 경매기록조서를 통해 반드시 확인하여야 한다. 이 경우 만약 보전가등기이면 말소기준등기가 될 수 없고 낙찰자에게 인수된다.

넷째, 강제경매개시결정등기가 말소기준등기인 경우이다. 경매물건에 가압류나 담보가등기가 없는 상태에서 강제경매가 신청되었으면 강제경매개시결정등기가 말소기준등기가 될 수 있다.

다섯째, 예외적으로 전세권도 말소기준등기가 될 수 있다. 건물 또는 토지 전체에 전세권을 설정한 선순위 전세권자로서, ① 임의경매를 신청하거나, ② 배당종기 내에 배당을 신청하는 경우이다. 그러나 건물 또는 토지의 일부에 대해서만 전세권을 설정한 경우에는 전체에 대한 경매신청이 불가능하므로 말소기준등기가 될 수 없으며, 선순위 전세권자가 전세금 전부를 배당받지 못하는 경우 낙찰자가 그 차액을 인수해야 한다.

2) 인수주의

낙찰로 인해 소유권이 이전되었다 하더라도 소멸되지 않고 등기부상 계속 남아 있거나 낙찰자에게 대항할 수 있는 권리들은 낙찰자가 인수해야 하는 권리들이다. 여기에는 ① 말소기준등기보다 선순위로 등기된 용익물권(즉, 지상권, 지역권, 전세권), ② 말소기준등기보다 선순위로 등기된 가처분·소유권이전청구권보전 가등기·환매등기, ③ 말소기준등기보다 앞선 날짜로 대항력을 갖춘 임차인, ④ 유치권, 법정지상권, 분묘기지권 등이 있다.

한편, 유치권, 법정지상권, 분묘기지권의 경우 등기부를 통해 확인할 수 없으므로 반드시 현장조사를 통해 그 성립여부를 꼼꼼하게 조사할 필요가 있다.

ㄹ 부합물과 종물의 권리분석

1) 부합물과 종물의 의의

(1) 개념

경매로 부동산을 취득하는 경우 그 부동산에 부합된 물건이나 종된 물건(=從物)의 소유권도 낙찰자가 취득할 수 있는지가 문제 된다.[51]

첫째, 부합물은 수개의 물건이 결합하여 거래관념상 하나의 물건이 된 것을 말한다. 「민법」상 부합은 부동산에의 부합(제256조)과 동산간의 부합(제257조)이 있다. 부동산에의 부합의 경우 부합되는 물건(즉, 피부합물)은 부동산이어야 한다. 따라서 토지나 건물 모두 가능하다. 또한, 부합하는 물건(즉, 부합물)은 동산이 원칙이며, 판례는 부동산도 가능하다는 입장이다[52]. 여기서 부합되는 물건을 기준으로 부합물의 유형을 두 가지로 구분할 수 있다. ① 토지의 부합물이다. 토지에 다른 물건이 결합하는 것으로 부합 후 형태는 주로 공작물과 수목이다. 토지 부합물의 예로는 수목, 정원석, 담장, 지하구조물 등이 있다. ② 건물의 부합물이다. 건물에 다른 물건이 결합하는 것으로 부합 후 형태는 주로 건물과 공작물이다. 건물 부합물의 예로는 건물의 증축부분(독립성이 없는 것)이 있다.

둘째, 종물은 물건의 소유자가 그 물건(즉, 주물)의 상용에 공하기 위하여 자기 소유인 다른 물건(즉, 종물)을 이에 부속하게 한 것을 말한다(민법 100 ①). 종물이 성립하기 위해서는 ① 주물과 종물은 동일한 소유자에 속해야 하고, ② 종물은 주물로부터 독립된 물건이어야 하며, ③ 종물이 계속적으로 주물의 경제적 효용(즉, 유용성)에 기여하여야 한다. 토지의 종물로는 지하수펌프, 농지에 부속한 양수시설 등이 있으며, 건물의 종물로는 보일러시설, 주유소의 주유기, 백화점건물의 전화교환설비 등이 있다.

(2) 법적 효과

먼저, 부동산의 부합물은 부동산의 소유자가 그 소유권을 원시취득하며(민법 256), 부합에 의해 손해를 받은 자는 부당이득에 관한 법리에 따라 보상을 청구할 수 있다(민법 261). 여기서 손해를 받은 자는 부합하는 물건의 소유자이다.

둘째, 종물은 주물의 처분에 따르므로(민법 100 ②), 주물에 대한 처분의 효과는 종물에

---

51 이하 자세한 내용은 서경규(2019), "부동산감정평가에 있어 부합물과 종물의 판정기준", 대한부동산학회지 37(1) 참조

52 판례는 긍정하고 있고(대법원, 1991. 4. 12. 선고 90다11967 판결), 학설은 긍정설과 부정설로 대립된다.

미친다. 여기의 처분에는 소유권의 양도나 물권의 설정과 같은 물권적 처분뿐 아니라 매매·임대차와 같은 채권적 처분도 포함한다.

▶ 주유소의 사례: 주유소의 지하에 매설된 유류저장탱크는 토지로부터 분리하는데 과다한 비용이 들고, 이를 분리하여 발굴하는 경우 그 경제적 가치가 현저히 감소할 것이 분명한 경우, 유류저장탱크는 토지에 부합한다. 또한, 주유기는 주유소 건물의 종물에 해당한다(대판, 94다6345). 부합물이나 종물은 경매목록에서 빠졌어도 낙찰자에게 소유권이 귀속한다. 다만, 감정평가 시 부합물이나 종물의 가격이 포함되었는지 여부를 검토하여야 한다.

한편, 저당권의 효력은 저당부동산에 부합된 물건과 종물에 미친다(민법 358). 따라서 경매시 부합물이나 종물의 해당여부에 대한 분석이 필요하다. 만약 부합물이나 종물을 타인이 양도공증을 받아 유체동산경매를 진행하면 낙찰자는 강제집행정지신청을 하고, 제3자 이의의 소를 제기해 소유권을 지켜야 한다.[53]

2) 부합물과 종물의 비교

부합물(부동산에의 부합)과 종물을 비교하면 다음과 같다. 먼저, 양 제도의 입법취지가 서로 다르다. 부합물은 「민법」의 물권편(編) 중 소유권의 장(章)에, 종물은 총칙편 중 물건의 장에 규정되어 있다. 따라서 제도의 취지가 부합물은 수개의 물건이 결합한 경우 하나의 물건으로 취급하는 것으로 부합은 법률의 규정에 의한 소유권취득의 원인이고, 종물은 주물의 유용성을 증대시키기 위한 제도이다.

둘째, 부합이 성립하면 합성물로서 수개의 물건이 1개의 물건으로 되며, 종물은 주물과는 독립한 물건으로서 주물의 부속물이다. 즉, 종물이 성립하더라도 물건의 개수는 주물과 종물의 2개이다.

셋째, 부합의 경우 타인의 정당한 권원에 의해 부합하더라도 부합되는 물건의 구성부분이 되면 부합이 성립하지만, 종물은 주물과는 독립한 물건이므로 주물과 소유자가 다르면 성립하지 않는다.

---

53 영남일보, 2007. 09. 05. 15면.

표 2.4.1   부합물과 종물의 비교

구분	부합물(부동산의 경우)	종물
제도 취지	수개의 물건을 1개의 물건으로 취급 (즉, 소유권 취득의 문제)	주물의 유용성 증대 (즉, 종물을 주물의 처분에 종속)
효과	부동산의 소유자는 부합물의 소유권을 취득	종물은 주물의 처분에 따름 (물권적 처분과 채권적 처분 포함)
	임의규정 (즉, 당사자의 특약으로 배제 가능)	좌동[54]
특징	합성물 (즉, 수개의 물건간 장소적으로 결합)	부속물 (즉, 주물과 종물간 장소적으로 밀접)
성립 후 물건의 개수	1개 (즉, 합성물: 피부합물 + 부합물)	2개 (즉, 주물과 종물)
물건 요건	• 부합되는 물건(피부합물): 부동산 • 부합하는 물건(부합물): 동산, 부동산(판례)	• 주물: 부동산, 동산 • 종물: 부동산, 동산
	독립된 물건이 아니라야 함. 즉, 구성부분이 되거나(강한 부합), 어느 정도 독립성이 있는 경우에 그쳐야 함(약한 부합)	독립된 물건이어야 함
권리 요건	타인의 권원에 의해 부속하더라도 구성부분이 되면 부합 성립	주물과 소유자가 동일해야 (판례) (즉, 주물과 소유자가 다르면 불성립)
저당권의 효력	미침(단, 법률에 특별한 규정 또는 설정행위에 다른 약정이 있으면 미치지 않음)	좌동
보상청구권	있음(제261조): 부당이득반환 청구	없음

3) 부합물 · 종물의 권리분석 사례

(1) 부합물의 권리분석

부동산경매에서 건축 중인 건축물이 제시목록외의 물건으로 존재하는 경우가 있다. 이 경우 건축공정에 따라 4단계로 구분하여 법적 성질을 판정하는 것이 필요하다. ① 1단계는 기초공사 단계에서의 공작물이다. 이는 토지의 구성부분으로서 토지의 부합물로 판정한다. ② 2단계는 골조공사 단계로서 공작물이 건물로서의 독립성을 갖추지 못한 경우이

---

54 좌동(左同)은 왼쪽의 내용과 같다는 뜻이다. 표에서 동일한 내용을 반복하여 표시하지 않고 약어로 표시할 때 '좌동' , '상동(上同: 위의 내용과 같음)' 등을 쓴다.

다. 이는 건물로서의 독립성을 갖추지 못해 토지의 구성부분이므로 토지의 부합물로 판정한다. ③ 3단계는 마감공사 단계로서 미완성의 건물이지만 지붕·기둥·주벽을 갖춘 경우이다. 건물로서의 등기능력을 갖추고 있으므로 건물로 판정한다. ④ 4단계는 준공검사 단계로 건물이 완성된 경우이다. 이 경우는 건물 완공 후 아직 사용승인을 받지 못했거나 건축물대장이 작성되지 않은 경우라도 건물로 판정한다(다만, 건축물이지만 건물이 아닌 경우는 있을 수 있다).

표 2.4.2 **건축공정에 따른 부합 여부의 판정**

단계	내용	판정
기초공사 단계	지하 굴착, 콘크리트 타설 등	토지의 부합물
골조공사 단계	공작물이 건물로서의 독립성을 갖추지 못한 경우	토지의 부합물
마감공사 단계	공작물이 건물로서의 독립성을 갖춘 경우: (지붕·기둥·주벽을 모두 갖춘 경우)	독립된 물건
준공검사 단계	건축물이 완성된 경우	독립된 물건

한편, 타인의 부동산에 물건을 부착한 경우에는 권원의 유무 또는 부합의 정도에 따라 부합의 성립여부가 달라지는데 이는 정리하면 다음의 표와 같다.

표 2.4.3 **타인 부동산에의 물건 부착과 부합 여부 판정**

구분	권원		사례
	있는 경우	없는 경우	
타인의 부동산에 물건을 부착하여 독립한 물건이 된 경우	부합하지 않음	부합하지 않음	건물의 건축, 입목, 분묘의 설치
타인의 부동산에 물건을 부착하였으나 어느 정도 독립성이 있는 경우	부합하지 않음	부합함	수목의 식재
타인의 부동산에 물건을 부착하여 구성부분이 된 경우	부합함	부합함	토지에 한 콘크리트 포장, 벽이나 천정에 부착한 내장재

(2) 종물의 권리분석

종물의 판정기준은 다음과 같다. 첫째, 제시목록외의 물건이 독립된 물건인가를 판정한다. 제시목록의 일부분이거나 구성부분을 이루는 것은 종물이 아니다.

둘째, 다음으로 소유자의 동일성에 대한 판정이 필요하다. 만약 제시목록외의 물건이 제시목록의 소유자와 다르다면 종물이 아닌 것으로 판정한다.

셋째, 종물이 주물의 상용에 이바지하는지를 판정한다. 여기에서는 다음과 같이 세분하여 판정할 필요가 있다. ① 종물이 주물의 유용성에 기여를 하는가이다. 즉, 주물 그 자체의 유용성에 기여하는 것을 말하며, 주물의 소유자나 이용자의 상용에 이바지하더라도 주물 그 자체의 유용성과는 직접 관계없는 물건은 종물이 아니다. 예컨대 주물 자체로서 독립된 유용성이 있는 경우(예: 구조·면적·용도 등으로 보아 주물과는 독립되어 유용성이 있는 경우)이거나 주물의 이용자에게 이바지하는 경우(예: 호텔의 방에 설치된 TV)는 종물이 아니다. ② 종물이 주물의 유용성에 계속적으로 기여하는가이다. 즉, 일시적으로 기여하는 것은 종물이 아니다.

③ 특별법상 부동산임차인의 권리분석

1) 임차인 권리분석의 필요성

부동산경매에서 「주택임대차법」과 「상가임대차법」상 임차인이 있는 경우 반드시 임차인의 권리분석이 필요하다. 왜냐하면 임차인이 대항력이나 우선변제권의 요건을 갖추었는지, 소액보증금에 해당하는지 또는 배당요구를 하였는지 등에 따라 낙찰자의 부담여부 및 정도에 영향을 미치기 때문이다.

2) 임차인 권리분석의 내용

특별법상 부동산임차인의 권리에 관한 사항은 등기사항증명서 이외에 현장조사를 통해 확인할 수 있다. 먼저, 읍·면·동사무소 또는 세무서를 방문하여 경매목적물에 전입신고 되어있는 세대주 또는 사업자등록 되어있는 사업자를 열람하여 법원서류의 기재사항과 일치하는지를 재확인하여야 한다. 둘째, 법원의 경매서류를 확인하여 배당요구를 하였는지 확인하여야 한다.

주택임차인 또는 상가임차인의 권리분석은 ① 대항력 여부 → ② 소액보증금 여부 → ③ 확정일자 여부 → ④ 배당요구 여부의 순으로 진행하는 것이 효과적이다.

3) 임차인 권리분석의 사례

(1) 사례의 개요

소재지	유형	경매결과	등기부상 권리관계	임대차 관계
대구 수성구 황금동	단독주택 (2층)	• 감정평가액: 9억원 • 낙찰가격: 7억원	• 근저당권 '22. 7. A은행 3억원 • 근저당권 '24. 5. B신협 2억원	• 홍길동 2억원(보증금) '22. 5.(확정일자) • 김을동 2천만원(보증금) '23. 5.(전입)

(2) 말소기준등기

말소기준등기는 '22. 7.의 근저당권이다.

(3) 임차인분석

소액임차인에 해당하는지는 근저당권 설정당시의 법령 내용을 기준으로 한다. 본건의 경우 2022년 7월 법령에 의하면 대구광역시 수성구는 우선변제를 받을 임차인의 범위: 보증금 7천만원 이하, 우선변제를 받을 일정액의 범위: 2천3백만원 이하이다.

① 홍길동: 전입일자와 확정일자가 모두 말소기준등기보다 빠르다. 따라서 홍길동은 배당요구를 하든지, 또는 낙찰자에게 대항하든지 선택할 수 있다.

② 김을동: 전입일자가 말소기준등기보다 늦으므로 대항력이 없다. 낙찰자가 인수할 염려가 없다. 다행히 소액보증금에 해당하여 최우선변제를 받을 수 있으므로 명도문제에 부담이 적다.

(4) 예상 배당액

사례에 기재된 내용 이외에 추가적인 배당요구는 없고, 기재된 금액은 전액 배당요구 대상이라고 가정하고 예상 배당액을 산정하면 다음과 같다.

① 홍길동이 배당요구한 경우
- 1순위: 경매비용(200만원)
- 2순위: 소액보증금 김을동(2,000만원)
- 3순위: 홍길동(2억원)
- 4순위: 근저당권 A은행(3억원)
- 5순위: 근저당권 B신협(잔액: 1억7천8백만원)

② 홍길동이 배당요구하지 아니한 경우
  • 1순위: 경매비용(200만원)
  • 2순위: 소액보증금 김을동(2,000만원)
  • 3순위: 근저당권 A은행(3억원)
  • 4순위: 근저당권 B신협(2억원)
  • 잔액: 1억7천8백만원은 소유자에게 반환

(5) 종합분석

말소기준등기보다 앞서는 대항력이 있는 임차인이 있는 경우에는 그가 배당요구를 했는지를 확인해야 한다. 만일 배당요구를 하지 않았다면 낙찰자가 인수해야 할 부담이다.

한편, 「주택임대차법」과 「상가임대차법」상 우선변제권과 소액보증금의 최우선변제제도가 있으므로 금융회사 등의 채권자는 근저당권을 설정할 때 임차인의 우선변제권 해당 여부, 최우선변제 소액보증금의 가능성 등을 조사·분석하여 그 금액을 담보물의 감정평가액에서 공제하여 담보가치를 산정한다.

제 3 편 부동산정책

제1장 ▸ 부동산정책의 이해

제2장 ▸ 토지정책

제3장 ▸ 주거정책

제4장 ▸ 부동산조세정책

제1장

부동산정책의 이해

제1절 | 부동산문제와 시장실패

① 부동산문제의 의의

1) 부동산문제의 개념

부동산문제란 부동산과 관련된 바람직하지 못한 현상이라 할 수 있다. 부동산문제는 소유·거래·이용·개발·관리 등의 측면에서 공간과 시간에 따라 다양하게 나타난다. 부동산문제의 예로는 소유의 편중, 이용의 비효율, 공급의 부족, 불량한 주거환경 등이 있다.

부동산은 지리적 위치가 고정되어 있고, 생산이 불가능한 천연의 자원이므로 필요한 장소의 부동산을 필요한 시기에 적정하게 공급하는 것이 매우 어렵다. 그동안 인구증가와 도시화로 인해 도시용 부동산의 부족과 가격상승 등의 문제가 크게 야기되었다. 특히 이과정에서 형평성보다 효율성을 중시하거나 임시방편적인 부동산정책으로 인해 국토의 불균형 성장, 부동산소유의 편중, 무질서한 개발, 주거환경의 불량 등 다양한 문제가 가중되어 왔다.

2) 부동산문제의 원인

부동산문제의 원인은 한마디로 수급의 불균형과 투기의식이라 할 수 있다. 그런데 수급의 불균형과 투기의식은 근본적으로 부동산의 특성과 사회환경의 변화에 기인한다. 먼저, 부동산의 물리적 특성인 부동성·부증성·영속성·개별성·인접성·기반성은 필연적으로 부동산 소유 욕구를 촉진시키고 수급조절을 곤란하게 만든다. 둘째, 부동산의 인문적 특성인 용도의 다양성, 상대적 위치의 가변성, 부동산물권의 탁월성도 부동산의 소유 욕구를 촉진시키고 부동산현상을 변화시킨다. 셋째, 사회환경의 변화도 근본적으로 부동산문제를 야기한다. 예컨대 인구의 도시집중은 도시의 주택 부족과 농촌주택의 공실 증가를 초래한다.

표 3.1.1   부동산문제의 원인

원 인		발생 요소	
		수요측면	공급측면
수급의 불균형	수요 > 공급	• 인구(또는 세대수) 증가 • 인구이동(예: 도시수요 증가) • 산업구조의 변화, 욕구의 변화 • 소득의 증가	• 토지의 이동 불가(부동성) • 가용토지의 부족(부증성) • 개발·건설의 규제 • 개발·건설의 장기성
	수요 < 공급	• 인구(또는 세대수) 감소 • 인구이동(예: 농촌수요 감소) • 산업구조의 변화, 욕구의 변화 • 소득의 감소	• 수요예측의 실패 • 내용연수의 장기성 • 개발·건설의 규제 완화
투기의식		• 소유 욕구 촉진(기반성, 용도의 다양성, 부동산물권의 탁월성 등) • 소득의 증가, 자금조달의 용이 • 조세·부담금제도의 미비	• 공급 욕구 촉진(과도한 자본이득, 조세제도의 미비 등) • 개발·건설의 규제 완화

3) 부동산문제의 특성

(1) 악화 성향

부동산에 한번 문제가 발생하면 시간이 흐름에 따라 악화되는 경향이 있어, 이것을 시정하기가 점점 어려워진다. 따라서 이를 극복하기 위해서는 지속적인 노력이 필요하다.

(2) 비가역성(非可逆性)

부동산의 정상적 상태가 한번 악화되면 다시 원상태로 회복하는 것은 물리적·경제적·기술적으로 매우 어렵다. 따라서 부동산문제는 악화되기 이전에 이를 방지하고 개선하려는 노력이 필요하다.

(3) 지속성

부동산문제는 시간의 경과와 함께 계속되는 현상이 있다. 단기적으로 일단 해결되었다 하더라도 또 다른 문제가 발생할 가능성이 있으므로 대책강구와 예방에 노력하여야 한다.

(4) 복합성

부동산문제는 자연적·사회적·경제적·정책적 측면 등의 원인이 복합적으로 작용하는 경우가 많다. 따라서 부동산문제를 해결하기 위해서는 각각의 원인에 대한 해결뿐 아니라 각 원인간의 상호작용도 고려하여 다양한 수단을 마련하여야 한다.

② 부동산문제의 내용

1) 토지문제

토지문제에는 토지소유의 편중, 토지를 통한 부의 세습, 급격한 지가상승, 토지이용의 비효율성, 토지투기의 성행 등이 있다.

2020년에 국민 2,000명을 대상으로 토지문제에 대한 국민의식조사를 한 결과를 요약하면 다음의 표와 같다. 표에서 그렇다(즉, 매우 그렇다 + 대체로 그렇다)의 비율이 높은 항목은 ① 토지를 통해 부가 세습된다(88.9%). ② 토지가격이 많이 오른다(88.7%). ③ 일부 사람들이 너무 많은 토지를 갖고 있다(88.5%). ④ 토지로부터 발생한 이익을 개인이 향유한다(87.7%). ⑤ 토지를 무질서하게 개발한다(환경훼손 포함)(86.4%). 등의 순으로 나타났다. 여기서 흥미로운 사실은 국민들은 토지를 통한 부의 세습, 토지소유의 편중, 토지투기 등에 대해 문제 인식이 강하지만 이를 완화하는 정책에 대한 저항도 있었다. 즉, 토지 관련 세금이 너무 낮다는 항목에서 51.9%가 그렇지 않다고 응답했으며, 토지규제가 심하다는 항목에서 56.7%가 그렇다고 응답했다.

표 3.1.2	토지 관련 문제에 대한 국민의 인식				
토지 관련 문제	문항별 응답비율(단위: %)				
	매우 그렇다	대체로 그렇다	별로 그렇지 않다	전혀 그렇지 않다	
국민들이 토지 공공성에 대한 인식이 부족하다.	18.9	56.7	21.1	3.4	
활용할 수 있는 토지가 부족하다.	15.6	51.7	28.9	3.9	
토지가격이 많이 오른다.	39.3	49.4	10.8	0.6	
비효율적으로 이용되는 토지가 많다.	24.7	59.6	15.3	0.5	
토지로부터 발생한 이익을 개인이 향유한다.	29.7	58.0	10.9	1.4	
토지 관련 세금이 너무 낮다.	14.9	33.3	40.1	11.8	
토지를 투기수단으로 이용한다.	41.5	44.0	12.8	1.8	
일부 사람들이 너무 많은 토지를 갖고 있다.	51.2	37.3	10.2	1.4	
토지를 통해 부가 세습된다.	49.3	39.6	9.9	1.3	
토지를 무질서하게 개발한다(환경훼손 포함).	37.6	48.8	12.7	1.0	
토지규제가 심하다.	12.7	44.0	40.5	2.9	
토지시장에 대한 정보가 부족하다.	18.3	67.4	13.5	1.0	

자료: 국토연구원(2021), 토지에 관한 국민의식조사(2020년), pp.195~208.

2) 주택문제

주택문제에는 주택보급률의 지역별 편차, 높은 주택가격, 불량한 주거환경 등이 있다.

먼저, 주택문제에 있어서 먼저 주택보급률을 살펴보기로 한다. 주택보급률은 (주택수 ÷ 가구수) × 100으로 산정된다. 종전의 산정방식에서는 주택수는 인구·주택총조사 결과를 기준으로 빈집을 포함한 주택수로 하되 다가구주택은 소유권 단위를 기준으로 1호로만 산정하였으며, 가구수는 일반가구수에서 1인가구와 비혈연가구를 차감하여 산정하였다. 종전의 산정방식에 대해 주택수의 계산에서 독립된 주거가 가능한 다가구주택이 1호로 계산되고, 가구수의 계산에서 혼자 사는 1인가구나 혈연관계가 없는 친구 등이 같이 사는 비혈연가구가 제외되는 등 주거현실과 사회변화를 제대로 반영하지 못하고 있다는 지적이 있었다. 따라서 정부는 2008. 12. 새로운 주택보급률 산정방식을 발표하였다. 개선방안에서는 주택수의 산정에 있어 다가구주택은 구분거주호수를 기준으로 산정하고,

가구수의 산정에 있어서는 1인가구를 포함하는 일반가구수로 대체하였다. 그러나 신 주택보급률에서도 빈집이나 지하층 주택 등이 주택수에 포함되어 주거의 질적 수준을 파악하는데 한계가 있다.

2005년 전국 주택보급률을 보면 종전의 방식에 의한 주택보급률(105.9%)에 비해 새로운 방식의 주택보급률(98.3%)이 낮아졌으며, 2008년 주택보급률은 100.7%를 나타내어 신주택보급률에 의해서도 100%를 초과하게 되었다. 한편, 2015년부터 통계청의 인구주택총조사의 조사방식이 현장조사 없이 행정자료를 활용하여 통계를 생산하는 등록센서스 방식으로 변경되었다.

표 3.1.3 **주택보급률의 추이**

연도	전국			서울			산정 방식
	보급률 (%)	주택수 (천호)	가구수 (천가구)	보급률 (%)	주택수 (천호)	가구수 (천가구)	
2020	103.6	21,673.5	20,926.7	94.9	3,778.4	3,982.3	신규
2010	101.9	17,672.1	17,339.4	97.0	3,399.8	3,504.3	신규
2005	98.3	15,622.5	15,887.1	93.7	3,102.2	3,309.9	신규
	105.9	13,222.6	12,490.5	89.7	2,321.9	2,587.5	종전
2000	96.2	11,472	11,928	77.4	1,973	2,548	종전
1990	72.4	7,357	10,167	57.9	1,458	2,518	종전
1980	71.2	5,319	7,470	56.1	968	1,724	종전
1970	78.2	4,360	5,576	56.8	584	1,029	종전

자료: 통계청

한편, 주택보급률의 지역별 편차를 보면 2020년 현재 수도권(98.0%)에 비해 비수도권(108.9%)이 10.9%p 높았다. 또한, 광역자치단체별로는 서울특별시(94.9%), 대전광역시(98.3%), 인천광역시(98.9%)의 순으로 낮았고, 경상북도(115.4%), 충청북도(112.8%), 전라남도(112.6%)의 순으로 높았다.

표 3.1.4

주택보급률의 지역별 현황

연 도	수도권			비수도권				
	서울	인천	경기	대구	세종	충북	경북	전남
2020	94.9	98.9	100.3	102.0	107.3	112.8	115.4	112.6
2015	96.0	101.0	98.7	101.6	123.1	111.2	112.5	110.4

자료: 통계청
주: 등록센서스방식, 단위: %

　둘째, 주택가격의 추이를 보면 그동안 경제성장 및 인구증가 등과 더불어 지속적으로 상승추세를 보여 왔으나, 2021년 10월 이후 하향 안정추세를 보이고 있다. 2006월 12월부터 발표한 아파트 실거래가지수를 보면 다음의 그림과 같다. 전국적으로 2008. 12., 2012. 12. 및 2022. 12. 전년 대비 지수가 하락하였고, 2019. 12. ~ 2021. 12. 동안 크게 상승하다가 그 이후에는 하향 안정추세를 보이고 있다. 참고적으로 최고점은 2021년 10월로서 전국: 144.7, 수도권: 173.1, 비수도권: 120.6을 나타냈다. 한편, 지역별로는 수도권과 비수도권이 시기별로 서로 다른 양상을 보이거나 변동 폭이 달라 주택시장이 지역적으로 차별화되고 있음을 보여준다.

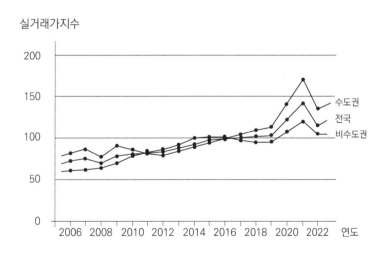

그림 3.1.1　　아파트 실거래가지수의 추이

셋째, 주택의 종류와 점유형태를 분석하면 다음의 표와 같다. 표를 보면 주택의 종류에 있어 아파트의 비율이 지속적으로 증가하고 있으며, 점유형태에 있어 자가의 비율이 지속적으로 감소하고 있다(1980년: 86.9%, 1990년: 79.0%, 2000년: 70.6%, 2010년: 54.3%).

표 3.1.5 주택의 종류와 점유형태

연도	합계 (천호)	주택 종류		자가	전세	보증부 월세	월세· 사글세	무상· 기타
		구분	소계(%)					
2020	18,525.8	단독주택	3,897.7(21.0)	(57.9%)	(42.1%)			
		아파트	11,661.8(62.9)					
		기 타	2,011.9(16.0)					
2010	14,677.4	단독주택	4,089.5(27.9)	(54.3%)	(21.7%)	(18.2%)	(3.3%)	(2.7%)
		아파트	8,576.0(58.4)					
		기 타	2,011.9(13.7)					
2000	10,959.3	단독주택	4,069.5(37.1)	3,416.1	351.5	91.3	94.3	116.2
		아파트	5,231.3(47.7)	3,238.6	1,363.0	472.9	23.1	133.7
		기 타	1,658.6(15.1)	1,080.3	407.9	85.7	30.5	54.1
1990	7,160.4	단독주택	4,726.9(66.0)	4,024.8	390.7	68.3	119.3	123.8
		아파트	1,628.1(22.7)	1,075.8	317.4	147.1	15.4	72.4
		기 타	805.3(11.2)	553.3	141.4	37.3	32.6	40.8
1980	5,318.9	단독주택	4,652.1(87.5)	4,190.5	294.8	100.1		66.7
		아파트	373.7(7.0)	254.9	84.5	13.1		21.2
		기 타	293.0(5.5)	176.3	61.2	30.1		25.5

자료: 통계청에서 재작성

주: 주택의 종류 중 기타는 연립주택, 다세대주택, 비거주용건물 내 주택 등을 말함

3) 부동산조세문제

부동산의 조세문제에는 조세부담의 유형별·지역별 편차, 상대적으로 높은 거래과세, 불로소득의 환수제도 미비 등이 있다.

먼저, 우리나라는 조세정책에 있어 부동산을 크게 토지, 주택, 비주거용 건물로 구분하

여 유형별로 조세부담을 달리하는 전통을 유지하고 있다. 즉, 유형별로 과세대상, 과세표준, 세율, 비과세·감면 등을 달리 하는 경우가 많다. 또한, 과세표준의 현실화율[1]에서도 유형별·지역별로 편차가 큰 편이다. 이와 같은 문제는 결국 동일한 시장가치의 부동산에 대해 조세부담이 달라져 형평성의 문제를 야기한다.

둘째, 부동산조세를 거래과세와 보유과세로 구분할 때 우리나라는 보유과세에 비해 거래과세의 비중이 상대적으로 높다. 따라서 부동산경기에 따라 세수의 기복이 심해 지방재정을 불안정하게 하고 있다.

셋째, 부동산의 소유에서 발생하는 불로소득에 대한 환수제도가 미비한 문제가 있다. 소유자의 노력 없이 발생하는 불로소득을 조세나 부담금 등으로 대부분 환수하지 못함으로써 부동산에 대한 투기 수요를 근절하지 못하고 있다.

③ 시장실패

1) 개요

시장실패(市場失敗, market failure)는 경제활동을 시장에 맡기는 경우 시장이 충분히 그 기능을 수행하지 못하는 상황을 총칭하여 부르는 말이다. 따라서 이 경우 시장이 스스로 자원의 효율적 배분을 실현하지 못하게 된다. 완전경쟁시장에서 자원의 배분은 가격의 매개변수적 기능에 의해 수요자(소비자)와 공급자(생산자) 간의 자발적인 경쟁과 거래를 통해 이루어진다. 이 경우 시장의 힘에 의한 효율적인 자원 배분이 가능하다.

시장실패의 원인으로는 일반적으로 ① 불완전경쟁, ② 규모의 경제, ③ 정보의 비대칭, ④ 공공재·권장재, ⑤ 외부효과 등을 들고 있다.

2) 원인

(1) 불완전경쟁

어떤 재화를 생산하는 기업이 하나(즉, 독점)이거나 적은(즉, 과점) 경우 바람직한 수준 이하의 생산량, 과다한 가격, 부당한 초과이윤을 초래하는 원인이 된다.

---

[1] 과세표준이 시장가치를 반영하는 정도를 말하는 것으로 시세반영률이라고도 한다.

(2) 규모의 경제

규모의 경제란 기업의 생산량이 증가할수록 평균비용이 줄어드는 현상을 말한다. 규모의 경제는 ① 초기에 막대한 시설투자비용이 들지만 생산에는 큰 비용이 들지 않는 경우(예: 철도·전력·반도체), ② 분업에 따른 전문화 이익이 존재하는 경우[2], ③ 원재료의 대량구입에 따라 비용이 절감되는 경우 등에서 나타난다. 규모의 경제가 있는 경우 자연독점이나 과점 현상이 나타날 수 있다. 여기서 자연독점이란 규모의 경제에 의해 자연스럽게 생긴 독점을 말한다.

(3) 정보의 비대칭

정보의 비대칭이란 거래에 필요한 정보가 거래자 일방에 편중되어 있는 상태를 말한다. 시장에 참가하는 모든 사람이 완전한 정보를 가지고 있어야 시장에 의한 효율적 자원배분이 가능하다. 정보의 비대칭은 도덕적 해이(道德的 解弛, moral hazard)와 역선택(逆選擇, adverse selection)의 문제를 일으켜 결과적으로 자원배분의 비효율을 초래한다.[3] ① 도덕적 해이란 거래에 있어 상대방의 향후 행동을 예측할 수 없거나 최선을 다해도 혜택이 별로 없어 어느 일방이 부적절하거나 비도덕적인 행위를 하는 것을 말한다. ② 역선택은 거래에 필요한 정보가 부족한 경제주체가 자신에게 불리한 선택을 하는 것을 말한다. 즉, 자신에게 불리한 상대방과 거래하거나 바람직하지 못한 재화를 구매하는 것을 말한다.

시장에 도덕적 해이나 역선택의 문제가 나타나면 보이지 않는 손이 제 기능을 발휘하지 못한다. 여기서 도덕적 해이는 거래 후 발생하는 숨겨진 행동(hidden action)에 관한 문제이며, 역선택은 거래 전 존재하는 숨겨진 특성(hidden characteristic)에 관한 문제이다.

(4) 공공재·권장재

공공재(公共財, public goods)는 소비에 있어 비경합성과 비배제성을 가진 재화나 서비스를 말한다. ① 비경합성이란 많은 사람들이 동시에 소비할 수 있으며, 한 사람의 소비가 다른 사람의 소비를 감소시키지 않는 성질을 말한다. 이 경우 한 사람을 더 소비에 참여시키는 데 드는 한계비용은 0(zero)이다. 시장가격이 한계비용과 같다는 한계비용가격설정에 따르면 시장가격이 0(zero)이므로 이윤극대화를 추구하는 기업이 공공재를 생산할 유

---

[2] 예컨대 어떤 기업이 제품생산에 필요한 부품을 전부 직접 만들다가 그 중 일부를 외부 전문기업에 맡겨 납품받는 경우이다. 이 경우 생산량이 증가하고 평균비용도 줄어들 수 있다.

[3] 김대식 외(2003), 현대 경제학원론(제4전정판), 박영사, p.500.

인이 없다. ② 비배제성이란 어떤 대가를 지불하지 않고 소비하려는 사람도 이를 배제할 수 없는 성질을 말한다. 대가를 지불하지 않고도 소비할 수 있다면 사람들이 대가를 지불하려 하지 않을 것이다. 즉, 무임승차자(free rider)의 문제가 발생한다. 공공재가 가진 비경합성과 비배제성의 특성으로 인해 사회적으로 필요한 양만큼의 공급이 불가능하게 된다. 따라서 공공재는 정부에 의해 적절히 공급될 수 밖에 없다.

한편, 권장재(勸獎財, merit goods)는 소비자의 욕구나 구매력보다 사회적 편익(benefit)의 관점에서 일정 수준 이상의 소비를 권장할 필요가 있는 재화나 서비스를 말하며, 가치재라고도 한다. 권장재의 여부는 시대에 따라 다를 수 있으며, 정부의 결정이 중요시 된다. 권장재의 예로는 교육서비스, 의료서비스, 공공주택 등이 있다. 권장재의 소비는 사적 편익보다 사회적 편익이 더 크지만, 이를 시장기구에 맡기는 경우 과소 소비되는 경향이 있다. 그 이유는 ① 소비자는 대부분 개인의 욕구를 우선시하며, ② 소비자가 구매력이 없는 경우가 있고, ③ 사회적 편익은 장기적으로 나타나나 소비자는 단기적 효용 극대화를 추구하기 때문이다. 정부는 권장재의 소비를 위해 이를 의무화하거나(예: 의무교육, 안전벨트 착용 의무화), 공공지원을 한다(예: 전염병에 대한 무료접종, 공공병원·공공주택의 공급).

➡ 용어의 구별

1) 사유재(私有財, private goods): 소비에 있어 경합성과 배제성을 가진 재화나 서비스를 말하며, 사적재(私的財) 또는 민간재(民間財)라고도 한다. 즉, 한 사람의 소비가 다른 사람의 소비를 감소시키며, 어떤 대가를 지불하여야 소비할 수 있다. 사유재는 시장을 통해 공급하는 것이 효율적이다.

2) 클럽재(club goods): 소비에 있어 비경합성과 배제성을 가진 재화나 서비스를 말하며, 요금재(料金財, toll goods)하고도 한다. 즉, 한 사람의 소비가 다른 사람의 소비를 감소시키지 않지만 어떤 대가를 지불하여야 소비할 수 있다. 전기·수도·통신·도시가스·유료도로 등이 예이다.

3) 공유재(公有財, common pool resources): 소비에 있어 경합성과 비배제성을 가진 재화나 서비스를 말하며, 공유자원이라고도 한다. 즉, 한 사람의 소비가 다른 사람의 소비를 감소시키며, 어떤 대가를 지불하지 않고 소비하려는 사람도 이를 배제할 수 없다. 천연자원(자연자원)이 대표적으로 자연적으로 존재하는 석탄·석유·지하수·해수(海水)·식물·동물 등이 대표적이다.

4) 권장재: 권장재는 경합성이나 배제성의 여부와는 무관하다. 예컨대 주택은 민간재이지만 사회적 편익이 커 정부가 직접 공급하기도 한다(공공주택의 공급). 정부가 어떤 재화나 서비스를 권장재로 판단하면 그 생산과 소비를 촉진하는 정책을 시행한다.

---

(5) 외부효과

외부효과는 어떤 경제활동과 관련하여 제3자에게 의도하지 않은 편익(혜택)이나 비용

(손해)을 발생시키면서도 이에 대한 대가를 받지도 지불하지도 않는 상태를 말한다. 이때 편익을 발생시키는 것을 외부경제(또는 정의 외부효과)라 하고, 비용을 발생시키는 것을 외부불경제(또는 부의 외부효과)라 한다.

외부효과는 완전경쟁시장이라 하더라도 존재할 수 있으며, 외부효과가 존재하면 시장 실패가 일어난다. 그 이유는 사회적 편익(또는 비용)과 사적 편익(또는 비용)이 서로 다르기 때문이다.

표 3.1.6　외부효과의 내용

구분	외부경제	외부불경제
상태	• 사회적 편익 > 사적 편익 • (사회적 비용 < 사적 비용)	• 사회적 비용 > 사적 비용 • (사회적 편익 < 사적 편익)
사례	• 전염병에 대한 예방접종 • 주택가 인근 공원 조성	• 공장에서 배출하는 폐수 • 주택가 인근 화장장 건립
문제점	사회적 필요보다 과소 생산(소비)	사회적 필요 이상으로 과다 생산(소비)
해결책	소비 의무화, 정부가 공급, 보조금 지급, 세금 감면	생산(소비) 규제, 부담금 부과, 세금 중과

➡ 용어의 구별

1) PIMFY(Please In My Front Yard): "제발 내 앞마당에 (설치해 주세요)"의 뜻으로 특정지역 주민들이 자기 지역에 이익이 되는 시설을 유치하기 위해 행동하는 것을 말한다. 주로 선호시설을 유치하려 하지만 때로는 혐오시설(예: 화장장, 교도소)의 유치를 원하는 경우도 있다.
2) NIMBY(Not In My Back Yard): "내 뒷마당에는 안 돼"의 뜻으로 특정지역 주민들이 자기 지역에 손해가 되는 시설을 반대하기 위해 행동하는 것을 말한다.

제2절 | 부동산정책의 의의

1 부동산정책의 개념과 내용

1) 부동산정책의 개념

부동산정책은 정부가 정치적 목표를 실현하거나 부동산문제를 해결하기 위해 부동산시장에 취하는 조치를 말한다. 다시 말해 공익추구를 위한 부동산시장에 대한 정부의 개입이라 할 수 있다.

부동산정책은 다양하게 분류할 수 있다. 정책의 대상에 따라 토지정책·주택정책·비주거용건물정책 등으로 구분할 수도 있고, 정책의 내용에 따라 관리정책·규제정책·지원정책 등으로 구분할 수도 있다. 이 책에서는 이들을 혼합하여 다수의 책에서 분류하고 있는 토지정책·주택정책·조세정책을 중심으로 설명하고자 한다. 다만, 주택정책의 경우 패러다임의 변화를 반영하여 주거정책으로 용어를 변경하였다.

2) 부동산정책의 필요성

정부가 부동산시장에 개입하는 이유는 정치적인 기능과 경제적인 기능을 수행하기 위해서이다. 첫째, 정치적인 기능을 수행한다는 것은 효율성·형평성 같은 사회적 목표를 달성하기 위해 부동산시장에 개입한다는 것으로 사회적 목표는 시대와 상황에 따라 달라질 수 있다. 저소득층에 대한 임대주택의 공급정책은 정치적 기능에 해당한다. 둘째, 경제적인 기능을 수행한다는 것은 시장의 실패를 수정하기 위한 것으로, 부동산시장은 불완전경쟁시장일 뿐 아니라 외부효과나 공공재(公共財)의 문제 등으로 인해 자원의 효율적인 배분이 자율적으로 이루어지지 못하므로 정부가 개입한다. 예컨대 토지이용에 있어 외부효과를 방지하고자 하는 것이 지역지구제이며, 공공재를 적정 수준으로 공급하고자 하는 것이 도시·군계획시설이다.[4]

---

4 구체적인 것은 이정전(1999), 토지경제학, 박영사, pp.364~386. 참조.

3) 부동산정책의 목표

어떤 정책의 목표라고 하면 '정책을 통하여 이루고자 하는 바람직한 상태'를 말한다. 정책목표의 기능에는 ① 정책수단 선택의 기준, ② 정책집행에 대한 지침, ③ 정책평가의 기준이 있다.[5]

부동산정책의 목표로는 효율성(efficiency), 형평성(equity), 삶의 질(quality of life) 등이 있다. 먼저, 효율성은 한정된 부동산 자원으로 효과를 극대화하는 것을 말한다. 둘째, 형평성은 한정된 부동산 자원의 편익이 모든 국민에게 공평하게 분배되는 것을 말한다. 셋째, 삶의 질은 삶에 있어 개인이 물질적으로나 비물질적으로 느끼는 만족의 정도를 말한다.

4) 부동산정책의 과정

부동산정책의 과정에 대해서는 학자에 따라 다양한 의견이 있을 수 있다. 이 책에서는 ① 정책의제 설정, ② 정책결정, ③ 정책집행, ④ 정책평가의 4단계로 크게 구분하고자 한다.

첫째, 정책의제 설정단계는 부동산문제 중 정부가 정책적으로 해결하기로 결정하는 과정이다. 세부적으로 문제의 인지, 사회적 쟁점화, 의제 선정의 순으로 이루어진다. 정책의제의 설정유형은 크게 외부주도형과 내부주도형으로 구분할 수 있다. 외부주도형은 정부 이외의 다양한 행위자에 의해 특정 부동산문제에 대해 정부가 해결해야 할 문제로 선정되도록 하는 것이다. 외부의 행위자로는 정당, 이익집단, 일반국민 등이 있다. 내부주도형은 정부 스스로 주도적으로 정책의제를 설정하는 것이다. 대표적으로 대통령의 공약 실천을 위한 정책이 있다.

둘째, 정책결정단계는 문제해결을 위한 구체적인 수단을 결정하는 과정이다. 세부적으로 정책목표의 설정, 대안의 탐색 및 개발, 대안의 비교·평가, 최선의 대안 선택의 순으로 이루어진다.

셋째, 정책집행단계는 결정된 정책의 내용을 실현시키는 과정이다. 정책의 내용은 정책목표와 정책수단으로 이루어지는데 정책집행단계에서는 정책수단을 실현시키는 것이 핵심이다. 정책수단이 실현되더라도 정책목표가 반드시 달성되는 것은 아니다. 정책목표와 정책수단 사이에 처음부터 인과관계가 없거나 정책수단의 잘못 또는 정책집행의 잘못 등이 있을 수 있기 때문이다.

---

5 정정길(2000), 정책학원론, 대명출판사. pp.53~59.

넷째, 정책평가단계는 정책의 내용이나 집행결과를 평가하는 과정이다. 정책평가의 결과는 정책의 내용(즉, 목표나 수단)을 수정하거나 정책의 추진(즉, 유지·중단·축소·확대 등) 여부를 결정하는데 활용된다.

5) 부동산정책의 한계: 정부의 실패

일반적으로 부동산정책의 목표인 효율성과 형평성을 동시에 달성할 수 있는 공적 개입의 수단은 없으며(← 정책수단의 불완전성), 개입에 필요한 관련 자료와 정보가 불완전하다(← 부동산시장정보의 불완전성). 예컨대 부동산시장에 대한 정보가 불완전한 상태에서 정부가 시장에 개입하면 예상하지 못한 부작용이 발생할 수 있다.

시장의 실패를 교정하기 위한 정부의 개입이 순리에 역행하거나 효율을 떨어뜨리는 부작용이 발생할 수가 있는데 이를 정부의 실패라고 한다. 부동산시장에 대한 정부의 개입은 여러 가지 사회적 비용을 메우고도 남을 만큼 충분히 큰 사회적 이익을 발생시킬 때 비로소 정당화될 수 있다.

2 　부동산정책의 논리

1) 경제체제와 국가관

경제체제는 크게 자본주의경제와 사회주의경제로 구분하고 있다. 자본주의경제는 생산수단의 사적 소유가 지배적이고 자원배분이 주로 시장의 조정을 통해 이루어지는 경제체제이고, 사회주의경제는 생산수단의 공적 소유가 지배적이고 자원배분이 주로 정부의 계획을 통해 이루어지는 경제체제이다.[6]

역사적으로 자본주의경제의 발전은 독점의 횡포, 빈부 격차, 실업 등의 문제를 초래하였는데 1929년의 대공황 이후 국가의 개입을 통해 자본주의경제의 문제를 해결하려는 수정자본주의로 변화하였다. 또한, 자본주의경제의 발전에 따라 시장의 실패 현상이 심화되자 종래의 국가관인 '야경(夜警)국가[7]'는 '복지(福祉)국가'로 변화하였다. 즉, 국가의 임무를 국방·외교·치안 등을 위한 최소한의 활동으로 한정하는 야경국가 국가관에서 벗어나 국민의 삶의 질을 향상시키기 위해 국가가 적극적으로 활동해야 한다는 복지국가 국가관이 일반화되었다.

---

6 김대식 외(2003), 현대 경제학원론, 박영사, p.13.
7 야경(夜警)국가의 사전적 의미는 밤에 치안을 유지하는 것이 임무인 국가이다.

2) 부동산정책의 논리

복지국가 국가관에서도 부동산정책의 논리는 크게 시장 중심형과 정부 중심형으로 구분할 수 있다. 먼저, 시장 중심형은 시장의 자율기능을 중시하며 정부의 개입을 최소화하려는 입장이다. 따라서 정책의 목표로 효율성과 성장을 더 중시한다. 다음으로 정부 중심형은 시장의 실패를 이유로 적극적인 정부의 개입을 원하는 입장이다. 따라서 정책의 목표로 형평성과 분배를 더 중시한다.

부동산정책의 논리를 비교하면 다음의 표와 같다.

표 3.1.7 **부동산정책의 논리 비교**

구분	시장 중심형	정부 중심형
이념	효율성 중시	형평성 중시
	성장 우선	분배 우선
	사익(私益) 중시	공익(公益) 중시
정책의 이유	경제적 기능 수행	정치적 기능 수행
정책의 정도	소극적 개입	적극적 개입
정책의 수단	간접개입방식 선호	직접개입방식 선호
사유재산권 보호	강화	완화
주택 공급	분양주택 중심	임대주택 중심
복지의 대상	선별적 복지 중심	보편적 복지 중심
정치 성향	보수(保守) 성향	진보(進步) 성향

제3절 | 부동산정책의 분류와 사례

1 부동산정책의 분류

1) 개입방식에 따른 분류

부동산정책은 부동산시장의 개입방식에 따라 크게 직접 개입방식과 간접 개입방식으로 구분할 수 있다.

첫째, 직접 개입방식은 정부나 공공기관이 직접 수요자나 공급자로 나서거나 또는 가격·수량 등을 통제하는 방식이다. 직접 개입방식은 시장개입의 효과에 대한 예측이 가능하고 신속하게 효과가 나타나는 반면에 정부개입의 목표를 달성하지도 못하면서 자원배분의 왜곡만 가져올 가능성이 높다. 직접 개입방식의 예로는 공용수용, 토지거래허가제, 분양가상한제, 토지비축제 등이 있다.

둘째, 간접 개입방식은 정부나 공공기관이 수요나 공급을 결정하는 요소들에 영향을 줌으로써 수요변화나 공급변화를 유도하는 방식이다. 간접 개입방식은 시장의 가격조절기능을 제한하지 않는다는 점에서 정부의 실패 가능성이 상대적으로 작고 시장의 성장을 크게 제약하지도 않지만, 정책효과가 언제 어떤 형태로 나타날지를 알기 어렵다는 단점이 있다. 조세제도나 금융지원 등을 통해 수요나 공급에 영향을 미치는 것이 대표적인 예이며, 토지이용규제의 대표적 수단인 지역지구제도 간접 개입방식으로 볼 수 있다.

표 3.1.8 **부동산정책의 분류: 개입방식 기준**

구분	수단(예시)
직접 개입방식	소유권 통제(예: 공용수용, 농지소유상한제), 거래 통제(예: 토지거래허가제), 가격 통제(예: 분양가상한제), 수요자·공급자 역할(예: 토지비축제, 공공투자사업, 임대주택 공급 등)
간접 개입방식	부동산이용 규제(예: 개발행위허가제), 부동산 관리(예: 지역지구제), 부동산정보 관리(예: 부동산실명제, 부동산거래신고제), 부동산산업 관리(예: 공인중개사제, 부동산투자회사제), 수급 조절(예: 투기과열지구, 대출 제한), 조세·부담금제도, 주택임대료 지원(주택바우처) 등

2) 정책내용에 따른 분류

부동산정책은 정책내용을 기준으로 관리정책·규제정책·지원정책으로 구분할 수 있다.

첫째, 관리정책은 부동산의 효율적 이용이나 부동산시장의 효율화 등을 도모하기 위한 정책을 말한다. 관리정책은 예로는 등기·등록제도, 부동산실명제, 부동산거래신고제, 부동산가격공시제, 자산유동화제도 등이 있다.

둘째, 규제정책은 정부가 정책목표 달성을 위해 개인이나 법인의 다양한 활동을 강제적으로 구속하는 정책을 말한다. 규제정책은 정책의 대상자가 일반적이면서 강제력 행사의 정도가 높은 특징이 있다. 규제정책의 예로는 개발행위허가, 사업계획승인, 토지거래허가 등 매우 많다.

셋째, 지원정책은 정부가 정책목표 달성을 위해 개인이나 법인의 다양한 활동을 유도·조장하는 정책을 말한다. 지원정책의 예로는 주택청약종합저축, 주택담보노후연금제도, 민간투자사업 등이 있다.

3) 정책목표에 따른 분류

부동산정책은 정책목표에 따라 부양정책과 안정정책으로 구분할 수도 있다.

첫째, 부양정책은 부동산경기가 불황기일 때 이를 부양시키기 위한 정책을 말한다. 부동산경기를 부양시키기 위해서는 수요를 확대하고 공급을 억제하는 수단이 필요하다.

둘째, 안정정책은 부동산경기가 호황기일 때 이를 안정시키기 위한 정책을 말한다. 부동산경기를 안정시키기 위해서는 수요를 억제하고 공급을 확대하는 수단이 필요하다.

부동산정책은 강력한 하나의 수단보다는 다양한 수단이 복합적으로 작용하는 것이 더 효과적이다. 우리나라는 그동안 부동산시장의 상황에 따라 부양정책과 안정정책을 반복적으로 시행해 왔는데 부동산시장 안정을 위한 정책수단을 정리하면 다음의 표와 같다.

표 3.1.9 **부동산시장 안정을 위한 정책수단**

부동산문제	부동산시장 안정정책	
	방향	수단(예시)
공급의 과소	공급의 확대	공영개발의 확대, 재개발·재건축의 촉진, 분양가 자율화, 건설자재 수입 확대, 용적률 완화, 건축규제 완화

부동산문제	부동산시장 안정정책		
	방향	수단(예시)
수요의 과잉	수요의 억제	과다소유자의 보유세 강화(종합부동산세의 과세대상 확대 등), 담보대출제한(대출비율 축소, 대출총량제 등), 장기 적립식 금융상품의 세제혜택, 금리인상, 손실보상시 채권보상 확대
투기의식	투기의식 차단	분양권 전매 금지, 양도소득세의 강화(비사업용 토지의 확대, 세율인상 등), 개발이익환수제의 강화(대상 확대, 부담률 인상 등)

2 부동산정책의 사례

1) 정부별 부동산정책의 내용

1948년 정부수립 이후 부동산정책의 내용을 정부별로 요약하면 다음의 표와 같다. 그동안 부동산정책은 주로 정부의 정치성향에 따라 정책의 방향이나 수단을 달리하였으며, 그 외에도 부동산가격의 폭등이나 폭락 등 예외적인 경제상황에서는 다른 성향의 정책도 시행하였다. 후자의 예로는 부동산가격 폭등기에 노태우정부가 도입한 토지공개념이나 부동산가격 폭락기에 김대중정부가 시행한 적극적 규제 완화가 대표적이다.[8]

표 3.1.10 정부별 부동산정책의 내용

년대	정부	핵심과제	사회현상	부동산정책
1950	이승만정부 (1948 ~ 1960)	전재복구	• 한국전쟁('50) • 기간산업 집중투자	• 농지개혁 시작('50): 경자유전의 원칙 • 지적제도 • 일반 토지에 대한 과세 • 「민법」 제정('58): 권리제도 확립

---

[8] 박광욱(2010), "한국정부의 주택정책과 이념성향에 관한 연구", 인천대학교 대학원 박사학위논문, p.170. 참조.

년대	정부	핵심과제	사회현상	부동산정책
1960	박정희정부 (1961 ~ 1979)	경제개발	• 5·16 군사정변('61) • 경제개발계획 시작('62) • 공업화와 도시화 • 월남파병('65) • 1차 지가파동('66~'68)	• 건설부 설치('61) • (구)「도시계획법」 제정('62) • 공업단지 개발 시작 • 부동산투기억제세('67)
1970			• 경부고속도로 개통('70) • 서울지하철1호선 개통('74) • 중동 건설경기 호황 • 2차 지가파동('77~'78) • 10·26사태('79)	• 개발제한구역제도 도입('71) • 국토계획 시작('72) • 개발촉진관련법률 제정 • 부동산투기억제대책('78): 토지거래허가제,부동산중개업허가제, 양도소득세 강화
1980	전두환정부 (1980 ~ 1988)	선진조국	• 코스피지수 기준시점('80) • 제5공화국 출범('81) • 야간통행금지 해제('82) • 3저 호황('86~'89) • 아시안게임 개최('86) • 9차 헌법개정('87)	• 공영개발방식 도입: 택지개발촉진법('80) • 주택 500만호 건설계획('80) • 「주택임대차보호법」 제정('81) • 공인중개사제도 도입('83) • 부동산투기억제대책('85): 종합토지세 도입 확정
	노태우정부 (1988 ~ 1993)	북방외교	• 지방자치제 실시('88) • 올림픽 개최('88) • 3차 지가파동('88~'90)	• 부동산투기근절종합대책('88): 검인계약서 및 등기의무화, 공시지가제 도입, 토지공개념 • 주택 200만호 건설계획('88~'92)
			• 남북한 동시 UN 가입('91) • 한·중 수교('92)	• 부동산등기의무제('90) • 3차 국토계획 시작('92) • 지방육성 및 수도권집중 억제
1990	김영삼정부 (1993 ~ 1998)	신한국 창조	• 금융실명제('93) • 전국 동시 지방선거('95) • 삼풍백화점 붕괴 사고('95) • 1인당 국민소득 1만불('95) • OECD 가입('96) • IMF 체제('97 이후)	• 공급확대정책: 용도지역 개편('93) • 민간자본 유치 촉진('94) • 부동산실명제('95)
	김대중정부 (1998 ~ 2003)	시장경제	• 금강산관광 개시('98) • 전국민 국민연금시대('99)	• 자산유동화제도('98) • 아파트분양가 자율화('99) • 개발제한구역제도 개선방안 발표('99)
2000			• 제1차 남북정상회담('00) • 월드컵 개최('02)	• REITs 제도('01) • 주택시장 안정대책('02)

년대	정부	핵심과제	사회현상	부동산정책
2010	노무현정부 (2003 ~ 2008)	균형발전	• 대통령 탄핵소추 가결('04) • 고속철도(KTX) 개통('04) • 행정중심복합도시 건설 ('05) • 제주특별자치도 출범('06) • 한미 FTA 타결('07)	• 종합부동산세('05) • 부동산거래신고제('05) • 재건축부담금제('06) • 주택연금제('07) • 분양가상한제 확대('07)
	이명박정부 (2008 ~ 2013)	국민통합	• 세계 금융위기('08) • 4대강 살리기 사업('09)	• 주택청약종합저축 출시('09) • 토지비축제('09)
			• 일본 대지진('11) • 북한 김정은 권력세습('12)	• 동산·채권 등의 담보제도('10) • 주택거래 활성화 방안('11)
	박근혜정부 (2013 ~ 2017)	국민행복	• 성년 연령 하향('13) • 세월호 침몰 사고('14) • AlphaGo 쇼크('16) • 대통령 탄핵심판 인용('16)	• 도로명주소제도 시행('14) • 부동산종합증명서제도('14) • 송·변전설비 피해 보상 및 지원('14) • 부동산경기 부양정책
	문재인정부 (2017 ~ 2022)	국민주권	• 포항 지진('17) • 최저임금 16.4% 인상('18) • 평창 동계올림픽('18) • 남북정상회담('18: 3차례)	• 재건축부담금제 부활('18) • 주택시장 안정정책('18): 다주택자 규제 강화, 부동산공시가격 현실화 • 상가건물 임대차 10년 보장('18)
2020			• 코로나19 사태('20)	• 부동산 대책('20): 공급 확대
	윤석열정부 (2022 ~)	국민의 나라	• 이태원 압사 사고('22) • 만 나이 통일('23) • 비상계엄 사태('24)	• 전세사기피해자 지원법 제정('23) • 노후계획도시정비법 제정('23)

한편, 그동안 부동산정책을 경기조절의 수단으로 빈번하게 활용하여 부작용이 많았다. 즉, 경기(景氣)에 따라 부동산시장의 규제(안정)와 조장(부양)을 빈번하게 반복함으로써 부동산정책에 대한 국민의 신뢰가 떨어지거나 부동산시장의 자율기능이 훼손되기도 했다. 또한, 부동산의 수급이나 경기변동 등에서 부동산시장이 지역적으로 차별화되고 있으나 대부분의 부동산정책이 일률적으로 시행되는 문제도 있었다.

2) 주요 제도의 입법시기

그동안 부동산정책의 수단으로 다양한 제도가 도입·시행·폐지되었다. 현재 시행되고 있는 제도를 중심으로 입법시기와 근거 법률을 정리하면 다음의 표와 같다.

표 3.1.11 주요 제도의 입법시기

제도	입법시기(시행시기)	정부 (입법기준)	입법 당시 법률	현행 법률
지역지구제도	1934. 06.(1934. 06.)	(일제강점기)	(조선시가지계획령)	국토의 계획 및 이용에 관한 법률
개발제한구역제도	1971. 01.(1971. 07.)	박정희정부	도시계획법	개발제한구역의 지정 및 관리에 관한 특별조치법
토지거래허가제도	1978. 12.(1979. 01.)	박정희정부	국토이용관리법	부동산 거래신고 등에 관한 법률
주택임대차보호제도	1981. 03.(1981. 03.)	전두환정부	주택임대차보호법	좌동
공인중개사제도	1983. 12.(1984. 01.)	전두환정부	부동산중개업법	공인중개사법
공시지가제도	1989. 04.(1989. 07.)	노태우정부	지가공시 및 토지 등의 평가에 관한 법률	부동산 가격공시에 관한 법률
감정평가사제도	1989. 04.(1989. 07.)	노태우정부	지가공시 및 토지 등의 평가에 관한 법률	감정평가 및 감정평가사에 관한 법률
개발부담금제도	1989. 12.(1990. 01.)	노태우정부	개발이익 환수에 관한 법률	좌동
부동산실명제도	1995. 03.(1995. 07.)	김영삼정부	부동산 실권리자명의 등기에 관한 법률	좌동
자산유동화제도	1998. 09.(1998. 09.)	김대중정부	자산유동화에 관한 법률	좌동
부동산투자회사제도	2001. 04.(2001. 07.)	김대중정부	부동산투자회사법	좌동
상가건물임대차보호제도	2001. 12.(2002. 11.)	김대중정부	상가건물임대차보호법	좌동
투기과열지구제도	2002. 08.(2002. 08.)	김대중정부	주택건설촉진법	주택법
종합부동산세제도	2005. 01.(2005. 01.)	노무현정부	종합부동산세법	좌 동
부동산거래 신고 제도	2005. 07.(2006. 01.)	노무현정부	공인중개사의 업무 및 부동산 거래신고에 관한 법률	부동산 거래신고 등에 관한 법률

제도	입법시기(시행시기)	정부 (입법기준)	입법 당시 법률	현행 법률
재건축부담금제도	2006. 05.(2006. 09.)	노무현정부	재건축 초과이익 환수에 관한 법률	좌동
주택연금제도	2007. 01.(2007. 04.)	노무현정부	한국주택금융공사법	좌동
농지연금제도	2008. 12.(2009. 06.)	이명박정부	한국농어촌공사 및 농지관리기금법	좌동
토지비축제도	2009. 02.(2009. 02.)	이명박정부	공공토지의 비축에 관한 법률	좌동
개발손실보상제도 (송·변전설비)	2014. 01.(2014. 07.)	박근혜정부	송·변전설비 주변 지역의 보상 및 지원에 관한 법률	좌동

제2장

토지정책

제1절 | 토지공개념과 토지정책의 의의

1 토지공개념의 의의

1) 토지공개념의 개념

토지공개념은 토지의 사유재산권은 인정하되 그 보유·이용·개발은 공공복리에 적합해야 한다는 사상(思想)을 말한다. 즉, 토지는 자연적으로 주어진 한정된 것으로서 인간의 생활 및 생산활동의 기반이 되므로 그가 지니는 기능·적성·위치에 따라 가장 효율적인 보유·이용·개발을 위해 적정한 관리(즉, 유도 또는 규제)를 하자는 것이다. 따라서 토지공개념은 토지소유권의 사회적 의무나 공익성을 강조한 것이다.

한편, 토지공개념이란 용어는 법률용어가 아니므로 그 모호성이 지적되기도 한다. 일부에서는 '토지의 공공적 개념', '토지재산권의 사회적 구속성'이라는 표현이 더 적절하다는 주장도 있다.[9]

2) 토지공개념의 등장배경

토지공개념의 등장배경은 토지의 자연적 특성에 있다. 토지는 ① 자연적으로 주어진 한정된 것으로서(부증성), ② 위치가 고정되어 있고(부동성), ③ 영원히 존속하며(영속성), ④ 인간생활의 기반이 된다(기반성). 특히, 토지는 인간의 생활 및 생산활동의 바탕이자 토대

---

9 자세한 내용은 류해웅(2006), 토지공법론, 삼영사, p.108. 참조

라는 기반성의 특성은 토지공개념 등장의 핵심적 배경이다.

한편, 1988년 출범한 노태우정부에서 토지공개념을 확대 도입한 배경은 한마디로 지가의 폭등과 개발이익환수의 미비로 인해 만연한 토지투기를 근절하는 데 있다.

3) 토지공개념의 근거

토지공개념은 헌법[10]과 개별 법률에 법적근거를 두고 있다. 헌법에서는 국민의 권리와 의무에 관한 조항과 경제조항 등에서 토지공개념에 대한 일반적인 법적근거를 두고 있다. 즉, 공공복리에 따른 재산권 행사의무(제23조 제2항), 공공복리에 의한 재산권의 수용·사용 또는 제한(제23조 제3항), 국가의 균형 있는 개발과 이용을 위한 필요한 계획수립(제120조 제2항), 농지에 관한 경자유전(耕者有田)의 원칙(제121조 제1항), 국토의 효율적이고 균형 있는 이용·개발과 보전을 위한 필요한 제한과 의무의 부과(제122조) 등이 있다. 개별법상 근거로는 「국토기본법」상 국토관리의 기본이념(제2조)과 「국토계획법」상 국토이용 및 관리의 기본원칙(제3조) 등이 대표적이다.

➡ 헌법

제23조 ① 모든 국민의 재산권은 보장된다. 그 내용과 한계는 법률로 정한다.

　② 재산권의 행사는 공공복리에 적합하도록 하여야 한다.

　③ 공공필요에 의한 재산권의 수용·사용 또는 제한 및 그에 대한 보상은 법률로써 하되, 정당한 보상을 지급하여야 한다.

제120조 ② 국토와 자원은 국가의 보호를 받으며, 국가는 그 균형 있는 개발과 이용을 위하여 필요한 계획을 수립한다.

제121조 ① 국가는 농지에 관하여 경자유전의 원칙이 달성될 수 있도록 노력하여야 하며, 농지의 소작제도는 금지된다.

제122조 국가는 국민 모두의 생산 및 생활의 기반이 되는 국토의 효율적이고 균형 있는 이용·개발과 보전을 위하여 법률이 정하는 바에 의하여 그에 관한 필요한 제한과 의무를 과할 수 있다.

10　헌법의 정식 법명(法名)은 대한민국헌법이나 이 책에서는 일반적으로 쓰는 용어인 헌법으로 표기한다.

② 토지공개념의 실현

1) 실현방법

헌법 제122조에 의하면 법률이 정하는 바에 의하여 국토(토지)에 관한 필요한 제한과 의무를 과할 수 있도록 하고 있다. 따라서 토지공개념의 실현이 절실하더라도 그 실현은 반드시 국회가 제정한 법률에 의하여야 한다.

한편, 토지공개념은 무제한적으로 가능한 것이 아니라 입법적 한계가 있다. 헌법 제23조 제1항에 의하면 사유재산권을 보장하되, 그 내용과 한계는 법률로써 정하도록 하고 있고, 헌법 제37조 제2항에 의하면 필요한 경우 재산권을 법률로써 제한할 수 있으나, 그 경우에도 재산권의 본질적인 내용을 침해할 수 없도록 하고 있다. 따라서 토지공개념은 법률로써 실현하되, 재산권의 본질적인 내용을 침해할 수 없는 한계가 있다.

2) 토지공개념의 연혁

토지공개념이란 용어로 명시적인 언급은 없었지만 토지공개념은 제헌헌법에서부터도 실현되어온 사상이라 할 수 있다. 그동안 토지공개념은 (구)「농지개혁법」, (구)「농지임대차관리법」, (구)「도시계획법」, (구)「국토이용관리법」 등에서 농지취득자격증명제, 개발제한구역제, 토지거래허가제 등으로 도입·시행되었다.

3) 토지공개념의 확대 도입

1980년대 말 수출호조 및 올림픽개최 등의 영향으로 지가가 급등하자 정부는 지가상승과 토지투기의 만연, 토지소유의 편중 및 개발이익의 사유화 등 토지문제에 능동적으로 대처하기 위해 1988년 토지공개념의 확대 도입을 주요내용으로 하는 '8·10 부동산종합대책'을 발표하였다. 이에 따라 1989년 이른바 토지공개념관련 3법인 (구)「토지초과이득세법」, (구)「택지소유 상한에 관한 법률」(약어로 택지소유상한법이라 한다), 「개발이익 환수에 관한 법률」(약어로 개발이익환수법이라 한다)을 제정하였다.

먼저, (구)「토지초과이득세법」에 의한 토지초과이득세는 유휴토지에서 발생한 정상지가상승률 이상의 초과이득에 대해 3년 단위로 부과하는 세금이다. 그러나 (구)「토지초과이득세법」에 대해 헌법재판소는 ① 지가의 앙등과 하락이 반복되는 경우의 보충규정이 없어 헌법 제23조가 정한 사유재산권 보장의 취지에 위반되고, ② 지가산정의 객관성 보장이 어려운 미실현이득을 과세대상으로 삼고 있음에도 고율의 단일비례세로 한 것은 소득이 많은 납세자와 소득이 적은 납세자 사이의 실질적인 평등을 저해한다는 등의 이유로 헌법불합치결정을 하였다(1994. 7. 29). (구)「토지초과이득세법」은 부동산실명제의 실시, 토지종합전산망의 가동 등으로 부동산투기방지를 위한 제도적 장치가 마련되고, 지가도 계속 하양·안정세를 유지한다는 등의 이유로 1998. 12. 28. 폐지되었다.

둘째, (구)「택지소유상한법」에 의한 택지초과소유부담금은 가구별로 택지소유 상한면 적을 초과하여 소유하는 택지나 법인이 소유하는 택지에 대해 부과하는 부담금이다. 그러나 (구)「택지소유상한법」은 시장경제원리의 제한과 경제주체의 자율성 저해 등의 문제가 제기되어 왔고, 1997년 말의 외환위기 이후 어려운 경제여건에서 택지거래 활성화를 통해 경제적 어려움의 극복에 도움을 주자는 등의 이유로 1998. 9. 19. 폐지되었다. 한편, 헌법재판소는 (구)「택지소유상한법」에 대해 ① 소유상한을 지나치게 낮게 책정하는 것은 개인의 자유실현의 범위를 지나치게 제한하는 것이고, 소유목적이나 택지의 기능에 따른 예외를 전혀 인정하지 아니한 채 일률적으로 200평으로 소유상한을 제한한 것은 입법목적을 달성하기 위하여 필요한 정도를 넘는 과도한 제한으로서, 헌법상의 재산권을 과도하게 침해하는 위헌적인 규정이고, ② 택지를 소유하게 된 경위나 그 목적 여하에 관계없이 법 시행 이전부터 택지를 소유하고 있는 개인에 대하여 일률적으로 소유상한을 적용하도록 한 것은 신뢰보호의 원칙 및 평등원칙에 위반된다는 등의 이유로 위헌결정을 하였다(1999. 4. 29).

셋째, 「개발이익환수법」에 의한 개발부담금은 개발사업의 시행 또는 토지이용계획의 변경 기타 사회적·경제적 요인에 의해 정상지가상승분을 초과하여 개발사업시행자 또는 토지소유자에게 귀속되는 토지가액의 증가분인 개발이익에 대해 국가가 일부를 환수하는 부담금이다. 개발부담금은 토지로부터 발생되는 초과개발이익을 환수하여 적정 배분함으로써 불로소득과 이를 노리는 투기행위를 방지하기 위한 제도로서 토지공개념관련 3법의 제도 중 유일하게 유지되고 있다.

표 3.2.1 **토지공개념관련 3법의 내용**

구분	근거법률	주요 내용	결과
토지초과이득세	토지초과이득세법	유휴토지소유자에 대해 3년 단위로 토지초과이득의 30~50%의 세금 부과	• 1994. 7. 29. 헌법불합치결정 • 1998. 12. 28. 폐지
택지초과소유 부담금	택지소유 상한에 관한 법률	가구별로 택지소유 상한을 초과하는 택지와 법인소유택지에 대해 공시지가의 6~11%의 부담금 부과	• 1998. 9. 19. 폐지 • 1999. 4. 29. 위헌결정

구분	근거법률	주요 내용	결과
개발부담금	개발이익 환수에 관한 법률	각종 개발사업의 시행자에게 개발이익의 50%(1998. 9. 19.부터 25%)를 부담금으로 부과	• 2002년 비수도권, 2004년 수도권에 대해 부과중지 • 2006년부터 다시 부과

➡️ 위헌법률심판에 대한 헌법재판소의 종국결정의 유형은 크게 본안전판단으로서 각하결정과 본안판단으로서 합헌결정, 위헌결정, 변형결정으로 나눌 수 있다. 위헌결정에는 단순위헌결정과 일부위헌결정이 있으며, 변형결정에는 헌법불합치결정, 한정합헌결정, 한정위헌결정 등이 있다. ① 단순위헌결정은 법률 전체에 대한 위헌결정이며, ② 일부위헌결정은 법률의 일부에 대한 위헌결정이다. ③ 헌법불합치결정은 결정 직후부터 법률을 사문화시키는 위헌결정과 달리 일정 기간 법률을 존속토록 하는 제도이다. 즉 해당 법률을 위헌으로 선언하면서도 즉각적인 무효화에 따른 혼란을 막기 위해 유예기간을 두는 것으로 헌법불합치 결정이 내려지면 입법 주체인 국회나 행정부는 헌법재판소가 제시한 기간까지 해당 법률을 개정해야 한다. ④ 한정합헌결정은 다의적(多義的)으로 해석이 가능한 법률 조항에 대하여 최소한 하나의 해석방법이 헌법에 합치하는 경우에는 합헌이라고 결정하는 것이며, ⑤ 한정위헌결정은 개념이 불확정적이거나 다의적으로 해석이 가능한 법률 조항에 대하여 한정축소해석을 하고 그 이상으로 확대해석하는 것은 위헌이라고 결정하는 것이다.

③ 토지정책의 의의

1) 토지정책의 개념과 목표

토지정책이란 한정된 토지의 이용도를 높여 합리적이고 효율적으로 이용하며, 토지의 소유와 이용에서 발생하는 수익을 국민이 골고루 누릴 수 있도록 형평성을 유지하기 위한 정부의 공적 개입을 말한다. 이러한 토지정책의 목표는 대체로 ① 국토의 효율적 이용, ② 국토환경보전, ③ 국토의 균형개발, ④ 투기억제와 지가안정, ⑤ 개발이익의 환수, ⑥ 토지시장의 투명성 확보 등이다.

2) 토지정책의 중요성

토지정책의 중요성은 먼저, 토지정책은 국가의 기본정책이라는 점이다. 토지는 국민 생활에 필수적이어서 그 정책은 생존에 필요한 정책이라 할 수 있다. 둘째, 토지제도의 이상을 실현하기 위해서는 적정한 토지정책이 있어야 한다는 점이다. 토지제도가 잘 되어 있는 나라는 좋은 정책을 수립할 수 있다. 셋째, 토지정책은 다른 정책과 조화를 이루어야 한다는 점이다. 각종 정책은 광범위한 영역을 갖는 토지정책과 밀접한 관련이 있으며, 정치·경제·사회 등 각종 분야의 발전은 토지정책의 양부에 달려 있다.[11]

제2절 | 토지정책의 내용

1 국토정책

1) 국토계획 관련법의 정비

지난 40여 년 동안 국토개발과정에서 나타난 환경훼손과 난개발, 지역 간 불균형발전 등을 개선하기 위해서는 개발위주의 국토관리 틀에서 벗어나 국토의 지속가능한 발전을 도모하고, 「선계획-후개발」원칙에 따라 국토계획간 조정·연계강화가 필요하게 되었다. 이에 종전의 국토건설종합계획법·국토이용관리법·도시계획법의 국토 및 토지 관련 3개 법률을 2002년 2월 「국토기본법」과 「국토의 계획 및 이용에 관한 법률」(약어로 국토계획법이라 한다)의 2개 법률로 통폐합하였다.

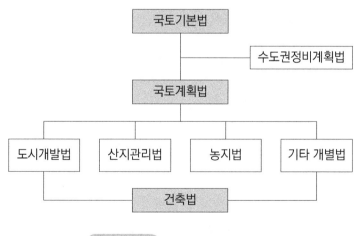

그림 3.2.1 **국토계획 관련법률 체계도**

---

11 방경식·장희순(2002), 앞의 책, p.703. 참조

「국토계획법」이 제정되기 이전의 국토관리의 기본체계는 용도규제중심으로 구성되어 왔으며, 「국토계획법」에서도 기본적으로 용도규제를 중심으로 관리하도록 되어 있다. 다만, 국토의 난개발을 방지하고 국토를 친환경적으로 개발 및 이용할 수 있도록 계획중심의 관리기법을 상당부분 채용하였다. 먼저, 선계획·후개발의 원칙에 따라 전국 지방자치단체별(제정 당시에는 특별시·광역시·시 또는 군)로 시·군종합계획을 수립하여야 하며, 둘째, 지구단위계획제도를 비도시지역으로 확대하였고, 셋째, 계획중심 국토관리의 실제 집행수단인 개발행위허가제가 확대·도입되었으며, 넷째, 기반시설연동제(개발밀도관리구역·기반시설부담구역)와 토지적성평가제가 도입되었다.

2) 국토계획의 개념

국토계획은 국토를 이용·개발 및 보전할 때 미래의 경제적·사회적 변동에 대응하여 국토가 지향해야 할 발전방향을 설정하고 이를 달성하기 위한 계획을 말한다. 국토계획은 국토종합계획, 초광역권계획, 도종합계획, 시·군종합계획, 지역계획 및 부문별계획으로 구분한다.

「국토기본법」은 국토에 관련된 모든 계획을 국토계획의 틀 내에 통합하여 모든 토지가 '선계획-후개발'의 원칙에 입각하여 체계적으로 이용될 수 있는 기반을 마련하여 수직적으로는 국토계획을 『국토종합계획-(초광역권계획)-도종합계획-시·군종합계획(도시·군계획)』으로 일원화하고, 개별적으로 수립되는 지역계획과 부문별 계획을 국토계획체계 내로 통합하여 국토종합계획과의 연계성을 강화했다.

한편, 국토관리계획이 공간계획으로서 제대로 기능하기 위해서는 토지이용계획·시설계획·사업계획이 하나의 계획 틀 안에서 서로 유기적·체계적으로 움직여야 할 것이다.

3) 국토계획의 내용

(1) 국토종합계획

국토 전역을 대상으로 하여 국토의 장기적인 발전방향을 제시하는 종합계획으로, 20년을 단위로 하여 국토교통부장관이 수립한다. 국토교통부장관은 국토종합계획을 수립하려는 경우에는 중앙행정기관의 장 및 특별시장·광역시장·특별자치시장·도지사 또는 특별자치도지사(약어로 시·도지사라 한다)에게 국토종합계획에 반영되어야 할 정책 및 사업에 대한 소관별 계획안의 제출을 요청할 수 있다.

국토종합계획은 초광역권계획, 도종합계획 및 시·군종합계획의 기본이 되며, 부문별계획과 지역계획은 국토종합계획과 조화를 이루어야 한다.

　한편, 국토종합계획은 1970년대부터 수립되어 국토의 균형발전과 생활환경개선 등에 크게 기여하였으며, 현재는 제5차 국토종합계획(2020~2040)이 시행 중이다. 이 계획에서는 계획의 비전을 '모두를 위한 국토, 함께 누리는 삶터'로 설정하였고, 3대 기본목표를 ① 어디서나 살기 좋은 균형국토, ② 안전하고 지속가능한 스마트국토, ③ 건강하고 활력있는 혁신국토로 삼았다.

표 3.2.2　**제5차 국토종합계획의 내용**

구분	내용	
비전	• 모두를 위한 국토, 함께 누리는 국토	
목표	• 어디서나 살기 좋은 균형국토 • 안전하고 지속가능한 스마트국토 • 건강하고 활력있는 혁신국토	
국토 발전전략	1. 개성있는 지역발전과 연대·협력 촉진 2. 지역산업 혁신과 문화관광 활성화 3. 세대와 계층을 아우르는 안심 생활공간 조성	4. 품격있고 환경 친화적 공간 창출 5. 인프라의 효율적 운영과 국토 지능화 6. 대륙과 해양을 잇는 평화국토 조성

자료: 국토교통부

(2) 초광역권계획

　초광역권계획은 지역의 경제 및 생활권역의 발전에 필요한 연계·협력사업 추진을 위하여 2개 이상의 지방자치단체가 상호 협의하여 설정하거나 「지방자치법」 제199조의 특별지방자치단체가 설정한 권역으로, 특별시·광역시·특별자치시·도 또는 특별자치도의 행정구역을 넘어서는 권역(이하 "초광역권"이라 한다)을 대상으로 하여 해당 지역의 장기적인 발전 방향을 제시하는 계획을 말한다.

　초광역권을 구성하고자 하는 시·도지사 또는 「지방자치법」 제199조의 특별지방자치단체의 장은 초광역권의 발전을 위하여 필요한 경우에는 구성 지방자치단체의 장과 협의하여 일정한 사항에 관한 초광역권계획을 수립(확정된 계획을 변경하는 경우를 포함한다)할수 있다.

(3) 도종합계획

　도 또는 특별자치도의 관할구역을 대상으로 하여 해당 지역의 장기적인 발전방향을 제시하는 종합계획으로 20년을 단위로 하여 수립하며, 「수도권정비계획법」에 의한 수도권정비계획이 수립되는 경기도와 「제주특별자치도 설치 및 국제자유도시 조성을 위한 특별법」(약어로 제주특별법이라 한다)에 의한 종합계획이 수립되는 제주특별자치도는 이를 수립하지 아니할 수 있다. 도종합계획은 당해 도의 관할구역에서 수립되는 시·군종합계획의 기본이 된다.

도종합계획은 도지사(특별자치도지사 포함)가 계획안을 작성한 후 공청회를 거쳐 주민의견을 수렴하고 道도시계획위원회의 심의를 거쳐 국토교통부장관에게 승인을 요청하면 국토교통부장관은 관계 중앙행정기관의 장과 협의한 후 국토정책위원회의 심의를 거쳐 승인한다.

(4) 시·군종합계획(도시·군계획)

시·군종합계획은 특별시·광역시·시 또는 군(광역시의 군을 제외)의 관할구역을 대상으로 하여 당해 지역의 기본적인 공간구조와 장기발전방향을 제시하고, 토지이용·교통·환경·안전·산업·정보통신·보건·후생·문화 등에 관하여 수립하는 계획으로서 「국토계획법」에 의하여 수립되는 도시·군계획을 말한다. 도시·군계획은 특별시·광역시·특별자치시·특별자치도·시 또는 군(광역시의 군은 제외)의 관할구역에 대하여 수립하는 공간구조와 발전방향에 대한 계획으로서 도시·군기본계획과 도시·군관리계획으로 구분한다. 종전 도시계획이라는 용어는 2011. 4. 「국토계획법」 개정 시 도시·군계획으로 변경하였다.

➡ 도시·군계획 등의 명칭: 국토계획법 제5조 참조
1) 행정구역의 명칭이 특별시·광역시·특별자치시·특별자치도·시인 경우 도시·군계획, 도시·군기본계획, 도시·군관리계획, 도시·군계획시설, 도시·군계획시설사업, 도시·군계획사업 및 도시·군계획상임기획단의 명칭은 각각 도시계획, 도시기본계획, 도시관리계획, 도시계획시설, 도시계획시설사업, 도시계획사업 및 도시계획상임기획단으로 한다.
2) 행정구역의 명칭이 군인 경우 도시·군계획, 도시·군기본계획, 도시·군관리계획, 도시·군계획시설, 도시·군계획시설사업, 도시·군계획사업 및 도시·군계획상임기획단의 명칭은 각각 군계획, 군기본계획, 군관리계획, 군계획시설, 군계획시설사업, 군계획사업 및 군계획상임기획단으로 한다.
3) 행정구역의 명칭이 군에 설치하는 도시계획위원회의 명칭은 군계획위원회로 한다.

---

(5) 지역계획

지역계획은 중앙행정기관의 장 또는 지방자치단체의 장이 지역 특성에 맞는 정비나 개발을 위하여 관계 법률에서 정하는 바에 따라 수립하는 계획을 말하며, 그 종류는 다음과 같다.

① 수도권발전계획[12]: 수도권에 과도하게 집중된 인구와 산업의 분산 및 적정배치를 유도하기 위하여 수립하는 계획
② 지역개발계획: 성장 잠재력을 보유한 낙후지역 또는 거점지역 등과 그 인근지역을 종합적·체계적으로 발전시키기 위하여 수립하는 계획
③ 그 밖에 다른 법률에 의하여 수립하는 지역계획

지역계획 중 수도권발전계획은 「수도권정비계획법」에 따라 수립하고, 지역개발계획은 「지역개발 및 지원에 관한 법률」(약어로 지역개발법이라 한다)에 따라 수립한다. 그 외에 접경지역[13]종합계획(접경지역 지원 특별법), 도서[14]사업계획(도서개발 촉진법) 등이 있다.

(6) 부문별계획

부문별계획은 중앙행정기관의 장이 국토 전역을 대상으로 하여 소관 업무에 관해 수립한 계획이다. 중앙행정기관의 장은 부문별계획을 수립하고자 할 때에는 국토종합계획의 내용을 반영하여야 하고, 이와 상충되지 아니하도록 하여야 한다. 부문별계획에는 국가기간교통망계획, 수자원장기종합계획, 산업입지공급계획, 주택종합계획 등이 있다.

4) 도시·군계획

(1) 도시·군기본계획

도시·군기본계획은 특별시장·광역시장·특별자치시장·특별자치도지사·시장 또는 군수가 관할구역에 대해 수립하는 공간구조와 장기발전방향에 관한 종합계획이며, 시장 또는 군수가 이를 수립하는 경우에는 도지사의 승인을 받아야 한다. 도시·군기본계획은 도시·군관리계획을 수립하는 행정청만을 구속하는 비구속적계획으로서 20년 단위로 수립하며 5년마다 재검토하여 이를 정비하여야 한다.

---

12 「국토기본법」에서는 지역계획의 하나로 수도권발전계획을 규정하고 있으나(제16조), 관계 법률인 「수도권정비계획법」에서는 수도권정비계획으로 부른다(제4조).

13 1953년 7월 27일 체결된 「군사정전에 관한 협정」에 따라 설치된 비무장지대 또는 「군사기지 및 군사시설 보호법」 제2조 제7호에 따른 민간인통제선 이남(以南)의 지역 중 민간인통제선과의 거리 및 지리적 여건 등을 기준으로 하여 대통령령으로 정하는 시·군을 말한다.

14 제주도 본도를 제외한 해상의 전 도서(島嶼)를 말한다.

(2) 도시 · 군관리계획

도시·군관리계획은 상위계획에서 제시된 장기적인 발전방향을 공간에 구체화하고 실현시키는 중기계획으로서 10년 단위로 수립하는 법정계획이고, 5년마다 재검토하여 이를 정비하여야 한다. 결정권자는 원칙적으로 시·도지사 또는 대도시시장이다. 여기에서 대도시는 서울특별시와 광역시 및 특별자치시를 제외한 인구 50만 이상의 대도시를 말한다.

도시·군관리계획에는 ① 용도지역·용도지구의 지정 또는 변경에 관한 계획, ② 개발제한구역·도시자연공원구역·시가화조정구역·수산자원보호구역의 지정 또는 변경에 관한 계획, ③ 기반시설의 설치·정비 또는 개량에 관한 계획, ④ 도시개발사업 또는 정비사업에 관한 계획, ⑤ 지구단위계획구역의 지정 또는 변경에 관한 계획과 지구단위계획, ⑥ 도시혁신구역의 지정 또는 변경에 관한 계획과 도시혁신계획, ⑦ 복합용도구역의 지정 또는 변경에 관한 계획과 복합용도계획, ⑧ 도시·군계획시설입체복합구역의 지정 또는 변경에 관한 계획이 있다.

표 3.2.3 **도시 · 군기본계획과 도시 · 군관리계획의 비교**

구분	도시 · 군기본계획	도시 · 군관리계획
정의	특별시·광역시·특별자치시·특별자치도·시 또는 군의 관할구역에 대하여 기본적인 공간구조와 장기발전방향을 제시하는 종합계획으로서 도시·군관리계획 수립의 지침이 되는 계획	특별시·광역시·특별자치시·특별자치도·시 또는 군의 개발·정비 및 보전을 위하여 수립하는 토지이용·교통·환경·경관·안전·산업·정보통신·보건·후생·안보·문화 등에 관한 계획
대상지역	특별시·광역시·특별자치시·특별자치도·시 또는 군의 관할구역	좌동
수립·입안권자	특별시장·광역시장·특별자치시장·특별자치도지사·시장·군수	• 원칙: 특별시장·광역시장·특별자치시장·특별자치도지사·시장·군수 • 예외: 국토교통부장관·도지사
확정·승인·결정권자	• 특별시장·광역시장·특별자치시장·특별자치도지사 : 본인 수립 시 확정 • 도지사 : 시장·군수 수립시 승인	• 원칙: 시·도지사 또는 대도시시장이 결정 • 예외: 국토교통부장관(해양수산부장관)
기간	20년 단위로 수립(5년마다 재검토하여 정비)	10년 단위로 수립(5년마다 재검토하여 정비)

구분	도시 · 군기본계획	도시 · 군관리계획
절차	• 수립: 기초조사 → 기본계획안 수립 → 공청회 개최·지방의회 의견청취 • 확정: 행정기관의 장(국토부장관 포함)과 협의 → 도시계획위원회 심의 → 확정 • 승인: 승인신청 → 행정기관의 장과 협의 → 도시계획위원회 심의 → 승인 → 공고·열람	• 입안: 기초조사 → (도시관리계획 입안 제안) 관리계획안 작성 → 주민 및 지방의회 의견청취 • 결정: (결정 신청) → 행정기관의 장과 협의 → 도시계획위원회 심의 → 결정·고시 → 열람
효력	일반국민에게 구속력 없는 비구속적 행정계획	일반국민에게 구속력 있는 구속적 행정계획

② 토지소유정책

1) 토지소유정책의 개요

토지소유권은 헌법에서 보장하고 있으나 토지의 합리적인 이용과 개발·보전을 위해 각종 공법적 제한의 대상이 되고, 「민법」 등에 의한 사법적 규제의 대상이 된다. 토지정책으로서 토지소유권 행사에 제한이 가해지는 형태는 사용권의 제한, 수익권의 제한 및 처분권의 제한으로 구분할 수 있다.

(1) 사용권의 제한

사용권의 제한은 보유권의 제한, 이용권의 제한 및 개발권의 제한으로 나눌 수 있다. 먼저 보유권의 제한은 토지의 보유를 직접적으로 제한하는 것으로 농지소유상한제·택지소유상한제(1998년 폐지)·토지거래허가제 등이 있고, 간접적으로 제한하는 것으로 조세제도(예: 법인의 비업무용 토지에 대한 중과세 제도), 검인계약서제도, 농지취득자격증명제 등이 있다. 다음으로 이용권과 개발권의 제한은 공용사용이나 공용제한이 있으며, 공용제한의 경우 각종 계획 또는 개발사업 관련법 등에서 광범위하게 규정하고 있다.[15]

(2) 수익권의 제한

수익권의 제한은 토지소유자가 토지를 소유하거나 이용·개발함으로써 얻게 되는 수익을 제한하는 것이다. 대표적인 것으로는 개발이익환수제도를 들 수 있고, 조세제도로서 토지초과이득세(1998년 폐지), 양도소득세 등이 있다.

---

15 자세한 내용은 앞의 제2편 제2장 제1절 참조(p.95)

(3) 처분권의 제한

처분권의 제한에는 공익사업에 필요한 용지를 확보하기 위한 토지수용(공용수용)이 대표적이며, 그 외에 「부동산 거래신고 등에 관한 법률」(약어로 부동산거래법이라 한다)에 의한 선매제도 등이 있다.

▶ 「농지법」은 농지의 소유를 제한하는 다양한 제도를 규정하고 있다. 농지소유자격의 제한, 농지소유상한제, 농지취득자격증명제, 농지의 위탁경영 금지, 농지의 임대차 또는 사용대차 금지, 농업경영에 이용하지 아니하는 농지의 처분의무와 이행강제금 부과 등이 그 예이다.

1) 농지소유자격의 제한: 농지는 자기의 농업경영에 이용하거나 이용할 자가 아니면 이를 소유하지 못한다(법률 6).

2) 농지소유상한제: 상속에 의하여 농지를 취득한 자로서 농업경영을 하지 아니하는 자는 그 상속농지 중에서 1만㎡까지만 소유할 수 있고, 8년 이상 농업경영을 한 후 이농한 자는 이농 당시의 소유농지 중에서 1만㎡까지만 소유할 수 있으며, 주말·체험 영농을 하고자 하는 자는 1천㎡ 미만의 농지를 소유할 수 있다(법률 7).

3) 농지취득자격증명제: 농지를 취득하고자 하는 자는 농지의 소재지를 관할하는 시장(구를 두지 아니한 시의 시장을 말하며, 도농복합형태의 시는 농지소재지가 동지역인 경우만을 말함)·구청장(도농복합형태의 시의 구에서는 농지소재지가 동지역인 경우만을 말함)·읍장 또는 면장으로부터 농지취득자격증명을 발급받아야 한다(법률 8).

4) 농지의 위탁경영 금지: 농지의 소유자는 법률에서 정하는 경우(농업인이 자기 노동력이 부족하여 농작업의 일부를 위탁하는 경우 등)를 제외하고는 소유농지를 위탁경영할 수 없다(법률 9).

5) 농지의 임대차 또는 사용대차 금지: 법률에서 정하는 농지(상속에 의해 취득한 농지 등) 외에는 임대하거나 사용대(使用貸)할 수 없다(법률 23).

6) 농업경영에 이용하지 아니하는 농지의 처분의무와 이행강제금 부과: 농지의 소유자가 정당한 사유 없이 농업경영에 이용하지 아니하는 등의 사유가 인정된 때에는 그 사유가 발생한 날로부터 1년 이내에 당해 농지를 처분하여야 하며(법률 10), 처분의무기간 내에 처분하지 아니한 소유자에 대해서는 시장·군수·구청장은 6월 이내에 당해 농지를 처분할 것을 명할 수 있고(법률 11), 처분명령을 받은 후 정당한 사유 없이 지정기간 안에 처분명령을 이행하지 아니한 자에 대하여는 해당 토지가격의 100분의 25에 상당하는 이행강제금을 부과한다(법률 63).

---

2) 토지소유정책의 내용

(1) 토지거래허가제도

토지거래허가제는 국토의 이용 및 관리에 관한 계획의 원활한 수립과 집행, 합리적 토지이용 등을 위하여 토지의 투기적인 거래가 성행하거나 지가가 급격히 상승하는 지역과 그러한 우려가 있는 지역에 대해 5년 이내의 기간을 정하여 국토교통부장관 또는 시·도지사가 지정한 토지거래허가구역의 토지에 관한 일정한 거래계약에 대해 사전에 허가를 받도록 한 제도이다.

토지거래허가구역에 있는 일정면적[16]을 초과하는 토지에 관한 소유권·지상권(소유권·지상권의 취득을 목적으로 하는 권리를 포함)을 이전하거나 설정(대가를 받고 이전하거나 설정하는 경우만 해당한다[17])하는 계약(예약을 포함하며, 이를 토지거래계약이라 한다)을 체결하고자 하는 당사자는 공동으로 허가신청서에 계약내용과 그 토지의 이용계획·취득자금 조달계획 등을 기재하여 시장·군수·구청장에게 제출하여야 한다(부동산거래법 11).

시장·군수·구청장은 허가신청이 「부동산거래법」 제12조에서 열거한 경우를 제외하고는 허가하여야 한다. 허가기준은 2012. 2. 개정 시 투기목적이 인정되는 일정한 경우를 제외하고는 허가하도록 네거티브방식(원칙 허용, 예외 금지)으로 전환하였다.

허가를 받지 아니하고 체결한 토지거래계약은 그 효력을 발생하지 아니한다. 토지거래허가를 조건으로 체결된 거래계약에 대해 판례는 유동적 무효로 보고 있다. 즉, 일단은 무효이나 추후 허가에 의해 소급하여 유효하게 되므로 허가를 받기까지는 유동적 무효의 상태에 있다는 것이다[대판(전원), 90다12243 참조].

---

16 허가대상면적은 다음 각 호의 구분에 따른 면적을 초과하는 경우이다(부동산거래법령 9).
    1. 「국토의 계획 및 이용에 관한 법률」에 따른 도시지역: 다음 각 목의 세부 용도지역별 구분에 따른 면적
      가. 주거지역: 60㎡
      나. 상업지역·공업지역: 150㎡
      다. 녹지지역: 200㎡
      라. 가목부터 다목까지의 구분에 따른 용도지역의 지정이 없는 구역: 60㎡
    2. 도시지역 외의 지역: 250㎡. 다만, 농지(「농지법」에 따른 농지를 말한다)의 경우에는 500㎡로 하고, 임야의 경우 에는 1천㎡로 한다.
17 따라서 대가성이 없는 증여 또는 상속 등은 제외된다.

➡ 토지거래허가구역 내 토지거래계약과 관련된 판례의 내용

① 허가받기 전에는 거래계약의 채권적 효력도 발생하지 않으므로 계약에 기한 이행청구를 할 수 없다. 즉, 매수인의 대금지급의무나 매도인의 소유권 이전등기의무가 없으며 이행하지 않아도 계약을 해제당하거나 손해배상청구를 받지 않는다. ② 당사자는 계약의 효력을 완성하기 위해 허가신청에 서로 협력할 의무가 있다. ③ 허가받기 전에 매도인이 계약금의 배액을 상환하고 계약을 해제함으로써 적법하게 해제된다(대판, 97다9369). ④ 허가를 배제하거나 잠탈하는 내용의 계약을 체결한 때, 적법한 공동신청에 대해 불허가처분이 난 때, 당사자 쌍방이 허가를 신청하지 않을 의사를 명백히 한 때에는 확정적 무효로 된다(대판, 94다4806). ⑤ 계약이 확정적 무효로 된 때에야 비로소 계약금 등을 부당이득으로 반환청구 할 수 있다(대판, 91다33766). ⑥ 계약을 체결한 후(거래계약이 유동적 무효인 상태에서) 허가구역지정해제 등이 된 때에는 더 이상 토지거래허가를 받을 필요가 없이 확정적으로 유효로 되어 당사자는 그 계약에 기하여 바로 토지의 소유권 등 권리의 이전 또는 설정에 관한 이행청구를 할 수 있고, 상대방도 반대급부의 청구를 할 수 있다[대판(전원), 98다40459].

(2) 선매제도

선매제도는 토지거래허가신청이 있는 경우 당해 토지가 공익사업용 토지이거나 토지거래허가를 받아 취득한 토지를 그 이용목적대로 이용하고 있지 아니한 토지에 해당하는 경우 국가·지방자치단체·LH공사 등이 사적거래에 우선하여 당해 토지를 우선 매수할 수 있는 제도를 말한다. 따라서 토지거래허가를 받아 취득한 토지를 그 이용목적대로 이용하지 아니하는 경우에는 선매의 대상이 될 수 있다(부동산거래법 15).

③ 토지이용정책

1) 토지이용정책의 개요

토지는 한정되어 있고 공공성을 띠고 있기 때문에 최유효로 이용되어야 함과 동시에 장래의 관점에서 관리되어야 한다. 그렇기 때문에 토지이용에 대해서는 일정 부분 정부의 개입이 불가피한 것으로 인정되고 있다. 토지이용에 대한 정부의 공적개입수단으로는 ① 토지세제 등의 경제적 유인을 이용하는 방법, ② 토지이용행위를 사회적으로 바람직한 방향으로 유도하는 토지이용규제 등이 있다. 토지이용규제는 토지이용계획에 의해 실현되며, 토지이용계획은 그 유형이 다양하고 각기 독립적으로 수립되지만 상호 밀접한 연관성을 갖고 있다.

2002년 제정된 「국토계획법」은 계획체계의 일원화와 토지이용계획간 연계성 강화를 특징으로 하고 있으며, 2005년 제정된 「토지이용규제 기본법」은 토지이용규제의 투명성

을 확보하고 국민의 토지이용의 편의를 도모하고자 한다.

2) 토지이용계획의 의의

(1) 토지이용계획의 개념

토지이용계획은 한마디로 토지를 합리적으로 이용하기 위한 계획이라 할 수 있다. 즉, 장래의 경제·사회변화를 예측하여, 한정된 토지의 합리적인 이용을 위해서 장래 수용되어야 할 기능에 따라 토지공간을 양적으로 배분하고, 각 기능별로 사용될 토지의 위치를 결정하는 것이다.

토지이용계획의 역할은 한마디로 토지의 합리적 이용을 유도하는 것이다. 즉, 토지의 합리적 이용이라는 목표를 달성하기 위해 이를 실현하기 위한 최선의 방안을 선택한 것이 토지이용계획이다. 토지는 부증성·영속성·기반성 등의 특성을 지니고 있다. 따라서 한정된 삶의 터전에서 영속적으로 삶의 질을 증진하며 살아가기 위해서는 토지이용계획이 필수적이다.

(2) 토지이용계획의 실현수단

토지이용계획을 실현하기 위한 수단은 크게 두 가지로 나눌 수 있는데, 하나는 토지이용규제와 토지이용유도와 같은 간접적 방법이며, 다른 하나는 개발사업과 같은 직접적인 방법이다. 여기서 토지이용계획의 실현수단을 정리하면 다음의 표와 같다.

표 3.2.4 **토지이용계획의 실현수단**

구분	제도	내용
규제 수단	지역지구제	• 「국토계획법」에 의한 용도지역·지구·구역 지정 • 그 밖의 개별법에 의한 지역·지구·구역 지정
계획 수단	지구단위계획	지구차원의 토지이용지침
	기반시설연동제	개발밀도관리구역, 기반시설부담구역
유도 수단	조세·부담금의 감면	조세나 부담금의 감면
	도시·군계획시설사업	도로, 공원 등 각종 도시·군계획시설 정비

구분	제도	내용
개발 수단	개발행위허가제	개발행위에 대한 사전 심사
	개발사업	• 도시·군계획사업: 도시개발사업, 정비사업 • 그 밖의 개별법에 의한 개발사업: 택지개발사업 등

자료: 대한국토·도시계획학회(2019), 토지이용계획론(4정판), p.294. 참조 재작성

(3) 지역지구제의 개념

토지이용규제의 대표적인 수법이 지역지구제이다. 지역지구제(zoning system)는 토지의 기능과 적성에 따라 토지를 가장 적합하게 이용하기 위한 토지이용구분으로 토지이용계획의 한 유형이다. 이 제도는 공공의 건강과 복리를 증진시키기 위해 공권력에 의해 개인의 토지이용을 규제하는 것으로 일종의 공용제한에 해당한다.

토지이용을 소유자의 자의적 이용에 맡길 경우 한정된 토지자원의 이용이 무질서하게 되고, 용도 간 토지이용의 경합으로 혼란이 초래될 우려가 높기 때문에 계획적인 이용이 불가피하다. 지역지구제는 이런 요청에 부응하기 위한 제도로서, 토지이용의 혼란과 비효율을 사전에 배제하고 합리적이고 효율적인 토지이용과 개발을 유도하여 쾌적한 환경을 만들기 위한 것이다.

지역지구제의 현실적인 정책수단은 용적률·건폐율·건축선 등의 밀도규제와 특정행위의 허가·불허가 등의 행위규제로 구성되어 있다.

「국토계획법」은 그 성질과 목적에 따라 용도지역·용도지구·용도구역으로 구분하고 있다.

(4) 지역지구제의 연혁

우리나라의 지역지구제는 일제강점기인 1934년 6월 제정된 「조선시가지계획령」에 의해 처음 도입되었다. 이는 도시지역만을 대상으로 하였고, 대상용도 역시 도시용도로 한정하였다. 당시 용도지역은 주거지역·상업지역·공업지역의 3가지로 구분되었으며, 그 후 녹지지역과 혼합지역이 신설되었다. 우리나라 법제에 의해 지역지구제가 도입된 것은 1962년 1월에 제정된 (구)「도시계획법」에 의해서이다. 이 법에서는 용도지역을 주거지역·상업지역·공업지역·녹지지역의 4가지로 구분하였으며, 종래의 혼합지역은 폐지하였다.

도시지역에만 적용되던 지역지구제는 1970년대 들어 급속한 도시화·산업화와 함께 국토전체에 대한 종합적인 이용·관리의 필요성이 대두되어 1972년 12월에 제정된 (구)

「국토이용관리법」에 의해 전 국토로 확대되었다. 이 법에서는 전 국토를 도시·농업·산림·공업·자연 및 문화재보전·유보지역의 6개 용도지역으로 구분하였다. 그 후 1982년 12월의 개정을 통해 용도지역과 용도지구를 10개의 용도지역으로 통합하였고, 1993년 8월에는 5개 용도지역(도시·준도시·농림·준농림·자연환경보전지역)으로 개편하였다. 한편, 종전의 도시지역(도시계획: 도시계획법)과 비도시지역(국토이용계획: 국토이용관리법)의 이원화된 계획체계를 일원화하여 모든 지역에서 도시계획이 적용되도록 한 「국토계획법」이 2002년 2월 제정되면서 도시·관리·농림·자연환경보전지역의 4개 용도지역으로 통합하였다.

표 3.2.5 **용도지역제의 연혁**

시기 (제정 · 개정)	당시 법령	용도지역	비고
1934. 06.	조선시가지계획령	주거지역, 상업지역, 공업지역	시가지계획구역 대상
1940. 12.	조선시가지계획령	녹지지역 · 혼합지역 추가	–
1962. 01	도시계획법	주거지역, 상업지역, 공업지역, 녹지지역	• 도시계획구역 대상 • 혼합지역 폐지
1972. 12.	국토이용관리법	도시지역, 농업지역, 산림지역, 공업지역, 자연 및 문화재보전지역, 유보지역	• 국토이용계획제도 도입 • 도시지역은 도시계획법 적용
1982. 12.	국토이용관리법	도시지역, 취락지역, 경지지역, 산림보전지역, 공업지역, 자연환경보전지역, 관광휴양지역, 수산자원보전지역, 개발촉진지역, 유보지역	6개 용도지역과 11개 용도지구를 10개 용도지역으로 일원화
1993. 08.	국토이용관리법	도시지역, 준도시지역, 농림지역, 준농림지역, 자연환경보전지역	10개 용도지역을 5개로 단순화
2002. 02.	국토의 계획 및 이용에 관한 법률	도시지역, 관리지역, 농림지역, 자연환경보전지역	도시계획법과 국토이용관리법을 통합

(5) 용도지역의 내용

용도지역이라 함은 토지의 이용 및 건축물의 용도·건폐율·용적률·높이 등을 제한함으로써 토지를 경제적·효율적으로 이용하고 공공복리의 증진을 도모하기 위하여 서로 중복되지 아니하게 도시·군관리계획으로 결정하는 지역을 말한다. 국토는 토지의 이용실태 및 특성, 장래의 토지이용방향 등을 고려하여 다음의 표와 같이 구분하여 용도지역을 지정한다.

표 3.2.6 용도지역의 구분

용도지역			지정목적
도시지역	주거지역	제1종 전용주거	단독주택 중심의 양호한 주거환경을 보호하기 위해 필요한 지역
		제2종 전용주거	공동주택 중심의 양호한 주거환경을 보호하기 위해 필요한 지역
		제1종 일반주거	저층주택을 중심으로 편리한 주거환경을 조성하기 위해 필요한 지역
		제2종 일반주거	중층주택을 중심으로 편리한 주거환경을 조성하기 위해 필요한 지역
		제3종 일반주거	중고층주택을 중심으로 편리한 주거환경을 조성하기 위해 필요한 지역
		준주거	주거기능 위주로 이를 지원하는 일부 상업기능 및 업무기능을 보완하기 위해 필요한 지역
	상업지역	중심상업	도심·부도심의 상업기능 및 업무기능의 확충을 위해 필요한 지역
		일반상업	일반적인 상업기능 및 업무기능을 담당하게 하기 위해 필요한 지역
		근린상업	근린지역에서의 일용품 및 서비스의 공급을 위해 필요한 지역
		유통상업	도시내 및 지역간 유통기능의 증진을 위해 필요한 지역
	공업지역	전용공업	주로 중화학공업·공해성 공업 등을 수용하기 위해 필요한 지역
		일반공업	환경을 저해하지 아니하는 공업의 배치를 위해 필요한 지역
		준공업	경공업 그 밖의 공업을 수용하되, 주거·상업·업무기능의 보완이 필요한 지역
	녹지지역	자연녹지	도시 녹지공간 확보, 도시확산 방지, 장래 도시용지의 공급 등을 위해 보전할 필요가 있는 지역으로 불가피한 경우에 한해 제한적인 개발이 허용되는 지역
		생산녹지	주로 농업적 생산을 위하여 개발을 유보할 필요가 있는 지역
		보전녹지	도시의 자연환경·경관·산림 및 녹지공간을 보전할 필요가 있는 지역

용도지역		지정목적
관리지역	계획관리	도시지역으로의 편입이 예상되는 지역이나 자연환경을 고려하여 제한적인 이용·개발을 하려는 지역으로서 계획적·체계적인 관리가 필요한 지역
	생산관리	농업·임업·어업 생산 등을 위하여 관리가 필요하나, 주변 용도지역과의 관계 등을 고려할 때 농림지역으로 지정하여 관리하기가 곤란한 지역
	보전관리	자연환경 보호, 산림 보호, 수질오염 방지, 녹지공간 확보 및 생태계 보전 등을 위해 보전이 필요하나, 주변 용도지역과의 관계 등을 고려할 때 자연환경보전지역으로 지정하여 관리하기가 곤란한 지역
농림지역		도시지역에 속하지 아니하는 「농지법」에 따른 농업진흥지역 또는 「산지관리법」에 따른 보전산지 등으로서 농림업을 진흥시키고 산림을 보전하기 위하여 필요한 지역
자연환경 보전지역		자연환경·수자원·해안·생태계·상수원 및 국가유산의 보전과 수산자원의 보호·육성 등을 위하여 필요한 지역

한편, 용도지역의 지정현황을 정리하면 다음의 표와 같다. <표 3.2.7>은 그동안 도시지역 중 주거지역·상업지역·공업지역의 면적이 지속적으로 증가했음을 보여준다. 이는 미개발지역인 녹지지역이나 농림지역 등에서 다양한 개발사업이 시행되면서 용도지역이 변경되었음을 뜻한다.

표 3.2.7 **용도지역의 지정현황(단위: ㎢)**

구분	합계 (고시면적)	도시지역						관리 지역	농림 지역	자연 환경 보전 지역
		소계	주거 지역	상업 지역	공업 지역	녹지 지역	미세분 지역			
2020	106,205	17,769	2,713	338	1,222	12,622	873	27,310	49,256	11,869
2010	105,522	17,492	2,494	311	1,049	12,666	972	25,824	50,481	11,725
2005	106,114	17,040	2,122	264	793	12,607	1,253	25,870	51,023	12,181

자료: 통계청

④ 토지개발정책

1) 토지개발정책의 개요

토지개발은 토지의 효용을 극대화하기 위해 형질변경을 통해 토지의 용도를 전환하는 것을 말한다. 토지의 개발은 국토환경의 변화를 수반할 뿐 아니라 사회·경제적으로 많은 영향을 미치므로 토지수급의 조절, 토지의 계획적 개발, 토지의 효율적 이용, 개발이익배분의 형평성 도모 등을 위해 정부의 개입이 불가피하다.

토지개발은 토지의 용도에 따라 택지개발, 산업단지개발, 관광단지개발 등으로 다양하게 구분할 수 있으며, 이 중에서 택지개발이 가장 중시되고 있다.

표 3.2.8 **토지개발사업의 분류(예시)**

관련 법률	사업의 종류
국토계획법	토지의 형질변경
	도시·군계획시설사업
도시개발법	도시개발사업
택지개발촉진법	택지개발사업
주택법	대지조성사업
공공주택 특별법	공공주택지구조성사업
역세권의 개발 및 이용에 관한 법률	역세권개발사업
지역개발 및 지원에 관한 법률	지역개발사업
산업입지 및 개발에 관한 법률	산업단지개발사업
기업도시개발 특별법	기업도시개발사업
경제자유구역의 지정 및 운영에 관한 특별법	경제자유구역개발사업
물류시설의 개발 및 운영에 관한 법률	물류단지개발사업
친수구역 활용에 관한 특별법	친수구역조성사업
관광진흥법	관광단지조성사업

➡️ 서울 여의도의 개발: 여의도는 당초 한강의 퇴적작용에 의해 모래가 쌓여 형성된 섬이었다. 조선시대 엔 목장으로 이용되었고, 일제강점기인 1916년 비행장을 건설하여 사용하였다. 1922년 우리나라 최초 의 비행사인 안창남이 시범비행을 했고, 1958년 국제공항기능을 김포공항으로 옮긴 후에도 군용비행 장으로 활용되다가 1971년 폐쇄되었다. 한편, 비가 오면 물에 잠기던 여의도가 본격 개발된 것은 1967 년 소양강댐이 착공된 이후 한강의 수위가 낮아지면서부터이다. 1967년 서울시의 한강건설계획에 의 거 윤중제(輪中堤: 강의 가운데 있는 섬의 둘레에 쌓은 둑) 축조 및 택지개발사업이 시작되었다. 1968 년 윤중제 준공, 1970년 서울대교(현재 마포대교) 개통, 1971년 5·16광장(현재 여의도광장) 및 시범아 파트 준공, 1975년 국회의사당 이전, 1976년 한국방송공사(KBS) 준공, 1979년 증권거래소(현재 한국 거래소) 이전, 1981년 원효대교 개통, 1985년 63빌딩 준공 등의 과정을 거쳤다. 시범아파트는 12~13 층의 24개동 1,596가구이며, 중앙집중식 난방과 엘리베이터가 달린 당시 최고급아파트로서 59형의 분 양가격(1970년 8월 분양)은 2,128,000원이었다. 또한, 1971년 당시 일반주택지의 분양가격은 ㎡당 10,500~11,500원 수준이었다[손정목, '서울도시계획 이야기(하)', 국토194호(1997. 12), 국토연구원 참조].

2) 개발행위허가제

(1) 개발행위허가제의 개념

종전의 (구)「도시계획법」에서는 토지형질변경·건축물의 건축·토석채취 등 개발행위에 대해 지역지구제를 근간으로 건축자유주의원칙을 적용하여 허용하였다. 즉, 지역지구제 에 적합하면 기속재량행위로서 환경·경관측면에서 문제가 있는 개발도 허용하였다. 이러 한 문제를 해소하기 위해 개발행위허가 자체를 자유재량행위로 전환하여 개발행위에 대 한 사전심사기능을 강화한 제도가 개발행위허가제이다.

(2) 개발행위허가제의 내용

개발행위를 하고자 하는 자는 신청서를 개발행위허가권자(특별시장·광역시장·특별자치 시장·특별자치도지사·시장 또는 군수)에게 제출하여야 하며, 허가권자는 당해 개발행위에 따른 기반시설의 규모·주변환경 또는 경관과의 조화 등 개발행위허가의 기준을 검토하여 허가·불허가 또는 조건부허가의 처분을 하여야 한다.

개발행위허가의 대상은 건축물의 건축·공작물의 설치·토지의 형질변경·토석채취·토 지분할·물건적치이다(국토계획법 56 및 동법령 51).

① 건축물의 건축: 「건축법」에 따른 건축물의 건축
② 공작물의 설치: 인공을 가하여 제작한 시설물(건축법 제2조 제1항 제2호에 따른 건축 물을 제외)의 설치

③ 토지의 형질변경: 절토·성토·정지·포장 등의 방법으로 토지의 형상을 변경하는 행위와 공유수면의 매립(경작을 위한 토지의 형질변경은 제외)

④ 토석채취: 흙·모래·자갈·바위 등의 토석을 채취하는 행위. 다만, 토지의 형질변경을 목적으로 하는 것을 제외한다.

⑤ 토지분할: 다음 각 목의 어느 하나에 해당하는 토지의 분할(건축물이 있는 대지의 분할은 제외)

- 녹지지역·관리지역·농림지역 및 자연환경보전지역 안에서 관계법령에 따른 허가·인가 등을 받지 아니하고 행하는 토지의 분할
- 「건축법」에 따른 분할제한면적 미만으로의 토지의 분할
- 관계 법령에 의한 허가·인가 등을 받지 아니하고 행하는 너비 5미터 이하로의 토지의 분할

⑥ 물건을 쌓아놓는 행위: 녹지지역·관리지역 또는 자연환경보전지역 안에서 「건축법」에 따라 사용승인을 받은 건축물의 울타리 안(적법한 절차에 의하여 조성된 대지에 한한다)에 위치하지 아니한 토지에 물건을 1월 이상 쌓아놓는 행위

5 개발이익환수정책

1) 개발이익환수의 의의

개발이익은 다양한 요인에 의해 상승한 토지 또는 건물가액의 증가분을 말한다. 1970년대 말 부동산 투기열풍이 일어난 뒤 개정된(1978. 12.) (구)「국토이용관리법」에서 개발이익을 환수할 수 있는 법적 근거를 마련하였으며, 이때 개발이익은 국가·지방자치단체 또는 정부투자기관의 개발사업이나 정비사업 등에 의하여 토지소유자가 자신의 노력에 관계없이 지가가 상승되어 현저한 이익을 받은 때의 이익으로 규정했다. 그 후 토지공개념의 확대도입을 위해 1989년 12월 제정된 「개발이익환수법」에서는 개발이익을 '개발사업을 시행함으로써 정상지가상승분(正常地價上昇分)을 초과하여 개발사업을 시행하는 자에게 귀속되는 토지가격의 증가분과 공공사업의 시행, 토지이용계획의 변경 기타 사회·경제적 요인에 의하여 정상지가상승분을 초과하여 토지소유자에게 귀속되는 토지가액의 증가분'으로 규정하여 개발이익의 개념을 확대하였다.

개발이익이 소유자의 투자와 관련한 이익이 아니고 외부요인에 의해 발생한 우발이익이라면, 이러한 이익 중 일부를 사회로 환수함으로써 투기적 가수요를 억제하여 자원의

효율적 배분을 촉진하고, 소득의 불균형을 시정하여 분배의 사회적 형평을 유도할 필요가 있다. 오늘날 대부분의 국가에서는 개발이익 중 일정부분을 사회에 환원하기 위해 노력하고 있다.[18]

2) 개발이익환수의 방법

우리나라의 개발이익환수제도는 크게 ① 조세제도에 의한 경우, ② 부담금제도에 의한 경우, ③ 기타제도에 의한 경우로 구분할 수 있다.

표 3.2.9 개발이익환수제도의 유형

개발이익		개발이익환수제도			
개념	발생요인	조세제도	부담금제도 수익환수형	시설부담형	기타제도

최협의	유형적
	개발
		–	• 개발부담금
			• 재건축부담금
			• 수익자부담금
				• 기반시설부담금
				• 과밀부담금
				• 광역교통시설부담금
				• 학교용지부담금
				• 개발제한구역훼손
				  부담금
					• 기부채납
					• 환지방식 도시
					  개발사업의 감보

협의	최협의 + 무형적 개발	간주취득세	• 농지보전부담금 • 대체산림자원조성비 • 대체초지조성비	–	–
광의	협의 + 사회 ·경제적요인	• 토지초과이 득세(폐지) • 양도소득세	–	–	–

자료: 정희남 외(2003), 앞의 책, p.48 참조 재작성

첫째, 조세제도에 의한 방법으로 간주취득세와 양도소득세가 있다.[19]

둘째, 부담금제도에 의한 것으로는 수익환수형과 시설부담형으로 구분할 수 있다. 수익환수형으로는 개발부담금·재건축부담금·수익자부담금 등이 있으며, 시설부담형으로는[20]

---

18 정희남 외(2003), 토지에 대한 개발이익환수제도의 개편방안, 국토연구원, p.30.

19 자세한 내용은 제3편 제4장 제2절 및 제3절 참조(p.253 및 p.267 이하)

20 시설부담형에 대한 자세한 내용은 제5편 제2장 제2절 참조(p.522 이하)

기반시설부담금·과밀부담금·광역교통시설부담금·학교용지부담금·개발제한구역훼손부
담금 등이 있다.

▶ 수익자부담금: 특정한 공익사업의 시행으로 인하여 특별한 이익을 받는 자가 그 이익의 범위 내에서 사
업경비를 부담하도록 부과하는 부담금이다. 이는 이익을 받는 자에게 일정비율의 부담금을 부과함으로
써 전체적인 이익과 부담간의 형평성을 도모하고자 하는 전형적인 개발이익환수제도이다. 2001년 「부
담금관리 기본법」이 제정되면서 기존 부담금의 정비와 부담금의 신설·증설을 억제하고 있으며, 현재는
「지방자치법」 제155조의 규정에 의한 지방자치단체 공공시설의 수익자분담금, 「댐건설·관리 및 주변지
역 지원 등에 관한 법률」 제23조의 규정에 의한 수익자부담금 등 일부 사업에 대해서만 적용되고 있다.

마지막으로 기타의 방법에 의한 개발이익환수제도로는 기부채납, 「도시개발법」에 의한
환지방식의 개발에서 감보제도 등이 있다.

3) 개발이익환수정책의 사례

(1) 개발부담금제도

개발부담금은 개발사업의 시행 또는 토지이용계획의 변경 기타 사회적·경제적 요인에
의해 정상지가상승분을 초과하여 개발사업시행자 또는 토지소유자에게 귀속되는 토지가
액의 증가분인 개발이익에 대해 국가가 일부를 환수하는 것을 말한다.

개발부담금은 토지로부터 발생되는 초과개발이익을 환수하여 적정배분함으로써 불로
소득과 이를 노리는 투기행위를 방지하기 위한 제도로서 1990. 1. 1.부터 시행되어 왔으
나, 경기 활성화 및 준조세 경감방안의 일환으로 「부담금관리기본법」을 제정(2001. 12.)
할 당시 동법 부칙으로 비수도권은 2002. 1. 1.부터, 수도권은 2004. 1. 1.부터 개발부담
금의 부과를 중지하도록 규정하였다. 한편, 2005년 들어 행정중심복합도시 건설·공공기
관 지방이전·신도시 건설 등 각종 개발계획의 발표와 저금리에 따른 시중 부동자금의 부
동산 유입 등으로 전국적으로 부동산투기가 확산될 조짐을 보임에 따라 토지로부터 발생
하는 초과개발이익을 적정하게 환수하여 토지투기를 방지하고자 부과중지 중에 있는 개
발부담금을 다시 부과하기로 하였다(8.31 부동산종합대책). 따라서 2006. 1. 1. 이후 인가
등을 받은 사업에 대하여는 개발부담금을 다시 부과·징수하고 있다(부칙 제2조).

부과대상 개발사업은 ① 택지개발사업(주택단지조성사업 포함), ② 산업단지개발사업,
③ 관광단지조성사업(온천 개발사업 포함), ④ 도시개발사업, 지역개발사업 및 도시환경정
비사업, ⑤ 교통시설 및 물류시설 용지조성사업, ⑥ 체육시설 부지조성사업(골프장 건설사

업 및 경륜장·경정장 설치사업 포함), ⑦ 지목변경이 수반되는 사업으로서 대통령령으로 정하는 사업, ⑧ 그 밖에 ①부터 ⑥까지의 사업과 유사한 사업으로서 대통령령으로 정하는 사업이며, 부과대상 개발사업 중 법령에서 정한 일정 규모 이상의 사업에 대해 부과한다.

부과기준인 개발이익은 부과 종료시점의 토지가액에서 부과 개시시점의 토지가액과 부과기간 동안의 정상지가상승분 및 개발비용을 뺀 금액으로 하며, 부담률은 20%(또는 25%)이다.[21]

즉, 개발부담금 = 개발이익 × 20%(또는 25%)이며, 개발이익 = {종료시점 지가 - (개시시점 지가 + 정상지가상승분 + 개발비용)}이다.

(2) 공공기여제도

공공기여의 개념에 대해 학계에서 통일된 내용은 없으나 이 책에서는 '개발사업에 따른 공공성을 확보하기 위해 인허가권자가 사업시행자에게 부담하게 하는 물건 또는 현금을 총칭하는 것'으로 정의하고자 한다. 공공기여제도는 ① 토지이용계획의 변경으로 인한 계획이익의 환수, ② 개발사업에 따른 기반시설의 수요 충족, ③ 사업시행자의 협력에 의한 정책적 목적 실현 등을 위해 시행되고 있다. 참고적으로 「서울특별시 도시계획변경 사전협상 운영에 관한 조례」(약어로 서울시 사전협상조례라 한다)에서는 공공기여를 '사전협상에 따른 구체적 개발계획 및 공공기여계획에 따라 「국토계획법」 제52조의2에서 정하는 시설 또는 비용 등을 제공하는 것'으로 규정하고 있다.

공공기여의 대상은 토지·시설·건축물·현금 등으로 다양하다. 기반시설인 토지와 시설을 제공하는 것이 일반적이나, 국민주택규모의 주택 등 건축물을 제공하거나 기반시설을 설치하기 위한 비용을 납부하는 경우도 있다.[22] 또한, 법적 수단으로는 기부채납(寄附採納) 또는 무상귀속이 있다. ① 기부채납은 기부자가 그의 소유재산을 국가나 지방자치단체의 국유재산 또는 공유재산으로 증여하는 기부의 의사표시를 하고, 국가나 지방자치단체가 이를 승낙하는 채납의 의사표시를 함으로써 성립하는 행위를 말한다. ② 무상귀속은 각종 개발사업에 있어 사업시행자가 새로 공공시설을 설치한 경우, 해당 법령에 근거하여 그 공공시설의 소유권이 그 시설을 관리할 관리청에 무상으로 귀속되는 것을 말한다. 여기서 기부채납과 무상귀속을 비교하면 다음의 표와 같다.

---

[21] 개발부담금 부담률은 2014. 1. 법률개정으로 개별입지사업(지목변경이 수반되는 사업, 그 밖에 유사한 사업)의 경우와 계획입지사업의 경우로 나누고, 계획입지사업의 부담률은 25%에서 20%로 인하하였다.

[22] 공공기여제도를 규정한 법규로는 「국토계획법」(제40조의6, 제52조의2, 제65조), 「도시정비법」(제17조, 제54조), 「도시개발법」(제58조), 「서울특별시 도시계획 조례」(제19조) 등이 있다.

표 3.2.10 **기부채납과 무상귀속의 비교**

구분	기부채납	무상귀속
법적 성질 (물권변동)	• 법률행위에 의한 물권변동 • 상호 합의가 전제	• 법률의 규정에 의한 물권변동: 원시취득 • 일방적 이전
대상	토지·시설·건축물·현금	토지·시설
권리이전 절차	별도의 계약 필요	준공검사를 받음과 동시에 귀속으로 간주
인센티브 적용	가능	불가능
근거 법령	국유재산법, 공유재산 및 물품관리법 등	국토계획법, 각종 부동산개발관련 법령

자료: 대한국토도시계획학회(2014), 도시개발이익의 합리적 공유방안 마련연구, p.30. 참조 재작성

한편, 계획이익 환수를 위한 공공기여제도와 개발부담금제도는 개발이익을 환수하는 제도로서 공통점이 있다. 여기서 이들 제도를 비교하면 다음의 표와 같다.

표 3.2.11 **공공기여제도와 개발부담금제도의 비교**

구분	계획이익 환수를 위한 공공기여제도	개발부담금제도
근거 법령	국토계획법, 도시정비법 등	개발이익 환수에 관한 법률
제도 목적	개발이익환수	개발이익환수
개발이익 환수대상	토지이용계획의 변경으로 인한 계획이익	유형적 개발이익 + 계획이익 + 사회·경제적 요인에 의한 이익
개발이익 산정기준	감정평가: 토지이용계획 변경 후 지가 – 토지 이용계획 변경 전 지가	종료시점 개별공시지가 – (개시시점 개별공시 지가 + 정상지가상승분 + 개발비용)
대상 (운용방법)	토지·시설·건축물·현금 제공	원칙: 현금 예외: 물납(토지 또는 건축물)
결정권자	지방자치단체의 장	시장·군수·구청장
결정시기 및 방법	사전 협상	사후 부과

▶ 용어의 구별: 「국토계획법」

1) 기반시설: 법적으로 정의하지는 않았으나, 사회활동이나 경제활동의 기반이 되는 시설이라 할 수 있다. 기반시설은 교통시설, 공간시설, 유통·공급시설, 공공·문화체육시설, 방재시설, 보건위생시설, 환경기초시설의 7가지로 구분한다.

2) 도시·군계획시설: 기반시설 중 도시·군관리계획으로 결정된 시설을 말한다. 도시·군계획시설이 결정된 토지인 도시·군계획시설 부지에서는 일정한 개발행위가 금지된다(법 제64조).

3) 공공시설: 도로·공원·철도·수도, 그 밖에 대통령령으로 정하는 공공용 시설을 말한다(법 제2조). 대통령령으로 정하는 공공용 시설에는 ① 항만·공항·광장·녹지·공공공지·공동구·하천·유수지·방화설비·방풍설비·방수설비·사방설비·방조설비·하수도·구거(溝渠), ② 행정청이 설치하는 시설로서 주차장, 저수지 및 그 밖에 국토교통부령으로 정하는 시설, ③ 「스마트도시 조성 및 산업진흥 등에 관한 법률」 제2조 제3호 다목에 따른 시설이 있다.

한편, 「도시정비법」에서는 정비기반시설이란 용어를 쓰고 있다. 여기서 정비기반시설이란 도로·상하수도·공원·공용주차장·공동구 그 밖에 주민의 생활에 필요한 가스 등의 공급시설로서 대통령령이 정하는 시설을 말한다.

4) 개발손실보상정책

(1) 개발손실보상의 의의

개발손실은 공용제한 또는 공익사업의 시행으로 인하여 발생하는 재산상 피해를 말한다. 여기서 공용제한(公用制限)은 공공복리나 공익사업을 위하여 또는 일정한 물건의 효용을 확보하기 위하여 개인의 재산권에 가해지는 공법상의 제한을 말한다.[23]

한편, 개발손실보상은 개발손실에 대해 재산권 보장과 공평부담의 원리에서 보상하는 것을 말한다. 그동안 공용제한이나 공익사업의 시행으로 인한 재산권의 피해가 빈번했으나 주로 재정 문제를 이유로 보상제도는 매우 미흡한 실정이다. 그런데 2014년 1월 제정된 「송·변전설비 주변지역의 보상 및 지원에 관한 법률」(약어로 송전설비주변법이라 한다)은 옥외변전소·지상 송전선로와 같은 기피시설의 건설로 인한 주변지역의 피해에 대해 사업시행자가 의무적으로 보상 및 지원하도록 한 법률로서 개발손실보상제도의 정착에 크게 기여하고 있다. 또한, 2019년 11월 제정된 「군용비행장·군사격장 소음방지 및 피해보상에 관한 법률」은 소음으로 인한 주민의 피해에 대해 보상금을 지급하도록 규정하였는데, 이는 비재산적 피해에 대한 희생보상제도를 규정한 것으로 의의가 크다.

---

23 공용제한에 대한 자세한 내용은 제2편 제2장 제1절 참조(p.95)

(2) 개발손실보상의 방법

개발손실에 대한 보상방법은 크게 감가보상제도, 매수청구제도, 실손보상제도, 지원제도 등이 있다.

먼저, 감가보상제도는 공용제한이나 공익사업의 시행으로 인해 재산권의 가치가 감소하는 경우 이를 금전으로 보상하는 제도이다. 「송전설비주변법」에 의한 토지의 감가보상이 대표적이다. 「송전설비주변법」에서는 345kV 이상의 옥외변전소 및 지상 송전선로 인근의 토지에 대해 감가피해를 보상하고 있다.

둘째, 매수청구제도는 공용제한이나 공익사업의 시행으로 인해 토지나 주택 등을 종래의 용도로 사용할 수 없어 가치가 현저히 감소되거나 그 사용·수익이 사실상 불가능하게 된 경우 이를 매수해 주는 제도이다. 「국토계획법」상 장기미집행도시·군계획시설부지 중 지목이 '대'인 토지(제47조), 「개발제한법」상 개발제한구역의 토지(제17조), 「도시공원 및 녹지 등에 관한 법률」(약어로 도시공원법이라 한다)상 도시자연공원구역의 토지(제29조), 「자연공원법」상 자연공원의 토지(제77조), 「도로법」상 접도구역의 토지(제41조), 「송전설비주변법」상 옥외변전소 및 지상 송전선로 인근의 주택(제5조) 등에 대한 매수청구제도가 대표적이다.

셋째, 실손보상제도는 행정계획의 수립 또는 공익사업의 시행을 위한 조사 등을 위해 필요한 경우 행하는 타인 토지의 출입·토지의 형질변경·공작물의 제거 등에 의해 손실이 있는 경우 그 실제 손실을 보상하는 것이다. 「국토계획법」 제131조, 「공익사업법」 제9조 및 제12조 등이 예이다.

넷째, 지원제도는 공용제한이나 공익사업의 시행으로 인해 발생하는 재산적·환경적·정신적 피해 등에 대해 다양한 방법으로 지원하는 것을 말한다. 지원방법에는 세금이나 요금의 감면, 주민의 생활편익·소득증대·복지증진을 위한 사업의 시행이 있다. 지원제도는 기피시설의 건설·운영과 관련된 다수의 법률에서 시행하고 있으나 원칙적인 개발손실보상제도는 아니다. 「개발제한법」, 「송전설비주변법」, 「발전소주변지역 지원에 관한 법률」, 「공항소음 방지 및 소음대책지역 지원에 관한 법률」, 「폐기물처리시설 설치촉진 및 주변지역지원 등에 관한 법률」 등에서 규정하고 있다.

6 그 밖의 토지정책

1) 토지정보관리제도

부동산정보는 효율적인 부동산정책의 수립 뿐 아니라 일반 국민의 원활한 부동산활동에 기여하므로 평소 정확한 부동산정보의 관리가 매우 중요하다. 제1편 제3장 제1절에서 설명하였듯이 부동산정보에는 물건정보, 권리정보, 시장정보 등이 있다. 부동산정보의 생산·관리를 위해 다양한 제도를 시행하고 있는데 자세한 내용은 앞의 제1편 제3장 제1절에서 설명하였다.[24]

2) 토지비축제도

토지비축은 국가 등 공공부문이 장래에 이용·개발이 필요한 토지를 미리 취득한 후 관리하다가 비축토지가 필요한 수요자에게 매각 또는 임대 등의 방법으로 공급하는 것을 말한다. 따라서 토지비축은 국가 등 공공부문이 토지시장에 직접 개입하여 토지에 대한 수요자와 공급자의 역할을 적극적으로 수행하는 방법이다. 토지비축의 목적은 ① 공공개발이 필요한 토지의 사전 확보를 통해 공익사업용지를 원활하게 공급하고, ② 유휴토지를 확보한 후 수요가 발생할 때 즉시 공급함으로써 토지의 수급조절을 통해 토지시장의 안정을 도모하며, ③ 개발이익을 공공부문이 환수함으로써 개발이익의 사유화를 방지하는 데 있다. 토지비축제도의 단점으로는 ① 초기에 막대한 토지 매입비가 필요한 반면 수익은 장기에 걸쳐서 실현되며, ② 취득 후 관리기간 동안 토지관리를 위한 비용이 발생한다는 것이다.

2009. 2. 제정된 「공공토지의 비축에 관한 법률」(약어로 토지비축법이라 한다)에서는 국가 차원의 토지수급관리시스템을 토지은행(Land Banking)이라 하고 LH공사에 설치하였다. 토지은행계정은 LH공사의 고유계정과 구분하여 계리(計理)하며, 비축대상토지의 취득은 매입·수용·수탁[25]·교환하거나 토지은행계정으로의 전입에 의하고, 비축토지의 공급은 임대·매각·교환·양여 등의 방법에 의한다.

3) 토지관련 조세

토지관련 조세로는 국세로 양도소득세(개인), 법인세(법인), 종합부동산세 등이 있고, 지

---

24 자세한 내용은 pp.49~51 참조
25 국유재산이나 공유재산으로서 국가나 지방자치단체로부터 관리를 위탁받는 것을 말한다.

방세로 취득세, 재산세 등이 있다. 부동산경기 활성화정책이나 투기억제정책으로 많이 활용되는 것으로는 세금의 감면 또는 비과세, 과세요건이나 과세표준의 조정 등이 있다.

제3장

주거정책

제1절 | 주택과 주거정책의 의의

1 주택의 의의

1) 주택의 개념

주택이란 세대(世帶)의 구성원이 장기간 독립된 주거생활을 할 수 있는 구조로 된 건축물의 전부 또는 일부 및 그 부속토지를 말하며, 단독주택과 공동주택으로 구분한다(주택법 2).

먼저, 단독주택은 1세대가 하나의 건축물 안에서 독립된 주거생활을 할 수 있는 구조로 된 주택을 말하며, 「건축법령」 별표 1에 따른 단독주택, 다중주택, 다가구주택이 포함된다. 다음으로, 공동주택은 건축물의 벽·복도·계단이나 그 밖의 설비 등의 전부 또는 일부를 공동으로 사용하는 각 세대가 하나의 건축물 안에서 각각 독립된 주거생활을 할 수 있는 구조로 된 주택을 말하며, 「건축법령」 별표 1에 따른 아파트, 연립주택, 다세대주택이 포함된다.

한편, 준주택이란 주택 외의 건축물과 그 부속토지로서 주거시설로 이용가능한 시설 등을 말한다(주택법 2). 준주택에는 ① 「건축법령」상 공동주택에 속하는 기숙사, ② 「건축법령」상 제2종 근린생활시설·숙박시설에 속하는 다중생활시설, ③ 「건축법령」상 노유자시설에 속하는 노인복지시설 중 「노인복지법」상의 노인복지주택, ④ 「건축법령」상 업무시설에 속하는 오피스텔이 포함된다.

▶ 노인복지주택:「노인복지법」에 따른 노인주거복지시설의 하나로서 노인에게 주거시설을 임대하여 주거의 편의·생활지도·상담 및 안전관리 등 일상생활에 필요한 편의를 제공함을 목적으로 하는 시설을 말한다(법률 제32조 제1항). 노인복지주택은 60세 이상인 자가 입소할 수 있다. 노인복지주택을 설치하거나 설치하려는 자는 노인복지주택을 입소자격자에게 임대하여야 하고, 노인복지주택을 임차한 자는 입소자격자가 아닌 자에게 다시 임대할 수 없다(법률 33-2). 노인복지주택은「건축법령」상 노유자시설로서 아파트와 달리 녹지지역과 비도시지역에도 건축이 가능하고, 국세 감면(조세특례법 106) 및 지방세 감면(지방세특례법 20)의 혜택이 있다. 그러나 노인복지주택을 전원주택형 아파트로 광고하고 분양하는 사례가 있어 주의가 필요하다. 또한,「임대주택법」상 임대주택으로 등록할 수도 없다.

2) 주택의 분류

(1) 구조에 의한 분류

주택을 구조에 따라 구분하면 단독주택과 공동주택으로 구분할 수 있다. 단독주택과 공동주택의 내용에 대해서는 위에서 설명하였다.

(2) 공급방식에 의한 분류

공급방식에 따라 주택을 분양주택과 임대주택으로 구분할 수 있다. 먼저, 분양주택은 분양을 목적으로 하는 주택을 말한다. 다음으로 임대주택은 임대를 목적으로 하는 주택으로서,「공공주택 특별법」제2조제1호가목에 따른 공공임대주택과「민간임대주택에 관한 특별법」제2조제1호에 따른 민간임대주택으로 구분한다.

(3) 사업주체 및 재원에 의한 분류

주택을 사업주체 및 재원에 따라 구분하면 국민주택과 민영주택으로 구분할 수 있다. 먼저, 국민주택은 ① 국가·지방자치단체,「한국토지주택공사법」에 따른 한국토지주택공사(약어로 LH라 한다) 또는「지방공기업법」에 따라 주택사업을 목적으로 설립된 지방공사가 건설하는 주택, ② 국가·지방자치단체의 재정 또는「주택도시기금법」에 따른 주택도시기금으로부터 자금을 지원받아 건설되거나 개량되는 주택으로서 국민주택규모 이하인 주택을 말한다.

한편, 민영주택은 국민주택을 제외한 주택을 말한다. 따라서 민영주택은 민간건설회사가 공급한다.

(4) 규모에 의한 분류

주거전용면적을 기준으로 주택을 구분하면 소형·중형·중대형·대형주택으로 구분할 수 있다. 규모에 따른 주택의 분류는 부동산시장에서 통일된 기준이 없어 혼란이 있으나 일반적으로 주거전용면적 60㎡ 이하: 소형주택, 60 ~ 85㎡: 중형주택, 85 ~ 135㎡: 중대형주택, 135㎡ 초과: 대형주택으로 구분하고 있다.

3) 그 밖의 주택

(1) 공공주택

① 공공주택의 개념: 공공주택은 공공부문(즉, 국가·지방자치단체·LH공사·지방공사·공공주택사업자 등)이 국가 또는 지방자치단체의 재정이나 주택도시기금을 지원받아 건설, 매입 또는 임차하여 공급하는 주택을 말한다.

공공주택에 대한 명칭과 개념은 역대 정부에 따라 자주 변경되었다. 참여정부는 2003. 12. 장기임대주택의 건설촉진을 위해 (구)「국민임대주택 건설 등에 관한 특별조치법」(약어로 국민임대법이라 한다)을 제정하였고, 이명박정부는 (구)「국민임대법」을 2009. 3. 「보금자리주택 건설 등에 관한 특별법」(약어로 보금자리법이라 한다)으로 전부개정하였다. 이는 종전의 물량 위주 임대주택 공급이 계층 간 주거분리현상 및 임대주택단지의 슬럼화 등 문제가 있어 이를 수요자 중심으로 통합하여 도시 인근의 주거선호가 높은 지역을 중심으로 저렴한 가격에 공급되도록 개선한 것이다. 건설 보금자리주택(또는 국민임대주택)의 경우 개발제한구역을 해제하여 건설함으로써 개발제한구역의 정책목적을 훼손한다는 비판이 있으며, 저렴한 가격으로 공급되어 국민의 투기의식을 조장하고 민간의 주택분양을 위축시킨다는 비난도 있었다. 한편, 박근혜정부는 2014. 1. 보금자리주택의 명칭을 공공주택으로 변경하고 (구)「보금자리법」을 「공공주택건설 등에 관한 특별법」(약어로 공공주택법이라 한다)으로 개정하였으며, (구) 「공공주택법」은 다시 공공주택의 공급·관리 등에 관한 사항을 포함하면서 「공공주택 특별법」으로 법명이 변경(2015. 8.)되었다.

② 공공주택의 구분: 공공주택은 분양 또는 임대의 방법으로 공급하며, 다음의 표와 같이 구분한다.

표 3.3.1　공공주택의 구분

구분		내용
공공분양주택		분양을 목적으로 공급하는 주택으로서 「주택법」 제2조제5호에 따른 국민주택규모 이하의 주택
세분	지분적립형 분양주택	공공주택사업자가 직접 건설하거나 매매 등으로 취득하여 공급하는 공공분양주택으로서 주택을 공급받은 자가 20년 또는 30년(둘 중에서 공급가격을 고려해 공공주택사업자가 정하거나 공급받을 자가 선택) 동안 공공주택사업자와 주택의 소유권을 공유하면서 대통령령으로 정하는 바에 따라 소유 지분을 적립하여 취득하는 주택
	이익공유형 분양주택	공공주택사업자가 직접 건설하거나 매매 등으로 취득하여 공급하는 공공분양주택으로서 주택을 공급받은 자가 해당 주택을 처분하려는 경우 공공주택사업자가 환매하되 공공주택사업자와 처분 손익을 공유하는 것을 조건으로 분양하는 주택
공공임대주택		임대 또는 임대한 후 분양전환을 할 목적으로 공급하는 「주택법」 제2조제1호에 따른 주택으로서 대통령령으로 정하는 주택
세분	공공건설 임대주택	공공주택사업자가 직접 건설하여 공급하는 공공임대주택
	공공매입 임대주택	공공주택사업자가 직접 건설하지 아니하고 매매 등으로 취득하여 공급하는 공공임대주택

(2) 도시형 생활주택

① 도시형 생활주택의 개념: 300세대 미만의 국민주택규모에 해당하는 주택으로서 「국토계획법」에 따른 도시지역에 건설하는 다음 각 호의 주택을 말한다.

- 아파트형 주택: 다음 각 목의 요건을 모두 갖춘 아파트
- 세대별로 독립된 주거가 가능하도록 욕실 및 부엌을 설치할 것
- 지하층에는 세대를 설치하지 않을 것
- 단지형 연립주택: 연립주택(다만, 「건축법」 제5조제2항에 따라 같은 법 제4조에 따른 건축위원회의 심의를 받은 경우에는 주택으로 쓰는 층수를 5개층까지 건축할 수 있다).
- 단지형 다세대주택: 다세대주택(다만, 「건축법」 제5조제2항에 따라 같은 법 제4조에 따른 건축위원회의 심의를 받은 경우에는 주택으로 쓰는 층수를 5개층까지 건축할 수 있다).

② 도시형 생활주택의 공급: 하나의 건축물에는 도시형 생활주택과 그 밖의 주택을 함께 건축할 수 없다. 다만, ① 도시형 생활주택과 주거전용면적이 85㎡를 초과하는 주택 1세대를 함께 건축하는 경우, ② 준주거지역 또는 상업지역에서 아파트형 주택과 도시형 생활주택 외의 주택을 함께 건축하는 경우는 예외로 한다. 또한, 하나의

건축물에는 단지형 연립주택 또는 단지형 다세대주택과 아파트형 주택을 함께 건축할 수 없다.

표 3.3.2   **도시형 생활주택과 공동주택의 비교**

구분	도시형 생활주택			공동주택
	아파트형 주택	단지형 연립주택	단지형 다세대주택	
건축물 종류	아파트	연립주택	다세대주택	아파트, 연립주택, 다세대주택
주거전용면적	85㎡ 이하	85㎡ 이하	85㎡ 이하	297㎡ 이하
허용지역	도시지역			도시지역·비도시지역
사업계획승인	30세대 이상(30세대 미만: 건축허가)			20세대 이상
분양가상한제	미적용			적용

표 3.3.3   **주택의 비교**

구분		도시형 생활주택	(주택법 상)준주택				다중주택
			기숙사	다중생활시설	노인복지주택	오피스텔	
건축물 종류 (건축법)		공동주택	공동주택	제2종 근린 생활시설 또는 숙박시설	노유자시설	업무시설	단독주택
구분소유 등기		가능	가능	불가	가능	가능	불가
인허가		사업계획승인	건축허가	건축허가	건축허가	건축허가	건축허가
방	난방	가능	가능	가능	가능	가능	가능
부엌	취사	가능	일부 가능[26]	불가	가능	가능	불가
욕실	욕조	가능	가능	불가	가능	가능	가능

---

26   공동취사시설 이용 세대 수가 전체의 50% 이상이어야 한다(건축법시행령 별표 1 참조).

(3) 토지임대부 분양주택

① 토지임대부 분양주택의 개념: 토지의 소유권은 주택건설사업을 시행하는 자가 가지고, 건축물 및 복리시설 등에 대한 소유권[건축물의 전유부분(專有部分)에 대한 구분소유권은 이를 분양받은 자가 가지고, 건축물의 공용부분·부속건물 및 복리시설은 분양받은 자들이 공유한다]은 주택을 분양받은 자가 가지는 주택을 말한다(주택법 2).

② 토지임대부 분양주택의 공급: 토지임대부 분양주택의 토지에 대한 임대차기간은 40년 이내로 한다. 이 경우 토지임대부 분양주택 소유자의 75% 이상이 계약갱신을 청구하는 경우 40년의 범위에서 이를 갱신할 수 있다(주택법 78). 토지임대부 분양주택을 공급받은 자가 토지소유자와 임대차계약을 체결한 경우 해당 주택의 구분소유권을 목적으로 그 토지 위에 임대차기간 동안 지상권이 설정된 것으로 본다.

2 주택정책과 주거정책

1) 주택정책의 개념

주택정책은 다양한 주택문제를 해결을 위해 공적으로 시장에 개입하는 것을 말한다. 주택정책의 목표는 일반적으로 쾌적한 주택을 편리한 위치에서 적절한 가격으로 모든 국민이 소유 또는 거주토록 하는 데 있다. 구체적인 지표로는 ① 충분한 양의 주택확보, ② 양호한 주택의 건설, ③ 적정한 가격수준 유지, ④ 주택소비의 형평성 확보 등이다.[27]

그동안 국토교통부가 주택정책의 장기계획으로 수립한 제1차 장기주택종합계획(2003~2012) 및 제2차 장기주택종합계획(2013~2022)의 주요 내용을 비교하면 다음의 표와 같다.

표 3.3.4 장기주택종합계획의 비교

구분	제1차 장기주택종합계획	제2차 장기주택종합계획
계획기간	2003~2012	2013~2022
비전	국민 주거복지 향상 및 계층·지역간 주거불평등 해소를 통한 국민통합	더 나은 주거환경, 행복한 주거생활

---

27 김정호·김근용(1998), 주택정책의t회고와 전망, 국토연구원, p.38.

구분	제1차 장기주택종합계획	제2차 장기주택종합계획
목표	① 주택부족문제 해소 ② 저소득층 주거수준 향상 및 주거격차 완화 ③ 주택시장의 안정기반 구축	① 주거복지 향상 ② 주거수준 및 주거환경 개선 ③ 주택시장 안정
주택수요	연 44만호 내외(수도권 24.2만호)	연 39만호 내외(수도권 22만호)
주택공급계획	연 50만호 공급(수도권 27.2만호)	연 39만호 공급(수도권 22만호)
공공임대주택	연 15만호 공급	연 11만호 공급
공공택지수요	429㎢	301.3㎢

자료: 국토교통부

2) 주거정책의 의의

(1) 주거정책의 대두와 개념

2000년 이후 저출산·고령화의 심화, 1~2인 가구의 급증 등 사회적 환경이 크게 변화하였다. 특히, 2008년 주택보급률이 100%를 초과하였고, 2020년부터 총인구가 감소함에 따라 주택정책의 패러다임이 '주택공급'에서 '주거복지'로 빠르게 전환되고 있다. 따라서 주택정책도 종전의 주택공급 물량을 확대하는 정책에서 벗어나 주거급여 등 맞춤형 주거복지정책으로 개편할 필요성이 대두되었다. 이에 따라 2015년 6월 「주거기본법」이 제정되면서 주택공급 중심의 '주택정책'을 주거복지 중심의 '주거정책'으로 명칭을 변경하였다. 기존의 '주택종합계획'도 이를 '주거종합계획'으로 개편하였다.

주거정책은 국민의 주거권을 보장함으로써 주거안정과 주거수준의 향상을 도모하기 위해 공적으로 시장에 개입하는 것을 말한다.

(2) 주거권

주거권은 국민이 관계 법령 및 조례로 정하는 바에 따라 물리적·사회적 위험으로부터 벗어나 쾌적하고 안정적인 주거환경에서 인간다운 주거생활을 할 권리를 말한다(주거기본법 2). 주거권의 헌법상 근거는 헌법 제34조 제1항 및 제35조 제3항을 들 수 있다. 헌법 제34조 제1항은 '모든 국민은 인간다운 생활을 할 권리를 가진다.'고 규정하고 있고, 제35조 제3항은 '국가는 주택개발정책 등을 통하여 모든 국민이 쾌적한 주거생활을 할 수 있도록 노력하여야 한다.'고 규정하고 있다.

(3) 주거정책의 기본원칙

「주거기본법」은 국가 및 지방자치단체가 준수해야 할 주거정책의 기본원칙으로 다음의
9가지를 제시하고 있다(제3조).

① 소득수준·생애주기 등에 따른 주택 공급 및 주거비 지원을 통하여 국민의 주거비가
부담 가능한 수준으로 유지되도록 할 것

② 주거복지 수요에 따른 임대주택의 우선공급 및 주거비의 우선지원을 통하여 장애
인·고령자·저소득층·신혼부부·청년층·지원대상아동 등 주거지원이 필요한 계층의
주거수준이 향상되도록 할 것

③ 양질의 주택 건설을 촉진하고, 임대주택 공급을 확대할 것

④ 주택이 체계적이고 효율적으로 공급될 수 있도록 할 것

⑤ 주택이 쾌적하고 안전하게 관리될 수 있도록 할 것

⑥ 주거환경 정비, 노후주택 개량 등을 통하여 기존 주택에 거주하는 주민의 주거수준
이 향상될 수 있도록 할 것

⑦ 장애인·고령자 등 주거약자가 안전하고 편리한 주거생활을 영위할 수 있도록 지원
할 것

⑧ 저출산·고령화, 생활양식 다양화 등 장기적인 사회적·경제적 변화에 선제적으로 대
응할 것

⑨ 주택시장이 정상적으로 기능하고 관련 주택산업이 건전하게 발전할 수 있도록 유도
할 것

(4) 제3차 장기주거종합계획

국토교통부가 2024년 8월 발표한 제3차 장기주거종합계획(2023~2032)에서는 주거정
책의 비전을 '희망은 키우고, 부담은 줄이는 국민 주거안정 구현'으로 설정하고, 계획의 목
표를 ① 시장 기능 회복과 국민 주거생활권 확보, ② 소외되는 국민이 없도록 촘촘한 주
거복지 지원, ③ 국민 눈높이에 맞는 주거환경과 주거생활 구현의 3가지로 제시하였다.

제2절 | 주거정책의 내용

1 규제지역 지정제도

1) 조정대상지역

(1) 의의

조정대상지역은 주택의 분양 등이 과열되어 있거나 과열될 우려가 있는 지역(이를 과열지역이라 한다) 또는 주택의 분양 등이 위축되어 있거나 위축될 우려가 있는 지역(이를 위축지역이라 한다)으로서 일정한 기준을 충족하는 지역에 대해 국토교통부장관이 주거정책심의위원회의 심의를 거쳐 지정하는 지역을 말한다(주택법 63-2). 조정대상지역제도는 2017. 08. 「주택법」 개정시 도입되었다.

(2) 지정기준

① 과열지역: 직전월(조정대상지역으로 지정하는 날이 속하는 달의 바로 전 달을 말한다)부터 소급하여 3개월간의 해당 지역 주택가격상승률이 해당 지역이 포함된 시·도 소비자물가상승률의 1.3배를 초과한 지역으로서 다음 각 목의 어느 하나에 해당하는 지역
  • 직전월부터 소급하여 주택공급이 있었던 2개월 동안 해당 지역에서 공급되는 주택의 월평균 청약경쟁률이 모두 5대 1을 초과하였거나 국민주택규모 주택의 월평균 청약경쟁률이 모두 10대 1을 초과한 지역
  • 직전월부터 소급하여 3개월간의 분양권(주택의 입주자로 선정된 지위를 말한다) 전매거래량이 전년 동기 대비 30% 이상 증가한 지역
  • 시·도별 주택보급률 또는 자가주택비율이 전국 평균 이하인 지역
② 위축지역: 직직전월부터 소급하여 6개월간의 평균 주택가격상승률이 마이너스 1.0% 이하인 지역으로서 다음 각 목의 어느 하나에 해당하는 지역
  • 직전월부터 소급하여 3개월 연속 주택매매거래량이 전년 동기 대비 20% 이상 감소한 지역
  • 직전월부터 소급하여 3개월간의 평균 미분양주택(사업계획승인을 받아 입주자를 모집했으나 입주자가 선정되지 않은 주택을 말한다)의 수가 전년 동기 대비 2배 이상인 지역

• 시·도별 주택보급률 또는 자가주택비율이 전국 평균을 초과하는 지역

(3) 지정효과

① 청약 1순위 요건 강화: 조정대상지역 중 과열지역인 경우 다른 지역과 비교하여 청약 1순위가 되기 위해서는 청약통장의 가입기간이 2배로 강화(즉, 주택청약종합저축에 가입하여 2년이 지난 자로서 매월 약정납입일에 월납입금을 24회 이상 납입하였을 것)되고 그 이외에 세대주일 것, 과거 5년 이내 다른 주택의 당첨자가 되지 아니하였을 것 등의 요건이 추가된다(주택공급규칙 27 및 28).

② 1순위의 경쟁이 있는 경우 가점제 적용: 조정대상지역 중 과열지역에서 민영주택의 입주자를 선정하는 경우 1순위에서 경쟁이 있으면 일정한 비율에 해당하는 수의 주택은 가점제를 우선적으로 적용하여 입주자를 선정하여야 한다(주택공급규칙 28).

③ 분양권 전매 제한: 해당 주택의 입주자로 선정된 날부터 다음의 기간까지 분양권 전매행위가 제한된다(주택법 64).

• 과열지역: 3년(수도권), 1년(수도권 외의 지역)

• 위축지역: 공공택지에서 공급되는 주택의 경우 6개월

④ 그 밖에 민영주택의 일반공급에 있어 가점제가 확대되고, 대출 규제를 위해 LTV(대출비율)·DTI(총부채상환비율)가 강화된다.

2) 투기과열지구

(1) 의의

투기과열지구는 국토교통부장관 또는 시·도지사가 주택가격의 안정을 위하여 필요한 경우에 일정한 지역을 주거정책심의위원회(시·도지사가 지정하는 경우에는 시·도 주거정책심의위원회)의 심의를 거쳐 지정한다(주택법 63). 투기과열지구는 주택가격이 급등하거나 주택에 대한 투기수요로 청약경쟁이 과열된 지역에 대해 실수요자의 주택청약에 우선권을 부여하고, 청약 및 전매제도 등을 강화함으로써 투기를 차단하고 시장 과열 현상을 완화하기 위한 제도이다.

표 3.3.5	투기과열지구의 연혁	
입법 연혁	법령	내용
1983. 04.	주택공급에 관한 규칙 개정	투기과열지구제도 도입: 분양예정가격이 기존주택의 실제거래가격 보다 현저히 낮을 경우 지정 → 국민주택채권매입액이 많은 자를 우선하여 입주예정자로 선정(채권입찰제)
1991. 04.	주택공급에 관한 규칙 개정	투기과열지구에서는 공급하는 세대수의 20배수를 초과하지 아니하는 범위에서 청약통장의 장기예치자의 순에 따라 우선청약 허용
1999. 07.	주택공급에 관한 규칙 개정	민영주택의 분양가격이 자율화됨에 따라 투기과열지구에서 민영주택의 시세차익을 환수하기 위하여 실시하던 채권입찰제를 폐지
2002. 04.	주택공급에 관한 규칙 개정	투기과열지구제도 재도입: 주택가격의 상승률이 물가상승률보다 현저히 높은 지역으로서 주택에 대한 투기가 우려되는 경우 지정
2003. 05.	주택건설촉진법 전부개정 (주택법으로 법명 변경)	주택가격의 안정을 위하여 필요한 경우에 일정한 지역을 투기과열지구로 지정 → 분양권 전매 제한
2021. 01.	주택법 개정	지정 범위를 '그 지정 목적을 달성할 수 있는 최소한의 범위'에서 '시·군·구 또는 읍·면·동의 지역 단위로 지정'하도록 개정

(2) 지정기준

주택가격의 상승률이 물가상승률보다 현저히 높은 지역으로서 그 지역의 청약경쟁률·주택가격·주택보급률 및 주택공급계획 등과 주택시장 여건 등을 고려할 때 주택에 대한 투기가 성행하고 있거나 성행할 우려가 있는 지역 중에서 지정기준을 충족하는 곳이어야 한다(주택법 63). 지정기준은 다음과 같다.

① 직전월부터 소급하여 주택공급이 있었던 2개월 동안 해당 지역에서 공급되는 주택의 월평균 청약경쟁률이 모두 5대 1을 초과하였거나 국민주택규모 주택의 월평균 청약경쟁률이 모두 10대 1을 초과한 곳

② 다음 각 목의 어느 하나에 해당하여 주택공급이 위축될 우려가 있는 곳
- 주택의 분양계획이 직전월보다 30% 이상 감소한 곳
- 주택건설사업계획의 승인이나 「건축법」 제11조에 따른 건축허가 건수가 직전 연도보다 급격하게 감소한 곳

③ 신도시 개발이나 주택의 전매행위 성행 등으로 투기 및 주거불안의 우려가 있는 곳으로서 다음 각 목의 어느 하나에 해당하는 곳
- 시·도별 주택보급률이 전국 평균 이하인 곳
- 시·도별 자가주택비율이 전국 평균 이하인 곳

- 해당지역 분양주택(투기과열지구로 지정하는 날이 속하는 연도의 직전 연도에 분양된 주택을 말한다)의 수가 입주자저축에 가입한 사람으로서 주택청약 제1순위자의 수보다 현저히 적은 곳

(3) 지정효과

① 청약 1순위 요건 강화: 투기과열지구의 경우 다른 지역과 비교하여 청약 1순위가 되기 위해서는 청약통장의 가입기간이 2배로 강화(즉, 주택청약종합저축에 가입하여 2년이 지난 자로서 매월 약정납입일에 월납입금을 24회 이상 납입하였을 것)되고 그 이외에 세대주일 것, 과거 5년 이내 다른 주택의 당첨자가 되지 아니하였을 것 등의 요건이 추가된다(주택공급규칙 27 및 28).

② 1순위의 경쟁이 있는 경우 가점제 적용: 투기과열지구에서 민영주택의 입주자를 선정하는 경우 1순위에서 경쟁이 있으면 일정한 비율에 해당하는 수의 주택은 가점제를 우선적으로 적용하여 입주자를 선정하여야 한다(주택공급규칙 28).

③ 분양권 전매 제한: 해당 주택의 입주자로 선정된 날부터 지역에 따라 3년(수도권) 또는 1년(수도권 외의 지역)까지 분양권 전매행위가 제한된다(주택법 64).

④ 정비사업의 조합원 자격 규제: 투기과열지구에서 재건축사업을 시행하는 경우에는 조합설립인가 후, 재개발사업을 시행하는 경우에는 관리처분계획의 인가 후 해당 정비사업의 건축물 또는 토지를 양수한 자는 정비사업의 조합원이 될 수 없다(도시정비법 39).

⑤ 그 밖에 민영주택의 일반공급에 있어 가점제가 확대되고, 대출 규제를 위해 LTV(대출비율)·DTI(총부채상환비율)가 강화된다.

표 3.3.6 주택담보대출의 대출비율 비교

주택가액	규제지역			일반지역
	조정대상지역	투기과열지구	투기지역	
9억원 초과	30%[28]	20%	20%	70%
9억원 이하	50%	40%	40%	

자료: 금융위원회

주: 주택가액은 감정평가액, 한국부동산원 시세, KB 부동산시세

---

[28] 예시: 조정대상지역의 주택가액 10억의 주택을 담보로 제공하는 경우 대출금액은 4.5억원이다(9억원 × 0.50 + 1억원 × 0.30).

3) 투기지역(지정지역)[29]

(1) 의의

투기지역은 해당 지역의 부동산가격상승률이 전국소비자물가상승률보다 높은 지역으로서 전국 부동산가격상승률 등을 고려할 때 그 지역의 부동산가격이 급등하였거나 급등할 우려가 있어 국토교통부장관이 지정요청하는 경우 기획재정부장관이 부동산가격안정심의위원회의 심의를 거쳐 지정하는 지역을 말한다(소득세법 104-2). 투기지역의 법적 용어는 지정지역(指定地域)이며, 시장에서는 투기지역이라는 용어가 더 많이 사용된다.

당초 투기지역은 양도소득세를 기준시가 대신 실지거래가액을 기준으로 과세함으로써 부동산투기를 억제하려는 정책적 목적에서 도입되었으나, 2007년부터 모든 자산의 양도가액을 실지거래가액에 의하도록 함에 따라 그 제도적 기능이 많이 상실되었다.

(2) 지정기준

① 지정하는 날이 속하는 달의 직전월(이하 직전월이라 한다)의 주택매매가격상승률이 전국소비자물가상승률의 100분의 130보다 높은 지역으로서 다음 각 목의 어느 하나에 해당하는 지역
- 직전월부터 소급하여 2월간의 월평균 주택매매가격상승률이 전국주택매매가격상승률의 100분의 130보다 높은 지역
- 직전월부터 소급하여 1년간의 연평균 주택매매가격상승률이 직전월부터 소급하여 3년간의 연평균 전국주택매매가격상승률보다 높은 지역

② 직전월의 지가상승률이 전국소비자물가상승률의 100분의 130보다 높은 지역으로서 다음 각 목의 어느 하나에 해당하는 지역
- 직전월부터 소급하여 2월간의 월평균 지가상승률이 전국지가상승률의 100분의 130보다 높은 지역
- 직전월부터 소급하여 1년간의 연평균 지가상승률이 직전월부터 소급하여 3년간의 연평균 전국지가상승률보다 높은 지역

③ 「개발이익환수에 관한 법률」 제2조제2호의 규정에 따른 개발사업 및 재건축사업이 진행 중인 지역으로서 다음 각 목의 요건을 모두 갖춘 지역
- 직전월의 주택매매가격상승률이 전국소비자물가상승률의 100분의 130보다 높을 것
- 직전월의 주택매매가격상승률이 전국주택매매가격상승률의 100분의 130보다 높을 것

---

29 투기지역은 토지와 주택 모두에 해당하는 정책이나 설명의 편의를 위해 주거정책에서 설명하였다.

④ 택지개발지구·행정중심복합도시건설사업 예정지역 등 대규모개발사업 예정지역으로서 다음 각 목의 어느 하나에 해당하는 지역
- 직전월의 주택매매가격상승률이 전국소비자물가상승률보다 높은 지역
- 직전월의 지가상승률이 전국소비자물가상승률보다 높은 지역

(3) 지정효과

투기지역에 대해서는 실거래가액으로 양도소득세를 과세하며, 비사업용 토지를 양도하는 경우에는 일반세율의 10%를 가산하여 적용한다(소득세법 104 ④). 그 외에 토지수용 등으로 인한 대체취득시 취득세 비과세 규정의 적용이 배제된다(지방세특례제한법 73).

표 3.3.7 투기지역과 투기과열지구의 비교

구분	투기지역(지정지역)	투기과열지구
근거법률	소득세법	주택법
지정권자	기획재정부장관	국토교통부장관 또는 시·도지사
대상	토지·주택	주택
지정목적	토지·주택가격의 안정	주택의 투기억제
지정기준	토지·주택가격의 급등	주택가격의 급등 + 투기우려
심의기관	부동산가격안정심의위원회	주택정책심의위원회
지정효과	양도소득세율 가산, 취득세 감면배제 등	분양권 전매 제한, 청약 1순위 요건 강화 등

4) 주택거래신고지역

주택거래신고제(주택거래신고지역 지정제도)는 2003. 10. 발표된 종합부동산대책에 포함된 내용으로 2004년 1월 「주택법」 개정으로 도입되었다가 불필요한 규제의 정상화를 위해 2015년 7월 「주택법」 개정으로 폐지된 제도이다. 주택거래신고제는 2006년 1월부터 실거래가 신고제가 도입되면서 제도의 필요성이 대폭 줄어들었다.

당시 주택거래신고제는 주택거래신고지역에 있는 공동주택에 관한 소유권을 이전하는 계약을 체결한 당사자는 공동으로 주택거래가액 등을 주택거래계약의 체결일부터 15일 이내에 당해 주택소재지의 관할 시장·군수·구청장에게 신고하도록 한 제도이다(주택법 제80조의 2). 이 경우 거래가격이 6억원을 초과하는 경우에는 주택 취득자금의 조달계획

과 거래 주택에의 입주여부에 관한 계획도 신고하도록 하였다.

② 주택공급제도

1) 사업계획승인

단독주택의 경우 30호, 공동주택의 경우 30세대 이상의 주택건설사업을 시행하고자 하는 자 또는 1만㎡ 이상의 대지조성사업을 시행하고자 하는 자는 다음 각 호의 사업계획 승인권자의 사업계획승인을 얻어야 한다(주택법 15).

① 국가·LH공사가 시행하는 경우, 330만㎡ 이상의 규모로 「택지개발촉진법」에 따른 택지개발사업 또는 「도시개발법」에 따른 도시개발사업을 추진하는 지역 중 국토교통부장관이 지정·고시하는 지역에서 주택건설사업을 시행하는 경우, 수도권 또는 광역시 지역의 긴급한 주택난 해소가 필요하거나 지역균형개발 또는 광역적 차원의 조정이 필요하여 국토교통부장관이 지정·고시하는 지역에서 주택건설사업을 시행하는 경우, 공공부문이 단독 또는 공동으로 총지분의 50%를 초과하여 출자한 위탁관리 부동산투자회사가 공공주택건설사업을 시행하는 경우: 국토교통부장관

② 주택건설사업 또는 대지조성사업으로서 해당 대지면적이 10만㎡ 이상인 경우: 특별시장·광역시장·특별자치시장·도지사·특별자치도지사 또는 인구 50만 이상의 대도시의 시장

③ 주택건설사업 또는 대지조성사업으로서 해당 대지면적이 10만㎡ 미만인 경우: 특별시장·광역시장·특별자치시장·특별자치도지사 또는 시장·군수

2) 분양승인

사업주체(국가·지방자치단체·LH공사 및 지방공사를 제외한다)가 입주자를 모집하려는 경우 시장·군수·구청장의 승인(복리시설의 경우에는 신고)을 받아야 하며(주택법 54), 주택을 공급하려는 경우 「주택공급에 관한 규칙」(약어로 주택공급규칙이라 한다)에서 정한 입주자모집조건·방법·절차 등에 적합하여야 한다.

한편, 사업주체는 다음 각 호의 요건을 모두 갖춘 경우에는 착공과 동시에 입주자를 모집할 수 있다(주택공급규칙 15). 즉, 선분양이 가능하다.

① 주택이 건설되는 대지의 소유권을 확보할 것

② 다음 각 목의 어느 하나에 해당하는 기관으로부터 분양보증을 받을 것

- 「주택도시기금법」에 따른 주택도시보증공사
- 「보험업법」에 따른 보험회사 중 국토교통부장관이 지정하는 보험회사

3) 주택의 공급방법

(1) 개요

주택의 공급방법은 일반공급, 우선공급 및 특별공급으로 구분한다(주택공급규칙 25). ① 일반공급은 입주자저축에 가입한 사람의 청약경쟁에 의해 주택을 공급하는 것으로 가장 보편적인 방법이다. ② 우선공급은 일정한 조건을 갖춘 자에게 다른 사람보다 우선하여 주택을 공급하는 방법이다. 일정한 조건에는 주택건설지역의 일정기간 거주, 임대사업자 등이 있다. ③ 특별공급은 일정한 조건을 갖춘 자에게 원칙적으로 한 차례에 한정하여 1세대 1주택의 기준으로 공급하는 방법이다. 일정한 조건에는 국가유공자, 10년 이상 복무한 군인, 장애인등록증이 교부된 사람, 공익사업을 위하여 철거되는 주택의 소유자, 미성년자인 세 명 이상의 자녀를 둔 무주택세대구성원 등이 있다.

(2) 일반공급

사업주체는 공개모집의 방법으로 입주자를 모집하여야 한다. 이때 인터넷접수의 방법으로 모집하되, 정보취약계층 등 인터넷접수의 방법으로 청약신청을 할 수 없는 사람의 경우에는 방문접수의 방법으로 청약신청을 할 수 있도록 조치하여야 한다.

국민주택 또는 민영주택에 청약하려는 자는 입주자모집공고일 현재 입주자저축에 가입되어 있어야 하며(주택공급규칙 11), 사업주체가 일반공급에 의하여 입주자를 선정하는 경우에는 국민주택 또는 민영주택별로 부여한 각 청약순위에 따라 선정하여야 한다(주택공급규칙 27 및 28). 청약 1순위의 요건을 정리하면 다음의 표와 같다.

표 3.3.8 **청약 1순위의 비교**

구분	국민주택	민영주택
수도권	청약통장에 가입하여 1년이 지난 자로서 매월 약정납입일에 월납입금을 12회 이상 납입한 자	• 청약통장에 가입하여 1년이 지나고 청약 예치기준금액에 상당하는 금액을 납입할 것 • 공공주택지구에서 공급하는 경우에는 2주택 이상을 소유한 세대에 속한 자가 아닐 것

구분	국민주택	민영주택
수도권 외의 지역	청약통장에 가입하여 6개월 지난 자로서 매월 약정납입일에 월납입금을 6회 이상 납입한 자	청약통장에 가입하여 6개월이 지나고 청약 예치기준금액에 상당하는 금액을 납입할 것
투기과열지구, 과열지역	다음의 요건을 모두 충족하는 자 • 청약통장에 가입하여 2년이 지난 자로서 매월 약정납입일에 월납입금을 24회 이상 납입 • 세대주 • 무주택세대구성원으로서 과거 5년 이내 무주택세대구성원 전원이 다른 주택의 당첨자가 되지 아니하였을 것	다음의 요건을 모두 충족하는 자 • 청약통장에 가입하여 2년이 지난 자로서 청약 예치기준금액에 상당하는 금액을 납입 • 세대주 • 과거 5년 이내 다른 주택의 당첨자가 된 자의 세대에 속한 자가 아닐 것 • 2주택 이상을 소유한 세대에 속한 자가 아닐 것
위축지역	청약통장에 가입하여 1개월이 지난 자	청약통장에 가입하여 1개월이 지나고 청약 예치기준금액에 상당하는 금액을 납입할 것

한편, 일반공급에 있어 청약 1순위에서 경쟁이 있으면 다음의 표에 따라 입주자를 선정한다. 여기서 가점제란 1순위 청약자 내에서 경쟁이 있을 경우 ① 무주택기간(32점), ② 부양가족수(35점), ③ 입주자저축 가입기간(17점)을 기준으로 산정한 가점점수가 높은 순으로 입주자를 선정하는 것을 말하며, 청약가점제라고도 한다.

표 3.3.9 청약 1순위에서 경쟁이 있는 경우 입주자 선정

구분		공급 순위
국민주택	40㎡ 초과하는 주택	다음의 순차별로 공급 가. 3년 이상의 기간 무주택세대 구성원으로서 저축총액이 많은 자 나. 저축총액이 많은 자
	40㎡ 이하인 주택	다음의 순차별로 공급 가. 3년 이상의 기간 무주택세대 구성원으로서 납입횟수가 많은 자 나. 납입횟수가 많은 자
민영주택	85㎡ 초과하는 주택	일정한 비율에 해당하는 주택은 가점제를 우선 적용하고 그 나머지는 추첨 (일정한 비율은 전용면적, 수도권 여부, 공공주택지구 여부에 따라 상이)
	85㎡ 이하인 주택	일정한 비율에 해당하는 주택은 가점제를 우선 적용하고 그 나머지는 추첨 (일정한 비율은 수도권 여부, 공공주택지구 여부, 투기과열자구 여부 등에 따라 상이)

▣ 만점자만 3명 '래미안 원펜타스' … 정부, 로또 당첨자 들여다본다: 정부가 서울 서초구 '래미안 원펜타스'(신반포15차 재건축) 당첨자 실태 조사에 착수한다. 정부는 래미안 원펜타스가 이른바 '로또 아파트'라 불린 청약 인기 단지였던 데다 청약 당첨자 가운데 만점자를 비롯해 높은 가점자가 많았던 만큼 의혹이 제기된 위장 전입 여부 등을 살펴볼 방침이다. … 이 단지는 … 분양가상한제 적용 단지로 3.3㎡당 평균 6736만원으로 책정됐다. 최고가 기준 전용면적 59㎡ 분양가는 17억4000만원, 84㎡는 23억3000만원 수준이다. 인근 래미안 원베일리 84㎡가 40억원대에 거래돼 같은 면적의 래미안 원펜타스에 당첨될 경우 20억원가량의 시세차익이 기대된다.… 이 같은 기대감에 지난달 말(2024. 07.) 진행된 1순위 청약 178가구 모집에 9만3864명이 몰려 평균 527대1의 경쟁률을 기록했다. 당첨자 발표 결과 전용 84㎡A, 107㎡A, 155㎡ 주택형에서는 각각 청약 가점 만점 통장이 나왔다. 최저 당첨 가점도 137㎡ B형(69점) 한 개 타입을 제외하고 모두 70점을 넘겼다. 청약 가점 만점을 받으려면 ◇ 무주택 기간 15년 이상(32점) ◇ 본인 제외 부양가족 6명 이상(35점) ◇ 청약통장 가입 기간 15년 이상(17점) 등의 조건을 충족해야 한다. 특히 가점 70점대를 받으려면 부양가족을 포함해 가구원 수가 5~6인이어야 한다. 이에 일각에선 당첨 가구 중 일부가 함께 거주하지 않는 부모 등을 가구원으로 편입해 가점을 부풀렸을 수 있다는 의혹이 강하게 제기됐다. 논란이 커지자 국토부는 당첨자 실태조사에 나서기로 결정했다(아시아경제, 2024. 08. 22. 참조).

4) 그 밖의 주택공급제도

(1) 주택 등의 전매 제한

사업주체가 건설·공급하는 주택의 입주자로 선정된 지위(입주자로 선정되어 당해 주택에 입주할 수 있는 권리·자격·지위 등을 말함) 또는 주택으로서 법령에서 정한 요건에 해당하는 경우에는 일정기간 이를 전매(매매·증여 그 밖의 권리의 변동을 수반하는 모든 행위를 포함하되, 상속의 경우를 제외)하거나 이의 전매를 알선할 수 없다(주택법 64). 이 경우 전매행위 제한기간은 해당 주택의 입주자로 선정된 날부터 기산한다.

(2) 중소형주택 및 임대주택 의무공급

정부는 중소형주택 또는 임대주택이 적정하게 공급될 수 있도록 그 비율을 규제하고 있는데 이를 예시하면 다음과 같다.

① 직장조합·지역조합 등: 직장조합·지역조합 및 고용자가 건설하는 주택 중 조합원 및 종업원에게 공급되는 주택은 공급물량의 75% 이상을 국민주택규모 이하로 건설하여야 한다(주택조합 등에 대한 주택규모별 공급비율에 관한 지침 4).

② 주거환경개선사업: 건설하는 주택 전체 세대수(임대주택을 포함한다)의 90% 이상을 85㎡ 이하 규모의 주택을 건설하여야 한다. 또한, 시·도지사가 전체 세대수의 30%

이하에서 정하여 고시하는 기준에 따라 임대주택을 건설하여야 하며, 전체 임대주택 세대수의 50% 이하에서 정하여 공보에 고시하는 기준에 따라 40㎡ 이하 규모의 임대주택을 건설하여야 한다(정비사업의 임대주택 및 주택규모별 건설비율 3).

③ 재개발사업: 건설하는 주택 전체 세대수의 80% 이상을 85㎡ 이하로 건설하여야 한다(시·도지사는 필요한 경우 그 이하 규모의 건설비율을 별도로 정할 수 있다). 또한, 건설하는 주택 전체 세대수 또는 전체 연면적의 20%를 임대주택으로 건설하여야 하며, 전체 임대주택 세대수의 30% 이상 또는 건설하는 주택 전체 세대수의 5% 이상을 주거전용면적 40㎡ 이하 규모의 임대주택으로 건설하여야 한다(정비사업의 임대주택 및 주택규모별 건설비율 4).

④ 재건축사업: 「수도권정비법」상 과밀억제권역에서 시행하는 경우 건설하는 주택 전체 세대수의 60% 이상을 85㎡ 이하 규모의 주택으로 건설하여야 한다(정비사업의 임대주택 및 주택규모별 건설비율 5).

5) 임대주택 공급제도

(1) 임대주택의 의의

임대주택은 임대를 목적으로 하는 주택으로서, 「공공주택 특별법」에 따른 공공임대주택과 「민간임대주택에 관한 특별법」에 따른 민간임대주택으로 구분한다. ① 공공임대주택은 임대 또는 임대한 후 분양전환을 할 목적으로 공급하는 「주택법」에 따른 주택으로서 대통령령으로 정하는 주택을 말하며, 공공건설임대주택과 공공매입임대주택으로 구분한다. ② 민간임대주택은 임대를 목적으로 제공하는 주택으로서 임대사업자가 등록한 주택을 말하며, 민간건설임대주택과 민간매입임대주택으로 구분한다.

표 3.3.10   임대주택의 구분

구분		내용
공공임대주택	공공건설임대주택	공공주택사업자가 직접 건설하여 공급하는 공공임대주택
	공공매입임대주택	공공주택사업자가 직접 건설하지 아니하고 매매 등으로 취득하여 공급하는 공공임대주택
민간임대주택	민간건설임대주택	• 임대사업자가 임대를 목적으로 건설하여 임대하는 주택 • 주택건설사업자가 사업계획승인을 받아 건설한 주택 중 사용검사 때까지 분양되지 아니하여 임대하는 주택
	민간매입임대주택	임대사업자가 매매 등으로 소유권을 취득하여 임대하는 민간임대주택

여기서 「공공주택 특별법」에 따른 공공임대주택을 표로 나타내면 다음과 같다.

표 3.3.11　공공임대주택의 구분

구분	내용
영구임대주택	국가나 지방자치단체의 재정을 지원받아 최저소득 계층의 주거안정을 위하여 50년 이상 또는 영구적인 임대를 목적으로 공급하는 공공임대주택
국민임대주택	국가나 지방자치단체의 재정이나 주택도시기금의 자금을 지원받아 저소득 서민의 주거안정을 위하여 30년 이상 장기간 임대를 목적으로 공급하는 공공임대주택
행복주택	국가나 지방자치단체의 재정이나 주택도시기금의 자금을 지원받아 대학생, 사회초년생, 신혼부부 등 젊은 층의 주거안정을 목적으로 공급하는 공공임대주택
통합공공임대주택	국가나 지방자치단체의 재정이나 주택도시기금의 자금을 지원받아 최저소득 계층, 저소득 서민, 젊은 층 및 장애인·국가유공자 등 사회 취약계층 등의 주거안정을 목적으로 공급하는 공공임대주택
장기전세주택	국가나 지방자치단체의 재정이나 주택도시기금의 자금을 지원받아 전세계약의 방식으로 공급하는 공공임대주택
분양전환 공공임대주택	일정 기간 임대 후 분양전환할 목적으로 공급하는 공공임대주택
기존주택등 매입임대주택	국가나 지방자치단체의 재정이나 주택도시기금의 자금을 지원받아 일정한 주택 또는 건축물을 매입하여 「국민기초생활 보장법」에 따른 수급자 등 저소득층과 청년 및 신혼부부 등에게 공급하는 공공임대주택
기존주택 전세임대주택	국가나 지방자치단체의 재정이나 주택도시기금의 자금을 지원받아 기존주택을 임차하여 「국민기초생활 보장법」에 따른 수급자 등 저소득층과 청년 및 신혼부부 등에게 전대(轉貸)하는 공공임대주택

▶ 행복주택: 직장과 학교가 가까운 곳 또는 대중교통이 편리한 곳에 건설하여 주로 젊은 계층에게 저렴하게 임대하는 공공임대주택을 말한다. 입주대상자는 대학생, 청년, 신혼부부, 산업단지 근로자, 주거급여 수급자, 고령자 등이다. 행복주택의 대상부지는 철도부지·역세권개발지·유수지·공영주차장 등 공공용지, 도시재생용지, 공기업 보유 토지 등을 활용한다.

(2) 임대주택의 지원

국토교통부장관은 공공주택의 건설, 매입 또는 임차에 주택도시기금을 우선적으로 배정하여야 하며(공공주택 특별법 3-2), 국가와 지방자치단체는 민간임대주택의 공급확대 등을 위해 주택도시기금을 우선 지원할 수 있다(민간임대주택에 관한 특별법 4).

③ 분양가규제정책

1) 분양가상한제

(1) 분양가상한제의 의의

분양가상한제는 주택의 분양가격을 해당 사업부지의 택지비와 정부에서 정한 건축비를 합한 가격의 범위 내에서 정하는 제도이다. 따라서 분양가상한제는 분양가를 사업주체가 자율적으로 정하는 분양가 자율화와 달리 주택가격의 안정을 위해 분양가를 법으로 규제하는 제도이다.

분양가상한제에 따라 정해진 분양가(약어로 상한분양가라 한다)는 일반적으로 균형가격보다 낮게 설정된다. [그림 3.3.1]에서 상한분양가가 균형가격 보다 낮은 수준으로 설정되었다고 하자. 상한분양가가 균형가격보다 낮게 설정되면 상한분양가가 바로 시장가격이 된다. 가격에서는 수요량 Qd가 공급량 Qs를 초과하므로 AB만큼의 초과수요량이 발생한다. 이 경우 공급량에 비해 수요량이 많으므로 사업주체는 어떻게 주택을 분배해 줄 것인가의 문제에 직면한다. 분배방식으로 선착순제, 추첨제 등이 있으며, 과거에는 채권입찰제가 시행되기도 했다. 현재는 추첨제와 함께 청약 1순위에 경쟁이 있으면 가점점수가 높은 순으로 분배하는 청약가점제가 시행되고 있다. 이때 분배받은 사람은 P_E와 P_1의, 차이만큼 가격차익(시세차익)을 볼 수 있다.

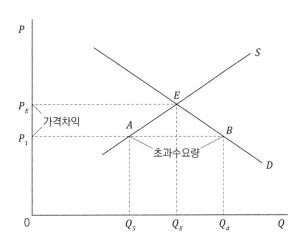

그림 3.3.1 분양가상한제의 효과

(2) 분양가상한제의 변천과정

우리나라에서 실질적으로 주택의 분양가를 규제한 것은 1977년 8월부터이다. 당시에는 분양가가 정부에서 일률적으로 정한 상한선보다 낮아야 주택건설사업의 사업계획을 승인하는 방식(즉, 행정지도방식)으로 시행되었으며, 분양가 상한선은 매년 고시하였다. 1989년 11월부터는 획일적인 분양가 규제에서 벗어나 건설원가를 기준으로 분양가를 승인하는 원가연동제로 전환하였다(주택분양가 원가연동제 시행지침 제정). 원가연동제는 해당 사업부지의 택지비와 정부에서 정한 건축비를 합한 가격의 범위 내로 분양가를 제한하는 방식이다.

분양가 규제는 1995년 8월부터 단계적으로 폐지되었다. 처음에는 강원·충북·전북·제주의 전용면적 85㎡ 초과 주택에 대해 폐지하였고, 1997년 5월에는 수도권을 제외한 지역의 분양가를 자율화하였으며, 1999년 1월부터는 분양가를 전면 자율화하였다.

분양가 자율화 이후 분양가가 상승하여 부동산투기가 과열되는 등 부작용이 발생하자 2005년 3월부터 분양가상한제를 도입(주택법 개정)하여 다시 규제하기 시작했다. 처음에는 공공택지에서 공급되는 주거전용면적 85㎡ 이하의 주택에 적용되었으나, 같은 해 「8.31 부동산대책」에 따라 공공택지에서 공급되는 중대형주택(주거전용면적 85㎡ 초과)에도 확대·적용되었고(2006. 2), 2007년 「1.11 부동산대책」에 따라 일반에게 공급하는 20세대 이상의 모든 공동주택으로 확대·적용되었다(2007. 9).

한편, 주택시장의 침체가 지속되는 등 주택시장의 환경이 변화되자 분양가상한제를 탄력적으로 적용하도록 했다. 즉, 2015년 4월부터 공공택지 외의 택지의 경우에는 주택가격 상승 우려가 있어 국토교통부장관이 지정하는 지역에 대해서만 적용하도록 했다. 현실적으로 2015년 4월 이후 공공택지 외의 택지에서 분양가상한제 적용지역으로 지정된 지역이 없어 사실상 제도 시행을 중단해 왔다. 그러나 2017년 5월에 출범한 문재인정부는 서울의 주택가격이 꾸준히 상승하자 다양한 부동산규제정책을 발표했으며, 2019년 10월부터 공공택지 외의 택지에서 공급되는 주택에 대한 분양가상한제 적용요건을 완화하였다(주택법시행령 개정). 즉, 종전 분양가상한제 적용지역을 3개월간 주택가격상승률이 소비자물가상승률의 2배를 초과한 지역 중에서 지정할 수 있도록 하던 것을 투기과열지구 중에서 지정할 수 있도록 개정했다.

그동안 정부는 주택의 분양가에 대해 규제와 자율화를 반복해 왔다. 그런데 역사적으로 분양가를 규제하면 입주자[30]가 과도한 시세차익을 얻었으며 장기적으로 공급이 줄어들었고, 반면 분양가를 자율화하면 분양가 상승 및 전반적인 집값 상승을 가져왔다.

---

30 여기서는 주택을 공급받는 자를 말한다(주택법 제2조 참조).

표 3.3.12	분양가 규제의 변천과정

시기	내용
1963. 12.	공영주택법 제정·시행: 공영주택의 입주금과 가임은 건설에 소요된 실비를 기준으로 정함
1973. 02.	주택건설촉진법 제정(1972. 12. 공영주택법 폐지) 및 시행령 제정: 국민주택의 공급조건(입주금, 임대보증금, 월세액 등)에 대해 건설부장관의 승인 필요
1977. 08.	주택건설사업의 사업계획승인시 분양가 규제(행정지도방식): 획일적 규제
1983. 05.	투기과열지구제도 도입(채권입찰제 도입): 주택공급에 관한 규칙 개정
1989. 11.	주택분양가 원가연동제 시행지침 제정: 주택분양가격을 택지비와 건축비에 연동
1997. 05.	수도권을 제외한 지역의 분양가 자율화(국민주택 제외)
1999. 01.	분양가 자율화(1999. 01. 01): 주택분양가 원가연동제 시행지침 폐지
2005. 03.	공공택지에서 공급하는 주거전용면적 85㎡ 이하 주택에 대해 분양가상한제 시행(주택법 개정)
2007. 09.	모든 공동주택에 대해 분양가상한제 확대(주택법 개정)
2015. 04.	분양가상한제의 탄력적 적용: 공공택지 외의 택지의 경우 국토교통부장관이 지정하는 지역에서만 적용(주택법 개정)
2019. 10.	분양가상한제 적용지역 지정 요건 완화(주택법시행령 개정)

(3) 분양가상한제의 내용

분양가상한제 적용지역에서는 사업주체가 입주자모집승인을 얻어 일반에게 공급하는 주택은 「주택법」이 정하는 기준에 따라 산정되는 분양가격 이하로 공급하여야 한다(주택법 57). 분양가격은 택지비(기본택지비 + 택지비 가산비용)와 건축비(기본형건축비 + 건축비 가산비용)로 구성된다.

① 기본택지비: 공공택지에서 주택을 공급하는 경우의 택지비는 해당 택지의 공급가격으로 하고, 공공택지 외의 택지에서 주택을 공급하는 경우의 택지비는 「감정평가 및 감정평가사에 관한 법률」(약어로 감정평가법이라 한다)에 따라 감정평가한 가액으로 한다. 다만, 사업주체가 공공택지외의 택지에서 주택을 공급하는 경우에 다음 각 호의 어느 하나에 해당하는 경우에는 대통령령이 정하는 범위 내에서 당해 매입가격을 택지비로 볼 수 있다.

- •「민사집행법」, 「국세징수법」 또는 「지방세기본법」에 따른 경매·공매 낙찰가격
- • 국가·지방자치단체 등 공공기관으로부터 매입한 가격
- • 그 밖에 실제 매매가격을 확인할 수 있는 경우로서 대통령령으로 정하는 경우

② 택지비 가산비용: 기본택지비에 가산되는 비용은 다음과 같다(공동주택 분양가격의 산정 등에 관한 규칙).

- 공공택지인 경우: 말뚝박기 공사비, 암석지반 공사비, 흙막이 및 차수벽(遮水壁)공사비, 지하공사에서 특수공법 사용에 따른 공사비, 방음시설 설치비, 택지대금에 대한 기간이자, 택지공급에 따른 제세공과금 등 필요적 경비, 그 밖에 시장·군수·구청장이 분양가심사위원회의 심의를 거쳐 필요하다고 인정하는 경비

- 공공택지 외의 택지인 경우: 말뚝박기 공사비, 암석지반 공사비, 흙막이 및 차수벽 공사비, 지하공사에서 특수공법 사용에 따른 공사비, 방음시설 설치비, 사업주체가 부담하는 간선시설의 설치비용, 도시공원의 설치비용, 지장물 철거비용, 진입도로에 편입되는 사유지의 감정평가액, 감정평가수수료(감정평가 검토수수료 포함), 제세공과금 등 필요적 경비, 그 밖에 시장·군수·구청장이 분양가심사위원회의 심의를 거쳐 필요하다고 인정하는 경비

③ 기본형건축비: 국토교통부장관이 지상층건축비와 지하층건축비로 구분하여 고시한다. 한편, 기본형건축비는 시장·군수·구청장이 해당 지역의 특성을 감안하여 국토교통부령이 정하는 범위 내에서 따로 정하여 고시할 수 있다.

④ 건축비 가산비용: 기본형건축비에 가산되는 비용의 항목별 내용과 산정방법은 다음과 같다(공동주택 분양가격의 산정 등에 관한 규칙).

- 구조형식에 의한 가산비용: 철근콘크리트 라멘구조(무량판구조를 포함), 철골철근콘크리트구조 또는 철골구조로 건축함에 따라 추가로 소요되는 비용으로서 산정기준에 의한 비용

- 특수형태의 주택에 대한 가산비용: 공동주택에 테라스 등을 설치(예: 고급연립주택, 테라스하우스 등)함에 따라 추가로 소요되는 비용으로서 산정기준에 의한 비용

- 공동주택성능에 대한 등급을 발급받은 경우나 소비자만족도 우수업체로 선정된 경우 추가로 인정되는 비용으로서 산정기준에 의한 비용

- 주택건설사업계획의 승인에 부가되는 조건을 충족하기 위하여 추가되는 비용 등

- 인텔리전트설비[31]의 설치에 따라 추가로 소요되는 비용

- 층수가 50층 이상이거나 높이가 150m 이상의 초고층주택으로서 시장·군수·구청장이 필요하다고 인정하는 특수자재·설비 등에 소요되는 비용

- 임해(臨海)·매립지 등 입지특성으로 인해 시장·군수·구청장이 필요하다고 인정하는

---

[31] 홈네트워크, 에어콘냉매배관, 집진청소시스템, 초고속통신특등급, 기계환기설비, 쓰레기이송설비, 스마트도시기반시설로 한정한다.

특수자재·설비 등에 소요되는 비용

• 사업주체가 시공 및 분양에 필요하여 납부한 보증수수료
• 「주택공급규칙」 제15조에 따라 건축공정이 일정비율에 달한 후에 입주자를 모집해야 하는 경우 공사비에 대한 기간이자
• 에너지절약형 친환경주택의 건설에 따라 추가로 드는 비용
• 그 밖에 주택건설과 관련된 법령, 조례 등에 따라 주택건설에 추가로 드는 비용 등

2) 주택채권입찰제

(1) 주택채권입찰제의 의의

주택채권입찰제는 분양가상한제로 인해 중대형아파트가 주변시세보다 낮은 가격으로 분양됨으로써 일부 당첨자가 시세차익을 독점할 우려가 있어 과도한 투기수요를 억제함으로써 청약과열을 방지하고 소수 당첨자들이 독점할 수 있는 시세차익을 사회 전체적으로 공유할 수 있도록 제2종 국민주택채권의 매입액이 많은 순서대로 입주예정자를 선정하는 제도이다.

주거전용면적 85㎡를 초과하는 분양가상한제 적용주택에 대해 시행하던 주택채권입찰제는 주택시장의 장기 침체, 중대형 주택에 대한 수요 감소 등 주택시장의 환경 변화를 반영하여 주택 수요자의 부담을 완화하고자 2013. 5. 폐지되었다(「주택공급규칙」 개정).

(2) 주택채권입찰제의 내용

종전 주택채권입찰제의 시행방법은 다음과 같았다. ① 신규 분양주택 중 동일한 유형과 규모의 주택분양가(분양가상한제를 적용하여 산정한 분양가)의 평균액을 산정하고, ② 인근 지역에 있는 동일한 유형과 규모의 기존주택 매매가격을 결정한 후, ③ 인근지역 시세의 80%에서 주택분양가를 공제한 금액으로 채권매입손실액을 구하고, ④ 채권매입손실액을 예상손실률로 나누어 채권매입상한액을 결정하며, ⑤ 채권매입상한액 한도 내에서 채권매입액이 많은 순서대로 입주예정자를 선정한다. 이때 채권매입액이 같은 자 사이에 경쟁이 있는 경우에는 일반공급 주택물량(동액 매입자보다 매입액이 많은 자를 입주자로 선정하고 남은 물량)의 50%를 청약가점제로 우선 공급하고, 나머지는 추첨을 통해 공급한다.

주택채권입찰제에 있어 실질 분양가는 분양가에 채권예상손실액을 더한 금액이 되며, 입지조건이 우수한 지역의 공동주택을 분양받기 위해서는 채권매입상한액까지 매입하여야 했다.

한편, 국민주택채권은 주택도시기금의 주요 재원으로 활용하기 위하여 국토교통부장관

의 요청에 의하여 기획재정부장관이 발행하며(주택도시기금법 7), 제1종과 제2종이 있다. 이를 비교하면 다음의 표와 같다.

표 3.3.13 국민주택채권의 비교

구분		제1종 국민주택채권	제2종 국민주택채권
최초 발행	발행일	1973. 03. 02.	1983. 05. 23.
	만기·금리	만기 5년, 연 6%	만기 20년, 연 3%
	목적	인·허가·면허, 등기·등록신청시 등	투기과열지구내 주택을 분양받는 경우
연혁		1973. 03. 02. 이후 계속 시행	• 1999. 07. 15. 채권입찰제 폐지로 발행 중단 • 2006. 02. 24. 제3종을 폐지하고 제2종 부활 • 2013. 05. 31. 채권입찰제 폐지
매입대상자		• 부동산 관련: 건축허가·부동산등기시 • 영업관련: 면허·허가·등록시 • 건설공사 도급계약: 계약체결시	(주거전용면적 85㎡를 초과하는 분양가 상한제 적용주택을 공급받고자 하는 자)
만기·금리		만기 5년, 연 1%	(만기 10년, 연 0%)
소멸시효		만기일로부터 5년	(만기일로부터 5년)

3) 주택공급 및 분양가규제정책의 요약

앞에서 설명한 주택공급 및 분양가규제정책의 변천과정을 정리하면 다음의 표와 같다.

표 3.3.14 주택공급 및 분양가규제정책의 변천과정

시기	내용
1977. 08.	국민주택 우선공급에 관한 규칙 제정: 국민주택을 분양하는 경우 적용
1978. 05.	주택공급에 관한 규칙 제정: 국민주택 우선공급에 관한 규칙 폐지
1981. 04.	국민주택의 전매행위 금지: 주택건설촉진법 개정
1983. 05.	투기과열지구제도 도입(채권입찰제 도입)
1989. 11.	주택분양가 원가연동제 시행지침 제정·시행: 주택분양가격을 택지비와 건축비에 연동
	민영주택의 전매행위 금지 가능: 주택공급에 관한 규칙 개정

시기	내용
1990. 05.	국민주택규모 이하의 민영주택에 대해 무주택자 우선공급
1998. 08.	공동주택의 주거전용면적 산정기준을 외벽의 내부선 기준(즉, 안목치수)으로 변경
1999. 01.	주택분양가 원가연동제 시행지침 폐지: 분양가 자율화(1999. 01. 01)
1999. 07.	채권입찰제 폐지: 민영주택의 분양가 자율화 반영
2005. 03.	공공택지에서 공급하는 주거전용면적 85㎡ 이하 주택에 대해 분양가상한제 시행
2006. 02.	채권입찰제 재도입: 분양가상한제 확대 시행(2006. 02.) 반영
2006. 08.	3자녀 이상 가구의 무주택세대주에게 국민주택등을 특별공급
2007. 08.	• (청약)가점제 도입 • 인터넷을 활용한 입주자모집 대상지역 확대
2009. 04.	주택청약종합저축 신설: 주택공급에 관한 규칙 개정(상품 출시: 2009. 05.)
2013. 05.	채권입찰제 폐지
2015. 04.	분양가상한제의 탄력적 적용: 공공택지 외의 택지의 경우 국토교통부장관이 지정하는 지역에서만 적용(주택법)
2017. 08.	조정대상지역제 도입: 주택법 개정(시행: 2017. 11.)

4 그 밖의 주거정책

1) 국민주택규모

(1) 국민주택규모의 의의

국민주택규모는 정부의 각종 정책에 있어 활용되는 핵심 용어이다. 여기서 국민주택규모는 국민에게 가장 보편적이고 표준적인 주택이면서 주택의 소유에 있어 국민에게 지표를 제시하는 주택의 규모라 할 수 있다. 국민주택이라는 용어는 1972. 12. (구)「주택건설촉진법」이 제정되면서 도입되었으며, 당시 국민주택의 규모는 단독주택은 60㎡ 이상 85㎡ 이하이었고, 연립주택과 아파트는 40㎡ 이상 85㎡ 이하이었다.

국민주택의 규모는 택지 및 주택분양, 임대주택공급, 주택조세, 주택금융 등 다양한 분야에서 활용되고 있다.

(2) 국민주택규모의 내용

「주택법」상 국민주택이란 ① 국가·지방자치단체, 「한국토지주택공사법」에 따른 한국토지주택공사 또는 「지방공기업법」 제49조에 따라 주택사업을 목적으로 설립된 지방공사가 건설하는 주택, ② 국가·지방자치단체의 재정 또는 「주택도시기금법」에 따른 주택도시기금으로부터 자금을 지원받아 건설되거나 개량되는 주택으로서 국민주택규모 이하인 주택을 말한다. 따라서 국민주택에 해당하기 위해서는 그 규모가 국민주택규모 이하이어야 한다.

국민주택규모란 주거의 용도로만 쓰이는 면적(이하 '주거전용면적'이라 한다)이 1호(戶) 또는 1세대당 85㎡ 이하인 주택(「수도권정비계획법」에 따른 수도권을 제외한 도시지역이 아닌 읍 또는 면 지역은 1호 또는 1세대당 주거전용면적이 100㎡ 이하인 주택을 말한다)을 말한다. 이 경우 주거전용면적의 산정방법은 다음과 같다(주택법시행규칙 2).

① 단독주택의 경우: 그 바닥면적(「건축법시행령」에 따른 바닥면적을 말한다)에서 지하실(거실로 사용되는 면적은 제외한다), 본 건축물과 분리된 창고·차고 및 화장실의 면적을 제외한 면적. 다만, 그 주택이 「건축법시행령」 별표1의 다가구주택에 해당하는 경우 그 바닥면적에서 본 건축물의 지상층에 있는 부분으로서 복도, 계단, 현관 등 2세대 이상이 공동으로 사용하는 부분의 면적도 제외한다.

② 공동주택의 경우: 외벽의 내부선을 기준으로 산정한 면적. 다만, 2세대 이상이 공동으로 사용하는 부분으로서 다음 각 목의 어느 하나에 해당하는 공용면적은 제외하며, 이 경우 바닥면적에서 주거전용면적을 제외하고 남는 외벽면적은 공용면적에 가산한다.

가. 복도, 계단, 현관 등 공동주택의 지상층에 있는 공용면적

나. 가목의 공용면적을 제외한 지하층, 관리사무소 등 그 밖의 공용면적

▶ 주거전용면적의 산정기준에 있어 단독주택과 공동주택에 차이가 있다. 먼저, 단독주택은 바닥면적을 기준으로 산정하는데, 「건축법령」상 바닥면적은 건축물의 각 층 또는 그 일부로서 벽, 기둥, 그 밖에 이와 비슷한 구획의 중심선으로 둘러싸인 부분의 수평투영면적으로 한다(건축법령 119). 즉, 외벽의 중심선을 기준으로 산정한다. 둘째, 공동주택은 바닥면적을 기준으로 산정하는 것이 아니라 외벽의 내부선을 기준으로 산정한다. 따라서 외벽의 중심선부터 외벽의 내부선까지 두께만큼의 면적은 주거전용면적에서 제외된다. 공동주택의 주거전용면적 산정기준을 종전 외벽의 중심선 기준에서 외벽의 내부선 기준으로 변경한 것은 1998. 8. (구)「주택건설촉진법규칙」 개정 시이다. 당시 개정 이유는 외벽의 두께에 따라 전용면적이 달라지는 불합리한 현상을 해소하는 동시에 주택자재의 표준화를 촉진하기 위해서였다. 부동산시장에서는 외벽의 중심선을 기준으로 면적을 산정하는 것을 중심선치수라 하고, 외벽의 내부선을 기

준으로 면적을 산정하는 것을 안목치수라 한다. 공동주택의 주거전용면적을 안목치수를 기준으로 산정하면서 국민주택규모의 크기가 더 넓어졌다. 또한, 법령 개정 이후에 신축된 공동주택의 경우 이전에 신축된 경우보다 중심선치수와 안목치수의 차이만큼 주거전용면적이 더 넓다고 할 수 있다.

한편, 오피스텔의 경우에는 「건축물의 분양에 관한 법률 시행령」을 개정(2014. 12)하면서 분양신고 대상인 오피스텔(즉, 오피스텔로서 30실 이상인 것)에 대해 먼저 안목치수를 기준으로 전용면적을 산정하도록 규정하였고(제9조제1항), 2015. 4. 「오피스텔 건축기준」을 개정하면서 분양신고 대상의 여부와 상관없이 안목치수로 전용면적을 산정하도록 통일하였다.

2) 주거수준 향상

(1) 최저주거기준 설정

국토교통부장관은 국민이 쾌적하고 살기 좋은 생활을 하기 위하여 필요한 최저주거기준을 설정·공고하여야 한다(주거기본법 17). 최저주거기준은 가수원수별 주거면적·용도별 방의 개수, 필수설비(전용입식부엌, 전용수세식화장실 및 목욕시설) 기준, 구조·성능 및 환경기준 등으로 구성된다.[32] 국가 및 지방자치단체는 최저주거기준에 미달하는 가구에 대해 우선적으로 주택을 공급하거나 개량 자금을 지원할 수 있다(주거기본법 18).

(2) 주택관련지표의 변화

국토교통부는 주거문제의 현황을 정확하게 파악하고, 이를 바탕으로 주거정책을 수립하기 위해 양적 측면과 질적 측면 모두에서 주거수준을 측정할 수 있는 지표를 발굴하여 활용하고 있다.

표 3.3.15 주거복지지표의 변화

구분			1995년	2000년	2010년	2022년
양적지표	주택보급률(%)		86.0	96.2	101.9	102.1
	자가점유율(%)		53.3	54.2	54.2	57.5
	인구 1천명당 주택호수(호)		214.5	248.7	363.8	430.2
질적지표	주거밀도	가구당 주거면적(㎡)	–	63.1	67.4	–
		1인당 주거면적(㎡)	17.2	20.2	24.9	34.8
	최저주거기준 미달가구 비율(%)		34.4	23.4	10.6	3.9

---

32 국토해양부장관 공고 제2011-490호(최저주거기준) 참조.

구분			1995년	2000년	2010년	2022년
시장지표	지불능력	소득대비 주택가격(PIR, 배)	6.8	4.0	4.9	6.3
		소득대비 임대료(RIR, %)	20.9	20.7	19.2	16.0
	주택대출비율(LTV, %)		26.9	38.1	48.0	-

자료: 국토교통부, 각 장기주택종합계획.

한편, 주택시장에서 주택의 지불능력을 나타내는 지표로서 PIR(Price to Income Ratio)과 RIR(Rent to Income Ratio)이 있다. ① PIR은 가구의 연간소득 대비 주택가격의 배수(즉, 주택가격 / 연간소득)로서 평균(중위) 주택가격이 가구 연평균(중위) 소득의 몇 배인가를 나타낸다. 예컨대 그 값이 7배라면 주택가격이 가구 연평균소득의 7배라는 뜻이다. 따라서 그 값이 클수록 주택구매가 어렵다는 것을 의미한다. ② RIR은 가구의 소득 대비 주택임대료의 비율을 말하며, 평균 임대료 / 평균 소득 × 100으로 산정한다. 예컨대 그 값이 20.0%라면 평균 소득의 20.0%를 주택 임대료로 지불한다는 뜻이다. 따라서 그 값이 클수록 주택 임대료 부담이 크다는 것을 의미한다.

➡ 슈바베지수(Schwabe Index): 가계의 소비지출에서 주거비가 차지하는 비중을 말한다. 즉, 주거비 / 소비지출액 × 100(%)으로 산정한다. 독일의 통계학자인 슈바베는 1868년 베를린의 가계조사 결과 저소득층일수록 주거비 비중이 크다는 사실을 밝혔다. 즉, 소득이 낮은 계층일수록 슈바베지수가 높게 나타나고, 슈바베지수가 높을수록 가구의 주택부담능력은 떨어진다. 슈바베지수는 엥겔지수와 함께 빈곤의 척도를 가늠하는 지표로 사용되고 있다.
한편, 주거비에는 주택관련 대출의 원리금상환액, 차임, 주거관리비, 주택 관련 조세·보험료 등이 포함되며, 소비지출액은 의류비, 식료품비, 주거비, 교통비, 통신비, 보건비, 교육비, 문화비 등으로 구성된다.

---

3) 주거급여제도

(1) 주거급여제도의 의의

주거급여란 「국민기초생활 보장법」에 의한 주거급여로서 생활이 어려운 사람에게 소득·주거형태·주거비 부담수준 등을 종합적으로 고려하여 지원하는 제도를 말한다(주거급여법 제2조 참조). 박근혜정부 시절 「국민기초생활 보장법」에 따른 기초생활보장제도가 맞춤형 급여[33]체계로 개편됨에 따라 주거급여에 관한 사항을 규정하기 위해 2014년 1

---

[33] 맞춤형 급여란 기초생활수급자의 가구여건에 맞는 지원을 위하여 생계급여, 의료급여, 주거급여, 교육급여 등 급여 별로 선정기준을 다르게 하는 것을 말한다.

월 「주거급여법」이 제정되었다. 제도 개편 전 주거급여제도는 「국민기초생활 보장법」에 근거하여 보건복지부가 담당하였으나, 개편 후에는 「주거급여법」 및 「국민기초생활 보장법」에 근거하여 국토교통부가 담당하고 있다.

(2) 주거급여제도의 내용

가구의 소득인정액(즉, 소득평가액 + 재산의 소득환산액)이 기준 중위소득의 일정 비율 이하 가구[34]에 대해 시행하고 있다. 지원내용은 ① 임차가구에게는 기준임대료를 상한으로 실제임차료를 지원(즉, 주거급여액 지급)하고, ② 자가가구에게는 주택의 노후도를 평가하여 주택의 수선유지비를 지원하고 있다.

4) 재건축부담금제

(1) 재건축부담금제의 의의

재건축부담금제는 재건축사업으로 발생하는 개발이익을 사회적으로 환수하고 이를 적정하게 배분하기 위하여 당해 개발이익에 일정한 부담금을 부과하고, 이를 통하여 개발이익의 사유화를 방지함으로써 주택가격의 안정과 사회적 형평을 기하고자 도입되었다.

개발이익을 종전에는 토지가액의 증가분으로만 보았으나, 2006. 5. 제정된 「재건축초과이익 환수에 관한 법률」(약어로 재건축환수법이라 한다)에서는 '재건축사업으로 인하여 정상주택가격상승분을 초과하여 당해 재건축조합 또는 조합원에 귀속되는 주택가액의 증가분'을 재건축초과이익이라 하여 건물가액의 증가분도 개발이익에 포함하였다.

한편, 재건축부담금제는 2006. 9. 25.부터 시행되었으나, 주택시장의 안정 및 재건축사업의 활성화 등을 이유로 2012. 12. 18. ~ 2017. 12. 31.까지(비수도권의 경우 2008. 6. 5. ~ 2009. 6. 30.도 포함) 면제하였으며, 2018년부터 다시 적용하였다. 그러나 재건축부담금에 대해 초과이익 산정기간의 장기화, 공시주택가격의 상승 등에 따라 부담금이 크게 증가함에 따라 헌법소원 제기, 부과처분 취소소송 제기 등이 잇따르고, 지방자치단체에서도 그 부과를 중지하는 등 많은 혼란과 갈등이 있었다.[35] 이에 2023년 12월 법률 개정을 통해 부담금 부과기준 등을 완화하였다. 주요 개정내용은 ① 부과 개시시점 변경: 추진위원회 승인일에서 조합설립 인가일로 변경, ② 부담금 면제 금액 상향: 초과이익 3천

---

34 주거급여 선정기준은 가구원수에 따라 일정금액 이하로 하며, 2024년의 경우 4인 가구는 2,750,358원이었다(국토교통부고시, 2024년 주거급여 산정기준 및 최저보장수준 참조).

35 국토교통부 보도자료(2022. 09. 29.)에 의하면 제도 시행 이후 당시까지 부과실적은 5곳에 불과하였다.

만원 이하 면제에서 8천만원 이하 면제로 상향, ③ 부과구간 기준금액의 확대: 초과이익이 3천만원 초과하는 경우 각 2천만원씩 6구간으로 구분하여 부과율을 차등 적용한 것을 8천만원 초과하는 경우 각 5천만원씩 6구간으로 구분하여 기준금액 확대(종전에는 조합원 1인당 평균이익이 1억1천만원을 초과하는 경우 최고 부과율인 50%를 부과했으나 개정 후에는 2억8천만원을 초과하는 경우 50% 부과), ④ 실수요자 배려: 1세대 1주택자가 부과종료시점부터 역산하여 6년 이상 보유한 경우 부담금을 10% 감면하며, 20년 이상 보유한 경우 최대 70% 감면, 1세대 1주택자로서 고령자(부과종료시점에 60세 이상)인 경우 담보제공을 전제로 상속·증여·양도 등 해당 주택의 처분시점까지 납부유예 허용 등이다. 또한, 재건축부담금의 부과종료시점이 이 개정법률 시행일(2024. 03. 27.)전인 재건축사업에 대해서도 이 개정법률 시행일부터 5개월 이내에 재건축부담금을 결정·부과할 수 있도록 규정하여(부칙 제3조) 그동안 부과를 중지한 단지에 대해서도 완화된 내용으로 부과할 수 있도록 했다.

표 3.3.16   재건축부담금제의 변천과정

시기	내용
2006. 09.	재건축부담금제 시행(재건축환수법 제정·시행): 시행일 이후 최초로 관리처분계획의 인가를 신청하는 사업부터 적용
2008. 06.	비수도권의 경우 2009. 06. 30.까지 관리처분계획 인가를 신청한 사업에 대해서는 면제
2012. 12.	2014. 12. 31.까지 관리처분계획 인가를 신청한 사업에 대해서는 면제
2014. 12.	부담금 면제 기한을 2017. 12. 31.까지 연장
2017. 03.	「빈집 및 소규모주택 정비에 관한 특례법」에 따른 소규모재건축사업 추가: 부칙 개정
2017. 09.	납부의무자로 신탁업자와 위탁자를 추가
2023. 12.	부담금 부과기준 완화 및 1세대 1주택자 부담금 감면

(2) 재건축부담금제의 내용

재건축부담금의 부과대상 행위는 「도시 및 주거환경정비법」에 따른 재건축사업 및 「빈집 및 소규모주택 정비에 관한 특례법」(약어로 빈집등정비법이라 한다)에 따른 소규모재건축사업이며, 납부의무자는 1차적으로 재건축조합, 공공시행자, 신탁업자 또는 주민합의체이다. 다만, 조합이 해산된 경우, 주민합의체가 해산된 경우 또는 신탁이 종료된 경우 등 예외적인 경우에는 2차적으로 조합원이 그 의무를 부담한다.

재건축부담금의 부과기준인 재건축초과이익은 종료시점 부과대상 주택의 가격 총액(다만, 부과대상 주택 중 일반분양분의 종료시점 주택가액은 분양시점 분양가격의 총액과 법률제9조제3항에 따라 산정한 종료시점까지 미분양된 일반분양분의 가액을 반영한 총액으로 한다)에서 ① 개시시점 부과대상 주택의 가격 총액, ② 부과기간 동안의 개시시점 부과대상 주택의 정상주택가격상승분 총액, ③ 개발비용 등을 공제한 금액으로 하고(제7조), 조합원 1인당 평균이익이 8천만원 이하인 경우에는 부담금을 면제한다(제12조).

5) 주택금융

주택금융은 공급주체에 따라 공공금융과 민간금융으로 구분된다. ① 공공금융은 「주택도시기금법」에 의한 주택도시기금을 말하며, 주택도시기금은 주택계정과 도시계정으로 구분하여 운용·관리한다. 주택도시기금의 관리는 주택도시보증공사(Korea Housing & Urban Guarantee Corporation: HUG)가 담당하고 있다. ② 민간금융은 시중은행이 취급하는 주택자금 등을 말한다.

6) 주택관련 조세

주택관련 조세에는 국세로 양도소득세(개인), 법인세(법인), 종합부동산세 등이 있고, 지방세로 취득세, 재산세 등이 있다. 부동산경기 활성화정책이나 투기억제정책으로 많이 활용되는 것으로는 세금의 감면 또는 비과세, 과세요건이나 과세표준의 조정 등이 있다.

제4장 부동산조세정책

제1절 | 부동산조세의 의의

1 부동산조세의 의의

1) 부동산조세의 개념

(1) 조세의 개념

조세란 ① 국가 또는 지방자치단체가 ② 재정수요를 충족시키거나 사회·경제정책적 목적을 달성하기 위하여 ③ 납세의무자인 자연인 또는 법인으로부터 ④ 직접적이고 개별적인 반대급부 없이 ⑤ 강제적으로 징수하는 ⑥ 재화를 말한다.

▶ 세금(조세)과 요금: 세금은 국가나 지방자치단체가 공공경비를 조달할 목적으로 개별적인 반대급부 없이 국민들로부터 강제적으로 징수하는 것이지만, 요금은 개인적인 필요에 따라 특정한 재화나 용역을 사용하고 그 대가로 내는 금전을 말한다. 흔히들 전기나 수돗물 등을 사용하고 내는 대가를 전기세, 수도세라고 하는데 이는 세금이 아니며 전기요금, 수도요금이라고 해야 정확한 표현이다[국세청(2004), 세금절약가이드 II, p.4].

---

(2) 부담금과의 구별

조세는 일반적으로 국가 또는 지방자치단체가 운영에 필요한 경비를 충당하기 위하여 국민들로부터 반대급부 없이 강제로 징수하는 재화이므로 특정의 공익사업과 특별한 관련성을 요하지 아니하지만, 부담금은 국가 또는 지방자치단체가 특정한 공익사업과 특별한 관계에 있는 자에게 그 사업에 필요한 경비를 부담시키기 위하여 부과하는 금전지급의무이다.

「부담금관리 기본법」에서는 부담금을 '중앙행정기관의 장, 지방자치단체의 장, 행정권한을 위탁받은 공공단체 또는 법인의 장 등 법률에 따라 금전적 부담의 부과권한을 부여받은 자(즉, 부과권자)가 분담금, 부과금, 기여금, 그 밖의 명칭에도 불구하고 재화 또는 용역의 제공과 관계없이 특정 공익사업과 관련하여 법률에서 정하는 바에 따라 부과하는 조세 외의 금전지급의무(특정한 의무이행을 담보하기 위한 예치금 또는 보증금의 성격을 가진 것은 제외)'로 규정하고 있다.

일반적으로 부담금은 ① 수익자부담금: 특정 공익사업 또는 공공시설로 인해 특별한 이익을 받는 자에게 부과(예: 지방자치단체 공공시설의 수익자분담금), ② 원인자부담금: 특정 공익사업의 시행 또는 공공시설의 설치 등에 대한 원인을 제공한 자에게 부과(예: 기반시설부담금, 교통유발부담금), ③ 정책적 부담금: 특정 사회·경제정책적 목적을 달성하기 위해 부과(예: 재건축부담금, 농지보전부담금) 등으로 구분한다.

(3) 부동산조세의 개념

부동산조세란 부동산과 조세의 합성어로 부동산과 직접 또는 간접으로 관련된 조세를 말한다. 부동산조세는 크게 부동산의 취득, 보유, 양도단계별로 구분할 수 있다.

2) 부동산조세의 기능

부동산조세는 사회·경제정책적 성향이 강하다. 즉, 조세의 부과를 통하여 부동산의 이용을 사회적으로 바람직한 방향으로 유도하고, 사회적으로 형성된 경제적 이득의 재분배를 시도하고자 하는 것이 부동산조세의 정책적 목적이다. 이러한 정책적 목적을 달성하기 위하여 부동산조세는 여러 가지 기능을 한다.

먼저, 자원배분기능을 수행한다. 조세를 통하여 부동산의 보유·이용·개발을 규제하거나 조장시켜 부동산이 효율적으로 활용될 수 있도록 배분한다.

둘째, 소득의 재분배기능을 수행한다. 시장에 의한 소득분배가 개인간의 소득격차를 확대시켜 배분정의가 사회문제가 되는 경우, 조세를 통해 소득의 재분배를 추구한다.

셋째, 경기조절기능을 가진다. 부동산경기가 과열되는 경우 세부담을 늘려 유효수요를 억제하는 한편, 불경기시에는 세부담을 줄여 유효수요를 늘림으로써 시장의 불안정을 조절하여 경제의 지속적 성장을 위한 도구로서 활용한다.

ㄹ 조세의 분류와 현황

1) 조세의 분류

(1) 국세와 지방세

조세를 과세권자에 따라 구분하면 국세와 지방세로 분류할 수 있다. 과세권자가 국가이면 국세이고, 지방자치단체이면 지방세이다. 국세는 국방·외교·치안 등과 같은 국가 전체의 이익을 위해 사용되며, 보통세로는 내국세(內國稅)와 관세(關稅)로 구분된다. 내국세는 우리나라 영토 안에서 사람이나 물품에 대해 부과하는 세금으로 국세청에서 담당하며, 관세는 외국으로부터 물품을 수입할 때 부과하는 세금으로 관세청에서 담당한다. 지방세는 상·하수도 및 소방 등과 같은 지역주민의 이익과 지역발전을 위해 사용되며, 과세권자가 광역자치단체인 경우 특·광역시세 또는 도세로 구분하고, 기초자치단체인 경우 시·군세 또는 구세로 구분한다. 다만, 광역시의 군지역은 도세와 시·군세로 구분한다.

표 3.4.1   **우리나라 조세의 체계**

국세			보통세	간접세	직접세	소득세, 법인세, 상속세, 증여세, 종합부동산세
					내국세	부가가치세, 개별소비세, 주세, 인지세 증권거래세
				관세		
			목적세	교육세, 교통세[36], 농어촌특별세		
지방세	광역자치단체	특·광역시세	보통세	취득세, 자동차세, 레저세, 담배소비세, 지방소비세, 지방소득세, 주민세(개인분)		
			목적세	지역자원시설세, 지방교육세		
		도세	보통세	취득세, 등록면허세, 레저세, 지방소비세		
			목적세	지역자원시설세, 지방교육세		
	기초자치단체	구세	보통세	재산세, 등록면허세, 주민세(사업소분, 종업원분)		
		시·군세	보통세	재산세, 자동차세, 담배소비세, 지방소득세, 주민세		

---

36 교통세의 정식명칭은 교통·에너지·환경세이나 여기에서는 줄여서 교통세라 한다.

> ➡ 유류세: 휘발유, 경유, 등유 등 각종 유류에 붙는 세금을 총칭하여 유류세라 한다. 현재 유류세에는 교통
> 세, 개별소비세(유류), 자동차세, 교육세(유류), 부가가치세(유류)가 포함된다.

(2) 직접세와 간접세

조세를 부담하는 자(= 담세자)와 납부하는 자(= 납세자)의 일치여부에 따라 직접세와 간접세로 분류할 수 있다. 담세자(擔稅者)와 납세자(納稅者)가 일치하면 직접세이고, 일치하지 않는 조세는 간접세이다.

직접세는 소득이나 재산에 따라 과세되어 담세력에 부응한 조세라는 점에서 합리적이나 조세저항이 크고 징수가 번잡하다는 것이 단점이다. 반면에 간접세는 조세저항이 작고 징수가 편리하여 조세수입의 확보가 용이하다는 장점이 있으나 개개인의 사정을 반영할 수 없어 비례세율을 적용함으로써 소득이 적은 자가 상대적으로 높은 조세를 부담한다는 것이 단점이다.

간접세는 일반적으로 소비세군에 속하는 조세로서 국세로는 부가가치세·개별소비세·주세·인지세·교통세 등이 있고, 지방세로는 담배소비세·지방소비세 등이 있다.

(3) 목적세와 보통세

조세를 사용목적 여부에 따라 구분하면 목적세와 보통세로 분류할 수 있다. 사용목적이 한정되어 있는 조세를 목적세라 하고, 사용목적이 한정되어 있지 않고 일반적인 운영경비를 위해 징수하는 조세를 보통세라 한다. 목적세에는 교육세·교통세·농어촌특별세·지역자원시설세·지방교육세 등이 있다.

(4) 독립세와 부가세

세원(稅源)의 독립성 여부에 따라 독립세와 부가세로 분류할 수 있다. 과세요건을 독립적으로 구비하고 있는 조세를 독립세라 하고, 독립적인 세원(稅源)이나 과세요건을 갖추지 못하고 다른 세목(稅目)의 결정된 세액을 기준으로 부과하는 조세를 부가세라 한다. 부가세에는 농어촌특별세·지방교육세 등이 있다.

(5) 종가세(從價稅)와 종량세(從量稅)

과세표준의 성질에 따른 분류이다. 과세표준이 과세물건의 가치(= 금액)인 조세는 종가세이고, 과세물건의 수량·면적·부피 등인 경우에는 종량세이다. 종가세는 과세의 공평을 기할 수 있으나 과세물건의 가치평가가 힘들고, 종량세는 과세표준결정은 간단하지만 그

부담이 불공평하게 될 우려가 있다(예: 자동차세·담배소비세 등).

(6) 인세(人稅)와 물세(物稅)

과세표준의 귀속에 따른 분류이다. 과세표준의 산정을 사람을 기준으로 하면 인세이고, 물건을 기준으로 하면 물세이다. 인세는 납세자의 담세능력과 인적사항을 고려하므로 합산과세 하며, 물세는 물건 자체에 대해 과세하므로 개별과세 한다. 인세로는 종합소득세·상속세·증여세·종합부동산세 등이 있으며, 물세로는 취득세·등록면허세·부가가치세 등이 있다.

(7) 정액세와 정률세

세율이 과세표준에 관계없이 일정한 금액으로 정해져 있는 조세를 정액세라 하고, 세율이 과세표준의 일정비율로 정해져 있는 조세를 정률세라 한다. 정률세는 다시 과세표준의 대소와 관계없이 세율이 일정한 비례세(예: 취득세·등록면허세 등)와 과세표준이 증가함에 따라 세율이 증가하는 누진세(예: 종합부동산세·재산세 등)로 구분된다.

(8) 소득세·재산세·소비세·유통세

과세물건의 형태에 따라서 소득세·재산세·소비세·유통세로 분류할 수 있다. ① 소득세는 소득에 대한 과세이고(예: 양도소득세·법인세 등), ② 재산세는 재산의 소유를 조세부담능력으로 보고 부과한다(예: 재산세·종합부동산세·자동차세 등). ③ 소비세는 재화나 용역의 구입 또는 소비를 과세물건으로 과세하고(예: 부가가치세·개별소비세·교통세 등), ④ 유통세는 권리의 이전이나 재화의 유통에 대하여 부과하며(예: 취득세·등록면허세·인지세·증권거래세 등) 거래세라고도 한다.

(9) 납세방식에 따른 분류

조세는 납세방식에 따라 크게 신고납부방식(신고납세제도)과 부과징수방식(부과과세제도)으로 구분할 수 있다. 신고납부방식은 납세의무자가 스스로 과세표준과 세액을 신고함으로써 조세채무를 확정하는 방식이며, 부과징수방식은 과세관청이 과세표준과 세액을 결정하여 부과하는 방식이다. 부과징수방식에서도 납세의무자에게 과세표준의 신고의무를 규정하는 경우가 있으나(예: 상속세 및 증여세법 67 및 68) 이는 과세관청의 조사·결정에 필요한 자료의 협력의무에 불과하다.

표 3.4.2 **납세방식의 비교**

구분		신고납부방식	부과징수방식
조세채무 확정	주체	납세의무자	과세관청
	절차	신고서 제출	조사 → 결정 → 통지(고지서 발급)
해당 조세(예시)		소득세, 법인세, 부가가치세, 취득세, 등록면허세, 지역자원시설세(특정자원분, 특정시설분), 주민세(사업소분, 종업원분) 등	상속세, 증여세, 종합부동산세, 재산세, 지역자원시설세(소방분), 주민세(개인분) 등
		병행: 지방교육세, 자동차세, 담배소비세 등	

2) 조세의 현황

(1) 조세의 특징

먼저, 조세부담률을 보면 우리나라는 2020년 현재 20.0%로서 OECD 회원국 평균보다는 낮은 수준이다. 조세부담률은 한 나라의 국내총생산에 대한 조세총액의 비율[즉, 조세총액(국세+지방세)/경상 GDP × 100]을 말하는 것으로, 한 나라 재정의 상대적 규모를 제시하는 지표가 된다.

표 3.4.3 **조세부담률의 비교**

구분	한국	미국	영국	독일	일본	덴마크	OECD 평균
2020년	20.0	19.2	25.9	23.1	–	46.5	24.5
2015년	18.5	20.0	26.4	23.1	18.6	45.8	25.0
2010년	19.3	18.3	28.3	22.1	15.9	44.8	24.6
2005년	18.9	20.8	29.0	20.9	17.3	49.7	26.6

주: 단위(%)

자료: 국세청

둘째, 국세의 비율을 보면 우리나라는 2020년 기준으로 국세가 73.7%를 차지하여 높은 편이다. 2021년 기준 주요국가의 국세비율을 보면 영국: 93.5%, 일본: 62.3%, 미국: 53.5%, 독일: 46.3%이며, OECD 회원국 평균은 80.3%이다. 국세비율은 조세총액에 대한 국세의 비율(즉, 국세 / 조세총액 × 100)을 말한다. 그동안 오랜 중앙집권적 행정체제와 국가주도의 발전전략에 의해 국세비율이 높았으나, 지방화시대를 맞이하여 국세와 지방세의 합리적인 조정이 필요하며, 지방세에 있어 광역자치단체와 기초자치단체의 세원조정도 필요한 실정이다.

표 3.4.4 　**국세비율의 추이**

구분	2020년	2015년	2010년	2005년
국세비율(%)	73.7	75.4	78.3	78.0

자료: 국세청 및 행정안전부

　현재 국세는 소득세와 소비세를 중심으로 운영되며, 지방세는 재산세와 유통세를 중심으로 운영된다. 따라서 국세는 소득의 증가 및 경제성장에 따라 세수가 자동적으로 증가하는 반면 지방세가 증가하려면 재산가치의 인상 및 거래의 활성화가 수반되어야 한다.[37]

　[그림 3.4.1]을 보면, 국세의 경우 소득세가 국세의 32.7%를 차지하여 세수비중이 가장 높았고, 그 다음으로 부가가치세(22.8%), 법인세(19.5%)의 순으로 나타났다. 한편, 지방세 중에는 취득세의 비중이 가장 높았고, 그 다음으로 지방소득세[38], 지방소비세의 순으로 비중이 높았다. 취득세는 유통세로서 대부분 부동산의 거래와 관련하여 부과되는데 그 비중이 높아 부동산의 경기에 따라 세수의 기복이 심해 지방재정을 불안정하게 하고 있다.

---

[37]　권형신 외(2001), 한국의 지방재정, 도서출판 해남, p.82.

[38]　2010. 1. 「지방세법」 개정시 국세인 부가가치세의 일부를 지방세로 전환하여 지방소비세를 신설하고, 종전의 소득할 주민세와 종업원할 사업소세를 통합하여 지방소득세를 신설하였다.

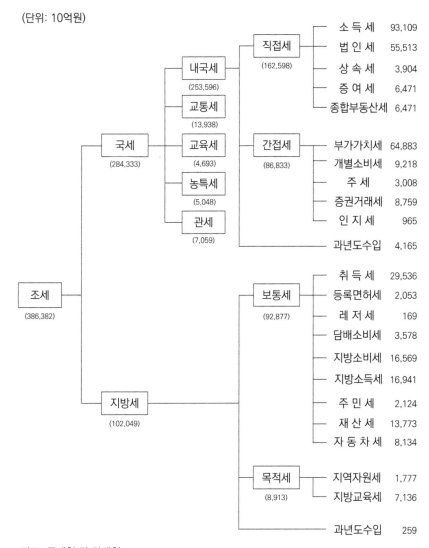

(단위: 10억원)

				소 득 세	93,109
				법 인 세	55,513
	내국세		직접세	상 속 세	3,904
	(253,596)		(162,598)	증 여 세	6,471
				종합부동산세	6,471
	교통세				
	(13,938)				
국세	교육세		간접세	부가가치세	64,883
(284,333)	(4,693)		(86,833)	개별소비세	9,218
	농특세			주 세	3,008
	(5,048)			증권거래세	8,759
	관세			인 지 세	965
	(7,059)			과년도수입	4,165

조세 (386,382)

			취 득 세	29,536
	보통세		등록면허세	2,053
	(92,877)		레 저 세	169
			담배소비세	3,578
			지방소비세	16,569
지방세			지방소득세	16,941
(102,049)			주 민 세	2,124
			재 산 세	13,773
			자 동 차 세	8,134
	목적세		지역자원세	1,777
	(8,913)		지방교육세	7,136
			과년도수입	259

자료: 통계청 및 관세청

그림 3.4.1 우리나라의 세수규모(2020)

(2) 지방세제도 개편(2010년)

종전의 「지방세법」을 「지방세기본법」, 「지방세법」, 「지방세특례제한법」의 3법으로 나누어(2010. 3.) 2011년부터 시행하고 있다. 지방세제도를 전면 개편한 것은 지방세에 관한 법률관계를 분명하게 하고, 지방세 세목의 간소화와 경정청구제도 도입 등으로 과세의 형평성과 납세행정의 효율성을 도모하는데 그 목적이 있다. 지방세 세목의 개편내용은 다음과 같다.

표 3.4.5 지방세 세목의 개편내용(2010년)

구분	종전 (16개 세목)	개편 (11개 세목)
중복과세 통·폐합	취득세 + 등록세(취득관련 분)	취득세
	재산세 + 도시계획세	재산세
유사세목 통합	등록세(취득 무관분) + 면허세	등록면허세
	공동시설세 + 지역개발세	지역자원시설세
	자동차세 + 주행세	자동차세
폐지	도축세	(폐지)
유지	주민세, 지방소득세, 지방소비세, 담배소비세, 레저세, 지방교육세	

3) 부동산조세의 내용

(1) 부동산조세의 연혁

1948년 대한민국 정부가 수립되면서 우리 실정에 맞는 조세제도를 마련하기 위하여 세제개혁위원회를 설치하였고, 1949. 7.「소득세법」제정 이후 조세에 관한 입법이 이어지면서 현대적 조세제도가 마련되었다.

부동산조세의 연혁을 정리하면 다음의 표와 같다.

표 3.4.6 부동산조세의 연혁

시 기	법 률	주요 내용	
		국세	지방세
1949. 07.	소득세법 제정	일반소득세·특별소득세	–
1949. 11.	법인세법 제정	법인세	–

시 기	법 률	주요 내용	
		국세	지방세
1949. 12.	지방세법 제정	–	• 도세: 국세부가세, 가옥세, 임야세, 부동산취득세 등 • 시·읍·면세: 국세부가세, 도세부가세, 차량세, 교통세 등
1950. 03.	상속세법 제정	상속세	–
1950. 04.	증여세법 제정	증여세	–
1950. 11.	지세법 제정	지세: 토지수익에 대한 조세	–
1951. 09.	임시토지수득세법 제정	토지수득세: 토지수익에 대한 조세를 통합(물납, 지세 부과 중지)	–
1952. 11.	상속세법 개정	증여세법 폐지통합	–
1960. 12.	토지세법 제정	농지세, 대지세: 지세법·임시토지수득세법 폐지	–
1961. 12.	국세와 지방세의 조정에 관한 법률	국세와 지방세를 조정: 토지세법 폐지	국세 중 농지세, 자동차세 등을 지방세에 통합
1961. 12.	소득세법 폐지제정	소득세(부동산소득·사업소득 등): 분류과세	–
1961. 12.	지방세법 폐지제정	–	• 도세: 국세부가세, 취득세, 자동차세, 면허세 등 • 시·군세: 국세부가세, 직세부가세, 재산세, 농지세 등
1967. 11.	소득세법 전부개정	소득세(부동산소득·배당이자소득·사업소득·근로소득·기타소득): 부분적인 종합소득세 신설	–
1967. 11.	부동산 투기억제에 관한 특별조치세법 제정	부동산투기억제세: 신고납부	–
1974. 12.	소득세법 전부개정	소득세(종합소득·퇴직소득·양도소득·산림소득): 양도소득세 신설(부동산투기억제세 폐지)	–
1976. 12.	부가가치세법 제정	부가가치세: 신고납부	–
1986. 12.	지방세법 개정	–	토지과다보유세 신설

시 기	법 률	주요 내용	
		국세	지방세
1989. 06.	지방세법 개정	–	종합토지세 신설 (토지과다보유세 통·폐합)
1989. 12.	토지초과이득세법 제정	토지초과이득세: 신고납부	–
1994. 03.	농어촌특별세법 제정	농어촌특별세	–
1994. 12.	소득세법 전부개정	소득세: 신고납부제도로 전환	–
1998. 12.	토지초과이득세법 폐지	토지초과이득세 폐지	–
2005. 01.	종합부동산세법 제정	종합부동산세: 신고납부	–
	지방세법 개정	–	종합토지세를 재산세에 통합
2007. 01.	종합부동산세법 개정	부과징수방식으로 전환	–
2010. 01	지방세법 개정	–	지방소비세·지방소득세 신설
2010. 03.	지방세법 전부개정	–	지방세 세목의 통·폐합
2014. 01.	지방세법 개정	–	지방소득세를 부가세 방식에서 독립세 방식으로 전환
2020. 12.	소득세법 개정	금융투자소득세 신설 (시행: 2023. 01.)	–
2022. 12.	소득세법 개정	금융투자소득세 시행 2년 유예 (시행: 2025. 01.)	–

2023. 03.	지방세법 개정	–	• 별장에 대한 취득세·재산세
			  중과 폐지
			• 주택 재산세의 과세표준상한제
			  도입 및 주택의 세부담상한제
			  폐지

2023. 12.	상속세 및 증여세법 개정	혼인·출산 증여재산 공제제도 도입	–
2024. 12.	소득세법 개정	금융투자소득세 폐지	–

(2) 부동산조세의 현황

부동산조세를 보유단계에 따라 구분하면 거래과세와 보유과세로 구분할 수 있다. 거래과세는 부동산을 취득하거나 양도할 경우 과세하는 것으로 소유권 이전 시에 한번만 과세하며, 보유과세는 부동산을 보유할 경우 과세대상이 되는 것으로 매년 과세한다. 현재 우리나라는 보유과세에 비해 거래과세의 비중이 상대적으로 높은 편이다.

한편, 부가가치세, 법인세, 농어촌특별세, 등록면허세, 지방교육세, 지방소득세 등은 납세의무자의 유형에 따라 과세 유형이 달라지므로 거래과세와 보유과세 모두에 속한다.

표 3.4.7 **보유단계별 부동산조세의 현황**

구분		국세	지방세
거래과세 (1회 과세)	취득단계	상속세, 증여세, 인지세, 부가가치세, 농어촌특별세	취득세, 등록면허세, 지방교육세
	양도단계	(양도)소득세, (사업)소득세, 법인세, 부가가치세, 농어촌특별세	지방소득세
보유과세 (매년 과세)	보유단계	(사업)소득세, 법인세, 부가가치세, 종합부동산세, 농어촌특별세	재산세, 지역자원시설세(소방분), 지방교육세, 지방소득세, 등록면허세, 주민세(사업소분)

제2절 | 부동산 거래과세: 취득단계

1 취득세

1) 의의

취득은 매매·교환·상속·증여·기부·법인에 대한 현물출자·건축·개수(改修)·공유수면매립·간척에 의한 토지의 조성 등과 그 밖에 이와 비슷한 취득으로서 원시취득·승계취득 또는 유상취득·무상취득을 불문한 일체의 취득을 말하며, 토지의 지목변경 등도 취득으로 간주하고 있다.

과세대상은 부동산·차량·기계장비·항공기·선박·입목·광업권·어업권·(골프·승마·콘도미니엄·종합체육시설이용·요트)회원권의 취득이다. 여기서 부동산이란 토지 및 건축물을 말하며, 건축물은 「건축법」에 따른 건축물(이와 유사한 형태의 건축물을 포함한다)과 토지에 정착하거나 지하 또는 다른 구조물에 설치하는 레저시설, 저장시설, 도크(dock)시설, 접안시설, 도관시설, 급수·배수시설, 에너지 공급시설 및 그 밖에 이와 유사한 시설(이에 딸린 시설을 포함한다)로서 대통령령으로 정하는 것을 말한다.

▶ 권리의 취득 구분

1) 원시취득(原始取得): 타인의 권리에 기초함이 없이 독립하여 권리를 취득하는 것으로서 권리의 절대적 발생 이라고도 한다. 건물의 신축·취득시효·선의취득·무주물선점·유실물습득·매장물발견 등이 이에 속한다. 원시취득은 타인 즉, 전소유자의 권리에 기하지 않은 취득이므로 전소유자가 없거나 무권리자(無權利者)이더라도 권리의 취득이 인정되며, 전소유자의 권리에 제한(制限)이나 하자(瑕疵)가 있더라도 그러한 제한이나 하자가 없는 완전한 권리를 취득한다.

2) 승계취득(承繼取得): 타인의 권리에 기한 취득으로서 권리의 상대적 발생이라고도 한다. 승계취득은 전소유자의 권리를 승계하는 것이므로 전소유자가 무권리자(無權利者)이면 권리를 취득할 수 없고, 그 권리에 제한(制限)이나 하자(瑕疵)가 있으면 이를 그대로 승계한다. 승계취득은 다시 특정승계(特定承繼)와 포괄승계(包括 承繼)로 구분된다. 특정승계는 매매의 경우처럼 개개의 권리가 각각의 취득원인에 의해 취득되는 것이며, 포괄승계는 상속의 경우처럼 하나의 취득원인에 의해 다수의 권리가 일괄해서 취득되는 것이다.

---

2) 과세표준

과세표준은 취득 당시의 가액으로 한다. ① 부동산등을 무상취득하는 경우 취득당시가액은 취득시기 현재 불특정 다수인 사이에 자유롭게 거래가 이루어지는 경우 통상적으로 성립된다고 인정되는 가액(매매사례가액, 감정가액, 공매가액 등 대통령령으로 정하는 바에 따라 시가로 인정되는 가액을 말하며, 이를 "시가인정액"이라 한다)으로 한다. 다만, 상속에 따른 무상취득의 경우에는 「지방세법」 제4조에 따른 시가표준액을 취득당시가액으로 한다. ② 부동산등을 유상거래(매매 또는 교환 등 취득에 대한 대가를 지급하는 거래를 말한다)로 승계취득하는 경우 취득당시가액은 대통령령으로 정하는 사실상의 취득가격으로 한다. ③ 부동산등을 원시취득하는 경우 취득당시가액은 사실상의 취득가격으로 한다.

한편, 토지 및 주택에 대한 시가표준액은 「부동산 가격공시에 관한 법률」(약어로 부동산 공시법이라 한다)에 따라 공시된 가액(價額)으로 한다. 토지 및 주택을 제외한 과세대상(즉, 건축물, 선박, 항공기 및 그 밖의 과세대상)에 대한 시가표준액은 대통령령으로 정하는 기준에 따라 지방자치단체의 장이 결정한 가액으로 한다(지방세법 4).

| 표 3.4.8 | 과세표준 관련 부동산가격 공시 · 고시 현황 |

구분		최초고시일	고시일	주관기관	활용
토지 (공시지가)	개별공시지가	1990. 8. 30	5월 말	시·군·구청장	모든 국세 및 지방세
주택 (공시가격)	개별주택가격	2005. 4. 30	4월 말	시·군·구청장	모든 국세 및 지방세
	공동주택가격	2006. 4. 28	4월 말	국토교통부장관	모든 국세 및 지방세
비주거용 건물 (고시가격)	기준시가 (오피스텔 ·상업용 건물)	2005. 1. 1	1월 초	국세청장	상속세, 증여세, 양도소득세
	기준시가 (기타 건물)	2001. 1. 1	1월 초	국세청장	국세
	시가표준액	1945. 1. 1	1월 초	시·군·구청장	지방세

3) 세율 및 납부

표준세율은 다음의 표와 같다. 다만, 조례로 표준세율의 50% 범위에서 가감할 수 있다. 한편, 과밀억제권역 안의 취득이나 골프장·고급주택·고급오락장·고급선박 등을 취득하는 경우에는 중과하며(지방세법 13)[39], 취득세 등 지방세의 감면 및 특례에 관한 사항은 「지방세특례제한법」(약어로 지방세특례법이라 한다)에서 규정한다.

한편, 취득세 과세물건을 취득한 자는 취득일로부터 60일[무상취득(상속은 제외한다) 또는 증여자의 채무를 인수하는 부담부 증여로 인한 취득의 경우는 취득일이 속하는 달의 말일부터 3개월, 상속으로 인한 경우는 상속개시일이 속하는 달의 말일부터, 실종으로 인한 경우는 실종선고일이 속하는 달의 말일부터 각각 6개월(외국에 주소를 둔 상속인이 있는 경우에는 각각 9개월)] 이내에 신고·납부하여야 한다.

---

39 별장에 대한 취득세 중과는 2023. 03. 폐지되었다.

표 3.4.9 취득세의 세율

구분			세율
표준세율	부동산	상속으로 인한 취득	2.8% (농지 2.3%)
		상속 이외의 무상취득 (예: 증여, 시효취득 등)	3.5% (비영리사업자 2.8%)
		원시취득	2.8%
		공유물[40]·합유물 및 총유물의 분할	2.3%
		그 밖의 취득 [예: 유상취득(매매, 교환)]	4.0% (농지 3.0%)
		주택 / 6억원 이하	1.0%
		주택 / 6억원 초과~9억원 이하	주) 참조
		주택 / 9억원 초과	3.0%
	선박	(종류·취득원인 등에 따라 차등)	2.0~3.0%
	차량	(종류·용도 등에 따라 차등)	2.0~7.0%
	기계장비	(등록대상 여부에 따라 차등)	2.0~3.0%
	항공기	(종류에 따라 차등)	2.0~2.02%
	광업권·어업권·양식업권, 입목, 회원권	-	2.0%

주: (취득당시가액 × 2/3억원 - 3) × 1/100

▶ 고급주택: 고급주택은 취득세가 중과된다(지방세법 13 ⑤). 즉, 표준세율에 8%를 합한 세율을 적용한다. 고급주택의 범위는 「지방세법시행령」 제28조제4항에 규정되어 있다. 이 규정에 의하면 공동주택의 경우 건축물 연면적(공용면적은 제외)이 245㎡(복층형은 274㎡로 하되, 한 층의 면적이 245㎡를 초과하는 것은 제외)를 초과하고, 취득 당시 시가표준액이 9억원을 초과하면 고급주택에 해당한다. 따라서 대부분의 공동주택은 전용면적이 245㎡(복층형은 274㎡) 이하이다.

----

40 공유물을 공유자의 지분에 따라 분할하는 경우 세율의 특례(지방세법 15 ①)에 의거 표준세율에서 중과기준세율(2%: 지방세법 제6조제19호 참조)을 뺀 세율을 적용하므로 실제 0.3%가 적용된다.

4) 간주취득세

(1) 의의

간주취득세제는 토지의 지목을 사실상 변경함으로써 그 가액이 증가한 경우에 이를 독립적 취득으로 보아 토지소유자에게 과세하는 것으로 지목변경을 통하여 지가가 상승한 경우 얻게 된 개발이익의 일부를 환수하기 위해 1970. 1.「지방세법」개정을 통해 도입되었다. 사실상 지목변경이란 공부상의 등재여부에 관계없이 토지의 실제 용도가 「공간정보법」에서 정의하고 있는 지목의 종류대로 사용되어 짐을 의미한다.

(2) 과세표준 및 세율

과세표준은 사실상의 지목변경으로 인해 증가한 가액으로 하며, 토지의 지목변경으로 인해 증가한 가액은 토지의 지목이 사실상 변경된 때를 기준으로 하여 지목변경 후의 시가표준액에서 지목변경 전의 시가표준액을 뺀 가액으로 한다(지방세법령 18-6). 다만, 판결문 또는 법인장부에 의해 지목변경에 소요된 비용이 입증되는 경우에는 그 비용으로 한다.

ㄹ (등록에 대한) 등록면허세

1) 의의

등록에 대한 등록면허세는 재산권과 그 밖의 권리의 설정·변경 또는 소멸에 관한 사항을 공부에 등기 또는 등록하는 경우에 그 등기 또는 등록을 하는 자에게 부과한다. 등기 또는 등록에는 부동산등기, 선박의 등기·등록, 자동차등록, 건설기계등록, 항공기등록, 공장재단·광업재단의 등기, 법인등기, 상호등기, 광업권·조광권의 등록, 어업권·양식업권의 등록, 특허권·실용신안권·디자인권·저작권의 등록, 상표등록 등이 있다.[41]

종전의 등록세 과세대상 중 재산권과 그 밖의 권리의 취득으로 인한 과세는 취득세로 통합되고, 취득행위가 없는 권리의 설정·변경 또는 소멸에 관한 사항은 면허세와 통합되어 등록면허세로 개편되었다. 따라서 등록면허세는 등록에 대한 등록면허세와 면허에 대한 등록면허세가 있다.

2) 과세표준

부동산, 선박, 항공기, 자동차 및 건설기계의 등록에 대한 등록면허세의 과세표준은 등

---

41 준부동산의 내용과 공시방법에 대해서는 제1편 제2장 제1절 참조(pp.31~35)

록 당시의 가액으로 한다. 부동산의 경우 유형별로 과세표준은 <표 3.4.10>을 참고하면
된다.

3) 세율 및 납부

부동산등기의 경우 등록면허세의 세율은 다음의 표와 같다. 등기·등록을 하고자 하는
자는 등기·등록을 하기 전까지 등기 또는 등록관청 소재지를 관할하는 지방자치단체의
장에게 등록면허세를 신고·납부하여야 한다.

표 3.4.10 등록면허세의 과세표준과 세율

구분			과세표준	세율	비고
부동산 등기	소유권	보존등기	부동산 가액	0.8%	최저: 6,000원
		이전등기 / 유상으로 인한 이전	부동산 가액	2.0%	
		이전등기 / 무상으로 인한 이전	부동산 가액	1.5%(상속: 0.8%)	
	소유권 이외	설정 및 이전 / 지상권	부동산 가액[42]	0.2%	
		설정 및 이전 / 지역권	요역지 가액	0.2%	
		설정 및 이전 / 전세권	전세금액	0.2%	
		설정 및 이전 / 저당권	채권금액	0.2%	
		설정 및 이전 / 임차권	월 임대차금액	0.2%	
		경매신청·가압류·가처분	채권금액	0.2%	
		가등기	부동산 가액 또는 채권금액	0.2%	
		그 밖의 등기	건당	6,000원	

---

42 다만, 구분지상권의 경우에는 해당 토지의 지하 또는 지상 공간의 사용에 따른 건축물의 이용저해
율(利用沮害率), 지하 부분의 이용저해율 및 그 밖의 이용저해율 등을 고려하여 행정안전부장관이
정하는 기준에 따라 특별자치시장·특별자치도지사·시장·군수 또는 구청장이 산정한 해당 토지가
액을 말한다.

③ 상속세

1) 의의

상속은 사람이 사망한 경우에 피상속인의 재산상 권리·의무가 상속인에게 포괄적으로 무상승계되는 것이며, 상속세는 상속에 대해 부과되는 세금이다.[43] 즉, 상속세는 상속인에게 상속재산을 과세대상으로 하고 그 가액을 과세표준으로 하여 과세한다. 여기서 상속인은 재산을 상속받을 사람, 피상속인은 사망 또는 실종된 사람을 말하고, 상속개시일은 피상속인의 사망일 또는 실종선고일이다.

여기서 「민법」상 상속의 순위와 법정상속분에 대해 정리하면 다음의 표와 같다.

표 3.4.11 상속의 순위 (민법 제1000조, 제1003조)

1순위	직계비속·배우자	항상 상속인이 된다.
2순위	직계존속·배우자	직계비속이 없는 경우 상속인이 된다.
3순위	형제자매	1, 2순위가 없는 경우 상속인이 된다.
4순위	4촌 이내의 방계혈족	1, 2, 3순위가 없는 경우 상속인이 된다.

- 상속분: 피상속인은 유언에 의해 공동상속인의 상속분을 지정할 수 있으며(유언상속), 유언상속이 없는 경우에는 「민법」에 규정된 법정상속분에 따라 상속재산을 분할한다.
- 법정상속분(민법 제1009조): 같은 순위의 상속인이 여러 명인 때에는 그 상속분은 동일한 것으로 하고, 배우자의 상속분은 직계비속과 공동으로 상속하는 때에는 직계비속 상속분에 5할을 가산하고 직계존속과 공동으로 상속하는 때에는 직계존속 상속분에 5할을 가산한다.

---

43 우리나라는 상속세의 세율이 높다는 지적이 많은데 영미계통의 국가는 상속세를 아예 폐지하고 있다. 그 근거로는 첫째, 상속세는 세수의 비중이 높지 않음에도 징수가 어렵고, 둘째, 납세자의 순응비용과 정부의 집행비용이 많이 소요되며, 셋째, 기업의 경우는 국가가 상속세를 받는 것보다 기업이 계속 소유·운영하는 것이 효율적이 라는 판단 때문이다[민태욱(2014), 부동산조세법, 부연사, p.177].

표 3.4.12 　법정상속분 (민법 제1009조): 예시

구분	상속인	법정상속	
		상속분	배분율
피상속인의 자녀 및 배우자가 있는 경우	장남·배우자	장남 1	2/5
		배우자 1.5	3/5
	장남·장녀(미혼)·배우자	장남 1	2/7
		장녀 1	2/7
		배우자 1.5	3/7
	장남·장녀(출가)·차남·차녀(미혼)·배우자	장남 1	2/11
		장녀 1	2/11
		차남 1	2/11
		차녀 1	2/11
		배우자 1.5	3/11
피상속인의 자녀가 없고 배우자 및 직계존속(부·모)이 있는 경우		부 1	2/7
		모 1	2/7
		배우자 1.5	3/7

2) 과세가액

상속세 과세가액 = 총상속재산 + 증여재산 – 비과세재산 – 불산입재산 – 공과금 등
총상속재산 = 상속재산 + 간주상속재산 + 추정상속재산

(1) 상속재산

상속재산이란 피상속인에게 귀속되는 모든 재산을 말하며, 금전으로 환산할 수 있는 경제적 가치가 있는 모든 물건과 재산적 가치가 있는 법률상 또는 사실상의 모든 권리를 포함한다.

(2) 간주상속재산

상속재산은 아니지만 피상속인의 사망으로 인하여 무상으로 이전되는 재산을 말한다.
① 피상속인의 사망으로 인하여 받게 되는 생명보험금 또는 손해보험금
② 피상속인이 신탁한 재산과 신탁으로 인하여 피상속인이 받는 이익
③ 피상속인의 사망으로 인하여 지급되는 퇴직금·연금 등

(3) 추정상속재산

추정상속재산은 상속개시일 전에 피상속인이 재산을 처분하였거나 채무를 부담한 금액 중 그 사용용도가 객관적으로 명백하지 않은 금액을 상속받은 것으로 추정하여 상속재산가액에 산입하는 재산을 말한다(상속세 및 증여세법 15).

① 피상속인의 재산을 처분하여 받거나 피상속인의 재산에서 인출한 금액이 재산종류별로 합산하여 상속개시일 전 1년 이내에 2억원 이상인 경우와 상속개시일 전 2년 이내에 5억원 이상인 경우로서 용도가 객관적으로 명백하지 아니한 경우

② 피상속인이 부담한 채무의 합계액이 상속개시일 전 1년 이내에 2억원 이상인 경우와 상속개시일 전 2년 이내에 5억원 이상인 경우로서 용도가 객관적으로 명백하지 아니한 경우

▶ 간주(看做)와 추정(推定): 이는 대체로 입증의 곤란을 구제하기 위한 제도이다. 간주는 어떠한 사실에 대해 그것이 진실에 부합하는지 여하를 불문하고, 또 당사자가 그 반대의 사실을 입증하더라도 법에서 어떠하다고 정하고 이를 번복하지 않는 것을 말하며, 의제(擬制)라고도 한다. 추정은 명확하지 않은 사실에 대해 일단 법에서 규정한 대로 법률효과를 발생시키는 것으로, 추정된 사실이 진실에 반한다고 다투는 자가 반대증거를 제출하면 그에 따라 번복될 수 있다. 미성년자가 혼인하면 성년으로 간주하며(성년의제, 민법 826-2), 수명의 사망자 중 누가 먼저 사망했는가를 알 수 없으면 동시에 사망한 것으로 추정한다(동시사망의 추정, 민법 30).

---

(4) 증여재산

현행 「상속세 및 증여세법」에서는 사전증여를 통하여 상속세를 회피하지 못하도록 하기 위하여 다음에 해당하는 증여재산가액은 상속세 과세가액에 가산한다(법률 13).

① 사망하기 전 10년 이내에 피상속인이 상속인에게 증여한 재산가액

② 사망하기 전 5년 이내에 피상속인이 상속인이 아닌 자에게 증여한 재산가액

(5) 비과세재산

다음의 재산 등에 대해서는 상속세를 부과하지 아니한다(법률 12).

① 국가, 지방자치단체 또는 대통령으로 정하는 공공단체에 유증한 재산

② 제사를 주재하고 있던 선조의 분묘에 속한 9,900㎡ 이내의 금양임야 또는 분묘에 속한 1,980㎡ 이내의 묘토인 농지로서 재산가액의 합계액 2억원 이내

③ 그 밖에 법령에서 정하는 재산

(6) 불산입재산

① 공익법인 등의 출연재산: 상속재산 중 피상속인 또는 상속인이 공익법인 등에게 출연한 재산가액은 신고기한 이내에 출연한 경우에 한하여 상속세 과세가액에 산입하지 아니한다.

② 공익신탁재산: 상속재산 중 피상속인 또는 상속인이 공익신탁[44]을 통하여 공익법인 등에 출연하는 재산의 가액은 상속세 과세가액에 산입하지 아니한다.

(7) 공과금 등

공과금·장례비용 및 채무 등은 상속재산가액에서 차감한다(제14조). 여기서 채무는 상속개시 당시 피상속인의 채무로서 상속인이 실제로 부담하는 사실이 대통령령에 따라 증명되는 것을 말한다.

▶ 상속포기(相續拋棄)와 한정승인(限定承認): 상속재산보다 채무가 많은 경우에도 상속인의 의사를 무시하고 자산과 부채를 모두 상속인에게 승계시킨다면 상속인에게 손해를 강요하는 것으로서 가혹하므로 상속인을 보호하는 제도를 두고 있다.

1) 상속포기: 상속포기는 상속인에게 승계된 모든 재산상의 권리와 의무를 전면적으로 거부하는 것을 말한다. 상속인이 상속을 포기하고자 하는 경우에는 상속이 개시된 것을 안 날로부터 3개월 내에 가정법원에 포기의 신고를 하여야 한다(민법 제1041조).

2) 한정승인: 한정승인은 상속인이 상속으로 인하여 취득할 재산의 한도 내에서 피상속인의 채무와 유증(遺贈)을 변제할 것을 조건으로 상속을 승인하는 것을 말한다. 상속인이 한정승인을 하고자 하는 경우에는 상속이 개시된 것을 안 날로부터 3개월 내에 상속재산의 목록을 첨부하여 가정법원에 한정승인의 신고를 하여야 한다(민법 제1030조).

---

3) 상속세의 계산

상속세 과세표준 = 상속세 과세가액 − 상속공제
상속세 = 상속세 과세표준 × 세율

(1) 상속재산의 가액

상속받은 재산의 가액은 원칙적으로 상속개시일 현재의 시가(時價)에 따른다. 시가는 불특정 다수인 사이에 자유롭게 거래가 이루어지는 경우에 통상적으로 성립된다고 인정

---

[44] 「공익신탁법」에 따른 공익신탁으로서 종교·자선·학술 또는 그 밖의 공익을 목적으로 하는 신탁을 말한다(상속세 및 증여세법 제17조).

되는 가액으로 하고 수용가격·공매가격 및 감정가격 등 대통령령으로 정하는 바에 따라 시가로 인정되는 것을 포함한다. 따라서 평가기준일[45] 전후 6개월(증여재산의 경우에는 증여일 전 6개월부터 평가기준일 후 3개월) 이내의 기간 중에 당해 재산에 대한 매매·감정평가·수용(보상)·경매 또는 공매가 있는 경우에는 그 거래가액·2 이상의 감정기관이 평가한 감정가액의 평균액·보상가액·경매 또는 공매가액을 시가로 본다(상속세 및 증여세법 60).

▶ 시가, 시가(時價), 시가(市價): 법령에서 '시가'라는 용어를 다양하게 표현하여 혼란이 있다. ① 한자어의 병기 없이 시가로 표현한 경우이다. 소득세법(제96조 등), 법인세법(제52조 등), 자산재평가법(제7조) 등이 예이다. ② 시가(時價)로 표현한 경우이다. 부가가치세법(제29조 및 시행령 제62조), 상속세 및 증여세법(제60조), 공유재산 및 물품관리법(제30조), 국유재산법(제44조) 등이 예이다. ③ 시가(市價)로 표현한 경우이다. 주택법(제22조), 건축법(제17조의2) 등이 예이다. 한편, 「법인세법」에서는 시가를 '건전한 사회 통념 및 상거래 관행과 특수관계인이 아닌 자 간의 정상적인 거래에서 적용되거나 적용될 것으로 판단되는 가격'으로 정의했고(제52조), 「부가가치세법」에서는 시가(時價)를 '사업자가 특수관계인이 아닌 자와 해당 거래와 유사한 상황에서 계속적으로 거래한 가격 또는 제3자 간에 일반적으로 거래된 가격' 등으로 하도록 규정했으며(시행령 62), 「상속세 및 증여세법」에서는 시가(時價)를 '불특정 다수인 사이에 자유롭게 거래가 이루어지는 경우에 통상적으로 성립된다고 인정되는 가액'으로 규정했다(제60조).

▶ 시가 또는 감정평가액이 기준시가보다 높은 경우에는 상속개시일 전후 6개월(증여재산의 경우에는 증여일 전 6개월부터 증여일 후 3개월) 이내에는 상속재산(증여재산)을 처분하거나 감정평가를 받지 않는 것이 좋다. 반대로 시가가 기준시가 보다 낮은 경우에는 상속세 및 증여세 납부외의 평가목적(예: 일반거래, 담보 등)으로 2 이상의 감정기관의 감정평가를 통해 상속세(증여세)를 절세할 수도 있다.

한편, 시가를 산정하기 어려운 경우에는 해당 재산의 종류, 규모, 거래 상황 등을 고려하여 법령에 규정된 방법으로 평가한 가액을 시가로 본다(상속세 및 증여세법 61～65 참조). 여기서 건물에 대해 기준시가와 시가표준액의 내용을 비교하면 다음의 표와 같다.

표 3.4.13 기준시가와 시가표준액의 비교: 건물

구분	기준시가	시가표준액
결정권자	국세청장	시장·군수·구청장

---

45 상속의 경우 상속개시일, 증여의 경우 증여일을 말한다.

구분	기준시가	시가표준액
산출체계	건물신축가격기준액 × 구조지수 × 용도지수 × 위치지수 × 경과연수별잔가율 × 개별특성조정율	건물신축가격기준액 × 구조지수 × 용도지수 × 위치지수 × 경과연수별잔가율 × 가감산율
건물신축 가격기준액	국세청장이 고시	좌동(국세청장이 고시하는 금액 적용)
산정범위	비주거용 건물 중 상업용 건물과 오피스텔 제외	비주거용건물 전부
활용	국세 중 상속세, 증여세, 양도소득세	지방세 중 취득세, 등록면허세, 재산세
비고	동일한 건물이더라도 기준시가와 시가표준액의 차이가 있음[산출체계가 동일한 구조이나 구조지수, 용도지수, 위치지수, 경과연수별잔가율, 개별특성조정률(가감산율)의 내용에 차이 있음]	

▶ 오피스텔 및 상업용 건물에 대한 기준시가는 상속세, 증여세, 양도소득세 과세 시 활용하고 있으며, 국세 중 종합부동산세와 지방세인 취득세, 등록면허세, 재산세 등에는 활용하지 않는다(지방자치단체의 시가표준액 활용). 현재 오피스텔 및 상업용 건물에 대한 기준시가는 수도권·지방광역시·세종특별자치시에 소재하고, 구분소유하는 오피스텔 전체와 건물 연면적 3,000㎡ 이상이거나 100호 이상의 상업용 건물에 대해 토지와 건물을 일괄하여 호별 ㎡당 단가를 고시하고 있다. 따라서 각 호별 기준시가는 ㎡당 고시 가액에 면적(전용면적과 공용면적을 합한 면적)을 곱하여 산정한다.

(2) 상속공제

① 기초공제: 2억원
② 배우자상속공제: 배우자가 실제로 상속받은 금액의 경우 법령에서 정한 기준에 의한 금액과 30억원 중 작은 금액을 공제한다. 다만, 배우자가 상속받은 금액이 없거나 상속받은 금액이 5억원 미만인 경우에는 5억원을 공제한다(법률 19).
③ 그 밖의 인적공제: 자녀[46] 또는 동거가족 중 미성년자·65세 이상자·장애인이 있는 경우 법령에서 정한 기준에 의한 금액을 상속세 과세가액에서 공제한다(법률 20).
④ 일괄공제: 기초공제 2억원과 기타 인적공제의 합계금액을 항목별로 공제받는 대신에 일괄적으로 5억원을 공제할 수도 있다(선택가능).
⑤ 금융재산 상속공제: 상속재산 중에 금융기관이 취급하는 예금·적금·신탁·예탁금·출자금 등 금융자산이 포함되어 있는 경우에는 다음의 금액을 공제한다. 여기서 순금융재산의 가액은 금융재산의 가액에서 금융채무를 뺀 가액을 말한다.

---

46 자녀공제의 경우 나이 또는 동거여부는 무관하다. 따라서 상속인으로서 자녀이면 공제대상이다.

- 순금융재산의 가액이 2천만원을 초과하는 경우: 순금융재산의 가액 × 20% 또는 2천만원 중 큰 금액(단, 2억원 한도)
- 순금융재산의 가액이 2천만원 이하인 경우: 순금융재산의 가액

⑥ 재해손실공제: 상속세 신고기한 내에 재난으로 인하여 상속재산이 멸실·훼손된 경우에는 그 손실가액을 상속세 과세가액에서 공제한다. 다만, 보험금 수령 또는 구상권 등의 행사에 의하여 손실을 보전받을 수 있는 경우에는 그러하지 아니하다.

⑦ 한편, 가업상속 또는 영농상속의 경우에는 법령에서 정한 기준에 의한 금액을 공제한다(법률 제18조2~제18조의4 참조).

4) 세율 및 납부

표 3.4.14   상속세의 세율

과세표준	세율	누진공제액
1억 이하	10%	–
1억 초과 5억 이하	20%	1천만원
5억 초과 10억 이하	30%	6천만원
10억 초과 30억 이하	40%	1억6천만원
30억 초과	50%	4억6천만원

상속세는 상속개시일이 속하는 달의 말일부터 6개월(피상속인이나 상속인이 외국에 주소를 둔 경우는 9개월) 이내에 피상속인의 주소지 관할세무서에 상속세를 신고·납부하여야 한다(제67조 및 제70조).

4 증여세

1) 의의

증여세는 타인으로부터 무상으로 재산을 취득하는 경우 취득자에게 무상으로 받은 재산가액을 기준으로 하여 부과하는 세금이다. 「상속세 및 증여세법」에서 "증여"란 그 행위 또는 거래의 명칭·형식·목적 등과 관계없이 직접 또는 간접적인 방법으로 타인에게 무상으로 유형·무형의 재산 또는 이익을 이전(移轉)(현저히 낮은 대가를 받고 이전하는 경우

를 포함)하거나 타인의 재산가치를 증가시키는 것을 말한다(법 2). 즉, 증여세는 완전포괄
주의 과세제도 도입으로 재산을 사실상 무상이전하는 경우에도 그 행위 또는 거래의 명
칭·형식·목적 등에 불구하고 증여세를 내야 하는 경우가 있으므로 부동산 등을 거래할
때는 유의할 필요가 있다.

　증여세의 과세목적은 국고적 목적보다는 소득의 재분배 또는 불로소득에 대한 중과라
는 사회정책적 목적이 더 강하다.

2) 과세대상

(1) 무상으로 이전받은 재산 또는 이익

(2) 저가 양수 또는 고가 양도에 따른 이익의 증여

① 특수관계인 간에 재산을 시가보다 낮은 가액으로 양수하거나 시가보다 높은 가액으
　로 양도한 경우로서 그 대가와 시가의 차액이 대통령령으로 정하는 기준금액 이상인
　경우
② 특수관계인이 아닌 자 간에 거래의 관행상 정당한 사유 없이 재산을 시가보다 현저
　히 낮은 가액으로 양수하거나 시가보다 현저히 높은 가액으로 양도한 경우로서 그
　대가와 시가의 차액이 대통령령으로 정하는 기준금액 이상인 경우

(3) 재산취득 후 재산가치의 증가에 따른 이익의 증여

　직업, 연령, 소득 및 재산상태로 보아 자력(自力)으로 해당 행위를 할 수 없다고 인정되
는 자가 다음 각 호의 사유로 재산을 취득하고 그 재산을 취득한 날부터 5년 이내에 개발
사업의 시행, 형질변경, 공유물(共有物) 분할, 사업의 인가·허가 등 대통령령으로 정하는
사유로 인하여 이익을 얻은 경우(법률 42-3).
　① 특수관계인으로부터 재산을 증여받은 경우
　② 특수관계인으로부터 기업의 경영 등에 관하여 공표되지 아니한 내부 정보를 제공받
　　아 그 정보와 관련된 재산을 유상으로 취득한 경우
　③ 특수관계인으로부터 증여받거나 차입한 자금 또는 특수관계인의 재산을 담보로 차
　　입한 자금으로 재산을 취득한 경우

(4) 부동산 무상사용 또는 재산사용 및 용역제공 등에 따른 이익의 증여

　타인의 부동산(그 부동산 소유자와 함께 거주하는 주택과 그에 딸린 토지는 제외한다)을

무상으로 사용함에 따라 이익을 얻은 경우(법률 37).

한편, 타인에게 시가보다 낮은 대가를 지급하거나 무상으로 타인의 재산(부동산과 금전은 제외한다)을 사용함으로써 이익을 얻은 경우 등 법령에서 정한 사유로 인하여 이익을 얻은 경우(법률 42).

(5) 그 밖의 경우

① 채무면제 등에 따른 증여(법률 36)
② 금전 무상대출 등에 따른 이익의 증여(법률 41-4)
③ 신탁이익·보험금의 증여(법률 33 및 34)
④ 합병·증자·감자·현물출자에 따른 이익의 증여(법률 38 ~ 39-3)
⑤ 전환사채 등의 주식전환 등에 따른 이익의 증여(법률 40) 등

(6) 증여의 추정

① 배우자 등에게 양도한 재산의 증여 추정: 배우자 또는 직계존비속에게 양도한 재산은 양도자가 그 재산을 양도한 때에 그 재산의 가액을 배우자등이 증여받은 것으로 추정하여 이를 배우자등의 증여재산가액으로 한다(법률 44).
② 재산 취득자금 등의 증여 추정: 재산 취득자의 직업, 연령, 소득 및 재산 상태 등으로 볼 때 재산을 자력으로 취득하였다고 인정하기 어려운 경우로서 대통령령으로 정하는 경우에는 그 재산을 취득한 때에 그 재산의 취득자금을 그 재산 취득자가 증여받은 것으로 추정하여 이를 그 재산 취득자의 증여재산가액으로 한다(법률 45).

▶ 종합부동산세와 관련하여 증여를 이용해 소유를 분산하는 것도 생각할 필요가 있다. 그러나 증여 금액의 단위가 큰 경우 명의이전에 필요한 취득·등록면허세와 증여세 부담이 문제가 되므로 신중을 기해야 한다. 따라서 증여는 매도(예정)시기가 많이 남아 있고 양도차익이 많을 때 하는 것이 좋다. 또한 분양권은 등기를 하기 전이므로 증여 한도 내에서 배우자에게 증여한다면 명의이전에 필요한 취득·등록면허세 부담이 없고 양도소득세도 절감하는 혜택을 볼 수 있다.

---

3) 증여세의 계산

증여세과세표준 = 증여재산가액 – 증여재산공제 – 혼인·출산 증여재산공제
증여세 = 증여세과세표준 × 세율

(1) 증여재산공제

증여재산공제는 증여가 친족간에 이루어진 경우 증여받은 재산의 가액에서 다음의 금액을 공제한다(법률 53). 다만, 수증자(受贈者)를 기준으로 당해 증여 전 10년 이내에 공제받은 금액과 당해 증여가액에서 공제받을 금액의 합계액은 다음 각 호의 공제금액을 한도로 한다.

① 배우자로부터 증여 받은 경우: 6억원

② 직계비속 및 직계존속으로부터 증여받은 경우: 5천만원. 다만, 미성년자가 직계존속으로부터 증여받은 경우에는 2천만원

③ ②호 외에 6촌 이내의 혈족, 4촌 이내의 인척으로부터 증여받은 경우: 1천만원

➡ 10년 내 동일인으로부터 증여받은 금액의 합계액이 증여재산공제액 이하인 경우에는 내야 할 증여세가 없으므로 신고를 하지 않아도 된다. 따라서 증여재산공제 한도 내에서 배우자나 자녀에게 미리 증여를 해두는 것이 좋다. 다만, 사망하기 전 10년 이내의 피상속인이 상속인에게 증여한 재산가액은 상속세 계산 시 이를 합산하므로 증여의 효과가 없다.

---

(2) 혼인 · 출산 증여재산공제

혼인·출산 증여재산공제제도는 혼인(결혼)과 출산비용의 세부담 완화를 위해 2023년 12월 「상속세 및 증여세법」 개정시 신설된 제도(법률 53-2)로 2024. 01. 01. 이후 증여받는 경우부터 적용하고 있다.

첫째, 혼인 증여개산공제는 거주자가 직계존속으로부터 혼인일(혼인관계증명서상 신고일을 말한다) 전후 2년 이내에 증여를 받는 경우 증여재산공제 및 출산 증여재산공제와 별개로 1억원을 증여세 과세가액에서 공제하는 것을 말한다.

둘째, 출산 증여재산공제는 거주자가 직계존속으로부터 자녀의 출생일(출생신고서상 출생일을 말한다) 또는 입양일(입양신고일을 말한다)부터 2년 이내에 증여를 받는 경우 증여재산공제 및 혼인 증여재산공제와 별개로 1억원을 증여세 과세가액에서 공제하는 것을 말한다.

한편, 혼인 증여재산공제와 출산 증여재산공제의 통합 공제한도는 1억원이다. 즉, 두 공제 금액을 합한 금액이 1억원을 초과하는 경우에는 그 초과하는 부분은 공제하지 아니한다.

4) 세율 및 납부

증여세의 세율은 상속세와 동일하고, 증여를 받은 사람(수증자)은 증여받은 날이 속하는 달의 말일부터 3개월 이내에 주소지 관할 세무서에 증여세를 신고·납부하여야 한다(법률 68).

한편, 수증자가 증여자의 자녀가 아닌 직계비속인 경우에는 증여세산출세액에 30%를 가산한다(법률 57). 즉, 1세대 이상을 건너뛴 증여의 경우 할증하여 과세한다. 다만, 증여자의 최근친인 직계비속이 사망하여 그 사망자의 최근친인 직계비속이 증여받은 경우에는 가산하지 않는다.

5) 자금출처조사

(1) 의의

자금출처조사란 거주자 또는 비거주자의 재산 취득(해외유출 포함), 채무의 상환 등에 소요된 자금과 이와 유사한 자금의 원천이 직업·연령·소득 및 재산상태 등으로 보아 본인의 자금능력에 의한 것이라고 인정하기 어려운 경우, 그 자금의 출처를 밝혀 증여세 등의 탈루여부를 확인하기 위하여 행하는 세무조사를 말한다(국세청훈령, 상속세 및 증여세 사무처리규정 제1조 참조).

(2) 자금출처조사의 배제

재산취득일 전 또는 채무상환일 전 10년 이내에 주택과 기타재산의 취득가액 및 채무 상환금액이 각각 다음의 기준금액 미달하고, 주택취득자금, 기타재산의 취득자금 및 채무 상환자금의 합계액이 총액한도 기준에 미달하는 경우에는 증여받은 것으로 추정하지 않는다. 다만, 기준금액 이내라 하더라도 타인으로부터 증여사실이 확인될 경우에는 증여세 과세대상이 된다(상속세 및 증여세 사무처리규정 제42조).

표 3.4.15 증여추정 배제기준

구분	취득재산		채무상환	총액한도
	주 택	기타재산		
40세 이상	3억원	1억원	5천만원	4억원
30세 이상	1.5억원	5천만원	5천만원	2억원
30세 미만	5천만원	5천만원	5천만원	1억원

5 기타

1) 인지세

인지세는 재산에 관한 권리 등의 창설·이전 또는 변경에 관한 계약서 기타 이를 증명하는 문서를 작성하는 경우, 정부수입인지를 증서에 첨부함으로써 납세의무가 이행되는 자기계산에 의해 자진 납부하는 국세이다(인지세법).

표 3.4.16 부동산 소유권 이전에 관한 증서의 기재금액별 인지세액

기재금액	세 액	기재금액	세 액
1천만원 초과 ~ 3천만원 이하	2만원	1억원 초과 ~ 10억원 이하	15만원
3천만원 초과 ~ 5천만원 이하	4만원	10억원 초과	35만원
5천만원 초과 ~ 1억원 이하	7만원	–	–

2) 농어촌특별세

(1) 의의

자유무역시대에 대비하여 농어업의 경쟁력 강화와 농어촌산업기반시설의 확충 및 농어촌지역 개발사업을 위하여 도입한(1994년 7월 1일 시행) 목적세로서 부가세성격의 조세이다. 납세의무자는 ① 취득세·종합부동산세 등의 납세의무자, ② 소득세·법인세·취득세·등록에 대한 등록면허세 등의 감면을 받는 자이다(농어촌특별세법).

한편, 납세방식은 원칙적으로 신고납부방식에 의한다.

(2) 내용

① 취득세에 대한 과세: 취득세액을 과세표준으로 10%의 세율을 적용한다.
② 종합부동산세에 대한 과세: 종합부동산세액을 과세표준으로 20%의 세율을 적용한다.
③ 조세감면세액에 대한 과세: 소득세·법인세·관세·취득세·등록에 대한 등록면허세의 감면세액을 과세표준으로 하여 20%의 세율을 적용한다.

3) 지방교육세

지방교육세는 지방자치단체의 지방교육재정에 대한 지원을 확충하기 위하여 2000년도까지 지방세에 부과되어 징수되던 교육세(국세)가 지방교육세(지방세)로 전환된 목적세로서 부동산관련부분은 취득세, 등록에 대한 등록면허세 및 재산세 등에 추가하여 부과되는 부가세성격의 조세이다. 취득세 납세의무자의 경우 표준세율에서 2%를 뺀 세율을 적용한 금액의 20%를 부과하며, 등록에 대한 등록면허세·재산세의 납세의무자의 경우 등록면허세액·재산세액의 20%를 부과한다(지방세법 151).

한편, 납세방식은 납세의무자의 유형에 따라 신고납부방식과 부과징수방식을 병행한다(지방세법 152).

제3절 | 부동산 거래과세: 양도단계

1 양도소득세

1) 의의

(1) 개념

양도소득세는 개인의 자산 양도로 인해 발생한 소득에 대해 과세하는 자본이득세(capital gain tax)이다. 여기에서의 양도는 자산에 대한 등기 또는 등록에 관계없이 매도·교환·법인에 대한 현물출자·경매·공용수용 등으로 인해 유상(有償)으로 사실상 이전되는 것을 말한다.[47] 양도소득은 비반복적이고 비경상적인 소득으로서 자본이득이므로 매년 정기적으로 발생하는 소득과 합산하지 않고 별도로 분류과세 한다.

한편, 법인의 자산 양도로 인해 발생한 소득에 대해서는 법인세로 과세하고 있다.

---

[47] 증여자의 채무를 수증자가 부담하는 조건으로 재산을 증여하는 부담부증여에 있어서는 증여가액 중 채무액에 상당하는 금액은 유상양도로 보고 나머지는 증여로 본다.

➡️ 자산의 양도에 대해 부과하는 조세는 납세의무자에 따라 양도소득세·사업소득세·법인세가 있다. 양도소득세는 일반 개인의 양도소득에 대해 부과하며(소득세법 94), 사업소득세는 개인이 자산의 양도를 사업으로 하는 경우 부과한다(소득세법 19). 한편, 법인의 자산 양도소득은 원칙적으로 당기순이익에 포함되어 법인세 과세대상이며, ① 「소득세법」에 따른 지정지역에 있는 별장이나 비사업용 토지, ② 별장, ③ 비사업용 토지 등을 양도한 경우 양도소득의 일정비율을 곱하여 산출한 세액을 법인세에 추가하여 납부하게 함으로써 중과하고 있다(법인세법 55-2).

(2) 과세대상

양도소득세의 과세대상은 토지와 건물·부동산에 관한 권리(지상권·전세권·아파트 당첨권 등)·주식 또는 출자지분·기타 자산(사업용 고정자산과 함께 양도하는 영업권·회권권 등)이다.

(3) 양도시기 및 취득시기

자산의 양도차익을 계산할 때 그 취득시기 및 양도시기는 대금을 청산한 날이 분명하지 아니한 경우 등 대통령령으로 정하는 경우를 제외하고는 해당 자산의 대금을 청산한 날로 한다(제98조). 여기서 대통령령으로 정한 양도 및 취득의 시기로서 대표적인 것은 다음과 같다.

① 대금을 청산한 날이 분명하지 아니한 경우: 등기부·등록부 또는 명부 등에 기재된 등기·등록접수일 또는 명의개서일
② 대금을 청산하기 전에 소유권이전등기(등록 및 명의의 개서를 포함)를 한 경우: 등기부·등록부 또는 명부 등에 기재된 등기접수일
③ 자기가 건설한 건축물: 사용승인서 교부일. 다만, 사용승인서 교부일 전에 사실상 사용하거나 임시사용승인을 받은 경우에는 그 사실상의 사용일 또는 임시사용승인을 받은 날 중 빠른 날로 하고, 건축허가를 받지 아니하고 건축하는 건축물에 있어서는 그 사실상의 사용일
④ 상속 또는 증여에 의하여 취득한 자산: 그 상속이 개시된 날 또는 증여를 받은 날
⑤ 「공익사업법」이나 그 밖의 법률에 따라 공익사업을 위하여 수용되는 경우: 대금을 청산한 날, 수용의 개시일 또는 소유권이전등기접수일 중 빠른 날

2) 도입과 변천과정

양도소득세는 1967. 11. 제정된 (구)「부동산투기억제에 관한 특별조치세법」에 의해 도

입된 부동산투기억제세가 그 시초이다. 처음 부동산투기억제세는 서울·서울 인근 경기도 일부·부산·부산 인근 경남 일부·경부고속도로 중심선에서 좌우 4㎞ 이내 지역에 대해 토지 양도차익의 50%를 과세했다. 그 후 1974. 12.「소득세법」의 전문개정시 부동산투기억제세를 양도소득세로 전환하였다.[48] 새로 도입된 양도소득세는 과세대상을 모든 토지·건물 및 기타자산으로 확대하였고, 실지거래가액에 의한 과세를 원칙(예외적으로 실지거래가액이 불분명 경우 시가표준액)으로 했다.

1982년 12월 과세방법을 단순화하고 실지거래가액 조사에 따른 조세마찰을 해소하기 위해 기준시가에 의한 과세로 전환하였고, 2006년부터 부동산 실거래가신고제가 시행됨에 따라 부동산에 대한 양도소득세 과세기준을 다시 실지거래가액으로 전환하였다. 양도소득세의 변천과정을 요약하면 다음의 표와 같다.

표 3.4.17   양도소득세의 변천과정

입법 연혁 (소득세법 개정)	주요 내용
1974. 12.	양도소득세 도입, 실지거래가액에 의한 과세, 정부의 부과징수제도
1978. 12.	• 보유기간에 따라 세율 차등(2년 이상: 50%, 2년 미만: 70%) • 미등기양도자산 중과: 80%
1982. 12.	과세방법을 단순화하고 실지거래가액 조사에 따른 조세마찰소지를 해소하기 위해 기준시가에 의한 과세로 전환
1988. 12.	비례세율체계에서 누진세율체계로 전환(세율은 양도차익 3천만원 이하: 40%~5억원 초과: 60%)
1994. 12.	2년 이상 보유자산의 세율을 30%~50%로 인하하고 세율단계를 단순화, 신고납부제도로 전환(과세표준과 세액이 납세자가 계산하여 신고함으로써 확정)
1998. 12.	부동산시장의 안정 및 건설경기진작을 위해 세율을 20%~40%로 인하
1999. 12.	공동주택이외에 건물에 대해서도 기준시가 고시
2001. 12.	종합소득세율의 인하에 따라 1천만원 이하 9%~8천만원 초과 36%로 다시 인하
2002. 12.	투기지역의 경우 실지거래가액으로 과세
2003. 12.	투기적 거래에 대한 양도소득세율을 인상하여 미등기의 경우 70%로, 1세대 3주택 이상인 주택의 양도에 대하여는 60%로, 단기보유의 경우 50%(1년 미만 보유한 경우) 또는 40%(1년 이상 2년 미만 보유한 경우)로 각각 상향 조정

---

48 세율은 토지의 경우 50%, 건물 및 기타자산인 경우 30%였다.

입법 연혁 (소득세법 개정)	주요 내용
2005. 07.	공시주택가격을 주택의 기준시가로 사용
2005. 12.	과세기준을 기준시가에서 실지거래가액으로 전환하고, 1세대 2주택자의 주택(50%)과 비사업용 토지(60%)에 대하여 양도소득세를 중과
2007. 12.	장기보유특별공제 산정방식 개선(보유기간 1년마다 양도차익의 3%씩 공제)
2008. 03.	1세대1주택에 대한 장기보유특별공제율 확대(최대 80%)
2008. 12.	과세표준 구간 및 세율을 종합소득세와 일치하도록 조정
2009. 05.	비사업용토지 및 3주택 이상 보유자에 대한 중과제도 한시적 폐지
2009. 12.	예정신고납부 세액공제(10%) 제도 폐지
2012. 01.	다주택자에 대한 장기보유특별공제 도입
2014. 01.	비사업용토지 및 다주택자에 대한 중과제도 폐지·완화
2015. 12.	종교인 소득에 대한 과세제도 도입
2016. 12.	소득세 최고세율 인상: 5억원 초과 구간 신설(세율: 40%)
2020. 12.	소득세 최고세율 인상: 10억원 초과 구간 신설(세율: 45%)

3) 과세표준

(1) 양도차익

양도차익은 실지양도가액에서 필요경비를 공제하여 계산한다. 이는 종전에 기준시가를 기준으로 양도차익을 계산하던 방식에서 부동산투기억제를 위해 2005. 12. 「소득세법」 개정을 통해 실지거래가액으로 전환한 것이다. 즉, 2006년부터 부동산 실거래가신고제가 시행됨에 따라 양도소득세 과세기준을 기준시가에서 실지거래가액으로 단계적으로 전환하여 2007년부터는 모든 자산의 양도에 대해 실지거래가액을 과세기준으로 적용했다. 다만, 해당 자산의 양도 당시 또는 취득 당시의 실지거래가액을 인정 또는 확인할 수 없는 경우에는 대통령령으로 정하는 바에 따라 양도가액 또는 취득가액을 매매사례가액, 감정가액, 환산취득가액 또는 기준시가 등에 따라 추계조사하여 결정 또는 경정할 수 있다(법률 114 ⑦).

필요경비에는 ① 취득가액, ② 자본적 지출액 등, ③ 양도비 등이 있다. ① 취득가액은 실지취득가액에 의하고, 실지취득가액을 확인할 수 없는 경우에는 매매사례가액, 감정가액 또는 환산취득가액을 순차적으로 적용한 금액으로 한다. 취득가액에는 취득세 및 등록면허세, 부동산중개수수료 등 부대비용이 포함되며, 환산취득가액은 양도당시의 실지거래가액(또는 매매사례가액, 감정가액) × (취득당시의 기준시가 / 양도당시의 기준시가)로 환산한다. ② 자본적 지출액 등은 양도자산의 용도변경·개량 또는 이용편의를 위하여 지출한 비용을 말한다. 예컨대 엘리베이터 또는 냉난방장치 설치비용, 새시 설치비용, 발코니 확장비용, 토지의 이용편의를 위한 장애물 철거비용·도로 신설비용 등이 있다.

▶ 자본적 지출과 수익적 지출: 고정자산에 관한 지출 중에서 당해 자산의 내용연수를 연장시키거나 가치를 현실적으로 증가시키는 지출을 자본적 지출이라고 하고, 당해 자산의 가치를 보전하는 데 그치는 지출을 수익적 지출이라고 한다. 자본적 지출은 자산(資産)에 계상하고 유형고정자산인 경우 내용연수에 걸쳐 감가상각하나, 수익적 지출은 지출한 시점에 수전비 등의 항목으로 비용(費用)에 계상한다. 특정 지출을 자본적 지출로 처리하느냐 또는 수익적 지출로 처리하느냐는 기업의 손익에 직접적인 영향을 미치기 때문에 그 구별은 기업회계분만 아니라 세법의 소득계산에서도 매우 중요하다. 예컨대 건물에 관한 지출 중 벽지·장판 교체비용, 싱크대나 주방기구의 교체비용 등은 수익적 지출에 해당하므로 양도소득세의 계산에 있어 필요경비로 인정되지 않는다.
한편, 「민법」에서는 목적물의 객관적 가치를 증대시키기 위해 지출된 비용을 유익비(有益費)라 하고, 목적물의 보존을 위해 지출된 비용을 필요비(必要費)라 한다.

---

③ 양도비 등의 예로는 자산을 양도하기 위하여 직접 지출한 계약서 작성비용, 인지대, 광고료 등과 부동산을 취득하면서 매입한 국민주택채권 및 토지개발채권을 만기 전에 매각함으로써 발생한 매각손실 등이 있다.

표 3.4.18 항목별 증빙서류 (예시)

항목	증빙서류
양도가액	• 매매계약서 • 대금수수 영수증(무통장으로 거래 시 무통장입금 영수증) • 부동산 거래대금의 흐름이 나타나는 금융기관 거래통장
취득가액	• 거래상대방의 거래사실확인서(인감도장 날인 및 인감증명서 첨부) • 건축한 경우 도급계약서, 대금지급영수증, 세금계산서 등 • 부동산중개수수료 영수증 등 대금지급사실 입증서류
자본적 지출액 등	• 공사도급계약서, 공사대금지급 영수증, 세금계산서 등

항목	증빙서류
양도비 등	• 양도비용 지급 영수증 • 인지세 납부 영수증 • 국민주택채권 등 매각 영수증 등 기타 비용지출사실 입증 서류

자료: 국세청(2014), 세금절약가이드(Ⅱ), pp.102~104에서 재작성

(2) 기준시가

양도차익을 계산할 때 양도가액을 실지거래가액(법률 제96조제3항에 따른 가액 및 제114조제7항에 따라 매매사례가액·감정가액이 적용되는 경우 그 매매사례가액·감정가액 등을 포함)에 따를 때에는 취득가액도 실지거래가액(법률 제97조제7항에 따른 가액 및 제114조제7항에 따라 매매사례가액·감정가액·환산취득가액이 적용되는 경우 그 매매사례가액·감정가액·환산취득가액 등을 포함)에 따르고, 양도가액을 기준시가에 따를 때에는 취득가액도 기준시가에 따른다(법률 100).

양도소득세에 있어 기준시가란 양도자산의 취득가액 및 양도가액 산정의 기준이 되는 정부가 정한 가액을 말한다. 부동산에 관한 기준시가는 다음의 표와 같다(법률 99).

표 3.4.19 양도소득세의 기준시가(예시)

구분	기준시가
토지	개별공시지가 (예외: 세무서장이 평가한 금액)
건물	신축가격, 구조, 용도, 위치, 신축연도 등을 고려하여 매년 1회 이상 국세청장이 고시하는 가액
오피스텔·상업용 건물	건물의 종류, 규모, 거래상황, 위치 등을 고려하여 매년 1회 이상 국세청장이 토지와 건물에 대하여 일괄하여 고시하는 가액
주택	개별주택가격 또는 공동주택가격 (예외: 세무서장이 평가한 금액)
부동산을 취득할 수 있는 권리	양도자산의 종류, 규모, 거래상황 등을 고려하여 대통령령으로 정하는 방법에 따라 평가한 가액
지상권·전세권 및 등기된 부동산임차권	권리의 남은 기간, 성질, 내용 및 거래상황 등을 고려하여 대통령령으로 정하는 방법에 따라 평가한 가액

(3) 과세표준

양도소득세의 과세표준은 양도소득금액에서 양도소득 기본공제를 한 금액으로 하며,

양도소득금액은 양도차익에서 장기보유특별공제액을 공제한 금액이다. 이를 산식으로 표시하면 다음과 같다.

① 양도차익: 양도가액 - 필요경비
② 필요경비: 취득가액 + 자본적 지출액 등 + 양도비 등
③ 양도소득금액: 양도차익 - 장기보유특별공제액
④ 과세표준: 양도소득금액 - 양도소득 기본공제

4) 양도소득세 계산

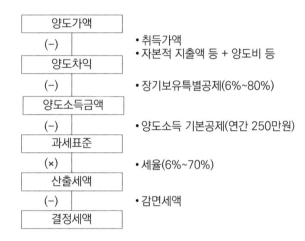

그림 3.4.2 **양도소득세 계산방법**

(1) 장기보유특별공제

장기보유특별공제는 토지와 건물(미등기 양도자산 및 조정대상지역에 있는 주택으로서 일정한 경우는 제외)의 보유기간이 3년 이상인 것에 대하여 적용한다(제95조). 공제액은 해당 자산의 양도차익에 공제율을 곱하여 계산하며 공제율은 다음과 같다.

① 1세대 1주택이 아닌 토지 또는 건물: 최저 6%(보유기간: 3년 이상 4년 미만)에서 매1년마다 2%p씩 가산하여 적용하며 최대 30%(보유기간: 15년 이상)
② 1세대 1주택(부속 토지 포함): 최저 20%(보유기간: 3년 이상 4년 미만, 거주기간: 2년 이상 3년 미만)에서 매1년마다 8%p씩 가산하여 적용하며 최대 80%(보유기간: 10년 이상, 거주기간: 10년 이상). 한편, 고가주택[49]의 장기보유특별공제액은 총 장기보유

---

49 주택 및 이에 부수되는 토지의 양도당시의 실지거래가액의 합계액이 12억원을 초과하는 것을 말한

특별공제액 × (양도가액 - 12억 원) / 양도가액의 산식에 따라 계산한 금액으로 한다(소득세법령 160).

(2) 양도소득 기본공제

양도소득이 있는 거주자에 대해 각 소득별로 구분(즉, ① 토지 또는 건물, 부동산에 관한 권리, 기타자산, ② 주식 등, ③ 파생상품 등의 3가지 소득으로 구분)하여 각각 연간 250만원을 공제하며, 1년에 2회 이상 양도하는 경우에는 그 과세기간 중 먼저 양도하는 양도소득금액에서부터 순서대로 공제한다.

표 3.4.20 장기보유특별공제와 양도소득기본공제의 비교

구분	장기보유특별공제	양도소득기본공제
공제성격	물적공제	인적공제
공제이유	물가상승으로 인한 결집효과 완화	1년분 양도소득을 합산신고하는 인세
대상자산	토지, 건물	모든 자산
보유기간	3년 이상 보유시	보유기간 불문
공제횟수	토지나 건물을 양도시 마다 자산별로 공제	1년분 양도소득금액 범위 내에서 공제
공제신청 여부	별도의 공제신청 불필요	별도의 공제신청 불필요

자료: 강정규 외(2007), 부동산조세, 부연사, p.282.

5) 세율

부동산·부동산에 관한 권리의 경우 양도소득세의 세율은 초과누진세율을 원칙으로 하고, 예외로 정책적 차원에서 비례세율을 부분적으로 채택하고 있다.

표 3.4.21 양도소득세의 세율: 부동산 · 부동산에 관한 권리의 경우

구분	기본세율	누진공제액
미등기 양도자산	70%	-

다(소득세법령 156).

구분		기본세율	누진공제액
1년 미만 보유자산	–	50%	–
	주택·조합원 입주권·분양권	70%	–
1년 이상 2년 미만 보유자산	–	40%	–
	주택·조합원 입주권·분양권	60%	–
2년 이상 보유자산	과세표준 1,400만원 이하	6%	–
	과세표준 1,400만원 초과 5,000만원 이하	15%	1,260천원
	과세표준 5,000만원 초과 8,800만원 이하	24%	5,760천원
	과세표준 8,800만원 초과 1.5억원 이하	35%	15,440천원
	과세표준 1.5억원 초과 3억원 이하	38%	19,940천원
	과세표준 3억원 초과 5억원 이하	40%	25,940천원
	과세표준 5억원 초과 10억원 이하	42%	35,940천원
	과세표준 10억원 초과	45%	65,940천원

한편, 비사업용토지[50]는 기본세율에 10%p를 더한 세율을 적용하고(법률 104 ①), 「주택법」에 따른 조정대상지역[51]에 있는 주택으로서 1세대 2주택에 해당하는 주택 등 법령에서 정한 요건에 해당하는 경우에는 기본세율에 20%p(특히 1세대 3주택 이상에 해당하는 주택 등의 경우에는 30%p)를 더한 세율을 적용한다(법률 104 ⑦).

➡ 부동산을 취득한 후 부득이 1~2년 이내에 양도해야 하는 경우에도 보유기간이 1년 또는 2년 이상이 되도록 양도시기를 조절하면 크게 절세할 수 있다. 또한, 3년 이상 보유한 경우 매1년 마다 장기보유특별공제액이 늘어나므로 양도시기를 조절하면 양도소득세를 줄일 수 있다.

6) 비과세 · 감면

(1) 1세대 1주택에 대한 양도소득세 비과세

1세대 1주택에 해당하는 주택의 양도소득에 대해서는 소득세가 비과세된다(소득세법

---

50 비사업용토지의 범위에 대해서는 「소득세법」 제104조의3 참조
51 지정지역(투기지역), 조정대상지역에 대해서는 제3편 제3장 제2절 참조(pp. 213~218)

89). 1세대 1주택이란 1세대가 양도일 현재 국내에 1주택을 보유하고 있는 경우로서 당해주택의 보유기간이 2년 이상인 것과 이에 부수되는 토지로서 「국토계획법」에 따른 도시지역의 경우에는 건물정착면적의 5배(단, 수도권 중 주거지역·상업지역·공업지역은 3배), 비도시지역의 경우에는 건물정착면적의 10배 이내의 토지를 말한다. 다만, 실지거래가액이 12억원을 초과하는 고가주택은 그 초과부분에 대해 과세된다.[52]

한편, 여기서 주택이란 허가 여부나 공부(公簿)상의 용도구분과 관계없이 세대의 구성원이 독립된 주거생활을 할 수 있는 구조로서 대통령령으로 정하는 구조를 갖추어 사실상 주거용으로 사용하는 건물을 말한다(법률 88).[53]

(2) 농지에 대한 양도소득세 감면

① 자경농지의 양도: 농지소재지(농지가 소재하는 시·군·구 안의 지역, 그 지역과 연접한 시·군·구 안의 지역 및 해당 농지로부터 직선거리 30㎞ 이내의 지역을 말한다)에 거주하는 거주자가 8년 이상 직접 경작한 농지의 양도로 인하여 발생하는 소득에 대하여는 양도소득세의 100분의 100에 상당하는 세액을 감면한다(조세특례법 69).

② 자경농지의 대토: 종전의 농지소재지에 4년 이상 거주하면서 직접 경작한 토지를 경작상 필요에 의하여 자경 농지를 양도하고 일정한 요건을 갖추어 다른 농지를 취득하고, 취득한 날부터 1년 내에 새로운 농지 소재지에서 경작을 개시한 경우로서 종전의 농지 경작기간을 합산하여 경작기간이 8년 이상인 경우에는 양도소득에 대해 100% 세액 감면한다(조세특례법 70).

(3) 공익사업용 토지 등에 대한 양도소득세 감면

다음 각 호의 어느 하나에 해당하는 소득으로서 해당 토지 등이 속한 사업지역에 대한 사업인정고시일(사업인정고시일 전에 양도하는 경우에는 양도일)부터 소급하여 2년 이전에 취득한 토지 등을 양도함으로써 발생하는 소득에 대하여는 양도소득세의 10%에 상당하는 세액을 감면한다(조세특례법 77).

• 「공익사업법」이 적용되는 공익사업에 필요한 토지 등을 그 공익사업의 시행자에게 양도함으로써 발생하는 소득
• 「도시정비법」에 의한 정비구역(정비기반시설을 수반하지 아니하는 정비구역은 제외)의

---

[52] 이때 양도차익은 [원래의 양도차익 × (실지거래가액 - 12억원) / 실지거래가액]으로 계산한다.
[53] 따라서 공부상 근린생활시설 또는 사무실로 되어 있는 건물이나 무허가건물도 실제로 주택으로 사용하는 때에는 주택으로 보며, 농가주택의 부속 창고 등도 주택으로 본다.

토지 등을 동법에 따른 사업시행자에게 양도함으로써 발생하는 소득

- 「공익사업법」이나 그 밖의 법률에 따른 토지 등의 수용(收用)으로 인하여 발생하는 소득

(4) 양도소득세 감면의 종합한도

「조세특례법」에는 개인의 양도소득에 대한 소득세 감면의 규정이 다수 있다. 자경농지·축사용지·자경산지의 양도로 발생하는 소득(제69조, 제69조의2, 제69조의4), 농지대토로 발생하는 소득(제70조), 공익사업용 토지 등의 양도로 발생하는 소득(제77조) 등에 대한 감면이 대표적이다.

한편, 양도소득세 감면은 종합한도가 있다(조세특례법 133). 감면받을 양도소득세액의 합계액은 과세기간별로 1억원 한도이며, 5개 과세기간의 합계액(당해 과세기간의 감면액과 직전 4개 과세기간 감면액을 합친 금액)은 2억원(단, 농지대토로 인한 감면의 경우 1억원) 한도이다. 따라서 양도소득세 감면에 해당하는 경우에는 절세를 위해 양도시기를 조정할 필요가 있다.

7) 납세절차

(1) 과세표준 예정신고와 자진납부

자산을 양도한 거주자는 그 양도일이 속하는 달의 말일부터 2개월 내에 주소지 관할 세무서장에게 양도소득과세표준 예정신고를 하고, 동시에 해당 세액을 자진납부하여야 한다(법률 105 및 106).

납세의무자가 법정신고기한까지 세법에 따른 국세의 과세표준 신고(예정신고 및 중간신고 포함)를 하지 아니한 경우 무신고가산세를 부과할 수 있으며, 법정납부기한까지 세법에 따른 국세의 납부(중간예납·예정신고납부·중간신고납부 포함)를 하지 아니한 경우 납부지연가산세를 부과할 수 있다(국세기본법 제47조의2 및 제47조의4).

(2) 과세표준 확정신고와 자진납부

① 확정신고: 양도소득세 과세대상자산을 양도한 자는 과세기간의 다음 연도 5월 1일부터 5월 31일까지 납세지 관할 세무서장에게 신고하여야 한다(법 110). 예정신고를 적법하게 한 자는 확정신고를 하지 아니할 수 있다.

② 확정신고 자진납부: 과세표준 확정신고 기한까지 해당 세액을 자진납부하여야 한다.

2 부동산관련 소득세

1) 소득의 구분

「소득세법」에서 소득은 종합소득·퇴직소득·양도소득으로 구분되며(소득세법 제4조), 종합소득은 당해연도에 발생하는 이자소득·배당소득·사업소득·근로소득·연금소득과 기타소득을 합산한 것을 말한다.

한편, 분류과세의 하나로 2020. 12. 「소득세법」 개정시 금융투자소득세를 신설하고 2023년 1월부터 시행할 예정이었으나, 2022. 12. 법률 개정을 통해 시행시기를 2년 유예하였다가 다시 2024년 12월 법률 개정을 통해 폐지하였다.

표 3.4.22 **소득 종류별 과세방법과 적용기준**

과세방법	소득 종류	적용기준
종합과세	이자·배당소득	합산소득이 2천만원을 초과해야 종합과세
	사업·근로소득	종합과세
	연금소득	• 공적연금소득: 종합과세 • 사적연금소득: 1천2백만원을 초과해야 종합과세
	기타소득	3백만원을 초과해야 종합과세
분류과세	퇴직소득	퇴직소득에 대해 별도과세
	양도소득	양도소득에 대해 별도과세

2) 부동산관련 소득

소득은 경상적이고 반복적인 경제활동을 통하여 획득하는 통상소득(通常所得)과 특별한 경제활동 없이 단지 자산을 보유하고 있는 동안에 시세차익으로 형성된 자본이득(資本利得)으로 구분할 수 있다. 현행 「소득세법」의 체계상 통상소득에는 종합소득세가 과세되고, 자본이득에는 양도소득세가 과세된다.

종전 별도로 분류된 부동산임대소득이 2009. 12. 「소득세법」 개정 시 사업소득의 범위에 포함되었다(제19조).

한편, 국세청은 조세행정의 목적으로 업종코드를 만들어 활용하고 있는데, 업종코드는 사업자의 업종을 보다 세부적으로 관리하기 위해 만든 코드이다. 사업자등록을 하기 위해서는 업종코드를 입력해야 하며, 금융회사의 대출심사에서도 이를 활용하고 있다.

표 3.4.23 국세청 업종코드상 부동산업

대분류	중분류	소분류	세분류	세세분류
부동산업 (L)	부동산업 (70)	부동산 임대 및 공급업(701)	부동산 임대업	• 주거용 건물 임대업 • 비주거용 건물 임대업 • 기타 부동산 임대업
		부동산관련 서비스업(702)	부동산 중개, 자문 및 감정평가업	• 부동산 중개 및 대리업 • 부동산 투자자문업 • 부동산 감정평가업
			부동산 관리업	• 주거용 부동산 관리업 • 비주거용 부동산 관리업
		부동산 임대 및 공급업(703)	부동산 개발 및 공급업	• 주거용 건물 개발 및 공급업 • 비주거용 건물 개발 및 공급업 • 기타 부동산 개발 및 공급업
	부동산업 (92)	부동산 임대 및 공급업(921)	부동산 임대업	• 비주거용 건물 임대업

자료: 국세청

업종코드는 통계청이 통계작성의 목적으로 만든 한국표준산업분류와는 서로 차이가 있다. 국세청의 업종코드와 통계청의 한국표준산업분류를 비교하면 다음의 표와 같다.

표 3.4.24 업종코드와 한국표준산업분류의 비교

구분	업종코드	한국표준산업분류
작성 기관	국세청	통계청
작성 목적	조세행정상 업종을 세부적으로 관리	산업 관련 통계작성에 활용
분류 구조	대분류, 중분류, 소분류, 세분류, 세세분류의 5단계	좌 동
분류 수 (세세분류)	1,585개 (시행일: 2019. 6. 10.)	1,205개 (11차 개정: 2024. 7. 1. 시행)

구분	업종코드	한국표준산업분류
코드 숫자 (세세분류)	6자리	5자리
중요성	• 사업자등록을 위해 필요 • 주업종의 업종코드에 따라 경비율 상이	• 국가 기본통계 작성을 위한 기준 • 조세부과 등 다양한 정책목적으로도 활용
관계	업종코드는 기본적으로 한국표준산업분류 체계를 따르되, 조세행정목적상 이를 세분화하거나 통합하여 서로 불일치하는 경우도 발생	

▣ 사업자등록 관련 용어의 구별

1) 업종: 업태와 종목을 합한 것을 말한다. 국세청의 업종코드는 기본적으로 한국표준산업분류 체계를 따른다. 산업분류 기준은 ① 산출물의 특성, ② 투입물의 특성, ③ 생산활동의 형태이다. 즉, 주로 수행하고 있는 산업활 동이 어떤 투입물을 투입하여 어떤 과정을 거쳐 어떤 산출물을 산출하는가?를 기준으로 분류하고 있다. (예: 전기, 가스, 증기 및 공기 조절 공급업(대분류)의 경우 발전업(세분류)을 수력 발전업, 화력 발전업, 원자력 발전업, 태양력 발전업 등으로 각각 세세분류하고 있다.)
2) 업태: 사전적 의미는 사업이나 영업의 형태를 뜻한다. 실무적으로 업종코드의 대분류에 해당하는 항목이다. (예: 제조업, 도매 및 소매업, 건설업, 부동산업)
3) 종목: 사전적 의미는 종류에 따라 나눈 항목을 뜻한다. 실무적으로 업태에 속하는 세부 항목을 말하며, 업종코드의 세세분류에 해당하는 항목이다. (예: 주거용 건물 임대업, 부동산 감정평가업, 비주거용 부동산 관리업)

---

3) 사업소득세

(1) 의의

사업소득은 개인이 경상적이고 반복적으로 행하는 사업에서 얻는 소득을 말한다. 사업소득은 종합소득을 구성하므로 이자소득 · 배당소득 · 근로소득 · 연금소득 및 기타소득과 함께 종합소득으로 합산되어 종합소득세가 부과된다.

한편, 부동산관련 조세로서 사업소득세는 거래과세(양도단계)와 보유과세에 모두 해당하나, 목차 구성상 이 책에서는 거래과세(양도단계)에서 설명한다.

▣ 부동산임대소득은 종합소득에 합산되므로 임대소득을 위한 건물취득은 소득이 없는 배우자 명의로 하는 것이 유리하다. 이때 증여세 과세여부를 검토해야 하며, 부부 사이에 6억원(10년 이내 증여재산을 합한 금액)까지는 증여세가 과세되지 않는다.

---

(2) 과세표준

당해 년도의 총수입금액에서 필요경비를 공제하여 소득금액을 구한 후, 소득금액에서 기초공제, 배우자공제 등의 소득공제를 하면 과세표준이 된다.

소득금액 = 총수입금액 − 필요경비

과세표준 = 소득금액 − 소득공제

총수입금액은 소득의 원천이 되는 사업활동·노동·투자행위 및 부동산의 임대 등에 의하여 획득된 대가의 총액을 말한다.[54]

먼저, 부동산임대소득의 경우 총수입금액은 월세의 합계액에 임대보증금에 대한 간주임대료를 합하여 계산한다. 사업자가 부동산임대용역을 제공하고 월정임대료와는 별도로 전세금 또는 임대보증금을 받는 경우에 전세금 등에 일정한 이율을 곱하여 계산한 금액을 간주임대료라 하며 총수입금액에 포함된다(소득세법 25 ①). 이는 월정임대료만을 수령하는 자와의 세부담의 공평을 기하기 위한 제도이다. 한편, 부동산을 임대하고 받은 선세금(先貰金)에 대한 총수입금액은 그 선세금을 계약기간의 월수로 나눈 금액의 각 과세기간의 합계액으로 한다(소득세법령 51 ③).

➡ 간주임대료: 사업자가 전세금 또는 임대보증금을 받은 경우에 소득세법·조세특례법·부가가치세법은 모두 간 주임대료에 관한 규정을 두고 있으나 그 산출방법은 각각 차이가 있다.

1) 소득세법: 사업소득금액 계산 시 적용(법률 25 ①)

2) 조세특례법: 부동산임대업을 주업으로 하는 법인의 익금 계산 시 적용(법률 138)

3) 부가가치세법: 사업자의 과세표준 계산시 적용(법령 49-2)

다음으로, 부동산개발 및 공급업의 경우 총수입금액은 그 부동산의 매각으로 인해 해당 연도에 수입하였거나 수입할 금액의 합계액을 말한다. 이 경우 총 수입금액은 실지거래가액에 의하되, 그 실지거래가액을 확인할 수 없는 부득이한 경우에는 기준시가로 결정한다.[55]

필요경비는 총수입금액에 대응하는 경비로서 총수입금액의 획득에 기여한 비용을 말한다. 건물건설업과 부동산개발 및 공급업의 경우 부동산 양도 당시의 장부가액이 필요경비이다(소득세법령 55 ①).

---

54 김병두(2000), 부동산조세법, 부연사, p.567.

55 이우진(2005), 부동산세제의 이론과 실무해설, 삼일인포마인, p.754.

(3) 세율

사업소득은 종합소득에 해당하므로 그 소득에 대해서는 종합소득세율을 적용한다. 즉, 누진세율 구조이다.

표 3.4.25 종합소득세율

과세표준	기본세율	누진공제액
1,400만원 이하	6%	–
1,400만원 초과 5,000만원 이하	15%	1,260천원
5,000만원 초과 8,800만원 이하	24%	5,760천원
8,800만원 초과 1.5억원 이하	35%	15,440천원
1.5억원 초과 3억원 이하	38%	19,940천원
3억원 초과 5억원 이하	40%	25,940천원
5억원 초과 10억원 이하	42%	35,940천원
10억원 초과	45%	65,940천원

4) 지방소득세

(1) 의의

지방소득세는 2010. 1.「지방세법」개정 때 소득세 및 법인세의 부가세 형태로 신설된 지방세로서 2014. 1.「지방세법」개정 때 독립세로 전환되었다.

지방소득세의 납세의무자는「소득세법」에 따른 소득세 또는「법인세법」에 따른 법인세의 납세의무가 있는 자이다. 여기서 지방소득세는 개인지방소득세와 법인지방소득세로 구분된다.

한편, 부동산관련 조세로서 지방소득세는 거래과세(양도단계)와 보유과세에 모두 해당하나, 목차 구성상 이 책에서는 거래과세(양도단계)에서 설명한다.

(2) 과세표준

첫째, 거주자의 종합소득에 대한 개인지방소득세의 과세표준은「소득세법」제14조 제2항부터 제5항까지에 따라 계산한 소득세의 과세표준과 동일한 금액으로 한다.

둘째, 거주자의 양도소득에 대한 개인지방소득세의 과세표준은 「소득세법」 제92조에 따라 계산한 소득세의 과세표준과 동일한 금액으로 한다.

셋째, 내국법인의 각 사업연도의 소득에 대한 법인지방소득세의 과세표준은 「법인세법」 제13조에 따라 계산한 법인세의 과세표준과 동일한 금액으로 한다.

(3) 세율 및 납부

첫째, 거주자의 종합소득에 대한 개인지방소득세의 표준세율은 0.6%(과세표준 1천400만원 이하)부터 4.5%(과세표준 10억원 초과)까지 누진세율구조이다. 즉, 종합소득세 세율의 10%이다. 거주자가 종합소득에 대한 과세표준확정신고를 하는 경우 해당 신고기한까지 종합소득에 대한 개인지방소득세 과세표준과 세액을 납세지 관할 지방자치단체의 장에게 확정신고 · 납부하여야 한다.

둘째, 거주자의 양도소득에 대한 개인지방소득세의 표준세율은 자산의 유형 · 보유기간, 비사업용 토지의 여부 등에 따라 각각 다르다(지방세법 103-3). 구체적으로 양도소득세 세율의 10%이다. 거주자가 「소득세법」 제105조에 따라 양도소득과세표준 예정신고를 하는 경우에는 해당 신고기한에 2개월을 더한 날까지 양도소득에 대한 개인지방소득세 과세표준과 세액을 납세지 관할 지방자치단체의 장에게 예정신고 · 납부하여야 하고, 「소득세법」 제110조에 따라 양도소득과세표준 확정신고를 하는 경우에는 해당 신고기한에 2개월을 더한 날까지 양도소득에 대한 개인지방소득세 과세표준과 세액을 납세지 관할 지방자치단체의 장에게 확정신고 · 납부하여야 한다.

셋째, 내국법인의 각 사업연도의 소득에 대한 법인지방소득세의 표준세율은 ① 부동산임대업을 주된 사업으로 하는 등 대통령령으로 정하는 요건에 해당하는 내국법인의 경우: 1.9%(과세표준 200억원 이하)부터 2.4%(과세표준 3천억원 초과)까지 누진세율구조이고, ② 제1호 이외의 내국법인의 경우: 0.9%(과세표준 2억원 이하)부터 2.4%(과세표준 3천억원 초과)까지 누진세율구조이다. 즉, 법인세 세율의 10%이다. 「법인세법」 제60조에 따른 신고의무가 있는 내국법인은 각 사업연도의 종료일이 속하는 달의 말일부터 4개월 이내에 그 사업연도의 소득에 대한 법인지방소득세의 과세표준과 세액을 납세지 관할 지방자치단체의 장에게 신고 · 납부하여야 한다.

③ 부동산관련 부가가치세

1) 부가가치세의 의의

(1) 부가가치세의 개념

부가가치세는 재화나 용역이 생산·제공·판매되거나 유통되는 단계에서 발생하는 부가가치에 대해 과세하는 조세로서, 조세의 분류상 소비세로서 간접세이다. 납세의무자는 영리목적의 유무에 불구하고 사업상 독립적으로 재화 또는 용역을 공급하는 자이며, 납세의무자에는 개인·법인(국가·지방자치단체와 지방자치단체조합을 포함한다)과 법인격 없는 사단·재단 기타 단체를 포함한다.

한편, 부동산관련 조세로서 부가가치세는 거래과세(취득단계·양도단계)와 보유과세에 모두 해당하나, 목차 구성상 이 책에서는 거래과세(양도단계)에서 설명한다.

(2) 부가가치세의 내용

세율은 10%이며, 납세의무자로 등록한 사업자가 재화 또는 용역을 공급하는 경우에는 공급을 받을 자에게 세금계산서를 발급하여야 한다(부가가치세법 16).

한편, 사업자가 과세기간에 납부할 세액은 매출세액-매입세액이다. 즉, 사업자가 재화나 용역을 공급할 때 징수한 부가가치세(즉, 매출세액)에서 재화나 용역을 공급받을 때 징수당한 부가가치세(즉, 매입세액)를 차감한 잔액을 납부한다.

2) 부동산관련 부가가치세

(1) 납세의무자

부가가치세의 납세의무자는 사업목적이 영리이든 비영리이든 관계없이 사업상 독립적으로 재화 또는 용역을 공급하는 자와 재화를 수입하는 자이다(제2조).

① 부동산임대업: 사업용 건물과 토지의 임대료 수입이 있는 자이며, 토지와 건물임대수입 모두가 과세대상이다.

② 부동산 개발 및 공급업: 건물가액만 과세하고 토지의 공급은 면세한다.

③ 부동산중개업, 부동산감정평가업: 소득세법상 사업자로 부가가치세 납부의무가 있다.

④ 주거용건물 건설업: 국민주택 초과분 주택 공급자이며, 건물(주택)가액만 과세하고 토지의 공급은 면세한다.

「부가가치세법」상 토지, 주택과 이에 부수되는 토지의 임대 용역(제12조) 등과, 「조세특례법」상 국민주택 및 그 주택의 건설용역(리모델링 용역 포함)(제106조 ①) 등은 부가가치세를 면제한다.

(2) 과세기간

사업 연도와 관계없이 6월을 1과세기간으로 하고, 1년을 2기로 나누어 과세기간으로 정하고 있다.
- 제1기: 1월 1일부터 6월 30일까지
- 제2기: 7월 1일부터 12월 31일까지

(3) 신고와 납부

① 예정 신고기간
- 제1기분: 1월 1일부터 3월 31일까지(4월 25일까지 신고·납부)
- 제2기분: 7월 1일부터 9월 30일까지(10월 25일까지 신고·납부)

② 확정 신고기간
- 제1기분: 1월 1일부터 6월 30일까지(7월 25일까지 신고·납부)
- 제2기분: 7월 1일부터 12월 31일까지(1월 25일까지 신고·납부)

제4절 | 부동산 보유과세

1 재산세

1) 의의

재산세는 토지·건축물·주택·선박 및 항공기의 소유사실에 대해 그 소유자에게 과세하는 지방세로 시·군·구의 보통세이다.

2005년부터 종합부동산세가 국세로 신설되면서 종전의 종합토지세가 재산세로 통합되었고,[56] 주택은 건물과 그 부속토지를 통합과세하고 있다.

---

[56] 종합토지세가 도입되기 이전인 1989년까지는 토지에 대해서도 재산세가 부과되었고, 1990년부터 2004년까지는 토지에 대해 종합토지세를 과세했으나, 다시 2005년부터 재산세로 통합되었다.

2) 과세대상

(1) 토지

토지는 종합합산과세대상, 별도합산과세대상 및 분리과세대상으로 구분된다.

① 종합합산과세대상: 과세기준일 현재 납세의무자가 소유하고 있는 당해 시·군·구 내의 모든 토지 중 별도합산과세대상 또는 분리과세대상이 되는 토지를 제외한 토지를 말한다(지방세법 106). 주택의 부속토지는 주택으로 별도 과세된다.

② 별도합산과세대상: 소유자별로 당해 시·군·구 내의 모든 토지를 합산과세 하되 일정기준의 토지를 별도로 분리하여 종합합산과세대상 토지보다 낮은 세율로 합산과세하는 토지이다. 다음 각 목의 토지가 해당된다.

- 공장용 건축물의 부속토지 등 대통령령으로 정하는 건축물의 부속토지
- 차고용 토지, 보세창고용 토지, 시험·연구·검사용 토지, 물류단지시설용 토지 등 공지상태(空地狀態)나 해당 토지의 이용에 필요한 시설 등을 설치하여 업무 또는 경제활동에 활용되는 토지로서 대통령령으로 정하는 토지
- 철거·멸실된 건축물·주택의 부속토지로서 대통령령으로 정하는 부속토지

③ 분리과세대상: 국가정책상 특정한 토지에 대하여 저율 또는 고율로 과세하는 경우의 토지이다. 농지 및 임야(세율: 0.07%) 또는 기타 분리과세해야 할 필요가 있는 토지(LH공사·수자원공사의 공급용 토지 등, 세율: 0.2%)는 저율과세하고, 사치성 토지(골프장 및 고급오락장용 토지, 세율: 4%)는 고율과세한다.

표 3.4.26 재산세 과세대상 토지의 구분

1. 과세기준일 현재 당해 시·군·구의 모든 토지	–
2. 비과세·면제 및 감면대상 토지	–
3. 주택의 부속토지	(주택은 건물과 그 부속토지를 통합하여 별도로 과세)
4. 분리과세대상 토지	• 농지, 목장용지, 임야 • 공장용지 • 공급목적 토지 • 사치성 토지
5. 별도합산과세대상 토지	• 공장용 건축물의 부속토지 • 일정용도에 사용되는 토지 • 철거·멸실된 건축물·주택의 부속토지
6. 종합합산과세대상 토지	1 – (2 + 3 + 4 + 5)

(2) 건축물

「건축법」 제2조제1항제2호에 따른 건축물(이와 유사한 형태의 건축물을 포함한다)과 토지에 정착하거나 지하 또는 다른 구조물에 설치하는 레저시설, 저장시설, 도크시설, 접안시설, 도관시설, 급·배수시설, 에너지 공급시설 및 그 밖에 이와 유사한 시설(이에 딸린 시설을 포함한다)로서 대통령령이 정하는 것을 말한다.

(3) 주택

「주택법」 제2조제1호에 따른 주택을 말한다. 재산세에서 주택은 건물이나 토지에서 제외하여 별도의 과세대상이 된다.

한편, 주거용과 주거 외의 용도를 겸하는 건물 등에서 주택의 범위를 구분하는 방법, 주택 부속토지의 범위 산정은 다음 각 호에서 정하는 바에 따른다(지방세법 106). ① 1동의 건물이 주거와 주거외의 용도에 사용되고 있는 경우에는 주거용에 사용되고 있는 부분만을 주택으로 본다. 이 경우 건물의 부속토지는 주거와 주거외의 용도에 사용되고 있는 건물의 면적비율에 따라 각각 안분하여 주택의 부속토지와 주택외의 건물의 부속토지로 구분한다. ② 1구(構)의 건물이 주거와 주거외의 용도로 사용되고 있는 경우에는 주거용으로 사용되는 면적이 전체의 100분의 50 이상인 경우에는 주택으로 본다. 다가구주택은 1가구가 독립하여 구분사용할 수 있도록 분리된 부분을 1구의 주택으로 본다. 이 경우 그 부속토지는 건물면적의 비율에 따라 각각 안분한 면적을 1구의 부속토지로 본다(법령 111). ③ 건축물에서 허가 등이나 사용승인(임시사용승인을 포함한다)을 받지 아니하고 주거용으로 사용하는 면적이 전체 건축물 면적(허가 등이나 사용승인을 받은 면적을 포함한다)의 100분의 50 이상인 경우에는 그 건축물 전체를 주택으로 보지 아니하고, 그 부속토지는 종합합산과세대상 토지로 본다. ④ 주택 부속토지의 경계가 명백하지 아니한 경우 그 주택의 바닥면적의 10배에 해당하는 토지를 주택의 부속토지로 한다.

(4) 선박 및 항공기

선박은 기선, 범선, 부선(艀船) 및 그 밖에 명칭에 관계없이 모든 배를 말하며, 항공기는 사람이 탑승·조종하여 항공에 사용하는 비행기·비행선·활공기(滑空機)·회전익항공기(回轉翼航空機) 및 그 밖에 이와 유사한 비행기구로서 대통령령으로 정하는 것을 말한다.

3) 과세표준 및 세율

(1) 과세표준

토지·건축물 및 주택에 대한 과세표준은 「지방세법」 제4조에 따른 시가표준액에 공정시장가액비율[57]을 곱하여 산정한 가액으로 하며, 선박 및 항공기에 대한 과세표준은 「지방세법」 제4조에 의한 시가표준액으로 한다.

(2) 세율

① 토지

세율은 과세대상별로 다음과 같이 구분된다. 종합합산과세대상과 별도합산과세대상은 누진세율 구조이고, 분리과세대상은 비례세율 구조이다.

표 3.4.27   토지에 대한 재산세율

구분	과세표준(또는 구분)	세율
종합합산과세대상	5천만원 이하	1,000분의 2
	5천만원 초과 1억원 이하	100,000원 + 5천만원 초과금액의 1,000분의 3
	1억원 초과	250,000원 + 1억원 초과금액의 1,000분의 5
별도합산과세대상	2억원 이하	1,000분의 2
	2억원 초과 10억원 이하	400,000원 + 2억원 초과금액의 1,000분의 3
	10억원 초과	2,800,000원 + 10억원 초과금액의 1,000분의 4
분리과세대상	농지, 목장용지, 임야	1,000분의 0.7
	골프장 및 고급오락장용 토지	1,000분의 40
	그 밖의 토지	1,000분의 2

② 건축물
- 골프장 및 고급오락장용 건축물: 1,000분의 40
- 법령에서 정한 공장용 건축물: 1,000분의 5
- 그 밖의 건축물: 1,000분의 2.5

---

[57] 토지·건축물에 대한 공정시장가액비율은 시가표준액의 70%, 주택에 대한 공정시장가액비율은 60%이다.

③ 주택

세율은 누진세율 구조이며, 별장에 대한 중과는 폐지되었다(2023. 03).

표 3.4.28 **주택에 대한 재산세율**

과세표준(또는 구분)	세율
6천만원 이하	1,000분의 1
6천만원 초과 1억5천만원 이하	60,000원 + 6천만원 초과금액의 1,000분의 1.5
1억5천만원 초과 3억원 이하	195,000원 + 1억5천만원 초과금액의 1,000분의 2.5
3억원 초과	570,000원 + 3억원 초과금액의 1,000분의 4

④ 선박 및 항공기
- 고급선박: 1,000분의 50
- 그 밖의 선박: 1,000분의 3
- 항공기: 1,000분의 3

한편, 지방자치단체의 장은 「국토계획법」에 따른 도시지역 중 따로 고시한 지역에 있는 대통령령으로 정하는 토지, 건축물, 주택에 대해서는 조례로 정하는 바에 따라 표준세율 이외에 추가세율을 합산하여 부과할 수 있다(법률 112).

4) 과세기준일 및 납기

재산세의 과세기준일은 매년 6월 1일이다. 따라서 매년 6월 1일의 사실상 소유자가 해당연도의 재산세 전액을 부담해야 한다. 한편, 납세방식은 부과징수방식이며, 납기는 과세대상별로 다음과 같이 구분된다.

(1) 토지

매년 9월 16일부터 9월 30일까지

(2) 주택

산출세액의 2분의 1은 매년 7월 16일부터 7월 30일까지, 나머지 2분의 1은 매년 9월 16일부터 9월 30일까지

(3) 건축물, 선박, 항공기

매년 7월 16일부터 7월 31일까지

➡ 부동산을 보유하는데 부과되는 세금인 재산세는 매년 6월 1일을 과세기준일로 하므로 부동산을 처분하려면 6월 1일 이전에 양도해야 재산세를 부담하지 않는다. 반면, 매수자의 입장에서는 6월 1일을 지나서 매입해야 납세의무가 없다.

---

2 종합부동산세

1) 의의

고액의 부동산 보유자에 대해서는 지방세의 경우보다 높은 세율로 국세를 부과하여 부동산보유에 대한 조세부담의 형평성을 제고하고 부동산의 가격안정을 도모함으로써 지방재정의 균형발전과 국민경제의 건전한 발전을 기하기 위해 2005년 1월 「종합부동산세법」을 제정하였다.

종합부동산세는 당초 신고납부방식으로 도입되었으나 납세편의를 제고하기 위하여 2007. 01. 법률개정을 통해 부과징수방식으로 전환하였으며, 신고납부방식으로 납부하고자 하는 경우에는 신고납부를 허용하였다.

한편, 주택분 및 종합합산대상 토지분 종합부동산세에 있어 개인의 경우 세대별 합산과세가 헌법재판소의 위헌결정(2008. 11. 13. 2006헌바112 등)에 따라 2008. 12. 법률개정을 통해 개인별 합산으로 변경하였다. 과세방식의 변경으로 부과대상과 부과금액이 대폭완화되었는데 2017년 5월 출범한 문재인정부는 종합부동산세를 강화하고자 2018. 12. 법률개정을 통해 세율을 인상하였다. 반면, 2022년 5월 출범한 윤석열정부는 전반적으로 종합부동산세 완화정책을 시행하였다.

표 3.4.30 **종합부동산세의 변천과정**

입법 연혁	주요내용
2005. 01.	종합부동산세 도입: 신고납부방식
2007. 01.	부과징수방식으로 변경(시행일: 2008. 01. 01)
2008. 12.	과세방식을 세대별 합산방식에서 개인별 합산방식으로 변경

입법 연혁	주요내용
2016. 03.	물납제도 폐지
2018. 12.	주택분 및 종합합산과세대상인 토지분에 대한 세율 인상
2020. 08.	법인의 주택에 대한 과세 강화: 별도 세율 신설
2020. 12.	신탁재산의 납세의무자를 수탁자에서 위탁자로 변경
2022. 09.	일시적 2주택, 상속주택, 지방 저가주택을 주택 수 계산에서 제외
2022. 12.	주택에 대한 세부담 완화: 과세표준 산정시 공제금액 인상, 일부 중과제도 폐지, 세율 인하

➡ 헌법재판소, 2008.11.13. 2006헌바112 등 사건: 이 사건 세대별 합산규정은 생활실태에 부합하는 과세를 실현하고 조세회피를 방지하고자 하는 것으로 그 입법목적의 정당성은 수긍할 수 있으나, 가족 간의 증여를 통하여 재산의 소유 형태를 형성하였다고 하여 모두 조세회피의 의도가 있었다고 단정할 수 없고, 정당한 증여의 의사에 따라 가족 간에 소유권을 이전하는 것도 국민의 권리에 속하는 것이며, 우리 민법은 부부별산제를 채택하고 있고 배우자를 제외한 가족의 재산까지 공유로 추정할 근거규정이 없고, 공유재산이라고 하여 세대별로 합산하여 과세할 당위성도 없으며, … 이미 헌법재판소는 자산소득에 대하여 부부간 합산과세에 대하여 위헌 선언한바 있으므로 적절한 차별취급이라 할 수 없다. … 이 사건 세대별 합산규정으로 인한 조세부담의 증가라는 불이익은 이를 통하여 달성하고자 하는 조세회피의 방지 등 공익에 비하여 훨씬 크고, 조세회피의 방지와 경제생활 단위별 과세의 실현 및 부동산 가격의 안정이라는 공익은 입법정책상의 법익인데 반해 혼인과 가족생활의 보호는 헌법적 가치라는 것을 고려할 때 법익균형성도 인정하기 어렵다. 따라서 이 사건 세대별 합산규정은 혼인한 자 또는 가족과 함께 세대를 구성한 자를 비례의 원칙에 반하여 개인별로 과세되는 독신자, 사실혼 관계의 부부, 세대원이 아닌 주택 등의 소유자 등에 비하여 불리하게 차별하여 취급하고 있으므로, 헌법 제36조 제1항[58]에 위반된다.

2) 과세구분 및 세액

종합부동산세는 주택에 대한 종합부동산세와 토지에 대한 종합부동산세의 세액을 합한 금액으로 한다.

(1) 주택분 종합부동산세

납세의무자는 ① 과세기준일 현재 주택분 재산세의 납세의무자, ② 「신탁법」에 따른 수탁자의 명의로 등기 또는 등록된 신탁재산으로서 주택의 경우에는 위탁자이다.

---

58 헌법 제36조 ① 혼인과 가족생활은 개인의 존엄과 양성의 평등을 기초로 성립되고 유지되어야 하며, 국가는 이를 보장한다.

과세표준은 납세의무자별로 주택의 공시가격을 합산한 금액에서 다음 각 호의 금액을 공제한 금액에 대통령령으로 정하는 공정시장가액비율[59]을 곱한 금액으로 한다.

① 대통령령으로 정하는 1세대 1주택자: 12억원

② 법률 제9조제2항제3호 각 목의 세율이 적용되는 법인 또는 법인으로 보는 단체: 0원

③ 제1호 및 제2호에 해당하지 아니하는 자: 9억원

한편, 세율은 ① 납세의무자가 개인인 경우 2주택 이하 소유 또는 3주택 이상 소유로 구분하여 각각 누진세율을 적용하고, ② 납세의무자가 법인 또는 법인으로 보는 단체인 경우 공익법인의 여부와 직접 공익목적에 사용하는 주택만을 소유한 것인지 여부, 그 외의 경우로서 소유하는 주택의 수 등에 따라 각각 달리 적용한다.

주택분 과세기준금액에 대하여 당해 과세대상 주택의 주택분 재산세로 부과된 세액은 주택분 종합부동산세액에서 이를 공제한다(법률 9 ③).

▶ 고가주택(또는 고급주택)의 기준: 현행 제도상 주택가격 9억원(또는 12억원·15억원)원을 초과하는 것은 고가주택(또는 고급주택)으로 분류되어 각종 규제가 따른다. 기준금액이 제도마다 다르며, 금액의 결정 방법도 실지거래가액·공시주택가격·감정평가액 등으로 차이가 있다. 첫째, 양도소득세에 있어 1세대 1주택 비과세 적용이 배제되어 실지거래가액 12억원을 초과하는 부분에 대해 양도소득세가 과세된다(소득세법령 156). 둘째, 사업소득 중 1개의 주택을 소유한 자의 주택임대소득은 소득세를 과세하지 않으나, 기준시가가 12억원을 초과하는 주택은 제외한다(소득세법 12). 셋째, 주택연금(역모기지론)은 주택가격 12억원 이하의 주택에 대해서만 적용된다(한국주택금융공사법령 28-9). 넷째, 주택의 중개보수에 있어 거래금액이 15억원 이상인 경우에는 상한이 0.7%로서 15억원 미만(0.4~0.6%)에 비해 더 부담해야 한다. 다섯째, 시가 9억원 초과 주택의 담보대출시 대출비율(LTV)이 축소된다(조정대상지역, 투기과열지구, 투기지역의 경우). 여섯째, 취득세에 있어 유상거래를 원인으로 주택을 취득하는 경우 취득당시 가액이 9억원을 초과하는 주택은 가장 높은 세율(즉, 3%)을 적용한다(지방세법 11 ①). 일곱째, 취득세에 있어 고급주택은 주거용 건축물 또는 그 부속토지가 일정면적을 초과하고 시가표준이 9억원을 초과하는 주택을 말하며, 표준세율과 중과기준세율의 100분의 400을 합한 세율을 적용한다(지방세법 13 ⑤). 여덟째, 주택분 종합부동산세는 주택의 공시가격을 합산한 금액이 12억원(1세대 1주택자) 또는 9억원을 초과하는 자에게 부과된다(종합부동산세법 8).

　그동안 주택가격의 상승 등으로 인해 고가주택이 대폭 증가하였는데, 고가주택에 대한 각종 규제로 인해 부동산거래가 위축되고 있다는 주장이 많았다. 따라서 지속적으로 법령개정을 통해 고가주택의 기준을 상향해 오고 있다.

---

[59] 2024. 12. 현재 100분의 60이다.

(2) 토지분 종합부동산세

토지에 대한 종합부동산세는 종합합산과세대상과 별도합산과세대상으로 구분하여 과세한다. 납세의무자는 ① 종합합산과세대상인 경우 당해 토지에 대한 공시가격을 합한 금액이 5억원을 초과하는 자, ② 별도합산과세대상인 경우 당해 토지에 대한 공시가격을 합한 금액이 80억원을 초과하는 자이다. 또한, 수탁자의 명의로 등기 또는 등록된 신탁재산으로서 토지의 경우에는 위탁자가 종합부동산세를 납부할 의무가 있다.

과세표준은 ① 종합합산과세대상인 경우 납세의무자별로 당해 토지의 공시가격을 합한 금액에서 5억원을 공제한 금액에 대통령령으로 정하는 공정시장가액비율[60]을 곱한 금액으로 하고, ② 별도합산과세대상인 경우 납세의무자별로 당해 토지의 공시가격을 합한 금액에서 80억원을 공제한 금액에 대통령령으로 정하는 공정시장가액비율을 곱한 금액으로 한다.

한편, 세율은 다음과 같다.

표 3.4.30   **토지에 대한 종합부동산세의 세율**

구분	과세표준	세율
종합합산과세대상	15억원 이하	1.0%
	15억원 초과 45억원 이하	1천5백만원 + 15억원 초과금액의 2.0%
	45억원 초과	7천5백만원 + 45억원 초과금액의 3.0%
별도합산과세대상	200억원 이하	0.5%
	200억원 초과 400억원 이하	1억원 + 200억원 초과금액의 0.6%
	400억원 초과	2억2천만원 + 400억원 초과금액의 0.7%

종합합산과세대상인 토지의 과세표준금액에 대해 토지분 재산세로 부과된 세액은 토지분 종합합산세액에서 이를 공제하며, 별도합산과세대상인 토지의 과세표준금액에 대해 토지분 재산세로 부과된 세액은 토지분 별도합산세액에서 이를 공제한다.

---

60 토지에 대한 종합부동산세의 과세표준 산정에 있어 공정시장가액비율은 100분의 100이다.

표 3.4.31 종합부동산세의 결정 현황

구분	개인		법인		합계	
	인원(명)	세액 (백만원)	인원(명)	세액 (백만원)	인원(명)	세액 (백만원)
2023년	417,156	988,509	78,037	3,206,600	495,193	4,195,109
2020년	707,446	1,616,516	36,122	2,284,053	743,568	3,900,569
2015년	266,280	371,530	16,784	1,036,307	283,064	1,407,837
2010년	239,626	360,676	10,588	725,495	250,214	1,086,171
2005년	62,089	89,179	8,587	553,432	70,676	642,611

자료: 통계청

주: 2005년은 징수 실적임

(3) 세부담의 상한

① 주택분의 경우: 해당 연도의 주택분 재산세액상당액과 종합부동산세액상당액의 합계액이 직전년도에 해당 주택에 부과된 총세액상당액의 100분의 150을 초과하는 경우에는 그 초과하는 세액은 없는 것으로 본다. 다만, 납세의무자가 법인 또는 법인으로 보는 단체로서 법률 제9조제2항제3호 각 목의 세율이 적용되는 경우는 그러하지 아니하다.

② 토지분의 경우: 해당 연도의 종합합산과세대상토지에 대하여 재산세액상당액과 종합부동산세액상당액의 합계액이 직전년도에 해당 토지에 부과된 총세액상당액의 100분의 150을 초과하는 경우 및 별도합산과세대상토지에 대하여 재산세액상당액과 종합부동산세액상당액의 합계액이 직전년도에 해당 토지에 부과된 총세액상당액의 100분의 150을 초과하는 경우에는 각각 그 초과하는 세액은 없는 것으로 본다.

3) 과세기준일 및 납기

과세기준일은 재산세의 과세기준일(매년 6월 1일)이며, 관할세무서장은 매년 12월 1일부터 12월 15일까지 부과·징수한다. 한편, 종합부동산세를 신고납부방식으로 납부하고자 하는 납세의무자는 종합부동산세의 과세표준과 세액을 매년 12월 1일부터 12월 15일까지 관할세무서장에게 신고·납부하여야 한다(법률 16).

3 기타

1) 지역자원시설세

(1) 의의

이는 종전의 공동시설세와 지역개발세를 통합한 조세로서 목적세이다. 지역자원시설세는 지역의 부존자원 보호·보전, 환경보호·개선, 안전·생활편의시설 설치 등 주민생활환경 개선사업 및 지역개발사업에 필요한 재원을 확보하고 소방사무에 소요되는 제반비용에 충당하기 위하여 부과한다(법률 141).

지역자원시설세는 주민생활환경 개선사업 및 지역개발사업에 필요한 재원을 확보하기 위하여 부과하는 (특정자원분) 지역자원시설세 및 (특정시설분) 지역자원시설세와 소방사무에 소요되는 제반비용에 충당하기 위하여 부과하는 (소방분) 지역자원시설세로 구분한다. 이하에서는 건축물 및 선박의 소유자가 납세의무자인 (소방분) 지역자원시설세에 대해 설명한다.

(2) 내용

(소방분) 지역자원시설세의 과세대상은 소방시설로 인하여 이익을 받는 자의 건축물(주택의 건축물 부분을 포함한다) 및 선박(납세지를 관할하는 지방자치단체에 소방선이 없는 경우는 제외한다)이며, 과세기준일은 매년 6월 1일이다(법률 147 및 114). 건축물·선박의 가액 또는 시가표준액을 과세표준으로 하며, 표준세율은 초과누진세율 구조(10,000분의 4 ~ 10,000분의 12)이다. 이 경우 일반건축물에 비해 화재의 위험성이 큰 주유소·유흥장·백화점·호텔·극장·4층 이상의 건축물(주거용 제외) 등은 표준세율의 2 ~ 3배에 해당하는 중과세율을 적용한다. 납세방식은 부과징수방식이다.

2) 주민세

(1) 의의

주민세는 지방세로서 특·광역시세 및 시·군세이며, 보통세이다. 주민세에는 개인분·사업소분·종업원분이 있다. ① "개인분"이란 지방자치단체에 주소를 둔 개인에 대하여 부과하는 주민세를 말하며, ② "사업소분"이란 지방자치단체에 소재한 사업소 및 그 연면적을 과세표준으로 하여 부과하는 주민세를 말하고, ③ "종업원분"이란 지방자치단체에 소재한 사업소 종업원의 급여총액을 과세표준으로 하여 부과하는 주민세를 말한다. 이하에서는 (사업소분) 주민세에 대해 설명한다.

(2) 내용

　(사업소분) 주민세의 납부의무자는 매년 7월 1일 현재의 사업주이다. 여기서 사업주란 인적 및 물적 설비를 갖추고 계속하여 사업 또는 사무가 이루어지는 장소인 사업소를 둔 자를 말한다. 과세표준은 사업소 및 그 연면적이며, 세율은 기본세율과 연면적에 대한 세율로 구분한다. 한편, 사업소의 연면적이 330㎡ 이하인 경우에는 연면적에 대한 세액을 과세하지 아니한다(법률 82). 납세방식은 신고납부방식이다.

3) (면허에 대한) 등록면허세

(1) 의의

　면허에 대한 등록면허세는 국가 또는 지방자치단체로부터 일정한 면허를 받는 경우에 부과하는 지방세이다. 과세대상으로 면허라 함은 각종 법령에 규정된 면허·허가·인가·등록·지정·검사·검열·심사 등 특정한 영업설비 또는 행위에 대한 권리의 설정, 금지의 해제 또는 신고의 수리(受理) 등 행정청의 행위(법률의 규정에 따라 의제되는 행위를 포함한다)를 말한다. 이 경우 면허의 종별은 사업의 종류 및 규모[61] 등을 고려하여 제1종부터 제5종까지 구분한다.

(2) 내용

　면허의 유효기간이 정하여져 있지 아니하거나 그 기간이 1년을 초과하는 면허[62]에 대하여는 매년 1월 1일에 그 면허가 갱신된 것으로 보아 매년 그 등록면허세를 부과하며, 면허의 유효기간이 1년 이하인 면허와 건축허가 그 밖에 이와 유사한 면허로서 대통령령이 정하는 면허[63]에 대하여는 면허를 할 때 한 번만 등록면허세를 부과한다.

　면허세의 세율은 면허의 종류별·지역별로 차등비례세율을 적용한다(4,500원~67,500원).

61　면허의 규모를 구분하는 기준에는 종업원수, 영업장 면적, 부피, 톤수 등이 있다.

62　부동산과 관련된 예로는 채석 및 토사채취, 도로점용 등이 있다.

63　부동산과 관련된 예로는 농지전용, 토지형질변경, 사설도로 개설, 초지 조성 및 전용, 산지전용, 지하수의 개발·이용, 건축·대수선 또는 공작물의 설치허가, 개발행위허가 중 녹지지역·관리지역 또는 자연환경보전지역에 물건을 1개월 이상 쌓아놓는 행위 등이 있다.

제4편 부동산현상과 경제

제1장 ▸ 부동산경제론

제2장 ▸ 부동산시장론

제3장 ▸ 부동산입지론

제4장 ▸ 부동산금융론

제1장

부동산경제론

제1절 | 부동산의 수요

1 부동산수요의 의의

1) 부동산수요의 개념

부동산수요란 '일정 기간 동안에 사람들이 부동산을 구매하려는 욕구'라고 할 수 있다. 일반적으로 수요란 일정 기간을 전제로 한 유량(flow)개념이고, 구매한 것이 아니라 구매하려는 것이므로 사전(事前)적 개념이다. 또한 부동산수요는 어떤 한 가계나 기업의 수요가 아니라 시장수요를 말한다. 그리고 부동산수요는 단순히 부동산을 구입하고자 하는 의사만을 뜻하는 것이 아니라 구입에 필요한 비용을 지불할 수 있는 경제적 능력이 뒷받침된 유효수요의 개념이다.

부동산수요와 부동산수요량은 뜻이 다르다. 부동산수요가 모든 가격수준에서 부동산을 구매하려는 욕구인 데 반해 부동산수요량은 특정 가격수준에서 부동산을 구매하고자 하는 욕구(최대량)이다.

➡ 유량(流量, flow)과 저량(貯量, stock) 이는 경제현상분석에 쓰이는 두 가지 중요한 개념이다. 유량은 일정기간 동안 경제조직 속으로 흐르는 전체의 양을 의미하고, 저량은 비축 또는 존재량으로서 일정시점을 기준으로 파악된 경제조직 등에 존재하는(또는 경제주체가 소유하는) 재화의 양을 말한다. 예컨대 국민소득은 일정기간(보통 1년)의 재화와 용역의 순생산물의 흐름을 포착하는 것이므로 유량 개념이고, 국부(國富)는 국민소득을 낳는 원본이며 한 국가의 경제재의 존재량이므로 저량 개념이다. 유량으로는 수요, 소득, 임대료 등이 있으며, 저량으로는 인구, 가구(家口), 저축, 통화량, 자본, 가격 등이 있다. 한편, 재무상태표[(구) 대차대조표]는 일정시점(회계년도 말)의 자산·부채·자본에 관한 분석표로서 저량 개념이고, 손익계산서는 일정기간(보통 1년) 동안의 수익과 비용에 관한 분석표로서 유량 개념이다.

2) 부동산수요의 분류

(1) 유효수요와 잠재수요

부동산수요는 구매능력의 유무에 따라 유효수요와 잠재수요로 구분할 수 있다. 유효수요는 구매하려는 욕구와 구매능력을 갖춘 수요를 말하며, 실질적 수요라고도 한다. 한편, 잠재수요는 구매하려는 욕구는 있으나 구매능력을 갖추지 못한 수요를 말한다. 잠재수요는 수요자의 여건에 따라 유효수요로 전환할 수 있는 예비적 수요라 할 수 있다.

(2) 실수요와 가수요

부동산수요는 실제 사용의사의 유무에 따라 실수요와 가수요로 구분할 수 있다. 실수요는 부동산을 실제 사용하기 위한 수요를 말한다. 한편, 가수요는 부동산을 실제 사용할 의사 없이 부동산가격의 상승을 예상하고 구매하려는 수요를 말하며, 투기적 수요라고도 한다.

(3) 본원적 수요와 파생수요

수요는 그 직접성 여부에 따라 본원적 수요와 파생수요로 구분할 수 있다. 본원적 수요는 직접 소비할 목적으로 상품을 구매하려는 욕구를 말하며, 직접수요 또는 최종수요라고도 한다. 한편, 파생수요는 직접수요의 결과 파생되어 나온 수요를 말하며, 간접수요 또는 중간수요라고도 한다. 예컨대 건설회사 입장에서 분양할 주택을 건설하기 위해 생산요소인 택지를 구매하려는 수요는 파생수요에 속한다. 반면, 농민의 입장에서 농지에 대한 수요는 본원적 수요에 속한다.

3) 부동산수요의 특징

부동산의 수요는 부동산의 특성으로 인하여 일반경제재와는 다른 특징이 있다.

첫째, 부동산은 인간생활에 필수적인 재화이므로 그 수요는 일반적으로 비탄력적이다. 수요의 탄력성 폭은 부동산의 종류에 따라 상이한 양상을 보인다.

둘째, 부동산은 부동성의 특성이 있으므로 그 수요 또한 지역성을 띤다. 따라서 지역마다 그 양상이 다르다.

셋째, 부동산의 수요에 영향을 미치는 요인은 수요활동의 주체와 부동산의 종류에 따라 현저한 차이가 있다.

넷째, 부동산은 구매결정을 함에 있어서 검토되어야 할 사항이 일반경제재에 비하여 전문적이고 복잡하다.

다섯째, 부동산은 일반경제재에 비하여 가격비중이 크므로 구매자금을 축적하는 데 오랜 시간이 요구된다.

여섯째, 부동산가격이 상승하는데도 오히려 수요가 증가하는 경우가 있는데, 이는 양도차익을 목적으로 한 가수요에 의해 나타나는 현상이다.

② 부동산의 수요곡선과 수요의 변화

1) 수요의 법칙

다른 조건이 동일한 경우, 부동산에 대한 수요량은 가격에 반비례한다. 즉, 단위당 가격이 상승하면 수요량은 감소하고, 가격이 하락하면 수요량은 증가한다. 이를 수요의 법칙이라고 한다.

2) 부동산의 수요곡선

부동산의 가격과 수요량과의 관계를 그림으로 나타낸 것을 수요곡선이라 한다. 수요곡선은 우하향하는 음(-)의 기울기를 갖는다.

수요곡선이 우하향하는 것은 대체효과와 소득효과로도 설명할 수 있다. 첫째, 대체효과란 소비자가 상대적으로 가격이 상승한 상품의 구매를 감소시키고 가격이 저렴해진 상품의 구매를 증가시키는 것을 말한다. 즉, 어떤 상품의 가격이 오르면 그 상품에 대한 수요는 감소하고 대체관계에 있는 상품의 수요가 증가한다. 둘째, 소득효과란 어떤 상품의 가격 변동이 소비자의 실질소득을 변동시키는 효과를 말한다. 어떤 상품의 가격이 상승하면 이것은 소비자의 소득이 상대적으로 감소한 것과 같다. 따라서 소득이 줄어든 만큼 소비자는 이전보다 적은 양의 상품을 소비하게 된다.

3) 부동산수요의 변화와 수요량의 변화

수요곡선과 관련하여 특히 유의할 점은 주어진 수요곡선의 선상을 따라 이동하는 것과 수요곡선 자체가 이동하는 것을 구별하는 것이다.

(1) 수요의 변화

당해 부동산가격 이외의 여건의 변화가 있는 경우 수요곡선 자체가 이동하는 것이다. ([그림 4.1.2]에서 수요곡선이 D → D₁ 이동: 수요 증가, D → D₂ 이동: 수요 감소)

(2) 수요량의 변화

당해 부동산의 가격이 변동하면 수요곡선상에서 수요량의 결정점의 이동이 생긴다([그림 4.1.1]에서 ① ↔ ②간의 변화: 가격이 P_1→ P_2로 상승시 수요량이 Q_1→ Q_2로 감소).

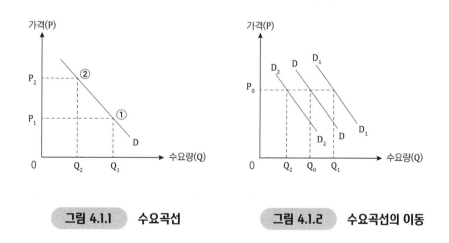

그림 4.1.1 수요곡선   **그림 4.1.2** 수요곡선의 이동

4) 부동산수요의 변화요인

(1) 개요

앞에서 설명한 것처럼 당해 부동산가격 이외의 다른 요인이 변하면 부동산의 수요가

변하여 수요곡선 자체가 이동한다. 현실적으로 부동산수요의 변화요인은 매우 많은데 크게 자연적·사회적·경제적·정책적 요인으로 구분할 수 있다. 대표적으로 인구·가구분리, 소비자의 기호, 이자율·소득, 부동산가격변동에 대한 예상, 부동산정책 등이 있다.

한편, 인구의 추이를 정리하면 다음의 표와 같다. 2020년 12월 우리나라의 인구는 51,829천명, 인구밀도는 516.2명/㎢이다. 특히, 2020년 9월 51,842천명을 정점으로 인구가 감소하고 있다. 부동산수요가 인구감소시대에는 종전의 인구증가시대와는 다른 양상을 보일 것이다.

표 4.1.1 인구의 추이

구분	2023년	2020년 12월	2020년 9월	2010년	2000년	1990년	1980년	1970년
총인구(천명)	51,325	51,829	51,842	48,580	47,008	42,869	38,124	32,241
인구성장률(%)	-0.002	0.10	-	0.26	0.84	0.99	1.57	2.21
인구밀도(명/㎢)	511.0	516.2	-	489.2	463.9	437.7	378.8	320.4

자료: 국토교통부 · 통계청 참고 재작성
주: 인구성장률은 전년대비 인구증가율임

(2) 내용

부동산수요의 증가요인과 감소요인을 정리하면 다음의 표와 같다. 여기서 부동산수요의 증가요인은 수요곡선을 오른쪽으로 이동시키며, 부동산수요의 감소요인은 수요곡선을 왼쪽으로 이동시킨다.

표 4.1.2 부동산수요의 변화요인

구분	부동산수요의 증가요인	부동산수요의 감소요인
자연적 요인	• 따뜻한 겨울 기온 • 자연재해로부터 안전	• 추운 겨울 기온 • 잦은 자연재해
사회적 요인	• 인구·가구 수의 증가 • 생활의 쾌적성·편리성 증대(예: 철도 개통) • 특정 유형의 부동산에 대한 기호 증가	• 인구·가구 수의 감소 • 생활의 쾌적성·편리성 감소(예: 철도 폐쇄) • 특정 유형의 부동산에 대한 기호 감소

구분	부동산수요의 증가요인	부동산수요의 감소요인
경제적 요인	• 소득의 증가 • 이자율 하락 • 부동산가격상승에 대한 기대가 증대 • 대체투자상품의 수익률 하락	• 소득의 감소 • 이자율 상승 • 부동산가격하락에 대한 우려가 증대 • 대체투자상품의 수익률 상승
정책적 요인	• 거래세율·보유세율의 인하 • 거래규제·대출규제의 완화	• 거래세율·보유세율의 인상 • 거래규제·대출규제의 강화

③ 부동산수요의 탄력성

1) 탄력성의 개념

경제학에서 탄력성이란 독립변수(원인변수)가 1% 변했을 때 종속변수(반응변수)가 변하는 비율(%)을 말한다. 즉, 독립변수의 변화에 대해 종속변수가 얼마나 반응하는지를 나타내는 지표라 할 수 있다.

탄력성에는 가격탄력성, 소득탄력성, 교차탄력성이 있다. 첫째, 가격탄력성은 상품의 가격이 변함에 따라 수요와 공급이 얼마나 변화하는가를 나타내는 지표이다. 일반적으로 탄력성이라고 하면 가격탄력성을 말한다. 둘째, 소득탄력성은 소득이 변함에 따라 상품의 수요가 얼마나 변화하는가를 나타내는 지표이다. 셋째, 교차탄력성은 어떤 상품과 관련 있는 다른 상품의 가격이 변함에 따라 해당 상품의 수요가 얼마나 변화하는가를 나타내는 지표이다. 따라서 가격탄력성은 수요와 공급에 모두 해당되는 개념이나 소득탄력성과 교차탄력성은 수요에만 해당되는 개념이다.

2) 수요의 가격탄력성

(1) 개념

수요의 가격탄력성은 상품의 가격변화율에 대한 수요량의 변화율을 말하며, 이를 수식으로 표시하면 다음과 같다.

$$수요의 \ 가격탄력성(Ed) = \frac{수요량의 \ 변화율}{가격의 \ 변화율}$$

일반적으로 탄력성이라고 하면 가격탄력성을 말하므로 이 책에서는 가격탄력성을 앞으로 그냥 탄력성으로 표시하고자 한다.

한편, 수요의 소득탄력성·교차탄력성과 달리 수요와 공급의 탄력성은 늘 한 가지 부호만 가지므로 부호가 별다른 의미를 가지지 못한다. 즉, 가격과 수요량은 수요의 법칙에 따라 항상 반대 방향으로 변하므로 수요의 탄력성은 원래 음(-)의 부호를 가지며, 가격과 공급량은 공급의 법칙에 따라 항상 같은 방향으로 변하므로 공급의 탄력성은 항상 양(+)의 부호를 가진다. 여기서 수요의 탄력성은 이해의 편의를 위해 일반적으로 절댓값으로 표시한다.[1]

(2) 수요의 탄력성 구분

수요의 탄력성은 0(zero)과 무한대(∞) 사이의 값을 갖는다. 여기서 수요의 탄력성 크기에 따라 구분하여 정리하면 다음의 그림 및 표와 같다.

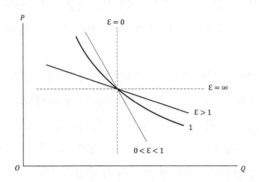

그림 4.1.3   수요의 탄력성 구분

표 4.1.3   수요의 탄력성 구분

탄력성의 값	탄력성의 구분	내용	수요곡선의 형태
0	완전비탄력적	가격의 변화율 > 수요량의 변화율(=0)	수직
0 ~ 1	비탄력적	가격의 변화율 > 수요량의 변화율	급경사
1	단위탄력적	가격의 변화율 = 수요량의 변화율	직각쌍곡선
1보다 큼	탄력적	가격의 변화율 < 수요량의 변화율	완경사
∞	완전탄력적	가격의 변화율(≒0) < 수요량의 변화율	수평

---

[1] 김대식 외(2003), 현대 경제학원론(제4전정판), 박영사, p.85.

(3) 수요의 탄력성 응용

수요의 탄력성은 가격의 변동에 따라 가계의 총지출(또는 기업의 총수입)이 어떻게 변할 것이라는 정보를 제공해 준다. 가계의 어떤 상품에 대한 총지출은 그 상품에 대한 시장수요량에 가격을 곱한 값이다. 한편, 가계의 총지출은 반대로 기업의 총수입이 된다.[2]

먼저, 가격을 인하하는 경우를 보자. 가격이 하락하면 총지출(또는 총수입)은 가격하락률 만큼 감소하고 수요량증가율만큼 증가한다. 만약 수요의 탄력성이 1보다 크다면 수요량증가율이 가격하락률보다 큰 경우로서 총지출은 증가할 것이다. 반대로 수요의 탄력성이 1보다 작다면 수요량증가율이 가격하락률보다 작은 경우로서 총지출은 감소할 것이다. 가격하락률과 수요량증가율이 동일하여 수요의 탄력성이 1일 때에는 총지출에 변화가 없게 된다.

다음으로, 가격을 인상하는 경우를 보자. 가격이 상승하면 총지출(또는 총수입)은 가격상승률만큼 증가하고 수요량감소율만큼 감소한다. 만약 수요의 탄력성이 1보다 크다면 수요량감소율이 가격상승률보다 큰 경우로서 총지출은 감소할 것이다. 반대로 수요의 탄력성이 1보다 작다면 수요량감소율이 가격상승률보다 작은 경우로서 총지출은 증가할 것이다. 가격하락률과 수요량증가율이 동일하여 수요의 탄력성이 1일 때에는 총지출에 변화가 없게 된다. 이상의 내용을 요약하면 다음의 표와 같다.

표 4.1.4 수요의 탄력성과 총지출 · 총수입 비교

탄력성의 값	탄력성의 구분	가계의 총지출 · 기업의 총수입	
		가격 인하시	가격 인상시
0 ~ 1	비탄력적	감소	증가
1	단위탄력적	불변	불변
1보다 큼	탄력적	증가	감소

(4) 수요탄력성의 변화요인

수요의 탄력성에 영향을 주는 요인은 여러 가지가 있지만 그 중에서 몇 가지만 소개하면 다음과 같다.

첫째, 대체재의 유무와 다소이다. 일반적으로 대체재가 없는 상품보다 있는 상품이 더 탄력적이다. 또한, 대체재의 수가 많을수록 수요의 탄력성이 더 커진다.

---

[2] 김대식 외(2003), 위의 책, pp.93~95.

둘째, 상품의 가격이 가계소득에서 차지하는 비중이다. 상품의 가격이 가계소득에서 차지하는 비중이 클수록 더 탄력적이다.

셋째, 측정기간의 장단이다. 같은 폭의 가격변화에 대해 기간이 길어질수록 수요량의 변동이 더 크게 되어 수요의 탄력성이 더 커진다.

3) 수요의 소득탄력성

수요의 소득탄력성은 소득의 변화에 대한 수요의 변화정도를 나타내는 지표로서 수식으로 표시하면 다음과 같다.

$$\text{수요의 소득탄력성(Ei)} = \frac{\text{수요량의 변화율}}{\text{가격의 변화율}}$$

일반적으로 상품은 소득이 증가함에 따라 그 수요가 증가하기 때문에 수요의 소득탄력성은 양의 값을 갖는다. 이러한 상품을 정상재라고 한다. 따라서 정상재는 수요의 소득탄력성이 0(zero)보다 크다. 반면, 소득이 증가함에 따라 그 수요가 감소하는 상품을 열등재라 한다. 따라서 열등재는 수요의 소득탄력성이 0(zero)보다 작다.

4) 수요의 교차탄력성

수요의 교차탄력성은 어떤 상품과 관련 있는 다른 상품의 가격이 변함에 따라 해당 상품의 수요가 얼마나 변화하는가를 나타내는 지표로서 수식으로 표시하면 다음과 같다.

$$\text{수요의 교차탄력성(Ec)} = \frac{\text{해당 상품의 수요량 변화율}}{\text{다른 상품의 가격 변화율}}$$

수요의 교차탄력성을 통해 두 상품 간의 관계를 파악할 수 있다. 수요의 교차탄력성이 0(zero)보다 큰 경우 다른 상품의 가격과 해당 상품의 수요량이 같은 방향으로 변한다는 뜻이므로 서로 대체재라 할 수 있다. 반면, 수요의 교차탄력성이 0(zero)보다 작은 경우 다른 상품의 가격과 해당 상품의 수요량이 반대 방향으로 변한다는 뜻이므로 서로 보완재라 할 수 있다. 수요의 교차탄력성이 0(zero)인 경우 두 상품은 독립재 관계이다.

제2절 | 부동산의 공급

1 부동산공급의 의의

1) 부동산공급의 개념

부동산공급이란 '일정기간동안 공급자들이 부동산을 팔려는(매도 또는 임대) 욕구'이다. 부동산공급 또한 부동산수요와 마찬가지로 유량개념이고, 사전적 개념이며, 시장전체 공급을 말한다. 부동산가격형성에 영향을 미치는 것은 유효공급이다.

한편, 부동산공급자는 건설업자, 개발업자, 생산에 관련되는 사람 등 생산자뿐만 아니라 기존주택이나 건물의 소유주도 포함된다. 재고관리시장에서 소유부동산을 매도하려는 것도 공급에 해당한다.

2) 부동산공급의 유형

(1) 물리적 공급

물리적 공급은 자연적이고 물리적인 측면에서 바라본 공급을 말한다. 토지의 경우 부증성의 특성으로 인해 그 양이 한정되어 있어 물리적 공급을 증가시키는 것은 불가능하다.

(2) 경제적 공급

경제적 공급은 경제적 이용의 측면에서 바라본 공급을 말한다. 토지의 경우 물리적 공급은 한정되어 있어도 최유효이용활동을 통해 경제적 공급은 가능하다. 토지의 경제적 공급이란 결국 토지의 수요를 충족시켜주는 것을 말한다. 예컨대 일정한 면적의 토지를 여러 필지로 분할하여 많은 수요량을 충족시켜 주었을 때 물리적으로 토지의 증감은 없지만 경제적인 면에서는 공급량의 증가로 보는 것이다. 토지의 경제적 공급이 가능한 것은 용도의 다양성, 상대적 위치의 가변성, 부동산물권의 탁월성 등이 있기 때문이다. 여기서 토지의 경제적 공급 유형을 예시하면 다음과 같다.

첫째, 토지의 개발이다. 토지가 물리적으로 공급되어 있는 상태에서 상품화시키는 작업을 말한다. 즉 미개간지나 황무지 등 경제적 가치가 극히 낮은 토지의 이용도를 증대시키는 것으로 택지조성, 농지조성, 산지조성 등이 있다.

둘째, 토지이용의 집약화이다. 좁은 면적이나 소규모의 토지에 건물을 축조하여 연면적을 증가시킬 목적으로 빌딩의 고층화, 입체화 등에 의하여 집약적으로 이용하는 것을 말한다.

셋째, 공법상의 용도전환이다. 토지는 공·사법상의 행위규제가 많다. 예컨대 지역지구제의 규제가 완화·해제되는 경우에는 토지의 가치는 물론 공급도 증가하게 된다. 또한 국·공유재산의 경우 거래가 될 수 없는 행정재산에서 일반재산으로 용도가 변경되면 사유재산으로 귀속될 수 있어 토지공급이 증가되는 것이다.

넷째, 세필화(細筆化)이다. 대단위 토지를 분할이나 환지 등으로 세분화시키는 것도 토지공급에 해당한다.

3) 부동산공급의 특징

부동산의 공급은 부동산의 특성으로 인하여 일반경제재와는 다른 특징이 있다.

첫째, 토지의 자연적 특성인 부증성으로 인하여 물리적 공급은 불가능하나, 최유효이용 활동을 통해 경제적 공급은 가능하다.

둘째, 건물은 건축 및 용도의 전환 등을 통해 공급이 가능하다.

셋째, 토지의 경제적 공급과 건물의 공급은 가격변화와 공급시점간의 시차가 존재한다. 이는 공급을 위한 행정절차나 개발행위 등에 많은 시간이 필요하기 때문이다.

넷째, 주택공급활동에서는 규모의 경제가 있다. 여기서 규모의 경제란 규모가 커지면서 생산단가가 낮아지는 것을 의미하는 것으로 주로 비용의 절약면에서 다음과 같이 나타난다. ① 주택의 모델을 단순화하고 양산함으로써, 현장작업의 단순화·표준화·건설기계의 집약적 이용·노동생산성의 향상 등을 기할 수 있다. ② 건축자재를 대량 구입함으로써 구입가격을 인하할 수 있다. ③ 도급의 대량발주로 공사비를 절감시킬 수 있다.

2 부동산의 공급곡선과 공급의 변화

1) 공급의 법칙

다른 조건이 일정한 경우, 부동산가격이 상승하면 공급량은 증가하고 가격이 하락하면 공급량은 감소한다. 이를 공급의 법칙이라고 한다.

2) 부동산의 공급곡선

부동산의 가격과 공급량과의 관계를 그림으로 나타낸 것을 공급곡선이라 한다. 즉, 공급곡선이란 각 가격수준에서 생산자가 기꺼이 공급하려 하고 또한 공급할 수 있는 공급량을 서로 연결한 것인데 양(+)의 기울기를 갖는다.

(1) 토지의 물리적 공급곡선과 경제적 공급곡선

토지의 양은 고정되어 있기 때문에 토지의 물리적 공급곡선은 수직이다. 그러나 토지의 경제적 공급곡선은 토지이용측면에서 토지의 공급과 토지서비스 가격을 나타낸 것으로, 토지서비스의 가격이 상승함에 따라 그 양이 증가하기 때문에 우상향한다.

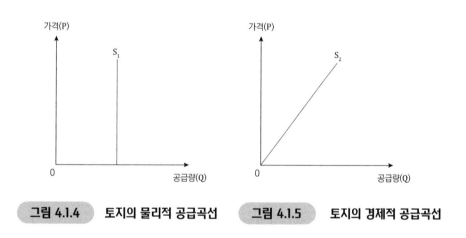

| 그림 4.1.4 | 토지의 물리적 공급곡선 | 그림 4.1.5 | 토지의 경제적 공급곡선 |

(2) 건물의 공급곡선

건물은 물리적·경제적 공급이 가능하다. 그러나 가격이 상승한다고 해도 수요에 즉각적으로 대응하기가 어려워 부동산가격이 급락하지 않는다.

3) 부동산공급의 변화와 공급량의 변화

(1) 공급의 변화

공급의 변화는 당해 부동산가격 이외의 조건의 변화가 있을 경우 부동산 공급곡선 자체가 이동하는 것이다([그림 4.1.7]에서 공급곡선이 S_0 → S_1이동: 공급 증가, S_0 → S_2이동: 공급 감소).

(2) 공급량의 변화

당해 부동산가격이 변화함에 따라 공급곡선상에서 공급량의 결정점이 이동하는 것이다. 여기서 당해 부동산가격과 대체 부동산가격은 서로 다름을 주의해야 한다([그림 4.1.6]에서 ① ↔ ② 간의 변화: 가격이 $P_1 \rightarrow P_2$로 상승시 공급량이 $Q_1 \rightarrow Q_2$로 증가).

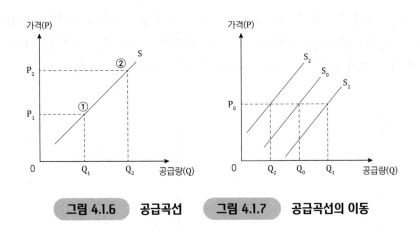

그림 4.1.6 공급곡선   **그림 4.1.7** 공급곡선의 이동

4) 부동산공급의 변화요인

(1) 개요

앞에서 설명한 것처럼 당해 부동산가격 이외의 다른 요인이 변하면 부동산의 공급이 변하여 공급곡선 자체가 이동한다. 현실적으로 부동산공급의 변화요인은 매우 많은데 크게 자연적·사회적·경제적·정책적 요인으로 구분할 수 있다. 대표적으로 건설비용, 기술수준, 소비자의 기호, 이자율, 부동산정책 등이 있다.

표 4.1.5   **부동산공급의 변화요인**

구분	부동산공급의 증가요인	부동산공급의 감소요인
자연적 요인	• 개발·건설기간 동안 정상 기후 • 자연재해로부터 안전	• 개발·건설기간 동안 이상 기후 • 잦은 자연재해

사회적 요인	• 인구·가구 수의 증가
	• 특정 유형의 부동산에 대한 기호 증가
	  (신규건설시장)
		• 인구·가구 수의 감소
		• 특정 유형의 부동산에 대한 기호 감소
		  (신규건설시장)

경제적 요인	• 이자율 하락 • 건설비용 감소 • 기술수준 향상	• 이자율 상승 • 건설비용 증가 • 대체투자상품의 수익률 상승
정책적 요인	• 거래세율의 인하(신규건설시장) • 보유세율의 인상(재고관리시장) • 토지개발에 관한 규제 완화	• 거래세율의 인상(신규건설시장) • 보유세율의 인하(재고관리시장) • 건설현장 안전에 관한 규제 강화

3 부동산공급의 탄력성

1) 개념

수요의 탄력성과 마찬가지로 공급의 탄력성은 상품의 가격변화율에 대한 공급량의 변화율을 말하며, 이를 수식으로 표시하면 다음과 같다.

$$\text{공급의 탄력성(Es)} = \frac{\text{공급량의 변화율}}{\text{가격의 변화율}}$$

2) 공급의 탄력성 구분

공급의 탄력성도 수요의 탄력성과 같이 0(zero)과 무한대(∞) 사이의 값을 갖는다. 공급의 탄력성이 1보다 큰 경우 탄력적이라 하고, 1보다 작은 경우 비탄력적이라 한다. 또한, 탄력성이 1인 경우 단위탄력적이라 한다. 한편, 탄력성이 0(zero)인 경우 완전비탄력적이라 하고, 무한대(∞)인 경우 완전탄력적이라 한다.

3) 공급탄력성의 변화요인

공급의 탄력성에 영향을 주는 요인은 여러 가지가 있지만 그 중에서 몇 가지만 소개하면 다음과 같다.

첫째, 생산요소 구득의 용이성이다. 일반적으로 생산요소를 쉽게 얻을 수 있는 상품일수록 더 탄력적이며, 그렇지 못할 경우 비탄력적이다.

둘째, 용도전환의 용이성이다. 일반적으로 상품의 용도전환이 쉬울수록 탄력적이고, 그렇지 못할수록 비탄력적이다.

셋째, 측정기간의 장단이다. 같은 폭의 가격변화에 대해 기간이 길어질수록 공급량의 변동이 더 크게 되어 공급의 탄력성이 더 커진다. 이는 장기에는 공급자가 가격에 변화에 대해 적응할 수 있는 시간을 갖게 되기 때문이다.

 제3절 | 부동산시장의 균형

1 시장균형과 균형가격

1) 시장균형의 개념

시장균형이란 시장에서 상품의 수요량과 공급량이 일치하는 상태를 말한다. 다른 조건이 일정하다면 어떤 상품의 수요량은 그 상품의 가격과 반대 방향으로 변하고, 공급량은 가격과 같은 방향으로 변한다. 어떤 가격수준에서 소비자의 수요량보다 생산자의 공급량이 많아서 상품이 남아돌 때 그 잉여분을 초과공급량이라고 한다. 반대로 어떤 가격수준에서 소비자의 수요량이 생산자의 공급량보다 많아서 상품이 부족할 때 그 부족분을 초과수요량이라고 한다.

초과공급량이 존재하면 가격이 하락하고, 초과수요량이 존재하면 가격이 상승한다. 그런데 수요량과 공급량이 일치하는 가격수준에서는 소비자가 사고 싶어 하는 수량을 모두 살 수 있고, 생산자가 팔고 싶어 하는 수량을 모두 팔 수 있어 소비자와 공급자 모두 만족하게 된다. 따라서 그 가격수준 이외의 다른 가격수준으로 유인할 필요가 없다. 즉, 초과공급량도 없고 초과수요량도 없는 상태, 즉 수요량과 공급량이 일치하는 상태에서만 가격은 상승하거나 하락할 유인이 없게 된다. 이때 시장이 균형(상태)에 있다고 한다. 시장균형을 달리 표현하면 가격이 수요량과 공급량에 의해 상승 또는 하락의 압력을 받지 않아 더 이상 움직이지 않는 상태라 할 수 있다.

2) 균형가격의 개념

균형가격이란 시장균형일 때의 가격을 말한다. 즉, 시장에서 상품의 수요량과 공급량이 일치할 때의 가격을 말한다. 한편, 시장균형일 때의 수요량과 공급량을 균형량이라고 한다.

[그림 4.1.8]에서 균형가격은 P_0인데, 가격이 P_1으로 높아지면 수요량은 감소(Q_d)하고 공급량은 증가(Q_s)하여 $Q_s - Q_d$만큼의 공급초과가 발생한다. 공급초과는 개별공급자들로 하여금 가격을 인하하게 하며, 가격의 하락은 공급을 감소시키고 수요를 증가시킨다. 따라서 가격은 수요량과 공급량이 일치하는 수준(P_0)까지 하락하게 된다. 이것이 균형가격이다.

반대의 경우를 살펴보자. 현재의 시장가격이 라면, 수요량은 Q'_d이나, 공급량은 Q'_s이므로 수요초과현상이 발생하고 가격이 상승하게 되는데. 이로 인해 다시 수요량은 감소하고 공급량은 증가하여 P_0에서 균형을 이룬다.

균형가격은 이처럼 수요초과나 공급초과가 없어져 수요자는 공급자가 팔려고 하는 양만큼 사게 되고 공급자는 수요자가 사려는 양만큼 팔게 될 때의 가격수준이며, 공급자는 균형가격하에서 정상이윤을 얻게 된다.

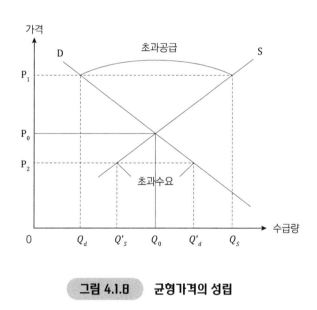

그림 4.1.8 균형가격의 성립

ㄹ 시장균형의 변동

1) 개요

앞의 설명에서는 수요곡선과 공급곡선이 이동하지 않는다는 가정, 즉 상품 가격 이외의 다른 모든 조건은 일정하다는 가정을 전제로 한 것이다. 그러나 앞의 제1절 및 제2절에서 설명한 바와 같이 수요의 변화요인(예: 인구·가구분리, 소비자의 기호, 이자율·소득, 부동산가격변동에 대한 예상, 부동산정책 등)이 변하면 수요곡선이 이동하며, 공급의 변화요인(예: 건설비용, 기술수준, 소비자의 기호, 이자율, 부동산정책 등)이 변하면 공급곡선이 이동한다. 이제 수요곡선과 공급곡선이 이동할 경우 균형가격과 균형량(또는 거래량)이 어떻게 변동하는 가에 대해 살펴보자.

2) 수요 · 공급이 각각 변동하는 경우

첫째, 수요가 증가할 경우: 초과수요가 발생하여 가격은 상승하고 균형량은 증가한다.
둘째, 수요가 감소할 경우: 초과공급이 발생하여 가격은 하락하고 균형량은 감소한다.
셋째, 공급이 증가할 경우: 초과공급이 발생하여 가격은 하락하고 균형량은 증가한다.
넷째, 공급이 감소할 경우: 초과수요가 감소하여 가격은 상승하고 균형량은 감소한다.

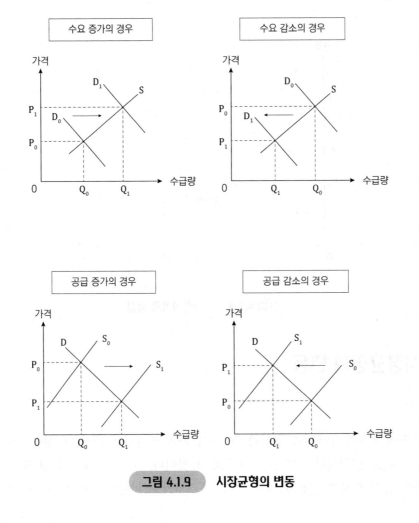

그림 4.1.9 시장균형의 변동

3) 수요·공급이 동시에 증가하는 경우

첫째, 수요의 증가가 공급의 증가보다 클 경우에는 가격은 상승하고 균형량도 증가한다.
둘째, 공급의 증가가 수요의 증가보다 클 경우에는 가격은 하락하고 균형량은 증가한다.
셋째, 수요의 증가와 공급의 증가가 같은 경우에는 가격은 불변이고 균형량은 증가한다.

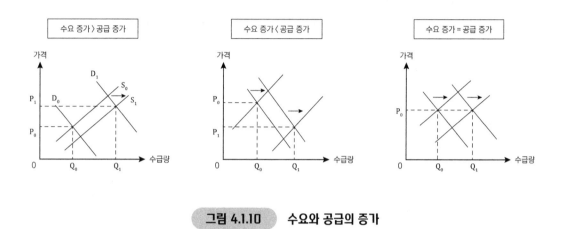

그림 4.1.10 　수요와 공급의 증가

4) 수요·공급이 동시에 감소하는 경우

첫째, 수요의 감소가 공급의 감소보다 클 경우에는 가격은 하락하고 균형량은 감소한다.
둘째, 공급의 감소가 수요의 감소보다 클 경우에는 가격은 상승하고 균형량은 감소한다.
셋째, 수요의 감소와 공급의 감소가 같은 경우에는 가격은 불변이고 균형량은 감소한다.

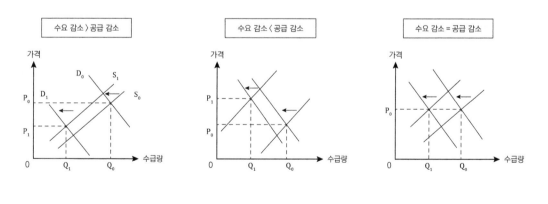

그림 4.1.11 　수요와 공급의 감소

제4절 | 부동산경기의 변동

1 부동산경기변동의 의의

1) 부동산경기변동의 개념

경기(景氣)란 한마디로 경제활동의 상황을 말하며, 경기변동이란 경제활동의 상황이 일정한 주기로 호황과 불황을 반복하는 현상을 말한다. 따라서 부동산경기변동은 부동산활동의 상황이 일정한 주기로 호황과 불황을 반복하는 현상이라고 할 수 있다.

한편, 부동산경기변동에 관해 많은 연구를 수행한 미국의 학자들은 부동산경기를 일반적으로 건축경기와 동의어로 본다.

2) 부동산경기변동의 특징

부동산경기의 변동은 부동산의 특성으로 인해 일반경기의 변동과는 다른 특징을 보인다.

첫째, 부동산경기는 일반경기에 비해 높은 정점(頂點)과 깊은 저점(低點)으로 인해 경기변동의 진폭이 크다. 예컨대 경기가 과열되는 경우에는 그 도가 지나치게 높아 붐(boom)이 있는가 하면 반대로 침체기에는 깊은 동면에 빠지기도 한다. 이러한 현상은 주거용부동산보다 상업용·공업용부동산에서 더 뚜렷하게 나타난다.

둘째, 부동산경기는 일반경기보다 시간적으로 뒤지는 경향이 있다. 부동산경기와 일반경기의 시간적 관계에 따라 선행·동행·후행·역행으로 구분할 수 있는데 부동산경기는 일반적으로 일반경기에 후행한다. 이는 ① 부동산경기가 일반경기에 민감하게 반응하지 못하거나, ② 부동산경기가 주거용·상업용·공업용 등 부문별 경기의 가중평균치적 성격이 있고, ③ 부동산개발이나 건축에 상당한 시간이 소요되기 때문이다. 여기서 부동산경기가 일반경기에 민감하게 반응하지 못하는 현상을 타성(惰性)이라 하고, 그 뒤지는 시간차를 타성기간이라 한다.

셋째, 부동산경기변동에 있어 그 주기와 진폭은 경기변동마다 다르며, 일반적으로 확장국면이 수축국면보다 길게 나타난다.

넷째, 부동산경기는 세부 부문별로 그 유형을 달리하는 경향이 있다. 예컨대 주거용부동산은 일반경기에 역행하는 경향이 있으며, 상업용·공업용부동산은 일반경기와 동행하는 경향이 있다.

다섯째, 부동산경기는 지역별로 그 유형이 다를 수 있다. 즉, 부동산경기는 지역마다 달리 변동하고 같은 지역이라 하더라도 그 지역 안의 세부 지역에 따라 각기 다른 양상을 보일 수 있다. 이를 부동산경기의 국지성과 개별성이라 한다.

여섯째, 부동산경기는 정부의 정책에 크게 영향을 받는다. 부동산경기는 국민경제에 미치는 영향이 크므로 부동산시장의 상황에 따라 정부는 부양정책과 안정정책을 빈번하게 시행해 왔다. 따라서 정부의 정책에 영향을 받아 부동산경기는 그 주기와 진폭이 변할 수 있다.

일곱째, 부동산경기는 예상하지 못한 충격에 의해 비주기적 변동을 보일 수도 있다. 이러한 불규칙적·우발적 변동을 무작위적 변동(random change)이라 한다. 부작위적 변동은 지진·홍수와 같은 자연재해나 전쟁·전염병과 같은 사회재난에 의해 발생할 수 있다.

ㄹ 부동산경기변동의 내용

1) 변동국면별 특징

부동산경기의 변동국면은 일반경기의 변동국면에 따른 4개 국면과 부동산시장 고유의 안정기를 합쳐서 5개 국면으로 구분할 수 있다.

(1) 하향기(불황기)

불황하에서 지속적인 경기하강이 진행되는 시장국면이다. 이 국면에서는 전반적·지속적으로 가격이 하락되고, 일반경기의 불황과 동행할 경우에는 건축활동이 둔화되고 공실률이 증가한다. 이 국면이 장기화되는 경우 규모가 큰 부동산, 신개발지역의 택지 등은 큰 타격을 받게 되고, 종전의 거래사례 가격은 새로운 매매활동에 있어 가격 설정의 상한선이 된다. 또한 후퇴기의 기간이 짧고 지역에 따라서 과열경기를 경험한 곳일수록 훨씬 깊은 불황을 경험하게 된다. 이 국면에서는 건축허가신청 건수는 상당히 감소하는 것이 특징이다.

(2) 회복기

경기의 하향이 저점(through)에 이르러 하향을 멈추고 상승을 시작하는 국면이다. 회복기는 새로운 호황기를 앞둔 단계라는 점에서 관심의 대상이 된다.

불황기 때에는 거의 없던 고객들이 드문드문 찾아오기 시작하며, 일반경기변동과 동행하면 전체적으로 공실률은 감소되기 시작한다. 택지의 거래시황은 활발한 편은 아니지만 경기의 하향시에 계속 침체상태가 깊어지는 현상이 사라지게 된다. 전체적인 건축허가신청 건수가 점차 증가한다.

(3) 상향기(호황기)

회복기의 회복국면이 불황을 벗어나면서부터 호황의 경기상승국면을 지속해 가는 시기로, 부동산거래가 활기를 띠고 매도자는 가격상승률이 점차 높아지기 때문에 거래의 성립을 미루려는 반면에 매수자는 거래성립을 앞당기려 한다. 다만 이 시기는 언젠가는 정점에 도달하여 경기가 후퇴할 가능성도 있다는 점에 유의해야 한다.

(4) 후퇴기

정점에 도달한 경기가 후퇴하는 국면의 시장이다. 대표적인 징후는 거래가 점점 감소하는 현상이다. 부동산중개활동에서도 매도자 중시현상이 점차 증가하다가 반전되어 매수자 중시현상이 증가된다. 왜냐하면 가격이 하락하기 때문에 매수자는 거래성립을 미루려하기 때문이다. 우리나라는 투기성이 강하여 정부의 강력한 규제가 있으면 비교적 단시일내에 경기가 후퇴하는 것이 특징이다.

(5) 안정기

안정기란 일반시장과는 달리 부동산시장에서만 고려의 대상이 되는 시기로, 부동산가격이 안정되어 있거나 가벼운 상승을 지속하는 시기다. 이 시기는 투자와 관련하여 호황이나 불황의 진동의 크기가 다른 부동산에 비하여 비교적 낮기 때문에 위험성이 상당히 낮은 안전한 시기이다. 안정기에 있는 지역은 불황에 강한 유형의 시장이라고도 하는데, 도시근교에서도 주변의 편의시설이 잘 정비되어 있고 그 지역의 경제수준에 적합한 규모의 주택이 촌락을 이루고 있는 기성의 주택지역이 비교적 이 유형에 속한다.

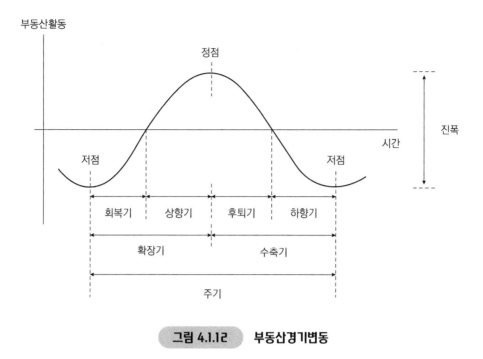

부동산활동

정점

저점   저점

시간

진폭

회복기 | 상향기 | 후퇴기 | 하향기

확장기   수축기

주기

그림 4.1.12   부동산경기변동

2) 부동산경기의 측정지표

부동산경기를 측정하는 지표로는 부동산 가격변동·거래량·건축량 등이 있다. 그 밖에도 미분양재고량, 공가율, 택지의 분양실적, 경매의 낙찰가율, 주택금융의 상태 등을 통해서도 경기를 측정할 수 있다.

부동산경기측정은 어느 한 지표에 의존할 것이 아니라 가격변동·거래량·건축량 등 3대 지표를 통한 종합적인 측정이 가장 바람직하다.

(1) 부동산가격의 변동

일반적으로 부동산가격이 상승할 때 부동산경기도 확장기에 있고, 부동산가격이 하락할 때에는 수축기에 있게 된다. 그렇다고 해서 부동산의 가격변동이 경기변동 개념 자체를 구성하고 있는 것은 아니다. 부동산가격을 사용해 경기를 측정하는 경우 유의할 필요가 있다. 예컨대 건축비 상승의 경우 일반경기의 영향을 받기 때문에 건축비 상승으로 부동산가격이 상승한 경우 그 거래도 활발하다고 단언하기 어렵다. 또한, 투기현상이 심한 경우에는 부동산가격은 상승하더라도 건축활동은 별도의 양상을 보여 투기가격이 곧 부동산경기의 호황이라고 속단하기 어렵다.

한편, 부동산가격의 변동정도는 객관적으로 측정하기 어려우므로 그 측정은 지역 사정에 정통한 전문가가 속한 기관에서 독립적으로 수행할 필요가 있다.

부동산의 가격변동에 관한 통계로는 지가변동률과 공동주택 실거래가격지수 등이 있으며, 한국부동산원의 부동산통계정보시스템(R-ONE)을 통해 확인할 수 있다.

(2) 거래량

거래량은 부동산경기를 잘 보여주는 지표로서 일반적으로 확장기에는 거래량이 많고, 수축기에는 거래량이 적다. 또한, 거래량은 부동산경기의 선행지표로서의 역할도 하므로 유용한 지표이다. 여기서 거래량은 토지거래량(단위: 필지), 건축물거래량(단위: 연면적), 아파트거래량(단위: 호수) 등이 있다. 거래원인에는 매매 이외에 증여·교환·판결 등이 있으나, 부동산경기를 측정할 때에는 매매를 원인으로 한 거래량만을 반영하는 것이 합리적이다.

한편, 거래량은 실거래가 신고제가 실시된 이후 비교적 객관적으로 측정할 수 있는 장점이 있다. 그러나 거래량 통계가 행정적인 절차에 의해 매매계약 체결시점과 다소 시차를 두고 발표된다는 점에 유의해야 한다.

(3) 건축량

부동산경기도 수요와 공급의 관계에서 측정되는데 건축량은 공급측면에서의 측정지표로 유용하다. 건축량을 기준으로 하는 경우에도 건축허가, 착공, 분양, 준공 중에서 어느 것을 기준으로 하느냐에 따라 달라질 수 있다. 건축허가면적을 부동산경기의 측정지표로 할 때에는 건축허가시점과 실제 착공시점 간에 시차가 발생할 수 있다[3]는 것을 유의해야 한다.

3) 부동산경기변동의 요인

부동산경기의 변동에 영향을 미치는 요인은 매우 많은데 크게 자연적·사회적·경제적·정책적 요인으로 구분할 수 있다.

첫째, 자연적 요인에는 지진·홍수와 같은 자연재해와 계절적 요인 등이 있다.

둘째, 사회적 요인에는 인구·가구 수의 변화, 소비자의 기호 변화, 교통시설의 확충, 전쟁·전염병과 같은 사회재난 등이 있다.

셋째, 경제적 요인에는 소득·이자율의 변화, 기술혁신 및 산업구조의 변화, 부동산가격

---

3 건축주의 자금사정, 건축규제 회피목적의 허가 또는 인근 주민의 착공반대 등의 사유로 건축허가시점과 착공시점의 시차가 존재하는 경우가 많다.

변동에 대한 전망의 변화 등이 있다.

넷째, 정책적 요인에는 토지이용계획의 변경, 토지정책·주거정책·조세정책의 변화 등이 있다.

③ 벌집순환모형

1) 개요

벌집순환모형(Honeycomb Cycle Model: HCM)은 얀센(J. Janssen)·크루이트(B. Kruijt)·니담(B. Needham)이 1994년 주택시장의 경기순환을 설명하면서 소개한 모형이다. 그들은 주택시장이 수요자와 공급자의 반응과 공급의 시차를 중심으로 순환하며 변동한다고 소개하고, 주택가격과 거래량의 교점이 시계 반대방향으로 6각형의 벌집모양을 띄며 순환한다고 주장했다.

HCM모형에서 가로축은 거래량, 세로축은 주택가격을 나타낸다.

2) 가정

주택시장을 새로운 수요와 공급을 창출하는 1차 시장과 새로운 수요와 공급을 창출하지 않는 2차 시장으로 구분한다.

1차 시장에서 수요자는 자가 주택을 매도하지 않고 보유하면서 새로운 주택을 매수하려는 경우이거나(예: 주택 소유자가 추가로 주택 매수), 평생 처음으로 주택을 구입함으로써 주택시장에 새로 진입하는 경우(예: 세대 분리·결혼에 따른 주택 매수, 기존 임차인이 주택 소유를 위해 매수 등)이다. 또한, 1차 시장에서 공급자는 새로이 주택을 매수하지는 않으면서 자가 주택을 매도하거나(예: 다주택자가 일부 주택을 매도, 채무상환을 위해 소유 주택을 매도하고 임차인으로 전락), 주택을 신축하여 공급하는 공공이나 민간 건설업체를 말한다. 따라서 1차 시장의 수요자는 새로운 수요를 창출하고, 1차 시장의 공급자는 새로운 공급을 창출하는 역할을 한다. 결국 1차 시장의 수요와 공급은 서로 독립적이므로 수요량과 공급량의 차이에 의해 주택시장에 영향을 미치게 된다.

2차 시장은 수요자가 동시에 공급자이며, 공급자가 동시에 수요자인 경우이다. 기존에 보유한 주택을 동일시장에서 매도하고 다른 주택을 매수하는 경우로 새로운 수요나 공급을 창출하지는 않는다. 따라서 2차 시장에서는 수요량과 공급량이 같다고 가정하며 가격변동보다는 거래량 변동이 더 중요한 시장이다.

1) 신규수요: 주택시장에서 처음으로 주택을 매수하려는 수요를 말한다. 신규수요자는 주로 중소형주택을 선호하며, 20대 ~ 40대인 경우가 많다.

2) 대체수요: 주택시장에서 기존 주택을 대체하여 다른 주택을 매수하려는 수요를 말한다. 대체수요자는 주로 중대형주택·신축주택 등을 선호하며, 40대 이상인 경우가 많다.

3) HCM모형의 순환 과정

(1) 제1국면

제1국면은 최초 균형점 E1에서 출발하며, 주택시장 상승기로 정의할 수 있다. 1차 시장에서 신규 주택구매자가 늘어나고, 공급도 늘어나므로 주택가격은 상승하고 거래량 또한 증가한다. 하지만 1차 공급자는 공급의 시차 때문에 제때 공급을 맞추지 못한다. 2차 시장에서는 공급자가 늘어나 거래량은 증가하지만 가격에는 영향을 미치지 못한다.

(2) 제2국면

제2국면은 주택시장 호황기로 정의할 수 있다. 균형점 E2는 거래량이 최대가 되는 지점이고, 균형점 E3는 가격이 최고가 되는 지점이다. 이 국면에서 주택가격은 계속 상승하고, 거래량은 감소한다. 수요는 가격이 상승하기 전에 시장진입을 원하는 1차 수요에 의해 증가하므로 가격은 상승한다. 한편, 주택 신축업자의 경우 부정적 경기전망으로 착공을 줄이기 시작하고 거래량도 감소한다. 2차 시장의 참여자들은 부정적 경기전망 때문에 이사 계획을 연기하게 되므로 거래량이 감소한다.

(3) 제3국면

제3국면은 주택시장 정체기로 정의할 수 있다. 이 국면에서 거래량은 감소하고 가격은 보합세를 유지하며 주택경기는 나쁘게 전망된다. 높은 가격 때문에 1차 수요는 정체하거나 감소하기 시작하며, 1차 공급자는 주택 착공을 멈춘다. 그러나 공급의 시차 때문에 이미 착공된 주택의 공급은 계속된다. 한편, 2차 시장의 수요와 공급 또한 감소하고 거래량도 줄어든다.

(4) 제4국면

제4국면은 제1국면과 반대되는 국면으로 주택시장 하강기로 정의할 수 있다. 균형점 E4를 지나면 가격이 하락하고 거래량도 감소한다. 경기침체가 본격화되고, 추가적 가격하락 전망이 팽배하여 1차 수요가 급감한다. 1차 공급자의 주택 착공도 찾아보기 어렵다. 그러나 공급의 시차 때문에 신규주택은 계속 공급되지만 물량은 제3국면보다 적다. 2차 시장의 거래량도 급감한다.

(5) 제5국면

제5국면은 제2국면과 반대되는 국면으로 주택시장 불황기로 정의할 수 있다. 균형점 E5에서 거래량이 최소가 되는데 이 지점은 경제적 낙관론이 대두되면서 주택시장의 전환점 (turning)으로 작용한다. 경제상황이 나아질 것으로 전망됨에 따라 주택 착공량이 서서히 증가한다. 그러나 1차 수요는 여전히 저조한 상태이다. 2차 시장에서는 경제상황의 호전이 전망됨에 따라 거래량이 증가한다. 따라서 이 국면에서는 가격 하락이 지속되며 거래량은 증가한다.

(6) 제6국면

제6국면은 균형점 E6에서 가격이 더 이상 하락을 멈추고 보합세를 유지하는 국면으로서 주택시장 회복기로 정의할 수 있다. 1차 수요는 증가하나 1차 수요 증가와 1차 공급이 아직 높은 수준에 도달하지 않았기 때문에 가격은 안정되어 있다. 2차 수요는 연기되었던 이사계획을 실행하기 위한 수요로 거래량이 증가한다.

4) HCM모형의 종합

[그림 4.1.13]은 주택경기순환과정의 각 국면별 가격과 거래량과의 관계를 나타낸 것이다. 각 국면은 E1 ~ E6에서 시장균형을 형성한다.

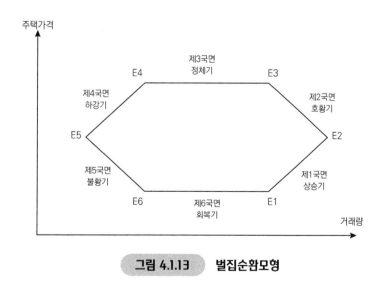

그림 4.1.13 벌집순환모형

표 4.1.6 **벌집순환모형의 내용: 응용**

국면	시장	1차 시장		2차 시장	전체 시장			시장 지표	
		D	S	D = S	D	S	D : S	가격	거래량
제1국면 (active)	상승기 (→ 호황 조짐)	+	+ · 0	+	+	+	>	+	+
제2국면 (stagnation)	호황기 (→ 정체 조짐)	+ · 0	0 · -	0 · -	+ ~ -	0 · -	<	+	-
제3국면 (recession)	정체기 (→ 하강 조짐)	0 · -	-	-	-	-	=	0	-
제4국면 (inactive)	하강기 (→ 불황 조짐)	-	- · 0	-	-	-	>	-	-
제5국면 (turning)	불황기 (→ 회복 조짐)	- · 0	0 · +	0 · +	- ~ +	0 · +	<	-	+
제6국면 (recovering)	회복기 (→ 상승 조짐)	0 · +	+	+	+	+	=	0	+

주: D(수요), S(공급), D : S(수요의 변화와 공급의 변화 비교), +(상승 · 증가), −(하락 · 감소), 0(보합 · 정체)

제2장

부동산시장론

제1절 | 부동산시장의 의의

1 부동산시장의 개념과 기능

1) 부동산시장의 개념

시장(market)이란 재화와 서비스에 대한 수요와 공급에 의해 가격이 형성되고 거래가 이루어지는 공간을 말한다. 즉, 상품에 대한 수요와 공급에 관한 정보가 교환되고 그 결과로 상품이 거래되는 매개체라 할 수 있다. 그러나 경제학의 입장에서 보면 시장이란 어떤 특정 장소라기보다는, 특정한 재화나 서비스를 사고파는 사람들의 활동이라고 할 수 있다.

여기서 부동산시장은 부동산에 대한 수요와 공급에 의해 거래가 이루어지는 공간을 말한다. 한편, 부동산시장은 유형적인 재화의 거래를 매개로 하는 일반 재화시장과는 달리 부동산권리의 거래를 매개로 하는 곳이므로 추상적 시장이다.

2) 부동산시장의 기능

(1) 거래기능

부동산시장에서는 시장참여자의 능력이나 욕구 등에 따라 부동산과 현금, 부동산과 부동산, 소유권과 임차권 등의 거래가 이루어진다. 거래는 거래당사자 사이에 서로 이익이 있다고 생각할 때 이루어진다.

(2) 가격창조기능

부동산가격은 일물일가(一物一價)의 법칙이 성립되지 않으므로, 동일한 부동산이라고 해도 거래할 때마다 새로운 가격이 창조된다. 부동산시장에서 거래당사자는 가격에 대해 서로 협상을 한다. 이때 시장가격은 수요자가 요구하는 금액과 공급자가 요구하는 금액 사이에서 결정된다.

(3) 정보제공기능

부동산시장은 부동산활동주체에게 필요한 정보를 제공해 준다. 예컨대 투자가, 개발업자, 임대업자, 중개업자, 감정평가업자 및 정부 등은 모두 그들의 업무상 필요에 의해 부동산거래정보를 수집하고 이용한다.

(4) 자원배분기능

부동산시장에서는 한정된 부동산을 ① 어떤 용도로 이용할 것인가? ② 어떤 방법으로 이용할 것인가? ③ 누구에게 배분할 것인가? 등의 과제가 있다. 이들 과제가 바람직한 방식으로 해결되었을 때 효율적 자원배분이 이루어졌다고 한다.

부동산시장에서 가격은 배분의 과정에서 핵심적 역할을 한다. 즉, 부동산시장에서 시장참여자 사이에 가격을 두고 끊임없이 경쟁함으로써 부동산이 배분된다. 예컨대 시장경제(market economy)에서는 ① 농지를 그대로 둘 것인가? 아니면 택지로 개발할 것인가? ② 택지에는 분양주택과 임대주택 중 어떤 주택을 지을 것인가? ③ 분양주택과 임대주택을 누구에게 공급할 것인가? 등의 문제를 시장을 통해 해결한다.

(5) 양과 질의 조절기능

부동산소유자, 개발업자, 건설업자 등은 부동산시장에서 부동산의 유용성을 증가시키기 위해 노력하는데 이 과정에서 부동산의 성격이 변하고 양과 질이 조절된다. 예컨대 주거수준의 수요변화(교체수요)가 부동산시장에 있으면 주택의 질적 개선에 영향을 준다.

② 부동산시장의 특성

1) 개요

부동산시장은 일반 재화시장과 비교할 때 다양한 특성이 있다. 이는 부동산이 일반 재화와는 다른 자연적 특성과 인문적 특성이 있기 때문에 야기된다. 여기서 부동산시장의 특성을 한마디로 표현하면 불완전경쟁시장이라는 것이다.

한편, 부동산시장의 유형과 특성을 파악하기 위해서는 먼저 완전경쟁시장에 대해 이해할 필요가 있다. 완전경쟁시장은 수많은 수요자와 공급자가 주어진 시장가격에 따라 동질의 재화를 자유롭게 거래하는 시장을 말한다. 일반적으로 완전경쟁시장의 성립조건으로 ① 수많은 수요자와 공급자, ② 재화의 동질성, ③ 완전한 정보, ④ 자유로운 시장 진입과 탈퇴의 4가지를 들고 있다. 여기서 완전경쟁시장과 부동산시장을 비교하면 다음과 같다.

표 4.2.1 **완전경쟁시장과 부동산시장의 비교**

구분		완전경쟁시장	부동산시장: 불완전경쟁시장
조건	시장참여자의 수	수많은 수요자와 공급자	소수의 수요자와 공급자
	재화의 질	재화의 동질성	재화의 이질성: 개별성
	정보의 유통	완전한 정보	정보의 불완전성 및 비대칭
	시장 진입과 탈퇴	자유로운 시장 진입과 탈퇴	시장 진입과 탈퇴의 곤란
특징	시장참여자의 지위	수요자와 공급자의 가격통제 불가능: 가격수용자로서의 수요자와 공급자	수요자와 공급자의 가격통제 가능: 시장지배력을 가진 수요자와 공급자
	일물일가의 법칙	일물일가의 법칙 성립	일물일가의 법칙 불성립

➡ 가격수용자(價格受容者, price taker): 시장에서 차지하는 비중이 무시할 정도로 작아 개별적으로는 시장가격에 전혀 영향을 주지 못하고 시장에서 결정된 가격을 그대로 받아들이는 개별 경제주체를 의미한다.

2) 내용

(1) 시장의 국지성(지역성)

부동산시장은 공간적 작용범위가 한정되는 경향이 있으며 각 지역은 고유한 시장을 형성한다. 이를 시장의 지역성 또는 국지성이라 하며, 이것은 부동산의 부동성(지리적 위치의 고정성)과 개별성(이질성)의 특성에 기인한다. 부동산시장에서 거래와 가치형성은 시장지역의 규모나 환경 등에 크게 영향을 받는다. 따라서 수급 불균형의 문제는 전국적으로 나타나기보다는 국지적으로 나타난다.

한편, 시장의 국지성은 부동산시장이 지역에 따라 여러 개의 부분시장으로 나누어지는 것을 의미하며, 이를 시장의 분화라 한다.

(2) 소수의 수요자와 공급자

부동산시장은 지역성(국지성)의 특성으로 인해 어떤 특정지역에 소수의 수요자와 공급자가 존재한다. 부동산시장에는 수요자에 비해 공급자의 수가 적은 것이 통상적이어서, 수요자 경쟁이 일반적이고 따라서 공급자우위 시장의 성격이 강하다. 그리고 부동산이 다른 재화에 비해 고가(高價)이기 때문에 수요자의 수도 제한되는 경향이 있다.

(3) 재화의 이질성

부동산의 개별성의 특성 때문에 부동산시장에는 동질적인 재화가 존재하지 않는다. 부동산의 개별성·대체불가능성 등은 부동산시장에서 웃돈의 존재를 자연스럽게 한다. 또한 상품이 다른 상품과 교환 내지 대치할 수 없다면 독자적인 시장으로 발전할 것이고 수요자와 공급자의 수도 감소하게 된다.

(4) 정보의 불완전성 및 비대칭

부동산의 개별성·고가(高價)성·제도적 규제(예: 조세부과, 자금출처조사 등)·가치형성요인의 다양성 등은 부동산시장의 정보를 불완전하게 만든다. 정보의 불완전성 및 비대칭은 부동산의 합리적인 가격형성과 자유로운 거래를 저해한다. 예컨대 소유하고 있는 부동산에 대한 많은 정보를 가진 매도자가 이를 정확하게 제공하지 않고 매도한 경우 시장가치 이상의 고가로 거래될 가능성이 높다.

(5) 시장 진입과 탈퇴의 곤란

먼저, 부동산이 가진 고가(高價)성, 개별성, 다양한 규제 등은 필연적으로 부동산시장의 진입과 탈퇴를 어렵게 한다. 거래대금을 마련할 수 있어야 부동산을 매수할 수 있는데 고가라 매수하는 것이 어렵다. 또한, 특정 부동산을 원하는 매수자가 있어야 이를 매도할 수 있는데 원하는 시기에 원하는 가격으로 매도하는 것이 어렵다. 물건을 팔아서 돈과 바꿀 수 있는 성질을 환금성이라고 하는데 부동산은 일반적으로 환금성이 낮다.

둘째, 거래의 장기성도 부동산시장의 진입과 탈퇴를 어렵게 한다. 부동산시장에서 거래는 다른 시장과는 달리 부동산의 탐색과 선택, 계약체결, 등기 이행 등 여러 절차가 필요하기 때문에 거래에 상당한 기간이 필요하다.

셋째, 높은 거래비용도 부동산시장의 진입과 탈퇴를 어렵게 한다. 부동산거래의 경우 필연적으로 세금이 부과되며 그 외에도 중개수수료, 이사비용 등이 발생하는 경우가 많다. 부동산을 취득하거나 양도할 때 부과되는 세금을 거래세라 한다.

(6) 시장의 비조직성

부동산의 위치의 고정성 및 개별성의 특성으로 인해 부동산시장이 국지적으로 형성됨으로써, 조직적인 시장기구의 형성이 어렵다. 즉, 부동산의 유통구조가 다른 재화의 유통구조와는 달리 조직적이지 못한 것은 부동산시장이 하위시장(sub-market)으로 구성되기 때문이다. 인터넷을 이용한 거래정보망사업 등은 부동산시장에 대한 부분적인 조직화를 기대할 수 있을 것이다.

(7) 수급조절의 곤란성

부동산의 여러 가지 특성은 부동산시장의 수급조절을 어렵게 만들고 있다. 부동산활동은 장기적 배려성을 갖고 있고, 건축활동에 많게는 수년이 걸리므로 단기 공급이 어렵다. 즉, 신규부동산시장에서 단기 공급곡선은 비탄력적이다. 이러한 이유로 부동산시장은 상황이 변해도 수요·공급을 조절하기 쉽지 않고, 조절하는데도 시간이 많이 걸린다. 따라서 단기적으로 가격의 왜곡이 발생할 가능성이 높다.

(8) 다수의 제도적 규제

부동산은 사회성과 공공성이 큰 자산이므로 그 자체뿐 아니라 부동산시장에도 다른 재화시장에 비해 규제가 많다. 부동산시장에 대한 정부의 개입을 부동산정책이라고 한다.

(9) 공매의 곤란성

공매(空賣, short selling)[4]는 '없는 것을 판다'라는 뜻으로 재화를 소유하지 않고 파는 것을 말한다. 공매는 주로 주식이나 곡물과 같이 대체성이 높은 재화에 대해 제도적인 안정장치가 마련되어 있을 때 가능하다. 그러나 부동산의 경우 개별성의 특성 등으로 인해 공매가 사실상 불가능하다.

제2절 | 부동산시장의 내용

1 부동산시장의 분류

1) 개요

부동산시장은 다양한 기준에 따라 분류할 수 있다. 부동산시장의 분류기준에는 부동산의 용도, 부동산권리의 유형 등이 있으며, 특히 주택의 경우에는 건설시기, 규모 등에 따라 따로 분류하기도 한다.

2) 부동산의 용도에 따른 분류

이는 거래되는 부동산의 용도에 따른 분류이다. 부동산시장은 부동산의 용도에 따라 크게 주거용 시장, 상업용 시장, 공업용 시장, 농업용 시장, 특수용 시장 등으로 구분할 수 있다. 이들 부동산시장은 다시 세분화된 하위시장으로 분류할 수 있는데, ① 주거용 시장은 공동주택 시장, 단독주택 시장으로, ② 상업용 시장은 매장용 시장, 사무용 시장으로, ③ 공업용 시장은 공장용 시장, 창고용 시장 등으로, ④ 농업용 시장은 밭(田) 시장, 논(畓) 시장 등이 예이다.

---

4 공매(公賣)와 구별하여야 한다. 좁은 의미의 공매(公賣)는 한국자산관리공사가 환가처분을 위해 행하는 물건의 매각을 말한다.

3) 부동산권리의 유형에 따른 분류

거래되는 부동산권리의 유형에 따라 매매시장과 임대시장으로 구분할 수 있다. 매매시장은 소유권이 거래되는 시장이고, 임대시장은 사용·수익권이 거래되는 시장이다.

매매시장의 특수한 형태로 분양시장이 있다. 분양시장은 부동산의 전부 또는 일부를 2인 이상에게 판매하는 시장이라 할 수 있다. 한편, 임대시장의 임대차 유형에 대해서는 따로 설명하고자 한다.

4) 주택의 신축 여부에 따른 분류

주택의 경우 신축 여부에 따라 기존주택(또는 재고주택)시장과 신규주택시장으로 분류할 수 있다. 우리나라의 경우 주택 선분양제가 시행되므로 신규주택시장으로서 분양권시장이 형성된다.

주택의 매매시장에 있어 기존주택과 신규주택은 서로 다른 양상을 보이기도 한다. 기존주택의 경우 매매대금을 일시에 지급하는 반면, 신규주택은 통상 이를 분할하여 지급한다. 또한, 일반적으로 기존주택에 비해 신규주택의 자본이득 가능성이 더 높다. 따라서 입지가 유사한 경우 일반적으로 기존주택보다 신규주택의 거래(또는 분양)가 더 활발하다.

5) 주택의 규모에 따른 분류

주택의 경우 그 면적(공동주택의 경우 전용면적)을 기준으로 소형시장, 중형시장, 대형시장으로 분류하기도 한다. 소형·중형·대형의 법적 분류 기준은 없지만 일반적으로 소형시장은 전용면적 60㎡ 이하, 중형시장은 60㎡ 초과~85㎡ 이하, 대형시장은 85㎡ 초과를 말한다. 한편, 한국부동산원이 발표하는 공동주택 실거래가격지수에서는 초소형: 40㎡ 이하, 소형: 40㎡ 초과~60㎡ 이하, 중소형: 60㎡ 초과~85㎡ 이하, 중대형: 85㎡ 초과~135㎡ 이하, 대형: 135㎡ 초과로 분류하고 있다.

2 부동산임대시장

1) 개요

부동산임대시장은 임대차의 유형에 따라 다른 양상을 보인다. 임대차의 유형은 다양한 기준에 따라 분류할 수 있는데 여기서는 신규계약의 여부, 사용대가의 지불방법, 유지관리비의 지불방법 등에 따라 분류하기로 한다.

2) 임대차의 유형

(1) 신규계약의 여부에 따른 분류

신규계약의 여부에 따라 신규임대차와 계속임대차로 구분할 수 있다. 먼저, 신규임대차는 임대인이 새로운 임차인과 처음으로 계약하는 것을 말한다. 둘째, 계속임대차는 계약기간 만료 후 기존의 임차인과 다시 계약하는 것을 말한다. 계속임대차는 다시 갱신임대차와 재임대차로 세분할 수 있다. ① 갱신임대차는 법령에 의거 기존 임차인이 계약갱신요구권을 행사하여 계약하는 것을 말한다. 갱신임대차의 경우 법령에 의거 임료(즉, 차임과 보증금) 증감의 제한을 받는다. ② 재임대차는 기존 임차인의 계약갱신요구권 행사 없이 당사자의 합의에 의해 다시 계약하는 것을 말한다.

일반적으로 동일한 물건에 대한 임료수준은 신규임대차가 계속임대차에 비해 높다.

▶ 임대차법이 부른 '삼중' 전세가격: 같은 단지, 같은 평수의 아파트지만 전세가격은 두 배씩 차이가 나는 곳이 허다하다. 임대차 3법 시행 직후에 신규전세냐 갱신이냐 2가지 종류로 나뉘었다가 최근에는 3가지 전세가격으로 더 복잡해졌다. 학군 1번지로서 서울에서 가장 전세수요가 많은 대치동 은마아파트의 경우 전용면적 84㎡는 지난달(21년 7월) 중순 보증금 10억 5천만원에 전세가 나갔다. 하지만, 비슷한 시기 똑같은 규모의 다른 집은 각각 5억 7천만원과 7억 3천만원에 전세계약이 체결되었다. 신규계약은 급등한 주변 시세가 그대로 반영돼 가장 비싸고, 갱신계약의 경우 2년 전 시세에서 5% 수준만 올라 가장 싸다. 여기에 임차인이 갱신청구권 행사를 포기하고 시세의 70~80% 수준에 재계약을 맺는 중간가격까지 생겨났기 때문이다(MBN뉴스, 2021. 8. 9).

---

(2) 사용대가의 지불방법에 따른 분류

임대차에 있어 사용대가의 지불방법에 따라 보증금, 차임 등으로 구분할 수 있다. 먼저, 보증금은 임차인의 채무불이행(예: 차임지급의 불능·지체, 목적물의 훼손에 따른 손해배상 등)으로 인한 위험을 담보하기 위하여 미리 받는 금전을 말한다. 보증금은 계약기간 종료 시 임차인이 이행하지 아니한 채무액을 충당하고 나머지는 반환하여야 한다. 둘째, 차임은 임대차에서 목적물 대여의 대가로 매기마다 임차인이 임대인에게 지급하는 것(금전 이외에 물건도 가능)을 말한다. 일반적으로 차임은 매월 지급하는데 이를 시장에서는 월세라고 한다.

한편, 전세권 또는 채권적 전세에 있어 부동산의 사용·수익의 대가로 일시에 받는 금전을 전세금이라고 한다. 전세권 또는 채권적 전세에 있어서는 전세금 이외에 따로 사용·수익의 대가를 받지 않으며, 전세권자의 귀책사유로 목적물의 전부 또는 일부가 멸실된 경우에 전세금으로써 그 손해의 배상에 충당할 수 있으므로 전세금은 보증금의 성질도 가진다.

부동산의 사용·수익의 방식에는 ① 전세금만을 지급하는 전세방식, ② 일정한 보증금과 월세를 병행하는 보증부 월세방식, ③ 보증금 없이 월세로만 지급하는 월세방식 등이 있다. 월세방식의 경우 임대차기간의 월세를 미리 선납하는 사글세방식이 대부분이다. 사글세란 빌리는 값인 삯을 월세로 낸다는 뜻의 '삯월세'에서 변한 말이다.

(3) 유지관리비의 지불방법에 따른 분류

임대차에 있어 유지관리비의 지불방법에 따라 총임대차, 순임대차, 비율임대차 등으로 구분할 수 있다. 먼저, 총임대차(gross lease)는 임차인이 총임료를 지불하면 소유자(임대인)가 부동산의 유지·관리에 관한 모든 비용(관리비, 시설사용료 등)을 부담하는 형태이다. 외국인을 대상으로 한 주택임대차에 주로 활용된다.

둘째, 순임대차(net lease)는 임차인이 부동산 사용·수익의 대가로 기본적인 임료를 지불하고 부동산의 관리비, 시설사용료 등의 일부 또는 전부를 추가로 지불하는 형태이다. 우리나라 임대차의 대부분은 순임대차로서, 통상 월세 이외에 따로 관리비를 지불하고 있다.

셋째, 비율임대차(percentage lease)는 백화점·쇼핑센터 등 상업용 부동산에서 주로 활용되는 방식으로서, 임차인이 임차물에서 얻는 매출액의 일정 비율로 임료와 유지관리비를 지불하는 형태이다.

이외에도 순임대차와 비율임대차를 혼합하여 기본임료 이외에 사전에 결정한 최소 매출액을 초과한 매출액의 일정 비율을 추가임료로 지불하는 형태 등이 있다.

제3절 | 부동산시장 관련 이론

1 거미집이론

1) 개요

거미집이론(cobweb theorem)은 수요와 공급의 시차(time-lag)를 고려하여 균형가격의 변화과정을 설명한 이론이다. 슐츠(H. Schultz, 1893~1938)·리치(U. Ricci, 1879~1946)·틴버겐(J. Tinbergen, 1903~1994) 등이 고안하고, 칼도어(N. Kaldor, 1908~1986)·에제키엘(M. Ezekiel, 1899~1974) 등이 체계화하였다. 수요와 공급의 대응관계를 도표에 나타내면 거미집의 모양으로 균형가격을 이루므로 거미집이론이라고 부른다.

거미집이론에 의하면 가격 변동에 대해 수요는 즉각 반응하나 공급은 시차를 두고 반응하는 상품의 경우, 가격 폭등과 가격 폭락을 반복하는 과정을 통해 시장 균형을 이룬다. 따라서 거미집이론은 재화의 생산에 많은 시간이 필요한 농산물·신규주택, 재화의 생산에 거대한 고정 자본재가 필요한 철강업·조선업 등에 적합하다.

2) 기본가정

첫째, 가격이 변동하면 수요는 즉각적으로 반응하지만, 공급은 일정기간 후에 반응한다.

둘째, 수요자는 현재(당기)의 가격에 바로 반응하지만, 공급자는 현재의 가격에 따라 차기(次期)의 공급을 결정한다.

셋째, 기간의 구분이 가능하고, 당기(當期)에 생산된 공급량은 당기에 모두 판매되어 재고량은 존재하지 않는다.

3) 거미집이론의 유형

거미집이론에서는 균형가격의 변화과정을 수렴형·발산형·순환형으로 구분할 수 있다. 이러한 유형은 수요와 공급의 탄력성 정도 또는 수요곡선과 공급곡선의 기울기 정도에 따라 구분할 수 있다.

표 4.2.2	거미집이론의 유형 구분	
구분	구분 기준	유형
탄력성의 정도	수요의 가격탄력성 > 공급의 가격탄력성	수렴형
	수요의 가격탄력성 < 공급의 가격탄력성	발산형
	수요의 가격탄력성 = 공급의 가격탄력성	순환형
기울기의 정도	수요곡선의 기울기 값 > 공급곡선의 기울기 값	발산형
	수요곡선의 기울기 값 < 공급곡선의 기울기 값	수렴형
	수요곡선의 기울기 값 = 공급곡선의 기울기 값	순환형

첫째, 수렴형은 수요가 공급보다 더 탄력적일 때 어떤 요인에 대해 시간이 경과하면서 균형점이 수렴하는 형태로서 균형이 안정적인 유형이다.

둘째, 발산형은 공급이 수요보다 더 탄력적일 때 어떤 요인에 대해 시간이 경과하면서 균형점이 이탈·발산하는 형태로서 균형이 불안정적인 유형이다.

셋째, 순환형은 수요와 공급의 탄력성이 같을 때 어떤 요인에 대해 시간이 경과하면서 균형점이 계속 순환하는 형태로서 균형이 중립적인 유형이다.

4) 거미집이론에서 수급 조절과정

거미집이론에서 수급 조절과정을 신규주택시장을 사례로 설명하면 다음과 같다. 신규주택시장은 일반적으로 수요의 가격탄력성이 공급의 가격탄력성보다 커 수렴형의 형태를 보인다.[5]

① [그림 4.2.1]과 같이 신규주택시장이 현 상태에서 균형을 이루고 있다고 하자. 즉, 가격 P_0, 수급량 Q_0에서 균형을 이루고 있다.

② 균형을 이루고 있는 상태에서 주택가격 상승에 대한 기대감이 커졌다고 하자. 그러면 수요가 증가하여 수요곡선은 D_0에서 D_1으로 이동하게 된다. 그러나 공급은 단기에 변하지 않으므로 공급량은 그대로 Q_0의 상태에 있게 된다. 이때 수요자는 P_1까지 지불할 용의가 있으므로 가격은 P_1까지 상승한다.

③ 가격이 P_1까지 상승함에 따라 공급자는 Q_1까지 공급을 증가시킬 용의가 있으므로 주택 신축에 착수한다.

---

5 안정근(2019), 현대부동산학(제6판), 양현사, pp.156~157. 참조.

④ 일정기간이 지나면 주택이 완공되어 공급량은 Q_1로 증가하게 된다. 그러나 이때의 수요량은 Q_0에 지나지 않으므로 $Q_1 - Q_0$ 만큼의 초과공급량이 발생하게 되어 그 만큼은 미분양으로 남게 된다. 이에 따라 가격은 P_1에서 P_2로 하락하게 된다.

⑤ P_2 수준의 가격에서는 다시 $Q_1 - Q_2$ 만큼의 초과수요량이 발생하게 되어 가격은 상승하게 된다.

⑥ 이러한 과정을 계속하여 반복하면서 수렴하다가 결국 D에서 새로운 균형을 이루게 된다.

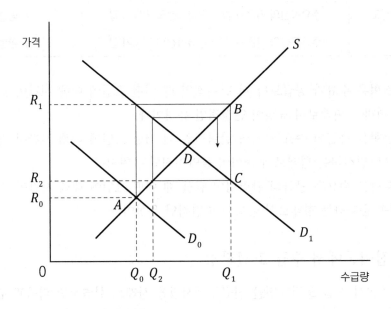

그림 4.2.1   거미집이론에서 수급 조절과정

5) 거미집이론의 한계

첫째, 공급자가 현재의 가격만을 고려해 미래의 공급을 결정한다고 가정하나, 합리적인 공급자라면 미래 공급될 시점의 가격을 고려해 공급 여부와 공급량을 결정할 것이다. 예컨대 신규주택시장에서 주택가격이 상승하더라도 공급자가 초과공급을 예상해 주택 신축을 하지 않을 수도 있다.

둘째, 당기에 생산된 공급량은 당기에 모두 판매된다고 가정하나, 부동산과 같이 고가의 재화인 경우 당기에 모두 판매하기는 어렵다.

2 효율적 시장이론

1) 개요

부동산의 가치는 장래 기대되는 편익을 현재가치로 환원한 값이라 할 수 있다. 따라서 부동산에 관한 다양한 정보는 부동산의 가치에 반영된다. 부동산에 대한 장래 편익의 변동이 예상되면 즉시 현재가치를 변화시킨다. 부동산의 가치가 변하면 현재의 가격도 변한다.

시장이 새로운 정보를 얼마나 빨리 가치에 반영하는가 하는 것을 시장의 효율성이라 하고, 새로운 정보가 지체 없이 가치에 반영되는 시장을 효율적 시장이라 한다.

효율적 시장이론은 원래 주식시장이 정보를 주가에 어떻게 반영하는가 하는 가설 (hypothesis) 형태로 출발하여 현재는 이론(theory)으로 발전한 것으로 파마(E.F. Fama, 1939 ~ 현재)가 처음 주장한 것으로 알려져 있다. 효율적 시장이론은 한마디로 자산의 가격은 얻을 수 있는 모든 정보를 빠르게 반영하므로 투자자는 그 정보를 이용하여 장기적으로 초과이윤을 얻을 수 없다는 이론이라 할 수 있다.

2) 효율적 시장의 유형

효율적 시장은 어떤 정보를 지체 없이 가치에 반영하는가에 따라 약성·준강성·강성 효율적 시장으로 구분할 수 있다.[6]

(1) 약성 효율적 시장

약성 효율적 시장(weak efficient market)은 현재의 시장가치가 과거의 정보를 충분히 반영하고 있는 시장을 말하며, 이 시장에서는 가치에 대한 과거의 정보를 분석하더라도 초과이윤을 얻을 수 없다.

과거의 자료를 토대로 시장가치의 변동을 분석하는 것을 기술적 분석이라 한다. 만약 시장이 약성 효율적 시장이라면 기술적 분석을 통해 밝혀진 정보로는 초과이윤을 얻을 수 없다. 약성 효율적 시장에서는 시장참여자들이 모두 기술적 분석을 하고 그에 따라 합리적으로 행동한다는 것을 전제하고 있기 때문이다.

---

6 안정근(2019), 위의 책, pp.142~144.

(2) 준강성 효율적 시장

준강성 효율적 시장(semi-strong efficient market)은 어떤 새로운 정보가 공표되는 즉시 시장가치에 반영되는 시장을 말하며, 이 시장에서는 공표된 정보를 분석하더라도 초과이윤을 얻을 수 없다.

자산의 가치와 관련된 공표된 자료를 토대로 시장가치의 변동을 분석하는 것을 기본적 분석이라 한다. 만약 시장이 준강성 효율적 시장이라면 기본적 분석을 통해 밝혀진 정보로는 초과이윤을 얻을 수 없다. 만약 어떤 사람이 준강성 효율적 시장에서 초과이윤을 얻었다면 이는 정보가 공표되기 이전에 내부정보를 먼저 알았거나, 공표된 것 이상의 우수한 정보를 얻을 수 있었기에 가능한 것이지 결코 이미 공표된 정보에 의한 것은 아니다.

준강성 효율적 시장의 개념은 약성 효율적 시장을 포함하고 있다. 따라서 어떤 시장이 준강성 효율적 시장이라면 이 시장은 당연히 약성 효율적 시장의 성격도 가진다.

(3) 강성 효율적 시장

강성 효율적 시장(strong efficient market)은 공표된 것이건 공표되지 않은 것이건 어떠한 정보도 이미 가치에 반영되어 있는 시장을 말하며, 이 시장에서는 어떤 정보를 이용하더라도 초과이윤을 얻을 수 없다.

강성 효율적 시장이야말로 진정한 의미의 효율적 시장이며, 완전경쟁시장의 가정에 부합하는 시장이다. 완전경쟁시장에서 정보는 완전하며, 모든 정보는 공개되어 있고, 정보비용은 없다고 가정한다. 따라서 이 같은 시장에서는 어느 누구도 정상이윤 이외에 초과이윤을 얻을 수 없다.

3) 할당 효율적 시장

(1) 개념

할당 효율적 시장(allocationally efficient market)이란 자원의 할당이 효율적으로 이루어지는 시장을 말하며, 배분 효율적 시장이라고도 한다. '효율적으로 할당'된다는 말은 모든 투자대안에 대해 위험을 고려할 때 수익률이 서로 같도록 자원이 할당(배분)된다는 것을 의미한다.

만약 부동산투자에 따르는 위험을 고려하더라도 부동산투자의 수익률이 다른 투자대안의 수익률보다 높다고 하면, 자금은 계속해서 부동산시장으로 유입될 것이다. 다른 조건이 동일할 경우 계속적인 자금유입은 부동산가격을 상승시킨다. 부동산가격이 상승함에 따라 부동산투자의 수익률은 점차 하락하게 되고, 결국에는 부동산투자의 수익률과 다른 투자대안의 수익률이 같아지는 수준에서 균형을 이루게 된다.

(2) 내용

할당 효율적 시장이라는 개념이 완전경쟁시장을 의미하는 것은 아니며, 불완전경쟁시장도 할당 효율적 시장이 될 수 있다. 완전경쟁시장에는 초과이윤이 있을 수 없지만, 불완전경쟁시장에는 초과이윤이 발생할 수 있다. 불완전경쟁시장에서 발생하는 초과이윤이 초과이윤을 발생하도록 하는 데에 드는 비용과 일치한다면, 불완전경쟁시장도 할당 효율적 시장이 될 수 있다.

부동산시장에서 특정 투자자가 초과이윤을 얻을 수 있는 것은 시장이 불완전하기 때문이 아니라 할당의 효율성이 이루어지지 않기 때문이다. 정보가 소수의 사람에게 독점되어 있거나 기회비용보다 적은 비용으로 유용한 정보를 보다 빠르게 얻을 수 있다면 초과이윤이 발생한다.

4) 부동산의 가치와 정보비용

(1) 개념

완전경쟁시장과 같은 강성 효율적 시장에서는 정보비용이 존재할 수 없지만, 약성이나 준강성 효율적 시장에서는 정보비용이 존재한다. 즉, 약성이나 준강성 효율적 시장에서는 공표되지 않은 정보를 이용하여 초과이윤을 얻을 수 있다. 이때 투자자의 입장에서는 유용한 정보를 얻는 데 드는 비용보다 더 많은 초과이윤을 얻을 수 있는지에 대한 분석이 필요할 것이다.

특정의 정보가 부동산가치에 미치는 영향을 토대로 정보비용(또는 정보가치)을 산정하면 다음과 같다.

(2) 정보비용의 산정: 예시

A가 투자하려는 토지 인근에 도시철도 역사가 건설될 가능성이 있다고 하자. 현재는 어느 누구도 역사가 건설될지 여부를 알 수 없고 그것이 확실하게 되는 것은 2년 후라고 하자. 현 상태에서 역사가 건설될 확률은 60%이고, 해당 토지가격은 2년 후 역사가 건설되는 것이 확실하면 7억 2,600만원이고, 그렇지 않으면 4억 8,400만원이 된다고 하자. A의 요구수익률이 10%일 때 A가 최대한 지불할 수 있는 정보비용의 현재가치는 얼마인가?

① 정보비용의 현재가치 = 확실한 경우의 현재가치 - 불확실한 경우의 현재가치

② 확실한 경우의 현재가치 = 726,000,000 / $(1 + 0.1)^2$ = 600,000,000원

③ 불확실한 경우의 현재가치 = [(726,000,000 × 0.6) + (484,000,000 × 0.4)] /

$$(1 + 0.1)^2 = 520,000,000원$$

④ 정보비용의 현재가치 = 600,000,000원 - 520,000,000원 = 80,000,000원

사례에서 A가 8천만원보다 적은 금액으로 도시철도 역사 건설에 관한 정보를 얻을 수 있다면 A는 8천만원에서 정보비용을 뺀 만큼 초과이윤을 얻을 수 있다. 이 경우 부동산시장은 할당 효율적 시장이 되지 못한다. 따라서 할당 효율적 시장이 되기 위해서는 A가 얻는 초과이윤을 세금 등으로 환수하여 초과이윤이 0(zero)이 되도록 해야 한다.

③ DiPasquale & Wheaton의 4사분면 모형

1) 개요

디파스퀠리(D. DiPasquale)와 위튼(W. C. Wheaton)은 부동산 공간이 임대되는 공간시장(space market)과 부동산이 자산으로 거래되는 자산시장(asset market) 간의 상호관계를 4사분면 모형을 이용하여 설명하였다(약어로 D-W 모형이라 한다).

D-W 모형은 공간시장과 자산시장이 각각 어떻게 작동하며, 두 시장의 상호관계에 의한 장기균형이 어떻게 이루어지는가를 설명해 준다. D-W 모형에서 오른쪽의 1·4사분면은 공간시장을 나타내고, 왼쪽의 2·3사분면은 자산시장을 나타낸다. D-W 모형을 통해 임대료, 가격, 신규건설량, 공간재고량의 4개 내생변수의 균형이 결정된다.

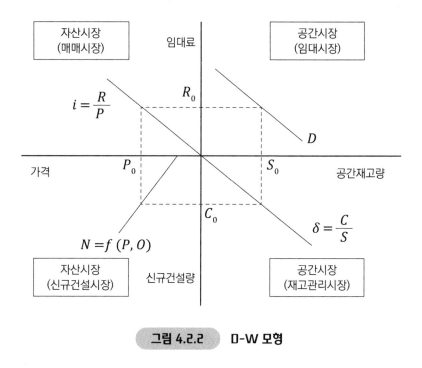

그림 4.2.2 D-W 모형

2) 내용

(1) 1사분면

공간의 임대시장으로서 가로축에 표시된 공간재고량(S)과 세로축에 표시된 임대료(R) 사이의 관계를 나타내는 분면이다. 공간에 대한 수요는 임차인이든 소유자이든 관계없이 발생한다. 여기서 공간 사용의 대가(代價)인 임대료는 임차인의 경우 임대차계약서에 의한 임대료를 말하고, 소유자의 경우 자산을 소유하는데 드는 연간 비용을 말한다.

수요량은 임대료와 경제상황(E: 인구, 소득, 고용 등)에 의해 영향을 받으며, 공급량은 공간재고량(S)으로서 단기적으로 고정되어 있다. 따라서 [그림 4.2.2]에서 공간시장의 현재 재고량을 나타내는 S_0에서 위로 올라가면 수요곡선과 만나는 지점에서 균형임대료(R_0)가 결정된다.

한편, [그림 4.2.3]에서 경제상황을 나타내는 인구나 소득이 증가하면 수요곡선은 오른쪽으로 이동한다(즉, D에서 D'로 이동). 이에 따라 단기적으로 임대료가 R_0에서 R_1으로 상승한다.

(2) 2사분면

자산의 매매시장으로서 1사분면에서 결정된 임대료(R)로부터 자산가격(P)이 결정되는 분면이다. 임대료와 자산가격을 연결하는 고리는 자본환원율(i)이다. 여기서 자본환원율은 임대료와 가격과의 비율을 뜻하는 것으로서 자본 투자에 대한 요구수익률이다.

자본환원율은 자본시장에서의 이자율이나 모든 종류의 자산에 대한 수익률에 기초하여 결정되는 외생변수이다. 여기서 자본환원율은 이자율이 상승하거나 부동산 투자위험이 증가하거나 부동산관련 조세가 강화되면 상승한다.

자산가격은 향후 얻게 될 모든 수익의 현재가치의 합으로 정의할 수 있으며, 이를 산식으로 표시하면 다음의 식과 같다. 즉, 자산가격은 임대료에 비례하며, 자본환원율에 반비례한다.

$$P = \frac{R}{(1+i)} + \frac{R}{(1+i)^2} + \cdots \frac{R}{i}$$

한편, [그림 4.2.4]에서 원점을 지나는 직선은 자산시장에서의 자본환원율을 나타낸다. 자본환원율이 상승하면 주어진 자산가격에 대해 임대료가 더 높아지거나 주어진 임대료에 대해 자산가격은 더 낮아져야 한다. 따라서 자본환원율이 상승하면 원점을 지나는 직선이 시계방향으로 회전(즉, i에서 i′로 회전)하며, R_0에 대응하는 자산가격은 P_0에서 P_1으로 하락한다. 반면, 자본환원율이 하락하면 원점을 지나는 직선이 시계 반대 방향으로 회전하며 따라서 자산가격은 상승한다.

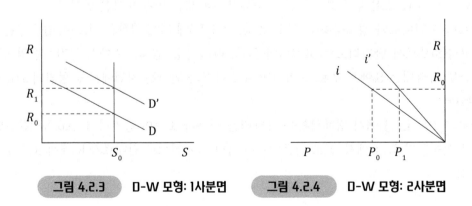

| 그림 4.2.3 | D-W 모형: 1사분면 |
| 그림 4.2.4 | D-W 모형: 2사분면 |

(3) 3사분면

자산의 신규건설시장으로서 2사분면에서 결정된 자산가격으로부터 신규건설량(C)이 결정되는 분면이다. 신규건설량은 사업자의 이윤극대화에 의해 결정되므로 자산의 가격과 신축비용이 같아지는 수준에서 결정된다. 따라서 신규건설량(C)은 자산가격과 신축비용(O)에 의해 영향을 받는다. 여기서 신규건설곡선(N)은 축의 원점에서 떨어진 지점에서부터 시작하는데 이는 자산가격이 어느 지점 이하로 떨어지면 건설자체가 이루어질 수 없기 때문이다.[7]

한편, 신축비용이 상승하면 주어진 자산가격에서 자산 건설의 수익성이 낮아지므로 신규건설량이 감소한다. 따라서 [그림 4.2.5]에서 신규건설곡선이 N에서 N′로 이동하며, P_0에 대응하는 신규건설량은 C_0에서 C_1으로 감소한다.

현실적으로 신규건설에는 상당한 시간이 소요된다. 그러나 D-W 모형에서는 건설에 시차가 존재하지 않는다고 가정한다.[8]

(4) 4사분면

공간의 재고관리시장으로서 신규건설량과 공간재고량의 관계를 이용하여 장기균형상태(Steady State)를 유도하는 분면이다. 공간재고량(S)은 단기적으로 고정되어 있지만 시간이 흐름에 따라 신규건설량에 의해 증가하고 기존재고의 멸실에 의해 감소한다.

장기균형상태는 공간재고량이 늘지도 줄지도 않는 상태이다. 즉, 기간 초의 공간재고량이 S_t이고, 기간 말의 공간재고량이 S_{t+1}이라면, $S_{t+1} = S_t + C_t - \delta S_t$이고, 이 기간 공간재고량의 변동($\triangle S_t$)은 $C_t - \delta S_t$로 표시된다. 여기서 δ는 멸실률(removal rate)이라 할 수 있다. 장기균형상태에서는 공간재고량의 변동이 없어야 하므로 공간재고량의 변동($\triangle S_t$)은 0(zero)이다. 따라서 장기균형의 조건은 다음과 같이 표시된다.

$$C_t = \delta S_t, \text{ 또는 } S = \frac{C}{\delta}$$

한편, [그림 4.2.6]에서 최초 공간재고량 S_0가 유지되기 위해서는 C_0만큼의 신규건설량이 필요하다. 만약 멸실률(δ)이 증가하면 공간재고량이 감소하므로 공간재고를 최초 균형수준으로 유지시키기 위해서는 신규건설량이 늘어야 한다. 따라서 원점을 지나는 직선이 시계방향으로 회전(즉, δ에서 δ'로 회전)하며, S_0에 대응하는 신규건설량은 C_0에서 C_1으

7 김지현(2010), 부동산경제학의 이해(제3판), 부연사, p.91.
8 김경환·손재영(2020), 부동산경제학(제3판), 건국대학교출판부, p.338.

로 증가한다. 반면, 멸실률이 감소하면 원점을 지나는 직선이 시계 반대 방향으로 회전하며 따라서 신규건설량은 감소한다.

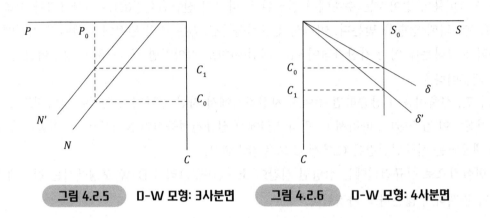

| 그림 4.2.5 | D-W 모형: 3사분면 | 그림 4.2.6 | D-W 모형: 4사분면 |

3) 종합

D-W 모형에 의하면 ① 기간 초에 공간재고량이 주어지면 공간의 임대수요가 주어진 공간재고량과 일치하도록 임대료가 결정되고, ② 임대료에 자본환원율을 적용하면 자산가격이 결정된다. ③ 자산가격이 주어지면 그 기간 동안의 신규건설량이 결정되고, ④ 그 기간 말의 공간재고량은 그 기간 동안 신규건설량만큼 증가하나 공간재고량의 일부는 멸실로 감소한다. 장기균형상태에서는 공간재고량의 변동이 없어야 하므로 공간재고량의 균형은 신규건설량과 멸실량이 일치하는 수준이다.

한편, D-W 모형에서 설명한 용어나 내용 중 일부는 이해를 돕기 위해 이 책에서 수정·보완하였다. 예컨대 '자산시장: 가치평가'는 자산시장(매매시장)으로, '공간시장: 재고조절'은 공간시장(재고관리시장)으로, 신규건설곡선에서 P=f(C)는 N=f(P, O)로 수정·보완하였다.

4) D-W 모형의 한계

첫째, 자본환원율이 자본시장에서 결정되는 외생변수라고 가정하는데 자본환원율은 다양한 요인에 의해 내생적으로 결정될 수도 있다. 또한, 부동산시장분석에서는 자본환원율을 가격대비 순수익(net operating income: NOI)의 비율로 정의하는 데 반해 이 모형에

서는 가격대비 임대료의 비율로 정의하고 있다.[9]

둘째, 장기균형으로의 동태적 조정과정을 다루지 않는다. 현실적으로 신규건설에는 시차가 따르는데 이 모형에서는 이를 무시한다. 또한, 외생변수 값이 변하면 내생변수들이 즉각적으로 반응하여 새로운 균형을 찾아간다고 가정한다.

셋째, 기대(expectation)와 공실을 고려하지 않는다. 신규건설에 시차가 따르면 건설업자는 준공시점의 가격에 대한 기대를 토대로 건설여부를 결정할 것이다. 또한, 공간 임대 시장에서 어느 정도의 공실은 존재하는 것이 정상이다.

▶ 용어의 구분

1) 내생변수(內生變數): 주어진 모형 내의 조건과 사건에 의해 값이 결정되는 변수
2) 외생변수(外生變數): 주어진 모형의 외부 상황과 사건에 의해 값이 결정되는 변수
외생변수가 변하면 내생변수도 변한다. 하나의 모형에 대해 어떤 변수가 외생인가 또는 내생인가 하는 구별은 일률적으로 결정되는 것이 아니라 모형의 성질에 따라 변한다.

-----

4 손실회피가설

1) 개요

행동경제학(Behavioral Economics)의 창시자인 트버스키(A. Tversky, 1937~1996)와 카너먼(D. Kahneman, 1934~2024)은 전망이론(Prospect Theory)에서 개인이 자산으로부터 얻는 효용은 자산의 가격이 상승할 때와 하락할 때가 각기 다르며, 가격 상승에 따른 효용의 증가보다는 하락 시 느끼는 효용의 감소 폭이 훨씬 크다고 주장했다(1979년). 사람들이 자산으로부터 얻는 이익의 기쁨보다 잃는 손실의 슬픔을 더 크게 느끼며 이를 회피하려는 성향을 손실회피성향(loss aversion)이라 명명했다.

손실회피성향은 전망이론이 현실에서 표출되는 모습 중 하나로서 행동경제학의 주요 개념이라 할 수 있으며, 주식시장·미술시장 등에서 투자자의 투자행태를 효과적으로 설명하는 가설로서 주목받고 있다.[10]

-----

9 김경환·손재영(2020), 위의 책, pp.345~346. 참조.

10 김준형·Lewis(2011), "주택시장의 손실회피 행태와 기준점 설정에 관한 연구", 국토연구 제69권, pp.141~155.

2) 사례

손실회피가설은 제네소브(D. Genesove)와 메이어(C. J. Mayer)에 의해 처음으로 주택시장에서 입증되었다(2001년)[11]. 1990년부터 1997년까지 보스톤 중심부의 아파트 거래 자료를 분석한 결과 손실에 직면한 주택소유자들이 다른 일반 소유자들에 비해 매도가격을 25~35% 이상 높게 설정하였고, 현재의 시장가격이 과거 구입가격에 비해 10% 낮을 경우 그 주택이 매매될 확률은 3~6% 감소하여 손실가능성이 매매의 여지를 축소시키는 것으로 나타났다.

3) 내용

손실회피가설에 의하면 주택가격이 하락하여 구입가격보다 낮아질 경우 그로 인한 손실을 실현하지 않기 위해 그 주택을 계속 보유하려 한다. 즉, 주택소유자가 구입가격보다 낮은 가격을 제시하지 않아 거래의 성립이 지연되는 현상이 발생한다. 설령 방매를 하더라도 이들은 손실을 경험하지 않은 소유자에 비해 상대적으로 높은 가격으로 주택을 내놓으면서 손실을 최대한 줄이고자 시도한다. 따라서 주택시장이 하강기·불황기인 경우 과거 구입가격이 손실회피성향을 통해 거래 여부를 결정하는 주요 변수가 된다.

▶ 행동경제학(行動經濟學, Behavioral Economics): 인간의 실제 행동을 심리학, 사회학 등의 견지에서 바라보고 그로 인한 결과를 구명하려는 경제학의 한 분야이다. 행동경제학은 주류경제학의 '합리적인 인간'을 부정하는 데서 시작하지만, 그렇다고 인간을 비합리적 존재로 단정 짓는 것은 아니다. 다만 온전히 합리적이라는 주장을 부정하고, 이를 증명하려는 것이 행동경제학의 입장이다. 경제주체들이 제한적으로 합리적이며 때론 감정적으로 선택하는 경향이 있다고 주장한다(위키백과 참조). 창시자의 한사람인 카너먼은 2002년 심리학 연구를 경제학에 도입시킨 공로를 인정받아 노벨경제학상을 받았다.

---

11 Genesove, David and Mayer, Christopher J.(2001). "Loss Aversion and Seller Behavior: Evidence from the Housing Market", The Quarterly Journal of Economics, 116(4), pp.1233~1260.

제3장

부동산입지론

제1절 | 부동산입지의 의의

① 부동산입지와 입지이론

1) 입지의 개념

모든 부동산은 특정한 장소에 자리를 잡고 있다. 입지(location)란 부동산이 위치한 장소 또는 부동산이 장소를 차지하고 있는 상태를 말한다.

경제주체들은 특정의 장소에 있는 부동산에서 다양한 경제활동을 한다. 여기서 경제주체가 추구하는 입지조건을 갖춘 장소를 찾아내기 위한 활동을 입지선정이라 한다. 입지선정에서는 주어진 제약조건하에서 최대의 효용을 얻을 수 있는 곳에 입지하려 한다고 가정한다.

2) 입지의 중요성

부동산활동(real estate activity)에서 관심의 대상이 되는 것은 용도측면의 입지이다. 사실 부동산의 거래활동에서 용도에 따른 차이는 있으나 입지선정과 무관한 활동은 거의 없다. 토지는 지리적 위치가 고정되어 있으면서 용도가 다양하므로 용도별로 다양한 입지선정이 이루어지고 또 한가지 용도라 하더라도 목적에 따라 여러가지 입지가 가능하다. 또한 입지를 한번 선정하면 마음대로 위치를 바꾸기 어려운 비가역성이 있다. 따라서 입지선정은 매우 중요한 작업이다.

3) 입지이론

입지이론은 경제활동의 장소인 부동산에 대한 입지현상과 입지활동을 연구하는 이론이라 할 수 있으며, 그냥 입지론이라고도 한다.

입지론의 연구대상 가운데 2차 산업 곧 공업이 공간발전의 핵심이라는 발상법에 따라 흔히 입지론이라 하면 바로 공업입지론을 일컫는 말이기도 하다. 입지론은 수송비가 산업의 공간적 분포에 미치는 역할을 조명하는 데서 출발한다. 산업주체의 수송비 최소화 노력이 산업분포의 결정적 요인이라 간주한다. 입지론에서의 행위주체는 수송비 최소화를 통해 생산성 극대화를 추구하는 합리적인 경제인(economic man)을 가정한다.

고전적 입지론은 현대에 와서 많은 도전을 받는다. 무엇보다 교통수단의 현대화로 인해 경제주체의 생산 활동에서 수송비가 차지하는 비중이 계속적으로 감소하기 때문이다. 대신 공간 그 자체가 아닌, 단지 공간 위에서 존재와 분포를 파악할 수 있는 각종 사회적 요인, 다시 말해 비공간적 요인을 통해 오히려 산업의 공간적 입지를 설명할 수 있는 가능성이 증대하고 있다.[12]

② 부동산입지선정

1) 입지경쟁

입지선정의 과정에서 더 유리한 이용을 하려는 입지경쟁이 발생한다. 입지경쟁이 발생하는 이유는 입지잉여가 높은 곳은 한정되어 있고 이 위치를 원하는 입지주체가 많기 때문이다. 여기서 입지잉여란 같은 업종이더라도 입지조건이 양호한 경우에 더 많은 이익을 올리는 것을 말한다.

입지경쟁의 결과 토지이용을 집약화시키며 토지의 단위면적당 노동과 자본의 투자비율을 높인다. 따라서 집약적 토지이용의 결과는 지가를 상승시키고 건물의 고층화를 불가피하게 한다. 반대로 경쟁이 적어서 토지이용의 집약도가 낮은 경우에는 조방적 토지이용이 되어 지가가 안정된다.[13]

---

12   김형국(1997), 한국공간구조론, 서울대학교출판부, p.131.

13   방경식·장희순(2002), 부동산학개론, 부연사, p.481.

2) 입지조건

입지조건(condition of location)이란 부동산이 위치한 장소의 상태 또는 특정 부동산이 입지할 장소가 갖추어야 할 상태를 말한다. 입지조건은 자연조건과 인문조건으로 구분할 수 있다. 자연조건은 지세·지질·지형·기후·온도·경관 등을 말하며, 인문조건은 사회적·경제적·정책적 제조건을 말한다.

입지조건과 부동산감정평가에서 말하는 가치형성요인은 서로 다르다. 우리 주위는 무수한 환경이 둘러싸고 있고, 이러한 환경은 자연적 환경과 인문적 환경으로 구분할 수 있다. 부동산감정평가에서 가치형성요인은 그러한 환경요소가 부동산의 가치에 어떻게 영향을 미치는가? 라는 관점이고, 입지선정에서 입지조건은 적합한 환경상태가 무엇인가? 또는 환경이 적합한 곳에 입지하였는가?라는 관점이다.

▶ 인자(因子)·요인(要因)·조건(條件)·요건(要件)·요소(要素)의 구별

① 인자(factor)는 어떤 사물이나 사건의 성립에 관한 개개의 원인을 말하며, 유형적인 것과 무형적인 것을 포함한다. ② 요인(a primary factor)은 인자 중에서 중요한 인자를 말한다. 요인은 분석과정에서 나타난, 있는 그대로의 상태이므로 현실(sein)의 개념이고 사후(事後)적 개념이다(예: 지가형성요인). ③ 조건(condition)은 어떤 사물이나 사건이 성립되기 위해 꼭 갖추어야 할 상태(예: 입지조건)를 말하며, 요건이라고도 한다. 조건은 미리 제시된, 마땅히 있어야 할 상태이므로 당위(sollen)의 개념이고 사전(事前)적 개념이다. 또한, 조건은 인간의 힘으로 극복되거나 통제되지 않는 상태를 말하기도 한다(예: 기상조건). ④ 요소(element)는 어떤 사물이나 사건의 성립(또는 구성)에 필요한 성분 또는 더 이상 구분할 수 없는 최소 부분을 말한다(예: 생산요소, 구성요소). 따라서 이론상으로 입지선정에 있어서는 적합한 환경상태가 무엇인가? 라는 관점이 강하므로 '입지조건'이라는 용어가 '입지요소'라는 용어보다 더 적합하며, 부동산감정평가에 있어서는 환경상태를 지가형성요인으로 분석하는 관점이므로 '조건'으로 세분하는 것보다 '요소'로 세분하는 것이 더 적합하다. 그러나 이들 개념은 현실적으로 구별이 어렵고 실무에서도 혼용하는 경우가 많다.

---

3) 용도별 입지선정

용도별로 입지의 유용성을 살펴보면 다음과 같다.

첫째, 주거지는 쾌적성 및 편리성이 우수한 곳이 좋다.

둘째, 상업지 중 사무용지는 편리성이 우수한 곳, 매장용지는 수익성이 높은 곳이 좋다.

셋째, 공업지는 비용(생산비와 수송비)이 절약되는 곳이 좋다.

넷째, 농지와 임야는 생산성 또는 택지후보지 가능성이 높은 곳이 좋다.

이러한 유용성을 최대로 만족시킬 수 있는 입지조건을 찾는 것이 입지주체의 목표이다.

제2절 | 상업입지

1 상업입지의 의의

1) 상업입지의 개념

상업입지는 수익을 목적으로 상업활동에 이용되는 부동산인 상업용부동산의 입지를 말한다. 상업용부동산은 업태에 따라 다양하게 구분된다. 상업활동의 대상이 일반대중으로 최종소비자일 경우에는 소매시설, 그렇지 않을 경우에는 도매시설로 구분되고, 점포의 집적여부에 따라 개별적으로 입지한 독립점포(free standing store)와 일정지역에 점포가 집적되어 있는 시장 또는 상가(strip commercial)등으로 구분할 수 있다.

2) 상업입지의 유형

상업입지의 유형은 다음과 같이 구분할 수 있다.
① 집심성: 배후지의 중심에 입지 예) 귀금속점, 서점, 극장
② 집재성: 동종 업종이 모여서 입지 예) 가구점, 기계점, 음식점
③ 산재성: 동종 업종이 분산 입지 예) 목욕탕, 할인점, 예식장

한편, 상업(3차산업)의 입지특성을 처음 밝힌 이론은 크리스탈러(Christaller)의 중심지 이론(central place theory, 1932)이다. 이는 모든 물건들은 하나의 핵, 즉 중심을 둘러싸면서 배치된다는 원칙의 존재를 전제로 한다. 상업적 요인에 의해 형성된 도시를 중심지(central place)라 하고, 그 중심지를 이용하는 주변지역을 배후지(hinterland)라 한다. 배후지는 중심지의 시장인 셈인데, 중심지는 배후지의 크기, 소득수준, 구매력 같은 경제적 세력에 따라 달라지는 가변성을 보인다. 배후지가 넓고 거기에 사는 사람들의 구매력이 높으면 높은 계층의 중심지가 형성된다.

② 상권의 개념과 측정

1) 상권의 개념

상권(trading area)이란 대부분의 고객이 흡인되는 지리적 공간의 범위를 말한다.

상권은 고객의 밀도에 따라 1차 상권, 2차 상권, 3차 상권으로 구분된다. 1차 상권은 상점 고객의 60~70%를 포함하는 상권범위를 말한다. 2차 상권이란 상점 고객의 15~25%를 포함하는 상권 범위이며, 3차 상권이란 1, 2차 상권에 포함되는 고객 이외의 고객을 포함하는 지역을 말한다.

2) 상권의 측정

(1) 레일리의 소매인력법칙

레일리(W. J. Reilly)의 소매인력법칙은 상업지의 상권의 범위를 설명하기 위해서 이론적으로 법칙화한 것이다.[14]

가령 도시 A와 도시 B의 중간지점에 C라는 도시가 있는 경우, C에 거주하고 있는 소비자가 어느 정도의 비율로 A, B의 도시에 구매를 위해 출향할 것인가에 대해 이 A, B 두 도시로 유출되는 지역의 소매판매량의 비율은 A와 B도시의 인구의 비율에 비례하고 C로부터 각각 A와 B도시까지 거리의 제곱에 반비례한다는 법칙을 Reilly는 구매지향비율이라는 이론으로 설명하였다.

---

14 상권의 측정에 관해서는 이래영(2000), 부동산학개론, 법문사, p.355 이하 참조.

Reilly 법칙의 공식은 다음과 같다.

$$\left(\frac{B_a}{B_b}\right) = \left(\frac{P_a}{P_b}\right) \times \left(\frac{D_b}{D_a}\right)^2$$

B_a = A시가 중간의 도시를 C로부터 흡인하는 소매판매액
B_b = B시가 중간의 도시를 C로부터 흡인하는 소매판매액
P_a = A시의 인구
P_a = B시의 인구
D_a = A시와 C도시까지의 거리
D_a = B시와 C도시까지의 거리

Reilly 법칙에 대해 예를 들어 설명하면 다음과 같다.

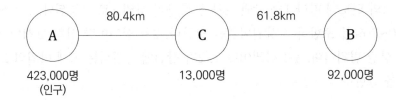

$$\left(\frac{B_a}{B_b}\right) = \frac{42.3}{9.2} \times \left(\frac{61.8}{80.4}\right)^2 \fallingdotseq \frac{25.0}{9.2} \fallingdotseq \frac{2.7}{1}$$

즉, B시로의 매물출향비율은 A시에로의 출향비율의 $\frac{1}{2.7}$이 된다.

▶ 레일리의 소매인력법칙

1) 뉴튼의 중력법칙을 이용하여 상권의 경계를 설정했던 이론이다.
2) 중력의 크기는 중심의 크기에 의해 결정되므로 상권의 범위도 중심의 크기에 의해 결정된다는 것이다.
3) 상권의 영향력의 크기는 인구수에 비례하고 거리의 제곱에 반비례한다.
4) 만약 두 도시의 크기(인구)가 같다면 두 도시간의 상권의 경계는 중간지점이 될 것이다.
5) 만약 A도시가 B도시 보다 크다면 A도시의 영향력이 크므로 상권의 경계는 작은 쪽인 B도시 쪽에 가깝게
   위치하게 된다.

---

(2) 컨버스의 분기점모형

컨버스(P. D. Converse)는 레일리의 소매인력법칙을 응용하여 경쟁하는 두 도시 간 상권의 경계지점(즉, 구매 영향력이 같은 분기점)을 확인할 수 있는 공식을 다음과 같이 도출했다.

$$D_a = \frac{D_{ab}}{1+\sqrt{\dfrac{P_b}{P_a}}} \quad \text{또는} \quad D_b = \frac{D_{ab}}{1+\sqrt{\dfrac{P_a}{P_b}}}$$

D_a = A도시로부터의 상권 분기점까지의 거리

D_b = B도시로부터의 상권 분기점까지의 거리

D_{ab} = A도시와 B도시간의 거리

P_a = A도시의 인구

P_b = B도시의 인구

이는 2개의 경합도시 A와 B 중에 어느 정도로 소비자가 구매행위를 하러 가느냐에 대한 무차별적인 경합경계지점을 나타내는 공식이다. 분기점모형에 대해 예를 들어 설명하면 다음과 같다.

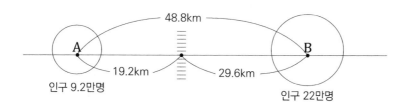

$$D_b = \frac{48.8\text{km}}{1+\sqrt{\dfrac{9.2}{22}}} = 29.6\text{km}$$

즉, B도시로부터 29.6㎞ 떨어진 지점이 두 도시의 상권분기점이 된다.

(3) 컨버스의 신소매인력법칙

컨버스(P. D. Converse)는 소비자가 소매점포에서 지출하는 금액 가운데 선매품에 대해서 소비자가 거주하는 도시에 잔류하는 부분과 경쟁자 지역에 흡인되는 부분에 대해서 다음과 같은 공식을 발표하였다.

$$\frac{B_a}{B_b} = \left(\frac{P_a}{H_b}\right)\left(\frac{4}{d}\right)^2 \quad \text{또는} \quad B_b = \frac{1}{\left(\frac{P_a}{H_b}\right)\left(\frac{4}{d}\right)^2 + 1}$$

B_a = 외부의 대도시 A로 유출되는 중소도시 B의 유출량

B_b = 중소도시 B에 잔류하는 부분

P_a = 외부 대도시 A의 인구

H_b = 중소도시 B의 인구

d = A, B 도시간의 거리

4 = 관성인자로 적용평균치(4mile ≒ 6.4km)

Reilly의 법칙을 발전시켜 대도시와 중소도시 간의 매물(賣物)에 있어서 중소도시에서 소비되는 부문과 대도시로 유출되는 부문의 관계에 대해서 설명하였다.

(4) 허프의 확률모형

상권 범위를 정하는 법칙은 일반적으로 레일리를 시작으로 하여 컨버스의 신소매인력법칙을 거쳐 허프(D. L. Huff, 1931~2014)의 확률모형(상권분석모형)으로 발전하였다. 허프는 레일리와 컨버스가 상권 범위의 산출에 사용한 인구와 거리 이외에 소매점포의 면적규모를 추가함으로써, 각 상업지 간의 흡인력의 강약 또는 물건을 사러가는 비율을 확률모형으로 발표하였다. 즉, 소비자가 특정점포를 이용할 확률은 경쟁점포의 수, 점포와의 거리 및 점포의 면적(크기)에 의해 결정된다고 보았다.

$$P_{ij} = \frac{\dfrac{S_j}{T_{ij}^{\lambda}}}{\sum\limits_{j=1}^{n} \dfrac{S_j}{T_{ij}^{\lambda}}} = \left(\frac{U_{ij}}{\sum\limits_{j=1}^{n} U_{ij}}\right)$$

U_{ij} = 상점가(매물시설) j 가 i 지역에 있는 소비자에 대해 갖는 흡인력

P_{ij} = 소비자 매물출향비율(i지점의 소비자가 상점가 j에 물건을 사러가는 확률)

S_j = 상점가 j 의 매장면적규모(특정의 상품계열에 적합한 매장면적)

T_{ij} = 소비자가 주거지역 i로부터 상점가 j 에 쇼핑하러 가기 위해 걸리는 시간거리

λ = 소비자가 거주하고 있는 지점 i 에서 상점가 j 까지 가는데 있어서 도로의 폭, 하천폭, 횡단도로, 경사가 급한 언덕, 위험지대 등 매물을 함에 있어서 장애가 되는 저항요인의 Parameter를 의미한다(정확한 지수는 각 상황에 따라 측정하나 보통 2를 적용한다).

▶ 예시문제

[문제] 인구 30만명인 A도시 인근에 ⓐ, ⓑ 두 개의 쇼핑센터가 있는 상태에서 새로 쇼핑센터 ⓒ를 개설하고자 검토하고 있다. 각 쇼핑센터의 매장면적과 쇼핑센터까지의 거리가 다음의 표와 같을 때, 허프(Huff)의 상권분석모형을 적용하여 A도시 인구 중 쇼핑센터 ⓒ의 이용객을 구하면 몇 명인가?(단, A도시의 인구 중 60%가 쇼핑센터 ⓐ, ⓑ, ⓒ 중 한 곳을 이용하고 거리마찰계수는 2이며, 주어진 조건에 한함)

구분	쇼핑센터 ⓐ	쇼핑센터 ⓑ	쇼핑센터 ⓒ
쇼핑센터의 매장면적	5,000㎡	8,000㎡	7,000㎡
쇼핑센터까지의 거리	5km	10km	5km

[해설] $P_{Aⓒ} = \dfrac{\dfrac{7,000}{5^2}}{\dfrac{5,000}{5^2} + \dfrac{8,000}{10^2} + \dfrac{7,000}{5^2}} = 0.50$, $\therefore$ 30만명 × 0.60 × 0.50 = 90,000명

---

③ 상업지의 입지조건

1) 사회적 및 경제적 조건

먼저, 상업활동은 고객을 상대로 이루어지므로 배후지에 거주하는 고객의 양과 질이 상업지의 유용성을 좌우한다. 따라서 배후지의 인구밀도가 높고 지역면적이 크며 고객의 생활수준이 높을수록 유리하다(배후지 및 고객의 양과 질). 해당지역이 지역싸이클로 볼 때

어떤 국면에 있으며 상점가가 현재 얼마나 번영하고 있는지도 중요한 인자이다(번영의 정도). 상업활동이 활발히 이루어지기 위해서는 고객과의 접촉이 필요하므로 상업지는 고객의 교통인구(유동인구)가 많은 지역이어야 한다. 또한 배후지가 발달해 있어도 교통수단이 불편하고 접근성이 떨어지면 고객의 흡인력이 약해진다(고객의 교통수단과 접근성).

2) 물리적 조건

상점가에서 가로의 구조가 특히 중요하다. 일반적으로 역·정류장을 향한 가로는 통근자의 귀가 시 통행량이 많은 곳이 유리하고,[15] 동서로 된 가로에서는 쇼핑은 오전보다 오후가 많으므로 석양관계로 인해 서쪽이 더 유리하다(가로의 구조). 획지의 형상은 일반적으로 정형을 선호하며, 상품의 전시와 접근성을 위해 가급적 접면너비가 넓을수록 유리하다(형상·접면너비). 또한 상업지는 지하층을 건축하는 경우가 많으므로 이때에는 도로보다 낮더라도 크게 문제가 되지 않고, 도로보다 높을 경우 고객의 접근성이 방해되고 상품진열의 광고효과가 저하되는 등 불리한 인자로 작용한다(지반·고저).

제3절 | 주거입지 및 공업입지

1 주거입지

1) 주거입지의 개념

주택은 인간의 생존과 생활에 필수적이며, 주거의 상황이 삶에 미치는 영향이 크므로 주거입지는 매우 중요하다. 주거입지는 거주의 쾌적성과 생활의 편리성 여부에 의해 주로 결정되어 왔으며, 점차 주거에 소요되는 비용을 중시하는 경향이 있다.

---

15 따라서 일반적으로 동일한 노선상가라도 출근시 통행량이 많은 쪽보다 퇴근(귀가)시 통행량이 많은 쪽의 상가가격이 더 비싸다.

2) 주거지의 입지조건

(1) 자연적 조건

주거지로는 남쪽이 트이고 완만한 경사를 이루며 북쪽은 차가운 계절풍을 막아주는 산이나 숲이 있는 땅이 좋다(지형·지세). 집터는 생땅(新鮮地)이 가장 좋다. 각종 매립지는 지반이 약하고 부동침하의 가능성이 있으므로 택지조성 전의 상태와 주변의 지형, 택지조성시기 등을 자세히 조사해야 한다(지질·지반). 또한 일조, 기온과 습도, 강수량, 바람 등의 기상상태도 고려하여야 한다(기상상태).

(2) 사회적 및 경제적 조건

먼저, 통근·통학·쇼핑·문화생활 등을 위해 여러 교통수단을 이용해야 하므로 이들 활동공간들과 접근성이 양호한 지역에 위치해야 한다(도로·교통조건). 교육시설·의료시설·문화시설·구매시설 등의 생활편의시설과 상수도·하수도·가스공급처리시설 등의 공공시설의 유무와 정비상태도 중요한 인자이다(공공 및 생활시설의 정비상태). 공해·위험·혐오시설은 주거환경에 부적합하므로 이들의 인접지는 피하는 것이 좋다(공해·위험·혐오시설의 유무). 해당지역 거주자들의 직업, 직장, 소득수준, 재산상태, 연령 등은 지역의 사회적 환경의 질에 상당한 영향을 미친다(사회적 환경). 경제적 조건으로는 물가·임금 및 고용의 수준·부동산가격 등이 있다(경제적 조건).

(3) 정책적 조건

지역지구제 등 토지에 대한 공적 규제는 해당토지의 유용성을 좌우하는 것으로 중요한 고려요소이다(공법상의 규제상태). 또한 일조권이나 주차장관련 정책 등도 고려사항이다.

ㄹ 공업입지

1) 공업입지의 개념

공업입지는 공업생산활동이 행해질 장소를 정하는 행위를 말한다. 공업생산활동은 원료가 투입되어야 하고, 생산된 제품은 시장으로 반출되어야 한다. 여기서 원료산지와 시장까지의 거리를 극복하자면 교통비용이 소요된다. 따라서 공업지의 최적입지는 원료구

득비와 시장반출비를 합한 교통비가 최소화되는 지점이다.[16]

  항구 등 주요 교통요지가 공업의 중요 입지로 등장한 것은 바로 교통비를 최소화할 수 있는 지점이기 때문이다. 최근에는 제품의 첨단화로 경박단소(輕薄短小)의 고부가가치 제품이 생산됨에 따라 공항부근이 중요 공업입지로 등장하고 있다.

2) 공업입지의 유형

공업입지의 유형은 다음과 같이 구분할 수 있다.
① 원료지향형: 시멘트공장, 농산품 가공공장, 맥주공장
② 시장지향형: 석유화학산업, 철강산업, 조선업
③ 자유입지형: 전자산업

3) 공업입지이론

  공업입지이론 중 대표적인 것은 베버(A. Weber)의 최소비용이론이다. 이는 주어진 가격에서 수요는 무한하고, 수송비는 거리에 비례하며, 시장가격은 고정되어 있고, 주어진 임금에서 노동력은 무한히 공급된다는 기본 가정하에 공업입지에 영향을 주는 중요한 요소로서 수송비, 노동비 및 집적력(agglomeration)의 3가지를 들고 있다. 수송비와 노동비는 기본입지형태와 지리적 틀을 결정하는 요소이고, 집적력은 이 일반적인 틀 안에서 분산 정도를 결정하는 요소로서 세 요소를 고려하였을 때 총비용이 제일 적은 곳이 공업지의 적지로 선정된다는 것이다.

  따라서 감정평가에 있어 공업지역의 경우 지역요인에서 접근조건이 강조된다. 즉 수송비(판매 및 원료구입시장과의 위치관계), 노동비(노동력확보의 난이) 및 집적력(관련산업과의 관계)이 강조된다.

▶ 클러스터(cluster)란 기업·대학·연구소 등이 특정지역에 모여 네트워크 구축과 상호 작용을 통해 사업 전개와 기술 개발, 부품 조달, 정보 교류 등에서 시너지효과를 내는 것을 의미한다.

----

16 김형국(1997), 앞의 책, p.139.

4) 공업지의 입지조건

(1) 자연적 조건

공업지는 지질·지반 등에서 개발하기 쉽고 개발비용이 적게 들어야 한다. 또한, 일조, 기온과 습도, 강수량, 바람 등의 기상상태도 고려하여야 한다(기상상태).

▶ 미 남서부 사막에 부동산개발 붐: 미국 남서부 사막에 부동산개발 붐이 일고 있다. 고유가와 녹색성장의 추진으로 태양광 발전이 대체에너지로 각광받으면서 태양광발전소 부지를 찾기 위해 캘리포니아·네바다·유타·애리조나의 4개주에 걸쳐있는 모하비사막으로 기업들이 몰려들고 있다. 남한 면적의 절반이 넘는 57,000㎢의 모하비사막은 비가 거의 오지 않고 일조량이 풍부해 태양광 발전의 최적지로 꼽힌다. 또한, 배후 4개주의 인구가 남한 인구와 맞먹는 4,600만명에 달하고, 로스앤젤레스·샌디에이고·라스베이거스 등 대도시가 가까워 미국 최대 전력시장이 형성돼 있다. 이에 따라 종전에 푸른 하늘과 누런 황무지뿐이던 사막이 새로운 기회의 땅으로 변했다. 태양광 발전을 위한 토지 임대신청이 급증하고, 사유지 땅값도 급등해 수년 전에 에이커(1acre = 4046.8㎡)당 500달러에 불과했으나 현재는 1만달러까지 치솟았다(한국경제신문, 2008. 07. 18, 및 조선일보, 2009. 09. 19. 참조).

---

(2) 사회적 및 경제적 조건

먼저, 원료구입 및 판매시장과의 접근성이 좋고 교통시설의 정비상태가 양호하여 수송비가 적은 지역이어야 한다(도로·교통조건). 노동력의 확보에 어려움이 없는 지역이어야 한다(노동력 확보의 난이). 관련산업·협력업체 및 연구기관간의 위치관계도 중요한 인자이다(관련산업 및 연구기관과의 관계). 동력자원·공업용수·공장배수 등의 공공 및 처리시설시설의 유무와 정비상태도 충분히 고려되어야 한다(공공 및 처리시설의 상태). 또한 지가가 저렴한 곳이어야 한다(지가).

(3) 정책적 조건

당해 국가의 정치적 안정이나 노사협력도 매우 중요하다. 그 외에 국가나 지방정부의 정책(협력정도)도 고려하여야 하며, 공장설립에 있어 공법상 규제도 검토하여야 한다. 하나의 지구촌 경제시대가 도래함에 따라 외국자본을 유치하기 위한 각국의 경쟁이 치열하며, 지방화·분권화의 시대를 맞이하여 지역경제 활성화를 위해 공장을 유치하려는 지방정부의 노력도 지속되고 있다.

제4절 | 입지 관련 이론

1 지대이론

1) 입지와 지대

개별 토지는 모두 독특한 용도로 사용되고 있으며, 그 용도는 시간이 지남에 따라 끊임 없이 변한다. 여기서 토지의 용도(이용)는 입지경쟁에 의해 결정된다. 여러 경쟁적 사용자 중에서 대상 토지에 가장 높은 가격을 지불할 수 있는 사용자가 그 토지를 차지한다. 어떤 토지이든 입지경쟁의 결과 최대의 수익을 올릴 수 있는 이용에 대상 토지는 할당된다. 도심에서 외곽으로 나감에 따라 상업지역, 주거지역, 공업지역 등으로 토지이용이 변화해 가는 것도 마찬가지의 논리이며, 또한 같은 상업지역 내에서도 여러 가지 용도로 토지이 용이 달라지는 것도 같은 논리이다.

2) 지대와 지가

지대(地代, land rent)는 일정기간 토지를 사용한 대가로 지불되는 임료를 말하며, 유량 의 개념이다. 한편, 지가(地價)는 일정시점의 토지 가격(land price) 또는 토지 가치(land value)를 말하며, 저량의 개념이다. 지대(地代)란 일정기간 동안 토지를 사용한 대가로 지 불되는 임대료이다.

일반적으로 지가는 매 기간의 지대를 현재가치로 환산한 값이라고 말한다. 매 기간의 지대가 동일하고 이것이 영원히 계속된다면, 지가는 지대를 자본환원율로 환산한 값이 된 다. 예컨대 쌀을 생산하는 농지에 대한 지대가 연 100만원이라고 하자. 그런데 쌀의 생산 량이 감소하지 않고 영원히 계속된다면 할인율이 10%일 때 지가는 1,000만원(= 100만원 ÷ 0.1)이 된다.[17]

3) 지대이론의 쟁점

고전학파 이후 전개된 지대이론에 있어 쟁점은 한마디로 지대가 잉여인지, 아니면 비 용인지 여부에 있다. ① 잉여로서의 지대는 지대가 다른 생산요소에 대한 대가를 지불하

---

17 이는 수익환원법의 환원방법으로서 직접환원법 중 직접법의 논리와 같다.

고 남은 잉여라는 입장이다. 이 경우 지대는 가격에 의해 결정되어진(price-determined) 소득이지 가격을 결정하는(price-determining) 비용은 아니다.[18] ② 비용으로서의 지대는 지대가 토지에서 생산되는 재화의 가격에 영향을 미치는 생산요소로서의 대가라는 입장이다. 이 경우 지대는 기회비용을 반영하고 재화의 가격을 결정하는 비용이다.

4) 지대이론의 전개

(1) 차액지대설

리카도(D. Ricardo, 1772~1823)는 지대를 우등지와 열등지의 생산력의 차이로 인해 지주에게 지불되는 대가로 파악했다. 이러한 차액지대가 성립하려면 ① 비옥한 토지가 희소해야 하고, ② 수확체감의 법칙이 작용해야 하며, ③ 토지의 비옥도나 위치상의 편의(便宜)가 달라야 한다. 그러나 차액지대설은 토지의 위치문제를 경시하였고, 최소 열등지에서도 토지소유자의 요구가 있으면 지대가 발생한다는 점을 설명하지 못하고 있다.

(2) 입지지대설(위치지대설, 고립국이론)

튀넨(J. H. von Thünen, 1783~1850)은 『농업과 국민경제의 관계에 있어서의 고립국』이란 저서에서(1826년) 리카도가 불완전하게 다룬 위치의 문제를 전면적으로 다루었다. 튀넨의 이론은 자연조건이 동일한 고립국을 가정하여 농업활동의 공간적 분포를 설명한 것으로 그 가정은 구체적으로 다음과 같다. ① 평지의 중앙에 하나의 도시가 입지하고, 최외곽에는 미개의 황야가 있어 다른 나라와 분리된 고립국이다. ② 고립국은 기후·지형·토양 등에 있어 동일한 자연조건을 가진다. ③ 고립국의 모든 생산물은 도시에서만 판매된다. ④ 농민은 생산물을 도시에 판매함으로써 이윤을 추구하는 경제인이다. ⑤ 운송수단으로 우마차만 이용하며, 운송비는 거리에 비례한다.

고립국에서는 생산물 가격에서 생산비용과 운송비를 빼면 지대에 해당하는 순수익이 구해진다. 즉, 도시로부터 거리가 멀어질수록 운송비가 증가하여 순수익이 체감하므로, 위치에 따른 운송비의 차이가 지대화한다고 하였다. 따라서 고립국에서는 도심에 가까울수록 상대적으로 높은 지대를 감당할 수 있는 집약농업이 입지하고, 도심에서 멀수록 지대가 상대적으로 낮아져 조방농업이 입지한다.

튀넨의 이론은 입지지대설, 위치지대설 또는 고립국이론으로 불리며, 이후에 버제스(E. W. Burgess)의 동심원이론, 알론소(W. Alonso)의 입찰지대이론 등에 영향을 주었다.

---

18 노용호 외(2003), 감정평가론, 부연사, p.72.

(3) 절대지대설

리카도와 튀넨이 지대의 발생원인을 토지의 비옥도와 위치에 따른 생산력의 차이에서 구한 반면, 마르크스(K. Marx, 1818~1883)는 토지의 사유에서 지대 발생의 원인을 찾았다. 지대는 생산력에 관계없이 토지를 소유하고 있다는 사실만으로 강제적으로 요구되며, 이러한 절대지대는 생산비의 일부가 되므로 생산물 가격상승요인이 된다는 것이다.

(4) 마샬(A. Marshall)의 지대이론

마샬(A. Marshall, 1842~1924)은 1890년 『경제학원리』(The Principles of Economics)를 출판한 이후 1920년(8판)까지 30년 동안 이 책의 개정·증보를 계속했다. 마샬은 리카도의 차액지대설을 토대로 더욱 발전시켰으며, 순수지대와 준지대의 개념을 도입했다. 순수지대는 자연의 무상 공여물로서 토지로부터 발생하는 대가를 말한다. 따라서 순수지대는 토지의 본원적인 가치라 할 수 있다. 준지대는 생산을 위해 사람이 만든 기계기구 등의 자본설비에서 발생하는 대가를 말한다.

② 지가이론

1) 지가이론의 대두

18세기 영국에서 시작된 산업혁명은 경제의 중심을 점차적으로 농업에서 공업으로 전환시켰고, 농촌 인구의 도시 유입으로 도시화가 급속하게 진행되었다. 이와 같은 사회환경의 변화에 따라 학문분야에서도 연구의 대상으로서 도시가 더욱 각광받게 되었다. 따라서 지대·지가이론에서도 종래 농지의 지대이론에서 택지의 지가이론으로 연구 주제가 전환되었다.[19]

18세기부터 농지를 대상으로 한 지대이론이 영국의 경제학자들에 의해 처음 제기되었으며, 뒤를 이어 독일의 경제학자들에 의해 논의되었다. 20세기에 들어서는 미국이 중심이 되어 경제학자·지리학자·사회학자 등이 도시의 성장, 도시의 지가 등에 관한 활발한 연구를 하였다.

농촌토지의 지대이론에서는 비옥도가 중시되었으나 도시토지의 지가이론에서는 위치가 중요한 의미를 가진다.

---

[19] 서경규(2022), 감정평가론, 교육과학사, p.113.

➡️ 1776년의 역사적 의미: 역사적으로 1776년은 매우 의미가 있는 해이다. 먼저, 영국에서 A. Smith가 『국부론』(The Wealth of Nations)을 발표하면서 근대경제학의 기초를 마련했다. 둘째, 미국에서 독립선언(7월 4일)을 하였다. 1775년부터 1783년까지 8년간 영국과 북미 식민지 사이의 갈등으로 독립전쟁을 하였는데 1776년 7월 4일 13개 식민지가 독립을 선언하였다. 그 후 프랑스, 스페인 등이 전쟁에 개입하여 확대되었고, 연합군이 승리하여 1783년 맺은 파리조약에서 미국은 독립을 인정받았다.

2) 지가이론의 전개

(1) 마샬의 지가이론

마샬(A. Marshall)은 가격의 결정에 있어 공급측면을 강조한 고전학파와 수요측면을 강조한 한계효용학파의 이론을 수요·공급의 원리로 통합하였다. 생산비는 생산자가 받고자 하는 가격(즉, 공급가격)을 결정하고, 효용은 소비자가 지불하고자 하는 가격(즉, 수요가격)을 결정하는데 시장가격은 수요자(소비자)와 공급자(생산자)가 서로 조정의 과정을 거쳐 수요가격과 공급가격이 일치할 때 성립한다는 것이다.

한편, 마샬은 지대에 있어 농지에 적용되는 원리가 택지에도 그대로 적용된다고 보고 특히 도시 토지를 상세히 다루었다. 그는 토지에 관한 가치를 자연적 가치와 인공적 가치로 구분하였다. 자연적 가치는 자연의 무상 공여물로서 토지로부터 발생하는 대가를 말하며, 순수지대에 해당한다. 인공적 가치는 인공적으로 토지의 유용성을 높임으로써 발생하는 대가를 말하며, 공적 가치와 사적 가치로 구분된다. 공적 가치는 토지소유자의 노력 없이 공공의 투자에 의해 발생하는 가치를 말하며, 사적 가치는 토지의 유용성을 높이기 위한 토지소유자의 노력과 투자에 따른 가치를 말한다. 또한, 마샬은 도시 토지에 있어 위치의 중요성을 강조하고, 농지를 기준으로 삼아 이와 비교하여 어떤 토지가 누리는 모든 측면의 비교우위를 금전화한 가치를 위치가치(situation value)라고 불렀다. 위치가치의 대부분은 공적 가치일 것이다.[20]

(2) 허드의 지가이론

허드(R. M. Hurd, 1865~1941)는 1903년 『도시지가의 원리』라는 저서를 발표하여 지가이론의 선구적 역할을 하였다. 그에 의하면 도시의 지가는 지대를 자본환원한 결과물이며, 토지의 순수익을 의미하는 경제적 지대는 위치적 우월성을 반영한다. 즉, 지가의 바탕은 경제적 지대인데, 지대는 위치에 영향을 받고, 위치는 편리성에, 편리성은 접근성에 영

---

20 이정전(2015), 토지경제학(전면개정판), 박영사, pp.336~337.

향을 받으므로 결국 지가는 접근성에 의존한다고 보았다. 또한, 시가철도(市街鐵道, street railroads)의 출현은 도시구조에 혁명을 가져왔다고 설명했다. 즉, 넓은 지역으로 인구를 확산시키고 새로운 주거지를 편리하게 함으로써 지가를 높였다고 보았다.[21]

(3) 인간생태학이론

기존 토지경제학자들의 접근방법과는 달리 인간생태학자들은 사회학적 측면에서 지가를 분석하였다. 인간생태학에서는 지가를 잠재적인 토지이용자들의 호가(呼價)과정의 결과물이라고 보고, 그 과정에서 토지이용의 유형이 결정된다고 하였다. 지가는 도시 내 입지선정활동에 영향을 미치지만, 반대로 이러한 입지선정활동의 결과가 지가에 반영된다고 보았다. 즉, 지가를 결정하는 요인으로 경제적 요인 이외에 사회적 요인도 고려하여야 한다는 이론이다.[22]

인간생태학이론은 파크(R. E. Park), 버제스(E. W. Burgess), 매켄지(R. D. Mckenzie) 등이 체계화하였다.

➡ 인간생태학(human ecology): 인간생태학은 한마디로 인간과 환경의 집단적 상호작용을 연구하는 학문으로 사회학의 한 분야라 할 수 있다. 인간생태학은 파크(R. E. Park, 1864~1944)가 『도시: 도시환경에서의 인간행동연구를 위한 제안』(1916년)이라는 책에서 인간공동체를 생태학적으로 연구한 것이 토대가 되었으며, 인간생태학이란 용어가 처음으로 등장한 것은 파크가 버제스(E. W. Burgess, 1886~1966)와 함께 1921년 출간한 『사회학개론』에서이다. 버제스의 동심원이론도 인간생태학에 근거하고 있다.

---

(4) 마찰비용이론

헤이그(R. M. Haig)는 토지이용자가 공간의 마찰비용으로 교통비와 지대를 함께 지불한다는 마찰비용이론을 주장하였다(1927년). 즉, 마찰비용은 교통비와 지대의 합으로 구성되고, 지대는 교통비의 절약에 의한 이익을 얻게 되는 경우 토지사용자가 지불하는 대가이다. 마찰비용이론에 의하면 교통수단의 발달은 공간의 마찰을 감소시키지만 (교통비 절약분이 커지므로) 지대는 높아진다. 여기서 마찰비용이론을 요약하면 다음과 같다. ① 도심은 도시전역에 대해 물리적 접근성의 이점을 가진다. 모든 활동은 가장 편리한 지점에서 번창하게 되므로 그 지점에서 지대는 최고가 된다. ② 비교적 접근이 편리한 토지의 소

21 脇田武光 저 / 공대식 외 역(1987), 都市土地經濟論, 경영문화원, p.33.
22 노용호 외(2003), 감정평가론, 부연사, p.77.

유자는 그 장소 사용에 의해 절약할 수 있는 교통비만큼을 사용자에게 지대로 요구할 수 있다. ③ 교통시설의 정비는 도심으로의 접근성을 용이하게 하므로 도심의 접근성 이점은 감소한다. 따라서 도심의 수요는 감소하고 도심을 핵으로 한 위치의 의미가 희박해져 도시의 지가총액은 감소한다. ④ 가장 좋은 계획도시(the best planned city)는 교통체계가 정비되고 지가총액이 적은 도시이다.[23]

(5) 래티클리프의 지가이론

래티클리프(R. U. Ratcliff)는 『도시토지경제학』이란 저서(1949년)에서 지가와 토지이용에 관한 다양한 의견을 제시했다. 그에 의하면 도시의 토지시장이 완전경쟁 또는 장기균형이 성립하면 토지이용에 대한 경쟁이 일어나고 그 결과 토지이용의 유형과 지가가 결정된다. 즉, 토지이용에 있어 항상 최유효이용의 원리에 의거 경쟁이 일어나 그로 인해 토지이용의 유형이 결정된다. 복합부동산의 경우 건물의 경제적 내용연수 동안 예상 총수익에서 예상 총비용(건축비, 운영경비)을 빼서 산정한 순수익이 경제지대이며, 이를 자본환원한 것이 지가이다.[24] 이와 같이 래티클리프는 지가를 수익가치로 보았으며, 복합부동산의 수익은 토지와 건물의 일체에서 나오는 것으로 파악했다. 따라서 감정평가방법으로서 토지와 건물의 수익을 분리하여 파악하는 잔여환원법의 논리를 비판했다.

(6) 입찰지대이론

알론소(W. Alonso, 1933~1999)는 튀넨의 입지지대설(위치지대설)을 도시의 토지이용으로 확장하였다(1960년). 알론소는 단위거리당 운송비가 동일하고, 운송비는 거리에 따라 반비례하며, 지대는 기업의 정상이윤과 생산비를 지불하고 남은 잉여라고 보았다. 지대는 해당 토지의 지대입찰과정에서 토지이용자가 지불하고자 하는 최고 지불용의액(支拂用意額)으로서 초과이윤이 0(zero)이 되는 지대를 말한다. 해당 지점의 토지는 최고의 지불능력을 가진 이용자에게 할당된다. 산업별 입찰지대곡선(bid rent curve)의 차이로 인해 도심에 위치하는 산업의 입찰지대곡선 기울기는 가파르고, 교외에 위치하는 산업의 입찰지대곡선 기울기는 완만하다. 이때 어떤 도시의 도심으로부터 교외로 이동하면서 거리에 따라 최고의 지대를 지불할 수 있는 산업의 지대곡선을 연결하면 그 도시의 입찰지대곡선이 된다. [그림 4.3.1]에서 이 도시의 입찰지대곡선은 $\overline{ab}$, $\overline{bc}$, $\overline{cd}$를 연결한 선이 된다.

---

23 脇田武光 저 / 공대식 외 역(1987), 앞의 책, pp.34~35.

24 脇田武光 저 / 공대식 외 역(1987), 위의 책, p.71 및 p.106.

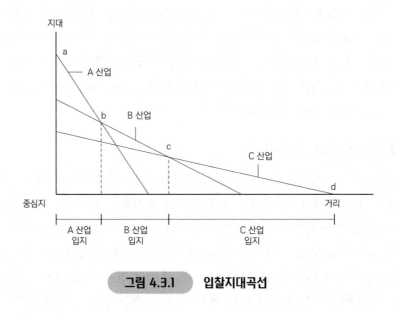

지대

a

A 산업

b

B 산업

c

C 산업

d

중심지   거리

| A 산업
입지 | B 산업
입지 | C 산업
입지 |

그림 4.3.1   **입찰지대곡선**

(7) 패널티(Penalty)이론

직주분리에 있어서 도심에서 얼마나 먼 곳에 주택을 마련할 것인가의 문제에 있어 중심지에서의 거리함수인 교통비에 의해 지가가 결정된다는 것을 일반화한 것이 패널티이론이다. 즉, 패널티이론은 각종 시설이 중심지에 있는 것으로 가정하고 중심지에서의 거리함수인 교통비에 의해 지가가 결정된다고 보는 이론으로 윙고(L. Wingo), 알론소(W. Alonso) 등이 체계화하였다.

패널티이론은 도심에서 얼마나 먼 곳에 주택을 마련할 것인가의 문제는 도심(또는 중심지)과의 교통상황에 따른 시간 및 비용과 거주하려는 지역의 부동산가격 등의 관계에서 결정된다는 것을 의미한다.

(8) 토페카(Topeka)연구

도시의 지가구조가 도심과의 거리에 따라 어떻게 달라지는가를 미국 캔자스주의 Topeka시를 대상으로 노스(D. S. Knos)가 한 실증적 연구(1962년)를 말한다. 부동산세를 부과하기 위한 산정지가(즉, 과세지가)를 종속변수로 하고, 도심으로부터 거리의 역수를 독립변수로 하여 회귀분석한 결과 도심의 지가가 가장 높고 도심에서 멀어질수록 지가가 급격히 낮아지는 지가구배현상(地價句配現象)[25]이 나타났다.

---

25 구배(句配)란 수평을 기준으로 한 경사도를 말한다.

노스의 연구는 중소도시 또는 상업지대에 있어 중심지에서 조금만 멀어져도 지가가 급격히 낮아질 수 있음을 보여주는 것으로 부동산감정평가활동에서 유의할 필요가 있다.

③ 도시화 관련 이론

1) 도시와 도시화

도시(都市)는 관점에 따라 다양하게 정의할 수 있으나, 인구가 밀집한 곳으로 일정한 지리적 범위에서 정치·경제활동의 중심이 되는 지역이라 할 수 있다. 사람의 대부분이 농업에 종사하는 지역을 뜻하는 농촌(農村)에 반대되는 용어이다.

도시의 특징에는 ① 높은 인구밀도, ② 집약적 토지이용, ③ 직업의 다양성, ④ 중심지기능의 수행 등이 있다. 도시를 규정할 때는 보통 인구수(人口數), 인구밀도, 직업구성비(職業構成比) 등이 사용되는데, 「지방자치법」에 의하면 인구 5만 이상을 도시로 정의하고 있다.[26]

한편, 도시화(都市化)란 삶의 터전이 도시로 변화하는 현상을 말한다. 도시화를 측정하는 는 지표로는 ① 인구지표: 인구수, 인구밀도, 순 인구이동률 등, ② 토지이용지표: 도시지역비율, 농지비율, 농지전용비율 등, ③ 경제활동지표: 농업가구비율, 직장건강보험 가입률, 자가보유율, 교통량 등이 있다.

2) 도시화의 단계

(1) 개요

도시화의 단계는 일반적으로 ① 도시화(urbanization) → ② 교외화(suburbanization) → ③ 탈도시화(disurbanization) → ④ 재도시화(reurbanization)의 4단계로 설명한다.

---

26 「지방자치법」 제10조(시·읍의 설치기준 등) ① 시는 그 대부분이 도시의 형태를 갖추고 인구 5만 이상이 되어야 한다.

| 표 4.3.1 | 도시화의 단계 | | | |

구분	도시화	교외화	탈도시화	재도시화
특징	도심집중	교외성장	도시쇠퇴	도시재생
현상 · 인구	도시인구 증가, 이촌향도	도심인구가 교외로 이동	도시인구 감소	도시인구 증가
현상 · 공간	단핵도시	도시 스프롤, 다핵도시	도심공동화	젠트리피케이션 (도시재생현상)

(2) 도시화

도시화(都市化)는 앞에서 설명한 바와 같이 삶의 터전이 도시로 변화하는 현상을 말한다. 즉, 도시에 거주하는 인구가 증가하는 현상이라 할 수 있다. 도시화로 인해 주택 부족, 교통 혼잡, 사회적 불평등 심화, 부동산투기 등 다양한 문제가 발생한다.

한편, 도시는 인구규모에 따라 대도시(metropolis), 중소도시 등으로 구분한다. 도시 구분의 기준으로서 인구규모에 대해서는 다양한 기준이 있을 수 있으나, 「지방자치법」에 의하면 인구 50만명 이상의 도시를 대도시라 한다(제198조 참조).

도시화와 관련된 용어로서 도시화율이 있다. 도시화율은 전체 인구 중 도시에 거주하는 인구가 차지하는 비율을 말한다. 여기서 도시는 ① 「국토계획법」상 용도지역인 도시지역을 기준으로 하는 경우, ② 「지방자치법」상 행정구역인 동·읍[27]을 기준으로 하는 경우로 구분할 수 있다.

(3) 교외화

도시에서 그 중심기능이 집중되어 있는 곳을 도심(都心)이라 하고, 도심의 주변에 있는 지역을 외곽(外廓)이라 한다. 또한, 도시의 주변지역을 교외(郊外)라 하고, 도시의 밖을 시외라 한다. 따라서 시외에는 교외가 포함된다.[28]

교외화(郊外化)는 도시의 여러 기능(주거·상업·공업)이 그 주변지역에 확대되면서 전개되는 현상을 가리키는 용어이다.

교외화와 관련한 용어로서 도시 스프롤(urban sprawl) 현상, 도시회랑(都市回廊, urban

---

27 「농업·농촌 및 식품산업 기본법」에 의하면 읍(邑)지역은 농촌에 속한다(제3조제5호). 따라서 관점 등에 따라 용어의 뜻은 달라질 수 있다.

28 교외의 뜻에 대한 혼란에 대해서는 한국도시지리학회(2020), 도시지리학개론, 법문사, pp.99~100. 참조.

corridor)[29], 도회권(urban field), 거대도시(巨大都市, megalopolis) 등이 있다.

첫째, 도시 스프롤 현상은 도시의 팽창에 따라 도시가 무질서하게 교외로 확대되어 가는 현상을 말한다. 도시 스프롤 현상의 원인으로는 도심의 열악한 환경, 도심의 높은 부동산가격, 도시의 주택 부족, 쾌적한 주택에 대한 수요 등이 있다.

둘째, 도시회랑은 교통망에 의해 선형으로 연결된 도시권을 말한다. 헤벨(C. F. J. Whebell)은 도시회랑을 형성하는 세 가지 요인으로 문화경사현상(cultural gradient, 기술이나 혁신이 몇 개 지점에서 시발하여 그 주변지역으로 퍼져나가는 현상), 최소노력의 원칙(최소한의 노력으로 최대한의 결과를 얻으려는 경향이 있으므로 교통시설을 공간상의 최단거리에 설치하려는 경향), 관성의 법칙(한번 교통시설이 설치되면 계속적으로 교통환경이 개선되는 법칙으로 인해 인구와 산업이 집중)을 들었다(1969년).[30]

셋째, 도회권은 여러 개의 방사형 교통망에 의해 중심도시의 영향을 받는 권역을 말한다. 도시회랑이 선형 영향권인 데 비해 도회권은 원형 영향권이라 할 수 있다. 프리드만과 밀러(J. Friedmann & J. Miller)는 도회권 형성을 촉진하는 세 가지 요인으로 소득의 증대, 자가용 차량의 보유 증가, 주거의 쾌적성에 대한 선호 증가를 들었다(1965년). 구체적으로 도회권은 중심도시로부터 반경 50mile[31]의 왕복 두 시간 교통거리에 있는 지역을 말하기도 한다. 이와 같은 의미에서 도회권을 통근권(commuting field)과 같은 범위로 보기도 한다.[32]

넷째, 거대도시는 지리적으로 연접한 여러 대도시가 선형이나 원형으로 연결된 광역 도시권을 말한다. 메갈로폴리스는 백만(百萬)의 뜻을 가진 그리스어 'mega'와 도시를 뜻하는 그리스어 'polis'의 합성어이다. 이 용어는 프랑스의 지리학자 고트만(J. Gottmann, 1915~1994)이 『메갈로폴리스: 도시화된 미국 북동부 해안(Megalopolis: The Urbanized Northeastern Seaboard of the United States)』이란 저서(1961년)에서 미국 북동부의 해안도시인 보스턴·뉴욕·필라델피아·워싱턴 등 대도시와 대도시 주변의 도시화된 지역에 대해 처음으로 사용했다. 거대도시의 사례로는 미국의 북동부권 이외에 우리나라의 수도권, 일본의 東海道(도쿄, 나고야, 오사카), 중국의 주강삼각주(홍콩, 마카오, 선전 등) 등이 있다.

---

29 회랑(回廊, corridor)은 폭이 좁고 길이가 긴 통로를 말한다.

30 이하 내용은 김형국(1997) 앞의 책, pp.315~325. 참고.

31 마일(mile)은 주로 미국과 영국에서 쓰는 길이 단위로서 1mile은 1,609.344m이다. 따라서 50mile은 약 80㎞에 달한다.

32 김형국(1997), 앞의 책, p.328.

(4) 탈도시화

탈도시화(脫都市化)는 도시의 인구가 도시 밖으로 벗어나 감소하는 현상을 말한다. '도시화'의 반대개념이라 할 수 있으며, 역도시화(逆都市化, Counter-urbanization)라고도 한다. 탈도시화는 많은 인구와 다양한 기능이 도시에 집중하면서 주택 문제, 교통 문제, 환경 문제 등 각종 도시문제가 발생하였기 때문에 나타난다. 즉, 쾌적한 생활을 누리고 싶은 욕구와 비용이 많이 드는 도시생활에서 벗어나려는 경향 등이 증가하면서 도시의 인구가 도시 밖으로 이주하기 때문이다.

탈도시화와 관련한 용어로서 도심공동화(都心空洞化)가 있다. 이는 도시의 중심부인 도심의 상주인구가 감소하는 현상을 말한다. 도심이 도넛처럼 텅 비었다고 해서 도넛현상(doughnut phenomenon)이라고도 한다.

(5) 재도시화

재도시화는 쇠퇴한 도시가 정비사업의 시행, 기반시설의 확충, 보행환경의 개선, 공동체의 회복 등을 통해 다시 활성화되는 현상을 말한다. 「도시재생 활성화 및 지원에 관한 특별법」(약어로 도시재생법이라 한다)에서는 인구의 감소, 산업구조의 변화, 도시의 무분별한 확장, 주거환경의 노후화 등으로 쇠퇴하는 도시를 지역역량의 강화, 새로운 기능의 도입·창출 및 지역자원의 활용을 통하여 경제적·사회적·물리적·환경적으로 활성화시키는 것을 도시재생이라 한다.

재도시화와 관련된 용어로서 젠트리피케이션(gentrification)이 있다. 젠트리피케이션이란 용어는 영국의 지리학자 글래스(R. Glass)가 『런던: 변화의 양상(London: Aspects of Change)』이란 저서(1964년)에서 처음 쓴 것으로 알려져 있다. 영국의 상류층을 뜻하는 젠트리(gentry)[33]와 '~화(化)하다'는 의미의 접미사 '~fication'을 결합한 파생어이다. 당시 그는 젠트리피케이션을 근로자층 주거 근린이 중산층에 의해 대체되는 것을 의미하는 것으로 사용하였고, 오래된 주택과 근린의 재생을 수반하지 않는 재개발(redevelopment)과는 개념적으로 구분하였다.[34] 현재 젠트리피케이션은 다양한 관점에서 정의되고 있다. 이 책에서는 젠트리피케이션을 쇠퇴한 도시지역(「국토계획법」상 용도지역이 도시지역인 경우를 말한다)의 물리적·사회적 환경이 향상되어 그 지역의 부동산가치

---

33 신사를 뜻하는 영어 단어 젠틀맨(gentleman)은 gentry에서 유래되었다.

34 신정엽·김감영(2014), "도시공간구조에서 젠트리피케이션의 비판적 재고찰과 향후 연구방향 모색", 한국지리학 회지 3(1), 한국지리학회, p.68.

가 상승하는 현상으로 정의하고, 이를 도시재생현상으로 부르고자 한다.[35]

　도시재생현상의 단계는 3단계로 설명할 수 있다. ① 1단계는 쇠퇴한 도시지역에서 민간의 소규모 개발 또는 정부의 간헐적 지원 등에 의해 새로운 변화가 나타나는 시기이다. 건물의 리모델링이나 소규모 신축을 통해 유동인구나 상주인구(常住人口)가 늘어나기 시작한다. ② 2단계는 민간의 대규모 개발 또는 정부의 적극적 지원이 이루어지는 시기이다. 민간은 개발로 인한 수익성 확보가 가능한 지역으로 판단하고 본격적인 투자를 하며, 정부는 지역의 활성화 또는 보존을 위해 적극적 지원을 한다. 이 시기에는 부동산소유자와 임차인간의 갈등, 개발과 보존의 갈등, 기존 주민(또는 영업자)과 신규 주민(또는 영업자)간의 갈등 등 다양한 갈등이 심화된다. ③ 3단계는 환경이 향상된 부동산에 대한 소유나 임차 경쟁이 나타나면서 부동산의 가치가 상승하는 시기이다. 이 단계에서 부동산의 가치는 일정기간 상승하지만 상향기를 지나면 안정기의 양상을 보인다.

4 　도시공간구조론

1) 도시공간구조론의 개요

(1) 공간과 공간구조

　공간(空間)이란 말은 매우 다의적 개념이지만, 땅과 땅의 사이를 주로 일컫는 개념으로 어떤 물체가 존재할 수 있거나 어떤 일이 일어날 수 있는 자리가 된다.

　공간구조는 공간 위에 자리 잡고 있는 사물과 현상의 짜임새를 말하며, 그 형태는 점(node)·선(line)·면(surface) 등으로 표현될 수 있다. 사물과 현상의 공간적 분포는 땅을 이용하거나 또는 땅에서 영향을 받는 사람의 선택이 낳은 산물이다.

(2) 도시공간구조

　도시는 많은 인구와 높은 인구밀도를 유지하고, 2차 및 3차 산업에 종사하는 비율이 높으며, 다양한 삶의 형식이 존재하는 공간이라고 할 수 있다. 도시에서는 인간이 여러 시설을 이용하여 다양한 목적으로 활동한다. 따라서 도시의 구성요소를 인간, 시설, 활동의 3가지로 파악하는 것이 일반적이다.

　도시는 다양한 요인들이 상호관련성을 가지며 적절히 조화되어 운영되는 하나의 유기

35　김형국(1997), 앞의 책, p.274. 참조

체이다.[36] 따라서 도시의 공간구조는 집중과 분산 또는 구심력(求心力: 원의 중심으로 나아가려는 힘)과 원심력(遠心力: 원의 바깥으로 나아가려는 힘)의 교차 속에서 끊임없이 변화한다. 구심력으로 작용하는 요인에는 대학·병원·백화점 같은 대형시설의 입지, 매력적인 도시내부의 재생, 환경규제의 강화, 교통비의 증가, 면접 상호작용의 필요성 등이 있고, 원심력으로 작용하는 요인에는 도심의 혼잡과 노후화, 도심의 높은 집값, 교통·통신의 발전, 전원(田園) 환경에 대한 선호, 전염병의 확산 등이 있다.[37]

2) 도시공간구조론의 전개

(1) 동심원이론

동심원이론은 도시는 그 중심지에서 동심원상으로 확대되어 성장하는 경향이 있다는 것으로 버제스(E. W. Burgess, 1886~1966)[38]가 제안한 이론(1925년)이다. 이는 미국 시카고[39]의 실태조사를 근거로 도출된 이론으로 토지이용의 분화과정을 침입(invasion)과 천이(succession)의 과정으로 보고 도시가 성장함에 따라 5개 지대로 구성된 동심원상으로 그 공간 구조가 확대되어 나간다고 보았다.

제1지대는 중심업무지구(CBD)인데, 도시의 중심부에 발달하고 백화점·호텔·극장·은행·사무실·소매점 등이 집중되어 있다. 중심업무지구는 보행자와 교통량이 도시 내에서 가장 많은 곳으로 최고지가부지가 있는 곳이다. 제2지대는 점이지대(漸移地帶, zone in transition)인데, 중심업무지구를 둘러싸고 있는 주거환경이 불량한 지역이다. 이곳은 중심업무지구에 입지해 있던 업무시설이나 경공업시설이 침입해와 주거환경을 악화시킴으로써 형성되는 지역이다. 이곳은 주택이 불량하고 빈민들이 많이 살면서 슬럼(slum)이 형성되기도 한다. 제3지대는 노동자주택지대인데, 점이지대보다 주택의 질이 개선되고 그 가격도 높다. 점이지대에 거주하는 주민들이 생활수준이 향상되면 이곳으로 이주하려는

---

36 대한국토·도시계획학회(2008), 도시계획론, 보성각, p.35.

37 김형국(1997), 앞의 책, p.274.

38 버제스(E.W. Burgess): 도시생태학의 초기 연구자로 1886년 캐나다에서 태어났다. 오클라호마주의 킹피셔대학을 졸업(1908)한 후, 시카고대학의 사회학과에서 박사학위를 받고(1913), 1916년부터 시카고대학에서 교수로 재직했다. 그는 파크(R.E. Park) 및 맥켄지(R.D. Mckenzie)와 함께 인간생태학을 최초로 도시연구에 적용하여 도시생태학의 토대를 마련했다.

39 Chicago: 미국 일리노이州(주)에 있는 도시로 미국에서 3번째로 인구가 많다. 내륙에 있으면서도 호수(미시간 호: 남북 길이 517㎞, 최대 너비 190㎞)를 끼고 있어 미국의 팽창과 더불어 세계적인 상업 및 공업의 중심지로 발전했다.

경향을 보이며, 주로 공장노동자들이 거주하고 있다. 제4지대는 주택지대[40]인데, 고급 아파트 내지는 단독주택으로 특화된 지역이다. 이곳에는 주로 미국 태생의 백인들이 거주하며 고속도로를 이용하여 직장이 있는 CBD로 통근한다. 또한, 이곳 중 교통의 요충지를 중심으로 부도심이 형성되기도 한다. 제5지대는 통근자지대(commuter's zone)인데, 도시경계를 넘어 CBD에서 60분 이내 정도의 통근거리에 위치하는 교외주거지역 또는 위성도시로서 주로 철도나 고속도로의 교통축을 따라 산재해 있다. 이곳은 주로 야간인구로 구성된 침상도시(bed-town)를 나타낸다.

동심원이론은 튀넨(J. H. von Thünen)의 고립국이론을 응용한 것으로 도시는 중심지로부터 원을 그리며 성장하고, 중심지에서 멀면 멀수록 접근성, 지가 및 인구밀도가 낮아진다는 것을 보여준다.

한편, 버제스는 동심원상의 공간구조를 왜곡시키는 요인으로 지형, 철도·공장의 입지, 침입에 대한 지역사회의 저항 등을 들었다. 동심원이론에 대해 동심원 형태의 도시구조를 띄는 사례가 많지 않고, 시카고 조차도 완전한 원형이 아니라 반원에 가깝다는 비판이 있다. 그러나, 도시의 공간구조를 설명하는 이상적인 형태로서 동심원을 내세우고, 침입과천이에 의해 도시가 확대된다는 주장은 많은 지지를 받고 있다. 다만, 도시공간구조에 있어 도시의 지형·교통시설·지역지구제·도시개발·침입에 대한 지역사회의 저항 등에 의해동심원 형태가 왜곡될 수 있음을 기억할 필요가 있다.

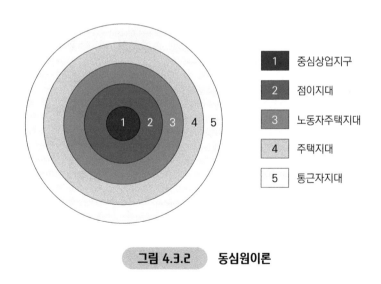

1	중심상업지구
2	점이지대
3	노동자주택지대
4	주택지대
5	통근자지대

그림 4.3.2   동심원이론

---

40 버제스는 1927년 논문에서 주택지대를 중급주택지구와 고급주택지구로 수정·세분하였다.

(2) 선형이론

이는 동심원이론을 수정·보완하여 미국의 도시경제학자인 호이트(H. Hoyt, 1895~1984)가 전개한 이론(1939년)이다. 호이트는 도시에서 가장 넓은 면적을 차지하는 주택지대를 세분해야 한다고 생각하고 미국 142개 도시의 1900년, 1915년, 1936년의 주택임료(residential rent)를 분석하여 임료 차이를 보이는 패턴을 도면화 하였다.[41] 즉, 도시구조를 분석하기 위해 도시를 내부지대·중간지대·외곽지대의 3개 지대와 방향별 섹터를 구분하여 블록별로 주택의 평균임료를 분석한 결과 주택지대가 도심에서 교통망을 따라 확장되어 원을 변형한 부채꼴 모양으로 나타났다는 것이다.

선형이론에 따르면 ① 고급주택지구는 어느 도시라도 하나 이상의 섹터에 입지하고, 외곽지대 뿐 아니라 중간지대 또는 내부지대에 분포하는 경우도 있다. ② 중급주택지구는 고급주택지구와 인접하여 입지한다. ③ 저급주택지구는 그 도시의 한쪽에 치우쳐 입지하거나 몇몇 섹터의 주변부에 걸쳐 광범위하게 분포한다.

한편, 호이트는 1964년의 논문에서 종전의 선형이론에 대해 사회변화를 바탕으로 재음미하였다. 선형이론을 발표한 1930년대의 미국에 비해 1960년대는 대도시권 및 인구의 증가, 중심도시에서의 유색인종 증가, 도시규모에 따른 인구증가율의 차이, 국민소득 및 자가용 차량 증가 등의 변화가 있었음을 지적하고, 종전의 도시성장 및 도시구조에 관한 원리는 수정할 필요가 있다고 보았다.[42]

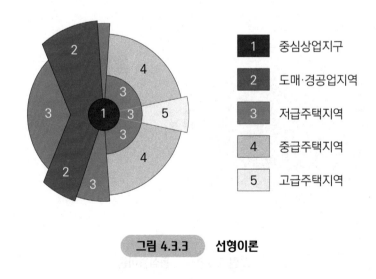

1	중심상업지구
2	도매·경공업지역
3	저급주택지역
4	중급주택지역
5	고급주택지역

그림 4.3.3   선형이론

---

41 남영우(2007), 도시공간구조론, 법문사, p.349.
42 남영우(2007), 위의 책, pp.361~364.

374   제4편 부동산현상과 경제

(3) 다핵심이론

해리스(C. D. Harris)와 울만(E. L. Ullman)은 도시에 있어서 토지이용의 형태는 단일의 핵심이 아니라 여러 개의 핵심을 중심으로 이루어진다는 이론을 제기하였다(1945년). 도시규모가 크지 않을 경우 하나의 중심지만으로 도시기능을 수행할 수 있으나, 도시규모가 커지면 중심핵에 모든 도시기능이 집중하는 것은 물리적으로 불가능하다. 도시의 핵이 여러 개 형성되는 이유로 해리스와 울만은 ① 중심핵의 지가가 높은 점(예: 높은 지대를 부담할 능력이 없는 업종은 CBD에 입지가 불가능), ② 도시활동의 중심은 시외교통과 토지공간의 형편 등에 따라 좌우되는 경우가 있는 점[43](예: 소매업의 중심은 교통이 가장 편리한 곳에 입지, 항만시설은 해안에 입지, 조망·배수 등이 양호한 고지대에 고급주택지구 입지), ③ 각기 다른 도시활동은 분산되며(예: 공장과 고급주택), 유사한 기능은 한 곳에 집중하는 편이 유리한 점(즉, 집적이익의 발생)을 들었다.

다핵심이론은 종전의 동심원이론이나 선형이론을 보완한 이론으로 특히, 대도시의 경우 더 설득력을 지니고 있다.

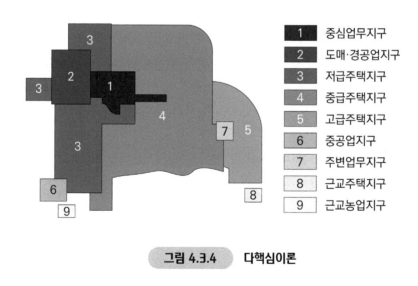

1	중심업무지구
2	도매·경공업지구
3	저급주택지구
4	중급주택지구
5	고급주택지구
6	중공업지구
7	주변업무지구
8	근교주택지구
9	근교농업지구

그림 4.3.4 다핵심이론

---

43 이는 도시의 형성과 성장에 있어 교통조건과 자연조건의 영향이 크다는 것을 보여준다.

(4) 다차원이론

도시에서 전개되는 다양한 현상은 어떤 차원(또는 요인)에서 보는가에 따라 각기 다른 양상을 보이는데 이를 다차원이론이라고 한다. 다양한 차원의 공간적 분포패턴에 대한 분석은 컴퓨터의 등장과 통계기법의 발전에 따라 가능해졌다.[44]

쉐브키(E. Shevky)와 벨(W. Bell)은 『사회지역분석(social area analysis)』이란 저서(1955년)에서 '도시는 사회의 복잡한 산물'이라고 주장하고, 사회의 변화에 내재하고 있는 3가지 요인을 사회계층(social rank), 도시화(urbanization), 주거지분화(segregation)로 분류하였다. 각 요인은 다양한 변수로 구성되는데 ① 사회계층에는 육체노동자의 비율·초등학교만 졸업한 성인의 비율·주택의 질과 임대료 등이 포함되고, ② 도시화에는 출생률·여성의 취업률·단독주택의 비율 등이 포함되며, ③ 주거지분화에는 소수민족집단의 통합된 비율·외국인 이주자 비율(흑인, 기타 인종, 동유럽 및 남유럽 출신의 백인)·유럽을 제외한 구대륙 출신자 등이 포함된다. 즉, 다양한 변수 중에서 도시구조를 설명하는 3가지의 주요한 요인으로 구조화하였다.

머디(R. A. Murdie)는 요인분석을 통해 도시의 사회적 공간을 구성하는 3가지 차원을 추출하고 이를 각각 경제상태(economic status), 가족상태(family status), 인종상태(ethnic status)라 불렀다(1969년). 이들 사회적 공간을 물리적 공간과 중첩시키면 동심원패턴, 선형패턴, 다핵심패턴이 서로 얽혀 격자 형태로 등질지역이 분리됨을 알 수 있다. 즉, ① 경제상태로서 소득수준·교육정도·직업 등에 따라 선형으로 주거지가 분화된다. ② 가족상태로서 가족수·자녀의 수와 연령·여자노동자의 비율 등에 따라 동심원형으로 주거지가 분화된다. ③ 인종상태로서 소수민족끼리 각기 독립한 공동체를 만들어 다핵의 형태로 공간에 분포된다.

한편, 쉐브키(E. Shevky)와 벨(W. Bell)의 이론이나 머디(R. A. Murdie)의 이론은 소수민족(또는 인종)간 갈등이 심한 사회에서만 유의미하다는 한계가 있다.

---

44 이하 내용은 남영우(2007), 앞의 책, pp.387~405.; 脇田武光 저 / 공대식 외 역(1987), 앞의 책, pp.144~146. 참조

제4장 부동산금융론

제1절 | 부동산금융의 의의

1 부동산금융의 의의

1) 금융과 부동산금융의 개념

금융이란 이자율을 매개로 화폐의 수요와 공급이 이루어지는 현상을 말한다. 금융은 자기의 자본을 스스로 생산적으로 이용할 수 없는 사람으로부터 보다 생산적으로 이용할 수 있는 사람에게로 자금을 이전시켜, 대규모 기업설립을 가능하게 한다. 그래서 대량생산방식에 의한 사회활동을 가능하게 하고, 저축에 대한 보수를 보장함으로써 일반대중의 저축의욕을 고취시켜 구매력의 이전을 통하여 재화의 교환활동을 원활케 한다.

한편, 부동산금융이란 부동산을 매개로 하여 이루어지는 자금의 융통을 말하며, 부동산금융이 이루어지는 추상적 장소를 부동산금융시장이라고 한다. 부동산금융은 부동산을 담보로 하는 금융뿐만 아니라 대출채권을 유동화하여 자금을 조달하는 것도 포함됨에 따라 부동산금융의 개념도 확대되고 있다.[45]

2) 부동산금융의 필요성

부동산금융은 자금의 확보, 대출금리의 책정, 채권보전과 사후관리, 대출채권의 유동화

---

[45] 김병우·이동훈(2014), 부동산금융론, 두남, p.39.

등의 측면에서 필요하다.[46] 첫째, 충분한 자금의 확보가 필요하다. 부동산금융은 부동산의 특성상 자금규모가 크고 장기간 소요되므로 정부의 재정뿐만 아니라 민간자금을 다양하게 유치해야 하며, 저소득계층을 위한 별도의 예산도 확보되어야 한다. 둘째, 적정한 대출금리의 책정이 필요하다. 금융수요자인 개인은 목돈인 대출금의 장기 상환이 필요하고, 저소득계층과 정책적인 부동산관련 산업자금 등은 적정수준의 금리우대가 요구되기도 한다. 셋째, 채권보전과 사후관리가 필요하다. 대출기관은 차주(借主, 채무자)의 채무불이행 가능성이 있으므로 LTV, DTI 등을 고려한 채권보전과 사후관리가 요구된다. 넷째, 대출채권의 유동화가 필요하다. 채권의 만기가 장기이므로 대출자금의 조기회수를 위해 대출채권의 유동화로 부동산금융의 원활화를 도모할 필요가 있다.

3) 부동산금융의 기능

첫째, 부동산을 소유하는 데는 거액의 자금이 필요하므로 부동산금융은 부동산의 소유권 취득에 따른 자금의 일시지급과 장기적립에 소요되는 시간적 괴리를 해소시켜 준다. 특히, 생활의 필수품인 주택을 대상으로 한 금융은 주택소비와 주택지출 사이의 시간적 괴리를 좁혀 행복한 삶을 지원하는 기능을 한다.

둘째, 부동산금융을 통해 경기(景氣)를 진작시킬 수 있다. 주택을 포함한 건축물의 건축은 내수산업뿐 아니라 고용 및 생산파급효과에 상당한 영향을 주어 국민경제를 진작시켜 주는 역할을 한다.

셋째, 부동산금융은 경기조절기능을 갖는다. 예컨대 부동산개발업자에게 자금을 조달해 줌으로써 부동산공급을 확대하는 기능도 가지며, 부동산시장의 경기에 따라 수요자금융과 공급자금융을 확대 또는 축소함으로써 경기를 조절할 수도 있다.

넷째, 부동산금융은 부동산금융기구들의 발달, 특히 부동산금융 및 이를 뒷받침하기 위한 부동산전문직업의 발달을 수반케 하여 저당제도를 중심으로 한 장기자금의 조달 및 공급체계를 형성·발전시킴으로써 결국 금융산업에 기여하게 된다.

결국 부동산금융은 부동산의 거래와 공급을 원활하게 하고, 부동산시장의 경기를 조절하며, 부동산업 뿐 아니라 건설업·금융업을 발전시켜 국민의 행복한 삶과 국민경제의 발전에 기여한다.

---

46 김병우·이동훈(2014), 위의 책, pp.41~42.

4) 부동산금융의 당사자

부동산금융의 당사자는 크게 자금의 수요자, 자금의 공급자, 자금의 매개자로 구분할 수 있다. 먼저, 자금의 수요자는 주로 부동산을 구입하거나 개발하는 과정에서 자금이 필요한 자이다. 또한, 부동산 또는 부동산관련 유가증권 등 자산을 활용하여 자금을 조달하려는 자도 포함된다. 둘째, 자금의 공급자는 주로 여유자금을 예금하거나 자산 또는 부동산 개발사업에 투자하려는 자이다. 셋째, 자금의 매개자는 자금의 수요자와 공급자를 연결해주는 자로서 금융회사, 특수목적회사, 집합투자기구로 구성된다.

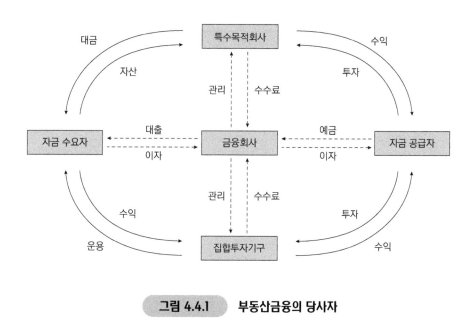

그림 4.4.1 **부동산금융의 당사자**

2 부동산금융의 유형

1) 금융의 수단에 따른 분류

전통적인 부동산금융의 수단은 부동산담보대출[47]이었다. 그러나 1997년 말의 외환위기 이후 부동산 이외의 다양한 자산을 활용한 금융의 필요성이 대두되고, 부동산에 대한

---

47 부동산담보대출은 기본적인 부동산금융으로 차주가 대출을 받으면서 반대급부로 부동산, 부동산담보부 채권을 담보로 제공하는 것으로 저당권, 가등기, 담보신탁 등의 방법을 통해 채권을 확보하도록 하는 제도적 장치가 있다.

투자기회 확대를 통한 부동산시장의 활성화가 요구되는 등 부동산 및 금융환경의 변화로 인해 다양한 유형의 부동산금융이 등장하였다. 현재 부동산금융의 유형은 크게 부동산담보대출, 부동산유동화, 부동산간접투자, 부동산개발금융의 4가지로 구분할 수 있으며, 구체적인 내용은 다음의 표와 같다.

표 4.4.1　**부동산금융의 유형**

유형	명칭	근거 법률	제·개정 시기	소관 부처	금융 주체
부동산 담보대출	저당대출	은행법	1950. 05. 제정	금융위원회	금융회사
	담보신탁대출	(구)신탁업법	1961. 12. 제정	금융위원회	신탁업자
		자본시장법	2007. 08. 제정		
	주택연금대출	한국주택금융공사법	2003. 12. 제정	금융위원회	한국주택금융공사
	농지연금대출	농지기금법[48]	2008. 12. 개정	농림식품부	한국농어촌공사
부동산 유동화	자산유동화증권	자산유동화법	1998. 09. 제정	금융위원회	유동화전문회사
	주택저당채권	(구)주택저당법[49]	1999. 01. 제정	금융위원회	(주택저당채권유동화회사)
		한국주택금융공사법	2003. 12. 제정	금융위원회	한국주택금융공사
부동산 간접투자	부동산집합투자	(구)간접투자법	2003. 10. 제정	금융위원회	부동산집합투자기구
		자본시장법	2007. 08. 제정		
	부동산투자회사	부동산투자회사법	2001. 04. 제정	국토교통부	부동산투자회사
부동산 개발금융	프로젝트금융	상법	1962. 01. 제정	법무부	프로젝트회사
		법인세법	2004. 01. 개정	기획재정부	프로젝트금융투자회사
	개발신탁	(구)신탁업법	1961. 12. 제정	금융위원회	신탁업자
		자본시장법	2007. 08. 제정		
	민간투자사업	민간투자법[50]	1994. 08. 제정	기획재정부	사회기반시설투융자회사

---

48 「한국농어촌공사 및 농지관리기금법」의 약어이다.

49 (구)「주택저당채권유동화회사법」의 약어이다.

50 「사회기반시설에 대한 민간투자법」의 약어이다.

2) 자금의 성격에 따른 분류

부동산금융은 조달된 자금의 성격에 따라 지분금융·부채금융·메자닌금융(mezzanine financing)으로 구분할 수 있다.

첫째, 지분금융(equity financing)은 주식회사가 주식을 발행하거나 주식회사가 아닌 법인이 지분권을 판매하여 자기자본을 조달하는 것을 말한다. 지분금융은 기업의 재무상태표상 자본으로 표시되며, 그 사례는 다음과 같다. ① 부동산 신디케이트(syndicate): 부동산 개발사업을 공동으로 수행하기 위해 결성한 법인을 말한다. 주로 부동산개발업자와 다수의 일반투자자로 구성되며, 법인의 형태는 합자회사인 경우가 많다. ② 조인트 벤처 (joint venture): 특정 목적을 수행하기 위해 2인 이상이 설립한 법인을 말한다. 주로 부동산개발업자와 소수의 금융회사로 구성되며, 법인의 형태는 합자회사·합명회사인 경우가 많다. ③ 부동산투자회사(REITs: Real Estate Investment Trusts): 자산을 부동산에 투자하여 운용하는 것을 주된 목적으로 「부동산투자회사법」에 따라 설립된 회사를 말한다. 법인의 형태는 주식회사만 가능하다.

둘째, 부채금융(debt financing)은 담보물을 제공하거나 부채증권을 발행하는 등의 방법으로 타인자본을 조달하는 것을 말한다. 부채금융은 기업의 재무상태표상 부채로 표시되며, 그 사례는 다음과 같다. ① 부동산 담보대출: 부동산을 담보로 한 대출을 말한다. 담보설정 방식에 따라 저당대출(mortgage loan)·담보신탁대출 등으로 구분할 수 있다. 여기서 담보신탁대출은 부동산의 관리와 처분을 신탁회사에 신탁한 후 수익권증서를 교부받아 이를 담보로 금융회사에서 대출받는 제도를 말한다. ② 자산유동화증권(ABS: Asset Backed Securities): 자산을 담보로 발행하는 증권을 말한다. ③ 주택저당증권(MBS: Mortgage Backed Securities): 주택저당채권을 기초로 발행하는 증권을 말한다. ④ 프로젝트 파이낸싱(PF: Project Financing): 특정한 프로젝트로부터 미래에 발생하는 현금흐름을 담보로 당해 프로젝트를 수행하는데 필요한 자금을 조달하는 금융기법을 말한다. ⑤ 회사채: 기업이 장기자금을 조달하기 위해 발행하는 채권을 말한다. ⑥ 주택상환사채: 한국토지주택공사와 등록사업자가 「주택법」에 따라 발행하는 채권으로서 원칙적으로 사채권자에서 주택을 건설하여 상환하여야 한다.

셋째, 메자닌금융(mezzanine financing)은 금융을 통해 조달된 자금이 자본과 부채의 중간적인 성격을 지니는 것을 통칭하여 부르는 용어로서, 그 사례는 다음과 같다. ① 전환사채(CB: convertible bond): 주식으로 전환할 수 있는 권리가 붙은 사채를 말한다. ② 신주인수권부 사채(BW: Bond with Warrant): 발행회사의 주식을 매입할 수 있는 권리가 부여된 사채를 말한다. ③ 후순위채권: 담보 없이 발행회사의 일반 신용만으로 발행되며,

발행회사가 부도를 내거나 파산했을 때 변제순위가 가장 늦은 회사채를 말한다. 후순위채권은 위험부담이 높기 때문에 대부분 신용도가 높은 은행 등 금융회사에 의해 발행되는 것이 일반적이며, 국제결제은행(BIS: Bank for International Settlements)은 금융회사의 자기자본비율을 산정할 때 이를 부채가 아닌 자기자본으로 인정한다. ④ 상환우선주: 일정기간 동안 우선주의 성격을 가지고 있다가 그 기간이 만료되면 발행회사에서 이를 되사야하는 주식을 말한다. 상환우선주는 주식이지만 발행할 때에 그 상환이 예정되어 있어 사채의 성격도 가진다.

3) 그 밖의 분류

부동산금융은 ① 자금의 대상에 따라 토지금융과 건물금융(다시 주택금융과 비주택금융으로 세분), ② 차주(借主)의 자금 목적에 따라 수요자금융(다시 구입자금과 임차자금으로 세분)과 공급자금융, ③ 대주(貸主)의 유형에 따라 공공금융과 민간금융으로 구분할 수 있다.

먼저, 토지금융은 구입 또는 개발 등의 대상이 토지인 경우이고, 건물금융은 구입 또는 개발 등의 대상이 건물인 경우이다. 이때 건물의 용도에 따라 주택금융과 비주택금융으로 세분된다. 둘째, 수요자금융은 수요자가 부동산을 구입·임차하기 위해 대출받는 것으로, 구입자금과 임차자금으로 세분된다. 공급자금융은 공급자가 부동산을 개발·공급하기 위해 대출받는 것이다. 셋째, 공공금융은 국가 등 공공기관에서 대출하는 것이고, 민간금융은 민간금융회사에서 대출하는 것이다.

▶ 용어의 구별

1) 차주(借主)·차입자(借入者): 돈이나 물건을 빌린 사람
2) 대주(貸主)·대부자(貸付者): 돈이나 물건을 빌려준 사람
3) 대출자(貸出者): 돈이나 물건을 빌리거나 빌려준 사람을 통칭하여 부르는 말

제2절 | 부동산담보대출

1 부동산담보대출의 의의

1) 부동산담보대출의 개념

부동산담보대출이란 부동산을 담보로 한 대출을 통칭하여 부르는 말이다. 담보로 제공하는 부동산(이를 담보부동산이라 한다)은 차주 소유인 경우가 대부분이지만 제3자 소유의 부동산도 담보로 제공할 수 있다. 이때 제3자처럼 타인의 채무를 위해 자기 재산에 물적담보를 설정하는 자를 물상보증인이라 한다.

부동산담보대출은 담보설정 방식에 따라 저당대출(mortgage loan)·담보신탁대출로 구분할 수 있으며, 그 밖에 비전형담보제도로 양도담보대출·가등기담보대출도 있다.

첫째, 저당대출은 담보부동산에 채권자를 근저당권자로 하여 근저당권을 설정하는 방식이다. 부동산담보대출의 대부분은 저당대출방식에 의한다.

둘째, 담보신탁대출은 부동산의 관리와 처분을 신탁회사에 신탁한 후 수익권증서를 교부받아 이를 담보로 금융회사에서 대출받는 방식이다.

셋째, 비전형담보제도로 양도담보대출·가등기담보대출이 있다. 양도담보대출은 대주(貸主, 채권자)와 차주(借主, 채무자)가 금전소비대차계약을 하면서 담보부동산의 소유권을 채권자에게 이전하는 방식이며, 가등기담보대출은 채권자와 채무자가 금전소비대차계약을 하면서 담보부동산에 채권자 명의로 가등기를 하는 방식이다. 비전형담보제도를 규율하기 위해 「가등기담보 등에 관한 법률」이 있다.

표 4.4.2 저당대출과 담보신탁대출의 비교

구분	저당대출	담보신탁대출
담보설정 방식	근저당권 설정	신탁회사로 소유권 이전
담보부동산 관리	금융회사	신탁회사
신규임대차· 후순위 권리설정	배제 불가능	배제 가능 (신탁회사의 동의 필요)

구분	저당대출	담보신탁대출
담보취득 후 우선채권 발생 여부	임금채권 발생 가능	신탁등기 후 발생 불가
강제집행방법 (환가방법)	법원의 경매	신탁회사 직접 공매 · 한국자산관리공사 공매
대출절차	담보신탁대출보다 간단	저당대출보다 복잡
대출금(동일 담보물)	담보신탁대출보다 적음	담보신탁대출보다 많음

2) 부동산담보대출의 위험

채권자의 입장에서 부동산담보대출은 채무불이행위험, 환가위험, 금리변동위험, 조기상환위험 등 다양한 위험이 있을 수 있다.

먼저, 채무불이행위험은 채무자(차주)가 원리금에 대한 채무상환을 제때 이행하지 않을 위험을 말한다. 채권자(대주)는 채무불이행위험을 고려하여 대출금리를 정하며, 원리금상환을 연체하는 경우 연체이율을 적용한 지연배상금을 받는다.

둘째, 환가위험은 대출실행 이후 담보부동산이 자연재해 등으로 멸실·훼손되거나 그 가치의 하락 또는 담보부동산의 수요가 희박하여 강제집행을 통해 원리금 전부를 회수할 수 없는 위험을 말한다. 채권자는 환가위험을 고려하여 대출금을 담보부동산가치의 일정 비율로 제한하고, 담보부동산의 유형을 제한하기도 한다.

셋째, 금리변동위험은 대출실행 이후 금리가 변동하여 채권자가 부담하게 될 위험을 말한다. 예컨대 고정금리로 대출실행 이후 시중금리[51]가 올라가면 예대마진이 줄어들어 금융회사 입장에서 손실을 볼 수 있다. 채권자는 금리변동위험을 고려하여 대출기간을 짧게 하거나 변동금리대출을 하려 한다. 또한, 고정금리대출의 경우에는 적정한 위험할증률(risk premium)을 더해 대출금리를 정하게 된다.

넷째, 조기상환위험은 차주(채무자)가 예정된 상환일 이전에 미리 대출금을 상환할 위험을 말한다. 조기상환은 대주(채권자)가 가진 기한의 이익[52]을 해치는 것이므로 대주는 조기상환시에 위약금을 부과하는 경우가 많다. 이때의 위약금을 조기상환수수료 또는 중도상환수수료라 한다. 차주의 입장에서는 조기상환수수료를 부담하더라도 조기상환이 유

---

[51] 시중금리(市中金利)는 일반적으로 시중은행의 표준적인 대출금리를 말한다.

[52] 기한의 이익은 기한이 도래하지 않음으로써 그동안 당사자가 받는 이익을 말한다. 이자부 소비대차처럼 기한의 이익이 채권자(대주)와 채무자(차주) 쌍방에게 있는 경우에도 기한의 이익을 포기할 수 있으며, 다만 그로 인해 상대방의 이익을 해한 경우에는 이를 전보(塡補)하여야 한다(민법 153 ②).

리하면 이를 할 것이다. 고정금리방식에서 대출금리가 시중금리보다 다소 높거나 수요자금융에서 담보부동산이 처분되는 경우 등이 그 예이다.

2 부동산담보대출의 내용

1) 금리 결정방식

금리의 결정방식에는 고정금리방식과 변동금리방식이 있다. 고정금리방식은 대출기간 동안 금리가 변동하지 않는 대출이며, 변동금리방식은 대출기간 중 시장금리에 연동하여 금리가 변동하는 대출이다. 통상 고정금리대출은 대주(예: 금융회사)가 금리변동위험을 주로 부담하므로 금리가 시중금리보다 높은 경우가 많다. 그러나 금리가 하락하면 차주인 채무자의 부담이 가중되므로 채무자 역시 하락에 따른 금리변동위험을 회피할 수 없다는 단점이 있다.[53] 고정금리상품의 대표적인 것으로 한국주택금융공사의 보금자리론이 있으며, 이는 금리상승기에 특히 인기가 있다.

한편, 변동금리방식은 대부자가 금리변동위험을 차입자에게 전가할 수 있는 반면, 차주의 입장에서는 상환액을 미리 알 수 없어 예산편성에 어려움이 있다. 일반적으로 대출시점에서 변동금리방식이 고정금리방식보다 금리가 낮아 많이 이용되고 있다.

▶ 고정금리 대출자는 "속터져": 고정금리 대출자(여기서는 차주)들이 분통을 터뜨리고 있다. 고정금리를 권장하는 정부의 정책에 따라 고정금리로 대출을 이용했던 사람들은 정작 기준금리 인하(2014. 08. 14. 기존 2.50%에서 2.25%로 인하)에 따른 수혜를 받지 못하기 때문이다. 시장금리는 지속적으로 하락하는데 여전히 시중은행의 고정금리대출 목표치를 설정해 둔 정책에 대해 탁상공론식행정이라는 불만도 나오고 있다. 2014. 08. 20. 한국은행에 따르면 지난 6월 말 기준 가계대출(잔액기준)에서 고정금리대출이 차지하는 비중은 25.7%였다. 3월 말 기준 가계대출잔액이 489조6천억원이었던 것을 감안하면 대출금리가 0.25%포인트 하락하면 변동금리대출(74.3%인 363조8천억원)에서는 연간 9천억원의 이자를 절감할 수 있으나, 고정금리대출에서는 이자가 한 푼도 줄지 않는다. 금융당국은 2011. 06. 가계부채의 안정화를 위해 '6·29 가계부채 종합대책'을 내놓으며 시중은행에 고정금리 가계대출을 적극 권장했다. 그 결과 2010년 말 전체 가계대출의 5.1%였던 고정금리대출의 비중이 2011년 9.3%, 2012년 19.8%, 2013년 21.3%로 지속적으로 높아졌다(영남일보, 2014. 08. 21. 참조).

---

53 김재태 외(2007), 부동산금융, 부연사, p.65.

2) 대출금 상환방식

(1) 원금균등 상환방식(CAM: Constant Amortization Mortgage)

매 기간 상환액은 균등한 원금상환분과 불균등한 이자분의 합계로 구성된다. 따라서 매 기간 상환액은 기간이 지날수록 감소하며, 상환액 중 원금상환분은 일정하고 이자분은 감소한다. 매 기간의 원금상환액은 대출원금을 대출기간으로 나누어 구한다.

차주의 입장에서 원금균등 상환방식은 원리금균등 상환방식이나 만기 상환방식보다 전체 이자가 적게 산출되는 장점이 있으나, 대출 초기에 많은 원리금을 상환해야 하는 단점이 있다. 또한, 매 기간 상환액이 달라 이를 기억하기 어렵다.

(2) 원리금균등 상환방식(CPM: Constant Payment Mortgage)

매 기간 상환액은 불균등한 원금상환분과 불균등한 이자분의 합계로 구성되며, 매 기간의 상환액은 일정하다. 매 기간의 원리금상환액은 대출원금에 저당상수를 곱하여 산출하며, 일정시점의 잔금비율은 연금의 현가계수(잔존기간) / 연금의 현가계수(전체기간)로 산출할 수 있다.

(3) 점증식 상환방식(GPM: Graduated Payment Mortgage)

초기에 상환액이 적고 기간이 지날수록 상환액이 증가하는 방식으로, 체증식 상환방식이라고도 한다. 기간이 지날수록 소득이 증가하는 차주(채무자)에게 적합하나, 대주(채권자)의 입장에서는 채무불이행의 가능성이 높다.

(4) 만기 상환방식

먼저, 대출기간 중에는 이자만 상환하고 대출원금은 만기일에 상환하는 방식이 있다. 자본이득을 추구하는 수요자금융 또는 통상의 공급자금융의 경우 대출기간 만기일 전에 부동산을 처분하여 상환할 수 있으므로 많이 이용된다.

둘째, 대출기간 중에는 원리금을 전혀 상환하지 않다가 만기일에 전체 원리금을 상환하는 방식이 있다. 이는 현재 주택연금대출(역모기지론)에서 사용하고 있다.

(5) 거치식 상환방식

대출 후 일정기간 즉, 거치기간 동안은 이자만 갚고 거치기간 이후에 원리금을 상환하는 방식이다. 예컨대 30년 만기로 5년 거치 25년 분할상환조건으로 대출을 받으면 초기 5년간은 원금 전체에 대해 이자만 갚고, 이후 25년 동안은 원금과 이자를 상환한다.

(6) 사례

각 상환방식을 비교하기 위해 대출금: 1억원, 대출금리: 연 5%(고정금리), 대출기간: 30년으로 가정하여 원금균등 상환방식, 원리금균등 상환방식, 거치식 상환방식(5년 거치 원리금균등상환방식으로 가정)에 대해 비교하면 다음의 표와 같다. 만약, 만기 상환방식이라면 매월 416,667원의 이자를 상환하고 마지막 360개월에는 원금 1억원을 합쳐 100,416,667원을 상환하므로 이자상환총액 150,000,000원, 총상환금액 250,000,000원이 된다. 따라서 이자상환총액은 만기 상환방식 > 거치식 상환방식 > 원리금균등 상환방식 > 원금균등 상환방식의 순이 된다.

표 4.4.3 주택담보대출 상환방식의 비교

구분	원금균등 상환			원리금균등 상환			거치식 상환		
	원금	이자	원리금	원금	이자	원리금	원금	이자	원리금
1개월	277,778	416,667	694,445	120,155	416,667	536,822	0	416,667	416,667
2개월	277,778	415,509	693,287	120,656	416,166	536,822	0	416,667	416,667
24개월	277,778	390,046	667,824	132,213	404,608	536,822	0	416,667	416,667
60개월	277,778	348,380	626,158	153,562	383,260	536,822	0	416,667	416,667
120개월	277,778	278,935	556,713	197,075	339,746	536,822	214,612	369,978	584,590
240개월	277,778	140,046	417,824	324.585	212,237	536,822	353,468	231,123	584,590
360개월	277,778	1,157	278,935	452,681	84,141	536,822	582,164	2,426	584,590
이자상환액	75,208,333			93,255,784			100,377,012		
총상환금액	175,208,333			193,255,784			200,377,012		

단위: 원

3) 주택담보대출의 비교

대표적인 주택담보대출인 은행의 주택구입자금대출과 한국주택금융공사의 모기지론을 비교하면 다음과 같다. 여기서 보금자리론이란 유동화 업무수행을 위한 기초자산으로서 일정한 기준에 따라 금융회사가 대출을 취급하면 한국주택금융공사가 양수하는 주택담보대출을 말한다.[54]

---

[54] 한국주택금융공사의 「보금자리론 업무처리기준」 참조.

표 4.4.4   **주택담보대출의 비교**

구분		은행 주택구입자금대출 (예시: 은행마다 다를 수 있음)	모기지론 (보금자리론: 기본형)
취급기관		일반 은행	한국주택금융공사
대출자격	연령	제한 없음	민법상 성년
	주택수		무주택자 또는 일시적 2 주택자
대출기간		1년 ~ 40년 (만기 상환: 최장 5년)	10년·15년·20년·30년 (예외: 40년·50년)
대출한도		금액: 제한 없음 (LTV: 최대 70%)	금액: 3.6억원 (LTV: 최대 70%)
대출금리		고정금리, 변동금리	고정금리
상환방법		원금균등 상환, 원리금균등 상환, 만기 상환 중 택일	원금균등 상환, 원리금균등 상환, 점증식 상환 중 택일
중도상환 수수료		3년 이내 상환 시 1.2% 한도(일할계산)	3년 이내 상환 시 0.7% 한도(일할계산)
대상주택		제한 없음	주택가격 6억원 이하

한편, 주택담보대출의 시계열통계는 2007년부터 제공되고 있는데 가계신용 및 주택담보대출의 추이를 보면 다음의 표와 같다. 표에 의하면 그동안 가계신용과 주택담보대출 등이 꾸준히 증가하였고, 2023년 가계신용에 대한 주택담보대출의 비율은 56.4%로 나타났다.

표 4.45   **가계신용 및 주택담보대출의 추이**

(단위: 조원, %)

구분	2023년	2020년	2015년	2010년	2007년
가계신용	1,885.5	1,729.5	1,203.1	843.2	665.4
주택담보대출	1,064.3	912.2	638.3	429.3	343.8
기타 대출	702.9	721.4	499.6	364.5	286.3
판매신용	118.2	95.9	65.1	49.4	35.3
명목GDP	2,401.2	2,058.5	1,658.0	1,322.6	1,089.7
가계신용 / 명목GDP(%)	78.5	84.0	72.6	63.8	61.1

자료: 한국은행 경제통계시스템

③ 대출한도의 규제

1) 대출규제의 필요성

대출은 가계나 기업의 경제활동을 지원하는 중요한 수단이며, 금융회사의 주요 수입원이다. 따라서 대출을 포함한 금융활동은 국민경제에 크게 영향을 미친다. 특히, 부동산시장에서 대출 환경은 부동산경기에 미치는 영향이 매우 크다. 정부 입장에서 금융회사의 안전성을 유지하면서 가계나 기업의 원활한 금융활동을 도와야 하며, 부동산시장의 안정도 도모해야 한다. 이를 위해 정부는 다양한 정책을 통해 금융시장에 개입하고 있는데 여기서는 대출한도 규제제도를 중심으로 설명하고자 한다.

2) 대출한도 규제의 연혁

우리나라에서 주택담보대출의 건전성 유지를 위한 대출한도 규제는 주로 LTV·DTI·DSR을 통해 이루어지고 있다. LTV는 2002년에, DTI는 2005년에, DSR은 2018년에 각각 도입되었다. 제도 도입 초기에는 금융감독원의 창구지도 형식으로 시행되다가 2007년에 구체적인 근거 규정과 세부 기준이 마련되었다. 근거 규정은 (구)금융감독위원회(현재 금융위원회) 소관 「은행업 감독규정」을 2007년 7월 개정하여 제29조의2(주택담보대출에 대한 리스크관리)를 신설하면서 마련되었고, 세부 지침은 「은행업 감독규정」의 위임에 따라 금융감독원이 「은행업 감독업무 시행세칙」을 개정(2007. 07.)하여 <별표 18>(주택관련 담보대출 등에 대한 리스크관리 세부기준)을 신설하면서 마련되었다. DSR은 2017년 가계부채 종합대책(10. 24.)에서 단계적 도입을 발표한 후 은행권의 시범운영(2018. 03. 26.)을 거쳐 2018년 10월(10. 31.)부터 시행되었다.[55] 다만, DSR의 세부 기준은 2020년 12월(12. 02.)에 마련되었다.

표 4.4.6 대출한도 규제제도의 연혁

연혁	내용
1999. 01.	금융감독위원회·금융감독원 설치
2002. 09.	LTV 제도 시행: 투기과열지구 60% 적용
2005. 08.	DTI 제도 시행: 투기지역(지정지역) 6억 초과 아파트 40% 적용

---

55 금융위원회·금융감독원 보도자료(2018. 10. 18.) 참조.

연 혁	내용
2008. 02.	금융위원회 설치: 재정경제부의 금융정책기능과 금융감독위원회의 감독정책기능 통합
2018. 10.	DSR 제도 시행: 은행권
2024. 02.	스트레스 DSR 제도 시행: 1단계

➡ 용어의 해설

1) 금융위원회: 「정부조직법」, 「금융위원회의 설치 등에 관한 법률」에 근거하여 설립된 합의제 행정기관으로서 국무총리 직속이다. 1999년 1월 금융감독위원회로 출범하여 2008년 2월 재정경제부의 금융정책기능을 통합하여 금융위원회로 개칭되었다. 금융정책, 외국환업무 취급기관의 건전성 감독 및 금융감독에 관한 업무를 수행한다.
2) 금융감독원: 1999년 1월 (구)「금융감독기구의 설치 등에 관한 법률」(현재는 「금융위원회의 설치 등에 관한 법률」)에 의해 은행감독원, 증권감독원, 보험감독원, 신용관리기금의 4개 감독기관을 통합하여 설립된 무자본 특수법인이다. 금융위원회나 증권선물위원회의 지도·감독을 받아 금융기관에 대한 검사·감독 업무 등을 수행하기 위해 설립되었으며, 공직유관단체에 해당한다.

3) 대출한도 규제제도

(1) LTV

LTV(Loan To Value ratio)는 담보물의 가치에 대한 대출가능금액의 비율을 말하며, 담보인정비율이라고도 한다.

- $\text{LTV} = \dfrac{\text{대출가능금액}}{\text{담보물의 가치}}$

담보인정비율은 담보로 제공되는 물건의 가치를 고려해 대출한도를 정하는 제도이다. 대부자 입장에서 볼 때 LTV가 높으면 채무불이행시 원금회수가 곤란해지며, LTV가 낮으면 대출에 따르는 수익이 저하된다. 금융회사는 확실한 원금회수를 위해 담보물 가치의 일정비율을 대출금의 최대한도로 정하고 있으며, 정부에서는 부동산정책의 수단으로 LTV를 조정하기도 한다. 즉, 부동산수요를 억제하기 위해서는 LTV를 하향조정하고, 부동산수요를 증가시키기 위해서는 이를 상향조정한다.

금융회사의 담보물은 대부분 부동산이며, LTV를 적용한 대출가능금액을 산정하기 위해서는 담보물의 정확한 가치에 관한 정보가 필요하므로 담보목적의 감정평가를 의뢰한다. 금융회사의 실무에서 정확한 대출가능금액은 담보물의 가치 × LTV − (선순위채권 +

임차보증금 및 최우선변제 소액임차보증금)으로 산정한다.

한편, 부동산투자에 있어서는 LTV를 총투자액에 대한 대출금의 비율로 정의하고 이를 대부비율 또는 대출비율이라고도 한다. 이는 '총투자액 = 부동산의 시장가치(= 적정한 부동산의 매매가격)'을 가정하기 때문이다.

- $LTV = \dfrac{\text{대출액}}{\text{총투자액}}$

(2) DTI

DTI(Debt to Income ratio)는 주택담보대출에서 차주(借主)의 연간 소득에 대한 금융회사 대출의 연간 원리금 상환액의 비율을 말하며, 총부채상환비율이라고도 한다. 여기서 연간 원리금상환액은 주택담보대출의 연간 원리금상환액에 기타부채의 연간 이자상환액을 더하여 산정한다. 기타부채는 주택담보대출 이외의 기타 대출을 말하며, 예·적금담보대출은 제외한다.

- $DTI = \dfrac{\text{주택담보대출의 연간 원리금상환액 + 기타부채의 연간 이자상환액}}{\text{연간소득}}$

총부채상환비율은 소득수준에 비해 너무 많은 대출금을 받지 못하도록 한 제도이다. 정부에서는 총부채상환비율의 기준을 강화하여 가계대출이 부실화되는 것을 방지하고, 투기적 수요에 의한 부동산가격의 상승을 억제하려 한다.

(3) DSR

DSR(Debt Service Ratio)은 차주의 연간 소득에 대한 금융회사 모든 대출의 연간 원리금 상환액의 비율을 말하며, 총부채원리금상환비율이라고도 한다. DSR는 대출한도를 정할 때 차주의 연간 소득을 기준으로 하는 점에서 DTI와 공통점이 있다. 그러나 DTI가 주택담보대출 이외의 대출에 대해서는 이자만 반영하는데 비해 DSR은 주택담보대출을 포함한 모든 대출의 원리금상환액을 반영한다. 따라서 DSR은 DTI보다 더 엄격한 규제라 할 수 있다.

- $DSR = \dfrac{\text{금융회사대출의 연간 원리금상환액}}{\text{연간소득}}$

한편, DSR 제도는 "상환능력 범위에서" 가계부채를 관리하는 수단이나, 대출시점의 금리를 기준으로 대출한도를 정하므로 미래의 금리변동 위험을 반영하지 못하는 한계가 있다. 즉, 변동금리대출을 이용한 차주가 대출기간 중 금리가 상승할 경우, DSR 규제수준을 넘어서는 높은 상환부담을 지는 문제점이 있다. 또한, 대출시점의 금리수준이 통상 고정금리대출에 비해 변동금리대출이 낮아 미래의 금리변동위험에 대한 고려 없이 차주가 변동금리대출을 선호하는 경향이 있다. 이에 정부는 과도한 가계대출의 확대를 방지하고 고정금리대출의 확대 등을 도모하고자 2024년 2월부터 스트레스 DSR 제도를 도입하여 점차 확대·시행하고 있다.

스트레스 DSR 제도는 변동금리대출 등[56]을 이용하는 차주가 대출 이용기간 중 금리상승으로 인해 원리금 상환부담이 증가할 가능성 등을 감안하여 DSR 산정시 일정수준의 가산금리(스트레스 금리)를 부과하여 대출한도를 산정하는 제도이다. 즉, 연간 원리금상환액 산출시 [실제 대출금리 + 가산금리]를 적용한다. 따라서 스트레스 DSR 제도로 인해 대출한도가 더 낮아지지만, 이로 인해 실제 대출금리가 더 상승하는 것은 아니다. 가산금리(스트레스 금리)는 '제도 도입시점 이전 과거 5년 중 최고 대출금리(5.64%, 2022년 12월)와 현재 금리간 차이'를 기준으로 연 2회(6월·12월) 정하되, 금리상승기의 과소추정이나 금리하락기의 과다추정을 방지하기 위해 그 하한(1.5%)과 상한(3.0%)을 설정하였다.

4 역모기지론

1) 역모기지론의 의의

(1) 역모기지론의 개념

역모기지론(逆 mortgage loan)은 고령자가 보유한 주택이나 농지를 담보로 제공하고 생활자금을 매월 연금처럼 지급받는 대출을 말한다. 역모기지론이란 용어는 주택담보대출인 모기지론(mortgage loan)과 반대의 구조를 지니는 점에서 유래했다. 여기서 모기지론과 역모기지론을 비교하면 다음의 표와 같다.

---

56 변동형, 혼합형[일정기간(예: 5년) 고정금리가 적용되고 이후 변동금리로 전환되는 상품], 주기형[일정주기로(예: 5년) 금리가 변경되고, 그 기간 내에는 고정금리가 적용되는 상품] 등 대출기간 중 금리가 변동하는 모든 대출을 말한다.

표 4.4.7 모기지론과 역모기지론의 비교

구분	모기지론(한국주택금융공사)	역모기지론(공적보증형태)
자금용도	주택 구입 자금	생활자금
주 이용대상	청·장년층 등	고령층
담보제공방식	근저당권 설정	근저당권 설정·신탁등기
대출금지급방식	계약시 일괄 지급	매월 지급(정액, 증가, 감소, 전후후박)
대출기간	확정	종신방식, 확정기간방식
대출금리	고정금리	• 주택: 변동금리 • 농지: 고정금리·변동금리 중 택일
상환방법	원리금균등 상환·원금균등 상환· 점증식 상환 중 택일	사망시 일시상환
계약종료 후	주택 소유	주택·농지 처분
부채규모	기간경과에 따라 감소	기간경과에 따라 증가

(2) 역모기지론의 장점

현재 공적보증형태의 역모기지론으로는 주택연금대출과 농지연금대출이 있다. 수요자(이용자)의 입장에서 이들 역모기지론의 장점을 살펴보면 다음과 같다. ① 평생 동안 가입자 및 그 배우자 모두가 받을 수 있다. ② 국가가 연금지급을 보증하므로 연금지급 중단의 위험이 없다. ③ 만기시 연금수령액 등이 부동산처분가액을 초과하더라도 상속인에게 청구하지 않으며, 반대로 부동산처분가액이 더 크면 그 차액은 상속인에게 상속된다. ④ 해당 주택과 농지에 대해 일정한 기준에 따라 재산세가 감면된다.

(3) 역모기지론의 위험

공급자의 입장에서 역모기지론의 위험으로는 장수 위험, 부동산환가 위험 등이 있다. 첫째, 장수 위험은 이용자 및 그 배우자가 상품설계 시 고려한 수명보다 더 장수할 위험이다. 역모기지론의 만기는 일반적으로 이용자 및 그 배우자의 종신까지이므로 이들이 장수할수록 대출 원리금이 증가한다. 둘째, 부동산환가 위험은 계약기간 만료로 인해 부동산을 처분할 때 부동산가치의 하락, 부동산수요의 감소 등의 영향으로 환가가 곤란하거나 환가대금이 대출 원리금보다 낮아질 위험이다.

2) 역모기지론의 사례

(1) 주택연금대출

주택연금대출은 고령자가 자신이 소유한 주택을 담보로 제공하고 금융회사로부터 매월 생활자금을 연금처럼 지급받는 대출을 말하며, 주택담보노후연금이라고도 한다. 기존에 은행들이 주택을 담보로 한 역모기지론을 출시하였으나, 은행 입장에서 금리 상승이나 주택가격 하락 등 대출금 회수의 위험이 크고, 고객의 입장에서도 대출기간이 한정되는 등의 문제로 인해 활성화되지 못하고 있었다. 이에 정부가 역모기지론을 활성화하고자 종신동안 연금형식으로 대출받는 채무에 대해 한국주택금융공사가 보증하게 하는 등의 내용으로 「한국주택금융공사법」을 개정하여 주택연금대출제도를 2007년 4월부터 시행하였다.

주택연금대출은 한국주택금융공사가 주택을 담보로 보증서를 발급하면 금융회사는 보증서를 담보로 이용자(차주)에게 대출하는 구조이다. 담보 취득의 방식에는 근저당권 설정등기 또는 신탁 등기가 있다. 주택연금대출은 이용자가 사망하면 배우자에게 승계되며 부부가 모두 사망하면 주택을 경매·공매 처분 등의 방법으로 대출원리금을 회수한다.

주택연금대출의 이용자격은 주택소유자 또는 그 배우자의 연령이 보증을 위한 등기시점 현재 55세 이상인 자로서 소유하는 주택의 기준가격이 12억원 이하이어야 한다. 다주택자라도 주택의 기준가격이 12억원 이하이면 이용할 수 있다. 이때 담보주택의 기준가격은 ① 한국부동산원의 인터넷 시세, ② 국민은행의 인터넷 시세, ③ 공시가격(공시가격이 없는 경우 시가표준액), ④ 공사와 협약을 체결한 감정평가업자의 최근 6개월 이내 감정평가액을 순차적으로 적용하여 정한다. 다만, 고객이 요구하는 경우에는 감정평가액을 우선 적용하며, 감정평가비용은 고객이 부담해야 한다.

주택연금대출의 지급방식은 종신토록 지급받는 종신형과 고객이 선택한 일정 기간 동안만 지급받는 방식이 있다.

주택연금대출은 시행 초기에는 사망 시 자녀들에게 주택이라도 물려주어야 한다는 부모들의 의식 등의 영향으로 활성화되지 못했으나, 노인인구의 급증과 주택가격의 안정 등의 영향으로 매년 이용건수가 증가하고 있다.

구분	2008.01.	2008.12.	2010.12	2015.12.	2020.12.	2023.12.
건수(건)	547	1,136	4,065	25,611	66,121	94,406
연금지급액(억원)	53	265	1,639	15,187	52,484	98,466

표 4.4.8 **주택연금대출의 보증잔액**

자료: 한국주택금융공사 주택금융통계시스템

(2) 농지연금대출

농지연금대출은 고령의 농업인이 자신이 소유한 농지를 담보로 제공하고 매월 생활자금을 연금처럼 지급받는 대출을 말하며, 농지연금이라고도 한다. 이 제도는 2008년 12월 「한국농어촌공사 및 농지관리기금법」 개정 시 신설된 이후 제도정비를 거쳐 2011년부터 한국농어촌공사가 본격적으로 운영하고 있다.

농지연금대출은 농지연금을 지원받으려는 자가 한국농어촌공사에 농지를 담보로 제공하면 한국농어촌공사가 직접 신청자의 전용계좌로 연금을 입금하는 구조이다. 담보 취득의 방식은근저당권 설정등기이다. 농지연금대출은 이용자가 사망하면 배우자에게 승계되며 부부가 모두 사망하면 농지를 경매 처분 등의 방법으로 대출원리금을 회수한다.

농지연금대출의 이용자격은 농업인의 연령이 신청연도 말일 기준으로 60세 이상으로서 영농 경력이 5년 이상이어야 한다. 이때 담보농지의 가격은 ① 개별공시지가, ② 감정평가액 중 지원대상자가 선택한 방법으로 산정한다.

농지연금대출의 지급방식은 종신토록 지급받는 종신형과 고객이 선택한 일정 기간 동안만 지급받는 방식이 있다.

(3) 역모기지론의 비교

공적보증형태의 역모기지론인 주택연금대출과 농지연금대출을 비교하면 다음의 표와 같다.

표 4.4.9 **주택연금대출과 농지연금대출의 비교**

구분	주택연금대출	농지연금대출
근거법령	한국주택금융공사법	한국농어촌공사 및 농지관리기금법
법령상 시행일 (실제 시행일)	2007. 04. 12. (2007. 07. 12.)	2009. 06. 30. (2011. 01. 01.)

구분	주택연금대출	농지연금대출
보증기관	한국주택금융공사	한국농어촌공사
대출기관	금융회사	한국농어촌공사
담보제공방식	근저당권 설정·신탁등기	근저당권 설정
대출요건	• 본인 또는 배우자가 55세 이상일 것 • 소유 주택의 기준가격이 12억원 이하일 것	• 본인이 농업인으로서 60세 이상일 것 • 영농경력 5년 이상일 것
대출요건 기준시점	보증을 위한 등기시점 기준	• 연령: 신청년도 말일 기준 • 영농경력: 신청일 기준
담보물	주택	농지
담보물 가격평가	① 한국부동산원의 인터넷 시세, ② 국민은행의 인터넷 시세, ③ 공시가격(공시가격이 없는 경우 시가표준액), ④ 최근 6개월 이내 감정평가액을 순차적으로 적용하여 정함. 다만, 신청자가 요구하는 경우 감정평가액 적용	개별공시지가의 100% 또는 감정평가액의 90% 중 신청자가 선택
대출금리	변동금리	고정금리·변동금리 중 선택
지급방식	종신정액형·확정기간정액형· 종신혼합형·확정기간혼합형 등	종신정액형·확정기간정액형· 종신혼합형·확정기간혼합형
담보부동산 재산세 감면	1가구 1주택인 경우 일정한 기준에 따라 감면 (지방세특례법 35)	일정한 기준에 따라 감면 (지방세특례법 35-2)
채권회수 방식	• 근저당권 설정: 경매 처분, 상환받는 방법 • 신탁등기: 공매 처분, 상환받는 방법	채권회수의 사유에 따라 ① 상환받는 방법, ② 경매 처분방법, ③ 감정평가액으로 한국농어촌공사가 매입하는 방법 등 가능

제3절 | 부동산유동화

1 부동산유동화의 의의

1) 부동산유동화의 개념

유동화는 일반적으로 기업 등 자금조달자가 보유하고 있는 자산(채권, 부동산 등)을 해당 기업으로부터 분리하여 증권을 발행하고 그 자산의 관리·운용·처분에 의한 수익을 투자자에게 지급하는 금융수법이다. 따라서 부동산유동화는 부동산 또는 부동산관련채권이 창출하는 현금흐름(임대료 등)을 전제로 하여 자금을 조달하는 수법을 말한다.

부동산유동화와 동일하게 사용되는 용어로 부동산증권화(securitization)라는 개념이 있다. 유동화는 그 개념이 증권화보다는 광의 개념이지만 기간의 종료라는 개념이 희박하다. 증권화의 경우 거의 전부가 기간종료를 전제로 하고 있으며, 상환을 피할 수 없다.[57]

2) 부동산유동화의 목적 및 효과

먼저, 금융회사의 기업에 대한 융자가 인색해짐에 따라 기업 스스로가 시장으로부터 직접 자금을 조달할 필요성이 대두되었다. 이에 기업은 기업자체의 신용에 의해 발행되는 기존의 회사채보다는 기업의 신용과 분리되어 신용등급을 얻을 수 있는 부동산유동화라는 새로운 방식을 필요로 했다.

둘째, 기업은 보유자산을 재무상태표에서 분리하여 증권화해서 조달한 자금으로 차입금을 상환함으로써 기업의 재무지표[58]가 향상된다.

셋째, 부동산에 대한 소액투자를 유치하는 데 있다. 이는 자본시장과 부동산시장의 결합을 의미하는 것으로, 부동산에서 발생하는 현금흐름을 담보로 소액의 수익증서를 발행하여 투자자에게 매각함으로써 개인의 소액 부동산투자가 가능해진다.

넷째, 부동산활동의 활성화에 기여하고, 부동산시장의 공정성·투명성이 향상될 수 있다.

---

57 우리나라 부동산증권화 관련 법률에서는 유동화라는 개념을 사용하고 있다.

58 대표적인 것으로 부채비율이 있다. 부채비율은 부채총액(= 타인자본)을 자본총액(= 자기자본)으로 나눈 비율을 말한다. 예컨대 매출채권을 양도(= 매각)하여 조달한 자금으로 차입금을 상환한다면 자산이 감소하지만 부채도 감소하여 부채비율이 낮아진다.

ㄹ 부동산유동화 상품

1) 자산유동화증권

(1) 자산유동화증권의 개념

자산유동화증권(ABS: Asset-Backed Securities)이란 사전적으로 자산(asset)을 담보로 (backed) 발행되는 증권(Securities)을 말하며, 자산담보부증권 또는 그냥 유동화증권이라고도 한다.「자산유동화에 관한 법률」(약어로 자산유동화법이라 한다)에서는 유동화증권을 '유동화자산을 기초로 하여 자산유동화계획에 따라 발행되는 주권, 출자증권, 사채(社債), 수익증권, 그 밖의 증권이나 증서'로 규정하고 있다.

자산유동화증권은 유동화를 위해 설립된 특수목적회사(= 유동화전문회사, SPC: Special Purpose Company) 또는 신탁업자가 자산보유자(→ 기업 및 금융회사 등)로부터 유동화자산[59]을 양도 또는 신탁받아 이를 담보로 유동화증권을 발행하고, 당해 유동화자산의 관리·운용·처분에 의한 수익으로 유동화증권의 원리금 또는 배당금을 지급하는 것을 말한다.

자산유동화라 함은 다음의 하나에 해당하는 행위를 말한다(자산유동화법 2).

첫째, 유동화전문회사가 자산보유자로부터 양도받은 유동화자산을 기초로 유동화증권을 발행하고, 해당 유동화자산의 관리·운용·처분에 따른 수익이나 차입금 등으로 유동화증권의 원리금 또는 배당금을 지급하는 일련의 행위: 매매형 유동화구조이며, 특수목적회사(SPC)를 도관(導管, conduit)으로 한다.

둘째,「자본시장과 금융투자업에 관한 법률」(약어로 자본시장법이라 한다)에 의한 신탁업자가 자산보유자로부터 신탁받은 유동화자산을 기초로 유동화증권을 발행하고, 해당 유동화자산의 관리·운용·처분에 따른 수익이나 차입금 등으로 유동화증권의 수익금을 지급하는 일련의 행위: 신탁형 유동화구조로서 신탁을 도관으로 한다(선신탁 후발행형).

셋째, 신탁업자가 유동화증권을 발행하여 신탁받은 금전으로 자산보유자로부터 유동화자산을 양도받아 당해 유동화자산의 관리·운용·처분에 따른 수익이나 차입금 등으로 유동화증권의 수익금을 지급하는 일련의 행위: 신탁형 유동화구조로서 신탁을 도관으로 한다(선발행 후신탁형).

넷째, 유동화전문회사 또는 신탁업자가 다른 유동화전문회사 또는 다른 신탁업자로부

---

[59] "유동화자산"이란 자산유동화의 대상이 되는 채권(채무자의 특정 여부에 관계없이 장래에 발생할 채권을 포함한다), 부동산, 지식재산권 및 그 밖의 재산권을 말한다(자산유동화법 제2조).

터 양도받거나 신탁받은 유동화자산 또는 유동화증권을 기초로 하여 유동화증권을 발행하고 당초에 양도받거나 신탁받은 유동화자산 또는 유동화증권의 관리·운용·처분에 따른 수익이나 차입금 등으로 자기가 발행한 유동화증권의 원리금·배당금 또는 수익금을 지급하는 일련의 행위: 2단계 신탁형 구조이다.

(2) 자산유동화증권의 특성

기존 채권이 발행기관(무보증채) 또는 보증기관(보증채)의 원리금 상환능력을 기초로 하여 발행되는 것에 비해, 자산유동화증권은 자산보유자로부터 완전 매각된(True Sale) 유동화자산의 현금흐름이 발행증권의 원리금을 상환할 수 있는 능력의 바탕이 된다. 즉 자산보유자는 자산 또는 미래 현금흐름에 대한 권리를 특수목적회사에 완전히 이전시켜야 하며, 필요한 경우에는 신용보강조치를 함으로써 신용의 등급을 상향시키거나 증권의 판매가능성을 제고할 수도 있다.

(3) 자산유동화증권의 신용보강

신용보강(credit enhancement)은 다양한 방법으로 만기일에 유동화증권의 원리금이 지급될 수 있도록 지급 확실성을 높이는 것을 말한다. 신용보강은 크게 내부적 신용보강과 외부적 신용보강으로 구분할 수 있다.[60]

첫째, 내부적 신용보강은 자산보유자 또는 증권발행자가 스스로 위험요소를 완화하는 것을 말한다. 초과담보, 선·후순위 구조 등이 그 예이다. ① 초과담보는 유동화자산 규모가 유동화증권 액면가액을 초과하도록 하여 초과되는 금액이 유동화증권의 상환을 위한 담보로 활용되도록 하는 것을 말한다. ② 선·후순위 구조는 계층별로 나누어 둘 이상의 유동화증권(이를 트랜치라 한다)을 발행하되, 각 트랜치간 상환순위 및 유동화자산 회수 순서를 차별화하는 것을 말한다. 후순위증권이 유동화자산의 손실을 우선적으로 흡수하여 선순위증권의 상환 안전성을 높이게 된다.

둘째, 외부적 신용보강은 제3의 외부기관을 통해 위험요소를 완화하는 것을 말한다. 신용공여, 지급보증, 보증보험 등이 그 예이다. ① 신용공여(credit facility)는 금융회사 등 제3의 외부기관이 일정 금액 이내에서 현금흐름 부족분이 발생하는 경우 이를 충당함으로써 자산의 손실을 흡수하는 것을 말한다. 기초자산으로부터 회수한 현금흐름만으로 유동화증권을 상환하기에 부족한 경우 신용공여기관은 주로 부족액을 유동화회사에 대여하는 방식으로 지급한다. ② 지급보증은 기초자산에 대해 지급의무를 대신하거나 또는 유동

---

60 손재영·김경환 편(2023), 앞의 책, pp.376~377. 참조.

화증권의 원리금을 직접 지급하는 방식으로 법적으로 보증의무에 해당한다. ③ 보증보험은 보험회사가 보험상품으로 채권의 상환을 보증하는 것을 말한다. 우리나라의 경우 서울보증보험이 취급한다.

(4) 자산유동화증권의 장·단점

자산유동화증권의 장점은 다음과 같다.

① 자금조달비용의 절감: 자산보유자는 유동화증권의 신용등급을 자산보유자 자신의 신용등급보다 높일 수 있으므로 그만큼 자금조달비용을 낮출 수 있다.[61]

② 재무구조 개선: 자산유동화는 자산양도방식으로 자금을 조달하는 것이므로 자산보유자는 이를 재무상태표에 부채로 계상하지 않아도 되고, 자산매각분을 재무상태표의 자산에서 공제할 수 있다. 따라서 총자산이익률(ROA: Return On Asset), 자기자본비율, 부채비율 등 재무지표의 개선을 기대할 수 있다.

③ 비소구금융(non-recourse financing): 자산유동화증권의 원리금 상환은 SPC에 양도된 자산으로부터의 현금흐름을 1차 재원으로 하므로 자산보유자는 그 현금흐름이 상환액에 미치지 못하더라도 원칙적으로 원리금상환의무를 지지 않는다.

④ 투자자층 확대: 자산유동화증권을 발행하여 투자자에게 매각함으로써 기관투자자뿐 아니라 개인도 소액으로 부동산투자가 가능해진다. 따라서 자산보유자의 입장에서는 재원조달을 다양화할 수 있게 된다.

한편, 자산유동화증권의 단점은 다음과 같다.

① 유동화 거래구조의 복잡: 자산유동화증권을 발행하려면 대상자산이 동질적이어야 하고, 신용보강을 해야 하는 경우도 있다. 따라서 유동화 규모가 작을 때는 상대적으로 많은 부대비용이 들 수 있다.

② 현금흐름의 불투명: 부동산을 직접 유동화하는 경우 현금화와 관련하여 불확실성이 높아 다른 자산의 유동화에 비해 어려움이 많다. 즉, 부동산에 대한 현금흐름의 불투명은 높은 후순위채 비율과 우량은행을 통한 신용보강으로 인해 발행비용이 많이 들고, 부동산경기에 따라 불규칙한 현금흐름은 취약한 발행구조를 가진다.

(5) 자산유동화증권의 현황

우리나라 경제는 1997년 말의 IMF체제로 인해 대기업의 잇따른 부도로 심각한 금융

---

[61] 김재태 외(2007), 앞의 책, pp.321~323. 참조.

위기에 처해 졌다. 이에 정부는 1998년 9월 「자산유동화에 관한 법률」(약어로 자산유동화법이라 한다)을 제정하여 금융회사 및 일반기업이 보유하고 있는 자산을 담보로 하여 유동화증권을 발행함으로써 자금을 조달할 수 있는 길을 마련하였다. 따라서 법률 제정의 기본 목적은 부동산의 유동화가 아니고 채권의 유동화로 자산보유자의 구조조정을 촉진하기 위함이었다.

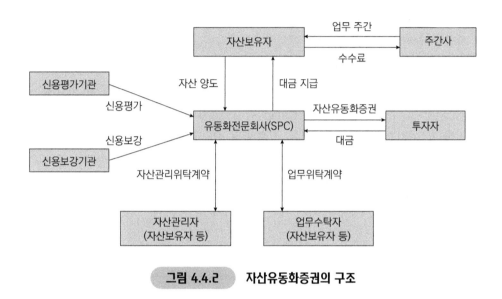

그림 4.4.ㄹ   자산유동화증권의 구조

본 법률에 의해 설립된 유동화전문회사(SPC)는 명목상의 회사로만 설립이 가능하고, 1회에 한하여 운영되는 회사이다. 자산유동화제도가 도입된 이후 자동차 할부채권, 리스채권, 부동산 담보채권, 대출채권, 카드할부채권, 유가증권 등 다양한 유형의 유동화자산을 담보로 하여 사채, 출자증권, 수익증권 등 다양한 형태의 ABS증권이 발행되고 있다.

▶ 한국도로공사가 서울외곽순환도로의 향후 3년간 통행료수입을 담보로 자산유동화증권을 발행한 뒤 투자자들에게 매각, 5,000억원의 자금을 조달할 계획이다. 이에 따라 도로공사는 3년간 서울외곽순환도로의 통행료를 징수만 한 뒤 바로 페이퍼컴퍼니에 전달, 자산유동화증권 원리금 상환에 대한 담보로 쓰게 된다. 도로공사가 자산유동화증권 원리금을 연체하지 않고 만기인 3년이 지날 경우 고속도로 관리권을 회수하고 담보로 제공했던 3년간의 통행료수입도 회수하게 된다. 미래의 매출채권을 담보로 자금을 조달하는 경우는 가끔 있었지만 고속도로 통행료 수입을 담보로 자금을 조달하는 것은 이번이 처음이다(조선일보, 2003. 9. 1.).

(6) 자산유동화증권의 사례: PF-ABS

PF-ABS(Project Financing-ABS)는 금융회사가 가진 프로젝트 파이낸싱[62]에 의한 대출채권(약어로 PF대출채권이라 한다)을 담보로 발행되는 증권을 말한다. 따라서 PF-ABS의 구조는 금융회사가 PF대출채권을 유동화중개기구에 양도하고, 유동화중개기구는 이 채권을 기초자산으로 증권을 발행하는 구조이다.

PF-ABS는 원리금 상환이 당해 프로젝트에서 나오는 수익에 기초하므로 당해 프로젝트의 수익이 부진할 경우 ABS를 매입한 투자자가 손실을 입을 수 있다. 따라서 당해 프로젝트의 시공에 참여한 건설회사의 연대보증 등 다양한 신용보강이 이루어진다.

한편, PF-ABS보다 발행이 좀 더 편리한 것이 PF-ABCP(PF-Asset Backed Commercial Paper)이다. ABCP는 자산유동화증권과 기업어음의 구조를 결합한 것으로 유동화전문회사가 자산을 담보로 발행하는 기업어음(CP)을 말하며, 자산담보부기업어음이라고도 한다. 여기서의 담보자산에는 매출채권, PF대출채권, 정기예금 등이 있다. 따라서 PF-ABCP는 기업어음의 담보자산이 프로젝트 파이낸싱에 의한 대출채권인 경우이다. ABCP는 ABS에 비해 금융감독원의 감독이나 유동화자산의 변경 등이 좀 더 자유롭다. 또한, 만기가 3개월에서 1년 이내로 짧기 때문에 만기가 되면 차환[63] 발행되는 형태를 가진다.

표 4.4.10 ABS와 ABCP의 비교

구분	ABS	ABCP
근거 법률	자산유동화에 관한 법률	상법, 어음법
담보 자산	제한 없음(대출채권, 매출채권, 회사채 등)	좌동
유동화 방법	채권(회사채) 발행	어음 발행
증권발행자	SPC, 신탁회사	SPC
증권 만기	6개월~20년 정도(주로 5년 미만)	3개월~1년 정도(주로 3개월)
장점 (공급자 입장)	장기 자금을 안정적으로 조달	• 감독기관의 발행규제가 상대적으로 느슨 • 상대적으로 저금리
단점 (공급자 입장)	• 감독기관의 발행규제가 상대적으로 엄격 • 상대적으로 고금리	만기가 단기로서 주기적 차환 발행 필요

---

[62] 프로젝트 파이낸싱은 특정한 프로젝트로부터 미래에 발생하는 현금흐름을 담보로 당해 프로젝트를 수행하는데 필요한 자금을 조달하는 금융기법을 말한다.

[63] 차환이란 빌린 돈을 갚기 위해 새로 돈을 빌리는 것

1) 증권(證券, securities): 넓은 의미로는 재산상의 권리와 의무에 관한 사항을 기재한 문서를 말하며, 법률상의 효력에 따라 유가증권(예: 채권, 선하증권, 어음), 증거증권(예: 매매계약서, 차용증서), 면책증권(예: 예금통장, 보관표), 금권(金券, 예: 화폐, 수입인지)으로 구분한다. 좁은 의미로는 유가증권을 말한다.

2) 유가증권(有價證券, securities): 넓은 의미로는 재산권을 표시한 증권을 말하며, 권리의 원활한 유통을 위해 무형의 권리를 증권의 형태로 유형화한 것이다. 유가증권은 그가 표시하는 재산권의 성질에 따라 자본증권[예: 주식(주권), 채권], 상품증권(예: 선하증권, 화물상환증), 화폐증권(예: 어음, 수표)으로 구분한다. 좁은 의미로는 자본증권을 말하며, 일반적으로 유가증권이라고 하면 자본증권을 말한다.

3) 채권(債券, bond): 자금수요자가 자금을 빌리면서 채무를 증명하기 위해 발행하는 유가증권을 말한다. 즉, 금전 차용에 따른 상대방의 채권(債權)을 증명하는 유가증권이라 할 수 있다. 채권(債券)은 발행자에 따라 국채(예: 국고채권, 국민주택채권), 지방채(예: 지방자치단체가 발행한 도시철도채권, 도시개발채권), 특수채(예: 공사채), 회사채 등으로 구분한다.

4) 채권(債權, credit): 한 사람(채권자)이 다른 사람(채무자)에 대하여 일정한 행위를 요구할 수 있는 권리를 말한다. 채권의 대표적인 발생원인은 계약이며, 그 외에도 사무관리·부당이득·불법행위에 의하여도 채권이 발생한다. 채권자, 금전채권, 주택저당채권 등으로 쓰인다.

5) 어음(bill): 발행하는 사람이 일정한 금전의 지급을 약속하거나 또는 제3자에게 그 지급을 위탁하는 유가증권을 말한다. 지급을 약속하는 증권을 약속어음이라 하고, 제3자에게 지급을 위탁하는 증권을 환어음이라 한다. 어음요건인 필요적 기재사항을 법으로 규정하여(어음법 1조·75조) 그 하나라도 기재하지 아니하면 원칙으로 무효가 된다.

6) 기업어음(CP: Commercial Paper): 보통 신용도가 높은 기업이 자금조달을 위해 발행하는 단기의 무담보어음이다. 금융회사가 이를 인수하여 일반고객에게 판매한다. 상거래에 수반되어 발행하는 상업어음과 구별된다.

2) 주택저당증권

(1) 저당대출과 주택저당증권의 개념

저당대출(mortgage loan)은 넓게는 부동산 담보대출[64]을 의미하지만, 우리나라에서는 좁게 주택을 담보로 한 대출을 의미한다. 주택에 대한 저당권을 담보로 대출해 준 금융회사는 대출금을 회수할 권리를 가지는데 이를 주택저당채권이라 하고, 이를 기초로 발행한 증권을 주택저당증권(MBS: Mortgage-Backed Securities)이라고 한다. 따라서 2차 저당시장에서 주택저당증권 발행이 전제된 1차 저당시장의 주택담보대출을 모기지론이라 한다.

주택저당증권(MBS)은 금융회사가 보유한 자산을 담보로 발행된 증권이므로 자산담보

---

64 따라서 모기지(mortgage)는 일반적으로 부동산 담보물에 설정되는 저당권 또는 이를 표방한 저당권증서를 말하며, 담보물의 내용에 따라 주택모기지, 상업모기지 등으로 구분된다.

부증권(ABS)의 일종이지만, 주택저당채권을 담보로 발행된 증권이라는 점에서 다른 자산을 담보로 발행된 ABS와 구별하여 MBS라 한다.

표 4.4.11 ABS와 MBS의 비교

구분	ABS	MBS
담보 자산	제한 없음(대출채권, 매출채권, 정기예금 등)	주택저당채권
자산보유자	금융회사, 일반기업, 공공법인 등	주택금융을 취급하는 금융회사
목적	자금조달수단의 다양화, 자산매각을 통한 재무건전성 확보 등	충분한 주택금융자금의 확보 등
증권발행자	SPC, 신탁회사	한국주택금융공사, SPC, 금융회사
발행 방법	증권화	증권화 또는 직접 매각
증권의 종류	주로 회사채	주로 수익증권
증권 만기	6개월~20년 정도이나 주로 5년 미만	6개월~30년 정도로 다양하나 주로 5년 이상

(2) 주택저당채권유동화의 개념

주택저당채권유동화란 주택자금 대출기관 등이 대출자금을 조기 회수하기 위하여 보유하고 있는 주택저당채권을 직접 투자자에게 증권발행 등을 통하여 매각하거나 중개기관에게 매각하고, 중개기관이 매입한 경우 중개기관은 유사한 다수의 대출채권을 모아서 이를 기초로 주택저당채권을 발행하여 투자자에게 매각하는 것을 말한다. 즉, 주택저당채권유동화는 주택저당채권의 현금흐름을 담보로 하여 증권을 발행, 매각하여 자본시장으로부터 자금을 확보하는 일련의 과정을 말하며 1차 주택저당채권시장에서 발행된 주택저당채권을 가공하여 2차 주택저당채권시장을 통하여 투자자에게 매각함으로써 지속적으로 충분한 주택자금을 공급할 수 있는 것이다.

(3) 주택저당채권유동화의 구조

1차 저당시장은 주택자금의 대차(貸借)가 이루어지고 저당대출채권이 형성되는 시장으로서, 대출기관(서비스제공자 포함), 차주 및 보증자로 구성된다. 또한 2차 저당시장은 저당대출채권이 직접 또는 증권의 형태로 자본시장에서 매매·유통되는 시장을 말하며, 대출기관, 채권지급보증 및 중개기관, 그리고 투자자로 구성된다.

유동화중개기관[65]은 대출기관과 자본시장을 연계시켜 2차 저당시장을 활성화하는 역할을 담당한다. 즉, 대출기관의 저당대출담보부증권을 보증하거나, 대출기관으로부터 저당대출집합을 구입한 후 이를 기초로 저당대출담보부증권을 발행하여 투자자에게 매각함으로써 신규자금을 조성하는 역할을 수행하고 있다.

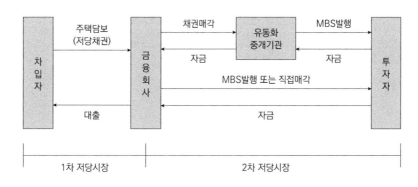

그림 4.4.3 **주택저당채권유동화의 구조**

(4) 주택저당증권의 현황

금융회사가 가진 주택저장채권을 양도받아 이를 기초로 하여 채권 및 증권을 발행하는 채권유동화회사제도를 도입하여 주택자금을 장기적·안정적으로 공급할 수 있도록 함으로써 주택금융의 기반을 확충하려는 목적에서 1999년 1월 (구)「주택저당채권유동화회사법」을 제정하였다. 이 법률에 의해 설립된 유동화중개기관은 한국주택저당채권유동화(주)(KoMoCo: Korea Mortgage Corporation)로서 주택저당채권유동화업무를 수행하였으나, 2003년 12월 제정된 「한국주택금융공사법」에 따라 한국주택금융공사가 설립(2004. 3. 1.)되면서 영업양수도 계약체결에 따라 한국주택금융공사에 승계되었다. 그 후 (구)「주택저당채권유동화회사법」은 실질적으로 사문화되어 2015년 7월 폐지되었다.

한편, <표 4.4.12>에서와 같이 2023년 말 현재 MBS 발행잔액은 156.2조원으로 1차 시장의 주택담보대출 잔액 1,064.3조원의 14.7%에 불과하다. 이처럼 주택담보대출의 유동화비율이 낮은 것은 공급측면에서 MBS의 기초자산이 주로 정책모기지에 한정되어 있고, 주택담보대출의 대부분을 차지하는 금융회사의 대출상품이 변동금리 위주로 되어 있

---

65 (구)「주택저당채권유동화회사법」에 의해 설립된 유동화중개기관은 한국주택저당채권유동화(주)(KoMoCo: Korea Mortgage Corporation)로서 주택저당채권유동화업무를 수행하였으며, 한국주택금융공사 설립(2004. 3. 1.) 이후 영업양수도 계약체결에 따라 한국주택금융공사에 승계되었다.

으며, 금융회사 입장에서 저당채권 유동화의 장점이 별로 없기 때문이다.[66] MBS시장을 활성화하기 위해서는 발행관련 제도개선, 투자기반 확대, 민간 금융회사의 주택담보대출 유동화 등이 필요하다.

표 4.4.12 주택담보대출과 주택저당증권의 현황

(단위: 조원, %)

구분	2023년	2020년	2015년	2010년	2007년
주택담보대출	1,064.3	912.2	638.3	429.3	343.8
MBS 발행잔액	156.2	142.2	83.8	21.7	9.0
MBS 발행잔액 / 주택담보대출(%)	14.7	15.6	13.1	5.1	2.6

자료: 한국은행 경제통계시스템, kmbs.hf.go.kr.

(5) 주택저당증권의 유형

금융회사가 저당채권(모기지)을 유통시장에서 매각하려고 할 때 이를 매입할 투자자가 충분치 않다. 개별 모기지의 다양한 발행조건, 채무불이행위험, 조기상환위험 등으로 인해 투자자들이 모기지 매입에 소극적인 경우가 많기 때문이다. 따라서 이를 활성화하기 위해서는 성격이 유사한 여러 모기지를 합쳐 모기지 풀(mortgage pool)을 만들어 개별 모기지의 조기상환위험 등을 분산시키고 투자자의 욕구가 충족될 수 있도록 발행구조를 적절히 변경하여 시장에 공급할 필요가 있다.

한편, 1차 저당시장의 차주(채무자)가 대출금을 조기상환하면 2차 저당시장의 MBS 발행자도 만기 전에 투자자에게 MBS를 상환하려 할 것인데 이때 투자자가 발행자의 조기상환으로부터 방어하는 것을 콜방어(call protection)라 한다.

주택저당증권은 증권의 구조와 특성(예: 채무불이행위험이나 조기상환위험의 부담자) 등에 따라 그 유형을 다양하게 분류할 수 있으며, 크게 저당이체증권, 저당담보채권, 지불이체채권, 다계층저당채권 등으로 분류하고 있다.

첫째, 저당이체증권(MPTS: mortgage pass-through security)은 금융회사로부터 모기지를 매수한 유동화중개기관이 특수목적회사(SPC)를 설립하거나 신탁계정을 설정하고 그 지분(주식 또는 수익권)으로 발행하는 증권을 말하며, 지분이전증권이라고도 한다.[67] 저

---

66 손재영·김경환 편(2023), 한국의 부동산금융: 성과와 과제, 주택도시보증공사, p.28. 참조
67 김경환·손재영(2020), 부동산 경제학(제3판), 건국대학교출판부, pp.416~417. 참조

당이체증권은 차주가 지불하는 원리금상환액이 증권발행자를 통해 바로 투자자에게 전달된다. 즉, 차주가 대출기관(또는 모기지 관리회사)에 원리금을 상환하면 그 기관은 소정의 수수료를 떼고 증권발행자에게 전달하며, 증권발행자는 소정의 수수료와 보증료를 떼고 나머지 금액을 투자자에게 지급한다. 따라서 모기지 대출이자율보다 저당이체증권의 투자수익률이 낮다. 모기지의 원리금이 매월 불입되므로 투자자는 일반적으로 매월 원리금을 받는다. 투자자가 실질적인 모기지의 소유자이며, 이로 인해 모기지의 채무불이행위험·조기상환위험도 고스란히 투자자가 떠안아야 한다. 일반적으로 저당이체증권의 만기는 원래의 모기지 만기보다 짧다.

둘째, 저당담보채권(MBB: mortgage-backed bond)은 금융회사가 직접 또는 금융회사로부터 모기지(저당채권)를 매수한 유동화중개기관이 모기지를 담보로 발행하는 채권을 말한다. 일반적인 저당담보채권은 투자자에게 정해진 금리로 만기까지 이자를 주고 만기 시 원금을 일시 지급한다. 모기지의 채무불이행위험·조기상환위험은 모두 채권발행자가 지므로 상대적으로 낮은 금리로 발행할 수 있으며, 안정된 수익을 바라는 투자자에게 적합한 상품이다. 채권발행자는 투자자에게 일정기간 또는 전체기간에 대해 콜방어를 보장한다.

셋째, 지불이체채권(MPTB: mortgage pay-through bond)은 모기지의 소유권은 발행자가 가지지만 저당지불액 수취권은 투자자에게 이전되는 채권을 말한다. 따라서 지불이체채권은 저당이체증권과 저당담보채권의 성격을 동시에 지니고 있으며, 현금흐름만 이체된다는 의미에서 현금수지채권(cash flow bond)이라고도 한다.[68] 지불이체채권은 투자자가 조기상환위험을 부담한다.

넷째, 다계층저당채권(CMO: collateralized mortgage obligation)은 저당채권의 총발행액을 몇 개의 그룹(계층)으로 배분한 후 각 그룹마다 상환우선순위·이자율 등의 발행조건을 달리하여 발행하는 채권을 말하며, 다계층증권이라고도 한다. 이때 나누어진 각 그룹을 트랜치(tranche)라 한다. 다계층저당채권도 저당이체증권과 저당담보채권의 성격을 동시에 지니고 있다. 저당이체증권처럼 차주가 지불하는 원리금상환액을 트랜치별로 직접 지급하며, 트랜치별로 만기를 달리하여 저당담보채권처럼 장기투자자들이 원하는 콜방어를 보장할 수 있다. 다계층저당채권은 다양한 만기를 가져 투자자들로부터 인기가 많다. 일반은행은 단기트랜치에, 보험회사는 중기트랜치에, 장기자금을 주로 취급하는 연기금은 장기트랜치에 투자하는 경향이 있다.[69]

---

68 안정근(2019), 현대부동산학(제6판), 양현사, p.407.

69 안정근(2019), 위의 책, p.408.

표 4.4.13　주택저당증권의 유형 비교

구분	저당이체증권 (MPTS)	저당담보채권 (MBB)	지불이체채권 (MPTB)	다계층저당채권 (CMO)
증권 발행자	유동화중개기관	유동화중개기관 또는 금융회사	유동화중개기관	유동화중개기관
증권화 방식	지분형	채권형	채권형	채권형
모기지 소유권자	투자자	발행자	발행자	발행자
저당지불액 수취권	투자자	발행자	투자자	트랜치별로 다름
조기상환위험 부담	투자자	발행자	투자자	투자자
콜방어	불가능	가능(강함)	가능(약함)	가능(보통)

한편, 한국주택금융공사의 MBS는 주로 다양한 만기의 트랜치를 갖는 다계층저당채권으로 발행하고 있다. 다계층저당채권방식의 MBS는 금융회사가 취급한 보금자리론, 내집마련 디딤돌대출, 적격대출[70] 등의 저당채권을 한국주택금융공사가 양수하여 자기신탁[71]을 설정한 후 신탁에서 수익증권을 발행하는 구조인데, 그 특성은 트랜치별로 순차적인 만기가 정해져 있고, 장기트랜치(예: 만기 7년 이상인 경우)에는 콜방어를 부여하며, 기초자산에서 발생한 현금흐름이 투자자에게 지급되는 지불이체(pay-through)방식이다.

➡ 커버드본드(covered bond): 금융회사가 중장기자금조달을 위해 주택저당채권, 선박대출채권, 공공부문 채권 등을 담보로 발행하는 채권을 말한다. 주택저당채권만을 담보로 하여 발행하는 저당담보채권(MBB)의 확장된 개념이다. 자산유동화증권(ABS)의 성격이 있지만 ABS보다 안전성이 높아 조달 금리를 낮출 수 있는 장점이 있다. 투자자는 채권을 발행한 금융회사에 1차로 상환을 요구할 수 있으며, 금융회사가 파산하면 담보로 제공된 주택저당채권 등의 담보자산을 통해 우선변제를 받을 권리를 갖는다. 이처럼 이중으로 채권을 상환받을 권리가 보장된다는 점에서 커버드본드라는 이름이 붙었으며, 이중상환청구권부 채권이라고도 한다. 한편, 커버드본드의 미상환잔액은 해당 금융회사의 부채로 재무상태표에 기재된다. 자산유동화증권이 재무상태표에 기재되지 않아 그림자금융으로 불리는 것과 차이점이다.

70　적격대출은 한국주택금융공사와 은행 간 업무협약에 의해 은행이 대출취급 후 공사로 양도 가능한 유동화목적의 대출상품이다. 따라서 기본적으로 장기, 고정금리, 원금(또는 원리금)분할상환의 구조를 가진다.

71　신탁자와 수탁자가 동일한 신탁을 말한다.

(6) 주택저당증권의 효과

주택저당채권유동화제도를 도입하여 얻을 수 있는 효과를 요약하면 다음과 같다.

첫째, 주택금융이 확대 공급됨으로써 주택건설이 촉진된다는 것이다. 주택건설이 촉진되면, 국민들은 주택수요를 충족시켜 주거안정을 꾀할 수 있게 되고, 자본시장과 주택금융시장의 연계를 통하여 비 주택부분의 여유자금을 주택금융시장으로 유도하여 활용할 수 있게 될 것이다.

둘째, 소비자입장에서 대출한도를 확대시켜주는 효과가 있다. 금융회사의 자금조성에 있어서 도매금융의 확대로 조성금리를 낮출 수 있고 이에 따라 주택자금 대출금리의 하락을 도모할 수 있으며, 이는 결국 대출한도를 확대시켜주는 효과가 있다. 즉, 앞으로는 선진국과 같이 주택구입자가 집값의 20%의 비용만 부담하고 나머지는 금융회사로부터 대출 받아 장기간에 걸쳐 비교적 낮은 이자율로 상환할 수 있게 될 것이다.

셋째, 경제정책의 효율성 측면에서 보면, 투자자들은 비교적 안전한 주택저당채권이라는 새로운 금융상품에 투자할 수 있는 기회를 얻게 되어 투자상품의 다양화가 가능하게 될 것이며, 우리나라 자본시장이 보다 발전할 수 있는 계기가 될 것이다.

넷째, 주택저당채권유동화제도로 인해 주택금융회사가 조성한 자금을 안정적으로 장기 주택자금으로 사용할 수 있으며, 새로운 재원조달수단의 기능을 한다. 따라서 이는 주택자금의 조성을 확대하고 주택금융 공급규모를 확대시킬 수 있을 것이다.

다섯째, 주택자금대출기관은 주택저당대출을 중개기관에 매도함으로써 주택자금대출기관의 BIS 자기자본비율을 제고시킬 수 있게 된다.

▶ BIS 자기자본비율: BIS(Bank for International Settlement: 국제결제은행, 스위스 바젤소재) 산하의 바젤위원회가 정한 은행의 위험자산(부실채권) 대비 자기자본비율로 자기자본비율＝(자기자본/위험가중자산) × 100으로 산출한다. 여기서 위험가중자산은 빌려준 돈을 위험정도에 따라 다시 계산한 것으로 위험이 높을수록 가중치를 높게 적용한다. 1988년 7월 각국 은행의 건전성과 안정성 확보를 위해 최소 자기자본비율에 대한 국제적 기준을 마련하였는데, 적용대상은행은 위험자산에 대하여 최소 8% 이상의 자기자본을 유지하도록 하였다. BIS 자기자본비율은 은행의 청산능력을 평가하는데 사용된다. 또한, 한 국가의 은행부문 전체 BIS 자기자본비율을 산출하여 그 국가의 금융시장 안정성을 평가하는데도 활용된다. 우리나라는 1993년에 이 제도를 도입한 뒤 1995년 연말부터는 BIS 자기자본비율을 8% 이상 유지하도록 의무화하였다. 은행들의 위험자산 관리실패는 1997년 외환위기 발생의 주요 원인 중 하나라 할 수 있다.
한편, 종전의 BIS자기자본규제제도(바젤 I)보다 은행의 자율권을 더 많이 보장한 신BIS자기자본규제제도(신BIS협약 또는 바젤 II)를 2004년 6월 확정하였다. 바젤 II 는 은행 보유자산을 시장리스크 대상과

신용리스 대상으로 구분하고 각각에 대해 별도의 기준에 의해 필요자기자본규모를 산정토록 했으며, 시장리스크에 대하여도 자기자본을 보유토록 함에 따라 일정조건을 충족하는 단기 후순위채를 자기자본으로 추가 인정하였다. 그러나 sub-prime mortgage 부실에서 비롯된 2008년의 미국 금융위기에서 바젤Ⅱ가 무의미했다는 비판이 있다. 바젤Ⅱ는 은행이 보유한 자산의 부실을 평가해 그에 맞는 자기자본을 요구하는 규제로서, 자산의 부실화 위험만 고려하고 부채의 안정성(→ 은행이 빌린 돈에 대해 채권자가 갑자기 상환 요청을 할 위험)은 고려하지 않고 있기 때문이다. 은행이 부실해지자 은행에 대한 채권자들의 자금상환 요청이 쇄도하여 결국 파산 또는 합병되거나 공적자금 지원을 받게 되었다. 이에 따라 바젤위원회는 2010년 9월 자본의 적정성 규제를 대폭 강화하는 한편, 별도로 유동성 및 레버리지 규제를 도입한 바젤Ⅲ를 발표하였다. 바젤Ⅲ는 보통주자본비율: 7.0%, 기본자본비율: 8.5%, 총자본비율: 10.5% 이상을 요구하고 있다. 우리나라는 바젤Ⅱ를 2008년부터 도입하였고, 바젤Ⅲ는 2013년 12월부터 시행하고 있다.

3) 상업용저당증권

저당대출(mortgage loan)은 넓게는 부동산 담보대출을 의미하지만, 우리나라에서는 좁은 의미로 주택을 담보로 한 대출로 보고 있다. 따라서 주택저당채권을 기초로 발행한 증권을 주택저당증권(MBS)이라 부르고 있다. 그런데 부동산 담보대출의 담보물로는 주택 이외에도 상가건물이나 토지도 있다. 여기서 상업용이나 업무용부동산을 담보로 빌려준 대출채권을 기초자산으로 발행한 증권을 상업용저당증권(CMBS: Commercial Mortgage-Backed Securities)이라 한다.

상업용부동산의 담보대출은 건별 대출금이 주택담보대출에 비해 많은 경우가 많고, 소유자의 임대료 수입이 원리금상환의 재원이 되는 특성이 있다. 여기서 상업용저당증권(CMBS)과 주택저당증권(MBS)을 비교하면 다음의 표와 같다.

표 4.4.14 **CMBS와 MBS의 비교**

구분		CMBS	MBS
기초자산		상업용부동산의 저당채권	주택의 저당채권
기초자산 특성	대출금	건별 대출금이 상대적으로 많음	건별 대출금이 상대적으로 적음
	차주의 수	상대적으로 소수	상대적으로 다수
유동화자산의 수		상대적으로 소수	상대적으로 다수
주요 상환 재원		담보물의 임대료 수입	차주의 소득
신용보강		공적기관 보증 없음	공적기관이 보증함
조기상환 위험		상대적으로 작음	상대적으로 큼

4) 디지털 자산유동화증권

(1) 디지털 자산유동화증권의 개념

디지털 자산유동화증권(DABS: Digital Asset-Backed Securities, 약어로 댑스라 한다)은 블록체인 기술을 활용하여 전자증권의 형태로 발행되는 자산유동화증권을 말한다. 여기서 블록체인(block chain)은 ① 일정 시간 동안 발생한 모든 거래정보를 블록(block) 단위로 기록하여, ② 모든 구성원들에게 전송하고, ③ 블록의 유효성이 확보될 경우 새 블록을 기존의 블록에 추가 연결(chain)하여 보관하는 방식의 장부를 말한다. 즉, 거래정보를 기록한 원장 데이터를 중앙 서버가 아닌 블록체인 참가자(Node)들이 공동으로 기록·관리하는 분산원장 기술(DLT: Distributed Ledger Technology)에 의해 만들어진 장부를 말한다.[72] 디지털화된 분산원장은 시스템 참가자간 신뢰 확보가 가능하고, 탈중앙화에 따른 공인기관에 대한 수수료 절감, 해킹 등에 대비하기 위한 보안비용 절감 등의 효과가 있다.[73]

블록체인 기술이 발전함에 따라 자산을 증권화하여 거래하는 증권형 토큰 발행(STO: Security Token Offering)에 대한 관심이 증가하였다. 블록체인 기반 자산 토큰화는 유·무형의 자산을 블록체인 네트워크상에서 저장·거래 및 결제될 수 있도록 전환하는 과정을 통칭하는 말이다.

DABS는 구체적으로 부동산·미술품·지식재산권 등 실물자산의 소유권이나 그 밖에 재산적 가치가 있는 권리를 분할하여 발행한 수익증권을 블록체인상 디지털 증권으로 유동화한 것이다. 증권형 토큰 소유자는 토큰에 연동된 자산에 대한 소유권을 가지며, 발행주체가 창출하는 수익에 대한 배당청구 및 의사결정 권리를 가진다. DABS에 투자하는 경우 자산을 조각으로 쪼개어 분할 투자한다는 의미에서 '조각투자'라고 부른다.

(2) 부동산 DABS의 성장과정

금융위원회는 2019년 5월 '디지털 부동산 수익증권 유통 플랫폼'을, 그해 12월에는 '분산원장 기반 부동산 유동화 유통 플랫폼 서비스'를 각각 혁신금융서비스로 지정하였으며, 그 이후에도 다수의 블록체인 기반 부동산 수익증권 거래 플랫폼을 혁신금융서비스로 지

---

72 송완영(2021), "블록체인 활용 부동산자산 유동화 개요 및 시사점", 주택금융리서치 제23호, 한국주택금융공사, pp.10~19.

73 금융회사는 돈은 매개로 돈이 필요한 사람, 투자가 필요한 사람, 결제가 필요한 사람 등을 연결해주는 증개 기능이 핵심적인 기능인데, 블록체인 기술은 금융회사를 통하지 않고 금융 이용자끼리 직접 거래할 수 있는 시스템을 만들고 있다.

정하였다.[74] 이는 블록체인의 분산원장 기술을 활용하여 부동산 처분신탁 수익증권을 전자등록 방식으로 발행한 후 일반투자자에게 유통하는 서비스이다. 여기서 부동산 DABS 거래 플랫폼은 블록체인 기술기반의 DABS를 발행 및 유통하는 플랫폼 서비스라 할 수 있다.

혁신금융서비스의 지정은 2018년 12월 제정된 「금융혁신지원 특별법」(약어로 금융혁신법이라 한다)에서 도입된 제도로 이 지정을 받으면 금융관련법령의 적용에 있어 특례를 받을 수 있다. 「자본시장법」에 의하면 ① 신탁업자는 금전신탁계약에 의한 수익증권만 발행할 수 있고(제110조 ①), ② 금융투자업인가를 받지 아니하고는 금융투자업(투자자문업, 투자일임업 및 일반 사모집합투자업은 제외)을 영위할 수 없고(제11조), ③ 거래소허가를 받지 않고는 금융투자상품시장을 개설하거나 운영할 수 없다(제373조). 그런데 블록체인 기반 부동산 수익증권 거래 플랫폼이 금융위원회로부터 혁신금융서비스 지정을 받음으로써 ① 신탁업자가 부동산신탁계약에 의한 수익증권을 발행할 수 있고, ② 투자중개업자가 아닌 자가 거래 플랫폼을 통해 수익증권의 공모주선·매출중개를 할 수 있으며, ③ 거래소허가를 받지 않은 자가 거래시장을 개설할 수 있게 되었다.

(3) 부동산 DABS의 구조

부동산 DABS의 거래구조를 살펴보면 다음과 같다. ① 부동산 소유자(위탁자)가 신탁회사에 처분신탁을 의뢰하면서 소유권을 신탁회사에 이전하면, ② 신탁회사는 소유권을 단위별로 쪼개어 해당 지분만큼의 DABS를 발행하고 증권거래 플랫폼에게 판매·유통을 의뢰하고, ③ 증권거래 플랫폼이 공모를 통해 투자자를 모집하면 투자자가 이를 매수한다. ④ 증권거래 플랫폼은 투자자로부터 받은 대금을 신탁회사로 지급하고, 신탁회사는 수익증권에 대한 반환청구권을 표시하는 전자증서를 투자자에게 교부한다. ⑤ 신탁회사는 증권거래 플랫폼으로부터 받은 대금을 당초 부동산 소유자에게 지급하며, ⑥ 신탁회사는 해당 부동산을 운용하여 그 수익을 투자자에게 배당하고, 투자자는 증권거래 플랫폼이 설립한 자체 증권거래소를 통해 수익증권을 매각하여 환가할 수 있다.

부동산 DABS에 투자하는 경우 수익은 매기의 임대수익, 부동산 양도시 양도차익, DABS 양도시 시세차익이 있다. 이 경우 투자자가 얻는 수익에 대한 과세는 배당소득세로서 수익의 15.4%를 원천징수한다.

---

74 금융위원회 보도자료 2019. 05. 02.; 2019. 12. 19.; 2021. 05. 26. 등 참조

(4) 부동산 DABS의 현황

우리나라에서 부동산 DABS의 첫 사례는 카사코리아(KASA KOREA)가 거래 플랫폼으로서 상업용 건물인 '역삼 런던빌'을 대상으로 발행한 증권이다. 이 상품은 2019년 금융위원회로부터 혁신금융서비스로 지정받은 후 2020년 9월 디지털 부동산 수익증권 거래서비스 '카사' 모바일 어플리케이션을 출시하였고, 2020년 11월 25일부터 12월 4일까지 공모를 하였으며(공모총액: 101억 8천만원), 12월 18일 플랫폼 상장을 완료하였다. 그 후 2022년 6월 이 빌딩을 117억원에 매각하여 청산하였는데, 공모참여자 기준 배당수익률은 14.76%(정기 배당수익 포함, 각종 비용 및 수수료 차감 후, 세전)이었다.[75]

부동산 DABS가 등장한 이후 부동산간접투자 상품으로 부동산펀드, 부동산투자회사(REITs) 등과 함께 성장하고 있다.

표 4.4.15 **부동산간접투자 상품의 비교**

구분	부동산 DABS	부동산펀드	부동산투자회사
근거 법률	금융혁신법 (자본시장법·신탁법)	자본시장법	부동산투자회사법
소관 부처	금융위원회	금융위원회	국토교통부
법적 형식	신탁형	신탁형·회사형·조합형	회사형(주식회사)
설정·설립	혁신금융서비스 지정	금융위원회 등록[76]	국토교통부 영업인가·등록
증권 유형	수익증권	수익증권·지분증권	지분증권
증권 발행	증권신고서 제출	증권신고서 제출	증권신고서 제출[77]
	전자증권(분산원장 활용)	전자증권(중앙 서버 활용)	좌동
증권 판매	증권거래 플랫폼	판매회사 (투자매매업자·투자중개업자)	좌동
의결 구조	수익자총회	수익자총회·주주총회· 조합원총회	주주총회

---

75 한국경제신문, 2022. 06. 21. 기사 참조

76 「자본시장법」 제182조

77 「부동산투자회사법 시행규칙」 제2조 및 「자본시장법」 제119조 ①

구분	부동산 DABS	부동산펀드	부동산투자회사
재산(자산) 운용자	신탁회사	집합투자업자	• 자기관리REITs: 직접 • 위탁관리·CR-REITs: 자산 　관리회사
자산 운용	특정 부동산 매입	부동산 등에 50% 이상 투자	부동산에 70% 이상 투자
자금 차입	불가 (투자금 100% 공모)	원칙적 금지 (예외: 순자산의 10% 이내)	자기자본의 2배 이내 (예외: 주주총회 특별결의시 10배 이내)
투자금 규모	주로 중소형	주로 중대형	주로 대형
중도 환매	자체 증권거래소를 통해 환매 가능	주로 폐쇄형 (폐쇄형은 중도 환매 불가)	상장 REITs의 경우 한국거래소 를 통해 환매 가능
투자자에 대한 과세	개인: 배당소득세 원천징수	좌동	좌동

제4절 | 부동산간접투자

1 부동산간접투자의 의의

1) 간접투자와 간접투자기구

일반적으로 간접투자는 '투자자가 직접 투자자산을 매입하지 않고 투자전문가에서 금전이나 그 밖의 재산적 가치가 있는 것의 운용을 맡기는 것'을 말한다. 또한, 간접투자기구란 '간접투자를 수행하기 위한 기구'를 말한다.

한편, (구)「간접투자자산 운용업법」(약어로 간접투자법이라 한다)은 간접투자를 '투자자로부터 자금 등을 모아서 투자증권·장내파생상품 또는 장외파생상품·부동산·실물자산 등에 운용하고 그 결과를 투자자에게 귀속시키는 것'으로 규정했다. (구)「간접투자법」상 간접투자기구는 투자신탁형이나 투자회사형으로 설립할 수 있었다. 구체적으로 부동산간접투자기구는 처음에는 투자신탁형으로만 설립이 가능했지만, 2004. 10. 개정을 통해 투자회사형 부동산간접투자기구를 도입하여 다양한 투자수단을 제공하였다. 따라서 투자회사형 부동산간접투자기구가 인정됨으로써 기존의 부동산투자회사(REITs)와 경쟁하게 되었다.

2) 「자본시장법」의 제정

(1) 「자본시장법」의 입법취지

그동안 자본시장의 자금중개기능이 부진하고, 자본시장 관련 금융산업의 발전이 미흡하다는 지적이 있어 자본시장의 규제를 개혁하고 투자자의 보호를 강화하고자 자본시장 관련 6개 법률을 단일 법률로 통합한 「자본시장과 금융투자업에 관한 법률」(약어로 자본시장법이라 한다)을 2007. 8. 3. 제정(시행일: 2009. 2. 4)하였다. 이에 따라 종전의 「증권거래법」・「선물거래법」・「간접투자자산 운용업법」・「신탁업법」・「종합금융회사에 관한 법률」 및 「한국증권선물거래소법」이 폐지되었다.

(2) 「자본시장법」의 주요내용

① 금융투자상품의 규정 방식을 열거주의에서 포괄주의로 전환(법 제3조부터 제5조까지): 금융투자업자가 개발・판매할 수 있는 금융투자상품을 원본손실이 발생할 가능성(투자성)이 있는 금융상품으로 포괄적으로 정의하고, 금융투자상품을 증권 및 파생상품으로 구분
② 금융업의 제도적 틀을 금융회사 중심에서 금융기능 중심으로 재편(법 제6조부터 제8조까지, 제10조 제1항, 제2편 및 제5편): 기존 자본시장 관련 법률에서 규정하고 있는 금융업을 기능별로 재분류하여 금융투자업을 4개의 인가업무(투자매매업・투자중개업・집합투자업・신탁업)와 2개의 등록업무(투자일임업・투자자문업)로 나누어 총 6개의 금융투자업으로 구분하고, 모든 금융투자업에 공통으로 적용되는 규제와 각 금융투자업의 업종별 특성에 따른 규제로 나누어 규정
③ 투자자 보호체계의 선진화(법 제9조제5항・제6항 및 제46조부터 제50조까지): 투자위험 감수능력을 기준으로 투자자를 일반투자자와 전문투자자로 구분하여 일반투자자에 대하여 투자권유를 하는 경우에는 설명의무, 적합성의무 등을 부과하여 투자자 보호를 강화하고, 전문투자자에 대하여는 보호수준을 완화
④ 6개 금융투자업의 복수업무 영위 허용(법 제12조부터 제21조까지): 6개 금융투자업 (투자매매업・투자중개업・집합투자업・신탁업・투자일임업・투자자문업)의 복수업무 영위를 허용하고, 금융투자업을 하려는 자는 원하는 업무를 선택하여 인가를 받거나

등록을 한 후 영업할 수 있도록 하되, 인가를 받거나 등록을 하고자 하는 자는 자기자본, 인력 및 물적 설비, 대주주의 재무상태 등에 관한 요건을 갖추도록 함.

표 4.4.16   통합 후 금융업의 체계

통합 전: 금융회사 중심		통합 후: 금융기능 중심		
금융업		금융업	정의	전업단위
(방카슈랑스)	보험업	보험계약 체결·이행업	보험계약의 체결(인수)과 계약상의 의무를 이행하는 업무	보험업 (종전 동일)
은행업	상호저축 은행업	여수신업	예금계약을 통해 금전을 수취하여 지급보증 등 신용계약을 체결하고 금전을 지급하는 업무	은행업 (종전 동일)
	신협			
	(어음관리 계좌)			
(채권인수)	선물업 종금업	① 투자매매업	자기계산으로 금융투자상품을 매매하는 업무	금융투자업
은행, 보험사, 자산운용사 (펀드판매)				
증권업		② 투자중개업	타인계산으로 금융투자상품을 매매하는 업무	
은행		③ 집합투자업	집합투자를 영업으로 하는 업무	
보험사				
부동산·선박투자 회사 등				
자산 운용업	투자일임업	④ 투자일임업	투자자로부터 투자판단의 전부 또는 일부를 일임받아 그 자를 위하여 투자하는 업무	
	투자자문업	⑤ 투자자문업	투자자를 위하여 투자판단에 관하여 자문을 하는 업무	
은행, 증권, 보험사	신탁업	⑥ 신탁업	특정 수익자의 이익을 위하여 투자자의 특정의 재산권을 관리·처분하는 업무	

자료: (구)재정경제부

⑤ 집합투자재산을 운용하는 법적 기구(집합투자기구)의 형태 다양화(법 제181조부터 제282조까지): 집합투자업자가 투자자로부터 모은 집합투자재산을 종전의 투자신탁 및 투자회사 외에 투자유한회사(상법상 유한회사)·투자합자회사(상법상 합자회사)·투자조합(민법상 조합)·투자익명조합(상법상 익명조합)·사모투자전문회사 방식으로 운용할 수 있도록 허용

⑥ 집합투자기구의 투자대상 확대 및 종류별 투자대상 제한 폐지(법 제3조 및 제229조): 집합투자 대상자산을 열거하지 않고 재산적 가치가 있는 모든 재산을 집합투자 대상자산으로 하며, 집합투자기구(펀드)를 주요 투자대상 자산(펀드자산의 50% 초과 투자자산)을 기준으로 증권펀드·부동산펀드·특별자산펀드[78]·혼합자산펀드[79]·단기금융펀드(MMF : Money Market Fund)로 구분하고 단기금융펀드를 제외 한 펀드의 투자대상 자산 제한을 폐지

여기서 (구)「간접투자자산 운용업법」과 「자본시장법」(제정당시 기준)의 주요내용을 비교하면 다음과 같다.

표 4.4.17 **(구)「간접투자자산 운용업법」과 「자본시장법」의 비교**

구분	(구)「간접투자자산 운용업법」	「자본시장법」(제정당시 기준)
개념	간접투자	집합투자
법적 형태	2종류: 투자신탁·투자회사	7종류: 투자신탁·투자회사·투자유한회사·투자합자회사·투자조합·투자익명조합·사모투자전문회사
투자신탁형 설정	금융위원회 보고(법 제29조)	금융위원회 등록(법 제182조)
1인 단독 펀드	가능	불가능(2인 이상 가능)
투자대상자산	열거주의	포괄주의(재산적 가치가 있는 자산)

---

[78] 집합투자재산의 50%를 초과하여 특별자산(증권 및 부동산을 제외한 투자대상자산을 말한다)에 투자하는 집합투자기구를 말한다. 특별자산에는 금·곡물·석유 등 실물자산과 사모투자펀드(PEF ; Private Equite Fund)지분·금융회사의 금전채권·신탁수익권·(영화 등) 특정사업으로부터 발생하는 수익권 등이 포함된다.

[79] 집합투자재산을 운용함에 있어서 주요 투자대상자산을 특정하지 않고 어떤 자산에나 자유롭게 운용할 수 있는 집합투자기구를 말한다.

구분	(구)「간접투자자산 운용업법」	「자본시장법」(제정당시 기준)
펀드 종류	7종류: 증권·파생상품·부동산·실물·단기 금융·재·대통령령이 정하는 펀드	5종류: 증권·부동산·특별자산·혼합자산· 단기금융펀드
부동산투자가능 펀드	부동산펀드	증권·부동산·특별자산·혼합자산펀드
부동산펀드의 부동산개발사업 투자	자산 총액의 30% 이내에서 허용 (법 제88조)	제한 없음 (해석상 집합투자재산의 50% 이상 가능)

3) 부동산집합투자와 부동산집합투자기구

(1) 집합투자와 부동산집합투자

「자본시장법」에서 집합투자란 ① 2인 이상의 투자자로부터 모은, ② 금전이나 그 밖의 재산적 가치가 있는 것을, ③ 투자자로부터 일상적인 운용지시를 받지 아니하면서, ④ 재산적 가치가 있는 투자대상자산을, ⑤ 취득·처분, 그 밖의 방법으로 운용하고, ⑥ 그 결과를 투자자에게 배분하여 귀속시키는 것을 말한다.

기존의 간접투자 개념은 다수 투자자의 자금을 집합한다는 본질적 특성 및 국제기준 (CIS: Collective Investment Scheme)과 달리 1인 단독 펀드도 포함하고 있고, 투자자가 자산의 운용권을 행사할 수 있는지 여부가 명시되지 않아 투자일임업 및 신탁업 등과의 관계가 모호했다. 따라서 기존의 간접투자 개념에서 ① 2인 이상으로부터 금전 등을 모을 것, ② 투자자로부터 일상적인 운용지시를 받지 아니하면서 운용할 것을 구체적으로 추가하였다. 이를 통해 간접투자의 개념에서 1인 사모펀드를 제외하고, 간접투자시 투자자가 일상적인 운용권을 갖지 않음을 명시하였다(1인 사모펀드가 제외됨에 따라 신규 또는 추가 설정분은 투자일임업 또는 신탁업으로 영위 가능). 한편, 간접투자라는 용어가 직접투자가 아닌 모든 투자를 포괄하는 것으로 오해될 소지가 있어(투자자가 간접적으로 투자하는 투자일임업 또는 신탁업 등도 간접투자로 오해될 수 있어 혼란이 발생), 명칭을 집합투자로 변경하였다. 이는 다수의 투자자로부터 자금을 집합(pooling)하여 운용한 후 그 손익을 투자자에게 귀속시킨다는 개념에 부합하고, 외국의 입법례에서 일반적으로 사용하는 용어 (CIS: Collective Investment Scheme)와도 가장 부합하는 것이다.[80]

한편, 집합투자의 투자대상에는 부동산, 증권, 단기금융상품 등 다양하다. 여기서 부동

---

80 재정경제부(2006), 「자본시장과 금융투자업에 관한 법률 제정안」 설명자료, 2006. 6. 30.

산집합투자란 2인 이상의 투자자로부터 모은 금전 등의 50%를 초과하여 부동산(부동산을 기초자산으로 한 파생상품, 부동산 개발과 관련된 법인에 대한 대출, 그 밖에 부동산개발·관리·임대 등의 방법으로 부동산 및 부동산과 관련된 증권에 투자하는 경우를 포함한다)에 투자하는 것을 말한다.

(2) 집합투자기구와 부동산집합투자기구

「자본시장법」에서 집합투자기구란 '집합투자를 수행하기 위한 기구'를 말하며, 집합투자기구의 법적 형태는 크게 신탁형·회사형·조합형으로 구분할 수 있다. 세부적으로 회사형에는 투자회사·투자유한회사·투자합자회사·투자유한책임회사가 있고, 조합형에는 투자합자조합[81]·투자익명조합이 있다. 또한, 집합투자재산의 주요 운용대상에 따라 증권집합투자기구·부동산집합투자기구·특별자산집합투자기구[82]·혼합자산집합투자기구[83]·단기금융집합투자기구로 구분할 수 있다. 법령에서 명칭을 '집합투자회사'가 아닌 '집합투자기구'로 한 것은 법적 형태가 회사 이외에 조합이나 신탁의 구조도 있기 때문이다.

여기서 집합투자기구의 업무수행에 관한 주요 내용을 정리하면 다음과 같다(법 182·184). ① 투자신탁이나 투자익명조합의 집합투자업자 또는 투자회사·투자유한회사·투자합자회사·투자유한책임회사 및 투자합자조합(약어로 투자회사등이라 한다)은 집합투자기구가 설정·설립된 경우 그 집합투자기구를 금융위원회에 등록하여야 한다. ② 투자신탁재산 또는 투자익명조합재산의 운용업무는 그 투자신탁 또는 투자익명조합의 집합투자업자가 이를 수행하며, 투자회사등의 집합투자재산 운용업무는 그 투자회사등의 법인이사[84]·업무집행사원·업무집행자 또는 업무집행조합원[85]인 집합투자업자가 이를 수행한다. ③ 투자신탁이나 투자익명조합의 집합투자업자 또는 투자회사등은 집합투자재산

---

[81] 종전의 투자조합을 2013. 5, 개정시 투자합자조합으로 변경하였다. 투자조합은 「민법」에 근거하지만 투자합자조합은 「상법」에 근거한다(제9조 ⑱). 본래 「민법」상 조합은 「상법」상 익명조합과 같이 계약의 하나로서 법적 실체로서 인정할 수 없으나, 「상법」상 합자조합은 법적 실체가 인정된다. 따라서 등기가 필요하다(상법 제86조의4).

[82] 집합투자재산의 50%를 초과하여 특별자산(증권 및 부동산을 제외한 투자대상자산을 말한다)에 투자하는 집합투자기구를 말한다. 특별자산에는 금·곡물·석유 등 실물자산과 사모투자펀드(PEF: Private Equite Fund)지분·금융회사의 금전채권·신탁수익권·(영화 등) 특정사업으로부터 발생하는 수익권 등이 포함된다.

[83] 집합투자재산을 운용함에 있어서 주요 투자대상자산을 특정하지 않고 어떤 자산에나 자유롭게 운용할 수 있는 집합투자기구를 말한다.

[84] 집합투자업자인 이사를 말한다(법 제197조·제209조).

[85] 투자합자조합에 있어 투자합자조합의 채무에 대하여 무한책임을 지는 집합투자업자를 말한다(법 제219조).

의 보관·관리업무를 신탁업자에게 위탁하여야 한다. ④ 집합투자업자는 자신이 운용하는 집합투자재산을 보관·관리하는 신탁업자가 되어서는 아니 된다. ⑤ 투자회사등은 상근임원 또는 직원을 둘 수 없으며, 본점 외의 영업소를 설치할 수 없다. 즉, 명목회사이어야 한다.

한편, 부동산집합투자기구는 집합투자재산의 운용대상이 부동산인 집합투자기구를 말한다. 즉, 집합투자재산의 50%를 초과하여 부동산(부동산을 기초자산으로 한 파생상품, 부동산 개발과 관련된 법인에 대한 대출, 그 밖에 부동산개발·관리·임대 등의 방법으로 부동산 및 부동산과 관련된 증권에 투자하는 경우를 포함한다)에 투자하는 집합투자기구를 말한다(제229조).

4) 관련 용어의 구별

일반적으로 투자자로부터 모은 자금을 집합(pooling)하여 이를 전문적인 제3자가 각종 자산에 투자·운용하고 그 성과를 투자자에게 배분하는 상품을 투자펀드 또는 펀드(Fund)라고 한다. 원래 펀드는 투자자로부터 모은 기금을 가리키는 말이나 요즘은 자산보유자 대신 투자를 대행해 주는 금융상품의 뜻으로도 쓰인다. 그런데 우리나라에서는 간접투자기구 또는 집합투자기구 그 자체를 펀드라고 부르고 있다. 이는 간접투자기구 또는 집합투자기구를 그 자체로 투자 상품으로 보기 때문이다.

펀드는 투자하는 주요 자산의 종류에 따라 증권펀드·부동산펀드·특별자산펀드 등으로 구분한다. 따라서 부동산펀드는 다수의 투자자로부터 자금을 모아 전문적인 제3자가 주로 부동산이나 부동산관련분야에 운용한 후 그 손익을 투자자에게 배분하는 상품을 말한다. 따라서 우리나라에서 부동산펀드(REF: Real Estate Fund)라 함은 부동산집합투자기구를 말한다.

한편, 넓은 의미의 부동산펀드에는 부동산집합투자기구 이외에 REITs 등을 포함한다. 일반적으로 외국에서는 부동산펀드를 넓은 의미로 해석하고, 그 대표적 상품으로 REITs를 들고 있다. 미국의 경우 REITs의 법적 형태는 회사형·조합형·신탁형 등 다양하나, 우리나라의 REITs는 주식회사만 가능하여 차이가 있다. 따라서 미국의 REITs는 부동산투자신탁으로 번역하는 것이 더 타당하며, 우리나라의 부동산집합투자기구에 더 가깝다고 할 수 있다.

5) 우리나라의 간접투자기구

우리나라에서 부동산집합투자기구와 부동산투자회사(REITs)는 간접투자기구라는 공통점이 있다. 이 외에도 「기업구조조정투자회사법」(약어로 구조조정회사법이라 한다)에 의한 기업구조조정투자회사, 「선박투자회사법」에 의한 선박투자회사, 「조세특례제한법」에 의한 프로젝트금융투자회사 등도 간접투자기구에 포함된다.

② 부동산펀드

1) 부동산펀드의 의의

(1) 부동산펀드의 개념

부동산펀드는 다수의 투자자로부터 자금을 모아 전문적인 제3자가 부동산이나 부동산 관련분야에 운용한 후 그 손익을 투자자에게 배분하는 상품을 말한다. 「자본시장법」에서는 부동산집합투자기구 그 자체를 부동산펀드라 한다.

(2) 부동산펀드의 변화

부동산간접투자제도에 관한 효시는 외환위기 직후인 1998년 4월 (구)「신탁업법시행령」을 전부개정하면서 도입된 부동산투자신탁제도라 할 수 있다. 당시 신탁자금의 운용방법으로 유가증권의 매입과 대출 이외에 부동산의 매입 및 개발 등을 추가로 허용하였다. 이에 따른 첫 부동산투자신탁상품은 2000년 7월 국민은행이 판매한 '빅맨 부동산투자신탁 1호' 였다.

2003. 10. (구)「간접투자법」이 제정되면서 (구)「신탁업법」에 의한 부동산투자신탁은 부동산간접투자기구로 통합·개편되었다. 그 후 2007. 8. 자본시장 관련 6개 법률을 통합한 「자본시장법」이 제정되면서 종전 간접투자의 용어를 집합투자로 명칭 변경했다.

▷ 국내에서 처음 선보인 부동산투자신탁 상품이 판매 시작 2분만에 다 팔리는 진기록을 세웠다. 국민은행은 24일(2000. 09)오전 9시 30분부터 판매가 시작된 '빅맨 부동산투자신탁 1호' 상품이 판매 개시 후 2분만에 모집금액 1백30억원을 채웠다고 밝혔다. 부동산투자신탁은 다수 투자자들로부터 모은 자금을 가지고 부동산을 매입 또는 개발하거나 부동산 관련 사업에 대출하는 등의 방법으로 투자하고 그 수익금을 투자자에게 되돌려 주는 금전신탁 상품이다. 이날 국민은행이 국내에서 처음으로 판매했다. 은행 관계자는 "이 상품에서 투자할 곳이 확실하게 정해진데다 은행의 예금상품보다는 4-5%포인트 수익을 더 올릴 것으로 기대돼 모집이 순식간에 끝났다"고 말했다(한국경제신문, 2000. 07. 25).

---

(3) 부동산펀드의 구조

부동산펀드의 구조는 앞에서 설명한 것과 같이 크게 신탁형·회사형·조합형으로 구분할 수 있다. 여기서 투자신탁, 투자회사, 투자합자조합의 주요 내용을 비교하면 다음의 표와 같다.

표 4.4.18   부동산펀드의 내용 비교

구분		투자신탁	투자회사	투자합자조합
기구	법적 형식	신탁계약	주식회사 (명목회사)	합자조합 (명목회사)
	증권	수익증권	지분증권 (주식)	지분증권 (출자지분)
	집합투자규약	신탁계약	정관	조합계약
설정· 설립	의결 구조	수익자총회	주주총회	조합원총회
	절차	신탁계약	정관 + 등기	조합계약 + 등기
	규제방식	등록	등록	등록
	감독기관	금융위원회	금융위원회	금융위원회
	당사자	집합투자업자·신탁업 자·투자자(수익자)	집합투자업자· 투자자(주주)	집합투자업자· 투자자(조합원)
업무 수행	재산운용	집합투자업자 (설정자)	집합투자업자 (법인이사)	집합투자업자 (업무집행조합원)
	재산보관·관리	신탁업자	신탁업자	신탁업자
	일반사무	–	일반사무관리회사	–

한편, 부동산펀드 중 가장 일반적인 신탁형 부동산펀드에 대해 구체적으로 설명하면 다음과 같다. 신탁형 부동산펀드는 기본적으로 ① 자산운용자인 집합투자업자, ② 자산보관·관리자인 신탁업자, ③ 투자자인 수익자의 3 당사자 관계로 구성된다.[86]

① 투자신탁을 설정하고자 하는 집합투자업자(설정자·위탁자)는 일정한 사항이 기재된 신탁계약서에 의하여 신탁업자(수탁자: 주로 은행)와 신탁계약을 체결해야 한다. ② 투자신탁을 설정한 집합투자업자는 판매회사(증권회사 또는 은행 등)를 통하여 투자자들에게 펀드상품을 판매한다. ③ 투자자는 판매회사에 계좌를 개설하고 투자금을 입금함으로써 펀드에 투자하게 된다. 이때 투자자는 투자금에 비례하여 수익증권의 '좌수'를 소유한다. ④ 판매회사 계좌에 입금된 투자금은 신탁업자의 신탁계좌에 별도로 분리 보관하게 되고, 신탁업자는 집합투자업자의 지시에 따라 이 투자금을 집행함으로써 투자활동을 한다. ⑤

---

86 노상범·고동원(2010), 부동산금융법, 박영사, p.320.

이후 투자금 운용결과가 나오면 결산을 한 후 신탁업자는 결산한 수익금을 판매회사로 보내고 판매회사는 투자자 계좌에 입금함으로서 수익 배분이 완료된다.

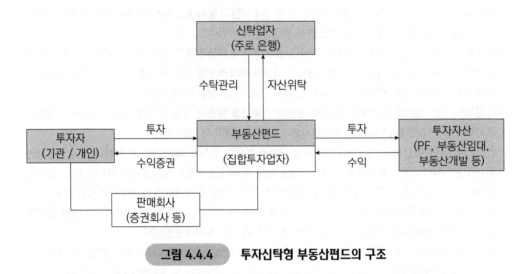

그림 4.4.4 투자신탁형 부동산펀드의 구조

2) 부동산펀드의 분류

부동산펀드는 다양한 분류기준에 의해 구분할 수 있다. 첫째, 자금의 공모여부에 따라 공모(公募)형과 사모(私募)형으로 구분할 수 있다. 공모형은 공개적으로 자금을 모집하는 것을 말하며, 판매회사를 통해 불특정 다수에게 홍보할 수 있다. 사모형은 사적으로 자금을 모집하는 것을 말하며, 현행법상 투자자 총수가 49인 이하이어야 한다. 사모형은 일반적으로 고액 자산가를 대상으로 모집하여 공격적인 투자를 하므로 공모펀드에 비해 고위험·고수익을 추구하는 사람에게 적합하다.

둘째, 환매제한 여부에 따라 폐쇄형과 개방형으로 구분할 수 있다. 폐쇄형(환매금지형)은 최초 투자자 모집시 모집금액과 증권수를 한정하고 존속기간 만료 시까지 추가로 자금을 모집하지 않는 형태로서 발행증권의 환매청구권을 인정하지 않고, 개방형(환매가능형)은 설정·설립시 최초 모집한 금액에 더하여 추가로 자금을 모집하는 형태로서 발행증권의 환매청구권을 인정한다.[87]

셋째, 투자대상에 따라 ① 부동산개발사업에 자금대여를 하는 대출형펀드, ② 임대수익물건 및 부동산경매물건에 투자하는 수익형펀드, ③ 직접 부동산개발사업에 투자하는 개

---

87 김재태 외(2007), 부동산금융, 부연사, pp.158~159.

발형펀드, ④ 외국에 투자하는 해외형펀드 등으로 구분할 수 있다. 구체적으로 살펴보면 다음과 같다. ① 대출형펀드는 아파트개발 등의 부동산개발사업에 소요되는 자금을 대여하는 형태로 PF(Project Financing)형 펀드라고도 한다. 대부분 분양자금으로 투자금을 회수하는 구조이며 따라서 투자기간이 3년 이하인 비교적 단기펀드에 속한다. ② 수익형펀드는 부동산경기변동에 별로 영향을 받지 않는 오피스와 같은 안전한 자산에 투자하거나(임대형) 부동산경매물건에 투자(경매형)하는 형태이다. 이는 임대수익(소득수익)과 향후 매매차익(자본이득)을 동시에 기대할 수 있으며, 투자기간이 5~10년 정도의 장기펀드이다. ③ 개발형펀드는 직접 부동산개발에 투자하는 형태로 개발이익을 추구한다. 이는 고수익의 가능성과 고위험의 가능성을 동시에 가지고 있어 철저한 투자분석과 분산투자가 필요하다. ④ 해외형펀드는 해외의 부동산개발 및 부동산금융상품에 투자한다. 해외의 부동산투자분석에는 보다 광범위한 전문지식이 필요하고 펀드의 모집금액이 큰 경우가 많으므로 대형 기관투자자위주의 사모펀드가 대부분이다.

③ 부동산투자회사

1) 부동산투자회사의 의의

(1) 부동산투자회사의 개념

부동산투자회사(REITs: Real Estate Investment Trusts)란 자산을 부동산에 투자하여 운용하는 것을 주된 목적으로 「부동산투자회사법」에 따라 설립된 회사를 말한다. 1991년에 도입된 부동산신탁의 수탁자산이 부동산인 반면, REITs는 위탁자들이 금전을 위탁하여 부동산에 투자하는 것이다. 일반적으로 자산담보부증권(ABS)과 주택저당채권(MBS)이 채권형으로 고정이자를 수취하되 자산가치 상승에 따른 이익을 취할 수 없다는 단점이 있는데 반하여, REITs는 지분형 투자상품으로 주식을 통한 배당이익과 주가상승이익을 동시에 추구할 수 있다.

(2) 부동산투자회사의 특징

REITs의 가장 큰 특징은 부동산투자전문제도라는 점이다. 유동성 확보에 의한 현금흐름을 중시하는 것은 일반 주식과 마찬가지이며, 주요 특징은 다음과 같다.

첫째, 부동산은 일반적으로 거래규모가 크고 고가이기 때문에 유동성이 떨어진다. 이러한 대규모의 고가의 부동산을 증권화하여 자본시장에 유통시키면 주식 또는 채권과 같이 금융상품으로 변화되어 투자자의 참여를 확대시켜 유동성을 확보할 수 있다.

둘째, REITs는 시장을 통하여 다수의 투자자로부터 투자되기 때문에 개인투자자의 자금을 부동산 투자를 위해 모으는 기능과 소액투자 자금이 대규모 부동산에 투자될 수 있도록 하는 소액 자금의 자본집중 기능이 있다.

셋째, REITs 수익의 원천인 부동산 자산을 효율적으로 운용하기 위해서는 부동산 전문가를 이용하게 된다. REITs입장에서는 부동산 전문가 활동 시 그에 대한 지급비용은 크지 않은 반면 부동산운용, 처분 등에서 발생할 수 있는 일들에 대해 효율적인 대처가 가능해진다.

넷째, REITs는 일반적으로 지역적 또는 유형별로 한 곳에 집중된 부동산에 투자하지 않는다. REITs가 의도적으로 지역의 다변화를 추구하고 부동산의 유형을 오피스·쇼핑센터·주상복합·아파트 등에 선택적 분산투자를 하는 것은 포트폴리오를 만들어 리스크를 관리하고자 하는데 목적이 있다.

다섯째, REITs의 주요투자자는 생명보험회사·연기금·투자은행 등 기관투자자와 일반개인투자자로 구분할 수 있는데 이들의 투자자금은 자본시장을 통한 새로운 자금조달 수단으로 부동산시장에 유용한 자금 공급원이 될 수 있다.

여섯째, 이중과세를 배제하여 투자자가 REITs 자산을 직접 보유하고 있는 것과 동일한 효과를 얻을 수 있다. 일반법인의 경우에는 우선적으로 법인세가 부과되고 배당을 받은 주주에게 소득세가 부과된다. 그러나 REITs의 경우에는 일정한 조건을 충족시키면 법인세는 비과세되어 투자자의 배당 수익으로 지분에 따라 배분되고 그 소득에 대한 소득세만 부과되게 된다.

▶ 일반법인은 법인세를 납부하고 남은 수익을 배당금으로 지급하고 그 배당금을 받은 주주는 소득세를 내야 한다. 즉, 동일한 소득에 대해 두 번의 과세가 이루어지고 있다. 그러나 투자의 목적으로 만들어진 도관체(conduit)에 대해 일반법인과 같이 이중과세를 하면 투자수익률이 약화되어 활성화될 수 없다. 따라서 투자수단으로만 이용되는 각종 도관체에 대해서는 통상 법인세를 면제해주고 있다(법인세법 51-2 참조). 대표적인 도관체로는 특수목적회사(SPC), 부동산투자회사(REITs), 프로젝트금융투자회사(PFV) 등이 있다.

마지막으로 REITs는 수익의 90% 이상을 투자자에게 배당해야 하기 때문에(부동산투자회사법 28) 자금의 내부 유보가 상대적으로 적게 되어 재투자를 위해서 자본금의 증자 및 부채를 이용하게 된다. 따라서 과다한 부채로 인한 부채비율의 상승은 주식시장이 침체될 경우 REITs의 금융위험으로 작용한다.

(3) 부동산투자회사의 도입배경과 성장과정

(구)건설교통부는 외환위기이후 부동산시장의 회복 및 다수 투자가의 투자기회제공의 취지로 1999년 1월에 부동산투자회사제도의 도입을 발표하였고, 2000년 7월 「부동산투자회사법」을 입법예고한 뒤 2001년 4월에 제정하였다. 한편, 2001년 초부터 (구)재정경제부는 별도의 입법을 통해 기업의 구조조정용부동산투자회사 도입을 추진하였는데, 결과적으로 두 제도의 유사성으로 인해 통합논의가 진행되어 「부동산투자회사법」의 시행 전인 2001년 5월 개정으로 (구)건설교통부 주관의 「부동산투자회사법」에 기업의 구조조정부동산투자회사에 관한 특례규정을 정함으로써 두 제도가 통합 시행되게 되었다.

▶ 기업구조조정투자회사: 한시법(2006.10.22.까지 유효, 다만, 유효기간 내에 설립된 기업구조조정투자회사는 당해 회사의 정관에 규정된 존립기간 동안 이 법의 적용을 받는다)인 「기업구조조정투자회사법」에 의해 설립된 주식회사로서 약정체결기업의 경영정상화를 도모하는 것을 목적으로 약정체결기업에 투자하거나 약정체결자산을 매입하는 등의 방법으로 자산을 운용하여 그 수익을 주주에게 배분하는 회사를 말한다. 기업구조조정투자회사는 명목회사로서 상근 임·직원을 둘 수 없고, 자산운용업무를 자산관리회사에 위탁해야 한다.

초기의 부동산투자회사의 형태는 일반부동산투자회사(2004. 10. 개정시 자기관리부동산투자회사로 명칭 변경)와 기업구조조정부동산투자회사의 2종류가 있었으며, 최저자본금의 과다 및 자금차입의 금지 등의 사유로 활성화되지 못하였고, 특히 일반부동산투자회사의 경우 법인세 감면 혜택이 없어 설립사례가 전무하였다. 이에 정부는 2004. 10. 법률개정을 통해 ① 위탁관리부동산투자회사를 추가로 도입하고, ② 회사의 최저자본금을 500억원에서 250억원으로 인하하는 등 부동산 간접투자의 활성화를 도모하였다. 그 이후에도 정부는 부동산투자회사의 활성화와 투자자 보호를 위해 「부동산투자회사법」을 꾸준히 개정해 왔다. 주요 내용으로는 설립규제 완화(설립인가제에서 영업인가제로 변경, 등록제 도입), 설립자본금 및 최저자본금[88]의 인하, 차입 및 사행 발행규모 확대, 주식공모의무 비율 및 주식소유제한 비율 조정, 현물출자재산의 범위 확대, 자산관리회사에 대한 규제 등 매우 다양하다. 여기서 부동산투자회사제도의 연혁을 정리하면 다음의 표와 같다.

---

[88] 영업인가를 받거나 등록을 한 날부터 6개월이 지난 REITs의 자본금을 말한다.

표 4.4.19　부동산투자회사제도의 연혁

입법 시기	주요 내용
2001. 04.	부동산투자회사법의 제정: 최저자본금 500억원
2001. 05.	기업구조조정부동산투자회사 도입
2002. 01.	최초의 부동산투자회사 인가: 교보메리츠(기업구조조정형)
2004. 10.	REITs 활성화를 위한 개정: 위탁관리부동산투자회사 도입, 최저자본금 인하(500억원 → 250억원) 등
2005. 10.	최초의 위탁관리REITs 인가: 코크렙 제7호
2007. 07.	REITs 활성화를 위한 개정: 영업인가제로 전환, 최저자본금 인하(250억원 → 100억원), 개발전문REITs 도입 등
2008. 02.	최초의 개발전문REITs 인가: 케이알 제2호(아파트형 공장 신축·분양)
2008. 04.	최초의 자기관리REITs 인가: 다산자기관리 REITs
2010. 04.	REITs 활성화를 위한 개정: 최저자본금 인하(70억 또는 50억), 공모의무 비율 축소 및 주식소유제한 비율 확대, 개발전문REITs의 운용요건 완화, 사업자단체 설립 등.
2012. 12.	자기관리 REITs의 설립자본금 상향 및 감독 강화, 법인이사 및 감독이사 제도 도입, 공모의무기간 연장, 1인당 주식소유한도 확대, 현물출자 자율화 등
2013. 06.	총자산 전부를 공동주택의 임대사업에 투자하는 REITs에 대해 주식 공모 의무 면제 및 1인당 주식소유한도 규제 미적용
2013. 07.	REITs 영업인가 시 사업대상 부동산에 대한 감정평가 의무화
2015. 06.	연면적의 70% 이상을 임대주택에 투자하는 REITs에 대해 주식의 공모·분산의무 면제, 개발전문 REITs를 폐지하고 개발사업에 대한 투자비율을 주주총회 특별결의로 결정할 수 있도록 자율화, 금전배당의무를 완화하여 현물배당 가능케 함
2016. 01.	증권에 대한 투자제한 완화, 일정한 유형(예: 비개발 사모형 위탁관리REITs)의 REITs에 대한 규제완화(인가제 → 등록제), REITs에 대한 모니터링 강화
2017. 03,	주주 1인의 주식소유한도 상향 조정, 상장된 REITs의 경우 특수관계자와의 부동산 거래요건 완화(이사회 승인 및 주주총회 결의 필요, 매매가격은 감정평가액으로 결정)
2018. 08.	공모의무 예외사유인 국민연금공단 등의 투자비율을 상향(30% 이상 → 50% 이상)조정하여 일반 투자자의 투자기회 확대
2019. 08.	임대주택에 투자하는 REITs에 대한 주식 공모·분산의무 면제의 적용기준을 건축물의 연면적에서 총자산으로 변경

입법 시기	주요 내용
2020. 12.	설립인가를 받은 자산관리회사에 대해 일정한 준수 의무 부여
2021. 04.	토지보상금이 대토REITs로 유입될 수 있도록 제도 보완
2023. 08.	이해충돌방지를 자산관리회사의 REITs 주식 취득을 제한
2024. 02.	REITs의 이익배당한도 산정시 자산의 평가손실을 고려하지 않도록 함

2) 부동산투자회사의 내용

(1) 부동산투자회사의 유형

부동산투자회사의 유형에는 자기관리부동산투자회사, 위탁관리부동산투자회사 및 기업구조조정부동산투자회사가 있다.

자기관리부동산투자회사(이하 자기관리REITs라 한다)는 상근 임·직원을 두고 자산의 투자·운용을 직접 수행하는 회사이며, 위탁관리부동산투자회사(이하 위탁관리REITs라 한다)는 명목회사(paper company)로서 자산의 투자·운용을 자산관리회사(AMC: Asset Management Company)에 위탁하는 회사이고, 기업구조조정부동산투자회사(약어로 CR-REITs라 한다)[89]는 기업구조조정용 부동산을 투자대상으로 하여 자산의 투자·운용을 자산관리회사에 위탁하는 회사이다.

한편, REITs는 발기설립의 방법으로 하여야 하며, 현물출자에 의한 설립을 할 수 없다.

(2) 자기관리REITs

자기관리REITs는 상근 임·직원을 두고 자산의 투자·운용을 직접 수행하는 실체회사이다. 설립자본금과 최저자본금은 각각 5억원 이상과 70억원 이상으로 REITs 중 가장 많다.

---

89 Corporate Restructuring - REITs

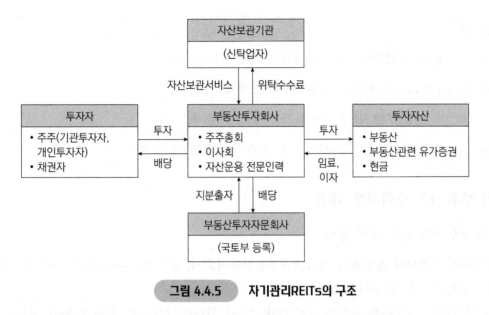

자산보관기관
(신탁업자)

자산보관서비스 ↕ 위탁수수료

투자자
• 주주(기관투자자, 개인투자자)
• 채권자

투자 →
← 배당

부동산투자회사
• 주주총회
• 이사회
• 자산운용 전문인력

← 투자 →
← 임료, 이자

투자자산
• 부동산
• 부동산관련 유가증권
• 현금

지분출자 ↕ 배당

부동산투자자문회사
(국토부 등록)

그림 4.4.5 **자기관리REITs의 구조**

(3) 위탁관리REITs

위탁관리REITs는 명목회사로서 자산의 투자·운용을 자산관리회사에 위탁하는 회사이다. 설립자본금과 최저자본금은 각각 3억원 이상과 50억원 이상으로 자기관리REITs보다 적다. 한편, 회사의 존속형태는 영속적 또는 한시적인 것의 선택이 가능하다.

위탁관리REITs는 자기관리REITs 비해 설립자본금과 최저자본금이 적고, 명목회사로서 법인세 감면혜택을 받을 수 있는 장점이 있다. 따라서 우리나라에서 가장 일반적인 유형이다.

(4) 기업구조조정REITs(CR-REITs)

기업구조조정REITs는 기업구조조정용 부동산을 투자대상으로 하는 명목회사로서 자산의 투자·운용을 자산관리회사에 위탁하는 회사이다. 자기관리REITs와 위탁관리REITs의 투자대상은 일반부동산이나, CR-REITs의 투자대상은 기업구조조정용 부동산에 한한다. 설립자본금과 최저자본금은 각각 3억원 이상과 50억원 이상으로 위탁관리REITs와 같다.

CR-REITs로 인정받으려면 부동산투자회사의 요건을 갖추고 총자산의 70% 이상을 기업구조조정용 부동산으로 구성하여야 한다(부동산투자회사법 49-2). 여기서 기업구조조정용 부동산이라 함은 ① 기업이 채권금융기관에 대한 부채 등 채무를 상환하기 위하여 매각하는 부동산, ② 채권금융기관과 재무구조개선을 위한 약정을 체결하고 당해 약정 이행 등을 위하여 매각하는 부동산, ③ 「채무자 회생 및 파산에 관한 법률」에 의한 회생절차에 따라 매각하는 부동산, ④ 그 밖에 기업의 구조조정을 지원하기 위하여 금융위원회가 필요하다고 인정하는 부동산을 말한다.

한편, 우리나라의 첫 부동산투자회사 상품은 기업구조조정REITs로서 2001년 11월 판매한 '교보-메리츠퍼스트' 였다.

▶ 27일(2001. 11.) 국내 첫 기업구조조정부동산투자회사(CR-리츠)인 '교보 – 메리츠퍼스트' 공모 마감 결과 1.06대 1의 경쟁률을 기록했다. 메리츠증권에 따르면 26일, 27일 실시된 공모에서 1백83억5천만원을 모집하는 일반공모 청약분에는 총 2백70억원이 청약됐고, 1백83억5천만원을 모집하는 기관청약분은 약 1백20억원이 들어왔다. …… 증권업계는 최초의 CR-리츠임에도 불구하고 투자자들의 호응이 당초 기대에 못미친 것은 최근 경기회복 기대감으로 주식시장이 활황을 보이고 있는 데 따른 것으로 분석됐다. 교보 – 메리츠퍼스트 CR-리츠는 이번 일반공모 3백67억원을 포함해 총투자액 8백40억원으로 대한항공 소유 부동산을 매입·재임대해 얻은 수익으로 투자자들에게 연 8% 정도의 이익을 돌려준다는 계획이다(경향신문, 2001. 11. 28).

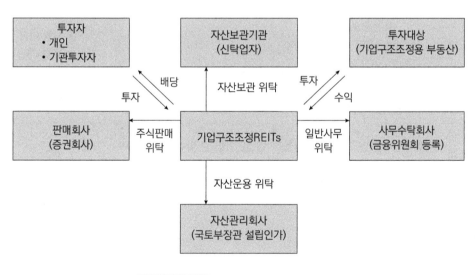

그림 4.4.6 기업구조조정REITs의 구조

(5) REITs 유형의 비교

REITs 유형별로 주요 내용에 대해 비교하면 다음의 표와 같다.

표 4.4.20　REITs의 비교

구분	자기관리REITs	위탁관리REITs	기업구조조정REITs
회사형태	실체회사	명목회사	좌동
회사설립	발기설립	좌동	좌동
설립자본금	5억원 이상	3억원 이상	좌동
최저자본금	70억원 이상	50억원 이상	좌동
투자대상	모든 부동산	좌동	기업구조조정용 부동산
영업개시	국토교통부 인가	국토교통부 인가 (예외: 국토교통부 등록)	좌동
감독	국토부·금융위원회	좌동	좌동
주식공모	자본금 30% 이상 (국민연금공단 등이 발행주식 50% 이상 인수시 예외)	좌동	의무사항 아님 [사모(私募)가능]
주식분산	1인당 50% 이내 (국민연금공단 등은 예외)	좌동	제한 없음
현물출자	영업인가를 받고 최저자본금을 갖춘 후 가능	영업인가를 받거나 등록을 하고 최저자본금을 갖춘 후 가능	좌동
상장	상장요건 구비시 즉시	좌동	의무사항 아님
자산구성 (매분기 말)	• 부동산: 70% 이상 • 부동산관련 유가증권 및 현금: 10% 이상	좌동	부동산: 70% 이상 (부동산관련 유가증권 및 현금 보유의무 없음)
자산운용 전문인력	• 3인(영업인가 시) • 5인(영업인가 후 6개월 경과)	자산관리회사(자산운용 전문인력: 5인 이상 보유)에 위탁	좌동
배당	이익배당한도의 50% 이상 의무배당	이익배당한도의 90% 이상 의무배당(초과배당 가능)	좌동
법인세 감면	없음	있음 (법인세법 51-2 ①)	좌동

구분	자기관리REITs	위탁관리REITs	기업구조조정REITs
차입 및 사채발행	자기자본의 2배 이내 (주주총회 특별결의[90]시 10배 이내 가능)	좌동	좌동
회사존속	(일반적으로) 영구적	선택적	한시적

▶ 초과배당: 「부동산투자회사법」에서 초과배당이란 「상법」에 따른 해당 연도 이익배당한도(즉, 순자산액에서 법령에서 정한 일정한 금액을 공제한 액)를 초과하여 배당하는 것을 말한다(제28조 ③). 이 경우 초과배당은 해당 연도의 감가상각비의 범위에서 하되, 초과배당으로 인하여 전기(前期)에서 이월된 결손금(缺損金)은 당기(當期)의 배당가능이익 산정 시 포함하지 않는다(시행령 32). REITs의 초과배당제도는 REITs투자를 활성화하기 위해 감가상각비가 실제 비용이 아닌 재무제표상 비용이라는 점을 고려하여 감가상각비만큼 초과로 배당할 수 있게 한 것이다(2004. 10. 법률 개정). 위탁관리REITs와 CR-REITs만 가능하다.

3) 부동산투자회사의 관련업체

부동산투자회사에 관련된 업체로는 자산보관기관, 자산관리회사, 일반사무 등 위탁기관, 부동산투자자문회사 등이 있다.

첫째, 자산보관기관은 자산의 보관과 이와 관련된 업무를 수행하는 기관으로 「자본시장법」에 따른 신탁업자, LH공사, 한국자산관리공사, 주택도시보증공사가 이 업무를 수행할 수 있다(법률 제35조). 부동산투자회사는 자산의 보관과 이와 관련된 업무를 자산보관기관에 위탁하여야 한다.

둘째, 자산관리회사는 명목회사인 위탁관리REITs와 CR-REITs의 자산 투자·운용업무를 위탁받아 수행하는 회사이다(법률 22-2 등 참조). 자산관리회사는 일정한 요건[91]을 갖추어 국토교통부장관의 인가를 받아야 하며, 원칙적으로 부동산투자회사로부터 위탁받은 업무 외의 다른 업무를 겸영(兼營)하여서는 아니 된다.

---

90 출석한 주주의 의결권의 3분의 2 이상의 수와 발행주식총수의 3분의 1 이상의 수로써 하는 주주총회의 결의를 말한다(상법 434 참조). 이에 비해 보통결의는 출석한 주주의 의결권의 과반수와 발행주식총수의 4분의 1 이상의 수로써 한다(상법 368 참조).

91 자산관리회사의 요건은 ① 자기자본(자산총액에서 부채총액을 뺀 가액을 말한다)이 70억원 이상일 것, ② 자산운용 전문인력을 5명 이상 상근으로 둘 것, ③ 자산관리회사와 투자자 간, 특정 투자자와 다른 투자자 간의 이해상충을 방지하기 위한 체계와 대통령령으로 정하는 전산설비, 그 밖의 물적설비를 갖출 것의 3가지이다.

셋째, 일반사무 등 위탁기관은 명목회사인 위탁관리REITs와 CR-REITs의 주식발행업무 및 일반적인 사무를 위탁받아 수행하는 기관이다(법률 22-2 등 참조). 일반사무 등 위탁기관에는 판매회사와 사무수탁회사가 있다. ① 판매회사는 주식의 발행 및 판매업무를 수행하며 「자본시장법」에 따른 투자매매업·투자중개업의 인가를 받은 자이어야 한다. ② 사무수탁회사는 REITs의 운영에 관한 업무, 자산의 계산, 주주총회의 개최 등에 관한 업무를 수행하며 「자본시장법」에 따른 일반사무관리회사[92]이어야 한다(부동산투자회사법령 19).

넷째, 부동산투자자문회사는 REITs의 위탁으로 그 자산의 투자·운용에 관한 자문 및 평가 등의 업무를 수행하는 회사이다(법률 23). 부동산투자자문회사는 자본금 10억 이상, 자산운용 전문인력 3인 이상의 요건을 갖추어 국토교통부장관에게 등록하여야 한다.

4) 부동산투자회사의 현황

2002. 01. CR-REITs인 교보메리츠가 부동산투자회사로 최초의 인가를 받은 이후 법인세 면제혜택으로 인해 CR-REITs만이 설립되었으며, 2004. 10. 위탁관리REITs가 도입된 이후 2005. 10. 최초의 위탁관리REITs인 '코크렙 제7호'가 인가를 받았다. 또한, 2007. 7. 개발전문REITs가 도입된 이후 2008. 2. 최초의 개발전문REITs인 '케이알 제2호'가 인가를 받았으며, 2008. 4. 최초의 자기관리REITs인 '다산자기관리REITs'가 인가를 받았다.

한편, 정부의 지속적인 REITs 활성화 정책에 따라 REITs의 설립이 증가하고 투자형태가 다양화되고 있다. 그동안 REITs의 연도별 통계를 정리하면 다음의 표와 같다.

표 4.4.21 REITs의 현황

구분	2023	2020	2015	2010	2005
전체 개수(개)	370	282	125	50	11
자기관리REITs	4	4	8	미상	미상
위탁관리REITs	352	252	85	미상	미상
CR-REITs	14	26	32	미상	미상
자산총계(조원)	93.9	61.3	18.0	7.6	1.7

자료: 국토교통부 리츠정보시스템

---

[92] 일반사무관리회사는 「상법」에 따른 주식회사·명의개서대행회사·그 밖에 대통령령으로 정하는 금융기관으로서 자본금(20억원 이상), 전문인력(2년 이상 경력이 있는 2인 이상), 물적설비(업무공간, 전산설비 등) 등의 요건을 갖추고 금융위원회에 등록하여야 한다(자본시장법 254).

4 간접투자기구의 종합·비교

1) 그 밖의 간접투자기구

(1) 선박투자회사

선박투자회사는 자산을 선박에 투자하여 그 수입을 주주에게 배분하는 것을 목적으로 「선박투자회사법」에 의해 설립된 회사를 말한다. 또한, 1척의 선박만을 소유하는 주식회사로서 명목상 회사(paper company)이며, 해양수산부장관으로부터 선박투자업의 인가를 받아야 한다.

「선박투자회사법」은 2002년 5월 자본시장에서 선박에 대한 투자를 활성화하여 해운산업 진흥을 위해 제정하였으며, 2004년 2월 첫 선박투자회사로서 '동북아 1호 선박투자회사'가 인가를 받았다.

선박투자회사의 구조는 다음과 같다. ① 선박투자회사는 명목회사로서 자산의 운용업무나 주식 발행 등의 업무를 선박운용회사에 위탁해야 한다. ② 선박운용회사는 선박투자회사로부터 위탁받은 업무 중 주식의 모집 또는 매매에 관한 업무는 투자매매업자 또는 투자중개업자에게 재위탁해야 한다. ③ 투자자로부터 모은 자금, 차입 및 사채 발행을 통해 조달한 자금으로 선박을 취득하여 선박운항회사에 2년 이상의 기간을 정해 임대한다. 여기서 선박의 임대를 대선(貸船)이라 한다. ⑤ 선박운항회사로부터 받은 대선료 등 자산운용에 따른 수입에서 부채의 상환금과 운영비용을 공제한 금액을 투자자(주주)에게 배당한다. ⑥ 한편, 보유하는 자산 및 선박의 권리관계를 증명하는 서류의 보관업무 등 자산보관업무는 자산보관회사에 위탁하여야 한다.

(2) 프로젝트금융투자회사

프로젝트투자금융회사(PFV: Project Financing Vehicle)는 상당한 기간과 자금이 소요되는 특정사업을 프로젝트 파이낸싱(PF: Project Financing)으로 운용하여 수익을 주주에게 배분하기 위하여 한시적으로 설립된 명목회사를 말한다.[93]

---

[93] 자세한 내용은 다음의 제5절 참조(p.441)

2) 간접투자기구의 비교

(1) 부동산펀드와 부동산투자회사의 비교

우리나라의 부동산펀드와 REITs의 주요 내용을 비교하면 다음의 표와 같다.

표 4.4.22 부동산펀드와 부동산투자회사의 비교

구분	부동산펀드	부동산투자회사
근거 법률	자본시장과 금융투자업에 관한 법률	부동산투자회사법
소관 부처	금융위원회	국토교통부
법적 형식	신탁형·회사형·조합형	회사형(주식회사)
증권 유형	수익증권·지분증권	지분증권
설정·설립	금융위원회 등록	국토교통부 영업인가·등록
최소자본금	제한 없음	• 자기관리REITs: 70억원 이상 • 위탁관리·CR-REITs: 50억원 이상
증권 판매	판매회사(투자매매업자·투자중개업자)	좌동
재산(자산)운용자	집합투자업자	• 자기관리REITs: 직접 • 위탁관리·CR-REITs: 자산관리회사
자산 운용	부동산 등에 50% 이상 투자	부동산에 70% 이상 투자
재산보관·관리	신탁업자	자산보관기관(신탁업자)
자금 차입	원칙적 금지 (예외: 순자산의 10% 이내)	자기자본의 2배 이내 (예외: 주주총회 특별결의시 10배 이내)
투자자에 대한 과세	• 개인: 배당소득세 원천징수[94] • 법인: 법인세 원천징수 및 세액 공제[95]	• 개인: 배당소득세 원천징수 • 법인: 법인세 납부 또는 익금불산입[96]

---

[94] 「소득세법」에 의하면 일정한 집합투자기구로부터의 이익은 배당소득에 속한다(제17조 제1항 제5호). 한편, 「소득세법」에 의하면 국내에서 거주자나 비거주자에게 이자소득·배당소득 등을 지급하는 자는 소득세를 원천징수하여야 하고(제127조), 세율은 14%(지방소득세 포함 15.4%)이다. 수익자는 이자소득·배당소득의 합계액이 2천만원 이하이면서 원천징수된 소득은 종합소득과세표준을 계산할 때 합산하지 아니한다(제14조 ③). 즉, 분리과세로 납세의무를 종결한다. 다만, 1년간 이자소득·배당소득의 합계액이 2천만원을 초과하면 종합과세대상이다.

[95] 「법인세법」에 의하면 내국법인에게 투자신탁의 이익의 금액을 지급하는 자는 지급액의 14%에 해당하는 법인세(법인지방소득세 포함 15.4%)를 원천징수해야 하고(제73조 ①), 수익자는 이를 법인세 산출세액에서 공제받을 수 있다(제64조 ①).

[96] 내국법인이 그가 출자한 다른 내국법인으로부터 받은 이익의 배당금 등 수입배당금액 중 일정금액

(2) 간접투자기구의 종합 비교

「자본시장법」에 의한 부동산펀드, 「부동산투자회사법」에 의한 REITs, 「기업구조조정투자회사법」에 의한 기업구조조정투자회사, 「선박투자회사법」에 의한 선박투자회사에 대해 주요 내용을 비교하면 다음의 표와 같다.

표 4.4.23 간접투자기구의 비교

근거법률		자본시장법			부동산 투자회사법	구조조정 회사법	선박 투자회사법
기구	명칭 (종류)	부동산펀드			자기관리· 위탁관리· CR-REITs	기업구조조정 투자회사	선박투자 회사
		투자신탁	투자회사	투자합자조합			
	형식	신탁계약	주식회사 (명목회사)	합자조합 (명목회사)	주식회사 (명목·실체회사)	주식회사 (명목회사)	주식회사 (명목회사)
	증권	수익증권	지분증권 (주식)	지분증권 (출자지분)	지분증권 (주식)	지분증권 (주식)	지분증권 (주식)
	의결구조	수익자총회	주주총회	조합원총회	주주총회	주주총회	주주총회
설립 규제	규제방식	등록	등록	등록	인가	등록	인가
	감독기관	금융위원회	금융위원회	금융위원회	국토교통부· 금융위원회	금융위원회	해양수산부· 금융위원회
재산 운용	대상	부동산	부동산	부동산	부동산	약정체결기업 [97]관련 자산	선박
	운용자	집합투자 업자 (설정자)	집합투자 업자 (법인이사)	집합투자업자 (업무집행 조합원)	자기관리 REITs·자산 관리회사	자산관리회사	선박운용 회사
재산보관·관리		신탁업자	신탁업자	신탁업자	자산보관기관 (신탁업자)	자산보관회사 (신탁업자)	자산보관 회사

은 각 사업연도의 소득금액을 계산할 때 익금에 산입하지 아니한다(법인세법 제18조의2 ①). 다만, 배당에 대해 소득공제를 적용받은 법인으로부터 받은 수익배당금액은 익금불산입 규정을 적용하지 않는다(법인세법 제18조의2 ② 3). 따라서 자기관리REITs로부터 받은 배당에 대해서는 익금불산입이 가능하고, 위탁관리REITs와 CR-REIT로부터 받은 배당에 대해서는 익금에 산입하여 법인세를 납부해야 한다.

97 약정체결기업이란 재무상태가 악화되었으나 회생가능성이 있는 기업으로서 채권금융기관과의 협상과 조정의 과정을 통해 기업개선계획을 마련하고 기업개선을 위한 약정을 체결하여 경영정상화를 도모하는 기업을 말한다.

제5절 | 부동산개발금융과 입주자저축

1 부동산개발금융의 의의

1) 부동산개발금융의 개념

부동산개발금융은 부동산개발에 필요한 자금을 조달하는 것을 말한다. 부동산개발은 통상 대규모의 자금이 필요하고 다양한 위험이 존재하며 수익은 장기간에 걸쳐 나타나는 특징이 있다. 따라서 부동산개발의 성공여부는 안정적인 자금 확보, 효율적인 개발위험의 관리, 적극적인 분양과 임대 등에 달려있다.

부동산개발금융의 유형으로는 프로젝트 파이낸싱(PF: Project Financing), 개발신탁, 민간투자사업 등이 있으며, 프로젝트 파이낸싱이 가장 많이 활용되고 있다.

2) 부동산개발금융의 유형

(1) 프로젝트 파이낸싱

프로젝트 파이낸싱은 특정 사업의 시행에 필요한 자금을 해당 사업에서 발생할 것으로 예상되는 미래의 수입을 담보로 하여 조달하는 금융기법을 말한다.

(2) 개발신탁

개발신탁은 부동산소유자가 그 소유권을 신탁업자에게 이전하고, 신탁업자는 전문성과 공신력을 바탕으로 신탁재산을 개발하여 그 수익을 부동산소유자(즉, 위탁자)에게 돌려주는 제도이다. 이는 부동산소유자가 부동산개발의 전문지식과 경험이 없거나 개발자금이 부족한 경우 등에 주로 활용된다.

(3) 민간투자사업

민간자본을 유치하여 사회기반시설을 설치·운영하는 사업을 말한다. 사회기반시설에 대한 민간의 참여를 촉진하여 효율적으로 사회기반시설을 확충하고자 정부는 1994. 8. 「사회간접자본시설에 대한 민간자본유치 촉진법」을 제정하였다. 그 후 2005. 1. 민간투자사업의 범위를 확대하고 시행방식을 다양화하면서 법명을 「사회기반시설에 대한 민간투자법」(약어로 민간투자법이라 한다)으로 변경하였다.

2 프로젝트 파이낸싱

1) 프로젝트 파이낸싱의 의의

(1) 프로젝트 파이낸싱의 개념

프로젝트 파이낸싱(PF: Project Financing)은 특정한 프로젝트로부터 미래에 발생하는 현금흐름을 담보로 당해 프로젝트를 수행하는 데 필요한 자금을 조달하는 금융기법을 말한다. 도입 초기에는 주로 SOC사업과 같은 사회간접자본 부문에 도입된 자금조달 방법이었으나 점차 부동산개발사업과 관련된 프로젝트 파이낸싱이 증가하고 있다.

부동산개발금융의 대표적 특징은 비소구금융(non-recourse financing)과 부외금융 (off -balance sheet financing)의 성격을 가지는 것이다. 비소구금융(非訴求金融)은 사업주가 특정프로젝트만을 위한 독립적인 기업을 설립함으로써 그 프로젝트로부터의 현금흐름을 모기업으로부터 분리하므로 프로젝트가 실패했을 경우에도 채권자는 그 프로젝트의 현금흐름과 자체 자산의 범위 내에서만 청구하여야 하고 모기업에 대해서는 그 상환을 청구할 수 없다는 것이다.[98] 부외금융(簿外金融)은 사업주의 모기업이나 기존 프로젝트와는 독립적인 신규 법인에 의해 프로젝트가 진행되므로 현금 및 부채흐름이 모기업이나 기존 프로젝트의 대차대조표에는 나타나지 않아 대외적인 신용도에 영향을 주지 않는다는 것이다.

(2) 프로젝트 파이낸싱의 장·단점

프로젝트 파이낸싱의 장점으로 차주(借主)의 입장에서는 비소구금융에 의해 사업주의 기존 신용상황과 분리된 당해 프로젝트의 사업성분석을 통해 자금을 조달할 수 있고, 부외금융의 특징으로 인해 사업주의 신용도에 영향을 미치지 않는 장부외 효과를 기대할 수 있다. 대주(貸主)의 경우에는 일반기업대출보다 높은 수익을 올릴 수 있고, 개별 프로젝트별로 적절한 위험관리를 수행할 수 있다는 장점을 가진다.

반면에 단점으로 차주의 경우에는 높은 금융비용을 부담해야 하고, 복잡한 절차로 인해

---

[98] 100% 비소구금융이 실제에서 적용되는 경우는 거의 없다. 실제적으로는 사업주가 프로젝트 파이낸싱과 관련된 위험에 대해 일정한 보증 및 담보를 제공하는 제한적 소구금융이 행해지는 것이 보통이다.

상당한 시간에 소요되며, 다수의 이해당사자들에게 프로젝트와 관련된 정보를 지속적으로 제공해야 하므로 기업비밀이 과다 노출될 우려가 있다.

대주의 입장에서 단점으로는 프로젝트에 대한 위험분석 등의 이유로 자금집행에 과다한 비용과 시간이 들고, 대출이후에도 지속적인 사후관리를 해야 한다는 점이다.

표 4.4.24 프로젝트 파이낸싱과 일반기업대출의 비교

구분	프로젝트 파이낸싱	일반기업대출
차주	프로젝트회사	사업주(일반회사)
담보	당해 프로젝트 자산 및 현금흐름	차주의 자산 및 신용
상환재원	프로젝트 자체의 수익	차주의 전체 수익
소구권 행사	배제 또는 제한	가능
채무수용능력	부외금융으로 채무수용능력 제고	부채비율 등 기존부채에 따른 제약
사업성 검토	전문기관에 의해 정밀 검토	정밀검토 없이 차주의 담보 또는 신용위주 심사
자금관리	대주단이 결제위탁계정으로 관리	차주가 관리
리스크 부담	이해당사자 간 리스크 분산	대출기관이 전적으로 책임
사후관리	사후관리 엄격	사후관리 느슨 → 채무불이행시 소구권 행사
주요 사업분야	공공사업, 자원개발, 부동산개발 등	기업의 일반사업

2) 프로젝트 파이낸싱의 내용

(1) 프로젝트 파이낸싱의 당사자

① 프로젝트 사업주(sponsor): 프로젝트를 실질적으로 추진하고 지원하는 당사자로서 기획·개발·출자·보증제공 등 프로젝트의 모든 진행과정에서 중심적인 역할을 수행한다. 사업주는 특정기업이 될 수도 있고 시공업체·원자재공급업체·소비자·정부·금융회사 등 이해관계자들이 결합된 컨소시엄이 될 수도 있다.

② 프로젝트회사(project company): 당해 프로젝트의 개발 및 자금조달을 위해 설립한 별도 법인으로서 대외적 사업주체 및 차주이다. 독립적인 프로젝트회사를 설립함으로써 당해 프로젝트의 자산과 부채관리가 용이하고 프로젝트의 위험을 분리할 수 있다. 당해 프로젝트만을 위한 특수목적회사(SPC)의 설립은 「자산유동화법」에 의한 SPC와는 달리 「상법」상 회사에 관한 규정의 적용을 받는다. 따라서 법인세에 대한

이중과세 등의 조세부담이나 법인신설에 따른 관리비용 부담의 문제가 발생한다. 법인세 감면 혜택을 받으려면 일정한 요건을 갖춘 명목회사인 프로젝트금융투자회사(PFV: Project Financing Vehicle)를 설립하여야 한다.

③ 대출기관: 은행·보험회사 이외에 각종 공단 및 공제회 등이 있다.

④ 시공사: 대출기관 입장에서는 신용등급이 높은 시공사를 선정하고자 한다.[99]

⑤ 기타: 이외에 프로젝트의 타당성 분석 등을 하는 금융자문회사, 사업의 위험에 대한 담보기능을 하는 보증회사, 사업의 감리·감독을 담당하는 감리회사, 프로젝트의 완공 후 관리를 담당하는 관리운영회사 등이 있다.

(2) 프로젝트금융투자회사(PFV)

프로젝트투자금융회사는 상당한 기간과 자금이 소요되는 특정사업을 프로젝트 파이낸싱으로 운용하여 수익을 주주에게 배분하기 위하여 한시적으로 설립된 명목회사를 말한다. PF에서 당해 사업만을 수행하는 실체회사로서 「상법」에 의한 SPC를 설립하는 것은 비소구금융과 부외금융이라는 장점은 있으나, SPC 자체는 이익에 대한 법인세를 납부하고 이익 배당시 주주는 배당금에 대한 세금(법인세 또는 소득세)도 납부해야 하는 이중과세의 문제가 있고, SPC에 부동산을 현물출자하는 경우 취득세를 납부해야 하는 등 조세감면 혜택이 없어 SPC를 통한 사업수행을 기피하게 되었다. 이에 정부는 2004. 01. 「법인세법」을 개정하여 일정한 요건을 갖춘 프로젝트투자금융회사에 대해 법인세 감면 혜택을 부여했다[100]. 그 후 관련 내용은 2020. 12. 「조세특례제한법」으로 이동하여 규정되었는데(제104조의31), 다음의 요건을 갖춘 법인이 배당가능이익의 90% 이상을 배당한 경우 그 금액은 당해 사업연도의 소득금액에서 이를 공제하도록 했다.

① 회사의 자산을 설비투자, 사회간접자본 시설투자, 자원개발, 그 밖에 상당한 기간과 자금이 소요되는 특정사업에 운용하고 그 수익을 주주에게 배분하는 회사일 것, ② 본점 외의 영업소를 설치하지 아니하고 직원과 상근하는 임원을 두지 아니할 것, ③ 한시적으로 설립된 회사로서 존립기간이 2년 이상일 것, ④ 「상법」이나 그 밖의 법률의 규정에 따른 주식회사로서 발기설립의 방법으로 설립할 것, ⑤ 발기인이 「기업구조정투자회사법」

---

[99] 프로젝트 파이낸싱을 할 때 시공사가 보증을 서는데 금융회사가 보증대상 건설업체의 범위를 크게 축소하였고 시공사도 보증을 꺼리는 분위기여서 전년에 비해 2004년 상반기에 프로젝트 파이낸싱이 크게 줄었다(중앙일보, 2004. 8. 11. 20면).

[100] 지방세 감면을 위한 「조세특례제한법」의 개정은 2004. 07. 에 있었다(제119조 제6항, 제120조 제4항). 이 조항은 지방세 감면관련 내용이 「지방세특례제한법」으로 이동되면서 「지방세특례제한법」 제180조의2로 이동하여 규정되었다.

제4조제2항 각 호의 어느 하나에 해당하지 아니하고 대통령령으로 정하는 요건을 충족할 것, ⑥ 이사가 「기업구조정투자회사법」 제12조 각 호의 어느 하나에 해당하지 아니할 것, ⑦ 감사는 「기업구조정투자회사법」 제17조에 적합할 것. 이 경우 '기업구조조정투자회사'는 '회사'로 본다. ⑧ 자본금 규모, 자산관리업무와 자금관리업무의 위탁 및 설립신고 등에 관하여 대통령령으로 정하는 요건[101]을 갖출 것의 8가지이다.

표 4.4.25 일반 SPC와 PFV의 비교

구분	일반 SPC	PFV
근거 법률	상법	상법, 그 밖의 법률
설립자본금	제한 없음	50억원
회사 형태	실체회사	명목회사
출자자 구성	제한 없음	금융회사 등이 5% 이상 출자
법인세 감면	없음	배당가능이익의 90% 이상 배당시 감면

한편, 「주택법」상 주택건설사업의 경우 자본금·기술인력 및 사무실 면적에 따른 요건

---

101 구체적인 내용은 다음과 같다(시행령 제104조의28).
    1. 자본금이 50억원 이상일 것. 다만, 「사회기반시설에 대한 민간투자법」 제4조제2호에 따른 방식으로 민간투자 사업을 시행하는 투자회사의 경우에는 10억원 이상일 것으로 한다.
    2. 자산관리·운용 및 처분에 관한 업무를 다음 각 목의 어느 하나에 해당하는 자(이하 이 조에서 "자산관리회사"라 한다)에게 위탁할 것. 다만, 제6호 단서의 경우 「건축물의 분양에 관한 법률」 제4조제1항제1호에 따른 신탁계약에 관한 업무는 제3호에 따른 자금관리사무수탁회사에 위탁할 수 있다.
      가. 해당 회사에 출자한 법인
      나. 해당 회사에 출자한 자가 단독 또는 공동으로 설립한 법인
    3. 「자본시장과 금융투자업에 관한 법률」에 따른 신탁업을 경영하는 금융회사 등(이하 이 조에서 "자금관리사무 수탁회사"라 한다)에 자금관리업무를 위탁할 것
    4. 주주가 제3항 각 호의 요건을 갖출 것. 이 경우 "발기인"을 "주주"로 본다.
    5. 법인설립등기일부터 2개월 이내에 다음 각 목의 사항을 적은 명목회사설립신고서에 기획재정부령으로 정하는 서류를 첨부하여 납세지 관할 세무서장에게 신고할 것
      가. ~ 라.: 생략
    6. 자산관리회사와 자금관리사무수탁회사가 동일인이 아닐 것. 다만, 해당 회사가 자금관리사무수탁회사(해당 회사에 대하여 「법인세법 시행령」 제43조제7항에 따른 지배주주등이 아닌 경우로서 출자비율이 100분의 10 미만일 것)와 「건축물의 분양에 관한 법률」 제4조제1항제1호에 따라 신탁계약과 대리사무계약을 체결한 경우는 제외한다.

[102]을 갖춘 등록사업자와 국가·지방자치단체·LH공사·지방공사 등 비등록사업자 만이 가능하므로 명목회사인 PFV가 단독으로 이를 수행할 수 없다. 다만, PFV가 주택건설사업자와 공동으로 수행하는 경우에는 조세감면이 가능하다[103].

(3) 프로젝트 파이낸싱의 절차

프로젝트 파이낸싱은 『대상사업 발굴 → 사업성분석 → 제안서 제출 → PFV 설립 → 자금대출계약 → 부지매입 → 사업승인 → 착공 → 분양 → 완공 및 관리 → 정산』의 절차를 거친다.

(4) 프로젝트 파이낸싱의 위험관리

PF의 위험관리방안을 각 위험별로 구분하여 살펴보면 다음과 같다.

표 4.4.26 PF의 위험관리방안

구분	내용	위험관리방안	위험부담자
사업완공위험	공기 지연	시공사의 손해배상	시공사
		보험가입	보험사
		불가항력 면책 규정	대주
	시공능력 미달	손해배상의 예정	시공사
		검증되지 않은 신기술 사용불허	사업주
비용위험	공사비 초과	고정가격·Turn-Key Base 공사계약	사업주, 시공사
		예비비 책정	대주
	금리·환율 변동	금융공학을 이용한 위험관리	프로젝트회사, 대주

---

[102] 요건에 대해서는 「주택법령」 제10조 참조.

[103] 2007. 02. 「법인세법령」의 개정을 통해 명확하게 규정하였다(제86조의 2 ③). 즉, PFV의 요건을 갖춘 특수 목적회사가 주택건설사업자와 공동으로 주택건설사업을 수행하는 경우로서 그 자산을 주택건설사업에 운용하고 해당 수익을 주주에게 배분하는 때에는 PFV의 요건을 갖춘 것으로 보므로 조세감면을 받을 수 있다. 이 조항은 프로젝트투자금융회사에 대해 법인세 감면관련 내용이 「조세특례제한법」으로 이동되면서 「조세특례제한법 시행령」 제104조의28 제2항으로 이동하여 규정되었다.

구분	내용	위험관리방안	위험부담자
경영위험	관리운영 미숙	관리운영사의 보증서 징구	관리운영사
	시설의 결함	시설공급자의 보증서 징구	시설공급자
	불가항력	보험가입	보험사
시장위험	미분양	철저한 시장조사, 선분양	사업주, 시공사, 대주
	분양대금 연체	철저한 계약자 관리	사업주, 시공사

3) 프로젝트 파이낸싱의 구조: 예시

「주택법」에 의해 진행되는 아파트분양사업의 경우 주로 선분양방식이므로 사업주체의 자금소요는 토지매입자금에 집중되어 있다. 그러나 금융회사 입장에서 보면 사업부지를 담보로 취득할 수 없어[104] 분양수익금만이 유일한 담보가 된다. 따라서 금융회사가 프로젝트 파이낸싱을 하기 위해서는 사업계획승인의 가능성, 분양가능성 및 시공사의 건실성 등에 대한 확신이 필요하다.

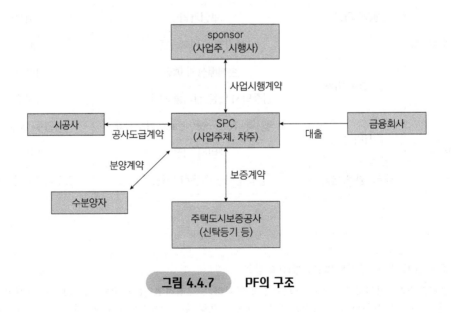

그림 4.4.7 PF의 구조

---

[104] 「주택법」 제40조 참조

③ 그 밖의 개발금융

1) 개발신탁

개발신탁은 신탁재산인 토지에 수탁자의 자금을 투입하여 택지조성 또는 건축물을 건설한 후, 이를 분양·임대하여 그 수익을 수익자에게 배당해주는 제도로서 토지신탁이라고도 한다. 이는 토지소유자가 부동산개발의 Know-How가 없거나 개발자금이 부족한 경우 등에 주로 활용된다.[105]

2) 민간투자사업

(1) 민간투자사업의 개념

「사회기반시설에 대한 민간투자법」(약어로 민간투자법이라 한다)에 의하면 민간투자사업이란 도로·철도·도시공원·학교·공공임대주택 등 사회기반시설에 대해 민간부문(민관합동법인을 포함한다)이 시행하는 사업을 말한다.

한편, 「도시공원 및 녹지에 관한 법률」(약어로 도시공원법이라 한다)에서는 민간자본을 유치하여 장기간 미조성된 도시공원을 신속하게 조성하고자 민간공원추진자가 도시공원을 조성하여 그 면적의 70% 이상을 기부채납하는 경우에는 도시공원부지의 일부 또는 지하에 공원시설이 아닌 시설의 설치를 허용하고 있다(도시공원법 21-2). 즉, 민간부문이 도시공원 전체 면적의 70% 이상에 대해 공원을 조성하여 기부채납하면 남은 부지에 공동주택·업무시설 등의 비공원시설을 설치하여 수익사업을 할 수 있다.

(2) 민간투자사업의 방식

민간투자사업은 BTO·BTL·BOT·BOO·BLT 등 다양한 방식으로 추진되고 있다.

① BTO(Build-Transfer-Operate)방식: 사회기반시설의 준공(Build)과 동시에 시설의 소유권이 국가 또는 지방자치단체에 귀속(Transfer)하되, 사업시행자에게 일정기간 시설에 대한 운영권(Operate)을 인정하는 방식(단, BTL에 해당하는 것은 제외한다)이다. 이 방식은 도로·철도 등 시설이용자로부터 이용료를 징수할 수 있는 경우에 적합하다.

② BTL(Build-Transfer-Lease)방식: 사회기반시설의 준공(Build)과 동시에 시설의 소유권이 국가 또는 지방자치단체에 귀속(Transfer)하되, 사업시행자가 일정기간 시설

---

105 개발신탁에 관한 자세한 내용은 제5편 제3장 제3절 참조(p.592)

에 대한 운영권을 가지며 국가 또는 지방자치단체가 임대료(Lease)를 지급하는 방식이다. 이 방식은 학교·도서관·군인아파트 등 시설이용자에게 이용료를 징수하기 어려운 시설에 적합하며, 정부가 임대료를 지급하기 때문에 저위험-저수익(Low Risk - Low Return)구조라 할 수 있다.

③ BOT(Build-Operate-Transfer)방식[106]: 사회기반시설의 준공(Build) 후 일정기간 사업시행자가 소유권(Own)을 가지고 운영(Operate)하며, 기간이 만료되면 국가 또는 지방자치단체에 소유권을 이전(Transfer)하는 방식이다. 이 방식은 개발도상국가에서 외자유치를 통한 사회기반시설사업에 많이 채택하고 있다. 사업시행자의 입장에서 사업기간이 길어 해당 국가의 정치적·경제적 상황에 대한 불확실성이 큰 것이 부담이며, 해당 국가의 입장에서는 시설의 건설 및 운영에 대한 노하우를 습득할 수 있는 장점이 있다.

④ BOO(Build-Own-Operate)방식: 사업시행자가 주도하여 사회기반시설을 준공(Build)하고, 영원히 소유권(Own)을 가지고 운영(Operate)하는 방식이다.

⑤ BLT(Build-Lease-Transfer)방식: 사업시행자가 사회기반시설을 준공(Build)한 후 일정기간 타인에게 임대(Lease)하고 임대기간 종료 후 시설의 소유권을 국가 또는 지방자치단체에 이전(Transfer)하는 방식이다.

(3) 사회기반시설투융자집합투자기구

사회기반시설사업에 자산을 투자하여 그 수익을 투자자에게 배분하는 것을 목적으로 설립한 기구를 사회기반시설투융자집합투자기구(약어로 법률에서는 '투융자집합투자기구'라 하나 여기서는 부동산펀드와의 구별을 쉽게 하기 위해 사회기반시설펀드라 한다)라 한다(법 제41조). 사회기반시설펀드는 투자신탁형과 투자회사형으로 구분되며, 각각 「자본시장법」상 투자회사와 투자신탁으로 본다. 여기서 사회기반시설펀드의 투자회사와 부동산펀드의 투자회사를 비교하면 다음의 표와 같다.

---

[106] BOT방식은 Build-Operate-Transfer, Build-Own-Transfer 또는 Build-Own·Operate-Transfer로 혼용하고 있으나, 기획재정부공고(민간투자사업기본계획)에서 쓰는 Build-Operate-Transfer로 표기하였다.

표 4.4.27 사회기반시설펀드와 부동산펀드의 비교

구분		사회기반시설펀드 (투자회사)	부동산펀드 (투자회사)
근거법		민간투자법	자본시장법
설립 형태		주식회사	주식회사
회사 형태		명목회사	명목회사
투자 대상		사회기반시설	부동산
설립자본금		10억원 이상	제한 없음
최저 순자산액		등록일로부터 6개월 이후 50억원	제한 없음
설립 규제		금융위원회 등록	금융위원회 등록(법률 182)
펀드 유형		환매금지형만 가능	환매금지형·환매가능형 모두 가능
자금 차입· 사채 발행		자본금의 30% 이내	제한 없음
상장 의무		요건구비시 지체없이 진행(법률 41-8)	환매금지형인 경우: 주식 최초발행일로부터 90일 이내 상장 의무(법률 230 ③)
법인세 감면	근거법률	조세특례제한법	법인세법
	요건	일정한 요건을 갖춘 법인이 90% 이상 배당시 배당금액의 소득공제	90% 이상 배당시 배당금액의 소득공제

④ 입주자저축

1) 입주자저축의 개념

입주자저축이란 국민주택과 민영주택을 공급받기 위하여 가입하는 주택청약종합저축을 말한다(주택법 56). 즉, 주택을 공급받고자 하는 자가 미리 입주금의 전부 또는 일부를 저축한 것을 말한다. 종전에는 입주자저축이 가입자격·공급대상주택 등에 따라 청약저축·청약예금·청약부금으로 구분되어 있었으나 이 3개 상품을 통합한 주택청약종합저축이 2009. 05. 06.부터 도입되었고, 2015. 09. 01.부터는 기존 3개 상품의 신규 가입이 불가능하여 입주자저축이 주택청약종합저축으로 일원화되었다.

국민주택 또는 민영주택에 청약하려는 자는 원칙적으로 입주자모집공고일 현재 주택청약종합저축에 가입되어 있어야 한다(주택공급규칙 11).

2) 입주자저축의 내용

청약종합저축은 모든 주택을 공급받을 수 있으며, 가입자격의 제한도 없는 저축이다. 따라서 미성년자는 물론 주택소유자도 가입할 수 있으며, 국민주택·민영주택 모두 청약할 수 있다. 다만, 한 사람이 한 계좌만 가입할 수 있다.

주택청약종합저축의 가입자는 매월 약정된 날에 약정된 금액(이를 '월납입금'이라 한다)을 납입하되, 월납입금은 2만원 이상 50만원 이하로 한다(주택공급규칙 9).

한편, 일반공급에 의한 방법으로 주택을 공급하는 경우 순위에 따라 입주자를 선정하여야 하며, 제1순위의 요건은 다음의 표와 같다. 즉, 공급하는 주택의 유형·지역, 그 전용면적에 따라 제1순위 요건의 차이가 있다.

표 4.4.28 일반공급에 있어 제1순위의 요건

구분		국민주택	민영주택
제1순위 (원칙)	수도권	주택청약종합저축에 가입하여 1년이 지난 자로서 매월 약정납입일에 월납입금을 12회 이상 납입한 자	다음의 요건을 모두 충족하는 자 • 주택청약종합저축에 가입하여 1년이 지나고 <표 4.4.29>의 예치기준금액에 상당하는 금액을 납입한 자 • 공공주택지구에서 주택을 공급하는 경우에는 2주택(토지임대주택을 공급하는 경우에는 1주택) 이상을 소유한 세대에 속한 자가 아닐 것
	수도권 외의 지역	주택청약종합저축에 가입하여 6개월이 지난 자로서 매월 약정납입일에 월납입금을 6회 이상 납입한 자	주택청약종합저축에 가입하여 6개월이 지나고 <표 4.4.29>의 예치기준금액에 상당하는 금액을 납입한 자

표 4.4.29 민영주택 청약 예치기준금액

(단위: 만원)

구분		공급받을 수 있는 주택의 전용면적			
		85㎡ 이하	85㎡ 초과 102㎡ 이하	102㎡ 초과 135㎡ 이하	모든 면적
지역	서울특별시·부산광역시	300	600	1,000	1,500
	그 밖의 광역시	250	400	700	1,000
	특별시·광역시를 제외한 지역	200	300	400	500

제 5 편 부동산활동과 산업

제1장 ▸ 부동산투자론

제2장 ▸ 부동산개발론

제3장 ▸ 부동산관리론

제4장 ▸ 부동산중개론

제1장

부동산투자론

제1절 | 부동산투자의 의의

1 투자와 부동산투자

1) 투자의 개념

일반적으로 투자(investment)는 '수익(收益)을 얻을 목적으로 자금을 투입하는 것'을 말한다. 그런데 통상 투자에 있어 자금투입의 시기는 현재이고, 수익실현의 시기는 미래이다. 즉, 투자란 미래의 불확실한 수익(uncertain benefits)을 위해 현재의 확실한 소비를 희생(certain sacrifice)하고 자금을 투입하는 것이라고 할 수 있다.

한편, 투기(speculation)는 일반적으로 '자산의 단기적인 양도차익을 목적으로 자금을 투입하는 것'을 말한다. 따라서 투기는 투자와 달리 그 자산을 이용할 목적은 전혀 없고 단기적인 양도차익을 추구하므로 투자보다 더 고위험·고수익의 특징을 가진다.

여기서 투자대상으로서 부동산·주식·예금의 특성과 수익의 내용을 정리하면 <표 5.1.1>과 같다. 일반적으로 부동산은 환금성이 낮고, 주식은 안전성이 낮으며, 예금은 수익성이 낮다. 투자에 있어서는 투자의 편리성도 고려할 필요가 있다.

표 5.1.1 자산의 특징과 수익의 비교

자산	수익성	환금성 (유동성)	안전성	편리성	수익의 내용	세금 (개인의 경우)
부동산	대(중)	소	중	소	임대료(소득수익)	사업소득세(종합과세)
					매매차익(자본이득)	양도소득세(분류과세)
주식	중(대)	중	소	중	배당금(소득수익)	배당소득세(종합과세)
					매매차익(자본이득)	원칙적 비과세
예금	소	대	대	대	이자(소득수익)	이자소득세(종합과세)

2) 부동산투자의 개념

부동산투자는 '수익을 얻을 목적으로 부동산에 자금을 투입하는 것'이라 할 수 있다. 부동산투자에 있어 수익에는 임대료와 같은 소득수익과 부동산가격 상승과 같은 자본이득이 있다.

부동산투자에서 중요한 점은 ① 자산의 운용으로 발생하는 현금흐름을 예측하고, ② 자산의 최종적인 매각으로 인해 수취하는 현금수입을 예측한 후, ③ 발생하는 현금흐름을 현가로 전환하여, ④ 예상되는 비용·편익을 비교하여 의사결정의 기준에 적용하는 것이다.

3) 부동산투자의 특징

부동산투자의 특징으로는 ① 투자기간의 장기성, ② 다른 자산보다 큰 투자금액, ③ 경영자의 운용능력에 따른 수익성 차이, ④ 자본이득 가능성(인플레이션 헤징기능), ⑤ 감가상각 등에 의한 절세효과, ⑥ 장래 기대수익의 불확실성, ⑦ 도난·멸실 위험이 적음, ⑧ 낮은 환금성(비유동성), ⑨ 외부효과의 존재(개발이익 또는 개발손실의 발생) 등이 있다.

여기서 특징을 중심으로 부동산투자의 장점과 단점을 정리하면 다음과 같다. 먼저 장점으로는 ① 부동산소유권으로 인한 자본이득과 소득수익을 얻는 점, ② 지렛대효과(leverage effect)로 담보대출을 통해 투자수익률을 극대화할 수 있는 점, ③ 감가상각, 차입금, 세액공제 등을 활용한 절세효과, ④ 부동산은 유형의 실물자산으로서 투자가치 보전능력이 우수하고 안전하다는 점, ⑤ 실물자산으로서 인플레이션 방어능력이 우수하여 구매력이 보호되는 점, ⑥ 부동산 소유로 인한 만족감, 즉 소유의 긍지를 느낄 수 있는 점 등이다. 단점으로는 ① 낮은 환금성으로 인해 투자의 유동성문제가 있는 점, ② 취득·처분 등에 각종 조세·수수료 등 거래비용이 비교적 큰 점, ③ 부동산의 관리 및 운영에 소유자의 노력과 전문지식이 필요한 점, ④ 외부효과로 인한 개발손실(또는 계획손실)이 있을 수 있는 점 등이다.

② 부동산투자의 내용

1) 부동산투자의 목적

(1) 소득수익의 기대

투자자는 투자대상 부동산에서 임대료 등 수익이 발생하고, 필요한 경비를 제외하고도 순수익이 발생하기 때문에 투자수익을 기대하고 투자하게 된다. 소득수익은 부동산의 운용에 따라서 발생하는 매기의 현금흐름을 말하며, 통상소득이라고도 한다.

한편, 소득수익은 매기 부동산으로부터 생긴다. 소득수익에 대한 과세는 개인의 경우 「소득세법」에 의한 사업소득세(종합과세)에 의하고, 법인의 경우 「법인세법」에 의한 법인세에 의한다.

(2) 자본이득[1]의 기대

투자자는 일정한 투자기간 종료 후 대상 부동산을 처분할 때 양도차익을 기대하고 투자하게 된다. 일정기간 동안 자산가치의 증가분을 자본이득이라 하며, 자본수익이라고도 한다. 일반적으로 부동산은 시간이 흐를수록 그 가치가 상승하는 속성이 있어 부동산투자는 대부분 인플레이션 헤징기능을 가지고 있다. 인플레이션 헤지(inflation hedge)란 인플레이션으로 인해 화폐 가치가 떨어지는 손실을 막기 위해 안전자산(예: 금·달러·부동산)으로 바꾸어 보유하는 것을 말한다.

한편, 자본이득은 부동산을 처분할 때 한번 생긴다. 자본이득에 대한 과세는 개인의 경우 「소득세법」에 의한 양도소득세(분류과세)에 의하고, 법인의 경우 「법인세법」에 의한 법인세에 의한다.

---

1 자본이득(capital gain)을 달리 표현하면 생산활동과 관계없이 인플레이션, 지역개발 등에 의하여 생기는 예상외의 가치증가라 할 수 있다. 반대로 생산활동과 관계없이 전쟁, 지진 등 천재지변, 기술혁신 등에 의한 예상외의 가치감소를 자본손실(capital loss)이라 한다.

1) 수입(收入, income 또는 revenue): 재화나 용역에 대한 대가로서 받는 모든 금전을 말한다. 이익여부와는 무관하며, 반대말은 지출(支出)이다.

2) 수익(收益, earnings 또는 yield): 수익은 좁은 의미로는 경제활동의 대가로서 이익을 거두는 것 또는 그 이익을 말한다. 이 경우 그 반대말은 손실이다. 그런데 회계학에서 수익은 수입과 같은 의미로 쓰이는데, 매출액, 영업외수익, 특별이익으로 구성된다. 매출액은 주된 영업활동에서 발생된 수입이며, 영업외수익은 주된 영업 활동과 관계없이 경상적(반복적)으로 발생된 수입이고, 특별이익은 주된 영업활동과 관계없이 비반복적으로 발생된 이익을 말한다. 이 경우 그 반대말은 비용 또는 손실이다. 따라서 수익은 넓은 의미로는 경제활동의 대가로 받는 금전이라 할 수 있다. 이 경우 수익에서 비용을 공제한 것을 순수익이라 한다.

3) 이익(利益, profit): 일정시점에서 물질적으로나 정신적으로 보탬이 되는 것을 말한다. 한편, 일정기간 수익에서 비용을 공제한 것을 말하기도 한다(예: 영업이익, 당기순이익, 개발이익). 반대말은 손실이다.

4) 이윤(利潤, profit): 기업에 있어 일정기간 총수입(기업에 있어 총수입은 총수익과 일치)에서 총비용을 공제한 것을 말한다. 따라서 이윤은 이익에 속한다. 기업의 목표는 이윤극대화이다.

5) 이득(利得, gain): 주된 영업활동과 관계없이 비반복적으로 발생된 이익을 말한다(예: 부당이득, 자본이득). 따라서 특별이익이란 용어는 특별이득이란 용어가 더 적절하다.

6) 소득(所得, income): 일정기간 생산요소(자원)에 대한 보수로서 벌어들인 금전을 말한다(예 : 근로소득, 종합 소득). 여기서 일정기간은 일반적으로 1년을 말한다. 여기서 소득을 좁은 의미로 정의하면 1년 동안 생산요소에 대한 보수로 받는 금전을 말한다. 따라서 소득은 유량(流量, flow)개념이다. 임금, 임대료, 이자, 배당금 등의 형태로 나타난다. 양도소득은 자본이득에 속하므로 양도이득이란 용어가 더 적절하다.

7) 수익(受益, receiving benefits 또는 return): 편익이나 이익을 받는 것을 말한다. 수익자부담금, 수익증권 등으로 쓰인다.

(3) 그 밖의 투자목적

첫째, 가장 이상적인 목적으로 이용목적이 있다. 실수요자가 부동산을 취득하는 목적은 이를 이용하기 위해서이다. 이용에 따른 만족이나 심리적 안정 등도 누릴 수 있다.

둘째, 인플레이션 헤징(inflation hedging) 목적이 있다. 부동산은 실물자산이므로 인플레이션 발생 시 다른 상품보다 인플레이션 방어효과가 크다.

셋째, 위험분산 목적이 있다. 이는 투자자의 포트폴리오(portfolio)의 하나로서 부동산을 선택함으로써 위험을 분산하기 위한 목적이다. 포트폴리오란 여러 개의 자산에 분산투자함으로써 하나의 자산에 집중투자 했을 때에 발생할 수 있는 불확실성을 제거·완화하여 분산된 자산으로부터 안정된 수익을 획득하도록 하는 자산관리의 방법을 말한다. 포트폴리오의 하나인 자산3분법은 자기의 자산을 부동산·주식·예금에 각각 일정한 비율로 배분하여 투자함으로써 투자에서 발생되는 위험을 분산시키고 수익성·환금성(유동성)·안전성 등을 균형 있게 고려하여 자산을 관리하는 것이다.

넷째, 절세 목적이 있다. 부동산투자에는 감가상각비·차입금이자로 인한 세금혜택이 있고, 개인의 경우 소득세에 있어 비과세나 감면·장기보유특별공제, 시세보다 낮은 과세표준으로 인한 증여세의 세금혜택 등이 있다.

2) 부동산투자의 유형

부동산투자의 유형은 투자의 직접성 여부에 따라 직접투자와 간접투자로 구분할 수 있다. 직접투자는 투자자가 직접 투자의 주체로서 투자대상을 선정하여 투자하는 것을 말하며, 간접투자는 투자자가 투자전문가인 제3자에게 투자를 맡기는 것을 말한다.

(1) 직접투자

직접투자는 투자부동산의 소유권을 취득하는 방법에 의하며, 보유·이용·개발을 통해 자본수익과 소득수익을 추구한다. 직접투자는 다시 부동산보유형·부동산전매형·부동산개발형으로 세분할 수 있다.

첫째, 부동산보유형은 자가사용을 목적으로 부동산을 취득하여 이용하거나, 해당지역의 거점형성이나 시장진출을 목적으로 부동산을 취득하는 형태이다. 부동산보유형은 주로 소득수익을 추구한다.

둘째, 부동산전매형은 부동산에서 발생하는 자본이득을 얻고자 하는 투자형태로, 부동산가격의 지속적인 상승이 예상되는 시기·장소에서 가능한 투자방법이다. 따라서 부동산전매형은 부동산개발에 대한 사전정보수집, 부동산경기변동에 대한 예측과 분석, 투자물건의 위치선정 등이 중요하다.

셋째, 부동산개발형은 부동산을 구입한 후 형질변경·건축 등으로 개발하여 분양 또는 임대하는 투자형태이다. 이 유형은 투자에 따른 수익이 높은 반면에 그에 따른 위험도 높은 편이다. 따라서 충분한 시장조사와 위험관리전략이 필요하다.

(2) 간접투자

간접투자는 부동산펀드나 부동산투자회사와 같은 간접투자기구를 통해 투자하는 것으로서 투자 상품의 투자성과를 배당받는 방법에 의한다. 부동산 간접투자는 1997년 말에 발생한 외환위기 이후 이를 극복하기 위한 다양한 선진 금융기법들이 도입되면서 활성화되었다.

(3) 부동산 직접투자와 간접투자의 비교

투자자의 입장에서 부동산 직접투자와 간접투자를 비교하면 다음의 표와 같다.

표 5.1.2 부동산 직접투자와 간접투자의 비교

구분	부동산 직접투자	부동산 간접투자
방법	부동산의 소유권 취득	간접투자 상품에 투자
특징	• 수익성: 상대적으로 높음 • 환금성·안전성·편리성: 상대적으로 낮음	• 수익성: 상대적으로 낮음 • 환금성·안전성·편리성: 상대적으로 높음
투자금	많은 자금 필요	소액으로 가능
	타인자본 활용 용이: 부동산 담보대출 활용	타인자본 활용 곤란
수익	• 소득수익(사업소득) • 자본수익: 양도차익	• 소득수익(배당소득) • 자본수익: 양도차익
장점	• 투자자의 의견이 반영 • 독점적 수익 창출 가능 • 지렛대효과·인플레이션 방어기능 가능 • 감가상각비의 비용처리 등으로 세금 혜택	• 투자 및 관리가 용이 • 소액으로 투자 가능 • 투자기구나 투자자에 대한 세금 혜택 • 투자의 위험분산 용이
단점	• 투자 및 관리에 많은 노력과 시간 필요 • 소액으로 투자 곤란 • 부동산취득·보유·처분시 세금 부과 • 투자의 위험분산 곤란	• 위탁수수료 발생 • 투자자의 의견반영이 곤란 • 독점적 수익 창출 곤란 • 지렛대효과·인플레이션 방어기능 곤란

한편, 부동산투자자본의 형태에 따라 자기자본투자와 타인자본투자로 구분할 수 있다. 자기자본에서 재원을 조달하는 투자가 자기자본투자이고, 금융회사 등의 차입금으로 재원을 조달하는 투자가 타인자본투자이다. 실제에 있어서는 자기자본과 타인자본을 병용하는 경우가 많다.

타인자본을 적절히 활용함으로써 투자수익을 극대화할 수도 있는데 이를 지렛대효과 또는 레버리지효과(leverage effect)라 한다. 여기서 타인자본 조달의 방법을 예시하면 다음의 표와 같다.

표 5.1.3 타인자본 조달의 방법: 예시

구분	내용
대출자금	금융회사 및 비금융회사로부터 신용대출, 예금·부동산·사업담보대출 등을 이용하여 자금을 지원받는 것으로 원금과 함께 이자를 지급해야 함.
펀드자금	증권(수익증권·지분증권)을 발행하여 사회의 여유자금을 부동산에 투자할 목적으로 모은 것으로 손익을 자금공급자에게 배분함.
PF자금	특정 프로젝트로부터 미래에 발생할 현금흐름을 담보로 자금을 조달하는 방법임. 자금공급자는 이자 이외에 프로젝트의 수익을 배분받을 수도 있음.
외국자본	외국의 정부·기업·개인 등으로부터 끌어들인 금전으로 외자투입의 형식은 합자, 합작, 출자, 대부, 채권, 주식 등 다양함.
재정자금	국가가 투자주체로 투입하는 자금임. 예: 국민주택기금
선분양자금	부동산을 건설하기 전에 미리 예약하고 선취하는 거래대금으로 개발과정에서 부족한 자금을 보충하는데 기여하는 투자자금임(미리 임차인에게 임대한 후 받는 임대보증금도 포함).

3) 부동산투자의 절차

부동산투자의 절차는 투자자가 투자과정에서 발생가능한 모든 사안을 고려할 수 있는 체계적인 방법을 제공한다. 부동산투자절차는 투자전략의 수립, 투자구조의 조직, 투자분석 및 의사결정, 자산관리전략 수립 등 체계적인 투자 과정을 통해 보다 정확한 의사결정을 할 수 있고, 시행착오를 줄일 수 있다. 구체적인 투자절차는 다음과 같다.[2]

표 5.1.4 부동산투자의 절차

단계	단계별 목표	세부절차	내용
1	투자전략 수립	투자자의 목표 설정	구체적 투자목표 설정으로 투자의 방향설정
		투자기준 설정	목표수익률, 위험도, 투자기간, 투자방식 결정
		투자자의 잠재력·제약조건 파악	투자자의 자금, 전문성, 대출한도, 선호, 신념 등
		일정계획 및 정책방침 수립	프로세스의 진행일정계획, 내부 규율 마련

---

2   박원석(2013), 부동산투자론, 양현사, pp.38~50.

단계	단계별 목표	세부절차	내용
2	투자구조의 조직	투자자의 투자조직 선택	투자수행을 위한 사업조직 선택
		투자자금 조달방안 마련	조달자금의 유형·금리·만기·상환조건 등을 고려하여 선택
		투자구조의 정책적 환경 분석	부동산투자구조에 대한 법적·제도적 환경분석
3	투자분석 및 투자의사결정	시장 및 투자환경 분석	부동산시장 수급상황, 시장·시장성분석
		부동산투자 현금흐름의 추정	매입·운영·처분단계별 현금흐름의 추정
		경제성분석	• 재무비율·DCF·NPV·IRR 등 • 요구수익률 확보여부
		투자의사결정	경제성분석 결과를 토대로 최종적인 의사결정
4	자산관리전략 수립	보유기간의 관리· 운영 전략수립	부동산의 자산관리·시설관리 전략수립
		처분단계의 출구전략 마련	부동산을 처분하여 투자지분환수 위한 전략마련
		포트폴리오 구성전략 마련	투자자의 총투자자산 중 자산별 기대수익률·위험고려, 자산구성비중결정 및 분산투자 도모전략

③ 부동산투자의 위험

1) 부동산투자위험의 의의

부동산투자의 수익은 현재의 소비를 희생한 대가로서 미래에 실현된다. 따라서 부동산투자에는 당연히 위험이 수반된다. 여기서 실현된 수익이 당초 예상보다 낮아질 가능성을 부동산투자의 위험이라 한다. 부동산투자의 위험은 연구자마다 매우 다양하게 분류하고 있다. 이 책에서는 그 발생 분야에 따라 경제적 위험·정책적 위험·사회적 위험·물리적 위험으로 구분하고자 한다.

한편, 부동산투자의 위험은 포트폴리오로도 피할 수 없는 위험과 포트폴리오로 피할 수 있는 위험으로 구분할 수도 있다. 이때 포트폴리오로도 피할 수 없는 위험을 체계적 위험이라 하고, 포트폴리오로 피할 수 있는 위험을 비체계적 위험이라고 한다. ① 체계적 위험(systematic risk)은 모든 경제주체들에게 동일하게 작용하는 위험으로 시장 전체가 직면하는 환경으로부터 발생한다. IMF사태, 세계금융위기, 코로나사태 등이 그 예이다. ② 비체계적 위험(unsystematic risk)은 특정 경제주제·지역 등에게만 발생하는 위험이므로 투자자가 포트폴리오를 통해 피할 수 있다. 특정 산업의 규제 강화, 특정 지역의 쇠퇴 등이 그 예이다.

2) 발생분야에 따른 부동산투자위험

(1) 경제적 위험

경제적 위험은 다시 시장위험·유동성 위험·경영위험으로 세분할 수 있다.

첫째, 시장위험은 일반경제의 위축, 경쟁상품의 출현, 산업구조의 변화, 이자율 변동, 인플레이션 등에 의해 야기되는 위험을 말한다. 예컨대 이자율 변동은 모든 부동산의 가격과 수익률에 대해 영향을 미치며, 예기치 못한 인플레이션은 투자수익이 충분히 동반 증가하지 않는 한 투자수익률을 하락시키고 부동산투자의 가치를 감소시킨다.

둘째, 유동성 위험은 장래 어떤 시점에 부동산을 현금화시키는데 관련되는 위험이다. 즉, 현금화의 위험으로 환금성 위험이라고도 한다. 부동산은 매각하는데 비교적 긴 시간이 소요되고, 갑작스런 매각에는 가격을 할인해야 하는 위험이 있다. 특히 특정목적의 부동산은 용도가 쉽게 전용될 수 있는 부동산보다 유동성 위험이 높다.

셋째, 경영위험은 사업자의 기획력, 부동산의 관리능력, 근로자의 파업, 영업경비의 증가, 임대료의 연체 등으로 인해 야기될 수 있는 수익성의 불확실성을 말한다. 이는 관리자의 경영능력에 크게 좌우된다. 또한, 경영위험에는 재무위험이 포함된다. 재무 위험은 차입금을 병용하여 투자함에 따라 발생하는 위험으로, 불충분한 수익으로 인해 채무상환의무를 지키지 못하는 경우이다.

(2) 정책적 위험

부동산투자는 부동산의 세제, 임대료 규제, 지역지구제, 건축법규의 강화 등 정부의 부동산정책에 크게 영향을 받는다. 특히 우리나라는 그동안 부동산시장의 경기상황에 따라 부양정책과 안정정책을 번갈아 가며 시행해 왔다.

(3) 사회적 위험

부동산투자의 수익은 인구구조의 변화 또는 소비자의 기호변화 등에도 크게 영향을 받는다. 여기서 인구의 감소, 사회재난(예: 전쟁·전염병·건축물 붕괴)은 대표적인 사회적 위험이라 할 수 있다.

한편, 기반시설의 상태도 부동산투자의 수익에 영향을 주는데 부(-)의 영향을 미치는 예로는 혐오시설의 신설, 선호시설의 폐쇄 등이 있다.

(4) 물리적 위험

물리적 위험은 부동산 자체가 가진 특성에서 비롯되는 위험으로 위험을 피할 수 있는 수단이 없거나 제한적인 특징이 있다. 물리적 위험의 예로는 기후변화, 자연재난(예: 지진·산사태) 등이 있다.

3) 부동산투자위험의 관리

부동산투자에서 발생하는 위험은 투자단계에서의 관리로 끝나는 것이 아니라 투자가 종료되기까지 전체적으로 종합하여 관리하여야 한다. 위험관리를 효율적으로 수행하기 위해서는 위험관리에 대한 정책방향이 설정되고 이를 실행하기 위한 구체적인 방법론들이 마련될 필요가 있다. 위험에 대한 대응방법은 크게 위험회피·위험보유·위험전가 및 위험통제로 분류할 수 있다.[3]

(1) 위험회피

위험회피는 가장 기본적인 위험에 대한 대비수단으로서 손실의 발생가능성을 원칙적으로 회피하는 것이다. 위험회피에 해당하는 위험은 손실의 발생빈도는 낮으나 손실이 발생하면 그 규모가 매우 큰 위험이다.

위험회피의 대표적 방법으로는 부동산시장의 순환주기를 주시한 투자, 변동금리 차입금의 회피, 특수목적부동산의 투자회피 등이 있다.

(2) 위험보유

위험보유는 위험으로 인한 미래의 손실을 스스로 부담하는 방법이다. 위험보유를 선택하는 이유는 ① 위험을 보유하는 편이 다른 처리방법보다 비용이 적게 들거나, ② 위험이 특수하여 해당 위험을 헤징할 수 있는 수단이 없거나, ③ 보험시장이 형성되지 않기 때문이다.

위험보유의 구체적인 방법으로는 손실에 대한 충당금을 설정하거나, 공제 등으로 손실의 일부에 대해서만 보유하는 방법 등이 있다.

---

[3] 자세한 내용은 양승철·이재우(2001), 투자용 부동산의 분석과 평가, 한국감정평가연구원, p.79. 이하 참조

(3) 위험전가

위험전가는 잠재적 손실의 발생빈도나 결과의 강도에는 영향을 주지 않고 경제적 부담과 책임을 제3자에게 넘기는 방법을 말한다. 이는 전가된 위험이 다른 사람에게 손실을 초래한다는 점에서 책임회피와 다르다.

위험의 전가형태로 주로 사용되는 방법은 계약에 의한 위험의 전가, 헤징 그리고 보험이 있다. ① 계약에 의한 위험 전가의 대표적인 예로는 하청계약과 면책계약 등이 있다. 하청계약은 원도급자의 위험을 하청업자에게 전가시킨다. 부동산임대차계약에서 위험의 전가방식은 임대료를 변동시킬 수 있는 계약을 통해 인플레이션과 비용증가위험을 임차인에게 전가할 수 있다. ② 헤징은 위험의 일부 특히 가격위험을 전가하는 방법이다. 가격·이자율·환율의 변동으로 예상되는 손실위험을 선물거래를 통해 상대방에게 전가하는 방법이 대표적이다. ③ 보험도 보험구입자의 위험을 보험판매자에게 전가하는 방법이다.

(4) 위험통제

위험의 통제는 손실의 발생회수나 발생규모를 줄이는 기법·도구 또는 전략을 의미한다. 위험의 통제방법으로는 손실 발생 빈도의 축소에 초점을 두는 손실예방활동과 발생한 손실 규모의 축소에 초점을 둔 손실감소로 구분된다.

제2절 | 부동산투자이론

① 부동산투자의 수익 산정

1) 소득수익의 산정

소득수익은 부동산의 운용에 따라서 발생하는 매기의 현금흐름을 말하며, 일반적으로 매기의 총수익에서 총비용을 공제한 금액인 순수익을 의미하며, 이때 순수익 산정기간은 일반적으로 1년으로 한다.

한편, 수익 또는 소득의 용어와 관련하여 한 해의 수입을 소득이라 하고, 여러 해의 수입을 수익이라 한다는 주장도 있지만[4], 다수의 책 및 법령에서 이를 혼용하고 있다. 이 책에서는「감정평가에 관한 규칙」(약어로 감정평가규칙이라 한다)과「감정평가 실무기준」(약어로 감정평가기준이라 한다)에서의 용어인 수익으로 통일하여 표현하기로 한다. 따라서 가능총소득과 가능총수익, 유효총소득과 유효총수익, 순영업소득과 순수익은 각각 같은 의미의 용어이다.

(1) 가능총수익

가능총수익(PGI: Potential Gross Income)은 대상부동산이 100% 임대되는 경우 얻을 수 있는 잠재적 총수익을 말한다. 가능총수익은 보증금(전세금) 운용수익, 차임 수입, 관리비 수입과 그 밖의 수입(예: 주차수입, 광고시설수입 등)을 합산하여 구한다. ① 보증금(전세금) 운용수익은 임대인이 일시금으로 받는 보증금(전세금)의 운용수익을 말한다. 보증금(전세금)은 임대료의 연체 또는 미지불 등을 대비하기 위해 임대인이 일시불로 받는 금액으로서 전세계약의 경우 전세보증금을 의미하며, 보증부 월세의 경우 보증금을 의미한다. 이러한 보증금(전세금)에 보증금운용이율을 곱하여 보증금(전세금) 운용수익을 산정한다. ② 차임 수입은 매기 받는 차임의 연간 합계를 말한다. 여기서 차임은 임차인이 부동산 임차의 대가로 매기마다 임대인에게 지불하는 것을 말한다. ③ 관리비 수입은 임차인으로부터 징수하는 관리비의 연간 합계를 말한다. 여기서 관리비는 인건비, 수선유지비, 수도광열비 등과 같이 부동산을 관리하는 데 드는 모든 비용을 말한다. 일반적으로 관리비는 임대인이 임차인에게 전가하며, 실제 발생한 비용보다 더 많이 부과하는 경우도 있다. ④ 보증금(전세금) 운용수익, 차임 수입 및 관리비 수입 이외에 다른 수입이 있는 경우 이를 가능총수익에 포함한다. 그 밖의 수입에는 주차수입, 광고시설수입, 송신탑수입, 공중전화·자동판매기 장소임대료, 행사장 대여임대료 등이 있을 수 있다.

• 가능총수익 = 보증금(전세금) 운용수익 + 차임 수입 + 관리비 수입 + 그 밖의 수입

(2) 유효총수익

유효총수익(EGI: Effective Gross Income)은 가능총수익에서 공실손실상당액과 대손충당금을 공제하여 산정한다. ① 공실손실상당액은 공실로 인하여 발생하는 손실분을 계상하는 것으로, 공실(空室)은 부동산이 임차인 없이 비어있는 것을 말한다. 공실은 경기 침체로 인한 미임대, 임대차계약의 중도해지나 계약만료 후 공백 등의 사유로 발생한다. ②

---

4 안정근(2019), 앞의 책, p.305.

대손충당금은 임대료를 받지 못할 것을 예상하여 장부상으로 처리하는 추산액을 말한다. 대손충당금은 일반 경제상황, 임차인의 신용, 과거의 경험 등을 참작하여 일정액을 계상하여야 한다.

한편, 부동산활동실무에서는 일반적으로 공실손실상당액과 대손충당금을 가능총소득의 일정비율로 계상하고 있다.

• 유효총수익 = 가능총수익 - (공실손실상당액 + 대손충당금)

(3) 운영경비

운영경비(OE: Operating Expenses)는 부동산의 유지 또는 가능총수익의 창출을 위하여 지출되는 경비를 말한다. 운영경비는 크게 고정경비와 변동경비로 구분할 수 있다. 고정경비는 공실률 등에 상관없이 일정하게 지출되는 경비로서 보험료가 대표적이며, 변동경비는 공실률이나 서비스의 양 등에 따라 변동하는 경비로서 수도광열비가 대표적이다.

한편, 대상물건이 부동산인 경우 운영경비로는 인건비, 용역비, 수선유지비, 수도광열비, 세금·공과금, 보험료, 광고선전비 등이 있다.

운영경비와 관련하여 유의할 점은 감가상각비는 고려하지 않는다는 것이다. 감가상각비는 고정경비이지만, 수익방식을 적용할 경우에는 실제 경비의 지출이 아니기 때문에 운영경비에 포함시키지 않는다. 이는 시간의 경과에 따라 감가상각의 정도가 심한 부동산의 경우, 총수익이 감소하게 되는데 이에 감가상각비를 운영경비에 포함시켜 다시 총수익에서 공제하게 되면 이중계산이 되기 때문이다. 수익방식에서는 감가상각비의 처리를 총수익에서 공제하는 방법보다는 자본회수율을 감안한 환원율로 처리하는 것이 일반적이다.[5] 또한, 지출된 비용이더라도 판매비와 관리비[6] 계정과목이 아닌 영업 외 비용에 속하는 항목(예: 이자비용, 기타대손상각비)은 제외하여야 한다.[7]

---

5 한국감정평가협회·한국감정원(2014a), 감정평가실무기준해설서(Ⅰ), p.171.

6 손익계산서상 판매비와 관리비는 영업활동에서 발생하는 비용으로서 매출원가에 속하지 아니하는 모든 비용을 포함한다.

7 장희순·방경식 공역(2007), 해설 부동산감정평가기준, 부연사, p.182.

(4) 순수익

순수익(Net income)은 대상물건을 통하여 일정기간에 얻을 수 있는 총수익에서 그 수익을 발생시키는 데 소요되는 총비용을 공제한 금액을 의미한다. 순영업소득(NOI: Net Operating Income)이라고도 한다.

- 순수익 = 유효총수익 - 운영경비

(5) 세전현금흐름

세전현금흐름(BTCF: Before Tax Cash Flow)은 순수익에서 부채서비스액을 공제하여 산정한다. 부동산투자자는 자기자본 이외에 타인자본을 이용하여 투자하는 경우가 많다. 즉, 타인자본을 이용하여 자기자본수익률을 극대화하는 레버리지효과(leverage effect)를 활용하는 것이 보편적이다.

타인자본에 대한 상환금을 부채서비스액(원리금상환액)이라고 하는데, 그 상환방식은 원금균등 상환방식, 원리금균등 상환방식, 거치식 상환방식 등 다양하다. 일반적으로는 원리금균등 상환방식으로 매기 부채서비스액(원리금상환액)을 산정하고 있다. 이 경우 부채서비스액(원리금상환액)은 대출금액에 저당상수를 곱하여 산정하면 된다.

- 세전현금흐름 = 순수익 - 부채서비스액(저당지불액)
- 부채서비스액(원리금상환액) = 대출금액 × 저당상수

용어의 구별

저당대출에 있어 근저당권 설정비용(등록면허세, 국민주택채권매입비, 법무사수수료 등), 감정평가수수료, 인지대, 화재보험료, 중도상환수수료 등의 비용이 발생한다. 이들 비용 중에는 차주가 부담하는 항목이 많다. 저당대출과 관련하여 차주가 지불하는 모든 금액을 부채서비스액(debt service)이라 한다. 따라서 원리금상환액을 의미하는 저당지불액(mortgage payment)보다 넓은 개념이다. 그러나 대부분의 책에서는 이를 혼용하고 있다. 즉, 부채서비스액, 저당지불액, 원리금상환액을 같은 의미로 사용하고 있다. 생각건대 부동산활동의 편의를 위해서는 정확한 용어를 통일하여 사용하는 것이 합리적인 바, 원리금상환액으로 통일하는 것이 필요하다고 본다(이 경우 부채서비스액 중 원리금상환액 이외의 비용은 무시한다).

(6) 세후현금흐름

세후현금흐름(ATCF: After Tax Cash Flow)은 세전현금흐름에서 영업소득세를 공제하여 산정한다. 영업소득세와 관련하여 우선 소득공제 여부를 검토하여야 한다. 이때 운영경비나 부채서비스액의 항목 중 세법상 소득공제 여부를 재검토하여 이를 과세대상소득에 추가하거나 제외하여야 한다. 예컨대 감가상각비의 경우 운영경비에 포함되지 않으나 세법상 소득공제 항목이므로 세전현금흐름에서 추가로 공제한다. 반대로 부채서비스액 중 원금상환액은 부동산의 지분가치를 상승시키는 요소로 소득공제 항목이 아니므로 세전현금흐름에서 추가로 가산한다. 최종적으로 과세대상소득을 산출한 후 세율을 곱하면 영업소득세가 된다.

- 세후현금흐름 = 세전현금흐름 – 영업소득세
- 영업소득세 = [세전현금흐름 – 감가상각비 + 원금상환액] × 세율

표 5.1.5 **소득수익의 산정과정과 내용**

구분		산정내용	비고
가능총수익		• 보증금(전세금) 운영수익 • 차임 수입 • 관리비 수입, 그 밖의 수입	투자부동산의 잠재적 총수익
(−)	공제항목	• 공실손실상당액 • 대손충당금	일반적으로 가능총수익의 일정비율 계상
유효총수익			

구분		산정내용	비고
(−)	운영경비	• 인건비, 용역비, 수선유지비, 수도광열비, 세금·공과금, 보험료, 광고선전비 등	감가상각비는 제외
순수익			일반적으로 소득수익으로 활용
(−)	공제항목	• 부채서비스액(원리금상환액)	대출금액 × 저당상수
세전현금흐름			
(−)	세금	• 영업소득세	과세대상소득 × 세율
세후현금흐름			

2) 자본이득의 산정

자본이득은 일정기간동안 자산가치의 증가분을 말하며, 자본수익이라고도 한다. 여기서 일정기간은 원칙적으로 투자부동산의 취득부터 처분까지의 기간이다. 투자부동산을 처분하는 경우 자본이득을 산정하는 과정과 내용은 다음과 같다.

(1) 순매도액

순매도액은 매도가격에서 매도비용을 공제한 금액을 말한다. ① 매도가격은 투자부동산의 보유기간 말 매도가격을 말한다. ② 매도경비는 부동산의 처분을 위해 지출되는 경비를 말한다. 중개보수와 실비, 근저당권 말소비용 등이 예이다. 일반적으로 매도가격의 일정비율로 계상한다.

• 순매도액 = 매도가격 − 매도경비

(2) 미상환저당잔금(대출잔액)

부동산투자에서 자기자본 이외에 타인자본을 이용한 경우 타인자본의 몫인 미상환저당잔금을 공제해야 자기자본에 대한 몫을 산정할 수 있다.

미상환저당잔금은 대출금액에서 상환하지 않고 남은 금액을 말하며 대출잔액이라고도 한다. 원리금균등 상환방식에서 미상환저당잔금(대출잔액)을 구하는 산식은 다음과 같다.

• 미상환저당잔금 = 대출금액 × (1 − 상환비율) = 대출금액 × 잔금비율
• 잔금비율 = 연금의 현가계수(잔존기간) / 연금의 현가계수(전체기간)

(3) 세전지분복귀액

세전지분복귀액은 순매도액에서 미상환저당잔금(대출잔액)을 공제하여 산정한다.

- 세전지분복귀액 = 순매도액 - 미상환저당잔금(대출잔액)

(4) 세후지분복귀액

세후지분복귀액은 세전지분복귀액에서 자본이득세를 공제하여 산정하며, 투자자에게 돌아오는 최종 자본이득이 된다.

자본이득세는 과세대상 자본이득에 세율을 곱하여 산출한다. 과세대상 자본이득은 순매도액에서 매수가격(취득가격)과 자본적 지출액을 공제하여 산정한다. 여기서 자본적 지출액이란 고정자산의 내용연수를 연장시키거나 그 가치를 현실적으로 증가시키는 지출을 말한다. 자본적 지출액은 기업회계에서 고정자산에 가산하여 계상하므로 과세대상 자본이득 산정 시 매수가격(취득가격)과 함께 고려하여야 한다.

- 세후지분복귀액 = 세전지분복귀액 - 자본이득세
- 자본이득세 = [순매도액 - 매수가격 - 자본적 지출액] × 세율

표 5.1.6　자본이득의 산정과정과 내용

구분		산정내용	비고
매도가격			투자부동산의 매도가격
(-)	매도경비	• 중개보수와 실비 • 근저당권 말소비용 등	일반적으로 매도가격의 일정비율 계상
순매도액			
(-)	공제항목	• 미상환저당잔금(대출잔액)	대출금액 × 잔금비율
세전지분복귀액			
(-)	세금	• 자본이득세	과세대상 자본이득 × 세율
세후지분복귀액			

ㄹ 부동산투자의 수익률

1) 수익률의 의의

수익률은 투입된 자본에 대한 산출의 비율을 말한다. 수익률은 어떤 투자에 대한 의사결정을 하는데 중요한 변수 중의 하나이다.

수익률은 다양한 기준에 의해 분류할 수 있는데 일반적으로 기대수익률, 요구수익률, 실현수익률의 용어를 많이 쓴다.

(1) 기대수익률

기대수익률은 어떤 투자에서 기대할 수 있는 예상수익과 예상비용으로 산출한 수익률을 말한다. 기대수익률은 예상수익률로서 사전적 수익률에 속한다.

기대수익률을 산출할 때는 장래의 수익을 합리적으로 추정할 필요가 있다. 장래의 투자환경을 낙관적·일상적·비관적으로 구분하여 발생확률과 각 상황별 수익률을 예상한다면 기대수익률은 각각의 발생확률과 수익률을 가중평균[8]하여 산출할 수 있다. 예컨대 장래의 투자환경에 따른 발생확률과 수익률이 〈표 5.1.7〉과 같다면 기대수익률은 7.0%[9]가 된다.

표 5.1.7 **자산의 투자환경:예시**

예상 투자환경(시장전망)	상황 발생확률(%)	상황에서의 수익률(%)
낙관적	25	12
일상적	50	7
비관적	25	2

(2) 요구수익률

요구수익률은 투자자가 투자를 결정하기 위해 요구하는 최소한의 수익률을 말한다. 따라서 요구수익률은 주관적 수익률과 사전적 수익률에 속한다.

일반적으로 수익과 위험은 비례관계에 있다. 따라서 부담하는 위험이 크면, 투자자가 요구하는 수익률도 커진다. 위험과 수익의 비례관계를 위험-수익의 상쇄관계(trade-off)라 한다. 여기서 요구수익률을 결정하는 투자자의 심리를 분석하면 다음과 같다. ① 일단

---

[8] 자료의 평균을 구할 때 표본 가중치를 반영하여 구한 평균값을 말한다.

[9] $(0.25 \times 0.12) + (0.50 \times 0.07) + (0.25 \times 0.02) = 0.07$

아무 위험이 없는 투자자산의 수익률을 기초로 삼는다. 위험을 전혀 수반하지 않고 얻을 수 있는 수익률을 무위험률이라 한다. 따라서 무위험률은 시간가치에 대한 대가라 할 수 있다. 3년 만기 국고채수익률이 대표적인 예이다. ② 다음으로 위험이 커지면 위험부담의 대가를 더 크게 요구한다. 여기서 증가하는 위험부담에 대한 대가를 위험할증률이라 한다. ③ 만약, 인플레이션으로 인한 화폐가치의 하락이 예상된다면 투자자는 인플레이션율만큼 더 높은 수익률을 요구할 것이다.[10] 이처럼 요구수익률에 인플레이션율이 반영된다는 것을 'Fisher 효과'라 한다. 이는 미국의 경제학자 피셔(Irving Fisher, 1867~1947)가 주장한 것이기 때문이다. 결국 투자자는 요구수익률을 무위험율에 위험할증률과 예상 인플레이션율을 가산하여 결정한다.

- 요구수익률 = 무위험률 + 위험할증률 + 예상 인플레이션율

(3) 실현수익률

실현수익률은 투자의 결과 현실적으로 확정된 수익률을 말한다. 따라서 실현수익률은 사후수익률에 속하므로 투자 여부를 결정하는 시점에서는 의미가 없다.

2) 투자수익률의 사례

국토교통부는 한국부동산원에 위탁하여 '상업용부동산 임대동향조사' 보고서를 매분기 발표하고 있다. 이 조사는 「부동산 가격공시에 관한 법률」에 근거(제15조)하여 2002년부터 분기별로 발표하고 있다. 조사방식은 전국의 상업용부동산(오피스, 상가) 중 표본빌딩을 선정하여 기본현황, 임차인별 면적 및 임대현황, 표본빌딩의 자산가치 등을 조사한 후 그 내용을 통계처리하는 방식이다.

이 보고서에서 투자수익률은 소득수익률과 자본수익률을 합산하여 산정한다. ① 소득수익률은 (순수익 ÷ 기초부동산가액) × 100으로 산정한다. ② 자본수익률은 [(기말부동산가액 - 기초부동산가액) ÷ 기초부동산가액] × 100으로 산정한다.

- 투자수익률 = 소득수익률 + 자본수익률
- 소득수익률 = (순수익 ÷ 기초부동산가액) × 100
- 자본수익률 = [(기말부동산가액 - 기초부동산가액) ÷ 기초부동산가액] × 100

---

[10] 김승희 외(2019), 부동산학개론(개정증보판), 이루, p.375. 참조

한편, 그동안 각 자산의 투자수익률을 비교하면 다음의 표와 같다.

표 5.1.8　투자수익률의 비교

구분	상업용 부동산		주식	채권		금융상품		기타
	사무용 빌딩	매장용 빌딩	KOSPI 지수	국고채 (3년)	회사채 (3년)	CD (91일)	정기예금	아파트 (매매)
2023년	4.55	3.18	13.82	3.57	4.39	3.71	3.68	-4.8
2020년	6.01	5.10	30.36	0.99	2.13	0.92	1.04	7.6
2015년	5.93	6.24	0.90	1.79	2.08	1.77	1.72	4.9
2010년	6.86	6.85	22.63	3.72	4.66	2.67	3.18	1.9
2008년	13.74	10.91	-41.08	5.27	7.02	5.49	5.67	5.0
2005년	8.53	8.66	57.03	4.27	4.68	3.65	3.57	5.8

자료: 국토교통부
주: 단위(%/년)

▶ 용어의 해설

1) CD(Certificate of Deposit, 양도성예금증서): 은행이 정기예금에 대하여 발행하는 무기명의 예금증서로 제3자에게 양도할 수 있다. 중도해지가 불가능하며 만기일에 증서를 은행에 제시하면 누구나 예금인출이 가능하다.

2) CP(Commercial Paper, 기업어음): 보통 신용도가 높은 기업이 자금조달을 위해 발행하는 단기의 무담보어음이다. 금융회사가 이를 인수하여 일반고객에게 판매한다. 상거래에 수반되어 발행하는 상업어음과 구별된다.

3) CMA(Cash Management Account, 자산관리계좌): 예탁금을 채권이나 CD·CP 등에 투자하여 수익을 고객에게 돌려주는 실적배당 금융상품이다. 은행의 보통예금처럼 입출금이 자유롭다.

4) MMF(Money Market Funds, 머니마켓펀드): 고객들의 자금을 모아 펀드를 구성한 다음 CD·CP·콜 등 주로단기금융상품에 투자하여 수익을 고객에게 돌려주는 만기 30일 이내의 초단기금융상품이다.

---

③ 부동산투자의 위험분석

1) 위험의 측정

투자의 위험은 통계적으로 분산이나 표준편차를 통해 측정할 수 있다. 분산과 표준편차는 관측값들이 평균으로부터 얼마나 떨어져 있는지를 나타내는 수치로서 그 수치가 작을수록 떨어져 있는 정도가 작다는 뜻이다. 분산과 표준편차의 계산과정은 다음과 같다. ① 먼저, 편차(deviation)를 구한다. 편차는 관측값(이를 변량이라고도 한다)과 평균의 차이를 말한다. 편차는 양수일 수도 있고 음수일 수도 있으며, 이는 평균보다 크거나 작음을 나타낸다. 편차의 절댓값은 관측값이 평균으로부터 얼마나 떨어져 있는가를 나타낸다. 한편, 편차의 총합은 0이다. ② 분산(分散, variance)을 구한다. 분산은 각 편차를 제곱하여 모두 더한 후 이를 산술평균[11]하여 구한다. 즉, 편차의 제곱의 평균이다. 편차를 모두 더하면 0이 나와 수치의 크기를 측정할 수 없으므로 편차를 제곱하여 구한다. ③ 마지막으로 표준편차(standard deviation)를 구한다. 표준편차는 분산을 제곱근한 것이다. 제곱을 통해 다소 왜곡된 값인 분산을 제곱근함으로써 그 왜곡을 크게 줄여주는 역할을 한다.

- 편차(d) = 관측값 - 평균

- 분산$(\sigma^2) = \sum_{t=1}^{n} (편차)^2 \div n = \frac{1}{n} \sum_{t=1}^{n} (편차)^2$

- 표준편차$(\sigma) = \sqrt{분산}$

2) 평균-분산 지배원리와 변동계수

(1) 평균-분산 지배원리

평균과 분산을 이용하여 투자대안을 선택하는 방법을 평균-분산 지배원리 또는 평균-분산법이라 한다. 수익률의 평균인 기대수익률(투자안에 있어서는 관측값을 수익률로 표시하므로 그 평균은 기대수익률이라 할 수 있다)과 수익률의 표준편차를 비교하여 기대수익률이 동일하다면 표준편차가 낮은 투자안을 선택하고, 표준편차가 동일하다면 기대수익률이 높은 곳에 투자하는 원리이다. 그러나 평균-분산 지배원리는 기대수익률과 표준편차가 각각 다른 투자대안에 대해서는 적용할 수 없는 문제가 있다.

---

11 여러 수의 합을 그 개수로 나눈 값을 말한다.

(2) 변동계수

투자대안의 선택에 있어 표준편차는 해당 투자안의 절대적인 위험정도를 측정하기 때문에 투자대안의 평균(기대수익률)과 표준편차의 우위가 서로 다른 경우에는 평균-분산 지배원리로 선택하기 곤란하다. 이 경우 변동계수(coefficient of variation)를 활용하여 투자대안을 선택할 수 있다.

변동계수는 표준편차를 평균으로 나눔으로써 변동성을 평균에 대한 상대적인 값으로 표준화시킨, 일종의 표준화된 표준편차이다. 부동산투자에 있어서 변동계수는 표준편차를 기대수익률로 나눈 값을 말한다. 변동계수가 작을수록 투자의 위험이 작다고 해석할 수도 있다. 따라서 변동계수를 상대위험계수라고도 한다.

- 부동산투자에 있어 변동계수 = 표준편차÷기대수익률

평균-분산 지배원리로 투자우위를 선택하기 곤란한 경우 변동계수가 작은 쪽이 좀 더 나은 투자안이라고 해석할 여지는 있으나, 투자자의 성향에 따라 다른 판단을 할 수 있으므로 절대적인 기준이라 할 수는 없다.

3) 민감도분석

민감도분석은 투자수익에 영향을 미치는 여러 변수들 중 나머지 변수들은 일정하게 두고 어느 한 변수만을 변화시킴에 따라 산출결과가 어떻게 변화하는가를 분석하는 것으로서, 감응도분석이라고도 한다.

부동산의 투자분석에 있어 소득수익과 자본이득의 산출은 투자자의 사전 예측에 의존한다. 투자자는 산출과정에서 여러 변수들의 값을 가장 합리적인 값으로 대입했을 것이다. 그러나 부동산의 투자환경은 늘 변화하므로 예측한 값이 실제와 다를 수 있다. 따라서 여러 변수에 대해 당초 예측한 값을 달리 적용하면 결과가 어떻게 변화하는지를 확인할 필요가 있다. 예컨대 임대료 상승률, 공실률, 보유기간, 보유기간 말의 매도가격 등 투자수익에 영향을 미치는 여러 변수들 중 어느 한 변수만을 변화시켰을 때 당초 투자수익이 어떻게 달라지는가를 분석하는 것이다. 이때 다양한 변수에 대해 상황별로 각각 민감도분석을 하여 투자의사결정에 반영하는 것이 합리적이다.

4 포트폴리오이론

1) 의의

포트폴리오이론(portfolio theory)은 여러 개의 자산에 분산투자함으로써 하나의 자산에 집중투자 했을 때에 발생할 수 있는 불확실성을 제거·완화하여 분산된 자산으로부터 안정된 수익을 얻을 수 있도록 하는 자산관리의 방법을 말한다.

포트폴리오이론은 앞에서 설명한 평균-분산 지배원리로 판단하기 어려운 투자대안의 위험과 수익관계를 보다 용이하게 분석할 수 있다.

2) 포트폴리오의 위험과 수익

(1) 개별자산의 위험과 수익

〈표 5.1.9〉에는 어떤 2개의 투자대안에 대한 위험과 수익률이 표시되어 있다. 2개의 자산 A와 B는 각 사상(事象)[12]에 대한 발생확률은 그것의 수익률은 서로 다르다.

주어진 자료를 토대로 계산된 기대수익률은 각각 14%와 18%이며, 표준편차는 각각 2.83과 8.49이다. 2개의 자산 중 기대수익률만을 비교하면 자산 B가 더 좋아 보인다. 그러나 투자에 수반되는 위험 역시 자산 B가 크므로 2개의 대안 중 어느 것이 더 좋다고 말하기 곤란하다.[13]

표 5.1.9 개별자산의 위험과 수익

자산 A		자산 B	
수익률(%)	확률(%)	수익률(%)	확률(%)
10	20	30	20
12	20	24	20
14	20	18	20
16	20	12	20

---

12 어떤 조건을 주었을 때 일어나거나 있을 수 있는 낱낱의 경우를 말하며, 사건(event)이라고도 한다. 예컨대 주사위를 던질 때 6이 나온다든가 홀수가 나온다든가 2 이상이 나온다든가 하는 따위의 각각의 경우를 말한다.
13 이하 안정근(2019), 앞의 책, pp.270~282. 참조

자산 A		자산 B	
수익률(%)	확률(%)	수익률(%)	확률(%)
18	20	6	20

- 기대수익률: 14%
- 표준편차(σ): 2.83

- 기대수익률: 18%
- 표준편차(σ): 8.49

(2) 포트폴리오의 위험과 수익

<표 5.1.10>에는 <표 5.1.9>의 2개 자산으로 구성되는 여러 개의 포트폴리오에 대한 기대수익률과 표준편차가 표시되어 있다.

예시적으로 자산 A의 1/2과 자산 B의 1/2로 구성되는 포트폴리오 Ⅲ의 기대수익률을 구해보자. 첫 번째 사상의 기대수익률은 (1/2 × 10%) + (1/2 × 30%) = 20%로 산출되고, 두 번째 사상의 기대수익률은 (1/2 × 12%) + (1/2 × 24%) = 18%로 산출된다. 같은 방법으로 세 번째, 네 번째, 다섯 번째 사상의 기대수익률을 구하면 각각 16%, 14%, 12%가 된다. 따라서 포트폴리오 Ⅲ의 기대수익률은 다음의 산식에 의해 16%로 산출된다.

- 포트폴리오 Ⅲ의 기대수익률 = (0.20×20)+(0.20×18)+……+ (0.20×12)
  = 16%

다음으로 포트폴리오 Ⅲ의 위험을 구해보자. 앞에서 설명했듯이 포트폴리오의 위험은 표준편차로 측정한다. 표준편차를 구하기 위해 먼저 분산을 구하면 다음의 산식에 의해 8로 산출되며, 표준편차는 분산을 제곱근한 것이므로 2.83으로 산출된다.

- 포트폴리오 Ⅲ의 분산 = $0.20 \times (20-16)^2 + 0.20 \times (18-16)^2 \cdots\cdots + 0.20 \times (12-16)^2$
  = 8
- 포트폴리오 Ⅲ의 표준편차 = $\sqrt{8}$ ≒ 2.83

표 5.1.10 **포트폴리오의 위험과 수익(상관계수 = -1인 경우)**

구분		I	II	III	IV	V
		100%A	3/4A + 1/4B	1/2A + 1/2B	1/4A + 3/4B	100%B
확률 (%)	20	10%	15%	20%	25%	30%
	20	12%	15%	18%	21%	24%
	20	14%	15%	16%	17%	18%
	20	16%	15%	14%	13%	12%
	20	18%	15%	12%	9%	6%
기대수익률(%)		14	15	16	17	18
표준편차		2.83	0	2.83	5.66	8.49

(3) 상관계수

상관계수(correlation coefficient)는 두 변수 간 선형의 상관관계 정도를 나타내는 수치를 말한다. 상관계수에는 여러 유형이 있으며, 피어슨 상관계수(Pearson Correlation Coefficient)가 대표적이다.

피어슨 상관계수의 계산과정은 다음과 같다. ① 먼저, 공분산(共分散, covariance)을 구한다. 공분산은 말 그대로 분산이 함께하는 정도를 뜻한다. 즉, 분산의 개념을 확장하여 두 변수의 분산 정도를 말한다. 공분산은 두 변수 각각의 편차를 곱하여 모두 더한 후 이를 산술평균하여 구한다. 분산은 언제나 양수이나 공분산은 양수일 수도 있고 음수일 수도 있다. 만약 2개의 변수 중 하나의 값이 상승하는 경향을 보일 때 다른 값도 상승하는 선형의 상관성이 있다면 양수의 공분산을 가진다. 반면, 2개의 변수 중 하나의 값이 상승하는 경향을 보일 때 다른 값은 하락하는 선형의 상관성이 있다면 음수의 공분산을 가진다. ② 상관계수를 구한다. 공분산은 두 변수의 관계 정도를 구체적인 수치로 나타내는 장점이 있지만, 관측값의 단위에 의존하는 값이므로 서로 비교할 수 없는 문제가 있다. 이를 보완하기 위해 공분산을 각 변수의 표준편차의 곱으로 나누어 크기를 조정한 것이 상관계수이다.

- 공분산[Cov(x,y)]= $\sum_{t=1}^{n}\left(X\text{의 편차}\right) \times \left(Y\text{의 편차}\right) \div n = \frac{1}{n}\sum_{t=1}^{n}\left(X\text{의 편차}\right) \times \left(Y\text{의 편차}\right)$

- 상관계수(r) = $\dfrac{Cov(x, y)}{(x\text{의 표준편차}) \times (y\text{의 표준편차})}$

예시적으로 <표 5.1.10>에서 <표 5.1.9>의 2개 자산으로 구성되는 포트폴리오 III의 경우 두 자산 A와 B의 공분산과 상관계수를 구하면 다음과 같다.

- Cov(A, B)= 0.2(10% - 14%)(30% - 18%) + …… + 0.2(18% - 14%)(6% - 18%)
        = -24
- 상관계수(r)= -24 ÷ (2.83 × 8.49)≒ -1

한편, 피어슨 상관계수의 성질은 다음과 같다. ① +1.00 에서 - 1.00 사이의 값을 가진다. ② 두 변수가 완전한 양의 상관관계라면 상관계수는 +1.00이다. ③ 두 변수가 완전한 음의 상관관계라면 상관계수는 - 1.00이다. ④ 두 변수가 완전히 독립적이라면 상관계수는 0.00이다.

(4) 포트폴리오의 효과

<표 5.1.10>에서 각 포트폴리오의 수익과 위험으로부터 다음의 사실을 확인할 수 있다. 첫째, 포트폴리오 I(100% 자산 A로 구성)과 포트폴리오 II(자산 A: 3/4 + 자산 B: 1/4로 구성)를 비교하면, 포트폴리오 II가 기대수익률은 더 높고 위험(즉, 표준편차)은 더 작음을 알 수 있다. 평균-분산 지배원리로 개별자산 A와 B를 비교할 때는 어느 것이 더 우수한 대안인지 알 수 없었으나, 이 둘을 섞은 포트폴리오의 수익과 위험을 비교하면 포트폴리오 II가 더 우수하다는 것을 알 수 있다. 둘째, 포트폴리오 I과 포트폴리오 III(자산 A와 자산 B를 각각 1/2씩 구성)를 비교하면, 위험은 같지만 기대수익률은 포트폴리오 III가 더 높다. 따라서 포트폴리오 III를 포트폴리오 I보다 더 선호할 것이다.

이상에서 살펴본 바와 같이 포트폴리오를 구성함으로써 동일하거나 더 높은 수익을 얻고 위험은 줄어드는 현상을 포트폴리오효과 또는 분산효과라 한다.

한편, <표 5.1.10>에서 포트폴리오 I과 포트폴리오 IV(자산 A: 1/4 + 자산 B: 3/4으로 구성) 또는 포트폴리오 V(100% 자산 B로 구성)를 비교하면, 위험이 증가함에 따라 기대수익률도 증가하고 있다. 이 경우 어느 것이 더 우수한 대안인지 알 수 없다.

3) 최적 포트폴리오의 선택

평균-분산 지배원리에 의하면 동일한 위험에서 최고의 수익률을 나타내거나 동일한 수익률에서 최소의 위험을 나타내는 투자대안을 선택한다. 여기서 평균-분산 지배원리에 따라 가장 우수한 포트폴리오를 선택해 연결한 선을 효율적 투자선(Efficient Frontier)

또는 효율적 전선(前線)이라고 한다. 전선이란 말 그대로 '가장 앞에 있는 선'이란 뜻이다.

　[그림 5.1.1]은 투자자의 성향에 따른 최적 포트폴리오의 선택을 보여준다. ① 그림에서 위로 볼록한 우상향곡선은 효율적 투자선이다. 효율적 투자선은 시장에 존재하는 수 많은 포트폴리오 중 가장 우수한 포트폴리오를 선택해 연결한 선이다. 효율적 투자선에 위치하지 못한 수많은 점들은 효율적 투자선에 위치한 포트폴리오보다 열세인 포트폴리오들이다. 즉, 효율적 투자선에 위치한 포트폴리오에 비해 동일한 위험에서 수익률이 더 낮거나 동일한 수익률에서 위험이 더 크다. 효율적 투자선에서는 투자자가 어떤 포트폴리오를 선택하든 주어진 위험에서 더 이상의 수익률을 얻을 수 없다. 따라서 투자자가 더 높은 수익률을 얻기 위해서는 더 큰 위험을 감수해야 한다. ② 그림에서 아래로 볼록한 우상향하는 두 유형의 곡선은 투자자의 무차별곡선(Indifference curve)이다. 투자자의 무차별곡선은 수익률과 위험의 조합에서 투자자가 효용이 동일하다고 느끼는 조합을 연결한 선을 말한다. 따라서 무차별곡선은 투자자의 성향이 반영되어 주관적으로 결정되므로 그 모양이나 기울기는 투자자에 따라 달라진다. ③ 그림에서 A점과 B점은 각각 투자자 A와 B의 입장에서 최적의 포트폴리오가 된다. 즉, 효율적 투자선과 무차별곡선이 만나는 접점이 바로 최적의 포트폴리오가 된다. 여기서 투자자 A에 비해 B가 더 공격투자형이라 할 수 있다. 더 큰 위험을 감수하면서 더 높은 수익률을 추구하기 때문이다.

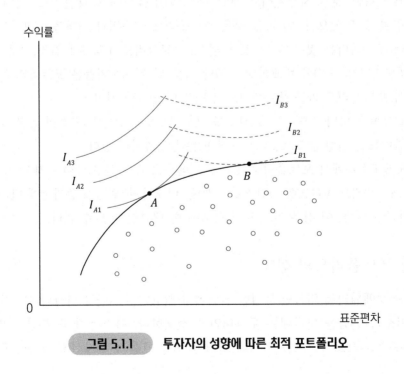

그림 5.1.1　**투자자의 성향에 따른 최적 포트폴리오**

제3절 | 부동산투자분석

1 화폐의 시간가치

1) 미래가치의 계산

(1) 일시불의 내가(來價)계수: 일시불의 미래가치 $= (1+r)^n$

- 1원을 이자율 r로 저금했을 때 n년 후에 찾게 되는 금액
- 기간 초에 불입된 일시불에 대해 일정기간 후의 원리금의 합계
- 예) • 기간당 이자율이 10%일 때 현재의 1,000원의 5기간 후의 가치는?
  - 현재 1,000원인 어떤 토지의 지가가 매년 10%씩 상승한다면 3년 후의 가치는 얼마인가?

➡️ 계산사례: 원금 20,000,000원을 예금하면 연이율 6%로 6개월마다 이자를 지급하는 경우 3년 후 만기 시 받게되는 원리금의 합계액은 20,000,000 × (1 + 0.06/2)^6 = 23,881,045원이 된다. 즉, 연 2회 복리로 이자가 지급되면 계산에 사용되는 이율은 0.06/2 이고, 이자계산 횟수는 3년간 6회가 된다. 화폐의 기간가치 계산에 있어서 중요한 것은 기간(주기)과 이율의 단위를 일치시키는 것이다.

---

(2) 연금[14]의 내가(來價)계수: 연금의 미래가치 $= \dfrac{(1+r)^n - 1}{r}$

- 매년 1원씩 받는 연금을 이자율 r로 계속해서 저금했을 때 n년 후에 달성되는 금액
- 매 기간마다 일정액을 불입했을 때 기간 말에 달성되는 누적액
- 예) • 연간 이자율이 10%일 때 매년 말에 1,000원씩 3년간 예금할 경우 3년 후의 예금 총액은?
  - 어떤 정년퇴직자가 연금으로 매년 1,000원씩 받아 이를 이자율 10%로 3년 동안 계속 적립한다면 기간말의 총액은?

---

14 연금(annuities)은 제한된 기간 동안 일정한 양의 연속적인 현금흐름이라 할 수 있다. 영원히 일정한 연속적인 현금의 흐름은 영구연금(perpetuities)이라 한다.

(3) 감채기금계수(=상환기금계수) = $\dfrac{r}{(1+r)^n - 1}$

- n년 후에 1원을 만들기 위해서 매년 불입해야 할 액수(∴연금의 내가계수의 역수)
- 일정누적액을 기간 말에 만들기 위해 매 기간마다 불입해야 할 액수

예) • 기계구입시 대부받은 1,000원을 지금부터 기말에 일정액을 적립하여 갚고자 할 경우 매년 적립해야 할 금액은?(적립이율: 10%)
- 주택자금 마련을 위해 3년 만기로 1,000원짜리 적금을 들었다. 매년 얼마씩 불입해야 할까?(이자율 10%) → 3년 후 1,000원을 만들기 위해서는 이자율이 10%일 때 매년 얼마씩 적립해야 하나?

2) 현재가치의 계산

(1) 일시불의 현가(現價)계수: 일시불의 현재가치 = $\dfrac{1}{(1+r)^n}$

- 할인율이 r일 때 n년 후의 1원의 현재금액(∴일시불의 내가계수의 역수)
- 일정기간 후의 일시불의 현재의 가치

예) • 기간당 할인율이 10%일 때 5기간 후의 1,000원의 현재가치는?
- 3년 후의 1,000원은 현재 얼마만큼 가치가 있을까?

(2) 연금의 현가(現價)계수: 연금의 현재가치 = $\dfrac{(1+r)^n - 1}{r(1+r)^n}$

- 이자율 r이고 기간이 n일 때, 매년 1원씩 n년 동안 받게 될 연금을 일시불로 환원한 액수
- 매 기간마다 일정액을 지급받게 될 때, 이것의 현재가치

예) • 연간 할인율이 10%일 때 매년 말에 1,000원씩 3년간 수령하는 연금의 현재가치는?

• 어떤 정년퇴직자가 연금으로 매년 1,000원씩 10년 동안 받게 될 때, 이것을 규정에 의거 일시불로 받을 수 있다면 얼마나 받게 될까? → 매년 1,000원씩 10년 동안 받을 것을 이자율 10%로 일시지급할 경우 금액은?

▶ 계산사례: 정년퇴직 후 10년 동안 매월 2,000,000원의 연금을 수령하는 경우 국세청 고시이율인 연 6.5%로 할인하면 현재가치는 $2,000,000 \times \dfrac{(1+0.065/12)^{120} - 1}{0.065/12 \times (1+0.065/12)^{120}}$ = 176,136,999원이다.

---

(3) 저당상수(=저당계수, 연부상환율) = $\dfrac{r(1+r)^n}{(1+r)^n - 1}$

• 현재의 1원을 n년 동안 균등하게 상환하는 경우 매년 상환해야 할 액수(∵연금의 현가계수의 역수)

• 원리금균등상환조건으로 일정액을 빌렸을 때, 매 기간마다 갚아야 하는 원금과 이자의 합계

예) • 구입대금 1,000원의 기계를 리스할 경우 지급할 매월의 리스료는?(리스료는 매월 원리금 균등상환, 리스기간: 3년, 리스료율: 10%)

• 아파트분양시 1,000원을 대출 받아 3년 동안 원리금을 균등상환하는 경우 매월 상환해야 할 금액은?(이자율 10%) → 1,000원을 3년 동안 이자율 10%로 빌렸을 경우 매월 지급할 금액은?

표 5.1.11 화폐의 시간가치 계산

구분		의미	수식	내용
미래가치	일시불의 내가계수	일시불의 미래가치	$(1+r)^n$	PV ⊢─┼─┼───┤ FV=?
	연금의 내가계수	연금의 미래가치	$\dfrac{(1+r)^n - 1}{r}$	FV=? ⊢─┼─┼───┤ a a a a
	감채기금계수 (상환기금계수)	연금의 불입액	$\dfrac{r}{(1+r)^n - 1}$	FV ⊢─┼─┼───┤ a=? a=? a=? a=?

구분		의 미	수 식	내용
현재가치	일시불의 현가계수	일시불의 현재가치	$\dfrac{1}{(1+r)^n}$	PV=? ├─┼─┼─┼─┼─┤ FV
	연금의 현가계수	연금의 현재가치	$\dfrac{(1+r)^n-1}{r(1+r)^n}$	PV=? ├─┼─┼─┼─┼─┤ a a a a
	저당상수 (연부상환율)	연금의 상환액	$\dfrac{r(1+r)^n}{(1+r)^n-1}$	PV ├─┼─┼─┼─┼─┤ a=? a=? a=? a=?

② 부동산투자분석기법

1) 할인현금흐름분석법

지금까지 현금의 매기 발생금액이 일정한 경우를 설명하였다. 그러나 현실사회에서 많은 경우는 각 기간의 현금발생액이 일정하지 않다. 즉 불균등현금흐름이 일반적인데 이러한 경우의 미래가치와 현재가치를 계산할 때에는 매기마다 미래가치와 현재가치를 개별적으로 계산해야 한다. 여기서 현금흐름(cash flow)이란 현금의 수입(유입)과 지출(유출)을 말한다.

할인현금흐름(Discount Cash Flow: DCF)분석법이란 장래 예상되는 현금유입과 현금유출을 현재가치로 할인하고, 그 값을 비교하여 투자여부를 판단하는 것이다.

할인현금흐름분석법의 절차는 다음과 같다. ① 투자로부터 예상되는 현금유입과 현금유출을 추계한다. ② 추계된 현금수지의 위험을 판단한다. ③ 판단된 위험을 기초로 할인율(위험조정할인율)을 결정한다. ④ 할인율(위험조정할인율)로 미래의 현금흐름을 할인한다. ⑤ 분석된 자료를 토대로 투자여부를 결정한다.

한편, 할인현금흐름분석법은 화폐의 시간가치를 고려하여 투자여부를 판단하는 기법으로 그 유형으로는 현가회수기간법, 순현가법, 내부수익률법, 수익성지수법 등이 있다.

(1) 현가회수기간법

현가회수기간법은 총투자액을 할인된 순수익의 합계로 모두 회수하는 데 걸리는 기간과 투자자가 정한 기대회수기간을 비교하는 방법이다. 부동산투자의 의사결정기준은 현가회수기간이 기대회수기간보다 짧은 경우 투자가치가 있는 것으로 평가한다.

이 방법은 총투자액은 불변이지만 매년의 순수익은 할인과정을 거친다. 따라서 계속적인 투자가 이루어지는 경우에는 분석기법으로 적합하지 않으며, 가장 단순한 형태의 할인현금흐름분석법이라 할 수 있다.

(2) 순현가법

순현가(NPV)법이란 투자의 결과로 발생하는 현금유입(CI)을 할인율로 할인하여 얻은 현금유입의 현가와 투자비용을 할인율로 할인하여 얻은 현금유출(CO)의 현가를 비교하는 방법이다. 이때 할인율은 투자자의 요구수익률을 사용한다. 그리고 순현가(Net Present Value)란 현금유입의 현가에서 현금유출의 현가를 뺀 것을 말하고 이 순현가로서 투자대상들의 경제성을 분석하게 된다. 순현가는 다음과 같이 정의된다.

- $$NPV = \sum_{t=1}^{n} \frac{CIt}{(1+r)^t} - \sum_{t=1}^{n} \frac{COt}{(1+r)^t}$$

즉, 순현가 = 현금유입의 현가 - 현금유출의 현가이다. 부동산투자의 의사결정기준은 순현가가 0(zero)보다 큰 경우 투자가치가 있는 것으로 평가한다.

(3) 내부수익률법

내부수익률(IRR)법이란 미래의 현금유입의 현가와 현금유출의 현가를 동일하게 하는 할인율을 구하여, 그 값과 요구수익률을 비교하여 투자가치를 평가하는 방법이다. 여기서 내부수익률(Internal Rate of Return)이란 현금유입의 현가와 현금유출의 현가를 같도록 하는 할인율 또는 순현가가 0(zero)이 되도록 하는 할인율을 말한다. 내부수익률이라는 말은 이 수익률이 어떤 투자대안 자체에 내제되어있다는 의미이다. 내부수익률을 구하는 식은 다음과 같다.

- $$\sum_{t=1}^{n} \frac{CIt}{(1+r)^t} = \sum_{t=1}^{n} \frac{COt}{(1+r)^t}$$

할인현금흐름분석법에서는 순현가법과 내부수익률법이 많이 활용된다. 그러나 경우에 따라서는 두 방법에 따른 결론이 서로 다를 수도 있다. 일반적으로 순현가법이 내부수익률법보다 더 우수한 기법으로 알려져 있는데 그 이유는 다음과 같다. 이는 내부수익률법의 약점에 관한 내용이다.

첫째, 내부수익률이 없거나 복수로 존재할 수 있다는 점이다. 이 경우 내부수익률법으로 투자여부를 판단할 수 없다.

둘째, 재투자율에 관한 문제이다. 순현가법이나 내부수익률법은 모두 기간 중 발생하는 수익에 대해 당해 투자에 재투자한다고 가정한다. 그런데 순현가법에서는 재투자율로 요구수익률을 사용하지만, 내부수익률법에서는 내부수익률을 사용한다. 즉, 내부수익률법에서는 현금수지를 투자자의 요구수익률로 할인하지 않는다. 요구수익률은 유사한 투자대안에 투자할 때 얻을 수 있는 수익률이지만, 내부수익률은 해당투자 자체에 대한 수익률일 뿐이다.

셋째, 내부수익률법이 '부의 극대화'라는 일반적인 투자목적과 배치된다는 점이다. 내부수익률법이 투자안에 내재된 수익률을 밝혀내지만, 결론적으로 투자자가 얼마의 수익을 거둬들일 수 있는지에 대한 정보는 제공하지 못한다. 따라서 내부수익률이 큰 투자안을 선택할 때 반드시 최대의 수익을 실현한다는 보장을 할 수 없다.

(4) 수익성지수법

수익성지수법(PI)법이란 현금유입의 현가를 현금유출의 현가로 나눈 값인 수익성지수 (Profitability Index)를 비교하는 방법이다. 이때 수익성지수가 1보다 큰 경우 투자가치가 있는 것으로 평가한다.

$$\bullet \quad PI = \frac{\sum_{t=1}^{n} \dfrac{CIt}{(1+r)^t}}{\sum_{t=1}^{n} \dfrac{COt}{(1+r)^t}}$$

순현가법은 현금유입의 현가에서 현금유출의 현가를 뺀 값으로 비교하므로 0(zero)보다 큰 경우 투자가치가 있는 것으로 판단하는 반면, 수익성지수법은 현금유입의 현가를 현금유출의 현가로 나눈 값으로 비교하므로 1보다 큰 경우 투자가치가 있는 것으로 판단한다.

2) 어림셈법(경험셈법, rule of thumb)

할인현금흐름분석법을 적용하려면 복잡한 계산절차를 거쳐야 하므로 실무에서는 어림셈법이나 비율분석법이 많이 사용된다. 여기서 어림셈법이란 대강 짐작으로 헤아려 계산하는 방법이란 뜻이다.

어림셈법에는 여러 종류의 현금수지를 승수(乘數)의 형태로 표시하는 승수법과 수익률의 형태로 표시하는 수익률법이 있다. 투자에 있어 승수(multiplier)는 투자액이 수익의 몇 배가 되는지를 나타낸 값이다. 즉, 수익에 대한 투자액의 배수를 말한다. 승수의 반대 개념이 수익률이다. 즉, 수익률은 투자액에 대한 수익의 비율을 말한다.

(1) 승수법

일반적으로 총수익승수, 순수익승수, 세전현금흐름승수, 세후현금흐름승수 등 네 가지가 사용된다. 서로 다른 투자안에 대해 이와 같은 승수를 구했을 경우 그 값이 작을수록 더 우수한 투자안이다.

첫째, 총수익승수는 총수익에 대한 총투자액의 배수를 말한다. 총수익으로는 가능총수익과 유효총수익 둘 다 사용될 수 있다.

둘째, 순수익승수는 순수익에 대한 총투자액의 배수를 말하며, 자본회수기간이라고도 한다. 순수익은 유효총수익에서 운영경비를 공제하여 구한다.

셋째, 세전현금흐름승수는 세전현금흐름에 대한 지분투자액의 배수를 말한다. 세전현금흐름은 순수익에서 부채서비스액(원리금상환액)을 공제하여 구한다.

넷째, 세후현금흐름승수는 세후현금흐름에 대한 지분투자액의 배수를 말한다. 세후현금흐름은 세전현금흐름에서 영업소득세를 공제하여 구한다.

- 총수익승수 $= \dfrac{총투자액}{총수익}$

- 순수익승수 $= \dfrac{총투자액}{순수익}$

- 세전현금흐름승수 $= \dfrac{지분투자액}{세전현금흐름}$

- 세후현금흐름승수 $= \dfrac{지분투자액}{세후현금흐름}$

(2) 수익률법

어림셈법에 의한 수익률로는 순수익률, 세전지분수익률, 세후지분수익률 등 세 가지가 사용된다.

첫째, 순수익률은 총투자액에 대한 순수익의 비율을 말한다. 다수의 책에서 이를 투자수익률 또는 종합수익률 등의 용어로 표현하고 있다. 그러나 이 책에서는 부동산투자 있어 투자수익률(종합수익률)은 소득수익률과 자본수익률을 합산한 개념으로 정의하고 있어 서로 간에 용어를 구별할 필요가 있다. 따라서 이를 순수익률로 표현하고자 한다. 이 값은 부동산감정평가에 있어 수익환원법에 적용되는 환원율과 같다. 다만, '총투자액 = 부동산의 시장가치(= 적정한 부동산의 매매가격)'이 성립하는 것을 전제한다.

둘째, 세전지분수익률은 지분투자액에 대한 세전현금흐름의 비율을 말하며, 지분배당률이라고도 한다.

셋째, 세후지분수익률은 지분투자액에 대한 세후현금흐름의 비율을 말한다. 세후지분수익률은 지분투자자의 입장에서는 유출된 현금과 유입된 현금의 비율을 의미하므로 현금수익률이라고도 한다.[15]

- 순수익률 = $\dfrac{\text{순수익}}{\text{총투자액}}$

- 세전현금흐름승수 = $\dfrac{\text{세전현금흐름}}{\text{지분투자액}}$

- 세후현금흐름승수 = $\dfrac{\text{세후현금흐름}}{\text{지분투자액}}$

한편, 저당투자자는 대출금액을 투자하고 이자수익을 얻는다. 여기서 저당수익률은 대출금액에 대한 이자의 비율이라 할 수 있는데, 이는 결국 대출이자율을 말한다.

표 5.1.12 어림셈법의 비교

구분	승수법(몇 배인가?)	수익률법(몇 %인가?)
개념	$\dfrac{\text{투자액}}{\text{수익}}$	$\dfrac{\text{수익}}{\text{투자액}}$
종류	총수익승수 = $\dfrac{\text{총투자액}}{\text{총수익}}$	[총자산회전율 = $\dfrac{\text{총수익}}{\text{총투자액}}$]
	순수익승수 = $\dfrac{\text{총투자액}}{\text{순수익}}$	순수익률 = $\dfrac{\text{순수익}}{\text{총투자액}}$

---

15 안정근(2019), 앞의 책, p.305.

구분	승수법(몇 배인가?)	수익률법(몇 %인가?)
종류	세전현금흐름승수 $= \dfrac{\text{지분투자액}}{\text{세전현금흐름}}$	세전현금흐름승수 $= \dfrac{\text{세전현금흐름}}{\text{지분투자액}}$
	세후현금흐름승수 $= \dfrac{\text{지분투자액}}{\text{세후현금흐름}}$	세후현금흐름승수 $= \dfrac{\text{세후현금흐름}}{\text{지분투자액}}$

3) 비율분석법

비율분석법은 부동산투자에 있어 투자자가 투자에 대한 위험을 평가하기 위해 현금수지를 여러 가지 비율로 분석하는 기법이다. 이 비율은 지분투자자보다 저당투자자가 더 관심을 가지는 지표이다. 부동산투자에 있어 지분투자자는 투자수익에 관심이 있지만, 저당투자자인 금융회사는 이자수입과 원금회수에 관심이 있기 때문이다.

비율분석법에는 대부비율[16], 부채비율, 부채감당률, 채무불이행률 등이 있다. 그러나 비율분석법은 다음과 같은 단점을 가지고 있다.

첫째, 비율산정의 요소들에 대한 추계치 자체의 잘못으로 비율자체가 왜곡될 수 있다.

둘째, 주어진 비율 자체는 투자판단에 결정적인 기준을 제시해 주지 못한다. 투자자에게는 좋아 보이는 비율이 대출자의 입장에서는 그렇지 않을 수도 있다.

셋째, 동일 투자대상에 대해 사용되는 비율의 종류에 따라 투자 결론이 다르게 나타날 수 있다.

(1) 부채비율

부채비율은 지분투자액에 대한 대출금의 비율을 말한다. 부채비율은 대부비율과 밀접한 관련이 있다. 대부비율이 높아짐에 따라 부채비율도 급격하게 증가한다. 예컨대 대부비율이 60%일 때 부채비율은 150%이지만, 대부비율이 80%이면 부채비율은 400%가 된다.[17]

- 대부비율 $= \dfrac{\text{대출액}}{\text{총투자액}} = \dfrac{\text{대출액}}{\text{지분투자액 + 대출액}}$

---

16 대부비율에 대한 설명은 제4편 제4장 제2절 참조(p.390)

17 부채비율 $= \dfrac{0.60}{1-0.60} \times 100(\%) = 150(\%)$, $\dfrac{0.80}{1-0.80} \times 100(\%) = 400(\%)$

$$\cdot \text{ 부채비율} = \frac{\text{타인자본}}{\text{자기자본}} = \frac{\text{대출액}}{\text{지분투자액}} = \frac{\text{대출액}}{\text{총투자액 - 대출액}}$$

(2) 부채감당률

부채감당률(DSCR: Debt-Service Coverage Ratio 또는 DCR: Debt Coverage Ratio)
은 부채서비스액(원리금상환액)에 대한 순수익의 비율을 말한다. 말 그대로 순수익이 부채
를 감당할 만큼 발생하는 지를 보여준다. 부채감당률은 '1'과 비교하여 그 의미를 해석하
는데, 부채감당률이 1보다 작다면 부동산투자로부터 나오는 순수익이 부채를 감당할 수
없다는 것이고, 1보다 크다면 부채를 감당할 수 있다는 것이다. 따라서 부채감당률은 1보
다 클수록 유리한 것이고, 1에 가까울수록 차입자나 대부자 모두 위험하다는 뜻이다.

한편, 이자액에 대한 순수익의 비율을 이자감당률이라 한다.

$$\cdot \text{ 부채감당률} = \frac{\text{순수익}}{\text{부채서비스액}}$$

$$\cdot \text{ 이자감당률} = \frac{\text{순수익}}{\text{이자액}}$$

(3) 채무불이행률

채무불이행률은 유효총수익에 대한 운영경비와 부채서비스액의 합산액의 비율을 말한
다. 이는 유효총수익이 운영경비와 부채서비스액을 감당할 수 있는 가를 보여준다. 운영
경비와 부채서비스액이 유효총수익에서 차지하는 비율이 높을수록 채무불이행의 가능성
이 커진다.

한편, 대부자의 입장에서 전체 대출 건수에서 실제 채무불이행이 발생한 비율을 채무불
이행률이라고도 한다.

$$\cdot \text{ 채무불이행률} = \frac{\text{운영경비 + 부채서비스액}}{\text{유효총수의}}$$

(4) 운영경비비율

운영경비비율은 총수익에 대한 운영경비의 비율을 말한다. 총수익으로는 가능총수익과
유효총수익 둘 다 사용될 수 있다. 운영경비비율은 투자대상 부동산의 재무관리 상태를

파악하는 지표로 사용되는데, 비율이 작을수록 유리한 것이다. 이 비율이 평균적인 경우보다 크다면 공실률이 높다든가 운영경비가 상대적으로 많이 드는 등의 문제가 있다는 뜻이다.

- 운영경비비율 $= \dfrac{\text{운영경비}}{\text{총수익}}$

(5) 총자산회전율

총자산회전율(total asset turnover ratio)은 투자된 총자산(= 총투자액)에 대한 총수익의 비율을 말한다. 총수익으로는 가능총수익과 유효총수익 둘 다 사용될 수 있다. 총자산회전율은 총수익을 내기 위해 투자한 자산을 얼마나 효율적으로 운용하는지를 나타내는 지표로서 그 값이 클수록 유리한 것이다. 즉, 총자산회전율의 값이 크다는 것은 적은 자산을 투입하여 많은 수익을 내고 있다는 의미이다. 경험셈법에서 살펴본 총수익승수의 역수이다.

- 총자산회전율 $= \dfrac{\text{총수익}}{\text{총투자액}}$

▶ 예시문제: 다음의 자료를 활용하여 물음의 값을 구하시오.(단, 주어진 자료에 한하며, 연간 기준임)

- 총투자액: 10억원
- 가능총수익: 1억1천만원
- 운영경비: 유효총수익의 40%
- 영업소득세: 1천만원
- 지분투자액: 6억원
- 공실손실상당액·대손충당금: 1천만원
- 부채서비스액: 3천만원

- 유효총수익: 가능총수익−공실손실상당액·대손충당금 = 1억1천만원 − 1천만원 = 1억원
- 순수익: 유효총수익−운영경비 = 1억원 − (1억원 × 0.40) = 6천만원
- 세전현금흐름: 순수익−부채서비스액 = 6천만원 − 3천만원 = 3천만원
- 세후현금흐름: 세전현금흐름−영업소득세 = 3천만원 − 1천만원 = 2천만원
- 총수익승수(유효총수익 기준): 총투자액 / 유효총수익 = 10억원 / 1억원 = 10
- 순수익승수: 총투자액 / 순수익 = 10억원 / 6천만원 ≒ 16.67
- 세전현금흐름승수: 지분투자액 / 세전현금흐름 = 6억원 / 3천만원 = 20
- 세후현금흐름승수: 지분투자액 / 세후현금흐름 = 6억원 / 2천만원 = 30
- 순수익률: 순수익 / 총투자액 = 6천만원 / 6억원 = 10%
- 세전지분수익률: 세전현금흐름 / 지분투자액 = 3천만원 / 6억원 = 5%
- 세후지분수익률: 세후현금흐름 / 지분투자액 = 2천만원 / 6억원 ≒ 3.33%
- 대부비율: 대출액 / 총투자액 = (총투자액−지분투자액) / 10억원 = 40%
- 부채비율: 대출액 / 지분투자액 = 4억원 / 6억원 ≒ 66.67%
- 부채감당률: 순수익 / 부채서비스액 = 6천만원 / 3천만원 = 2
- 채무불이행률: (운영경비+부채서비스액) / 유효총수익 = (4천만원 + 3천만원) / 1억원 = 0.70
- 운영경비비율(유효총수익 기준): 운영경비 / 유효총수익 = 4천만원 / 1억원 = 0.40(40%)
- 총자산회전율(유효총수익 기준): 유효총수익 / 총투자액 = 1억원 / 10억원 = 0.10

제4절 | 부동산투자실무

① 부동산투자의 육하원칙

1) 개요

부동산투자는 그 유형이 매우 다양하고, 투자에 따른 위험도 다양하다. 부동산투자의 성공을 위해서는 먼저, 철저한 투자분석이 필요하다. 그러나 부동산투자의 특징인 ① 투자기간의 장기성, ② 다른 자산보다 큰 투자금액, ③ 장래 기대수익의 불확실성, ④ 낮은 환금성(비유동성), ⑤ 외부효과의 존재(특히, 개발손실의 발생) 등으로 인해 투자분석만으로

투자에 따른 위험을 완전히 회피할 수 없다. 따라서 부동산투자에 있어 다양한 요인을 충분히 검토할 필요가 있는데 이를 요약한 것이 부동산투자의 육하원칙(5W1H)이다.

2) 내용

(1) 누가(who)

투자자를 누구로 할 것인가의 문제이다. 직접투자방식의 부동산투자를 고려하는 경우 투자의 주체와 관련하여 ① 단독투자와 공동투자, ② 개인명의와 법인명의에 대해 검토할 필요가 있다.

첫째, 단독투자와 공동투자의 문제이다. 공동투자의 경우 적은 투자자금으로 좋은 부동산에 투자할 수 있고, 개인의 위험부담을 줄일 수 있는 등의 장점이 있으나, 투자자간 의견충돌 가능성이 단점이다. 따라서 공동투자는 가급적 유대관계가 좋은 최소한의 인원으로 하는 것이 좋다.

둘째, 개인명의와 법인명의의 문제이다. 개인명의로 한다는 것은 자연인 이름으로 등기하는 것이고, 법인명의로 한다는 것은 부동산업 목적의 법인을 설립하여 그 법인 이름으로 등기하는 것이다. 여기서 개인명의와 법인명의의 내용을 비교하면 <표 5.1.13>과 같다.

표 5.1.13 **개인명의와 법인명의의 비교**

구분		개인명의	법인명의
절차		간단: 자연인 명의로 등기	복잡: 법인 설립이 필요
대출		상대적으로 불리(DTI 등 적용)	상대적으로 유리((DTI 등 미적용)
수익의 처리		간단: 개인이 스스로 처리	복잡: 급여 또는 배당으로 처리
투자 주체 과세	소득수익	사업소득세	법인세
	자본수익	양도소득세	법인세(법인세 추가납부)
		장기보유특별공제 가능	장기보유특별공제 불가능
증여·상속		부동산 자체의 소유권 변동 (취득세 발생)	주식의 소유권 변동 (취득세 없음)
건강 보험	지역	다른 재산과 합산하여 보험료에 반영	별도의 주체이므로 개인 재산과 합산 없음
	직장	근로자가 없다면 대표자가 가입 불가	대표이사로 급여 받으면 가입 가능

구분	개인명의	법인명의
농지 투자	가능	원칙적 불가[18]

(2) 언제(when)

언제의 문제는 매입시기와 매도시기의 선택에 관한 것이다. 부동산가치는 늘 변동하므로 같은 부동산이라도 매입시기와 매도시기에 따라 수익률이 크게 차이가 난다. 부동산경기, 투자기간, 투자수익률 등을 고려하여 투자자가 결정할 문제이다.[19]

한편, 매도시기의 문제는 투자기간 및 목표수익률과도 밀접한 관련이 있다. 즉, 투자결정을 할 때 투자기간은 얼마로 할 것이며, 자본수익률은 어느 정도를 목표로 하는 지를 설정할 필요가 있다. 그 내용에 따라 매도시기가 달라진다.

(3) 어디서(where)

이 문제는 투자지역의 선정에 관한 것이다. 이 경우 투자목적을 고려하되 지역의 발전가능성(장래의 동향)을 더욱 신중하게 검토해야 할 것이다. 부동산가치의 원천은 해당 부동산이 창출하는 장래의 수익이기 때문이다.

투자지역 선정과 관련하여 유의할 점은 시·군·구와 같은 지역사회 차원이 아니라 인근지역과 같이 더욱 세부적인 지역을 선정해야 한다는 점이다. 동일한 시·군·구에서도 세부지역에 따라 발전가능성의 차이가 있기 때문이다.

(4) 무엇을(what)

이 문제는 투자 물건과 상품의 선택에 관한 것이다. 여기서는 ① 직접투자방식을 선택한 경우 어떤 유형의 물건에 투자할 것인가? ② 간접투자방식을 선택한 경우 어떤 상품을 선택할 것인가? 등에 대해 검토할 필요가 있다.

첫째, 부동산은 크게 토지와 복합부동산으로 구분된다. 여기서 토지는 다시 택지, 농지, 산지 등으로 세분되고, 복합부동산은 주거용, 상업용, 산업용 등으로 세분된다. 따라서 투자물건의 유형은 매우 다양하므로 투자목적, 투자지역, 투자자의 여건 등을 고려하여 구체적으로 선정해야 할 것이다.

둘째, 간접투자상품의 유형도 크게 부동산펀드, 부동산투자회사 등이 있고, 세부적으로

---

18 「농지법」상 법인이 농지를 소유할 수 있는 경우는 농업법인과 법령에서 정한 예외적인 경우에 한한다.

19 부동산경기의 변동에 대해서는 제4편 제1장 제4절 참조(p.316)

다양한 상품이 있다. 따라서 각 상품의 내용과 장·단점 등을 충분히 분석한 후 선정해야 할 것이다.

(5) 왜(why)

이 문제는 부동산투자의 목적에 관한 것이다. 투자의 주목적이 소득수익인지 또는 자본수익인지에 따라 투자대상과 시기 등이 달라지기 때문이다. 소득수익이 주목적이면 매월 안정적인 수익이 창출되는 상가 등에 투자해야 하고, 자본수익이 주목적이면 발전가능지역의 토지 등에 투자해야 한다. 물론 주로 이용하기 위해 부동산을 매입하는 경우도 부동산투자에 포함할 수 있다. 제조업 영위를 목적으로 공장을 구입하거나 농업을 위해 농지를 구입하는 등이 그 예이다.

부동산투자의 목적은 투자자의 연령에도 영향을 받는다. 청·중년층은 주로 자본수익을 추구할 것이며, 장·노년층은 주로 소득수익을 추구할 것이다.

(6) 어떻게(how)

이 문제는 투자방식과 대출여부의 선택에 관한 것이다. 여기서는 ① 직접투자와 간접투자, ② 자기자본으로의 투자와 타인자본을 활용한 투자에 대해 검토할 필요가 있다.

첫째, 부동산투자는 투자의 직접성 여부를 기준으로 직접투자와 간접투자로 구분할 수 있다. 직접투자는 투자자가 직접 투자의 주체로서 투자대상을 선정하여 투자하는 것을 말하며, 간접투자는 투자자가 투자전문가인 제3자에게 투자를 맡기는 것을 말한다.[20]

둘째, 총투자액에 대해 전액 자기자본으로 할 것인가 아니면 일부 타인자본을 활용할 것인가를 결정해야 한다. 투자자가 특정 부동산에 투자하기에 충분한 자금을 가지고 있더라도 자금을 대출받는 경우 ① 보다 많은 투자자산을 확보할 수 있고, ② 자기자본을 다수의 부동산에 분산투자함으로써 투자위험을 줄일 수 있으며, ③ 차입금 이자에 대해 손비인정을 받을 수 있고, 자금출처조사에 대비할 수 있는 등의 장점이 있다. 여기서 투자의 수익성을 높이기 위해 타인자본을 이용하여 얻는 효과를 레버리지(leverage)효과라 한다.

---

20 자세한 내용은 제5편 제1장 제1절 참조(p.454)

➡ 위례신도시 점포겸용 단독주택용지의 위세: LH공사가 2014. 8. 26.~27. 진행한 위례신도시 점포겸용 단독주택용지 45필지(면적: 253㎡~387㎡)에 대한 청약접수 결과 17,531명이 신청했다. 평균 경쟁률은 390대 1, 최고 경쟁률(예정지번 2104-1)은 2,746대 1에 달했으며, 청약증거금은 5,276억원에 이른다. 당초 LH공사는 26일 오후 4시까지 청약접수할 계획이었지만 이날 오후 인터넷 청약 홈페이지가 마비돼 27일 오후 2시까지 연장했다. 과거에도 청약 홈페이지가 마비된 예가 있지만 이로 인해 청약 일정을 하루나 늘린 것은 이번이 처음이다. 점용겸용 단독주택용지는 4층 이하의 단독주택(5가구 이하)을 지을 수 있는 용지(건폐율: 60%, 용적률: 160%)로 1층에 건축 연면적의 40%까지 상가를 지을 수 있어 인기가 높다. 통상 1층은 상가, 2~3층은 원룸(총 4가구), 4층은 주인이 거주할 공간(1가구)으로 구성한다. 지역별로 다르지만 주인이 직접 거주하면서 월세로 300만~500만원을 벌 수 있어 은퇴자나 중·장년 층의 관심이 높다. 여기에 위례신도시 자체가 '강남대체' 주거지로 개발된 곳으로 입지여건이 좋고, 최근 금리 인하로 실수요자는 물론 마땅한 투자처를 찾지 못한 투자자의 관심이 높았다. 하지만 LH공사가 분양가를 최근 거래된 협의양도인택지의 실거래가에 근접하게 책정했고, 직접 건축하는 경우 보통 5억~6억원에 이르는 건축비를 고려하면 총 투자비용이 15억~22억원에 이르기 때문에 웃돈이 예상만큼 붙지 않을 수도 있다(중앙일보, 2014. 8. 28. 참조).

② 부동산투자관련 제도

1) 민간임대주택사업

(1) 의의

임대주택은 크게 공공임대주택과 민간임대주택으로 구분된다. 공공임대주택에 대해서는 「공공주택특별법」에서 규율하고, 민간임대주택에 대해서는 「민간임대주택에 관한 특별법」(약어로 민간임대주택법이라 한다)에서 규율한다.

민간임대주택사업이란 임대사업자 등록을 하고 민간임대주택(토지를 임차하여 건설된 주택, 오피스텔 등 대통령령으로 정하는 준주택, 대통령령으로 정하는 일부만을 임대하는 주택을 포함한다)을 임대하는 사업을 말한다(민간임대주택법 2).

민간임대주택은 취득유형에 따라 민간건설임대주택과 민간매입임대주택으로 구분하며, 임대주택의 공공지원여부에 따라 공공지원민간임대주택과 장기일반민간임대주택으로 구분한다.

표 5.1.14 민간임대주택의 구분

구분		임대주택의 내용
취득 유형	민간건설임대주택	임대사업자가 직접 건설한 주택
	민간매입임대주택	매매 등으로 소유권을 취득한 주택
공공지원 여부	공공지원민간임대주택	주택도시기금의 출자를 받아 건설 또는 매입하는 주택, 공공택지를 매입 또는 임차하여 건설하는 주택 등 공공지원을 받아 건설 또는 매입하는 주택
	장기일반민간임대주택	공공지원민간임대주택이 아닌 주택

한편, 임대사업자란 공공주택사업자가 아닌 자로서 1호 이상의 민간임대주택을 취득하여 임대하는 사업을 할 목적으로 행정청에 등록한 자를 말한다.

일반인이 민간임대주택사업을 하는 경우 장기일반민간임대주택을 매입하는 유형을 선호한다. 민간임대주택사업은 매월 임대료 수입 뿐 아니라 시세차익도 얻을 수 있고, 조세지원도 많아 일반인의 관심이 높다.

(2) 내용

첫째, 임대주택사업을 하려는 자는 임대사업자의 주소지 또는 임대주택의 소재지를 관할하는 특별자치시장·특별자치도지사·시장·군수 또는 구청장(자치구의 구청장을 말하며, 약어로 시장·군수·구청장이라 한다)에게 등록을 신청해야 한다(민간임대주택법령 4 ④). 한편, 등록은 민간임대주택 등록시스템(렌트홈, www.renthome.go.kr)을 통해 온라인으로도 가능하다.

등록자격은 주택 소유자 또는 소유예정자이며, 주요 내용은 다음의 표와 같다.

표 5.1.15 민간임대주택사업자 등록 요건

구분		필요서류	소유권확보 기한
소유자		건물등기사항증명서	–
소유예정자	사업계획승인	사업계획승인서	6년
	건축허가	건축허가서	4년
	분양계약	분양계약서	1년
	매매계약	매매계약서	3개월

자료: www.renthome.go.kr

둘째, 임대사업자는 등록한 민간임대주택이 임대의무기간과 임대료 증액기준을 준수하여야 하는 재산임을 소유권등기에 부기등기(附記登記)해야 한다.

셋째, 임대사업자는 민간임대주택의 임대차기간, 임대료, 민간임대주택의 소유권을 취득하기 위하여 대출받은 금액(민간매입임대주택으로 한정한다) 등에 관한 사항을 임대차계약을 체결한 날(종전임대차계약이 있는 경우 민간임대주택으로 등록한 날을 말한다) 또는 임대차계약을 변경한 날부터 3개월 이내에 시장·군수·구청장에게 신고 또는 변경신고를 해야 한다(제46조). 또한, 임대차계약을 체결하려는 경우에는 국토교통부령으로 정하는 표준임대차계약서를 사용해야 한다(제47조).

넷째, 임대사업자(임대사업자로 등록하려는 자를 포함한다)는 임대보증금에 대한 보증에 가입하여야 하며, 임대사업자 등록이 말소되는 날(등록이 말소되는 날에 임대 중인 경우에는 임대차계약이 종료되는 날)까지 그 가입을 유지하여야 한다(제49조).

다섯째, 임대사업자는 원칙적으로 법령에서 정한 임대의무기간(10년 이상) 동안 민간임대주택을 계속 임대 하여야 하며, 그 기간이 지나지 아니하면 이를 양도할 수 없다(제43조 ①).

여섯째, 임대사업자는 임대기간 동안 임대료 증액을 청구하는 경우에는 임대료의 5%의 범위에서 법령에서 정한 증액 비율을 초과하여 청구할 수 없다(제44조).

일곱째, 사업장 관할 세무서장에게 사업자등록을 해야 한다(소득세법 168 및 부가가치세법 5). 사업개시일(즉, 임대개시일)부터 20일 이내에 사업장 관할 세무서장에게 등록해야 하며, 신규로 사업을 시작하려는 자는 사업개시일 전이라도 등록할 수 있다. 이 경우 면세사업자로 등록한다.

(3) 조세지원

민간임대주택사업에 대해 취득·보유·처분 등 각 단계마다 다양한 조세 혜택이 있다. 매입임대하는 개인사업자를 기준으로 그 내용을 정리하면 다음의 표와 같다. 다만, 민간임대주택사업의 조세지원에 대해서는 그 내용이 복잡하고 정부의 정책변화에 따라 법령의 개정이 잦으므로 주의가 필요하다.

표 5.1.16   민간임대주택사업의 조세지원 내용

구분		지원내용	비고
취득단계	취득세	• 최초로 분양받는 공동주택 또는 오피스텔로서 취득가액 3억원(수도권의 경우 6억원)이하이고 전용면적 60㎡ 이하인 경우: 면제	지방세특례법 31 ②

구분		지원내용	비고
보유 단계	재산세	• 공시가격 3억원(수도권의 경우 6억원) 이하인 공동주택이나 공시가격 2억원(수도권의 경우 4억원) 이하인 오피스텔을 2세대 이상 임대하는 경우: 전용면적에 따라 차등 감면	지방세특례법 31 ④
	종부세	• 공시가격 3억원(수도권의 경우 6억원) 이하 주택을 매입하여 10년 이상 임대하는 경우: 합산배제	종부세법 8 ②
	사업 소득세	• 주거전용면적 40㎡ 이하로서 기준시가 2억원 이하: 주택 수 제외	소득세법 25
		• 1개 주택(단, 기준시가 12억원 이하)을 소유하는 자의 주택임대소득: 비과세	소득세법 12
		• 2천만원 이하 임대소득 분리과세 시 필요경비율·기본공제 추가 혜택	소득세법 64-2 ②
		• 국민주택규모로서 기준시가 6억원 이하의 주택을 임대: 75%(1호 임대) 또는 50%(2호 이상 임대) 세액 감면	조세특례법 96
처분 단계	양도 소득세	• 장기보유 특별공제액을 계산할 때 70% 공제율 적용	조세특례법 97-3
		• 대지면적 298㎡ 이하이고 연면적 또는 전용면적 149㎡ 이하로서 공시가격 3억원(수도권의 경우 6억원) 이하 주택을 매입하여 5년 이상 임대한 경우: 주택수에서 제외	소득세법령 167-3. 167-5

2) 관광·휴양시설 투자이민제도

(1) 의의

관광·휴양시설 투자이민제도는 당초 '부동산 투자이민제도'라는 명칭으로 2009년 12월 개정된 「출입국관리법령」 제12조에 의해 시행된 제도로서, 법무부장관이 투자지역, 투자대상, 투자금액 등을 고시하고 고시된 기준에 따라 일정자산에 투자한 외국인에게 국내 거주 자격(F-2비자)을 주며, F-2비자를 5년 이상 유지하고 결격사유가 없으면 영주자격(F-5비자)을 부여하는 제도이다.

이 제도는 당초 외국인의 적극적인 투자유치를 위해 도입된 제도이나, '부동산 투자'라는 명칭에 대한 부정적 시선이 있고, 체류 상 혜택에 비해 투자금액이 지나치게 낮다는 비판도 있어 2023년 5월 전면 제도개편을 하였다. 즉, 제도의 명칭을 '관광·휴양시설 투자이민제도'로 변경하고, 투자기준금액을 10억원으로 상향하였다.[21]

---

21 법무부, 2023. 05. 01. 보도자료 참조

(2) 내용

2010. 2. 제주도에 처음으로 시행된 이후 강원도 평창군, 전남 여수시, 인천시 중구 등에서 시행하고 있으며, 주요 내용은 다음의 표와 같다.

표 5.1.17 **관광·휴양시설 투자이민제도의 현황**

투자지역	투자대상	투자 기준금액		최초 지정일
		당초	개정 (2023. 05)	
제주도 관광단지 및 관광지	휴양목적 체류시설 (콘도, 펜션, 별장 등)	5억원 이상	10억원 이상	2010. 02.
강원도 평창군 대관령알펜시아관광단지		5억원 이상	10억원 이상	2011. 02.
전남 여수시 여수경도 해양관광단지		5억원 이상	10억원 이상	2011. 08.
인천시 경제자유구역(영종지구)		7억원 이상	10억원 이상	2011. 11.
인천시 경제자유구역(송도·청라지구)		7억원 이상	10억원 이상	2013. 05.
부산시 해운대 관광리조트·동부산관광단지		7억원·5억원 이상	10억원 이상	2013. 05.
강원도 강릉시 정동진지구		5억원 이상	(7억원 이상)	2016. 02.
전남 여수시 화양지구		5억원 이상	(7억원 이상)	2016. 07.

주: 강원도 정동진지구와 전남 화양지구는 제도 개편당시 시행기간(2024. 12. 31)이 남아 있어 종전 금액으로 시행

지방자치단체들이 외자유치를 위해 관광·휴양시설 투자이민제도를 적극적으로 도입하려고 하고 있으나, 그동안 세계적 경제위기, 코로나-19 사태, 중국의 외자유출 규제, 대상지역의 접근성 열세 등으로 인해 제주도를 제외하고는 대체로 투자유치 실적이 저조한 실정이다.

제2장

부동산개발론

제1절 | 부동산개발의 의의

① 부동산개발과 부동산개발업

1) 부동산개발의 개념

일반적으로 개발은 '무엇인가를 보다 쓸모 있거나 향상된 상태로 변화시키는 활동'을 의미한다. 따라서 부동산개발이란 '건설공사를 통해 부동산의 유용성을 높이는 활동'이라고 할 수 있다. 여기서 건설공사란 '토지 조성이나 건축물·공작물설치를 목적으로 하는 공사(工事)'를 의미한다.

한편, 「부동산개발업의 관리 및 육성에 관한 법률」(약어로 부동산개발법이라 한다)에서는 부동산개발을 ① 토지를 건설공사의 수행 또는 형질변경의 방법으로 조성하는 행위, ② 건축물을 건축·대수선·리모델링 또는 용도변경하거나 공작물을 설치하는 행위 중 어느 하나에 해당하는 행위(다만, 시공을 담당하는 행위는 제외한다)로 정의하고 있다.

2) 부동산개발의 목적

부동산개발은 부동산의 유용성을 높이는 활동으로 부동산개발로 인해 부동산의 가치가 증가한다. 부동산개발의 목적은 개발의 주체에 따라 다르다. 민간은 일반적으로 이윤의 극대화를 목적으로 하며, 공공은 일반적으로 인간의 삶의 질을 향상시키는데 부동산개발의 목적이 있다.

3) 부동산개발의 특징

부동산개발은 다음과 같은 특징이 있다.

첫째, 종합성을 가진다. 부동산개발은 계획, 부지 확보, 인허가, 설계, 시공, 운영, 관리, 처분 등의 광범위한 분야의 전문가들이 필요하며 협상력·추진력 등 종합적인 사고를 필요로 한다.

둘째, 법적 규제가 강하다. 부동산개발은 부동산의 부동성·부증성·인접성·기반성 등의 특성으로 인해 효율적인 토지이용과 형평성 뿐 아니라 안전성과 삶의 질 향상에 대한 고려를 하여야 한다. 따라서 부동산개발의 과정에는 다양한 법적 규제가 따른다.

셋째, 부동산개발은 사업기간의 장기성, 투자의 대규모성 등으로 인하여 고위험, 고수익(high risk, high return)의 특징이 있다. 따라서 사업의 성공을 위해서는 철저한 타당성분석과 각종 위험에 대한 체계적인 관리가 필요하다.

넷째, 다양한 이해관계인이 존재한다. 부동산개발에는 시행사·시공사·금융회사·설계회사·분양대행사·각종 자문회사뿐 아니라 정부, 부동산 소유자, 투자자, 주민 등 다양한 참여자와 이해관계인이 존재한다. 따라서 사업의 성공을 위해서는 이해관계인의 협력과 지원이 매우 중요하다.

다섯째, 부동산개발은 사회·경제적으로 주변에 미치는 파급효과가 크다. 사업이 성공할 경우 일반적으로 주변지역의 부동산가치가 상승하며, 반대로 실패할 경우 개발된 부동산의 처리문제·투자자의 위험부담 등 사회문제를 일으킨다.[22]

4) 부동산개발업의 개념

부동산개발업이란 타인에게 공급할 목적으로 부동산개발을 수행하는 업을 말하며(부동산개발법 2), 타인에게 공급할 목적으로 일정 규모 이상의 부동산개발을 업으로 영위하려는 자는 시·도지사에게 등록하여야 한다(부동산개발법 4). 여기서 공급은 부동산개발을 수행하여 조성·건축·대수선·리모델링·용도변경 또는 설치되거나 될 예정인 부동산, 그 부동산의 이용권으로서 대통령령으로 정하는 권리의 전부 또는 일부를 타인에게 판매 또는 임대하는 행위를 말한다. 즉, 공급의 개념에는 판매(매매·분양)와 임대를 포함한다. 그런데 한국표준산업분류에 의하면 부동산업에서 부동산임대 및 공급업은 ① 부동산임대업, ② 부동산개발 및 공급업으로 세분된다.[23]

---

22 유선종(2020), 부동산학원론, 박영사, p.308.
23 부동산업의 분류에 대해서는 제1편 제1장 제3절 참조(p.10)

한편, 부동산개발업과 건설업은 구별하여야 한다. 한국표준산업분류에서도 부동산개발업은 부동산업에 속하나, 건설업은 따로 대분류된다. 예컨대 아파트개발사업에 있어 시행사는 부동산개발업에 속하며, 시공사는 건설업에 속한다. 건설회사의 경우 시행과 시공을 모두 진행하면 자체사업이라 하고, 시공만 수주받아 진행하면 도급사업이라 한다.

표 5.2.1   부동산개발업과 건설업의 비교

구분	부동산개발업	건설업
근거법령	부동산개발법	건설산업기본법
용어정의	타인에게 공급할 목적으로 부동산개발을 수행하는 업(業) ※ 부동산개발: 다음 각 목의 어느 하나에 해당하는 행위를 말한다. 다만, 시공을 담당하는 행위는 제외한다. ① 토지를 건설공사의 수행 또는 형질변경의 방법으로 조성하는 행위, ② 건축물을 건축·대수선·리모델링 또는 용도변경하거나 공작물을 설치하는 행위	건설공사를 하는 업(業) ※ 건설공사: 토목공사, 건축공사, 산업설비공사, 조경공사, 환경시설공사, 그 밖에 명칭과 관계없이 시설물을 설치·유지·보수하는공사(시설물을 설치하기 위한 부지조성공사를 포함한다) 및 기계설비나 그 밖의 구조물의 설치 및 해체공사 등을 말한다.
등록	시·도지사에게 등록 (일정 규모 미만의 부동산개발 경우 불필요)	국토교통부장관에게 등록 (경미한 건설공사의 경우 불필요)
등록기준	자본금, 시설 및 부동산개발 전문인력을 갖출 것	기술능력, 자본금, 시설 및 장비를 갖출 것
한국표준산업분류	부동산업(대분류, 중분류) > 부동산임대 및 공급업(소분류) > 부동산개발 및 공급업(세분류)에 속함	건설업으로 대분류 > 종합건설업과 전문직별 공사업으로 중분류

② 부동산개발의 위험

1) 개발위험의 의의

부동산개발은 그것이 내포하고 있는 불확실성 때문에 위험요소가 존재한다. 위험요소 중에는 개발자가 통제할 수 있는 것도 있지만, 통제할 수 없는 것도 있다. 비록 어떠한 요소는 개발업자가 통제할 수 없는 위험이라 하더라도 개발업자는 이것을 무시해서는 안 된다. 개발업자는 여러 가지 위험요소를 파악·분석하고 있어야 하며, 이것을 개발사업의 의사결정에 적절히 반영해야 한다. 부동산개발의 위험은 그 분야에 따라 경제적 위험·정책적 위험·사회적 위험·물리적 위험으로 구분할 수 있다.

2) 개발위험의 종류

(1) 경제적 위험

경제적 위험은 경제상황의 변화에 따른 위험을 말하며, 시장위험이라고 할 수도 있다. 경제적 위험은 수익위험과 비용위험으로 세분할 수 있다. 먼저, 수익위험은 경제상황의 변화에 따라 수익이 감소할 위험을 말한다. 이는 부동산시장이 끊임없이 변화하므로 발생한다. 즉, 상황에 따라 개발된 부동산이 분양·임대되지 않을 수도 있고, 또 처음의 예상보다 낮은 가격으로 분양·임대될 수도 있다.

둘째, 비용위험은 개발사업의 수익이 투입된 비용에 의해 영향을 받는데, 투입 비용의 증가에 따른 위험이다. 개발비용은 인플레이션, 이자율의 인상, 개발기간의 연장, 예상하지 못한 비용 지출 등의 영향으로 증가하는 경우가 많고 정확한 산출이 어렵다. 비용위험을 줄이기 위해 시공사와 고정건설비용으로 계약할 필요가 있다.

한편, 경제적 위험은 부동산개발의 타당성분석에 있어 충분히 고려하여야 한다.

(2) 정책적 위험

정책적 위험은 부동산개발과 관련된 법적·제도적·행정적 위험을 말한다. 먼저, 법적 위험으로 각종 인허가 등과 관련된 공법적 위험 뿐 아니라 소유권·임차권 등과 관련된 사법적 위험이 있다. 인허가의 불능·지연이나 조건부 인허가[24] 또는 부지 확보의 불능이나 지연이 예이다. 법적 위험의 관리를 위해 부동산개발과 관련된 각종 법규를 사전에 충분히 조사·분석하여야 하는데 이는 경제적 위험관리보다 앞서 수행하여야 한다.

둘째, 부동산정책의 변화에 따른 위험이 있다. 특히, 부동산개발에 착수한 이후 부동산정책의 변화가 사업의 경제성에 불리하게 작용할 경우 위험이 크다. 조세의 강화, 임차인 보호 강화 등이 예이다.

(3) 사회적 위험

대표적인 사회적 위험의 예로는 갈등위험이 있다. 부동산개발에는 행정청 뿐 아니라 토지소유자·시공사·주민 등 다양한 이해관계인이 존재한다. 따라서 이해관계인과의 갈등도 위험요소이다. 개발에 대한 행정청의 비협조, 주민의 반대여론이나 민원, 종업원의 파업 등이 예이다.

---

24 조건부 인허가의 예로는 건축규모의 축소, 도로 등의 기부채납, 이해관계인의 동의서 제출 등이 있다. 조건부 인허가는 통상 수익의 감소, 비용의 증가, 사업기간 연장 등을 초래한다.

(4) 물리적 위험

물리적 위험은 부동산이나 부동산개발이 본원적으로 가지는 속성에 따른 위험을 말하며, 공간적 위험, 환경적 위험, 시공위험 등이 있다. 먼저, 공간적 위험으로 예상하지 못한 암반·연약지반의 출현 또는 지진·지반침하 등의 경우가 발생할 수도 있다.

둘째, 환경적 위험으로 외부환경의 변화에 따른 위험이 있다. 인근지역의 쇠퇴, 인근지역에 혐오시설의 신설 등이 예이다.

셋째, 시공위험은 시공과정에서 발생하는 위험을 말한다. 설계나 시공의 기술에 따른 위험이나 안전사고 등이 예이다.

③ 부동산개발의 분류

1) 개발의 대상에 따른 분류

부동산개발은 개발의 대상에 따라 토지개발과 토지정착물의 개발로 구분할 수 있다. ① 토지개발은 토지를 절토·성토·정지(整地), 도로공사·상하수도공사 등의 방법으로 조성하는 활동을 말하고, ② 토지정착물의 개발은 건축물을 건축·개량하거나 공작물을 설치하는 활동을 말한다.

2) 개발의 주체에 따른 분류

부동산개발은 개발의 주체에 따라 공공개발·민간개발·민관공동개발(제3섹터방식)로 구분된다. 일반적으로 국가·지방자치단체 등 공공부문을 제1섹터라 하고, 민간부문을 제2섹터라 하며, 양자의 중간적인 형태를 제3섹터라 한다.

(1) 공공개발

공공개발은 국가, 지방자치단체, 한국토지주택공사, 지방공사 등 공공부문(즉, 제1섹터)이 개발주체로서 인간의 삶의 질 향상을 목적으로 한다. 대규모 택지나 산업단지개발사업, 도시·군계획시설사업 및 공공주택의 건설사업 등이 예이다.

(2) 민간개발

민간개발은 부동산개발업자, 토지소유자 등 민간부문(즉, 제2섹터)이 개발주체로서 일반적으로 이윤의 극대화를 목적으로 한다. 민간개발사업의 예로는 토지소유자에 의한 건축, 조합에 의한 정비사업, 건설회사의 공동주택 건설사업 등이 있다.

(3) 민관공동개발

공공부문과 민간부문이 공동으로 개발하는 방식으로 제3섹터방식이라고도 한다. 부동산개발의 과정이 복잡해지고 개발규모가 대형화함에 따라 민관공동개발방식이 늘어나고 있다. 일반적으로 공공과 민간이 공동출자한 별도의 특수목적법인(SPC: Special Purpose Company)을 설립하여 개발사업을 시행한다. 민관공동개발은 공공부문이 가진 공신력·인허가권과 민간부문이 가진 우수한 기술·풍부한 자본이 결합하여 사업의 성공을 이끌 수 있는 장점이 있다.

3) 개발의 방식에 따른 분류

부동산개발은 개발의 방식에 따라 자체개발·지주공동개발·컨소시엄개발·신탁개발 등으로 분류할 수 있다.

(1) 자체개발

자체개발은 토지소유자가 직접 사업기획을 하고 자금을 조달하여 개발하는 방식을 말한다. 자금조달은 토지소유자의 보유자금 또는 토지소유자가 차입하여 활용하고, 건설은 토지소유자가 직접 또는 도급발주하여 공사의 진척에 따라 대금을 지급하며, 마케팅은 직접 하거나 분양대행을 시킬 수 있다. 이 방식의 장점은 개발사업의 이익이 모두 토지소유자에게 귀속되고, 소유자의 의도대로 사업추진이 가능하며, 사업수행의 속도가 빠르다는 점이다. 반면, 사업의 위험이 높고, 자금조달의 부담이 크며, 위기관리능력이 요구된다는 단점이 있다.

(2) 지주공동개발

지주공동개발(또는 공동개발이라고도 한다)은 토지소유자와 개발업자(즉, 건설사, 사업시행자 등) 간에 부동산 개발을 공동으로 수행하는 것으로서 토지소유자는 토지를 제공하고 개발업자는 개발의 노하우를 제공하여 서로의 이익을 추구하는 형태이다. 장점으로는 위험도가 큰 부동산개발사업에 대한 위험을 지주와 개발업자 간에 분산하는데 있다. 즉, 토지소유자는 개발업자의 노하우를 통해 수익을 높일 수 있고, 개발업자는 토지 매수에 따른 부담이 없다는 장점이 있다. 지주공동개발의 형태로는 등가교환형, 사업위탁형, 투자자 모집형, 토지임차형 등이 있다.

먼저, 등가교환형은 토지소유자가 소유한 토지에 개발업자가 자금을 부담하여 개발한 후 토지가격과 공사비의 비율에 따라 개발된 부동산을 배분하는 방식이다. 등가교환(等價交換)은 엄밀하게 말하면 건축물개발에 있어 토지의 일부와 건축물의 일부를 차액이 없는 상태로 서로 바꾸는 것을 말한다. 그러나 넓은 의미에서 토지개발 또는 건축물개발을 불문하고 토지소유자와 개발업자가 투입한 금액의 비율에 따라 부동산을 배분하는 것 뿐 아니라 개발업자가 부담한 공사비를 토지소유자가 개발된 부동산으로 변제하는 것(즉, 공사비 대물변제형)도 등가교환형으로 부르고 있다.

둘째, 사업위탁형은 토지소유자가 개발업자에게 수수료를 지급하고 사업시행을 위탁하는 방식이다. 위탁수수료는 일반적으로 사업의 수익을 반영하여 산정한다. 이 방식은 자체개발방식의 단점을 극복하고자 사업시행을 부동산개발을 전문으로 하는 개발업자에게 맡기는 것이다.

셋째, 투자자 모집형은 개발업자가 투자자를 모집하여 사업자금을 조달하고, 개발 후 투자자에게 일정의 투자수익 또는 개발된 부동산의 지분을 배분하는 방식이다.

넷째, 토지임차형은 개발업자가 타인의 토지에 임차권이나 지상권을 설정하고 건축물을 건축하여 이를 직접 이용하거나 제3자에게 분양·임대하는 방식이다. 계약기간 중 토지소유자에게는 일반적으로 높은 임대료가 지불된다.

(3) 컨소시엄개발

대규모 개발사업에 유용한 방식으로 다수의 법인 간에 컨소시엄(consortium)[25]을 구성하여 개발사업을 수행하는 것을 말한다. 컨소시엄의 형태는 법인 중 하나가 주사업자가 되고 다른 법인이 참여하거나, 참여법인들이 별도의 특수목적법인을 설립할 수도 있다. 컨소시엄개발은 대규모 자금 조달이 가능하고 사업위험을 분담할 수 있는 장점이 있으나, 참여법인 간 이견이 있는 경우 사업수행이 곤란한 단점이 있다.

(4) 신탁개발

신탁개발은 토지소유자가 토지를 신탁회사에 위탁하여 개발·관리·처분하는 방식이며, 사업위탁형과 유사하나 가장 큰 차이점은 신탁회사에 형식상의 소유권이 이전된다는 것이다. 토지소유권을 신탁을 원인으로 이전하고, 신탁회사는 금융회사로부터 자금을 차입하여 건설회사에 공사를 발주한다. 건물이 준공되면 신탁회사가 입주자를 모집하고 수익

---

25 컨소시엄은 공동의 목적 달성을 위해 여러 개인이나 법인이 연합하여 활동하는 방식 또는 그런 모임을 말한다.

금을 토지소유자에게 배당한다. 신탁기간이 종료하면 신탁회사는 토지소유자에게 부동산을 반환한다.[26]

(5) 개발방식의 비교

앞에서 설명한 개발방식의 내용을 비교하면 다음의 표와 같다.

표 5.2.2 개발방식의 비교

구분		토지소유	사업시행	자금 조달	수익 귀속	비고
자체개발		토지소유자	토지소유자	토지소유자	토지소유자	토지소유자가 개발노하우가 많은 경우 유용
지주공동개발	등가교환형	토지소유자	개발업자	개발업자	토지소유자·개발업자	토지가격과 공사비 산정시 갈등발생 우려
	사업위탁형	토지소유자	개발업자	토지소유자	토지소유자·개발업자	수익에 비례하여 위탁수수료 산정
	투자자모집형	토지소유자	개발업자	투자자	토지소유자·투자자	통상 투자자에게 일정수익률 보장
	토지임차형	토지소유자	개발업자	개발업자	토지소유자·개발업자	계약기간 종료 후 건축물의 처리에 관한 계약 필요
컨소시엄개발		토지소유자	컨소시엄회사	컨소시엄회사	토지소유자·컨소시엄회사	대규모 개발사업에 유용
신탁개발		신탁회사	신탁회사	신탁회사	토지소유자	신탁회사에 토지소유권 이전

4) 개발의 형태에 따른 분류

(1) 신개발

신개발은 토지형질변경 등을 통해 기존 용도를 바꾸어 새로운 용도로 전환하는 것을 말한다. 신개발에는 SOC사업, 도시개발사업, 대지조성사업, 택지개발사업, 건물의 신축 등이 포함된다.

먼저, 도시개발사업은 「도시개발법」에 근거하여 도시개발구역 안에서 주거·상업·산업·유통·정보통신·생태·문화·보건 및 복지 등의 기능을 가지는 단지 또는 시가지를 조

---

26 신탁개발에 관한 자세한 내용은 제5편 제3장 제3절 참조(p.592)

성하기 위하여 시행하는 사업을 말한다. 토지의 취득은 매수방식·환지방식·혼합방식이 가능하다.

둘째, 대지조성사업은 「주택법」에 근거한 1만㎡ 이상 규모의 주택(단독주택 또는 공동주택)지 개발사업을 말하며, 토지의 취득은 매수방식이다.

셋째, 택지개발사업은 「택지개발촉진법」에 근거하여 택지를 집단적으로 개발하는 사업을 말한다. 택지개발지구는 국토교통부장관 또는 시·도지사가 지정하며, 토지의 취득은 매수방식이다.

(2) 재개발

재개발은 기존 부동산의 유용성이 낮다고 판단되어 이를 다시 개발하여 그 유용성을 높이는 것을 말한다. 재개발에는 「도시정비법」에 의한 정비사업(주거환경개선사업, 재개발사업, 재건축사업), 기존 건물의 증·개축 등이 있다. 또한, 「산업입지 및 개발에 관한 법률」(약어로 산업입지법이라 한다)에 의한 산업단지 재생사업, 「도시재정비 촉진을 위한 특별법」(약어로 도시재정비법이라 한다)에 의한 재정비촉진사업 등도 재개발에 해당된다.

먼저, 주거환경개선사업은 ① 도시저소득주민이 집단으로 거주하는 지역으로서 정비기반시설이 극히 열악하고 노후·불량건축물이 과도하게 밀집한 지역에서 주거환경을 개선하거나, ② 단독주택 및 다세대주택이 밀집한 지역에서 정비기반시설과 공동이용시설 확충을 통하여 주거환경을 보전·정비·개량하기 위한 사업을 말한다. 종전의 주거환경개선사업과 주거환경관리사업을 통합(2017. 2. 도시정비법 개정)한 것이다.

둘째, 재개발사업은 ① 정비기반시설이 열악하고 노후·불량건축물이 밀집한 지역에서 주거환경을 개선하거나, ② 상업지역·공업지역 등에서 도시기능의 회복 및 상권활성화 등을 위하여 도시환경을 개선하기 위한 사업을 말한다. 종전의 주택재개발사업과 도시환경정비사업을 통합(2017. 2. 도시정비법 개정)한 것이다.

셋째, 재건축사업은 정비기반시설은 양호하나 노후·불량건축물에 해당하는 공동주택이 밀집한 지역에서 주거환경을 개선하기 위한 사업을 말한다. 종전의 주택재건축사업의 명칭을 변경한 것이다(2017. 2. 도시정비법 개정).

5) 토지취득방법에 따른 분류

(1) 토지취득방식의 변천

토지의 취득방법에 따라 토지개발방식을 분류하면 환지방식과 매수방식(이를 수용방식이라고도 한다)[27]으로 크게 분류할 수 있다. 환지방식은 개발 후 사업에 소요된 비용과 공공용지를 제외한 토지를 원소유자에게 면적비율에 따라 되돌려주는 방식(즉, 소유자 불변)이며, 매수방식은 사업에 필요한 토지를 전면적으로 사업주체가 매수하여 개발하는 방식(즉, 소유자 변경)이다.

우리나라는 1970년대까지만 해도 도시용 토지수요의 대부분을 환지방식의 토지구획정리사업으로 공급하였다. 그러나 이 사업은 필지의 형상을 정형화하고 최소한의 기반시설을 마련하는데 그치므로 대규모 자족적인 신도시개발에는 부적합하고, 또한 토지소유자에게 지나친 개발이익을 허용하여 부동산투기를 조장하는 등의 문제가 있었다. 1970년대 후반 부동산투기가 사회적인 문제로 대두되고, 국민의 주거환경 개선 욕구와 급증하는 산업용지의 수요에 대처하기 위해 매수방식인 공영개발사업이 1980년에 도입되었다(택지개발촉진법 제정). 그러나 공영개발사업의 전면매수에 따른 문제점이 나타나고, 시대적 변화와 여건변동에 따라 택지개발에도 민간협력이 요청되어 민관합동개발방식이 도입되었고(1999년 택지개발촉진법의 개정), 매수방식과 환지방식 이외에 양자를 함께 활용하는 혼합방식이 법제화되었다(2000년 도시개발법 제정).[28]

(2) 환지방식과 매수방식의 비교

환지방식과 매수방식을 비교하면 다음과 같다.

표 5.2.23 환지방식과 매수방식의 비교

구분	환지방식	매수방식(수용방식)
근거법률	도시개발법	택지개발촉진법 등 다수
특징	• 토지소유자 불변: 토지매수 불필요 • 지장물에 대한 손실보상 • 지가가 높은 지역에 유용 • 주로 1980년 이전에 활용	• 토지소유자 변경: 토지매수 필요 • 토지 및 지장물에 대한 손실보상 • 지가가 낮은 지역에 유용 • 주로 1980년 이후에 활용
사업시행자	토지소유자 또는 조합	국가·지방자치단체·공공기관 등
재원조달	토지소유자(감보율 적용)	사업시행자

---

27 「도시개발법」과 「도시정비법」에서는 이를 수용방식이라고 한다(도시개발법 제21조, 도시정비법 제23조 참조). 그러나 사업주체가 토지를 매수하는 방법으로 협의매수와 강제매수(즉, 수용)가 있으므로 매수방식이란 용어가 더 적합하다.

28 유해웅(2000), 토지법제론, 부연사, pp.316~324.

구분	환지방식	매수방식(수용방식)
개발이익	종전 토지소유자에게 귀속	사업시행자에게 귀속
장점	• 토지보상비 부담 없음 • 토지소유자의 사업참여로 민원이 최소화 • 대토로 인한 인근지역 지가상승 가능성 낮음 • 민간의 사업참여 가능 • 개발토지의 매각대책 불필요 • 종전 토지소유자의 재정착 용이	• 사업시행자의 개발전문성 풍부 • 토지 및 지장물에 대한 공용수용 가능 • 공용수용을 통해 신속한 개발이 가능 • 계획적 개발 및 효율적 토지이용 가능 • 기반시설의 확보 용이 • 저렴한 택지 등 정책목적에 부응한 용지공급 가능 • 개발이익을 공공으로 환수
단점	• 사업시행자의 개발전문성 부족 • 토지소유자의 동의 과정이 많아 절차가 복잡 • 개별필지단위로 평면환지하므로 토지를 비효율적으로 이용 • 감보율 인상시 지주부담의 증가로 민원 유발 • 사업성을 이유로 기반시설 확보 곤란 • 종전 토지소유자에게 개발이익 귀속	• 사업초기에 막대한 토지보상비가 필요 • 보상과정에서 민원발생 우려 • 대토로 인해 인근지역 지가상승 가능성 높음 • 민간의 사업시행 곤란 • 개발토지의 매각대책 필요(매각 부담이 큰 편) • 지가가 낮은 외곽지역을 주로 개발하므로 도시 토지이용을 왜곡 • 종전 토지소유자의 재정착 곤란

4 부동산개발사업의 참여자

1) 참여자와 역할

(1) 개요

부동산개발사업에는 다수의 당사자와 이해관계인이 참여한다. 따라서 사업주체는 다양한 참여자와 끊임없는 소통과 성실한 협상을 통해 사업의 성공을 위해 노력하여야 한다. 특히 개발사업의 협력자로서 설계·건설·자문·금융 등과 관련된 회사는 유능하고 책임감 있는 회사를 선정하여야 하며, 인허가권자로서 정부와는 설득과 협상을 병행하여야 할 것이다. 또한, 시행과정에서 발생하는 주민의 민원에 대해서도 조기에 해결하는 것이 유리하다.

단계별로 구분하여 참여자를 살펴보면 다음의 표와 같다.

표 5.2.4		부동산개발사업의 참여자
단계		주요 당사자(이해관계인)
준비단계	사업구상	• 시행사 • 건축주
	부지 선정	• 시행사 • 토지소유자 • 중개업자
계획단계	타당성분석	• 시행사 • 컨설팅회사 • 금융회사
	사업계획 수립	• 시행사 • 건축설계회사 • 엔지니어링회사
실행단계	협상	• 시행사 • 토지소유자 • 건설회사 • 금융회사 • 정부 • 신탁회사
	시공	• 시행사 • 건설회사 • 감리회사 • 금융회사 • 정부 • 주민
	마케팅	• 시행사 • 분양대행사 • 중개업자 • 금융회사 • 분양계약자
관리단계	준공	• 시행사 • 정부 • 건설회사 • 분양계약자 • 법무회사
	정산	• 시행사 • 신탁회사 • 관리회사 • 세무회사

(2) 시행사

시행사는 부동산개발사업의 주체로서 사업의 모든 과정을 관리하고 책임을 진다. 따라서 사업의 구상부터 정산까지 모든 과정에 관여하며 사업의 성공을 위해 노력한다. 그러나 모든 업무를 시행사가 직접 수행하는 것은 아니다. 일반적으로 사업계획 수립 업무는 설계회사 등에, 시공은 건설회사에, 마케팅업무는 분양대행사 등에 위탁한다.

(3) 시공사

시공사는 시행사와의 계약을 통해 공사 전반을 수행하고 준공을 책임지는 회사로서 주로 건설회사가 담당한다. 과거에는 부동산개발사업에 있어 시행사와 시공사가 구분되지 않고 건설회사가 이를 모두 수행하는 경우가 많았으나, IMF체제를 겪으면서 부동산개발사업의 위험분산 및 전문화 등의 필요성이 대두되어 이들 업무의 분리가 촉진되었다. 그러나 현실적으로 금융회사가 사업비 대출 시 여전히 시공사의 연대보증을 요구하는 경우가 많아 개발사업의 위험분산에 한계가 있다.

(4) 금융회사

부동산개발사업에는 대규모의 자금이 필요한 경우가 많고, 시행사가 자기자본으로 사업비 전체를 부담하기는 어려워 대부분 금융회사로부터 사업비를 대출받는다. 대규모 자금의 대출에 있어서는 여러 금융회사가 대주단을 구성하는 것이 일반적이다.

2) 계약상대방의 선정

부동산개발사업에서 사업주체는 유능한 사람을 계약의 상대방으로 선정하여야 한다. 상대방 선정방식과 관련하여 입찰의 방법과 낙찰의 방법을 구분하여 설명하고자 한다. 민간에 의한 개발의 경우 계약자유의 원칙상 계약상대방의 선정이 자유롭다. 그러나 공공에 의한 개발 등 공정한 당사자의 선정이 필요한 경우에는 관련법령에서 이를 규제하고 있다.

(1) 입찰의 방법

입찰의 방법은 크게 경쟁입찰과 수의계약으로 구분된다. 경쟁입찰은 다시 일반경쟁입찰·제한경쟁입찰·지명경쟁입찰로 세분된다(국가를 당사자로 하는 계약에 관한 법률 참조: 약어로 국가계약법이라 한다).

먼저, 일반경쟁입찰은 관계법령에 따른 면허·등록 등을 마치고 사업을 영위하는 모든 자(즉, 개인이나 법인)에게 입찰의 기회를 제공하는 방법이다. 이는 모든 사람에게 균등한 기회를 제공할 수 있으며, 담합의 여지를 줄일 수 있고, 비용 절감(또는 수익 극대화)의 효과를 거둘 수 있는 장점이 있다. 반면, 과당경쟁을 일으킬 수 있으며, 능력이 부족한 사람이 낙찰자로 선정될 가능성이 있는 단점이 있다. 일반경쟁입찰은 입찰참가 대상자가 많으면서 참가자의 능력이 비슷할 때 유용한 방법이다.

둘째, 제한경쟁입찰은 관계법령에 따른 면허·등록 등을 마치고 사업을 영위하는 자 중에서 계약의 목적에 따른 사업실적·기술능력·자본금 등의 하한을 정하여 입찰에 참가하게 한 후 그 중에서 낙찰자를 선정하는 방법이다. 이 방법은 일정규모 이상의 공사 등에 대해 품질확보와 가격경쟁을 동시에 추구하는 방법으로, 입찰참가자격을 사전에 심사하여 통과된 자에게만 가격입찰에 응할 수 있도록 하는 사전심사제도(PQ: Pre-Qualification)가 대표적이다. 제한경쟁입찰은 시공회사 선정시 도급순위를 기준으로 참가자격을 제한하거나, 중소기업 육성이나 지역경제 활성화를 위해 중소기업 또는 지역소재 기업으로 참가자격을 제한하는 경우 등으로 많이 활용된다.

셋째, 지명경쟁입찰은 발주자가 도급자의 사업실적·기술능력·자본금 등을 조사하여 당해 계약에 적합하다고 인정되는 자를 지명하여 입찰에 참가하게 한 후 그 중에서 낙찰자를 선정하는 방법이다. 이 방법은 부적격자가 낙찰되는 가능성을 막아 적정한 사업수행을 기대할 수 있으나, 입찰자 수가 한정되어 담합 가능성이나 부정의 개입여지가 있는 문제가 있다. 지명경쟁입찰은 골프장 건설·특수 분야의 용역 등 특수한 경험이나 기술이 필요한 경우에 유용한 방법이다.

넷째, 수의계약은 발주자가 도급자의 사업실적·기술능력·자본금 등을 조사하여 당해 계약에 적합하다고 인정되는 한 사람을 선정하여 계약하는 방법이다. 이 방법은 선정 절차가 간단하고, 중요 사업(또는 공사)에 대한 기밀유지가 쉽다는 장점이 있다. 반면, 낙찰자 선정에 부정의 개입여지가 있으며, 계약금액이 높아질 우려가 있다. 수의계약에 의한 방법은 건축주가 개인인 경우, 공사금액이 적은 경우, 긴급한 공사가 필요한 경우, 기밀유지가 필요한 공사 등에 주로 활용된다.

(2) 낙찰의 방법

경쟁입찰에서 낙찰자를 선정하는 방법으로는 적격심사제, 최저낙찰제, 최고낙찰제 등이 있다. 먼저, 적격심사제는 예정가격 이하로서 최저가로 입찰한 자 순으로 수행능력과 입찰가격을 심사하여 일정점수(즉, 85점) 이상인 경우 낙찰자로 결정하는 방법이다. 수행능력 심사는 주로 시공경험과 경영상태를 심사한다. 한편, 추정가격이 300억원 이상인 공사 등의 입찰에서는 입찰자의 공사수행능력, 사회적 책임, 입찰가격 등을 종합 심사하여 합산점수가 가장 높은 자를 낙찰자로 결정한다(국가계약법령 42 ④). 적격심사제는 낙찰예정자를 대상으로 수행능력의 여부를 심사한 후 적정하다고 인정되는 경우에 낙찰자로 선정함으로써 최저낙찰제의 단점인 부적격자가 낙찰될 가능성을 배제하는 제도이다.

둘째, 최저낙찰제는 최저가격으로 입찰한 자를 낙찰자로 선정하는 방법이다. 발주자에게 비용의 원인이 되는 입찰에서 낙찰자를 결정하는 방법이다.

셋째, 최고낙찰제는 최고가격으로 입찰한 자를 낙찰자로 선정하는 방법이다. 발주자에게 수익의 원인이 되는 입찰에서 낙찰자를 결정하는 방법이다. 대표적으로 법원의 경매, 조성토지의 공급을 위한 입찰 등에서 활용된다.

그 밖에 협상에 의한 계약과 추첨 등의 방법이 있다. 먼저, 협상에 의한 계약은 발주자가 다수의 사업자로부터 제안서를 제출받아 평가한 후 협상절차를 통하여 발주자에게 가장 유리하다고 인정되는 자와 계약을 체결하는 것이다(국가계약법 43 참조). 발주자는 기술능력과 입찰가격을 평가하여 협상적격자로 선정된 자를 대상으로 우선순위를 정하여 사업내용·수행방법·수행일정·입찰가격 등에 대한 협상을 진행한다.

다음으로, 추첨에 의한 계약자 선정은 「도시개발법」 등에 규정이 있다. 즉, 도시개발사업에서 공공사업시행자는 국민주택규모 이하의 주택건설용지 중 임대주택 건설용지를 공급하는 경우에는 추첨의 방법으로 분양하여야 한다(도시개발법령 57).

(3) 상대방선정의 여지가 없는 경우

사업부지의 소유자, 인허가권자 등은 상대방이 특정되어 있어 사업주체가 임의로 선정할 수 없다. 따라서 상대방과의 끊임없는 소통과 성실한 협상이 더욱 중요하다.

사업부지가 특정된 상태에서 사업주체가 소유권을 확보하지 못한 경우 협의에 의해 소유권을 취득하는 것이 원칙이다. 따라서 협의에 의해 소유권을 취득할 수 없는 부동산이 있는 경우에는 해당부동산을 사업부지에서 제외하거나 사업부지의 위치를 변경하여야 하므로 사업추진에 큰 어려움이 생긴다.

이 경우 관련법령에서 공용수용(公用收用)이나 매도청구를 규정하는 경우가 있으므로 부동산개발사업 추진 시 관련법령에 대한 이해가 필수적이다. 공용수용을 규정한 법령으로는 「도시개발법」, 「도시정비법」, 「택지개발촉진법」, 「산업입지법」 등 매우 다양하며, 매도청구를 규정한 법령으로는 「도시정비법」(재건축사업의 경우), 「주택법」 등이 있다.

 ## 제2절 │ 부동산개발실무

① 부동산개발의 단계

1) 준비단계

(1) 1단계: 사업 구상

부동산개발의 첫 단계는 개발 아이디어를 구상하는 단계이다. 아이디어를 창출하는 데 사용할 수 있는 기법으로는 주어진 시간 안에 가장 많은 수의 창조적인 생각을 생산하기 위한 집단(또는 개인) 활동인 브레인스토밍(Brainstorming), 집단에 의해 확인된 아이디어들 사이의 우선순위를 두기 위한 기술인 명목적 집단과정(the Nominal group process)[29], 복잡한 질문에 대한 전문가의 박식한 의견을 모으기 위한 기술인 델파이기법 (the Delphi method), 개발자가 지방·지역·국가적 환경을 조사하거나 환경적 사건들의 가능한 함의를 예측하는 체계적인 방법인 환경적 주사(Environmental scanning), 제안

---

29 글로 자신의 견해를 제시하고 그것을 설명하는 방식을 통해 창의적이며 건설적인 해결책을 찾으려는 방법이다.

된 프로젝트를 잠재적인 소비그룹의 요구에 부합하도록 수정하기 위해 사용되는 방법인 포커스그룹(Focus groups), 고객이 원하는 정보를 수집하거나 고객의 만족을 평가하기 위한 서베이(Survey) 등이 있다.

개발자들은 지속적인 사업을 위해 미래의 사업을 계획해야 하며 거의 모든 활동에서 시장연구를 해야 한다. 지역경제와 인구성장, 고용, 도시·군계획의 변화, 교통, 점유율(보급률) 및 소비자의 선호 등에 대한 보다 체계적인 시장연구가 필요하다.

(2) 2단계: 부지 선정

부동산개발은 토지개발이든 건축물개발이든 부지의 확보를 전제로 한다. 부지가 특정된 경우에는 부지에 적합한 아이디어를 발굴하면 되지만, 전문적인 부동산개발자는 먼저 아이디어를 발굴하고 그에 적합한 부지를 찾는 경우가 많다. 한편, 먼저 부지가 특정된 경우에도 아이디어를 구체화하거나 사업계획을 수립하는 과정 등에서 부지를 추가해야 하는 경우도 많다.

이 단계는 아이디어를 다듬어 구체적인 사업화를 지향하는 단계로 ① 입지조건의 설정, ② 부지의 물색, ③ 부지의 선정 등이 필요하다. 또한, 사업의 준비단계로서 부지를 특정하면 되고, 이 단계에서 사업시행자가 부지의 소유권을 확보할 필요는 없다.

한편, 부지 선정 단계에서는 입지분석이 필요하다. 입지분석이란 부동산개발자가 추구하는 입지조건을 구비하고 있는 최적의 부지를 찾거나 특정 부지의 최유효이용방안을 찾기 위해 부지의 입지요인을 분석하는 것을 말한다. 여기서 입지분석의 목적은 크게 2가지라 할 수 있다. 먼저, 사업 아이디어는 있으나 사업부지가 미정인 경우에는 그 사업 아이디어에 맞는 최적의 부지를 찾기 위해 실시한다. 다음으로, 특정 부지는 있으나 사업 아이디어가 없는 경우에는 그 부지의 최유효이용방안을 찾기 위해 실시한다.

▶ 용어의 구별

1) 입지조건: 특정 용도의 부동산이 최대의 유용성을 갖기 위해 그 부지가 갖추어야 할 상태를 말한다. 입지조건은 입지선정 시 미리 설정한다. 조건은 어떤 사물이나 사건이 성립하기 위해 꼭 갖추어야 할 상태를 말한다. 따라서 입지조건은 당위(sollen)의 개념이고 사전적(事前的) 개념이다.

2) 입지요인: 입지분석시 특정 부지가 가지고 있는 상태를 말한다. 요인은 분석과정에서 나타난, 있는 그대로의 상태를 말한다. 따라서 입지요인은 현실(sein)의 개념이고 사후적(事後的) 개념이다.

---

2) 계획단계

(1) 3단계: 타당성분석

준비단계에서 타당성이 있는 것으로 직관적인 느낌을 가진다고 할지라도, 개발자는 다른 참여자들에게 이를 공식적으로 증명해야 한다. 타당성분석은 아이디어의 실행가능성에 대한 공식적 분석이다. 타당성분석은 크게 시장분석과 경제성분석으로 구성된다. 타당성분석에서 중요한 것은 시장분석(market analysis)이다. 왜냐하면 타당성분석은 시장분석으로부터 시작하고, 경제성분석은 시장분석의 결과를 토대로 평가하기 때문이다. 넓은 의미(=광의)의 시장분석은 일정한 시장지역(market area)에서 특정 유형의 부동산에 대한 수요와 공급을 분석하고, 분양 또는 임대될 수 있는 가능성을 분석하는 것을 말한다. 좁은 의미(=협의)의 시장분석에는 넓은 의미의 시장분석 중 시장성분석이 제외된다.

시장지역은 대상부동산이 속한 지역으로서 대상부동산과 대체·경쟁관계에 있는 다른 부동산이 존재하는 공간적 범위를 말하며, 동일수급권이라고도 한다. 시장지역(또는 동일수급권)의 규모와 경계는 분석대상 부동산의 유형, 규모 등에 따라 다를 수 있다. 따라서 시장분석을 위해서는 먼저 동일수급권을 설정하여야 한다.

▶ 용어의 구별

1) 시장지역(market area): 미국에서는 대상부동산이 속한 지역으로서 대상부동산과 대체·경쟁관계에 있는 다른 부동산이 존재하는 일정한 지리적 범위를 시장지역이라 한다. 우리나라의 동일수급권과 같은 개념이다.

2) 동일수급권: 대상부동산과 대체·경쟁관계가 성립하고 가치형성에 서로 영향을 미치는 관계에 있는 다른 부동산이 존재하는 권역(圈域)을 말한다(감정평가에 관한 규칙 제2조 참조).

3) 상권(商圈): 상업용 부동산이 고객(소비자)을 흡인할 수 있는 지리적 범위를 말한다. 미국에서는 이를 거래지역(trade area)이라 한다. 상권은 일반적으로 매출액을 기준으로 1차 상권, 2차 상권, 3차 상권으로 구분한다. 상권의 범위는 상업용 부동산의 유형에 따라 다를 수 있지만, 일반적으로 매출액의 60~70%를 차지하는 고객이 존재하는 권역을 1차 상권, 1차 상권 고객을 제외한 나머지 15~25%를 차지하는 고객이 존재하는 권역을 2차 상권, 1차 및 2차 상권 고객을 제외한 나머지 고객이 존재하는 권역을 3차 상권이라 한다. 여기서 3차 상권은 고객의 비중이 일반적으로 15% 미만이다.

한편, 일부 교재에서 시장지역과 상권을 같은 용어로 설명하고 있으나, 이는 틀린 설명이다. 시장지역은 용도와 무관하게 대상부동산 자체의 거래에 있어 대체·경쟁관계에 있는 다른 부동산이 존재하는 권역을 말하며, 상권은 상업용 부동산에서 판매하는 상품을 구매하는 고객이 존재하는 권역을 말한다.

4) 배후지: 중심지를 이용하는 사람이 존재하는 주변지역을 말한다. 배후지의 인구, 배후지의 범위 등으로 쓰인다. 따라서 배후지와 상권은 다른 용어이다.

시장분석에는 시장특성에 따른 차별화와 세분화가 포함된다.[30] 시장차별화(market disaggregation)는 공급측면의 용어로서, 대상부동산의 특성에 따라 공급가능한 부동산을 범주화하여 다른 부동산과 구별하는 것을 말하며, 시장세분화(market segmentation)는 수요측면의 용어로서, 고객(소비자)의 특성에 따라 잠재고객을 범주화하여 다른 사람과 구별하는 것을 말한다. 예컨대 아파트개발사업에 있어 동일한 단지에서 평형을 달리하는 것은 시장차별화에 속하고, 가족구성이나 소득수준 등에 따라 고객을 소집단으로 나누는 것은 시장세분화에 속한다.

시장분석은 다시 지역분석·부지분석·수요분석·공급분석·시장성분석으로 구분할 수 있다. ① 지역분석은 특정 시장지역이 어떤 특성을 가지고 있는 지를 분석하는 것이다. 즉, 시장지역의 기반산업·인구·소득수준·고용 등을 분석하는 것으로, 시장지역의 자연적·사회적·경제적·정책적 상태에 대한 분석을 한다. ② 부지분석은 사업예정부지에 대해 법적·경제적·기술적·입지적 상황에 대해 분석하는 것이다. 여기에는 사업예정부지에 대한 공법상·사법상 제한, 부지확보 가능성, 가격수준, 형상·지세·지질, 공공 및 편익시설의 상태 등이 포함된다. ③ 수요분석은 인구와 가구, 개발될 부동산의 경쟁력, 수요자의 과거 추이와 미래 동향 등을 분석하여 개발될 부동산에 대한 수요를 예측하는 것이다. 따라서 수요분석에는 수요자들이 선호하는 용도와 유형, 개발될 부동산의 용도와 규모 등에 대한 분석이 포함된다. ④ 공급분석은 시장지역에서 특정 유형의 부동산에 대한 공급을 예측하는 것으로, 기존의 공급이외에 계획되거나 공사 중인 사업을 조사하고 신규 공급도 예측하여야 한다. 따라서 공급분석에는 재고량분석, 미래 공급예정물량분석, 공실률 및 공급경쟁분석 등이 포함된다. ⑤ 시장성분석은 개발될 부동산이 분양 또는 임대될 수 있는 가능성을 분석하는 것으로, 흡수율분석이라고도 한다. 시장성분석은 좁은 의미(=협의)의 시장분석의 결과를 토대로 시장에서 분양(또는 임대)될 수 있는 규모와 가격(또는 임대료), 흡수기간을 추계하는 것으로 개발될 부동산의 용도, 유형, 규모, 가격 등에 따라 구체적으로 행해진다.

한편, 경제성분석은 시장분석의 결과를 토대로 개발될 부동산이 충분한 수익성이 있는지를 분석하는 것이다. 시장분석은 어떤 개발사업의 시장에서의 채택가능성을 평가하기 위해 고안된 것이지만, 경제성분석은 보다 구체적으로 개발사업의 수익성 여부를 평가하기 위해 고안된 것이다. 비록 어떤 사업이 시장에서는 충분히 채택가능성이 있다고 하더라도, 투자자의 입장에서는 그것이 다른 투자 대안과 비교하여 수익성이나 위험성의 측면에서 우월하지 않는 한 투자하기 어려울 것이다.

---

[30] 안정근(2019), 현대부동산학(제6판), 양현사, p.326.

514 제5편 부동산활동과 산업

수익성의 판단은 세후현금수지를 기준으로 하는 것이 원칙이므로 경제성분석을 할 경우에는 흡수율[31], 영업경비, 세금 등을 충분히 분석하여야 한다. 경제성분석의 기법으로는 일반적으로 화폐의 시간가치를 고려하는 할인현금흐름분석법이 활용되며, 여기에는 순현가법, 내부수익률법, 수익성지수법 등이 있다.[32]

표 5.2.5 **부동산개발의 타당성분석**

구분	분석 형태		분석 대상	분석 내용	분석 범위
타당성 분석	시장 분석 (광의)	시장분석 (협의)	당해 사업을 포함하는 시장	시장지역에서 특정 유형 부동산에 대한 수요와 공급	지역분석, 부지분석, 수요분석, 공급분석
		시장성분석	경쟁사업과 비교한 당해 사업	시장을 확보하기 위한 유형, 규모, 가격 등	시장성분석
	경제성분석		당해 사업의 경제성	개발제약조건 하에서 얻는 수익	경제성분석

(2) 4단계: 사업계획 수립

타당성분석 결과 타당성이 있는 경우에는 구체적인 사업계획을 수립하고 사업을 진행한다. 즉, 타당성분석 단계에서는 개발의 방향과 규모 등에 대해 개략적으로 설정하였다면 이 단계에서는 구체적이고 실제적으로 사업계획을 수립한다. 사업계획에는 개발계획과 자금계획이 포함된다.

개발계획에는 부동산개발의 유형·개발방식, 토지이용계획, 건축물의 용도·규모 등에 대한 내용이 포함되며, 자금계획에는 사업비, 자금조달방식, 자금수지 등에 대한 내용이 포함된다.

3) 실행단계

(1) 5단계: 협상

협상은 위험을 통제하는 또 다른 방법이다. 모든 협상이 적절하게 이루어지고 서로 간에 조화된다면, 개발위험은 줄어든다. 이 단계는 주된 개발비용이 발생하기 전에 사업을

---

31 특정 유형의 부동산이 분양 또는 임대가 되는 비율을 말한다. 이에 반해 공실률은 전체 임대대상 공간에 대한 공실공간의 비율을 말한다.

32 할인현금흐름분석법에 대해서는 제5편 제1장 제3절 참조(p.480)

되돌릴 수 있는 마지막 기회가 되므로 중요하다.

협상 단계에서는 토지소유자(부지 확보), 건설회사(시공) 및 금융회사(자금조달), 정부(인허가) 등 다양한 당사자와 협상한다. 협상기간의 장단에 따라 사업타당성이 영향을 받으므로 그 기간의 단축에 더욱 노력하여야 하며, 다양한 분야의 협상을 동시에 진행하는 것도 필요하다.

이 단계에서는 보다 공식적인 회계체계로 전환해야 한다. 지금까지는 개발자가 단순히 모든 프로젝트와 관련되는 비용을 총체적으로 다루었을 것이나 이제는 공식적인 예산 및 수지의 통제가 필요하다.

(2) 6단계: 시공

시공단계는 일반적으로 『지장물 철거 → 토지조성 → 건축』의 과정으로 진행된다. 공사가 시행되므로 시간이 더욱 더 중요해진다는 점에서 다른 단계들과 차이가 난다. 시공단계에서 개발자는 보다 많은 다양한 불확실성에 노출된다.

일단 공사가 시작되고 나면, 심각한 재정적 손해 없이 공사를 중단하거나 중요한 수정을 한다는 것은 불가능하다. 개발자들이 충분한 자금력을 확보하고 높은 명성을 받고 있다 하더라도 마찬가지다. 또한 공사가 시작되면, 개발자는 이전보다 더 관리적인 측면이 강조된다. 여기서는 시간·안전·품질·예산 등이 관리되어야 할 중요한 요소들이다. 즉, 개발자는 모든 참여자들이 계획된 시간에 맞추어 안전하게 양질의 작업을 하도록 해야 하고, 또 예산의 범위 내에서 사업을 완료하도록 해야 한다.

(3) 7단계: 마케팅

부동산개발은 대부분 분양과 임대를 통해 수익을 창출한다. 따라서 마케팅에 대해 체계적으로 접근할 필요가 있다. 개발자는 제품을 설계할 때에 마케팅 전문가의 조언을 참고해야 하고, 건설이 진행되는 중에도 마케팅 담당자와 자주 의견을 교환해야 한다. 이들은 매일 잠재고객을 만나 시장조건을 조사하고 이를 의사결정에 반영한다.[33] 광고수단에는 크게 매스미디어(mass media) 매체[34]와 비매스미디어(non-mass media) 매체가 있다. 메스미디어 매체로는 온라인매체(인터넷, SNS 등), 방송매체(텔레비전, 라디오 등), 인쇄매체(신문, 잡지 등)가 있으며, 비매스미디어 매체로는 DM(direct mail), 전단지, 현수막, 전광판, 모델하우스 등이 활용된다.

---

[33] 노태욱(2002), 부동산개발론, 부연사, pp.383~384.
[34] 불특정 다수에게 동일한 정보를 대량으로 동시에 전달하는 수단을 말한다.

공사가 시작되기 전에 사전 분양 또는 임대활동이 시작되기도 하지만, 마케팅은 개발사업의 준공이 가까울수록 더욱 활발해진다.[35]

4) 관리단계

(1) 8단계: 준공

부동산개발이 완료되면 관리가 시작되며 준공검사, 토지 사용, 건물 입주, 소유권 등기, 공공시설의 귀속 등이 이루어진다. 또한, 하자발생 여부에 대한 조사도 필요하다.

한편, 개발자가 개발부동산을 직접 운영하는 경우에는 운영계획의 수립이 필요하다.

(2) 9단계: 정산

부동산개발의 마지막 단계는 정산 단계이다. 이 단계에서는 타당성분석 단계에서 추정된 경제성과 개발 후 확정된 경제성을 비교하여 개발사업의 성패를 분석하고, 사업이익에 대한 배분을 한다. 또한, 각종 세금이나 부담금에 대한 신고와 납부도 포함한다.

② 부동산개발관련 조사 · 평가

1) 환경영향평가

넓은 의미에서 환경영향평가는 환경에 영향을 미치는 계획 또는 사업을 수립·시행할 때에 해당 계획과 사업이 환경에 미치는 영향을 미리 예측·평가하고 환경보전방안 등을 마련하도록 하는 것을 말하며(환경영향평가법 1), 여기에는 전략환경영향평가·환경영향평가·소규모 환경영향평가가 있다.

먼저, 전략환경영향평가는 환경에 영향을 미치는 상위계획을 수립할 때에 환경보전계획과의 부합 여부 확인 및 대안의 설정·분석 등을 통하여 환경적 측면에서 해당 계획의 적정성 및 입지의 타당성 등을 검토하여 국토의 지속가능한 발전을 도모하는 것을 말하며, 행정기관의 장이 실시한다.

둘째, (협의의) 환경영향평가는 환경에 영향을 미치는 실시계획·시행계획 등의 허가·인가 등을 할 때에 해당 사업이 환경에 미치는 영향을 미리 조사·예측·평가하여 해로운 환경영향을 피하거나 제거 또는 감소시킬 수 있는 방안을 마련하는 것을 말하며, 일정한 사

---

35 부동산마케팅에 관한 자세한 내용은 제5편 제3장 제2절 참조(pp.580~588)

업을 하려는 사업시행자가 실시한다.

셋째, 소규모 환경영향평가는 환경보전이 필요한 지역이나 난개발(亂開發)이 우려되어 계획적 개발이 필요한 지역에서 개발사업을 시행할 때에 입지의 타당성과 환경에 미치는 영향을 미리 조사·예측·평가하여 환경보전방안을 마련하는 것을 말한다. 환경영향평가보다 대상사업의 규모(면적, 길이 등)가 작으며, 사업시행자가 실시한다.

2) 재해영향평가

종전 재해영향평가제도는 2008. 3. (구)「환경·교통·재해 등에 관한 영향평가법」이 「환경영향평가법」으로 전부개정되면서 2009. 1.부터 「자연재해대책법」에 의한 사전재해영향성 검토협의로 대체되었다. 사전재해영향성 검토협의는 2017. 10. 「자연재해대책법」이 개정되면서 행정계획의 수립·확정시에는 재해영향성검토로, 개발사업의 허가·인가 등에 대해서는 재해영향평가로 분리되었다.

먼저, 재해영향성검토는 자연재해에 영향을 미치는 행정계획으로 인한 재해 유발 요인을 예측·분석하고 이에 대한 대책을 마련하는 것을 말하며, 행정기관의 장이 행정계획을 수립·확정하기 전에 행정안전부장관과 협의하여야 한다.

둘째, 재해영향평가란 자연재해에 영향을 미치는 개발사업으로 인한 재해 유발 요인을 조사·예측·평가하고 이에 대한 대책을 마련하는 것을 말하며, 행정기관의 장이 개발사업의 허가·인가 전에 행정안전부장관과 협의하여야 한다.

3) 교통영향평가

교통영향평가란 해당 사업의 시행에 따라 발생하는 교통량·교통흐름의 변화 및 교통안전에 미치는 영향을 조사·예측·분석하고 그와 관련된 각종 문제점을 최소화할 수 있는 방안을 마련하는 행위를 말하며(도시교통정비 촉진법 2), 도시교통정비지역과 그 교통권역에서 일정한 사업을 하려는 사업시행자가 실시하여야 한다.

사업시행자는 교통영향평가의 대상사업 또는 그 사업계획에 대한 허가·인가 등을 받아야 하는 경우 해당관청에게 교통영향평가서를 제출하여야 한다.

4) 교육환경평가

교육환경평가란 학교를 설립하거나 도시·군관리계획을 입안할 때 또는 일정한 개발사업을 시행할 때 교육환경 또는 교육환경에 미치는 영향을 조사·분석한 후 교육환경보호를 위한 방안을 마련하는 작업을 말한다(교육환경 보호에 관한 법률 6). 여기서 교육환경은 학생의 보건·위생, 안전, 학습 등에 지장이 없도록 하기 위한 학교 및 학교 주변의 모든 요소를 말한다.

교육환경평가를 실시해야 하는 자는 교육환경평가서를 작성하여 관할 교육감에게 제출하고 그 승인을 받아야 한다. 또한, 교육환경평가서를 제출하고 승인을 받은 자는 그 승인받은 교육환경평가서에 반영된 내용과 교육감이 권고한 사항을 이행해야 한다.

5) 국가유산 영향진단

국가유산 영향진단(약어로 영향진단이라 한다)은 건설공사 시행이 매장유산 또는 국가지정유산의 보존에 영향을 미칠 우려가 있는 행위인지 여부를 진단하는 것을 말한다. 건설공사의 시행자는 해당 공사가 일정한 요건에 해당하는 경우 사업계획 수립 완료 전에 영향진단을 실시해야 한다(국가유산영향진단법 9). 영향진단은 건설공사의 시행자가 요청하여 국가유산영향진단기관이 수행한다.

건설공사의 시행자는 영향진단을 실시하면 그 결과에 관한 보고서(약어로 진단보고서라 한다)를 시장·군수·구청장과 국가유산청장에게 제출해야 한다. 국가유산청장은 일정한 기간 내에 진단보고서의 검토결과를 시장·군수·구청장 및 건설공사의 시행자에게 통보해야 하며, 검토결과를 통보받은 건설공사의 시행자는 필요한 조치를 이행하고 그 결과를 시장·군수·구청장 및 국가유산청장에게 보고해야 한다.

6) 건축물 안전영향평가

건축물의 건축과정에서 발생하는 안전사고를 예방하기 위하여 2016. 2.「건축법」개정 시 도입된 제도로서, 건축허가 전에 국토교통부장관이 지정한 공공기관에서 구조 안전과 인접 대지의 안전에 미치는 영향 등을 검토 및 평가하는 제도이다.

초고층 건축물과 연면적이 10만㎡ 이상으로서 16층 이상인 건축물을 건축하려는 자는 건축허가를 신청하기 전에 ① 건축계획서 및 기본설계도서, ② 인접 대지에 설치된 지하시설물의 현황도 등을 첨부하여 허가권자에게 건축물 안전영향평가를 의뢰하여야 한다. 안전영향평가의 결과는 건축위원회의 심의를 거쳐 확정하며, 건축주는 건축허가 신청 시 안전영향평가 결과를 반영하여야 한다(건축법 13-2).

부동산개발사업의 경우 다양한 법률에 근거하여 각종 부담금이 부과된다. 따라서 경제적 타당성분석 시 부담금도 비용으로 고려하여야 한다. 부담금은 여러 기준에 의해 분류할 수 있는데 여기에서는 개발이익환수형·수익자부담형·원인자부담형·훼손자부담형으로 구분하여 살펴본다.

1) 개발이익환수형

(1) 개발부담금

개발부담금은 토지에서 발생하는 개발이익을 환수하여 이를 적정하게 배분함으로써 토지에 대한 투기를 방지하고 소득분배의 사회적 형평을 기하고자 1990. 1. 1.부터 시행한 제도이다(개발이익환수에 관한 법률). 외환위기 이후 경기 활성화를 위해 비수도권은 2002. 1. 1.부터, 수도권은 2004. 1. 1.부터 부과를 중지하였는데, 2005년 들어 부동산투기가 확산될 조짐을 보임에 따라 2006. 1. 1. 이후 인가 등을 받은 사업에 대해 다시 부과하였다.

개발이익은 개발사업의 시행이나 토지이용계획의 변경, 그 밖에 사회적·경제적 요인에 따라 정상지가(正常地價)상승분을 초과하여 사업시행자나 토지 소유자에게 귀속되는 토지가액의 증가분을 말한다. 개발부담금은 부과대상 사업으로서 토지의 면적이 일정규모 이상일 때에 부과하며, 부과기준은 부과 종료시점의 토지가액에서 부과 개시시점의 토지가액과 부과기간 동안의 정상지가상승분 및 개발비용을 뺀 금액으로 하며, 부담률은 25%(또는 20%)이다.

(2) 재건축부담금

재건축부담금은 재건축사업에서 발생하는 초과이익을 환수함으로써 주택가격의 안정과 사회적 형평을 기하고자 2006. 5. 도입되었다(재건축초과이익 환수에 관한 법률). 그동안 2차에 걸쳐 재건축부담금 부과가 유예(법 3조의2 신설·개정: 2012.12.18. ~ 2017.12.31.)되어 부과실적은 저조한 실정이다.

재건축초과이익은 재건축사업으로 인하여 정상주택가격상승분을 초과하여 당해 재건축조합 또는 조합원에 귀속되는 주택가액의 증가분으로서, 종료시점 부과대상 주택의 가격 총액에서 ① 개시시점 부과대상 주택의 가격 총액, ② 부과기간 동안의 개시시점 부과대상 주택의 정상주택가격상승분 총액, ③ 개발비용 등을 공제한 금액을 말한다. 재건축

초과이익을 조합원 수로 나눈 금액이 8천만원 이하인 경우에는 부담금을 면제하며, 8천만원을 초과하면 5단계로 구분하여 부과율을 차등(10 ~ 50%)하여 적용한다.[36]

2) 수익자부담형

(1) 기반시설설치비용 부과금

이는 수익자부담의 원칙에 따라 건축행위로 인해 유발되는 기반시설 설치비용의 일부를 개발행위자에게 부담시키는 제도이다. 여기서 건축행위로 인하여 유발되는 기반시설을 설치하거나 그에 필요한 용지를 확보하기 위하여 특별시장·광역시장·시장 또는 군수가 부과·징수하는 금액을 기반시설설치비용이라 한다(국토계획법 2). 기반시설설치비용은 기반시설부담구역 안에서 건축연면적(기존 건축물의 연면적 포함) 200㎡를 초과하는 건축물의 신축·증축행위에 대해 부과한다(국토계획법 68).

(2) 집단에너지 공급시설 부담금

산업통상부장관은 집단에너지공급대상지역을 지정하여 공고하여야 하며, 집단에너지를 공급하는 사업을 하려면 장관의 허가를 받아야 한다(집단에너지사업법 5 및 9). 집단에너지공급사업에는 지역냉난방사업과 산업단지집단에너지사업이 있다(법령 2). 중앙행정기관·지방자치단체·공기업 등은 일정한 개발사업에 관한 계획을 수립하려면 산업통상부장관과 집단에너지 공급에 관한 협의를 하여야 하며, 집단에너지사업자는 공급시설의 건설비용의 전부 또는 일부를 그 사용자에게 부담하게 할 수 있다(법률 18). 이 부담금은 중앙난방이나 개별난방의 경우 사용자가 건설비용을 부담하지만 지역난방의 경우 사업자가 건설비용을 부담하므로 타 난방방식과의 형평성 유지를 위해 그 사용자에게 건설비용을 부담하게 하는 것이다. 부담금은 용도별 부과대상 단위에 단위당 기준단가를 곱한 금액으로 산정한다.

(3) 가스공급시설 분담금

일반도시가스사업이란 가스도매사업자 등으로부터 공급받은 도시가스 또는 스스로 제조한 석유가스·나프타부생가스·바이오가스를 일반의 수요에 따라 배관을 통하여 수요자에게 공급하는 사업을 말하며, 일반도시가스사업자는 가스공급시설 설치비용의 전부 또는 일부를 도시가스의 공급 또는 가스공급에 관한 계약의 변경을 요청하는 자에게 분담하게 할 수 있다(도시가스사업법 19-2). 가스공급시설 분담금은 도시가스의 공급 또는 공급

---

36 자세한 내용은 제3편 제3장 제2절 참조(pp.235~237)

에 관한 계약 시까지 납부하여야 한다(시행규칙 31).

3) 원인자부담형

(1) 과밀부담금

과밀억제권역안의 지역으로서 서울특별시에서 인구집중유발시설 중 업무용 건축물·판매용 건축물·공공청사 및 복합 건축물을 건축(신축·증축 및 용도변경을 말한다)하고자 하는 자는 과밀부담금을 납부하여야 한다(수도권정비계획법 12).

한편, 수도권은 서울특별시, 인천광역시 및 경기도를 말하며, 인구와 산업을 적정하게 배치하기 위하여 ① 과밀억제권역: 인구와 산업이 지나치게 집중되었거나 집중될 우려가 있어 이전하거나 정비할 필요가 있는 지역, ② 성장관리권역: 과밀억제권역으로부터 이전하는 인구와 산업을 계획적으로 유치하고 산업의 입지와 도시의 개발을 적정하게 관리할 필요가 있는 지역, ③ 자연보전권역: 한강 수계의 수질과 녹지 등 자연환경을 보전할 필요가 있는 지역의 3개 권역으로 구분한다.

(2) 광역교통시설 부담금

대도시권의 교통문제를 광역적인 차원에서 효율적으로 해결하기 위하여 일정한 개발사업을 시행하는 자에게 부과하며, 부담금은 광역교통시설의 건설 및 개량을 위해 사용된다. 「대도시권 광역교통관리에 관한 특별법」(약어로 광역교통법이라 한다)이 근거법이다.

대도시권에서 일정한 사업을 시행하는 자는 광역교통시설 등의 건설 및 개량을 위한 광역교통시설 부담금을 납부하여야 한다(광역교통법 11). 부담금은 시·도지사가 부과·징수하되, 사업의 승인 또는 인가 등을 받은 날로부터 60일 이내에 부과하며, 납부의무자는 부과일로부터 1년 이내에 납부하여야 한다(광역교통법 11-4).

(3) 교통유발부담금

교통혼잡완화를 위하여 원인자부담원칙에 따라 혼잡을 유발하는 시설물에 대해 부과하는 경제적 부담을 말한다(도시교통정비촉진법 2). 시장은 도시교통정비지역에서 교통혼잡의 원인이 되는 시설물의 소유자로부터 매년 교통유발부담금을 부과·징수할 수 있다. 부담금 부과대상 시설물은 당해 시설물의 각층 바닥면적의 합계가 1천㎡ 이상인 시설물이며, 부과 기준일은 매년 7월 31일이다(도시교통정비촉진법령 21).

(4) 학교용지부담금

300가구 규모 이상의 개발사업을 시행하는 자는 학교용지의 조성·개발에 관한 계획을 포함하여 개발계획을 수립하여야 하며, 교육감은 학교시설의 설치기준에 못 미치는 개발사업에 대하여는 사업시행자에게 적절한 규모의 학교용지를 확보하도록 해야 한다(학교용지 확보 등에 관한 특례법 3).

학교용지부담금은 100가구 규모 이상의 주택건설용 토지를 개발하거나 공동주택을 건설하는 사업에 대하여 특별시장·광역시장·도지사 또는 특별자치도지사(이하 시·도지사라 한다)가 학교용지를 확보하거나, 학교용지를 확보할 수 없는 경우 가까운 곳에 있는 학교를 증축하기 위하여 개발사업을 시행하는 자에게 징수하는 경비를 말한다.

종전에는 부담금 납부의무자가 분양받는 자(즉, 수분양자)이었으나, 위헌여부에 대한 논란이 있어 2005. 3. 개정을 통해 개발사업자로 변경하였으며, 종전의 학교용지부담금은 2005. 3. 31. 헌법재판소에서 위헌결정 되었다.

➡️ 학교용지부담금의 헌법재판소 위헌결정: 학교용지확보를 위하여 공동주택 수분양자들에게 학교용지부담금을 부과할 수 있도록 하고 있는 (구)「학교용지확보에 관한 특례법」(2000. 1. 28. 법률 제6219호로 개정되어 2002. 12. 5. 법률 제6744호로 개정되기 전의 것) 제2조 제2호, 제5조 제1항 중 제2조 제2호가 정한 「주택건설촉진법」에 의하여 시행하는 개발사업지역에서 공동주택을 분양받는 자에게 학교용지 확보를 위하여 부담금을 부과·징수할 수 있다는 부분은 헌법상 의무교육의 무상 원칙 및 평등원칙에 위반된다[헌결(전원), 2003헌가20].

---

(5) 상·하수도원인자부담금

수도사업자는 수도공사를 행함에 있어 비용 발생의 원인을 제공한 자(주택단지·산업시설 등 수돗물을 많이 쓰는 시설을 설치하여 수도시설의 신설이나 증설 등의 원인을 제공한 자를 포함한다) 또는 수도시설을 손괴하는 사업이나 행위를 한 자에게 그 수도공사·수도시설의 유지나 손괴예방을 위하여 필요한 비용의 전부 또는 일부를 부담하게 할 수 있다(수도법 71). 상수도원인자부담금은 수도시설의 신설 및 증설비용·시설물의 원상복구에 드는 공사비·도로복구비와 도로결빙 방지비용 등을 합산한 금액으로 하되 세부기준은 해당 지방자치단체의 조례로 정한다.

공공하수도관리청은 건축물 등을 신축·증축 또는 용도변경하여 오수가 하루에 10㎥ 이상 증가되는 경우 해당 건축물 등의 소유자에게 공공하수도 개축비용의 전부 또는 일부를 부담시킬 수 있으며, 도시개발사업·산업단지조성사업·관광단지 개발사업 등의 수행으로 인하여 공공하수도에 관한 공사가 필요하게 된 경우 그 원인자에게 공사에 소요되는 비용의 전부 또는 일부를 부담시키거나 필요한 공사를 시행하게 할 수 있다(하수도법 61). 하수도원인자부담금의 산정기준·징수방법 등은 당해 지방자치단체의 조례로 정한다.

4) 훼손자부담형

(1) 생태계보전부담금

환경부장관은 생태적 가치가 낮은 지역으로 개발을 유도하고 자연환경 또는 생태계의 훼손을 최소화할 수 있도록 자연환경 또는 생태계에 미치는 영향이 현저하거나 생물다양성의 감소를 초래하는 사업을 하는 사업자에 대하여 생태계보전부담금을 부과·징수한다(자연환경보전법 46).

부담금의 부과대상이 되는 사업은 ① 「환경영향평가법」에 따른 전략환경영향평가 대상계획 중 개발면적 3만㎡ 이상인 개발사업, ② 「환경영향평가법」 제22조 및 제42조에 따른 환경영향평가대상사업, ③ 「환경영향평가법」에 따른 소규모 환경영향평가 대상 개발사업으로 개발면적 3만㎡ 이상인 사업 등이며, 부담금은 생태계의 훼손면적에 단위면적당 부과금액(300원)과 지역계수(최소 1.0 ~ 최대 4.5)를 곱하여 산정한다.

(2) 개발제한구역 보전부담금

국토교통부장관은 개발제한구역의 훼손을 억제하고 개발제한구역의 보전과 관리를 위한 재원을 확보하기 위하여 ① 해제대상지역 개발사업자 중 복구계획을 제시하지 아니하거나 복구를 하지 아니하기로 한 자, ② 건축물의 건축 또는 공작물의 설치와 이에 따르는 토지의 형질변경허가 등을 받은 자에게 개발제한구역 보전부담금을 부과·징수한다(개발제한법 21).

부담금 산정기준은 ①의 대상자인 경우 해제대상지역의 개별공시지가 평균치의 15% × 해당지역의 면적이고, ②의 대상자인 경우 허가 받은 토지형질변경 면적과 건축물 바닥면적의 2배 면적 × 지가차액(특별자치시·특별자치도·시·군 또는 자치구의 개발제한구역외의 동일 지목에 대한 개별공시지가의 평균치 - 허가대상토지의 개별공시지가) × 부과율 × (1 - 감면율)을 적용하여 산정한다.

(3) 농지보전부담금

농지전용허가를 받는 자 등은 농지의 보전·관리 및 조성을 위한 부담금을 내야 한다(농지법 38). 그러나 1981. 7. 29. 이전에 협의를 거쳐 주거지역·상업지역·공업지역으로 지정된 지역안의 농지를 전용하는 경우에는 농지보전부담금 부과대상이 아니다(농지법 부칙 9).

부과금액은 전용농지의 개별공시지가 × 30% × 전용면적 × (1 - 감면율)이며, 부담금의 수납은 한국농어촌공사가 담당하고 있다. 종전에는 전용하는 농지의 조성원가를 기준으로 부과함에 따라[37] 지가가 낮은 농촌지역에서 상대적으로 과중하게 부과되는 문제가 있어 부과기준을 개별공시지가로 변경하였다. 또한, 부담금이 과도하게 증가하지 않도록 상한제(50,000원/㎡)를 도입하였다.

(4) 대체산림자원조성비

산지전용허가를 받으려는 자, 산지일시사용허가를 받으려는 자 등은 대체산림자원조성에 드는 비용을 미리 납부하여야 한다(산지관리법 19). 부과금액은 부과대상 산지면적 × 대체산림자원조성비 고시단가 × (1 - 감면율)이며, 고시단가는 매년 고시한다(법령 24).

대체산림자원조성비의 부과·징수는 산림청장이 담당한다.

(5) 대체초지조성비

초지(草地)를 전용하고자 하는 자는 대체초지조성비를 「축산법」에 의한 축산발전기금에 납입하여야 한다(초지법 23 ⑥). 초지라 함은 다년생개량목초의 재배에 이용되는 토지 및 사료작물재배지와 목장도로·진입도로·축사 및 가축사육을 위한 창고·가축분뇨처리시설 등을 위한 토지를 말한다. 대체초지조성비는 초지조성단가(경운초지를 기준으로 한다)와 초지조성 후 3년간의 초지관리비를 합한 금액으로 한다(초지법 23 ⑦).

대체초지조성비의 고지·관리는 농업협동조합중앙회장이 담당한다.

④ 부동산분양제도

1) 부동산분양제도의 의의

(1) 부동산분양제도의 개념

부동산분양제도는 부동산의 분양에 관련된 여러 제도를 말하며, 다양한 법령에서 이를 규제하고 있다. 그런데 부동산관련 법령에서 분양이나 공급의 용어를 혼용하고 있다. 「건

---

37 2005. 07. 법률 개정 전의 농지조성비는 전용농지의 상태에 따라 전국적으로 동일하게 부과한 결과(최고단가: 경지정리 + 용수개발된 논의 경우 21,900원/㎡) 전용농지의 지가보다 부담금이 더 높은 지역이 많아 불합리하였다.

축물분양법」에서 분양이란 분양사업자가 건축물의 전부 또는 일부를 2인 이상에게 판매하는 것을 말하며(법 2), 「도시개발법」에서 공급은 조성토지 등의 분양을 의미하고(법령 57 ⑥ 참조), 「주택공급에 관한 규칙」(약어로 주택공급규칙이라 한다)에서 공급이란 주택 및 복리시설을 분양 또는 임대하는 것을 말한다(규칙 2). 따라서 계약의 유형으로 구분하면 분양은 매매를 의미하며, 공급은 매매 이외에 임대차를 포함한다.

(2) 부동산분양제도의 분류

부동산분양제도는 여러 가지 기준으로 분류할 수 있다. 먼저, 분양하는 부동산의 용도에 따라 토지분양, 주택분양, 상가건물분양, 공장건물분양 등으로 구분할 수 있다. 둘째, 분양의 시기에 따라 선분양과 후분양으로 구분할 수 있다. 특히, 선분양의 경우에는 피분양자의 권리보호를 위해 다양한 안전장치를 하고 있다. 셋째, 분양의 방법을 기준으로 경쟁입찰, 추첨, 수의계약, 청약가점제 등으로 구분할 수 있다.

2) 부동산분양제도의 내용

(1) 개요

부동산분양제도는 부동산의 용도에 따라 다양한 법령에서 규정하고 있다. 토지의 분양에는 「도시개발법」, 「택지개발촉진법」, 「산업입지법」 등이 있으며, 건축물의 분양에는 주택에 대한 「주택법」, 상가건물에 대한 「건축물분양법」, 지식산업센터[38]에 대한 「산업집적활성화 및 공장설립에 관한 법률」 등이 있다.

여기에서는 「도시개발법」에 의한 조성토지공급, 건축물분양 중 주택과 상가건물을 중심으로 비교하여 설명하고자 한다.

(2) 「도시개발법」상 토지공급

도시개발사업을 매수방식으로 하는 경우 조성된 토지를 공급하기 위해서는 시·도지사 또는 대도시시장에게 공급계획을 제출하여야 하며, 공급계획에는 ① 공급대상 조성토지의 위치·면적 및 가격결정방법, ② 공급대상자의 자격요건 및 선정방법, ③ 공급의 시기·방법 및 조건 등이 포함되어야 한다(법령 56).

조성토지는 고시된 실시계획에 따라 공급하여야 하므로(법령 57) 실시계획의 고시 이후 공급할 수 있고, 실시계획에는 개발되는 토지 또는 시설물(건축물·공작물)의 처분에 관

---

38 종전 아파트형 공장을 2010. 4. 법률개정시 지식산업센터로 명칭을 변경하였다.

한 계획서가 포함되어야 한다(도시개발업무지침 3-2-1).

원칙적인 공급의 방법은 경쟁입찰이며, 공급가격은 감정평가액이 원칙이다.

(3) 주택의 공급

「주택법」의 적용대상인 주택을 착공과 동시에 공급하려면 시장·군수·구청장의 입주자 모집 승인을 받아야 한다(법 54). 이 경우 조건은 대지의 소유권을 확보하고 주택도시보증 공사(Korea Housing & Urban Guarantee Corporation: 약어로 HUG라 한다) 등의 분양 보증을 받아야 한다. 다만, 대지의 소유권은 확보했으나 분양보증을 받지 못한 경우에는 일정한 요건을 갖춘 등록사업자 2 이상의 연대보증을 받아 건축공정이 일정한 요건에 달 한 후 입주자를 모집할 수 있다(주택공급규칙 15 ②). 분양보증은 분양사업자가 파산 등의 사유로 분양계약을 이행할 수 없게 되는 경우 당해 건축물의 준공 또는 분양대금의 환급 (피분양자가 원하는 경우)을 책임지는 보증을 말한다.

공급의 방법은 입주자저축의 가입자를 대상으로 한 일반공급이 원칙이며, 공급가격은 원칙적으로 자율화되었다. 다만, ① 공공택지, ② 공공택지 외의 택지에서 주택가격 상승 우려가 있어 국토교통부장관이 주거정책심의위원회의 심의를 거쳐 지정하는 지역에서 공 동주택을 공급하는 경우에는 분양가상한제가 적용된다.

한편, 「주택법」에서 입주자란 주택을 공급받는 자를 말한다(법률 2).

(4) 상가건물의 분양

「건축물분양법」은 ① 바닥면적 3천㎡ 이상인 건축물, ② 업무시설 등 대통령령으로 정 하는 용도 및 규모의 건축물 중에서 사용승인 전에 분양하는 건축물에 대해 적용되며, 「주 택법」상의 주택 및 복리시설 등에는 적용되지 않는다. 따라서 대형 상업·업무용 건축물의 분양에 대해서는 「건축물분양법」이 적용된다. 「건축물분양법」은 사업이 불투명한 상태에 서의 분양 또는 분양대금의 유용 등으로 인해 피분양자의 피해가 늘어나자 이를 방지하고 자 2004. 10. 제정한 법률로서 사전분양의 절차·시기·조건·대금납부 등에 대해 규정하 고 있다.

분양사업자가 건축물을 분양하려면 「건축법」 제11조에 따른 허가권자에게 신고하여야 한다. 여기서 허가권자는 원칙적으로 시장·군수·구청장(특별자치시장·특별자치도지사 포 함)이지만, 예외적으로 층수가 21층 이상이거나 연면적 합계가 10만㎡ 이상인 건축물을 특별시·광역시에 건축하는 경우는 특별시장·광역시장이 허가권자이다.

분양의 조건은 분양시기에 따라 다르다. 먼저, 신탁업자와 신탁계약 및 대리사무계약을 체결한 경우 또는 금융기관 등으로부터 분양보증을 받는 경우에는 「건축법」 제21조에 따른 착공신고 후 가능하고, 다음으로 해당 건축물의 사용승인에 대하여 다른 건설업자 2 이상의 연대보증을 받아 공증받은 경우에는 골조공사의 3분의 2 이상이 완료된 후 가능하다.

위에서 설명한 유사제도를 비교하여 정리하면 다음의 표와 같다.

표 5.2.6 유사제도의 비교

구분		토지	주택	상가건물
관련법령		도시개발법	주택법, 주택공급에 관한 규칙	건축물의 분양에 관한 법률
적용대상		도시개발사업	• 단독주택: 20호 이상 • 공동주택: 20세대 이상	• 바닥면적 3천㎡ 이상 • 오피스텔 30실 이상 등
부동산 유형		토지, 건축물, 공작물	주택, 복리시설	건축물
계약 유형		매매	매매, 임대차	매매
분양 (공급)	시기	실시계획 고시 이후	• 분양보증: 착공과 동시 가능 • 등록사업자 2 이상 연대보증: 일정공정이 완성되어야	• 신탁계약·분양보증: 착공신고 후 • 다른 건설업자 2 이상 연대보증: 골조공사의 2/3 이상 완료
	절차	공급계획 제출 (시·도지사, 대도시시장)	입주자모집 승인 (시장·군수·구청장)	분양신고 (시장·군수·구청장 등)
	조건	규정 없음	• 대지의 소유권 확보 • 분양보증(등록사업자 2 이상 연대보증)	• 대지의 소유권 확보 • 신탁계약·분양보증(다른 건설업자 2 이상 연대보증)
	방법	• 원칙: 경쟁입찰 • 예외: 추첨, 수의계약	일반공급, 우선공급, 특별공급	공개추첨
	가격	• 원칙: 감정평가액 • 예외: 감정평가액 이하	• 원칙: 자율 • 예외: 분양가상한제(공동주택)	자율
	대금 납부	규정 없음	• 청약금: 10% • 계약금: 청약금 포함 20% 이내 • 중도금: 60% 이내	• 계약금: 20% 이내 • 중도금: 70% 이내

3) 선분양제도와 후분양제도의 비교

선분양제도는 토지의 조성이나 건축물의 건축이 완료되기 이전에 분양하는 것을 말한다. 사업시행자는 건설자금을 조기에 확보할 수 있는 장점이 있으며, 피분양자는 분양대금을 장기간 분할하여 납부할 수 있는 장점이 있다. 그러나 분양에 따른 위험을 피분양자에게 전가하는 문제가 있다. 즉, 피분양자의 입장에서 선분양제는 사업시행자의 부도, 부실시공이나 공사 지연, 부동산가격의 하락 등에 따른 피해를 볼 수 있다.

선분양제도는 공급자 중심의 시장(seller's market)에서 적합한 제도로 사업시행자의 자금조달을 용이하게 하여 부동산의 신규공급을 늘리는데 기여하는 면이 있다. 반면, 피분양자에게 분양권 전매를 허용하여 양도차익을 볼 수 있는 기회를 제공함으로써 부동산 투기를 조장하는 면이 있다. 또한, 대량의 주택이 일시에 공급될 수 있어 주택시장의 단기 변동성을 증가시킨다.

선분양제는 당초 분양가 규제로 인한 건설업체의 수익 감소를 보완하는 방안으로 도입되었다. 즉, 건설업체가 소비자로부터 무이자로 재원을 조달할 수 있기 때문에 분양가 규제에 따른 수익 감소를 보완할 수 있다. 따라서 분양가를 자율화하면서 선분양제를 허용하는 것은 건설업체에 이중의 혜택을 주는 제도로 비정상적이라 할 수 있다.

한편, 후분양제도는 토지의 조성이나 건축물의 건축이 완료되거나 거의 완료된 시점에서 분양하는 것을 말한다. 피분양자는 상품에 대한 확인을 하고 매매함으로써 선분양제의 각종 위험을 피할 수 있는 장점이 있다. 반면, 사업시행자는 조기에 자금을 조달하지 못해 부동산의 신규공급이 위축될 가능성이 있다.

후분양제도는 수요자 중심의 시장(buyer's market)에 적합한 제도로 부동산시장을 정상화하는데 기여할 수 있다.

선분양제도와 후분양제도를 비교하여 정리하면 다음의 표와 같다.

표 5.2.7 **선분양제도와 후분양제도의 비교**

구분	선분양제도	후분양제도(준공 후 분양기준)
목 표	분양가 규제, 신규공급 확대	부동산시장의 정상화
특 징	공급자 중심의 시장에서 적합	수요자 중심의 시장에서 적합
분양위험	수요자가 부담	공급자가 부담
자본수익	수요자에 귀속	공급자에 귀속
가격규제	가능	불필요
분양자격	입주자저축 필요(공동주택 경우)	불필요

구분	선분양제도	후분양제도(준공 후 분양기준)
분양권 전매	가능	없음
장점	• 사업시행자: 건설자금을 조기에 확보 • 피분양자: 부동산가격 상승기에 양도차익 가능 • 피분양자: 대금을 장기간 분할하여 납부 • 정부: 분양가 규제 가능(분양가상한제) • 부동산의 신규공급 용이 • 중소 건설회사의 성장에 기여	• 사업시행자: 분양가상한제 미적용(공동주택) • 사업시행자: 건축비 증가를 분양가에 반영 • 소비자의 선택권 확대 • 건축분쟁 가능성 낮음 • 분양에 따른 위험으로부터 피분양자 보호 • 분양권 전매가 없어 부동산투기의 근절
단점 (문제점)	• 고가의 부동산을 실체 없이 구매 • 사업시행자: 건축비가 급등해도 반영 불가 • 분양에 따른 위험을 피분양자에게 전가 • 건축분쟁 가능성이 높음 • 분양권 전매로 부동산투기 조장 • 주택시장의 단기 변동성 증가	• 사업시행자: 자금조달비용이 증가하여 분양 가격 상승 가능성 • 피분양자: 일시에 목돈 마련 부담 • 부동산의 신규공급이 위축될 가능성 • 중소 건설회사의 성장 제약

제3절 | 부동산개발사업

1 건축

1) 건폐율 및 용적률

(1) 건폐율

개개의 대지에 최소한의 공지를 확보하기 위한 제도로서, 일조·채광·통풍 등을 위한 공간을 만들어 쾌적한 생활환경을 조성하고 화재 시에 건축물의 연소방지·소방·피난 등을 용이하게 하기 위하여 정한 것이다.

건폐율은 대지면적에 대한 건축면적(대지에 2 이상의 건축물이 있는 경우에는 이들 건축면적의 합계로 한다)의 비율을 말한다. 즉, 건축면적을 대지면적으로 나누어 100을 곱한 수치이다.

(2) 용적률

수직적 밀도관리를 위한 제로로서, 한정된 토지를 효율적으로 활용하고 도시과밀화를 억제하여 쾌적한 생활환경을 조성하기 위해 정한 것이다.

용적률은 대지면적에 대한 연면적(대지에 2 이상의 건축물이 있는 경우에는 이들 연면적의 합계로 한다)의 비율을 말한다. 즉, 용적률은 연면적을 대지면적으로 나누어 100을 곱한 수치이다. 용적률 산정 시 지하층 면적과 지상층의 주차용(당해 건축물의 부속용도인 경우에 한한다)으로 사용되는 면적은 제외된다.

(3) 대지면적

대지의 수평투영면적[39]으로 한다. 다만, 다음 각 목의 어느 하나에 해당하는 면적은 제외한다.

① 「건축법」 제46조제1항 단서에 따라 대지에 건축선이 정하여진 경우: 그 건축선과 도로사이의 대지면적. 따라서 「건축법」 제46조제2항에 따라 지정한 건축선인 지정건축선[40]의 경우에는 그 건축선과 도로사이의 면적은 대지면적에 포함된다.

② 대지에 도시·군계획시설(예: 도로·공원 등)이 있는 경우: 그 도시·군계획시설에 포함되는 대지면적

(4) 건축면적

건축면적은 건폐율을 산정하기 위해 필요한 면적이다. 원칙적으로 건축물의 외벽(외벽이 없는 경우에는 외곽부분의 기둥을 말한다)의 중심선으로 둘러싸인 부분의 수평투영면적으로 하며, 다양한 예외가 있다(건축법령 119).

(5) 바닥면적

건축면적과 바닥면적은 다르다. 건축면적은 건폐율을 산정하기 위한 것이고, 바닥면적은 건축물대장 등 공부에 기재하기 위한 것이다.

바닥면적은 원칙적으로 건축물의 각 층 또는 그 일부로서 벽·기둥 그 밖에 이와 비슷한 구획의 중심선으로 둘러싸인 부분의 수평투영면적으로 하며, 다양한 예외가 있다(건축법령 119). 예컨대 주택의 발코니 등 건축물의 노대나 그 밖에 이와 비슷한 것의 바닥은 난

---

39 하늘에서 내려다보는 수평면적을 말한다.

40 「건축법」 제46조제2항에 따라 특별자치시장·특별자치도지사·시장·군수·구청장이 시가지 안에서 건축물의 위치나 환경을 정비하기 위하여 필요하다고 인정하여 따로 지정한 건축선을 말한다.

간 등의 설치여부에 관계없이 노대 등의 면적(외벽의 중심선으로부터 노대 등의 끝부분까지의 면적을 말한다)에서 노대 등이 접한 가장 긴 외벽에 접한 길이에 1.5미터를 곱한 값을 뺀 면적을 바닥면적에 산입한다.

▶ 용어의 구별

1) 발코니(balcony): 건축물의 내부와 외부를 연결하는 완충공간으로서 전망이나 휴식 등의 목적으로 건축물 외벽에 접하여 부가적으로 설치되는 공간을 말한다(건축법령 2). 이 경우 주택에 설치되는 발코니로서 국토교통 부장관이 정하는 기준에 적합한 발코니는 필요에 따라 거실·침실·창고 등의 용도로 사용할 수 있다. 주택의 발코니는 종전에는 처마의 경우와 같이 건축면적이 산정되도록 배려하였으나, 2005. 07. 개정 시(건축법령 119) 이를 삭제함으로써 전체가 건축면적에 포함되며, 바닥면적 산정 시에는 가장 긴 외벽에 접한 길이에 1.5 미터를 곱한 값을 공제하여 산입한다.
2) 베란다(veranda): 2층 이상의 건물에서 아래층과 바닥면적 차이가 나는 위층 공간에 난간을 설치한 것을 말한다. 발코니와 달리 지붕이 없기 때문에 내부공간으로 활용하기 어렵고, 주로 정원이나 놀이터 등으로 활용한다. 건축면적이나 바닥면적에 포함되지 않는다.
3) 테라스(terrace): 외부에 설치한 높고 평평한 공간을 말한다. 건축물의 경우 실내에서 바로 밖으로 나갈 수 있도록 외벽에 붙여서 만드는 경우가 많으며, 지표면 보다 높게 단(壇)을 설치하여 정원·전망·휴식 등의 용도로 활용한다. 건축면적이나 바닥면적에 포함되지 않는다.

---

(6) 연면적

용적률 산정을 위해서 필요하다. 하나의 건축물의 각 층의 바닥면적의 합계로 한다. 다만, 용적률의 산정할 때에 다음 각 목에 해당하는 면적은 제외한다.
① 지하층의 면적
② 지상층의 주차용(해당 건축물의 부속용도인 경우만 해당한다)으로 쓰는 면적
③ 초고층 건축물과 준초고층 건축물에 설치하는 피난안전구역의 면적
④ 건축물의 경사지붕 아래에 설치하는 대피공간의 면적

(7) 용도지역별 건폐율과 용적률

용도지역 안에서 건폐율 및 용적률은 관할구역의 면적 및 인구규모, 용도지역의 특성 등을 감안하여 다음 각 호의 범위 안에서 특별시·광역시·시 또는 군의 조례로 정한다(국토계획법 77).

표 5.2.8   **용도지역별 건폐율과 용적률**

용도지역		세 분	건폐율(% 이하)	용적률(% 이상~% 이하)
도시지역	주거 지역	제1종전용주거	50	50~100
		제2종전용주거	50	100~150
		제1종일반주거	60	100~200
		제2종일반주거	60	150~250
		제3종일반주거	50	200~300
		준주거	70	200~500
	상업 지역	근린상업	70	200~900
		유통상업	80	200~1,100
		일반상업	80	300~1,300
		중심상업	90	400~1,500
	공업 지역	전용공업	70	150~300
		일반공업	70	200~350
		준공업	70	200~400
	녹지 지역	보전녹지	20	50~80
		생산녹지	20	50~100
		자연녹지	20	50~100
관리지역		보전관리	20	50~80
		생산관리	20	50~80
		계획관리	40	50~100
농림지역			20	50~80
자연환경보전지역			20	50~80

[문제] 감정평가사 A는 소형빌딩의 감정평가를 의뢰받고 관련 공부를 통해 다음과 같은 사항을 확인하였다. 이 빌딩의 건폐율(ㄱ)과 용적률(ㄴ)은 각각 몇 %인가?(단, 주어진 자료에 한함)

- 토지대장상 토지면적: 900㎡
- 대지 중 도시·군계획시설(공원)저촉 면적: 100㎡
- 대지에는 「건축법」 제46조제2항에 따른 지정건축선이 지정되었고, 지정건축선과 도로사이의 면적: 200㎡
- 건축물대장상 건축면적: 480㎡
- 건축물대장상 각 층 바닥면적: 지하1층(480㎡), 지상1층(480㎡), 지상2층 및 지상3층(각 400㎡)

[해설] $(ㄱ) = \dfrac{480}{(900-100)} = 0.60$, $(ㄴ) = \dfrac{(480+400+400)}{(900-100)} = 1.60$, ∴ (ㄱ): 60%, (ㄴ): 160%

2) 건축절차: 건축법

「(사전결정) → 건축설계 → (사전승인) → 건축허가(또는 건축신고) → (철거신고) → 착공신고 → 건축시공 → 공사감리 → 임시사용승인 → 사용승인 → 공부정리(건축물대장 및 등기부)」

(1) 사전결정

건축허가대상 건축물을 건축하려는 자는 건축허가를 신청하기 전에 허가권자에게 그 건축물을 해당 대지에 건축하는 것이 허용되는지에 대한 사전결정을 신청할 수 있다. 허가권자는 신청을 받으면 입지, 건축물의 규모, 용도 등을 사전결정한 후 신청자에게 알려야 한다(건축법 10).

(2) 건축설계

건축허가신청(또는 건축신고)시에는 설계도서 등을 첨부하여 제출하여야 한다. 여기서 ① 건축허가를 받아야 하는 건축물, ② 건축신고를 하여야 하는 건축물, ③ 「주택법」에 따른 리모델링을 하는 건축물의 건축 등을 위한 설계는 건축사만이 할 수 있다(건축법 23).

(3) 사전승인

도(道)지역에서 ① 층수가 21층 이상이거나 연면적의 합계가 10만㎡ 이상인 건축물(공장, 창고 및 지방건축위원회의 심의를 거친 건축물은 제외한다)의 건축(연면적의 10분의 3 이상의 증축으로 인하여 층수가 21층 이상으로 되거나 연면적의 합계가 10만㎡ 이상으로 되는 경우를 포함), ② 자연환경이나 수질을 보호하기 위하여 도지사가 지정·공고한 구역에 건축하는 3층 이상 또는 연면적 합계 1천㎡ 이상의 건축물로서 위락시설·숙박시설·공동주택·제2종 근린생활시설 중 일반음식점·일반 업무시설, ③ 주거환경 또는 교육환경 등 주변 환경을 보호하기 위하여 필요하다고 인정하여 도지사가 지정·공고한 구역에 건축하는 위락시설 및 숙박시설에 해당하는 건축물의 허가는 미리 도지사의 사전승인을 받아야 한다.

(4) 건축허가(또는 건축신고)

허가권자는 원칙적으로 특별자치시장·특별자치도지사 또는 시장·군수·구청장(이하 시장 등이라 한다)이지만 층수가 21층 이상이거나 연면적의 합계가 10만㎡ 이상인 건축물(공장, 창고 및 지방건축위원회의 심의를 거친 건축물은 제외한다)의 건축(연면적의 10분의 3 이상을 증축하여 층수가 21층 이상으로 되거나 연면적의 합계가 10만㎡ 이상으로 되는 경우를 포함)은 특별시장이나 광역시장의 허가를 받아야 한다(건축법 11). 한편, 신고대상건축물인 경우에는 미리 시장 등에게 신고를 하면 건축허가를 받은 것으로 본다(건축법 14).

건축허가를 받은 자는 2년(건축신고를 한 자는 1년) 이내에 공사에 착수하여야 한다. 다만, 정당한 사유가 있다고 인정되면 1년의 범위에서 착수기한을 연장할 수 있다(건축법 11, 14).

▶ 건축신고대상(건축법 제14조)
① 바닥면적의 합계가 85㎡ 이내의 증축·개축 또는 재축. 다만 3층 이상 건축물인 경우에는 증축·개축 또는 재축하려는 부분의 바닥면적의 합계가 건축물 연면적의 10분의 1 이내인 경우로 한정
② 관리지역, 농림지역 또는 자연환경보전지역에서 연면적이 200㎡ 미만이고 3층 미만인 건축물의 건축. 다만, 지구단위계획구역 또는 방재지구 등 재해취약지역에서의 건축은 제외
③ 연면적이 200㎡ 미만이고 3층 미만인 건축물의 대수선
④ 주요구조부의 해체가 없는 등 대통령령으로 정하는 대수선
⑤ 그 밖에 소규모 건축물로서 대통령령으로 정하는 건축물의 건축(예: 연면적 합계 100㎡ 이하인 건축물)

---

(5) 철거신고

건축물의 소유자 또는 관리자는 그 건축물을 철거하는 경우 철거를 하기 전에 시장 등에게 신고하여야 한다(건축법 36). 또한, 건축물의 소유자나 관리자는 건축물이 재해로 멸실된 경우 멸실 후 30일 이내에 신고하여야 한다.

(6) 착공신고

허가를 받거나 신고를 한 건축물의 공사를 착수하고자 하는 건축주는 허가권자에게 그 공사계획을 신고하여야 한다. 다만, 건축물의 철거를 신고한 때에 착공예정일을 기재한 경우에는 그러하지 아니하다(건축법 21).

(7) 건축시공

공사시공자는 건축주와의 계약대로 성실하게 공사를 수행하여야 하며, 관계 법령에 맞게 건축물을 건축하여 건축주에게 인도하여야 한다.

한편, 「건설산업기본법」에 의하면 다음 각 호의 어느 하나에 해당하는 건축물의 건축 또는 대수선에 관한 건설공사는 건설업자가 하여야 한다(법률 41).

① 연면적이 200㎡를 초과하는 건축물
② 연면적이 200㎡ 이하인 건축물로서 다음 각 목의 어느 하나에 해당하는 경우
  • 「건축법」에 따른 공동주택
  • 「건축법」에 따른 단독주택 중 다중주택·다가구주택·공관, 그 밖에 대통령령으로 정하는 경우
  • 주거용 외의 건축물로서 많은 사람이 이용하는 건축물 중 학교·병원 등 대통령령으로 정하는 건축물

따라서 건축주가 직접 시공할 수 있는 건설공사의 범위는 연면적 200㎡ 이하로 한정되며, 그 중에서도 공동주택, 단독주택 중 다중주택·다가구주택·공관 등, 주거용 외의 건축물로서 학교·학원·병원·숙박시설 등은 건축주가 직접 시공할 수 없다.

(8) 공사감리

건축주는 건축허가를 받아야 하는 건축물을 건축하거나 건축물을 리모델링하는 경우에는 건축사를 공사감리자로 지정하되, 다중이용 건축물을 건축하는 경우에는 「건설기술진흥법」에 따른 건설기술용역업자 또는 건축사(건설사업관리기술자를 배치하는 경우만 해당)를 공사감리자로 지정하여야 한다(건축법 25).

공사감리자는 공사시공자가 설계도서에 따라 적합하게 시공하는지 또는 사용하는 건축자재가 관계법령에 의한 기준에 적합한 건축자재인지 여부 등을 확인하며, 이를 위반하는 경우 건축주에게 알린 후 공사시공자에게 시정하거나 재시공하도록 요청하여야 한다. 또한, 공사의 공정이 일정 진도에 다다른 때에는 감리중간보고서를, 공사를 완료한 때에는 감리완료보고서를 각각 작성하여 건축주에게 이를 제출하여야 한다.

(9) 임시사용승인

사용승인서를 교부받기 전에 공사가 완료된 부분에 대한 임시사용의 승인을 얻고자 하는 경우에는 임시사용승인신청서를 허가권자에게 제출하여야 한다. 허가권자는 신청서를 접수한 경우에는 건축물 및 대지가 국토교통부령이 정하는 기준에 적합한 경우에 한하여 임시사용을 승인할 수 있으며, 식수 등 조경에 필요한 조치를 하기에 부적합한 시기에 건축공사가 완료된 건축물에 대하여는 허가권자가 지정하는 시기까지 식수 등 조경에 필요한 조치를 할 것을 조건으로 하여 임시사용을 승인할 수 있다. 임시사용승인의 기간은 원칙적으로 2년 이내로 한다(건축법령 17).

(10) 사용승인

건축주는 건축물의 건축공사를 완료(하나의 대지에 2 이상의 건축물을 건축하는 경우 동별 공사를 완료한 경우를 포함)한 후 그 건축물을 사용하고자 하는 경우에는 공사감리자가 작성한 감리완료보고서 및 공사완료도서를 첨부하여 허가권자에게 사용승인을 신청하여야 한다. 허가권자는 사용승인신청을 받은 경우에는 그 신청서를 접수한 날부터 7일 이내에 사용승인을 위한 현장검사를 하여야 하며, 검사에 합격된 건축물은 사용승인서를 교부하여야 한다(건축법 22, 건축법규칙 16).

(11) 공부정리(건축물대장 및 등기부)

사용승인서를 교부한 경우 시장 등은 건축물의 소유·이용 및 유지·관리 상태를 확인하거나 건축정책의 기초자료로 활용하기 위하여 건축물대장을 작성하고 보관하여야 하며, 소유자는 사용승인서 교부일로부터 60일 이내에 취득세를 신고·납부하여야 한다(지방세법 20). 한편, 건축물대장을 첨부하여 등기할 수 있다.

ㄹ 정비사업

1) 정비사업의 의의

(1) 정비사업의 개념

도시기능을 회복하기 위하여 정비구역에서 정비기반시설을 정비하거나 주택 등 건축물을 개량 또는 건설하는 다음 각 목의 사업을 말한다. 즉, 정비사업에는 주거환경개선사업·재개발사업·재건축사업이 있다.

먼저, 주거환경개선사업은 도시저소득 주민이 집단 거주하는 지역으로서 정비기반시설
이 극히 열악하고 노후·불량건축물이 과도하게 밀집한 지역의 주거환경을 개선하거나 단
독주택 및 다세대주택이 밀집한 지역에서 정비기반시설과 공동이용시설 확충을 통하여
주거환경을 보전·정비·개량하기 위한 사업을 말한다. 종전의 주거환경개선사업과 주거
환경관리사업을 2017. 2. 「도시정비법」 전부개정시 통합하였다.

둘째, 재개발사업은 정비기반시설이 열악하고 노후·불량건축물이 밀집한 지역에서 주
거환경을 개선하거나 상업지역·공업지역 등에서 도시기능의 회복 및 상권 활성화 등을
위하여 도시환경을 개선하기 위한 사업을 말한다. 2017. 2. 「도시정비법」 전부개정시 종
전의 주택재개발사업과 도시환경정비사업을 통합하여 재개발사업으로 명칭변경하였다.

셋째, 재건축사업은 정비기반시설은 양호하나 노후·불량건축물에 해당하는 공동주택
이 밀집한 지역에서 주거환경을 개선하기 위한 사업을 말한다. 2017. 2. 「도시정비법」 전
부개정시 종전의 주택재건축사업을 재건축사업으로 명칭변경하고, 공동주택이 밀집한 지
역으로 한정하였다.

한편, 종전 「도시정비법」은 대규모 정비사업 위주로 주요내용이 구성되어 있어 가로주
택정비사업 등 소규모 정비사업은 활성화되지 못하는 문제가 있었고, 빈집의 증가로 도시
미관이나 주거환경에 장애가 되는 등 다양한 사회문제가 유발되고 있으며, 특히 저소득층
의 60% 이상이 단독주택·다세대주택에 거주하고 있는 점에서 소규모주택 정비에 대한
공공의 다각적 지원이 요구됨에 따라 「빈집 및 소규모주택 정비에 관한 특례법」(약어로 빈
집등정비법이라 한다)을 2017. 2. 새로 제정하면서 종전 「도시정비법」에서 규정하고 있는
가로주택정비사업 등을 이관하여 규정하였다.

표 5.2.9 **정비사업의 비교**

구분	주거환경개선사업	재개발사업	재건축사업
목적	주거환경 개선 또는 주거환경 보전·정비·개량	주거환경 개선 또는 도시환경 개선	주거환경 개선
요건	• 도시저소득주민 집단 거주 + 정비기반시설 극히 열악 + 노후불량건축물 과도하게 밀집 • 단독주택 및 다세대주택 밀집	• 정비기반시설 열악 + 노후·불량건축물 밀집 • 상업지역·공업지역 등	정비기반시설 양호 + 노후·불량 건축물인 공동주택 밀집

구분	주거환경개선사업	재개발사업	재건축사업
사업 시행자	시장·군수등, LH공사등, 공익법인, LH공사등 + 건설업자등	조합, 토지등소유자, 조합(또는 토지등소유자) + 시장·군수등(또는 LH공사등, 건설업자등), 신탁업자	조합, 조합 + 시장·군수등(또는 LH공사등, 건설업자등), 신탁업자
시행방법	현지개량방식, 매수방식, 환지방식, 관리처분방식, 혼용방식	관리처분방식, 환지방식	관리처분방식
시행자 지정요건	토지등소유자 2/3 이상 및 세입자 세대수 과반수 동의	조합원(또는 토지등소유자) 과반수 동의	조합원 과반수 동의
토지등 소유자	토지소유자, 건축물소유자, 지상권자	토지소유자, 건축물소유자, 지상권자	건축물 및 그 부속토지 소유자
조합설립 인가요건	–	토지등소유자 3/4 이상 및 토지 면적 1/2 이상 동의	• 주택단지: 공동주택 전체 구분 소유자 3/4 이상 및 토지면적 3/4 이상 동의 + 각 동별 구분 소유자 과반수 동의 • 주택단지 외: 별도 규정 있음
주택건설 규제	전체 세대수의 90% 이상을 전용면적 85㎡ 이하로 건설	전체 세대수의 80% 이상을 전용면적 85㎡ 이하로 건설	과밀억제권역의 경우 전체 세대수의 60% 이상을 전용면적 85㎡ 이하로 건설
임대주택 건설 [41]	전체 세대수의 30% 이하에서 시·도지사가 정한 비율 건설	전체 세대수의 20% 건설 (예외 있음)	의무 없음
수용권	있음	있음	없음 (매도청구 가능)
기타	국·공유지의 매각가격: 감정평가액의 80%	–	재건축진단 필요, 재건축초과이익 환수

(2) 유사용어와의 구별

정비사업과 유사한 용어로는 소규모주택정비사업, 도시재생사업, 재정비촉진사업, 빈집정비사업, 시장정비사업, 농어촌정비사업 등이 있다.

---

41 국토교통부고시인「정비사업의 임대주택 및 주택규모별 건설비율」참조

첫째, 소규모주택정비사업은 「빈집등정비법」에서 정한 절차에 따라 노후·불량건축물의 밀집 등 대통령령으로 정하는 요건에 해당하는 지역 또는 가로구역(街路區域)에서 시행하는 다음 각 목의 사업을 말한다.

- 자율주택정비사업: 단독주택, 다세대주택 및 연립주택을 스스로 개량 또는 건설하기 위한 사업
- 가로주택정비사업: 가로구역에서 종전의 가로를 유지하면서 소규모로 주거환경을 개선하기 위한 사업
- 소규모재건축사업: 정비기반시설이 양호한 지역에서 소규모로 공동주택을 재건축하기 위한 사업
- 소규모재개발사업: 역세권 또는 준공업지역에서 소규모로 주거환경 또는 도시환경을 개선하기 위한 사업

표 5.2.10 소규모주택정비사업의 비교

구분	자율주택정비사업	가로주택정비사업	소규모재건축사업
개념	단독주택, 다세대주택 및 연립주택을 스스로 개량 또는 건설하기 위한 사업	가로구역에서 종전의 가로를 유지하면서 소규모로 주거환경을 개선하기 위한 사업	정비기반시설이 양호한 지역에서 소규모로 공동주택을 재건축하기 위한 사업
대상지역	지구단위계획구역 등 일정한 지역	가로구역의 전부 또는 일부	「도시정비법」상 주택단지
요건	• 노후·불량건축물의 수가 사업구역의 전체 건축물의 3분의 2 이상일 것 • 기존 주택의 호수(또는 세대수)가 일정 규모 미만일 것 • 나대지를 포함하는 경우 그 면적이 전체 면적의 2분의 1 이내일 것	• 사업구역의 면적이 1만㎡ 미만 일 것 • 노후·불량건축물의 수가 사업 구역의 전체 건축물의 3분의 2 이상일 것 • 기존 주택의 호수(또는 세대수)가 일정 규모 이상일 것	• 사업구역의 면적이 1만㎡ 미만일 것 • 노후·불량건축물의 수가 사업 구역의 전체 건축물의 3분의 2 이상일 것 • 기존 주택의 세대수가 200세대 미만일 것
사업 시행자	토지등소유자, 토지등소유자 + 시장·군수등 (또는 건설업자등)	• 토지등소유자 20명 미만: 토지등소유자, 토지등소유자+시장·군수등(또는 건설업자 등) • 조합, 조합+시장·군수등(또는 건설업자등)	좌동
시행방법	주택을 개량 또는 건설	주택등을 건설하여 공급하거나 보전 또는 개량	주택등을 건설하여 공급

구분	자율주택정비사업	가로주택정비사업	소규모재건축사업
토지등 소유자	토지소유자, 건축물소유자, 토지의 지상권자	토지소유자, 건축물소유자, 토지의 지상권자	건축물 및 그 부속토지 소유자
조합설립 인가요건	-	토지등소유자의 8/10 이상 + 토지면적의 2/3 이상 동의	공동주택 전체 구분소유자 3/4 이상 및 토지면적 3/4 이상 동의 + 각 동별 구분 소유자 과반수 동의
수용권	없음	없음 (매도청구 가능)	없음 (매도청구 가능)

➡️ 역세권: 역세권의 범위에 대해 법규마다 다르게 규정하여 혼란이 있다.

1) 「역세권의 개발 및 이용에 관한 법률」에서는 "「철도의 건설 및 철도시설 유지관리에 관한 법률」, 「철도산업발전 기본법」 및 「도시철도법」에 따라 건설·운영되는 철도역과 인근의 일정한 철도시설 및 그 주변지역 중국토교통부장관이 필요하다고 인정하여 지정한 지역"으로 규정하고 있다.

2) 「빈집등정비법」은 2021년 07월 개정시 소규모재개발사업을 도입하면서 역세권의 공간적 범위에 대해 법적으로 규정하였다(동법시행령 제3조제1항제4호 참조). 이 규정에 의하면 역세권은 "「철도의 건설 및 철도시설 유지관리에 관한 법률」, 「철도산업발전 기본법」 및 「도시철도법」에 따라 건설·운영되는 철도역(개통 예정인역을 포함)의 승강장 경계로부터 반경 350미터 이내의 지역"을 말한다. 다만, 승강장 경계로부터의 반경은 지역 여건 등을 고려해 100분의 30 범위 내에서 시·도조례로 정하는 비율로 증감할 수 있다.

3) 「민간임대주택에 관한 특별법」에서 역세권은 "「철도의 건설 및 철도시설 유지관리에 관한 법률」, 「철도산업발전 기본법」 및 「도시철도법」에 따라 건설 및 운영되는 철도역으로부터 1㎞ 거리 이내에 위치한 지역"을 말한다. 다만, 시·도조례로 그 거리를 50% 범위에서 증감하여 달리 정할 수 있다.

4) 자치법규로서 「서울특별시 역세권 활성화사업 운영 및 지원에 관한 조례」에서는 역세권을 "지하철, 국철 및 경전철 등의 역(사업계획 또는 실시계획 승인받아 개통이 예정된 역을 포함한다)의 승강장 경계로부터 350미터 이내 지역"으로 규정하고 있다.

5) 자치법규로서 「서울특별시 청년안심주택 공급 지원에 관한 조례」에서는 역세권을 "지구단위계획구역으로서 지하철, 국철 및 경전철 등의 역(승강장 기준으로 개통이 예정된 역을 포함한다)의 각 승강장 경계로부터 250미터 이내의 지역"으로 규정하고 있다. 다만, 서울특별시장은 일정한 사유가 있는 경우 공공지원민간임대주택 통합심의위원회의 심의를 거쳐 역의 각 승강장 경계 및 출입구로부터 350미터 이내의 토지를 사업대상지로 지정할 수 있다.

6) 서울특별시의 방침인 「역세권 장기전세주택 건립 운영기준」에서는 역세권을 "지하철, 국철 및 경전철 등의 역(개통이 예정된 역을 포함한다)의 각 승강장 경계로부터 500m 이내의 일단의 지역"으로 규정하고 이를 다시 1차 역세권(역 승강장 경계로부터 350m 이내의 범위로 한다)과 2차 역세권(역 승강장 경계로부터 350m에서 500m 이내의 범위로 한다)으로 세분하고 있다.

둘째, 도시재생사업은 "도시재생활성화지역에서 도시재생활성화계획에 따라 시행하는 법령에서 정한 일정한 사업"을 말한다(도시재생 활성화 및 지원에 관한 특별법: 약어로 도시재생법이라 한다). 여기서 도시재생이란 인구의 감소, 산업구조의 변화, 도시의 무분별한 확장, 주거환경의 노후화 등으로 쇠퇴하는 도시를 지역역량의 강화, 새로운 기능의 도입·창출 및 지역자원의 활용을 통하여 경제적·사회적·물리적·환경적으로 활성화시키는 것을 말한다. 도시재생사업에는 도시재생혁신지구에서 혁신지구계획 및 시행계획에 따라 시행하는 사업, 「도시정비법」에 따른 정비사업, 「도시재정비 촉진을 위한 특별법」(약어로 도시재정비법이라 한다)에 따른 재정비촉진사업, 「도시개발법」에 따른 도시개발사업, 「역세권의 개발 및 이용에 관한 법률」(약어로 역세권법이라 한다)에 따른 역세권개발사업, 「산업입지 및 개발에 관한 법률」(약어로 산업입지법이라 한다)에 따른 산업단지개발사업 및 산업단지 재생사업, 「전통시장 및 상점가 육성을 위한 특별법」(약어로 전통시장법이라 한다)에 따른 상권활성화사업 및 시장정비사업 등 다양한 사업이 포함된다.

셋째, 재정비촉진사업은 「도시재정비법」상의 용어로, "재정비촉진지구에서 시행되는 법령에서 정한 일정한 사업"을 말한다. 재정비촉진사업에는 「도시정비법」에 따른 정비사업, 「빈집등정비법」에 따른 가로주택정비사업·소규모재건축사업·소규모재개발사업, 「국토계획법」에 따른 도시·군계획시설사업 등 다양한 사업이 포함된다.

넷째, 빈집정비사업은 "빈집을 개량 또는 철거하거나 효율적으로 관리 또는 활용하기 위한 사업"을 말한다(빈집등정비법 2). 여기서 빈집이란 "특별자치시장·특별자치도지사·시장·군수 또는 자치구의 구청장이 거주 또는 사용 여부를 확인한 날부터 1년 이상 아무도 거주 또는 사용하지 아니하는 주택"을 말한다. 다만, 미분양주택 등 대통령령으로 정하는 주택은 제외한다. 한편, 농림축산식품부 소관의 「농어촌정비법」에서도 생활환경정비사업의 하나로 빈집정비사업이 가능하다. 여기서 빈집이란 "시장(특별자치시의 경우에는 특별자치시장, 특별자치도의 경우에는 특별자치도지사)·군수·구청장(광역시 자치구의 구청장을 말한다)이 거주 또는 사용 여부를 확인한 날부터 1년 이상 아무도 거주하지 아니하거나 사용하지 아니하는 농어촌 주택이나 건축물"을 말한다. 이와 같이 빈집정비사업은 국토교통부와 농림축산식품부가 각각 담당하고 있고, 이 경우 빈집의 뜻도 서로 다른 문제가 있다.

다섯째, 시장정비사업은 「전통시장[42] 및 상점가 육성을 위한 특별법」(약어로 전통시장법이라 한다)에 의한 개념으로, "시장정비사업시행자가 시장의 현대화를 촉진하기 위하여 상업기반시설 및 「도시정비법」에 의한 정비기반시설을 정비하고, 대규모점포가 포함된 건

---

42 종전에는 재래시장으로 불렸으나, 2009. 12. 법률개정을 통해 전통시장으로 명칭을 바꾸었다.

축물을 건설하기 위하여 「전통시장법」 및 「도시정비법」 등에서 정하는 바에 따라 시장을 정비하는 모든 행위"를 말한다.

여섯째, 농어촌정비사업은 「농어촌정비법」상의 용어로, "농업생산기반을 조성·확충하기 위한 농업생산기반 정비사업, 생활환경을 개선하기 위한 농어촌 생활환경 정비사업, 농어촌산업 육성사업, 농어촌 관광휴양자원 개발사업 및 한계농지 등의 정비사업"을 말한다. 농어촌정비사업은 농수산업의 경쟁력을 높이고 농어촌의 생활환경 개선을 촉진하기 위해 시행한다.

2) 정비사업의 절차: 도시정비법

『기본계획 수립 → (재건축진단)·정비계획 결정 및 구역지정·추진위원회 승인 → (사업시행자 지정) → 조합설립인가 → 시공자 선정 → 사업시행계획인가 → 감정평가 → 분양신청 → 관리처분계획인가 → 손실보상(매도청구) → 착공 및 일반분양 → 준공인가 → 이전고시 및 청산』

정비사업의 절차와 관련하여 주목할 것은 2024. 12. 「도시정비법」의 개정 내용이다. 정비사업의 신속하고 효율적인 진행을 위해 다수의 조문을 개정·신설하였는데 주요 내용은 다음의 표와 같다.

표 5.2.11 「도시정비법」 개정(2024. 12)의 주요 내용

구분		2024. 12. 개정	종전
재건축진단 (안전진단)	명칭	재건축진단	안전진단
	목적	사업시행계획인가 여부 결정	정비계획의 입안 여부 결정
	시행 시기	정비예정구역별 정비계획의 수립시기가 도래한 때부터 사업시행계획인가 전까지	정비예정구역별 정비계획의 수립시기가 도래한 때
	효력	재건축진단 통과 이전 정비사업 착수 가능	안전진단 통과 이후 정비구역 지정 가능
	재실시	삭제	정비구역이 지정·고시된 날부터 10년이 되는 날까지 사업시행계획인가를 받지 아니하고 일정한 사유에 해당하는 경우

구분		2024. 12. 개정	종전
추진 위원회	구성	정비구역 지정과 무관하게 가능	정비구역이 지정·고시된 후 가능
	기능	정비계획의 입안 요청 가능	–
동의 인정에 관한 특례		일정한 요건을 충족하는 경우 토지등소유자가 동의하지 아니한 다른 사항에 대해서도 동의 한 것으로 간주	–
전자서명동의서에 의한 동의		서면동의서 이외에 전자서명동의서도 인정	토지등소유자의 동의방법으로 서면동의서만 인정
온라인총회		현장총회와 병행하여 온라인총회 개최도 가능	총회의 개최 방법으로 현장총회만 인정
전자적 방법의 의결권 행사		서면의 방법과 병행하여 전자적 방법(전자투표)으로도 가능	총회의 의결 방법으로 서면의 방법만 인정

정비사업의 절차에는 조합설립인가 · 사업시행계획인가 · 관리처분계획인가 · 준공인가 등의 인가제도가 있는데 이를 비교하면 다음의 표와 같다.

표 5.2.12 **정비사업의 인가제도 비교**

구분	조합설립인가	사업시행계획인가	관리처분계획인가	준공인가
의의	조합설립을 완성	정비사업의 설계도	권리배분의 기초	사업시행계획대로 시공되었는지를 확인
법적성격	설권적 행정행위	행정계획 확정행위	행정계획 확정행위	확인적 행정행위
인가권자	시장·군수등	좌동	좌동	좌동
법적효과	• 조합의 성립 • 사업시행계획인가 　신청 가능 • 조합이 시행자인 　경우: 시공자 선정 　가능 또는 소유자 　불명 여부 판단 기 　준일	• 사업시행을 위한 각종 　조치 가능 • 국·공유재산의 용도폐 　지 및 감정평가 기준일 • 토지등 수용 가능 • 토지등소유자가 시행하 　는 재개발사업: 시공자 　선정 가능 또는 소유자 　불명 여부 판단 기준일	• 권리 및 의무 확정 • 건축물 철거 가능	• 이전고시 가능 • 입주 가능

구분	조합설립인가	사업시행계획인가	관리처분계획인가	준공인가
재량행위 정도	제한적인 재량	폭넓은 재량	폭넓은 재량	기속행위에 가까움
행정청의 심사대상	정관의 적법성	사업시행계획의 적법성 및 타당성	관리처분계획의 적법성 및 타당성	시공의 충실성
신청시 요건	창립총회 (사업의 유형에 따라 동의 요건 상이)	총회 (조합원 과반수 출석 + 출석 조합원 과반수 찬성)	총회 (조합원 과반수 출석 + 출석 조합원 과반수 찬성)	공사 완료

(1) 기본계획 수립

특별시장·광역시장·특별자치시장·특별자치도지사 또는 시장은 정비사업의 기본방향, 정비사업의 계획기간, 토지이용계획, 단계별 정비사업추진계획 등이 포함된 도시·주거환경정비기본계획(이하 기본계획이라 한다)을 10년 단위로 수립하여야 한다. 다만, 도지사가 대도시가 아닌 시로서 기본계획을 수립할 필요가 없다고 인정하는 시는 기본계획을 수립하지 아니할 수 있다.

(2) 재건축진단(안전진단)

특별자치시장·특별자치도지사·시장·군수·자치구의 구청장(이하 '시장·군수등'이라 한다)은 정비예정구역별 정비계획의 수립시기가 도래한 때부터 사업시행계획인가 전까지 재건축진단을 실시하여야 한다(법률 12). 2024. 12. 개정을 통해 안전진단의 명칭을 재건축진단으로 변경하고, 사업시행계획인가 전까지로 재건축진단 실시기한을 연장하였다. 종전에는 정비계획 수립을 위하여 정비예정구역별 정비계획의 수립시기가 도래한 때에 안전진단을 실시해야 했으나, 개정으로 정비예정구역별 정비계획의 수립시기가 도래한 때부터 사업시행계획인가 전까지 재건축진단을 실시하도록 대폭 완화하였다.

시장·군수등은 대통령령으로 정하는 재건축진단기관에 의뢰하여 주거환경 적합성, 해당 건축물의 구조안전성, 건축마감, 설비노후도 등에 관한 재건축진단을 실시하여야 하며, 재건축진단을 의뢰받은 재건축진단기관은 국토교통부령으로 정하는 방법 및 절차에 따라 재건축진단 결과보고서를 작성하여 시장·군수등에게 제출하여야 한다. 또한, 시장·군수등은 재건축진단의 결과와 도시계획 및 지역여건 등을 종합적으로 검토하여 사업시행계획인가 여부를 결정하여야 한다.

(3) 정비계획 결정 및 구역지정

특별시장·광역시장·특별자치시장·특별자치도지사·시장 또는 군수(광역시의 군수는 제외하며, 이하 '정비구역의 지정권자'라 한다)는 기본계획에 적합한 범위에서 노후·불량건축물이 밀집하는 등 대통령령으로 정하는 요건에 해당하는 구역에 대하여 정비계획을 결정하여 정비구역을 지정(변경지정을 포함한다)할 수 있다(법률 8).

정비구역의 지정권자는 정비구역 지정을 위하여 직접 정비계획을 입안할 수 있으며, 자치구의 구청장 또는 광역시의 군수는 정비계획을 입안하여 특별시장·광역시장에게 정비구역 지정을 신청하여야 한다. 정비계획에는 정비사업의 명칭, 정비구역 및 그 면적, 건축물에 관한 계획, 세입자 주거대책, 정비사업시행 예정시기 등의 사항이 포함되어야 한다.

정비계획의 입안권자는 이를 입안하거나 변경하려면 주민설명회 및 주민공람과 함께 지방의회 의견을 들어야 한다. 또한, 정비구역의 지정권자는 이를 지정하거나 변경지정하려면 지방도시계획위원회의 심의를 거쳐야 하며, 정비구역을 지정(변경지정을 포함한다)하거나 정비계획을 결정(변경결정을 포함한다)한 때에는 정비계획을 포함한 정비구역 지정의 내용을 해당 지방자치단체의 공보에 고시하여야 한다.

정비구역의 지정·고시가 있는 경우 해당 정비구역 및 정비계획 중 「국토계획법」상 지구단위계획에 포함되는 사항은 지구단위계획구역 및 지구단위계획으로 결정·고시된 것으로 본다(법률 17). 정비구역에서 ① 건축물의 건축, ② 공작물의 설치, ③ 토지의 형질변경, ④ 토석의 채취, ⑤ 토지분할, ⑥ 물건을 쌓아놓는 행위, ⑦ 그 밖에 대통령령으로 정하는 행위를 하려는 자는 시장·군수등의 허가를 받아야 한다.

(4) 추진위원회 구성

조합을 설립하려는 경우에는 토지등소유자의 과반수 동의를 얻어 조합설립추진위원회를 구성하여 시장·군수등의 승인을 받아야 한다. 종전에는 정비구역 지정·고시 후 추진위원회 구성이 가능했으나, 2024. 12. 법률개정으로 구성 시기에 관한 제한이 폐지되었다.

추진위원회는 정비사업전문관리업자·설계자의 선정 및 변경, 개략적인 정비사업 시행계획서의 작성, 조합설립인가를 받기 위한 준비업무 등을 수행한다.

➡ 정비사업전문관리업(도시정비법 제102조~제107조)

정비사업과 관련된 업무를 위탁받거나 이와 관련한 자문을 하려는 자는 자본·기술인력 등의 기준을 갖춰 시·도지사에게 등록하여야 한다. 정비사업전문관리업은 정비사업조합의 전문성 부족을 보완하고 각종 부조리를 봉쇄하여 원활하고 투명한 사업추진을 도모하기 위해 도입되었다.

(5) 사업시행자 지정

먼저, 주거환경개선사업은 시장·군수등이 직접 시행하거나 LH공사등[43] 또는 공익법인[44]을 사업시행자로 지정하여 시행할 수 있다. 사업시행자를 지정하려면 ① 현지개량방식의 경우: 토지등소유자의 과반수 동의를 받아야 하고, ② 매수방식, 환지방식, 관리처분방식의 경우: 토지 또는 건축물의 소유자 또는 지상권자의 3분의 2 이상의 동의와 세입자 세대수의 과반수의 동의를 각각 받아야 한다.

둘째, 재개발사업이나 재건축사업의 경우 법률에서 정한 사유에 해당하는 때에는 시장·군수등은 직접 정비사업을 시행하거나 토지주택공사등을 사업시행자로 지정하여 정비사업을 시행하게 할 수 있다(법률 26). 법률에서 정한 사유로는 ① 정비계획에서 정한 정비사업시행 예정일부터 2년 이내에 사업시행계획인가를 신청하지 아니하거나 사업시행계획인가를 신청한 내용이 위법 또는 부당하다고 인정되는 때(재건축사업의 경우 제외) ② 추진위원회가 시장·군수등의 구성승인을 받은 날부터 3년 이내에 조합설립인가를 신청하지 아니하거나 조합이 조합설립인가를 받은 날부터 3년 이내에 사업시행계획인가를 신청하지 아니한 때 등이 있다.

한편, 재개발사업이나 재건축사업의 경우 법률에서 정한 사유에 해당하는 때에는 시장·군수등은 지정개발자[45]를 사업시행자로 지정하여 정비사업을 시행하게 할 수 있다(법률 27). 법률에서 정한 사유로는 ① 정비계획에서 정한 정비사업시행 예정일부터 2년 이내에 사업시행계획인가를 신청하지 아니하거나 사업시행계획인가를 신청한 내용이 위법 또는 부당하다고 인정되는 때(재건축사업의 경우 제외) ② 재개발사업 및 재건축사업의 조합설립을 위한 동의요건 이상에 해당하는 자가 신탁업자를 사업시행자로 지정하는 것에 동의하는 때 등이 있다.

---

43 「도시정비법」에서 토지주택공사등 이라 함은 한국토지주택공사(즉, LH공사) 또는 지방공사를 말한다.

44 주거환경개선사업을 시행하기 위하여 국가, 지방자치단체, 토지주택공사등 또는 「공공기관의 운영에 관한 법률」 제4조에 따른 공공기관이 총지분의 100분의 50을 초과하는 출자로 설립한 법인을 말한다.

45 지정개발자는 토지소유자, 「사회기반시설에 대한 민간투자법」에 따른 민관합동법인, 「자본시장과 금융투자업에 관한 법률」에 따른 신탁업자로서 대통령령이 정하는 요건을 갖춘 자를 말한다.

(6) 조합설립

시장·군수등, LH공사등 또는 지정개발자가 아닌 자가 정비사업을 시행하고자 하는 경우에는 토지등소유자로 구성된 조합을 설립하여야 한다(법률 35).

조합설립의 절차는 『토지등소유자 동의 → 추진위원회 구성 → 추진위원회 승인 → 정관 작성 → 토지등소유자 동의 → 조합설립인가 신청 → 조합설립인가 → 조합설립등기』의 순이다.

조합설립인가는 정비구역 지정·고시 후 가능하며, 조합설립인가시 재개발사업의 경우에는 토지등소유자의 4분의 3 이상 및 토지면적의 2분의 1 이상의 토지소유자의 동의를 받아야 하며, 재건축사업의 경우에는 ① 주택단지의 전체 구분소유자의 4분의 3 이상 및 토지면적의 4분의 3 이상의 토지소유자의 동의와 각 동(복리시설의 경우에는 주택단지의 복리시설 전체를 하나의 동으로 본다)별 구분소유자의 과반수 동의(공동주택의 각 동별 구분소유자가 5 이하인 경우는 제외)를 받아야 하며, ② 주택단지가 아닌 지역이 정비구역에 포함된 때에는 주택단지가 아닌 지역의 토지 또는 건축물 소유자의 4분의 3 이상 및 토지면적의 3분의 2 이상의 토지소유자의 동의를 받아야 한다.

조합은 법인으로 하며, 조합장·이사·감사를 임원으로 둔다.

(7) 시공자 선정

사업시행자의 유형에 따라 시공자 선정의 시기와 방법이 다르다. ① 조합은 조합설립인가를 받은 후 조합총회에서 경쟁입찰 또는 수의계약(2회 이상 경쟁입찰이 유찰된 경우로 한정한다)의 방법으로 건설업자 또는 등록사업자를 시공자로 선정하여야 한다. ② 토지등소유자가 재개발사업을 시행하는 경우에는 제1항에도 불구하고 사업시행계획인가를 받은 후 규약에 따라 건설업자 또는 등록사업자를 시공자로 선정하여야 한다. ③ 시장·군수등이 직접 정비사업을 시행하거나 LH공사등 또는 지정개발자를 사업시행자로 지정한 경우 사업시행자는 사업시행자 지정·고시 후 경쟁입찰 또는 수의계약의 방법으로 건설업자 또는 등록사업자를 시공자로 선정하여야 한다(법률 29).

표 5.2.13 **시공자 선정내용의 비교**

사업시행자	선정시기	선정방법
조합	조합설립인가 후	조합총회(경쟁입찰 또는 수의계약)
토지등소유자: 재개발사업	사업시행계획인가 후	규약

사업시행자	선정시기	선정방법
시장·군수등, LH공사등, 지정개발자	사업시행자 지정 후	경쟁입찰 또는 수의계약

종전 재건축사업에 있어서 시공사 선정시기가 사업시행인가 이후로 되어 있었으나, 2009. 2. 법률개정시 이를 조합설립인가 이후로 앞당겨 사업 초기의 자금 확보를 원활하게 함으로써 사업활성화를 도모하였다.

(8) 사업시행계획인가

사업시행자(사업시행자가 시장·군수등인 경우는 제외)는 정비사업을 시행하고자 하는 경우에는 사업시행계획서에 정관 등 서류를 첨부하여 시장·군수등에게 제출하고 사업시행계획인가를 받아야 한다. 사업시행계획인가는 『사업시행계획서의 동의 → 사업시행계획인가 신청 → 공람(14일 이상)과 의견청취 → 사업시행계획인가 → 고시』의 순이다(법률 50 및 56).

사업시행자(시장·군수등 또는 LH공사등은 제외)는 사업시행계획인가를 신청하기 전에 총회의 의결을 거쳐야 한다. 토지등소유자가 재개발사업을 시행하려는 경우에는 사업시행계획인가를 신청하기 전에 토지등소유자의 4분의 3 이상 및 토지면적의 2분의 1 이상의 토지소유자의 동의를 받아야 하며, 지정개발자가 정비사업을 시행하려는 경우에는 사업시행계획인가를 신청하기 전에 토지등소유자의 과반수의 동의 및 토지면적의 2분의 1 이상의 토지소유자의 동의를 받아야 한다.

사업시행계획인가는 시장·군수등이 사업시행자에 대해 일정한 절차를 거칠 것을 조건으로 하여 정비사업을 시행할 수 있는 지위 또는 권리를 부여하는 것으로, 시업시행계획인가에 의해 사업시행계획서가 확정되고, 주택건설사업계획승인·건축허가·도로점용허가 등의 다른 법률의 각종 인·허가가 의제처리 된다. 또한 사업시행계획인가의 고시가 있는 때에 「공익사업을 위한 토지 등의 취득 및 보상에 관한 법률」(약어로 공익사업법이라 한다)에 의한 사업인정고시가 있은 것으로 보므로 토지수용권이 발생하며(법률 65), 종전의 토지 또는 건축물의 평가(법률 74 ① 제5호)와 국·공유지의 평가(법률 98)는 사업시행계획인가의 고시가 있은 날을 기준으로 한다.

(9) 감정평가

정비사업에서는 다양한 목적으로 감정평가가 이루어진다. 먼저, 사업시행자는 정비구역에서 정비사업(재건축사업의 경우에는 천재지변 등으로 인해 긴급히 정비사업을 시행할 필요가 있다고 인정되는 경우에 한함)을 시행하기 위하여 필요한 경우에는 「공익사업법」의 규정에 의한 토지·물건 또는 그 밖의 권리를 수용 또는 사용할 수 있다(법률 63). 여기에는 주거환경개선사업을 매수방식으로 시행하는 경우, 관리처분방식의 정비사업에서 ① 분양신청을 하지 않는 자 등, ② 세입자가 해당된다. 수용이나 사용을 위해서는 손실보상이 있어야 하는데 이 경우 보상액 산정을 위한 감정평가를 실시한다. 둘째, 관리처분방식의 정비사업에서는 관리처분계획의 수립을 위해 ① 분양대상자별 종전의 토지 또는 건축물의 가격, ② 분양대상자별 분양예정인 대지 또는 건축물의 추산액이 산정되어야 하므로 감정평가를 실시한다.

감정평가업자의 선정방식은 정비사업의 유형이나 감정평가의 목적에 따라 상이하다.

표 5.2.14   감정평가업자 선정방식의 비교

감정평가의 목적	주거환경개선사업	재개발사업	재건축사업
관리처분계획 수립 (법률 74)	시장·군수등이 2인 이상 선정	시장·군수등이 2인 이상 선정	시장·군수등이 1인 이상 + 조합총회에서 1인 이상
매수방식에서 손실보상 (법률 65)	「공익사업법」 준용	-	-
국·공유재산의 처분 (법률 98)	규정 없음	규정 없음	규정 없음
소유자불명재산의 공탁 (법률 71)	시장·군수등이 2인 이상 선정	시장·군수등이 2인 이상 선정	시장·군수등이 1인 이상 + 조합총회에서 1인 이상

(10) 분양신청

사업시행자는 사업시행계획인가의 고시가 있은 날(사업시행계획인가 이후 시공자를 선정한 경우에는 시공자와 계약을 체결한 날)부터 120일 이내에 ① 분양대상자별 종전의 토지 또는 건축물의 명세 및 사업시행계획인가의 고시가 있은 날을 기준으로 한 가격, ② 분양대상자별 분담금의 추산액, ③ 분양신청기간 등을 토지등소유자에게 통지하고, 분양의 대상이 되는 대지 또는 건축물의 내역 등을 해당 지역에서 발간되는 일간신문에 공고하여야 한다(법률 72).

대지 또는 건축물에 대한 분양을 받고자 하는 토지등소유자는 분양신청기간에 사업시행자에게 분양신청을 하여야 한다.

(11) 관리처분계획인가

사업시행자(주거환경개선사업은 제외)는 분양신청기간이 종료된 때에는 분양신청의 현황을 기초로 ① 분양설계, ② 분양대상자의 주소 및 성명, ③ 분양대상자별 분양예정인 대지 또는 건축물의 추산액, ④ 분양대상자별 종전의 토지 또는 건축물의 명세 및 사업시행계획인가의 고시가 있은 날을 기준으로 한 가격, ⑤ 정비사업비의 추산액 및 그에 따른 조합원 부담규모 및 부담시기 등이 포함된 관리처분계획을 수립하여 시장·군수등의 인가를 받아야 한다.

관리처분계획의 인가절차는 『감정평가(종전 및 분양예정 토지·건물) → 분양신청 → 관리처분계획 수립 → 공람(30일 이상) 및 의견청취 → 조합원 총회 → 인가 신청 → 관리처분계획인가 → 고시 → 통지(분양신청을 한 자)』의 순이다.

▶ 비례율 산출 및 권리조정 절차

1) 비례율 산출: 비례율은 총수익에서 총비용을 뺀 후 종전자산의 감정평가액으로 나누어 구한 비율이다. 즉, (총 수익 − 총비용) / 종전자산의 감정평가액. 한편, 총수익에는 조합원 분양수입, 일반 분양수입 등이 있고, 총비용에는 철거비, 건축비, 각종 용역비, 보상비, 금융이자, 조합운영비 등이 있다.
2) 조합원별 권리액 산정: 조합원별 종전자산 감정평가액에 비례율을 곱하여 산정한다.
3) 권리자별 변환 및 정산: 조합원별 권리액을 기준으로 변환 및 정산한다.

---

(12) 손실보상(매도청구)

사업시행자는 관리처분계획이 인가·고시된 다음 날부터 90일 이내에 ① 분양신청을 하지 아니한 자, ② 분양신청기간 종료 이전에 분양신청을 철회한 자, ③ 법률 제72조 제6항 본문에 따라 분양신청을 할 수 없는 자, ④ 인가된 관리처분계획에 따라 분양대상에서 제외된 자와 토지, 건축물 또는 그 밖의 권리의 손실보상에 관한 협의를 하여야 한다(법률 73).

사업시행자는 제1항에 따른 협의가 성립되지 아니하면 그 기간의 만료일 다음 날부터 60일 이내에 수용재결을 신청하거나 매도청구소송(재건축사업의 경우)을 제기하여야 한다.

(13) 착공 및 일반분양

관리처분계획의 인가가 있으면 사업시행자는 공사를 시행한다. 공사시행은 『소유자 및 세입자의 이주 → 지장물의 철거 → 토지조성 → 건설』의 순이다.

한편, 사업시행자는 정비사업(주거환경개선사업은 제외)의 시행으로 조성된 대지 및 건축물을 인가된 관리처분계획에 따라 처분 또는 관리하여야 한다(법률 79). 사업시행자는 분양신청을 받은 후 잔여분이 있는 경우에는 정관등 또는 사업시행계획으로 정하는 목적을 위하여 그 잔여분을 보류지(건축물을 포함한다)로 정하거나 조합원 또는 토지등소유자 이외의 자에게 분양(이를 일반분양이라 한다)할 수 있다(법률 79 ④).

(14) 준공인가

시장·군수등이 아닌 사업시행자가 정비사업에 관한 공사를 완료한 때에는 시장·군수등의 준공인가를 받아야 한다. 준공인가신청을 받은 시장·군수등은 지체없이 준공검사를 실시하여야 하며, 준공검사를 실시한 결과 정비사업이 인가받은 사업시행계획대로 완료되었다고 인정되는 때에는 준공인가를 하고 공사의 완료를 해당 지방자치단체의 공보에 고시하여야 한다.

준공인가의 절차는 『준공인가 신청 → 준공검사 → 준공인가 → 공사완료고시』의 순이다.

(15) 이전고시 및 청산

사업시행자는 공사완료고시가 있은 때에는 지체 없이 대지확정측량을 하고 토지의 분할절차를 거쳐 관리처분계획에 정한 사항을 분양받을 자에게 통지하고 대지 또는 건축물의 소유권을 이전하여야 하며, 소유권을 이전하려는 때에는 그 내용을 해당 지방자치단체의 공보에 고시한 후 이를 시장·군수등에게 보고하여야 한다(법률 86).

▶ (구)「도시재개발법」상의 '분양처분'이란 용어가 '이전고시'로 변경되었는데, 이는 분양처분의 법적 효과가 통지에 의해 발생하는 것이 아니라 고시에 의해 발생하는 점을 명확히 한 것이다. 이전고시도 관리처분계획과 같이 법적 효과는 고시에 의해 발생하지만 별도의 인가를 요하지 않는 것은 분양처분이 관리처분의 내용대로 결정되기 때문이다.
　　한편, 「도시개발법」에서는 환지방식의 도시개발사업에 대해 '환지처분'이란 용어를 쓴다. 환지처분은 환지방식의 도시개발사업에서 준공검사를 받은 경우 사업시행자가 환지계획에 따라 종전의 토지에 갈음하여 새로운 토지를 교부하고 교부한 토지에 종전의 권리를 이전시키는 것을 말한다. 환지처분을 하려는 경우 환지계획에서 정한 사항을 토지소유자에게 알리고 이를 관보 또는 공보에 공고하여야 한다.

대지 또는 건축물을 분양받은 자가 종전에 소유하고 있던 토지 또는 건축물의 가격과 분양받은 대지 또는 건축물의 가격 사이에 차이가 있는 경우에는 사업시행자는 이전고시가 있은 후에 그 차액에 상당하는 금액(즉, 청산금)을 분양받은 자로부터 징수하거나 분양받은 자에게 지급하여야 한다(법률 89).

청산금은 분양권리가액에서 종전권리가액을 차감한 금액이다(즉, 분양권리가액 - 종전권리가액). 따라서 청산금의 실질은 시행자가 징수하는 경우에는 부당이득반환금이고,

시행자가 교부하는 경우에는 손실보상금이다.

③ 토지개발사업

1) 토지개발사업의 개념

토지개발사업은 종합적인 개발사업으로서 신개발에 속한다. 여기에는 도시개발사업, 택지개발사업, 대지조성사업 및 산업단지개발사업 등이 포함된다.

(1) 도시개발사업

도시개발구역에서 주거·상업·산업·유통·정보통신·생태·문화·보건 및 복지 등의 기능이 있는 단지 또는 시가지를 조성하기 위하여 시행하는 사업을 말한다(도시개발법 2). 토지의 취득방식은 매수방식·환지방식·혼합방식이 있다.

(2) 택지개발사업

일단의 토지를 활용하여 주택건설 및 주거생활이 가능한 택지를 조성하는 사업을 말한다(택지개발촉진법 2). 토지의 취득은 매수방식이다.

(3) 대지조성사업

「주택법」에 근거한 1만㎡ 이상 규모의 주택(단독주택 또는 공동주택)지 개발사업을 말하며, 토지의 취득은 매수방식이다.

(4) 산업단지개발사업

산업단지를 조성하기 위하여 시행하는 용지조성사업 및 건축사업 등을 말한다(산업입지법 2). 토지의 취득은 매수방식이다.

한편, 산업단지는 ① 국가산업단지: 국가기간산업, 첨단과학기술산업 등을 육성하거나 개발 촉진이 필요한 낙후지역이나 둘 이상의 특별시·광역시·특별자치시 또는 도에 걸쳐 있는 지역을 산업단지로 개발하기 위하여 지정된 산업단지, ② 일반산업단지: 산업의 적정한 지방 분산을 촉진하고 지역경제의 활성화를 위하여 지정된 산업단지, ③ 도시첨단산업단지: 지식산업·문화산업·정보통신산업, 그 밖의 첨단산업의 육성과 개발 촉진을 위하여 「국토계획법」에 따른 도시지역에 지정된 산업단지, ④ 농공단지(農工團地): 농어촌지역에 농어민의 소득 증대를 위한 산업을 유치·육성하기 위하여 지정된 산업단지로 구분된다.

2) 도시개발사업의 절차: 「도시개발법」

(1) 도시개발구역 지정

도시개발구역은 도시개발사업을 시행하기 위하여 시·도지사가 지정·고시한 구역을 말한다. 도시개발구역으로 지정할 수 있는 규모는 주거지역 및 상업지역: 1만㎡ 이상, 공업지역: 3만㎡ 이상, 자연녹지지역: 1만㎡ 이상, 생산녹지지역(생산녹지지역이 도시개발구역 지정면적의 100분의 30 이하인 경우만 해당): 1만㎡ 이상, 도시지역외의 지역: 30만㎡ 이상이다. 도시개발구역을 둘 이상의 사업시행지구로 분할하거나 서로 떨어진 둘 이상의 지역을 결합하여 하나의 도시개발구역으로 지정할 수 있다.

도시개발구역의 지정절차는 『① 기초조사 → ② 의견청취: 주민의 의견청취 또는 공청회 → ③ 협의 및 심의: 관계행정기관의 장과 협의 및 도시계획위원회의 심의 → ④ 고시 및 공람: 관보 또는 공보에 고시하고 일반에게 공람』의 순이다.

도시개발구역이 지정·고시된 경우 해당 도시개발구역은 「국토계획법」에 따른 도시지역과 대통령령으로 정하는 지구단위계획구역으로 결정되어 고시된 것으로 본다(법 9).

(2) 개발계획의 수립

도시개발구역을 지정하는 자(이하 지정권자라 한다)는 도시개발구역을 지정하고자 할 때에는 동시에 도시개발사업의 계획(이하 개발계획이라 한다)을 수립하여야 한다. 다만, 개발계획을 공모하거나 ① 자연녹지지역, 생산녹지지역, 도시지역 외의 지역, ② 국토교통부장관이 국가균형발전을 위하여 관계 중앙행정기관의 장과 협의하여 도시개발구역으로 지정하려는 지역(자연환경보전지역은 제외한다), ③ 해당 도시개발구역에 포함되는 주거지역·상업지역·공업지역의 면적의 합계가 전체 도시개발구역 지정 면적의 30% 이하인 지역에 도시개발구역을 지정할 때에는 도시개발구역을 지정한 후에 개발계획을 수립할 수 있다(개발계획의 단계적 수립).

지정권자는 환지방식의 도시개발사업에 대한 개발계획을 수립하려면 환지방식이 적용되는 지역의 토지면적의 3분의 2 이상에 해당하는 토지소유자와 그 지역의 토지소유자 총수의 2분의 1 이상의 동의를 얻어야 한다(법률 4).

(3) 시행자 지정

도시개발사업의 시행자는 국가나 지방자치단체, 공공기관·지방공사, 도시개발사업조합, 부동산투자회사 등 중에서 지정권자가 지정한다(법률 11).

한편, 환지방식으로 시행하는 경우 조합을 설립하고자 하는 때에는 도시개발구역의 토지소유자 7인 이상이 정관을 작성하여 지정권자에게 조합설립의 인가를 받아야 한다. 조합설립의 인가를 신청하고자 하는 때에는 해당 도시개발구역의 토지면적의 3분의 2 이상에 해당하는 토지소유자와 그 지역의 토지소유자 총수의 2분의 1 이상의 동의를 받아야 한다(법 13).

2) 토지부담률(또는 감보율): 환지계획구역의 토지소유자가 도시개발사업을 위하여 부담하는 토지의 비율을 말한다. 주택밀집지역 등 토지의 이용도가 높은 지역과 저지대·임야 등 토지의 이용도가 낮은 지역에 대해서는 토지부담률을 차등하여 산정하되, 평균 토지부담률은 50%를 초과할 수 없다. 토지부담률은 [(보류지 면적 - 시행자에게 무상 귀속되는 공공시설 면적) / (환지계획구역 면적 - 시행자에게 무상 귀속되는 공공시설 면적)]× 100으로 산정한다.

3) 집단환지: 시행자는 토지이용계획상 집합건축물(예: 공동주택 등)을 건축할 수 있는 용도로 계획된 토지에 대해서는 규약·정관 또는 시행규정으로 정하는 바에 따라 토지소유자의 신청을 받아 집단으로 환지를 지정할 수 있다(도시개발법규칙 제27조 ⑥). 신청한 면적이 인구수용계획상의 면적을 초과하는 경우에는 추첨의 방식에 의하여 집단환지대상자를 선정할 수 있다(도시개발업무지침 4-3-3).

4) 입체환지: 환지의 목적인 토지에 갈음하여 토지 또는 건축물소유자의 신청을 받아 건축물의 일부와 그 건축물이 있는 토지의 공유지분을 부여하는 것을 말하며(도시개발법 제32조), 평면환지에 대응하는 개념이다.

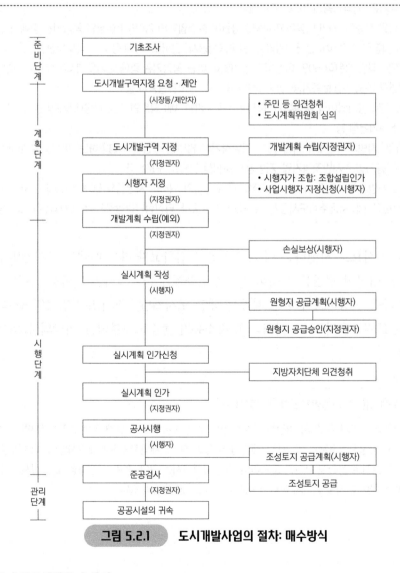

그림 5.2.1　도시개발사업의 절차: 매수방식

(4) 실시계획 작성

시행자는 지구단위계획이 포함된 도시개발사업에 관한 실시계획을 작성하여야 한다. 시행자(지정권자가 시행자인 경우는 제외)는 작성된 실시계획에 관하여 지정권자의 인가를 받아야 한다(법률 17).

지정권자가 실시계획을 작성하거나 인가한 경우에는 이를 관보나 공보에 고시하여야 한다(법률 18). 실시계획을 고시한 경우에는 「농지법」에 따른 농지전용의 허가·「산지관리법」에 따른 산지전용허가·「주택법」에 따른 사업계획의 승인 등 다양한 관계 법률에 따른 인·허가등의 고시나 공고를 한 것으로 본다(법률 19).

(5) 손실보상

개발계획의 내용에 포함된 수용 또는 사용의 대상이 되는 토지 등의 세부목록이 고시된 경우에는 「공익사업법」의 규정에 의한 사업인정 및 그 고시가 있었던 것으로 보며, 토지 및 지장물에 대한 손실보상은 「공익사업법」을 준용한다. 따라서 개발계획의 고시가 있으면 토지 및 지장물에 대한 손실보상을 하고, 시행자가 사업 부지를 확보(즉, 소유권취득 및 점유)하여야 한다.

(6) 착공 및 준공검사

시행자는 사업 부지를 확보한 후 공사를 시행한다. 착공은 먼저 지장물을 철거한 후 토지조성공사를 한다. 토지조성공사에는 시행자(지정권자가 시행자인 경우는 제외)가 도시개발사업의 공사를 완료한 때에는 공사완료보고서를 작성하여 지정권자의 준공검사를 받아야 한다.

표 5.2.15 **도시개발사업과 택지개발사업의 비교**

구분	도시개발사업	택지개발사업
근거법률	도시개발법	택지개발촉진법
의의	도시개발구역 안에서 주거·상업·산업·유통·정보통신·생태·문화·보건 및 복지 등의 기능이 있는 단지 또는 시가지를 조성하기 위하여 시행하는 사업	일단(一團)의 토지를 활용하여 주택건설 및 주거생활이 가능한 택지를 조성하는 사업
대상지역	제한 없음	도시지역과 그 주변지역
상위계획	도시·군기본계획	주택종합계획

구분	도시개발사업	택지개발사업
개발 용도	주거·상업·산업·문화 등 다양	주거 중심
구역(지구) 명칭	도시개발구역	택지개발지구
구역(지구) 지정권자	시·도지사, 대도시시장 또는 국토부장관	시·도지사, 국토부장관
심의기관	도시계획위원회	주거정책심의위원회
구역(지구) 지정규모	• 주거지역·상업지역: 1만㎡ 이상 • 공업지역: 3만㎡ 이상 • 자연녹지지역·생산녹지지역: 1만㎡ 이상 • 도시지역외의 지역 : 30만㎡ 이상	제한 없음
시행 방식	매수방식, 환지방식, 혼용방식	매수방식
사업 시행자	공공, 공공 + 민간, 민간	공공, 공공 + 민간, (민간 단독 불가)
임대주택 건설용지 확보	공동주택용지의 25% 이상 확보 (지침 2-8-5-3)	임대주택건설용지의 합이 공동주택건설호수의 40% 이상을 건설할 수 있는 면적 확보
임대주택 건설용지 분양	감정평가액의 80~90% (도시개발법령 43-4)	• 60㎡ 이하 용지: 조성원가의 60% • 60~85㎡ 용지: 조성원가의 60~85% • 85㎡ 초과 용지: 감정평가액

▶ 택지개발사업을 도시개발사업으로 변경: 부산시는 "기장군 일광지구의 택지개발사업을 도시개발사업으로 변경해 달라고 국토해양부에 건의했다"고 밝혔다. 부산시에 따르면 택지개발사업은 공동주택 가운데 임대주택비율이 40% 이상, 전체 부지 가운데 녹지비율이 25.4% 이상인데다 택지분양도 토지소유권을 50% 이상 확보한 뒤 할 수 있어 공공성은 높으나 수익성이 떨어지는데 비해 도시개발사업은 임대주택 비율이 25% 이상, 녹지비율이 20.7% 이상이고, 토지소유권을 25% 이상 확보하면 분양을 할 수 있어 공공성은 떨어지지만 수익성이 높다는 것. 따라서 부산시는 수익성이 낮아 추진이 어렵게 된 택지개발사업을 포기하고 수익성이 높은 도시개발사업으로 방향을 바꿔 개발에 나선 것이다(부산일보, 2013. 01. 30. 참조).

4 건축물개발사업

1) 주택건설사업

(1) 주택건설사업의 개념

주택건설사업은 좁은 의미로 「주택법」의 적용을 받는 주택건설사업을 말한다. 「주택법」에서는 연간 단독주택 20호 이상 또는 공동주택 20세대(다만, 도시형 생활주택은 30세대) 이상의 주택건설사업을 시행하려는 자는 원칙적으로 국토부장관에게 등록하도록 규정하고 있다(제4조). 이 규정에 따라 등록한 자를 등록사업자라 한다.

여기서 일반아파트와 주상복합아파트를 비교하면 다음의 표와 같다.

표 5.2.16 **일반아파트와 주상복합아파트의 비교**

구분		일반아파트	주상복합아파트
주택건설	법률	주택법	건축법 또는 주택법 [46]
	적용대상	30세대 이상	• 300세대 미만 + 주택의 연면적비율이 90% 미만: 건축법 적용 • 그 이외의 경우: 주택법 적용
	인·허가	사업계획승인	• 주택법: 사업계획승인, 건축법: 건축허가
용도		아파트	아파트·상가
용도지역		일반주거지역	상업지역·준주거지역
용적률		300% 이하	주로 400~1,200%
건축형태		주로 판상형	주로 탑상형
주택공급	법률	주택법	• 사업계획승인 받은 경우: 주택법 • 건축허가 받은 경우: 건축물분양법[47] (주택 외의 용도 바닥면적 합계가 3천㎡ 이상)
	인·허가	입주자모집 승인	• 주택법: 입주자모집 승인 • 건축물분양법: 분양신고

---

46 ① 준주거지역 또는 상업지역(유통상업지역은 제외)에서 300세대 미만의 주택과 주택 외의 시설을 동일 건축물로 건축하고, ② 건축물의 연면적에서 주택의 연면적이 차지하는 비율이 90% 미만인 경우 「주택법」상 사업계획승인의 대상이 아니므로(주택법 시행령 24 ④) 「건축법」이 적용된다.

47 「건축물의 분양에 관한 법률」의 약어이다.

구분	일반아파트	주상복합아파트
전용면적비율	주로 80% 이상	주로 80% 미만
대지권비율	주상복합에 비해 높음	아파트에 비해 낮음
복리시설	주로 법령상의 최소한 설치	다양한 복리시설 설치
부가가치세	전용면적 85㎡ 초과시 부과	좌동
발코니 설치	필수	선택

(2) 주택건설사업의 절차

등록사업자에 의한 주택건설사업은 통상 『부지 확보 → 주택 설계 → 사업계획승인 → 착공 → 입주자모집승인 → 사전방문 → 사용검사 및 입주』의 단계를 거친다.

먼저, 사업계획승인을 받아 건설되는 주택(부대시설과 복리시설을 포함)을 설계하는 자는 대통령령으로 정하는 설계도서 작성기준에 맞게 설계하여야 한다.

둘째, 사업계획승인권자의 사업계획승인을 받아야 한다. 단독주택 30호(한옥의 경우 50호) 이상 또는 공동주택 30세대 이상의 주택건설사업을 시행하려는 자(이를 사업주체라 한다)는 사업계획승인권자의 승인을 받아야 한다. 여기서 사업계획승인권자는 ① 해당 대지면적이 10만 ㎡ 이상인 경우: 시·도지사 또는 대도시시장, ② 해당 대지면적이 10만 ㎡ 미만인 경우: 특별시장·광역시장·특별자치시장·특별자치도지사 또는 시장·군수이다(주택법 15). 사업계획승인을 신청하는 경우 원칙적으로 주택건설대지의 소유권을 확보하여야 하며, ① 사업주체가 공공인 경우, ② 소유권을 확보하지 못했으나 사용권원을 확보한 경우, ③ 지구단위계획의 결정이 필요한 주택건설 대지면적의 80% 이상 사용권원을 확보하고 확보하지 못한 대지가 매도청구의 대상이 되는 경우 등은 예외이다.

셋째, 사업주체는 원칙적으로 사업계획승인을 받은 날부터 5년 이내에 공사를 시작하여야 하며, 공사를 시작하려는 경우 사업계획승인권자에게 신고하여야 한다(제16조).

넷째, 사업주체(공공주택사업자는 제외)가 입주자를 모집하려는 경우에는 「주택공급에 관한 규칙」(약어로 주택공급규칙이라 한다)이 정하는 바에 따라 시장·군수·구청장의 승인(복리시설의 경우에는 신고를 말한다)을 받아야 한다. 「주택공급규칙」에서는 주택 및 복리시설을 공급하는 조건·방법 및 절차 등에 관한 사항에 대해 상세하게 규정하고 있다.

다섯째, 사업주체는 사용검사를 받기 전에 입주예정자가 해당 주택을 방문하여 공사 상태를 미리 점검(이를 "사전방문"이라 한다)할 수 있게 하여야 한다. 입주예정자는 사전방문 결과 하자가 있다고 판단하는 경우 사업주체에게 보수공사 등 적절한 조치를 해줄 것을 요청할 수 있다.

여섯째, 사업주체는 사업계획승인을 받아 시행하는 주택건설사업을 완료한 경우에는 주택 에 대하여 시장·군수·구청장(국가 또는 한국토지주택공사가 사업주체인 경우와 대통령령으로 정하는 경우에는 국토부장관을 말함)의 사용검사를 받아야 한다. 사업주체 또는 입주예정자는 사용검사를 받은 후가 아니면 주택을 사용하게 하거나 이를 사용할 수 없다. 다만, 사용검사권자의 임시 사용승인을 받은 경우에는 예외이다(제49조).

2) 주택조합제도

(1) 주택조합제도의 개념

주택조합은 다수의 구성원이 주택을 건설하거나 리모델링하기 위하여 결성하는 조합으로서 지역주택조합, 직장주택조합, 리모델링주택조합이 있다. 지역주택조합과 직장주택조합은 구성원의 주택 마련을 위해 결성하며 조합원은 무주택이거나 국민주택규모 이하의 주택 1채를 소유한 세대주이어야 한다. 리모델링주택조합은 공동주택의 소유자(복리시설을 함께 리모델링하는 경우 복리시설의 소유자 포함)가 리모델링하기 위하여 결성하는 조합이다.

지역·직장주택조합의 경우 조합원에게 입주자저축의 가입여부와 상관없이 주택을 공급하고 분양가[48]가 일반분양주택보다 저렴한 장점이 있다. 반면, 조합원의 자격요건이 있으며 조합원간 갈등이 있을 수 있고 대규모 단지 개발이 어려운 단점이 있다.

(2) 조합원의 자격

① 지역주택조합: 조합설립인가신청일부터 해당 조합주택의 입주가능일까지 주택을 소유하지 아니하거나 주거전용면적 85㎡ 이하의 주택 1채를 소유한 세대주로서 조합설립인가신청일 현재 법령에서 정한 동일한 생활권[49]에 6개월 이상 거주하여 온 자

② 직장주택조합: 조합설립인가신청일부터 해당 조합주택의 입주가능일까지 주택을 소유하지 아니하거나 주거전용면적 85㎡ 이하의 주택 1채를 소유한 세대주로서 조합

---

48 지역·직장주택조합의 경우 토지관련 금융비용, 분양마케팅 비용, 시행사 이익금 등의 부대비용을 줄일 수 있어 상대적으로 분양가가 저렴할 수 있다.

49 생활권의 광역화 등 정주패턴의 변화에 따라 2013. 08. 개정 시 지역주택조합 조합원 거주요건을 특별시·광역시·특별자치시·특별자치도·도 단위의 동일한 생활권 거주로 완화하였다. 생활권은 ① 서울특별시·인천광 역시 및 경기도, ② 대전광역시·충청남도 및 세종특별자치시, ③ 충청북도, ④ 광주광역시 및 전라남도, ⑤ 전라북도, ⑥ 대구광역시 및 경상북도, ⑦ 부산광역시·울산광역시 및 경상남도, ⑧ 강원도, ⑨ 제주특별자치도 등 9개로 구분하였다(주택법 2).

설립인가신청일 현재 동일한 특별시·광역시·특별자치시·특별자치도·시 또는 군(광역시의 관할구역에 있는 군은 제외)에 소재하는 동일한 국가기관·지방자치단체·법인에 근무하는 자

지역·직장주택조합은 그 설립인가를 받은 후에는 해당 조합원을 교체하거나 신규로 가입하게 할 수 없다. 다만, 조합원 수가 주택건설 예정 세대수를 초과하지 아니하는 범위에서 시장·군수·구청장으로부터 조합원 추가모집의 승인을 받은 경우와 조합원의 사망·조합원의 탈퇴·조합원의 자격 상실 등 법령에서 정한 사유로 결원이 발생한 범위에서 충원하는 경우에는 그러하지 아니하다(주택법령 22).

(3) 주택조합에 의한 주택건설사업의 절차

주택조합에 의한 주택건설사업은 통상 『부지 선정 → 조합원모집 신고 → 조합설립인가(시장·군수·구청장) → 주택건설사업자 선정 → 주택 설계 → 사업계획승인 → 착공 → 사전방문 → 사용검사 및 입주 → 청산 및 조합해산』의 단계를 거친다.

먼저, 주택을 마련하기 위한 주택조합의 설립인가를 받기 위해 조합원을 모집하려는 자는 해당 주택건설대지의 50% 이상에 해당하는 토지의 사용권원을 확보하여 관할 시장·군수·구청장에게 신고하고, 공개모집의 방법으로 조합원을 모집하여야 한다.

둘째, 주택조합을 설립하려는 경우 해당 주택건설대지를 관할하는 시장·군수·구청장의 인가를 받아야 한다. 이 경우 인가신청서에 조합규약·조합원 명부·창립총회 회의록·사업계획서 등 구비서류와 해당 주택건설대지의 80% 이상의 토지사용승낙서를 첨부하여야 한다. 조합원은 주택건설 예정 세대수의 50% 이상으로 구성하되, 20명 이상이어야 한다(주택법령 20 ⑦).

셋째, 주택조합은 설립인가를 받은 날부터 2년 이내에 사업계획승인권자에게 사업계획승인을 신청하여야 한다. 사업계획승인을 신청하는 경우 주택조합은 해당 주택건설대지의 95% 이상의 소유권을 확보하여야 하며, 사업계획승인을 받은 후에 권원을 확보하지 못한 대지에 대해 매도청구가 가능하다.

표 5.2.17 일반분양 아파트와 주택조합 아파트의 비교

구분	일반분양 아파트	주택조합 아파트
법 률	주택법	주택법
사업주체	주택건설사업자	주택조합 + 주택건설사업자

구분	일반분양 아파트	주택조합 아파트
사업절차	부지 확보 → 주택 설계 → 사업계획승인 → 착공 → 입주자모집 승인 → 사전방문 → 사용검사 및 입주	부지 선정 → 조합원모집 신고 → 조합설립인가 → 주택건설사업자 선정 → 주택 설계 → 사업계획승인 → 착공 → 사전방문 → 사용검사 및 입주 → 청산 및 조합해산
사업계획승인	사업부지의 80% 이상 사용권원 확보 필요	사업부지의 95% 이상 소유권 확보 필요
대금 지급	분양승인 이후부터 분할납부	사업계획승인 이전부터 분할납부
매도청구	가능	가능
입주자저축	필요	불필요
주택 규모	제한 없음	전용면적 85㎡ 이하(일반분양분은 예외)[50]
동·호수 선정	추첨	우선 선택 가능
장점	• 분양가 확정(추가 분담금 없음) • 입주시기 확정 • 사업의 위험이 상대적으로 작음 • 대규모 단지 개발 가능	• 입주자저축 불필요 • 분양가 상대적으로 저렴 • 동·호수 우선 선택 가능 • 일가친지와 함께 분양 용이
단점	• 입주자저축 가입해야 분양 가능 • 분양가 상대적으로 고가 • 동·호수 우선 선택 불가 • 일가친지와 함께 분양 곤란	• 조합원 자격요건 충족해야 분양 가능 • 추가 분담금 발생 가능성(사업 지연 등 사유) • 사업의 위험이 상대적으로 큼 • 대규모 단지 개발 곤란

3) 리모델링

(1) 리모델링의 개념

「주택법」상 리모델링이라 함은 공동주택에 있어 건축물의 노후화 억제 또는 기능향상 등을 위한 다음 각 목의 어느 하나에 해당하는 행위를 말한다.

① 대수선

② 「주택법」에 따른 사용검사일 또는 「건축법」에 따른 사용승인일부터 15년(15년 이상 20년 미만의 연수 중 특별시·광역시·도 또는 특별자치도의 조례가 정하는 경우 그 연수)이 경과된 공동주택을 각 세대의 주거전용면적의 30% 이내에서 증축하는 행위

③ 위 2항에 따른 각 세대의 증축가능 면적을 합산한 면적의 범위에서 기존 세대수의 15% 이내에서 세대수를 증가하는 증축 행위(이를 세대수 증가형 리모델링이라 한다).

---

50 「주택조합 등에 대한 주택규모별 공급비율에 관한 지침」 참조

다만, 수직으로 증축하는 행위(이를 수직증축형 리모델링이라 한다)는 다음 요건을 모두 충족하는 경우로 한정한다.

- 최대 3개층 이하로서 대통령령으로 정하는 범위에서 증축할 것
- 리모델링 대상 건축물의 구조도 보유 등 대통령령으로 정하는 요건을 갖출 것

리모델링은 ① 공동주택의 입주자·사용자 또는 관리주체, ② 리모델링주택조합, ③ 입주자대표회의가 시장·군수·구청장의 허가(이를 행위허가라 한다)를 받아 할 수 있다. 행위허가를 받기위해서는 공동주택의 입주자·사용자·관리주체의 경우에는 입주자 전체의 동의를 받아야 하고, 입주자대표회의의 경우 소유자 전원의 동의를 받아야 한다. 리모델링주택조합이 행위허가를 받기위해서는 ① 주택단지 전체를 리모델링하고자 하는 경우에는 주택단지 전체 구분소유자 및 의결권의 각 75% 이상의 동의와 각 동별 구분소유자 및 의결권의 각 50% 이상의 동의를 받아야 하며, ② 각 동을 리모델링하는 경우에는 그 동의 구분소유자 및 의결권의 각 75% 이상의 동의를 받아야 한다(주택법령 75).

표 5.2.18 리모델링사업과 재건축사업의 비교

구분	리모델링사업	재건축사업
법률	주택법	도시정비법
목적	건축물의 노후화 억제 또는 기능 향상 등	주거환경의 개선
건축	대수선 또는 증축	신축
공사범위	부분철거 → 리모델링	전면철거 → 신축
호수	대부분 동일(증가도 가능)	대부분 증가(동일한 경우는 1:1재건축)
대상	안전진단을 거쳐 구조가 안전해야	재건축진단을 거쳐 구조의 안전이 위험해야
대상지역	제한 없음	정비구역
사업시행	주택단지 전체뿐 아니라 각 동별로도 가능	주택단지 전체만 가능
사업 시행자	관리주체, 조합, 입주자대표회의	조합, 조합+시장·군수등(또는 LH공사 등)
추진위 구성	임의	필수
조합설립 인가요건	• 주택단지 전체 사업시: 전체 구분 소유자 및 의결권의 각 2/3 이상 결의 + 각 동별 구분소유자 및 의결권의 각 과반수 결의 • 동별 사업시: 그 동의 구분소유자 및 의결권의 각 2/3 이상 결의(법률 11 ③)	• 주택단지: 전체 구분소유자 3/4 이상 및 토지면적 3/4 이상 동의 + 각 동별 구분소유자의 과반수 동의 • 주택단지 외: 토지 또는 건축물 소유자 3/4 이상 및 토지면적 2/3 이상 동의

구분	리모델링사업	재건축사업
사업절차 (조합시)	(추진위원회 구성) → 안전진단 → 조합설립 → 시공사 선정 → 행위허가 → 착공 → 사용검사 → 입주	정비구역 지정 → 추진위원회 구성 →조합설립 → 시공자 선정 → 재건축진단 →사업시행계획 인가 → 관리처분계획인가 → 착공 → 준공인가 → 입주·이전고시 및 청산
매도청구	가능(조합의 경우)	가능
초과이익 환수	없음	환수

(2) 리모델링의 절차: 리모델링주택조합의 경우

리모델링주택조합에 의한 리모델링사업은 통상 『(추진위원회 구성) → 안전진단 → 리모델링주택조합 설립인가(시장·군수·구청장) → 시공사 선정 → 행위허가(시장·군수·구청장) → 착공 → 사용검사 → 입주』의 단계를 거쳐 진행된다.

한편, 수직증축형 리모델링의 경우에는 추가로 안전성 검토를 거쳐야 하며, 세대수가 증가되는 리모델링의 경우에는 사업계획승인 또는 행위허가 전에 권리변동계획을 수립하여야 한다(법률 67). 여기서 사업계획승인은 증가하는 세대수가 30세대 이상인 경우 행위허가 대신에 받아야 한다(법령 27 참조).

부동산관리론

 제1절 | 부동산관리의 의의

① 부동산관리의 의의

1) 부동산관리의 개념

부동산관리(real estate management)는 소유자의 목적에 따라 행하는 부동산의 보전·개량 및 운용에 관한 일체의 활동을 말한다. 세부적으로 보전활동은 부동산의 본래 상태를 보전하여 그 유용성을 계속 유지시키는 활동을 말하고, 개량활동은 부동산의 기능적·법적 하자를 치유함으로써 그 유용성을 증대시키는 활동을 말하며, 운용활동은 부동산의 용도에 따라 사용·수익하는 활동을 말한다. 또한, 부동산관리의 목적에는 수익의 극대화, 이용상의 편의증진, 물리적 보전 등 다양할 수 있다.

부동산관리는 부동산 보유단계에서의 활동에 중점을 두는 점에서 부동산의 취득·보유·처분단계 등 광범위한 분야에서 행하는 자문활동인 부동산컨설팅과 구별된다. 또한, 부동산관리는 부동산의 속성을 변화시키지 않고 행하는 활동이라는 점에서 부동산의 속성을 변화시키는 활동인 부동산개발과 구별된다.

한편, 국토의 효율적 이용과 환경보전, 국토의 균형개발과 부동산가격의 안정 등과 같은 공익추구를 위한 정부의 부동산활동도 넓게는 부동산관리라 할 수 있으나, 이는 일반적으로 부동산정책이라 한다. 다만, 정부소유의 부동산에 대한 보전·개량 및 운용은 부동산관리에 속한다.

2) 부동산관리의 필요성

먼저, 건축기술의 발전이다. 우리나라는 1960년대 이후 공동주택이 증가하기 시작했고, 고도경제성장으로 고층빌딩이 건설되기 시작했다. 건축물의 고층화 및 대형화에 따라 전문적인 부동산관리의 필요성이 대두되어 전문관리회사가 등장하게 되었다.

둘째, 저성장시대의 도래이다. 과거 높은 경제성장률과 고금리시대에는 부동산의 가격이 지속적으로 상승하여 특별한 부동산관리가 없어도 높은 자본이득의 실현이 가능했다. 그러나 1997년 발생한 외환위기 이후 부동산가격의 급격한 하락을 경험하였고, 저성장·저금리시대가 지속되면서 철저한 부동산관리를 통해 소득수익을 추구하는 방향으로 전환되었다.

셋째, 집합투자의 활성화이다. 1997년 발생한 외환위기 이후 부동산시장의 회복 및 부동산투자기회의 확대 등을 위해 정부는 집합투자의 활성화를 도모하고 있다. 여기에는 「부동산투자회사법」상의 부동산투자회사(REITs)와 「자본시장과 금융투자업에 관한 법률」(약어로 자본시장법이라 한다)상의 집합투자기구가 대표적이다. 집합투자는 다수의 투자자로부터 자금을 모아 투자대상자산에 투자한 후 그 손익을 투자자에게 배분하는 것이므로 부동산에 투자하는 경우 투자부동산의 전문적인 관리가 매우 중요하다.

넷째, 부동산소유자의 요구이다. 부동산관련 제도의 복잡과 잦은 변경, 건물의 공실 증가와 수익률의 하락, 전문적인 관리를 선호하는 소유자의 인식 변화 등으로 인해 체계적인 부동산관리에 관한 부동산소유자의 요구가 늘어나고 있다.

3) 부동산관리업의 연혁

1981. 4. (구)「주택건설촉진법」 개정시 주택관리인 면허제도를 도입하여 공동주택의 관리를 업으로 하려는 자는 건설부장관으로부터 주택관리인의 면허를 받도록 하였으며(법률 38), 1987. 12. 개정 시 주택관리인을 주택관리업으로 변경하였고, 공동주택을 보다 전문적이고 계획적으로 관리하기 위해 주택관리사제도를 신설하였다(법률 39-3).

또한, 1인~2인 가구의 증가, 고령화 및 주택시장의 안정 등으로 임대주택의 수요가 대폭 증가하여 임대주택분야에 특화된 종합서비스를 제공하는 것이 필요하여 2013. 8. 「주택법」을 개정하여 주택임대관리업을 도입하였다. 2015. 8. (구)「임대주택법」을 전부개정하여 「민간임대주택에 관한 특별법」(약어로 민간임대주택법이라 한다)을 제정하면서 주택임대관리업에 관한 내용을 이관하였다.

2 부동산관리의 분류

1) 영역에 따른 분류

(1) 기술적 관리

부동산의 기술적 관리는 부동산에 대한 물리적·기능적 하자의 발생에 따른 기술적인 조치뿐 아니라 이에 대한 예방활동으로서 기술적으로 유지·보수·개량하는 행위를 말한다. 기술적 관리를 통해 부동산의 현상보전, 편의증진, 가치증대 등이 가능하다.

(2) 법적 관리

부동산에 대한 행정적·법적인 면에서의 관리를 의미하며, 부동산의 소유권과 경제적 가치를 보호하기 위하여 법적인 제반 조치를 하는 것을 말한다.

법적 관리에는 부동산의 취득·보유·처분과 관련된 권리분석(權利分析)이나 각종 당사자와의 계약관리(契約管理)가 포함된다.

(3) 경제적 관리

경제적 관리란 부동산을 운용하여 순수익이 최대가 되도록 하는 것을 말하며, 경영관리라고도 한다. 경제적 관리에는 재무관리 뿐 아니라 마케팅도 포함된다.

경제적 관리는 특히 수익형 부동산에서 중요하다. 부동산의 가치수준에 비해 발생하는 순수익이 작다면 경제적 하자로 인정하고 합리적인 대책을 강구하여야 할 것이다.

2) 내용에 따른 분류

부동산관리는 그 내용에 따라 유지관리·운용관리·자산관리 등으로 구분할 수 있다. 부동산관리의 목표는 시대에 따라 유지관리 → 운용관리 → 자산관리로 발전해 왔다.

(1) 유지관리

유지관리(maintenance management)는 부동산의 기능과 경제적 가치를 보전하고 이용자의 편의를 위해 일상적으로 행하는 유지·보수·개량활동을 말하며, 소유자나 이용자의 요구에 단순히 부응하는 정도의 소극적 관리를 의미한다. 유지관리에는 다음의 내용이 포함된다.

① 설비관리: 부동산의 기능을 충분히 발휘할 수 있도록 부동산 내 각종 설비를 관리하

는 것을 말한다. 여기에는 설비의 운전·보수·정비·개량 등이 포함된다. 설비에는 급배수 및 위생설비(급수설비, 배수설비, 위생기구설비, 가스설비 등), 공기조화설비(환기설비, 냉난방설비 등), 전기 및 통신설비(변전설비, 발전설비, 조명설비, 안테나설비, 피뢰침설비, 전화설비 등), 소화설비(옥내소화전설비, 스프링클러설비, 화재경보설비 등), 승강 및 운송설비(엘리베이터, 에스컬레이터, 이동보도, 리프트 등) 등이 있다.

② 주차관리: 주차를 효율적으로 하기 위하여 관리하는 것을 말한다. 여기에는 주차장 또는 주차시설 관리, 주차요금 관리, 주차정보 제공 등이 포함된다.

③ 안전관리: 방화, 방범 기타 안전대책을 확보하기 위하여 행하는 관리이다. 인명과 재산을 보호하기 위해 부동산 자체가 가지고 있는 여러 가지 위험요소를 감소 내지 제거하는 것을 말한다. 여기에는 화재대책, 풍수해대책, 경비대책 등이 포함된다.

④ 위생관리: 부동산의 미관유지와 쾌적한 환경조성을 위한 관리가 위생관리이다. 여기에는 공기환경의 관리, 청소관리, 해충대책 등이 포함된다.

(2) 운용관리

운용관리(operation management)는 부동산공간의 운용에 중점을 두는 기술적·경제적·법적 측면의 관리활동이다. 부동산의 기능을 유지·개량하는 유지관리를 포함하며, 경제적인 측면에서 부동산의 유용성을 극대화하고 순수익을 최대화하는 활동이 포함된다. 또한 법적인 측면에서 각종 당사자와의 계약관리(契約管理)가 포함된다.

운용관리는 주로 부동산 보유단계에서의 소득수익 추구가 목표이므로 임대차관리와 회계가 중요하다. 따라서 우량 임차인 확보, 장기간 계약 등을 통해 안정적인 임대수입과 공실 최소화에 집중할 필요가 있으며, 수익과 비용에 대한 정확한 회계처리가 필요하다. 물론 임차인의 부동산이용에 불편이 없도록 유지관리도 병행하여야 한다.

(3) 자산관리

자산관리(asset management)란 소유자의 부(수익)를 극대화시키기 위하여, 부동산의 가치를 증진시킬 수 있는 다양한 방법을 모색하는 적극적 관리를 지칭한다. 즉, 부동산의 취득·보유·처분의 전 단계에서 소득수익과 자본수익의 극대화를 위한 일체의 활동을 말한다.

일반적인 자산관리는 시장분석과 경제성분석을 통해 전략을 수립한 후, 상품으로서 부동산의 유용성을 극대화하고(즉, 상품관리), 적극적으로 부동산의 수요자(고객)를 찾아(즉, 마케팅), 유리한 조건으로 매매나 임대차계약을 체결하고 관리하며(즉, 계약관리), 각 과정에서 필요한 자금을 조달하고 운용하는(즉, 재무관리) 활동이 포함된다. 따라서 자산관리는 포트폴리오(portfolio) 측면의 종합관리가 목표이다.

표 5.3.1   **부동산관리의 비교 1**

구분	유지관리	운용관리	자산관리
단계	초기 단계	중간 이행 단계	최종 종합서비스
주요 목표	부동산의 기능 보전	소득수익 극대화	포트폴리오 측면의 종합관리 (자본수익 극대화)

주요
업무
	• 보유단계 중심
	• 물리적·기술적 관리에 집중
	• 각종 시설의 유지 및 보수
	• 안전관리·위생관리 등
		• 보유단계 중심
		• 법적 관리에 집중
		• 계약관리(임차인 관리 등)·
		  유지관리 포함
			• 취득·보유·처분단계 포함
			• 경제적 관리 중심
			• 시장분석·경제성분석 수행
			• 상품관리·마케팅·계약관리·
			  재무관리·회계 포함

3) 관리주체에 따른 분류

부동산관리의 방식은 관리주체가 누구냐에 따라 소유자 자신이 직접 관리하는 경우와 타인에게 위탁하여 간접적으로 관리하는 경우 및 직접·간접을 병용하여 관리하는 경우의 3가지가 있다.

(1) 자기관리(자치관리, 직접관리)

부동산을 소유자가 직접 관리하는 것을 말한다. 장점으로는 ① 직접 관리하므로 비용이 적게 들고 고장·하자 시 신속한 처리가 가능하다. ② 책임감을 가지고 열정적으로 관리하므로 사용자의 만족도가 높다. ③ 소유자(담당자)의 오랜 업무 수행으로 부동산 및 고객에 대한 정보관리가 쉽다. ④ 부동산에 관한 기밀 유지와 보안관리가 용이하다는 것이다. 단점으로는 ① 소유자의 시간과 노력이 필요하여 본업에 전념하기 어렵다. ② 전문성이 결여되어 효율성이 떨어질 수 있다. ③ 무사안일의 가능성과 정기적 점검을 소홀히 할 가능성이 있다. ④ 임대료나 관리비 등이 객관화되지 않는다는 것이다.

(2) 위탁관리(간접관리)

위탁관리는 부동산의 관리를 전문업자에게 위탁하여 관리하는 방식이다. 토지이용의 집약화·건축기술의 발전·건축설비의 첨단화 등의 영향으로 전문적이고 체계적인 관리의 필요성이 증대되고 있다. 장점으로는 ① 소유자는 관리자만 상대하면 되므로 편리하고 본업에 전념할 수 있다. ② 전문적이고 체계적인 관리가 가능하다. ③ 무사안일의 가능성이 적고 정기적 점검을 철저히 할 수 있다. ④ 임대료나 관리비의 객관적 산정이 용이하다. ⑤ 부동산 환경의 변화에 능동적으로 대응할 수 있다는 것이다. 단점으로는 ① 용역의 대가가 지불되므로 일정규모 이상의 부동산이라야 도입할 수 있다. ② 관리인(담당자)의 책임감이 결여되고 불성실할 가능성이 있다. ③ 담당자의 잦은 교체로 유용한 정보의 관리가 어렵다. ④ 자기관리에 비해 고장·하자 시 신속한 대응이 어렵다. ⑤ 기밀 유지가 자기관리에 비해 어렵다는 것이다.

(3) 혼합관리

혼합관리는 자기관리와 위탁관리 방식의 장점을 최대한 활용하는 방법이다. 장점으로는 ① 필요한 부분만 위탁하기 때문에 전문성과 경제성(즉, 비용 절감)을 동시에 확보할 수 있다. ② 소유자의 입장에서 위탁관리를 통해 부동산관리에 관한 노하우를 습득할 수 있다는 것이다. 단점으로는 ① 자기관리부문과 위탁관리부문의 경계가 불명확하여 책임범위가 명확하지 않다. ② 자기관리나 위탁관리의 조화를 찾지 못할 땐 양 제도의 단점이 모두 나타날 수 있다. ③ 위탁관리자의 입장에서 전체 위탁관리에 비해 수익성이 떨어지므로 비협조적일 수 있다는 것이다.

표 5.3.2   부동산관리의 비교 2

구분	자기관리	위탁관리
장점	• 비용 절감 • 책임감을 가지고 열정적으로 관리 • 소유자(담당자)의 오랜 업무 수행 • 고장·하자시 신속한 처리 가능 • 기밀 유지와 보안관리가 용이	• 소유자의 입장에서 편리 (본업에 전념 가능) • 전문적이고 체계적인 관리 가능 • 무사안일 방지, 철저한 정기적 점검 가능 • 임대료나 관리비의 객관적 산정 용이 • 부동산의 환경변화에 능동적 대응 가능
단점	• 소유자의 시간·노력 필요 (본업에 전념 곤란) • 전문성 결여 • 무사안일 가능성, 정기적 점검 소홀 가능성 • 임대료나 관리비의 객관적 산정 곤란 • 부동산의 환경변화에 능동적 대응 곤란	• 용역비 부담 • 관리인(담당자)의 책임감 결여 가능성 • 담당자의 잦은 교체 • 자기관리에 비해 고장·하자시 처리 지연 • 기밀 유지와 보안관리가 곤란

4) 소유자에 따른 분류

부동산관리는 대상부동산의 소유자가 누구이냐에 따라 공유재산관리와 사유재산관리로 구분할 수 있다. 공유(公有)재산관리는 정부소유의 부동산에 대한 관리를 말하며, 공유재산에는 국가가 소유하는 국유재산과 지방자치단체가 소유하는 협의의 공유재산이 있다. 공유재산의 관리는 「국유재산법」과 「공유재산 및 물품관리법」(약어로 공유재산법이라 한다)에 의한다.

한편, 사유(私有)재산관리는 가계나 기업소유의 부동산에 대한 관리를 말하며, 부동산관리는 사유재산관리가 대부분이다.

③ 부동산관리제도

1) 공동주택의 관리

(1) 공동주택관리의 연혁

공동주택관리제도는 1963. 11. 제정된 (구)「공영주택법」을 시초로 1972. 12. (구)「주택건설촉진법」을 거쳐 1979. 11. (구)「공동주택관리령」이 제정되면서 체계화되었다. 그 후 여건변화를 반영하여 주택건설 중심의 (구)「주택건설촉진법」을 전부개정하고 (구)「공동주택관리령」을 흡수·통합하여 2003. 5. 「주택법」을 제정하여 주거복지 및 주택관리 등의 부분을 보강하였다.

한편, 기존의 「주택법」은 주택에 관한 건설과 공급·관리·자금 조달의 내용을 모두 포함하고 있어, 공동주택의 관리를 체계적·효율적으로 지원하기에는 한계가 있어 2015. 8. 별도의 전문법률인 「공동주택관리법」(약어로 공동주택법이라 한다)을 제정하면서 「주택법」상 공동주택 관리에 관한 내용을 이관하였다.

(2) 의무관리대상 공동주택

의무관리대상 공동주택은 150세대 이상 공동주택 중 해당 공동주택을 전문적으로 관리하는 자를 두고 자치 의결기구를 의무적으로 구성하여야 하는 등 일정한 의무가 부과되는 공동주택을 말하며, 그 범위는 다음과 같다(법령 2).
① 300세대 이상의 공동주택
② 150세대 이상으로서 승강기가 설치된 공동주택
③ 150세대 이상으로서 중앙집중식 난방방식(지역난방방식을 포함한다)의 공동주택
④ 「건축법」 제11조에 따른 건축허가를 받아 주택 외의 시설과 주택을 동일건축물로 건축한 건축물로서 주택이 150세대 이상인 건축물

(3) 공동주택의 관리방법

의무관리대상 공동주택을 건설한 사업주체는 입주예정자의 과반수가 입주할 때까지 그 공동주택을 관리하여야 하며, 입주예정자의 과반수가 입주하였을 때에는 입주자등에게 그 사실을 통지하고 해당 공동주택을 관리할 것을 요구하여야 한다. 여기서 '입주자등'이란 입주자와 사용자를 말하는데, 입주자란 공동주택의 소유자 또는 그 소유자를 대리하는 배우자 및 직계존비속(直系尊卑屬)을 말하고, 사용자란 공동주택을 임차하여 사용하는 사람(임대주택의 임차인은 제외한다) 등을 말한다.

입주자등은 사업주체로부터 공동주택 관리의 요구를 받았을 때에는 그 요구를 받은 날부터 3개월 이내에 입주자를 구성원으로 하는 입주자대표회의를 구성하여야 한다(법률 11).

입주자등은 의무관리대상 공동주택을 자치관리하거나 위탁관리하여야 한다. 입주자대표회의의 회장은 입주자등이 해당 공동주택의 관리방법을 결정(위탁관리하는 방법을 선택한 경우에는 그 주택관리업자의 선정을 포함한다)한 경우에는 이를 사업주체에게 통지하고, 관할 특별자치시장·특별자치도지사·시장·군수·구청장(자치구의 구청장을 말한다)에게 신고하여야 한다.

첫째, 입주자등이 공동주택을 자치관리할 것을 정한 경우에는 입주자대표회의는 관리주체가 입주자등에게 해당 공동주택을 관리할 것을 요구한 날부터 6개월 이내에 공동주택의 관리사무소장을 자치관리기구의 대표자로 선임하고, 대통령령으로 정하는 기술인력 및 장비를 갖춘 자치관리기구를 구성하여야 한다.

둘째, 입주자등이 공동주택을 위탁관리할 것을 정한 경우에는 입주자대표회의는 ① 전자입찰방식으로 선정할 것, ② 국토교통부장관이 정하여 고시하는 경우 외에는 경쟁입찰로 할 것 등의 기준에 따라 주택관리업자를 선정하여야 한다.

한편, 입주자대표회의(자치관리의 경우에 한한다)·관리업무를 인계하기 전의 사업주체·주택관리업자·임대사업자는 주택관리사를 해당 공동주택의 관리사무소장으로 배치하여야 하며, 500세대 미만의 공동주택에는 주택관리사를 갈음하여 주택관리사보를 관리사무소장으로 배치할 수 있다(법률 64).

표 5.3.3 **공동주택 관리방식의 비교**

구분	자치관리	위탁관리
관리주체	관리사무소장	주택관리업자
관리소장 선임	입주자대표회의	주택관리업자

구분	자치관리	위탁관리
장점	• 관리비용의 절감 • 관리직원의 직장에 대한 애착 • 입주자간의 소통과 화합 • 기밀 유지와 보안관리가 용이	• 전문적이고 체계적인 관리 가능 • 관리업무의 타성과 무사안일 방지 • 회계사고의 대처 능력 우수 • 입주자대표 입장에서 편리 (본업에 전념 가능)
단점	• 관리업무의 전문성 결여 • 관리업무의 타성과 무사안일 가능성 • 회계사고의 발생가능성 • 입주자대표의 시간·노력 필요	• 입주자의 관리비용 증가 • 수주경쟁 과열로 인한 서비스의 질 저하 • 관리직원과 입주자간 분쟁조정 곤란 • 기밀 유지와 보안관리가 곤란

(4) 주택관리업

주택관리업이란 공동주택을 안전하고 효율적으로 관리하기 위하여 입주자등으로부터 의무관리대상 공동주택의 관리를 위탁받아 관리하는 업(業)을 말하며, 주택관리업자란 주택관리업을 하는 자로서 시장·군수·구청장에게 등록한 자를 말한다(법률 2 및 52).

주택관리업의 등록기준으로는 ① 자본금: 2억원 이상, ② 기술인력: 전기·연료사용기기·고압가스·위험물취급 관련 기술자 각 1명 이상, ③ 주택관리사: 1명 이상, ④ 시설·장비: 사무실 등이 있다.

2) 집합건물의 관리

(1) 집합건물관리의 연혁

1960년대 후반 이후 경제발전과 도시화로 인해 대도시에 아파트 등의 공동주택이 급격히 증가하면서 한 채의 건물을 여러 명이 구분소유하고 공동이용하는 형태로 발전하였으나, 이에 관한 「민법」 및 「부동산등기법」 등의 규정이 미비한 문제가 있어 구분소유권의 대상과 구분소유자 상호간의 법률관계 등을 규율한 단행법인 「집합건물의 소유 및 관리에 관한 법률」(약어로 집합건물법이라 한다)을 1984. 1. 제정하였다.

「집합건물법」은 건물의 용도에 상관없이 1동의 건물 중 구조상 구분된 여러 개의 부분이 독립한 건물로서 사용될 수 있을 때에는 그 각 부분을 각각 소유권의 목적으로 할 수 있도록 했다. 따라서 집합건물이란 구분소유의 형태로 소유하는 건물을 말하며, 집합건물에는 아파트·연립주택·다세대주택·오피스텔·도시형 생활주택·주상복합건물·상가건물·지식산업센터 등이 있다.

(2) 집합건물의 관리

건물에 대하여 구분소유 관계가 성립되면 구분소유자 전원을 구성원으로 하여 건물과 그 대지 및 부속시설의 관리에 관한 사업의 시행을 목적으로 하는 관리단이 당연히 설립된다(법률 23). 관리단은 건물의 관리 및 사용에 관한 공동이익을 위하여 필요한 구분소유자의 권리와 의무를 선량한 관리자의 주의로 행사하거나 이행하여야 한다. 또한, 구분소유자가 10인 이상일 때에는 관리단을 대표하고 관리단의 사무를 집행할 관리인을 선임하여야 한다.

한편, 건물과 대지 또는 부속시설의 관리 또는 사용에 관한 구분소유자들 사이의 사항 중 「집합건물법」에서 규정하지 아니한 사항은 규약으로써 정할 수 있다(법률 28).

(3) 「집합건물법」과 다른 법률과의 관계

집합건물의 관리에 대해 규율하는 법률은 「집합건물법」 이외에 「공동주택법」과 「유통산업발전법」이 있다. 해석상 집합건물의 관리에 관해 「집합건물법」이 일반법의 성격을 가지고, 「공동주택법」과 「유통산업발전법」의 적용대상에 대해서는 이들 법률이 특별법의 성격을 가진다.

유사법률을 요약하여 비교하면 다음의 표와 같다.

표 5.3.4 유사 법률의 비교

구분	집합건물법	공동주택법	유통산업발전법
주무부처	법무부	국토교통부	산업통상자원부
법 영역	민법	행정법	행정법
적용대상	모든 집합건물	공동주택	대규모점포 등
의무관리대상	규정 없음	300세대 이상 외 3가지 규정	규정 없음
대표기구	관리단	입주자대표회의	규정 없음
규약(규정) 제정	규약 제정 임의	관리규약 제정 의무화: 시장·군수등에게 신고	관리규정 제정 의무화
장기수선계획	(표준관리규약에 수선적립금으로 규정)	300세대 이상 외 3가지의 경우의무	규정 없음
위탁관리업체 기준	규정 없음	세부사항 규정	규정 없음

구분	집합건물법	공동주택법	유통산업발전법
분쟁조정 위원회	시·도에 집합건물 분쟁조정 위원회 설치	• 국토부: 중앙 공동주택관리 분쟁조정위원회 설치 • 시·군·구: 지방 공동주택관리 분쟁조정위원회 설치	시·도 및 시·군·구에 각각 유통분쟁조정위원회 설치

자료: 서울특별시(2017), 집합건물 관리업무 매뉴얼, pp.14~17. 참고 재작성

현행 「집합건물법」은 그 내용이 관리부문보다 소유부문을 중심으로 규정되어 있어 집합건물의 관리에 관해 미비한 점이 많다. 관리부문의 내용은 「공동주택법」이 그 법률명(즉, 공동주택관리법)을 반영하여 가장 충실하다. 「유통산업발전법」은 유통산업의 발전에 중점을 둔 법률로서 대규모점포 등에만 적용되는 한계가 있다. 이들 법률의 주무부처가 달라 통합이나 개정에 어려움이 있다.

한편, 「집합건물법」에 의하면 집합주택의 관리 방법과 기준, 하자담보책임에 관한 「주택법」 및 「공동주택법」의 특별한 규정은 「집합건물법」에 저촉되어 구분소유자의 기본적인 권리를 해치지 아니하는 범위에서 효력이 있다(법률 2-2). 따라서 집합건물의 관리에 관해 「공동주택법」상 의무관리대상 공동주택은 「공동주택법」이 적용된다. 여기서 「집합건물법」상의 관리단과 「공동주택법」상의 입주자대표회의를 비교하면 다음과 같다.

표 5.3.4 유사 제도의 비교

구분	관리단	입주자대표회의
근거법령	집합건물법	공동주택법
법적 성격	비법인사단(다수설)	비법인사단(판례)
목적	건물과 그 대지 및 부속시설의 관리에 관한 사업 시행	입주자등을 대표하여 공동주택 관리에 관한 주요사항 결정
구성	구분소유자 전원	동별 대표자
자격	구분소유자	입주자
성립	당연 성립	일정한 절차를 거쳐 성립
집행기구	관리인(구분소유자 10인 이상인 경우)	관리주체(관리소장, 주택관리업자 등)
사무 감독	관리위원회	감사

3) 건축물의 관리

(1) 건축물관리의 의의

건축물관리란 관리자가 해당 건축물이 멸실될 때까지 유지·점검·보수·보강 또는 해체하는 행위를 말한다(건축물관리법 제2조 참조). 여기서 관리자는 관계 법령에 따라 해당 건축물의 관리자로 규정된 자 또는 해당 건축물의 소유자를 말한다.

「건축물관리법」은 건축물을 과학적이고 체계적으로 관리하기 위하여 2019. 4. 제정(시행: 2020. 5. 1.)되었다.

(2) 건축물관리의 내용

건축물관리의 내용에는 건축물관리계획의 수립(제11조), 정기점검의 실시(제13조), 안전진단의 실시(제16조), 건축물 해체의 허가(제30조), 건축물의 멸실신고(제34조), 빈 건축물 정비(제42조) 등이 있다.

4) 주택임대관리업

(1) 주택임대관리업의 의의

주택임대관리업은 2013. 8. 「주택법」 개정시 도입된 제도로서, 2015. 8. 「민간임대주택법」이 제정되면서 내용이 이관되었다. 여기서 주택임대관리업이란 주택의 소유자로부터 임대관리를 위탁받아 관리하는 업(業)을 말하며, 자기관리형과 위탁관리형으로 구분한다(임대주택법 2).

먼저, 자기관리형 주택임대관리업은 주택의 소유자로부터 주택을 임차하여 자기책임으로 전대(轉貸)하는 형태의 업을 말한다. 자기관리형은 임대인과 주택임대관리업자가 계약 당사자로서 주택임대관리업자는 계약기간 중 임대인에게 임대료 지불을 보장하고 자기책임으로 주택을 임대하는 형태이다. 즉, 주택의 공실이나 임대료 체불 등의 임대위험을 주택임대관리업자가 부담한다. 자기관리형은 임대인에게 임대료를 지급하지 않거나 임차인에게 보증금을 반환하지 않는 등의 경우를 대비하여 보증상품에 가입하여야 한다(법률 14).

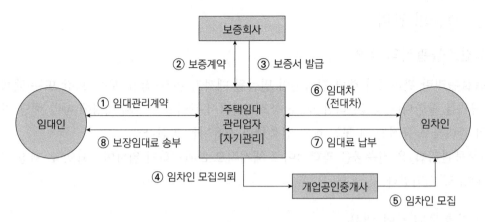

자료: 국토교통부

그림 5.3.1   자기관리형 주택임대관리업의 구조

둘째, 위탁관리형 주택임대관리업은 주택의 소유자로부터 수수료를 받고 임대료 부과·징수 및 시설물 유지·관리 등을 대행하는 형태의 업을 말한다. 즉, 주택임대관리업자는 임대위험을 부담하지 않고 실제 임대료의 일정비율을 수수료로 받는 형태이다.

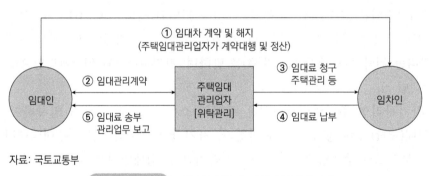

자료: 국토교통부

그림 5.3.2   위탁관리형 주택임대관리업의 구조

(2) 주택임대관리업자

주택임대관리업자란 주택임대관리업을 하기 위하여 시장·군수·구청장에게 등록한 자를 말한다. 주택임대관리업을 하려는 자는 시장·군수·구청장에게 등록할 수 있으며, 이경우 자본금·전문인력·시설의 기준을 충족하여야 한다(법률 8). 다만, 자기관리형의 경우 단독주택: 100호, 공동주택: 100세대 이상, 위탁관리형의 경우 단독주택: 300호, 공동주택:

300세대 이상으로 주택임대관리업을 하려는 자는 의무적으로 등록하여야 한다(법률 7).

표 5.3.6	**주택임대관리업의 비교**	
구분	자기관리형	위탁관리형
등록대상	단독주택: 100호, 공동주택: 100세대 이상	단독주택: 300호, 공동주택: 300세대 이상
등록기준	자본금 1.5억 이상, 전문인력 2명 이상	자본금 1.0억 이상, 전문인력 1명 이상
보증상품 가입	의무화	없음
임차인과의 계약	주택임대관리업자	임대인
공실 부담	주택임대관리업자 (보장임대료 지급)	임대인 (실제 임대료 송부)
업무 범위	자기책임으로 전대	임차인 관리·주택관리 등
수익(수수료)	임대료 차액 (실제 임대료-보장임대료)	별도 약정(통상 임대료의 5% 내외)
비고	공실 및 대손에 따른 손실가능성 존재	통상 수익률이 낮음

자료: 국토교통부 참고 재작성

주택임대관리업자는 임대를 목적으로 하는 주택에 대하여 ① 임대차계약의 체결·해제·해지·갱신 및 갱신거절 등, ② 임대료의 부과·징수 등, ③ 임차인의 입주 및 명도·퇴거 등(공인중개사법에 따른 중개업은 제외한다[51])의 업무를 수행하며, 부수적으로 ① 시설물 유지·보수·개량 및 그 밖의 주택관리 업무, ② 그 밖에 임차인의 주거 편익을 위하여 필요하다고 대통령령으로 정하는 업무: 임차인이 거주하는 주거공간의 관리, 임차인의 안전 확보에 필요한 업무, 임차인의 입주에 필요한 지원 업무를 수행할 수 있다(법률 11).

한편, 법인인 개업공인중개사가 주택임대관리업을 등록할 경우 주택임대관리업자이면서 개업공인중개사라 할 수 있다. 이 경우 주택임대관리업 이외에 중개업도 수행할 수 있다. 다만, 법인인 개업공인중개사가 아닌 자가 주택임대관리업을 등록할 때 전문인력으로 공인중개사를 채용한다고 할지라도 주택임대관리업자의 업무범위에 중개업을 명시적으로 제외하고 있으므로 주택임대관리업자는 중개업을 수행할 수 없다[52].

---

[51] 개업공인중개사와의 업무범위 중복을 방지하기 위해 임차인 중개업무는 제외함
[52] 국토교통부 홈페이지 정보마당 참조(국토교통상식, 2014.10.13.)

제2절 | 부동산마케팅

① 부동산마케팅의 의의

1) 부동산마케팅의 개념

마케팅(marketing)은 market(시장) + ing(현재 진행형)로 구성된 용어이다. 부동산마케팅(real estate marketing)은 시장에서 고객(수요자, 소비자)의 욕구를 만족시키는 부동산(상품)이 거래되도록 공급자(생산자)가 하는 일체의 행위를 말한다. 따라서 부동산마케팅의 기본요소로 시장(market), 욕구(desire), 거래(transaction)가 있다. 먼저, 시장은 재화와 용역에 대한 수요와 공급에 의해 가격이 형성되고 거래가 이루어지는 장소를 말하며, 부동산시장은 부동산이 거래되는 시장을 말한다. 둘째, 욕구는 인간의 바람[53]이다. 마케팅은 인간의 욕구에서 시작된다. 욕구는 필요와 요구를 통해 수요로 나타난다. 여기서 필요(needs)는 기본적인 만족이 결핍된 상태를 말하며, 근본적 욕구라 할 수 있다. 요구(wants)는 필요가 반영된 구체적인 재화와 용역을 원하는 것을 말하며, 구체적 욕구라 할 수 있다. 특정 재화나 용역에 대한 요구가 거래의사와 지불능력에 의해 뒷받침될 때 수요(demand)라 한다. 따라서 마케팅에서는 고객의 필요와 요구를 파악하는 것이 무엇보다 중요하다. 셋째, 거래는 일반적으로 주고 받는 것을 말하므로 매우 넓은 개념이다. 부동산거래는 구체적으로 부동산에 대한 권리가 거래되는 것으로 매매·교환·임대차 등의 유형이 있다. 한편, 거래를 좁은 의미로 쓸 때에는 매매를 말한다.

2) 마케팅개념의 발전단계

마케팅의 개념은 사회환경의 변화에 따라 대체적으로 생산 개념, 품질 개념, 고객만족 개념, 사회적 가치 개념의 순으로 발전해 왔다[54].

먼저, 생산 개념은 가장 오래된 마케팅개념으로 전반적으로 수요가 공급을 초과하던 시대의 개념이다. 생산 개념에서는 상품을 싸고 쉽게 구매할 수 있도록 해주는 것이 과제였다.

---

53 '바라다'인 동사에서 온 명사이다. 어떤 일이 이루어지기를 바라는 마음을 말하며, 바램으로 쓰는 것은 잘못이다.

54 김재태 외(2017), 부동산마케팅론, 부연사, pp.18~20. 참고 재작성

둘째, 품질 개념은 우수한 품질의 상품을 만들면 소비자가 이를 우선적으로 구매할 것이라고 믿는 개념이다.

셋째, 고객만족 개념은 단순히 고객을 소비자로만 보지 않고 그들의 욕구를 가장 효과적으로 충족시켜 고객에게 최대한 만족을 주자는 개념이다.

넷째, 사회적 가치 개념은 생산자가 이윤을 추구함에 있어 사회적 가치를 함께 창출해야 한다는 개념이다. 여기서 사회적 가치란 경제·문화·환경 등 사회적 각 분야에서 공공의 이익과 공동체 발전에 기여하는 가치를 말한다.

3) 마케팅의 환경분석

(1) SWOT분석

SWOT분석은 분석대상의 내부환경을 분석하여 강점(Strengths)과 약점(Weaknesses)을 발견하고, 외부환경을 분석하여 기회요인(Opportunities)과 위협요인(Threats)을 찾은 다음 이를 토대로 ① 강점은 강화하고, ② 약점은 보완하며, ③ 기회는 활용하고, ④ 위협에 대처하는 전략을 수립하는 것을 말한다.

표 5.3.7 SWOT분석을 통한 전략수립

SWOT Matrix		내부환경	
		강점(S)	약점(W)
외부환경	기회(O)	SO전략 강점을 강화하고 기회를 활용	WO전략 약점을 보완하고 기회를 활용
	위협(T)	ST전략 강점을 강화하고 위협에 대처	WT전략 약점을 보완하고 위협에 대처

(2) 3C분석

3C분석이란 마케팅활동에 직접적으로 영향을 미치는 핵심적 요인인 고객(Customer)·경쟁자(Competitor)·자기회사(Company)에 대한 분석을 통해 마케팅전략을 수립하는 것을 말한다. 고객분석에서는 고객의 특성·요구(wants), 시장의 규모·성장률·장래성 등을 분석하고, 경쟁자분석에서는 경쟁자의 수, 시장점유율, 강점과 약점, 시장진입 장벽 등을 분석하며, 자사분석에서는 강점과 약점, 인력과 자산의 현황 등을 분석한다.

2 부동산마케팅의 전략

1) 부동산마케팅 전략의 개요

부동산마케팅의 전략은 수요자와 공급자의 입장에서 크게 3가지로 구분할 수 있다. 먼저, 공급자(생산자) 중심의 전략은 전통적인 마케팅전략으로 공급자가 부동산시장을 점유하기 위한 전략이다. 이를 시장점유 마케팅전략이라고도 하며, STP전략과 4P Mix전략이 여기에 속한다. 둘째, 수요자(소비자) 중심의 전략은 소비자의 입장에서 소비자의 욕구·특성·심리 등을 분석하여 마케팅의 효과를 극대화하는 전략이다. 이를 고객점유 마케팅전략이라고도 한다. 셋째, 공급자(생산자)와 수요자(소비자)의 상호작용을 중시하는 전략으로 관계 마케팅전략이 있다[55].

사회환경의 변화에 따라 부동산마케팅의 전략은 시장점유 마케팅전략에서 고객점유 마케팅전략을 거쳐 관계 마케팅전략으로 발전해 왔다.

2) STP전략

STP전략은 다양한 고객의 욕구를 분석하여 시장을 세분화(Segmentation)한 뒤 효과적으로 공략할 수 있는 표적시장(Target market)을 선정하여 상품에 대한 고객의 이미지를 강화하거나 변화시키는 것(Positioning)을 말한다.

우선, S는 시장세분화이다. 고객의 필요(needs)와 요구(wants)를 분석하여 시장을 세분화하고, 각각의 세분된 시장별로 정보를 수집한다.

둘째, T는 표적시장 선정이다. 세분화된 시장에서 경쟁상황과 자사 상품의 상황을 분석하여 효과적으로 공략할 수 있는 시장을 선정하는 것이다. 따라서 표적시장은 세분화된 시장 중에서 상품이 거래되도록 집중적으로 공략해야 하는 시장이라 할 수 있다.

셋째, P는 포지셔닝(Positioning)이다. 포지션(position)이란 어떤 상품이 고객에 의해 인식되고 있는 모습을 말하며, 포지셔닝이란 고객의 인식에서 생산자의 상품이 차지하는 위치(즉, 상품에 대한 소비자의 이미지)를 강화하거나 변화시키는 전략을 말한다. 다른 책에서는 차별화전략 또는 정위화(定位化)라고도 한다.

---

55 윤영식(2016), 부동산개발론 -이론과 실무-, 교육과학사, pp.233~236. 참조

3) 4P Mix전략

4P Mix전략은 마케팅의 핵심적 요소인 상품(Product)·가격(Price)·유통(Place)·촉진(Promotion)이 유기적으로 조화를 이루도록 하는 전략을 말한다.

(1) 상품전략

고객의 욕구에 부합하는 상품을 만드는 것이며, 입지·유형·품질·디자인·브랜드 등 다양한 요소에서 고객의 욕구를 반영하여야 한다.

공동주택을 예로 들면 입지특성·단지특성·세대특성 등에서 고객의 욕구를 반영하여야 한다. 입지특성에는 자연환경·사회환경·생활환경 등이 우수해야 하고, 장래 발전가능성이 커야 한다. 단지특성에서는 대규모 단지로서 브랜드가치가 높은 것이 좋고, 편의시설이 다양하고 주차시설·조경 등이 양호하여야 한다. 세대특성에서는 내진설계·최첨단설비 등이 반영되어야 하고, 동간 거리·방위·평면 구조 등이 양호하여야 한다.

(2) 가격전략

상품의 가격은 생산원가, 고객이 느끼는 가치, 경쟁 상품의 가격 등을 종합적으로 고려하여 결정하여야 한다. 또한, 대금결제의 조건이나 수단도 중요한 요소이다.

가격은 생산자(공급자)에게는 수익의 원천이며, 고객(수요자, 소비자)에게는 상품을 얻기 위해 지불해야 할 비용이다. 따라서 생산자의 입장에서는 가격이 높아야 수익이 커지지만, 고객의 입장에서는 자신의 인식가치(perceived value: 상품의 가치에 대한 고객의 의견)[56] 이상으로 가격이 높으면 구매를 기피하게 된다.

가격결정시 어디에 중점을 두느냐에 따라 여러 가지로 구분할 수 있다. 먼저, 원가를 중시하는 것은 공급자 중심형이다. 원가는 가격의 하한선을 결정하는 요소이다. 둘째, 고객의 인식가치를 중시하는 것은 수요자 중심형이다. 고객의 인식가치는 가격의 상한선을 결정하는 요소이다. 셋째, 경쟁 상품의 가격을 중시하는 것은 시장 중심형이다. 이는 원가나 고객의 인식가치 보다 시장에서의 경쟁 상품의 가격을 중시하여 이와 유사한 수준에서 결정하는 것이다. 넷째, 부동산의 가격에 대한 정부의 규제를 따르는 정책 중심형이다. 부동산의 가격(또는 임대료)을 규제하는 제도로는 분양가상한제, 주택과 상가건물의 임대료 인상 제한 등이 있다. 또한, 가격결정시 동일한 토지나 건축물에서도 위치나 용도(토지에 있어 건축허용 용도 또는 건축물의 용도) 등에 따라 차별화하는 것이 합리적이다.

---

56 이를 지각가치라고도 한다.

한편, 대금지불에 따른 전략으로는 가격할인, 계약금 최소화, 중도금 분할 납부, 대금 선납시 할인, 중도금 무이자 대출, 대금의 신용카드 납부, 임대차에 있어 일정기간 임대료 면제(부동산시장에서는 이를 rental free라 한다) 등이 있다.

(3) 유통전략

유통은 재화나 서비스가 생산되어 소비자에게 전달되는 과정이라 할 수 있다. 상품이 동산인 경우 유통비용이나 유통기간 등이 상품의 거래에 크게 영향을 미치지만, 부동산의 거래는 부동산의 이동 없이 부동산권리를 이동시키는 것이므로 동산의 거래와는 다른 접근이 필요하다. 즉, 부동산 매매의 경우 소비자(즉, 고객)의 입장에서 고가(高價)이고, 수익이 높아야 하므로 매우 신중하게 결정하는 특징이 있다. 따라서 생산자의 입장에서 상품의 물리적인 이동은 필요 없지만, 고객을 설득하는 것이 더 중요한 과제이다. 따라서 부동산마케팅에서는 고객이 얼마나 쉽게 상품이나 상품에 관한 정보를 탐색하고 상담할 수 있도록 하느냐의 문제이다[57].

부동산의 유통은 직접유통방식·간접유통방식·혼합유통방식으로 구분할 수 있다.

먼저, 직접유통방식은 생산자가 중간상인의 매개 없이 소비자와 직접 거래하는 것을 말한다. 생산자의 조직을 통해 직접 거래하는 것으로 수수료가 들지 않고, 신속한 의사결정을 할 수 있으며, 고객의 정보보호에 유리하다는 장점이 있다. 반면, 동시에 여러 고객과 상담하기 곤란하고 거래의 전문성이 부족하다는 것이 단점이다.

둘째, 간접유통방식은 생산자가 중간상인의 매개를 통해 소비자(고객)와 거래하는 것을 말한다. 분양대행사나 부동산중개업자를 통해 거래하는 것으로 통상 공급(분양) 초기에는 분양대행사를 활용하고 그 기간이 길어지면 부동산중개업자를 활용하는 경우가 많다. 거래에 따른 수수료를 비교하면 분양대행사가 부동산중개업자에 비해 더 높기 때문이다. 이 방식은 마케팅의 전문가인 중간상인의 조직과 능력을 활용할 수 있고, 동시에 여러 고객과 상담할 수 있는 장점이 있다. 반면, 대행(또는 중개)수수료가 들고, 의사결정이 지연될 수 있는 단점이 있다.

셋째, 혼합유통방식은 직접유통방식과 간접유통방식을 병행하는 것을 말한다. 통상 공급(분양) 초기에는 직접유통방식으로 운영하다가 그 기간이 길어지는 경우 간접유통방식을 병행하는 경우가 많다.

최근 온라인 중개상인이 다수 등장하여 주택 등의 임대차를 온라인 매체를 통해 거래

---

57 place를 입지의 의미를 갖는 장소로 해석하는 견해도 있다[이래영(2000), 부동산학개론, 법문사, pp.210~214]. 그러나 장소는 상품에 포함하는 것이 합리적이다. 상품전략에는 입지를 포함하기 때문이다.

하는 경우가 늘고 있다. 또한, 분양형 호텔·리조트 등의 상품을 홈쇼핑을 통해 분양하거나 지역주택조합의 조합원을 홈쇼핑을 통해 모집하는 경우도 나타나고 있다.

(4) 촉진전략

좋은 상품을 적절한 가격에 공급하더라도 다수의 고객이 이를 구매하도록 하기 위해서는 촉진전략이 필요하다. 여기서 촉진이란 상품이나 자사(기업)의 이미지를 고객에게 알리고 상품을 구매하도록 설득하는 것을 말한다.

일반적으로 촉진전략에는 광고·홍보·판매촉진·인적판매 등의 방법이 있다.

먼저, 광고(advertising)는 생산자가 전달하고자 하는 내용을 비용을 지불하고 비인적 매체를 통하여 알리는 것을 말한다. 광고매체는 크게 매스미디어(mass media) 매체[58]와 비매스미디어(non-mass media) 매체가 있다. 메스미디어 매체로는 온라인매체(인터넷, SNS 등), 방송매체(텔레비전, 라디오 등), 인쇄매체(신문, 잡지 등)가 있으며, 비매스미디어 매체로는 DM(direct mail), 전단지, 현수막, 전광판, 모델하우스 등이 활용된다.

둘째, 홍보(publicity)는 생산자가 회사의 상품이나 서비스에 대한 고객의 이미지를 형성·강화·변화시키기 위하여 비용을 지불하지 않고 알리는 것을 말한다. 기자회견이나 보도자료 제공 등을 통해 상품 출시, 행사 고지, 회사방침 소개 등을 하는 것이 대부분이며, 사회공헌활동·강연 및 세미나 등도 활용된다.

셋째, 판매촉진(sales promotion)은 생산자가 상품의 구매를 촉진하도록 하기 위해 일정기간 수행하는 여러 가지 유인수단을 말한다. 유인수단으로는 프리미엄 보장(리턴제: 일정기간 경과 후 고객이 원하면 계약을 해제하고 원금 전액 또는 원금에 이자를 붙여 돌려주는 제도), 발코니 무료 확장, 경품행사, 연예인 공연 등이 있다.

넷째, 인적판매(personal selling)는 고객과의 직접 접촉을 통해 상품을 구매하도록 설득하는 촉진활동이다. 광고와 홍보는 일방적인 촉진활동이지만, 인적판매는 고객과의 대화를 통한 쌍방향 촉진활동이라는 특징이 있다. 따라서 다른 촉진활동에 비해 많은 정보를 제공할 수 있고, 즉각적인 고객의 반응을 얻을 수 있다는 장점이 있다. 그러나 상품에 대한 고객의 인지도가 낮은 경우에는 인적판매의 효과가 떨어지므로 먼저 광고나 홍보 등의 촉진활동을 수행한 후에 하거나 이를 병행하는 것이 효과적이다. 견본주택을 통한 상담이나 전화상담 등이 대표적이다.

---

[58] 불특정 다수에게 동일한 정보를 대량으로 동시에 전달하는 수단을 말한다.

4) 고객점유 마케팅전략

소비자(수요자, 고객) 중심의 마케팅전략으로 소비자의 입장에서 소비자의 욕구·특성·심리 등을 분석하여 마케팅의 효과를 극대화하는 전략이다. 대표적으로 AIDA원리가 있다.

AIDA원리는 소비자행동의 과정에 관한 전통적인 이론으로 소비자를 주목(Attention) 하게 하고, 흥미(Interest)를 유발하여, 거래하고 싶은 욕구(Desire)를 끌어내어, 거래행동 (Action)에 이르도록 한다는 원리이다.

한편, 듀이(J. Dewey, 1859~1952)는 소비자의 구매의사 결정과정을 문제인식 → 정보 탐색 → 대안평가 → 구매 → 사후 행동의 5단계로 구분하고 있다[59].

먼저, 문제인식(Problem recognition)단계는 소비자 구매행동의 출발점으로 필요 (needs)와 요구(wants)를 통해 구매 욕구를 인식하는 단계이다. 부동산 구입이나 점포 임차 또는 이사를 생각하는 경우 등이 예이다. 이 단계에서 생산자는 자신의 상품을 통해 소비자가 문제인식을 하도록 유도해야 하며, 상품에 소비자의 욕구를 충분히 반영하여 생산하여야 한다.

둘째, 정보탐색(Information search)단계는 문제를 인식한 소비자가 자신의 목적에 맞는 상품에 관한 정보를 수집하는 단계이다. 이 단계에서 생산자는 자신의 상품에 대한 정확한 정보를 쉽게 탐색할 수 있도록 해야 한다.

셋째, 대안평가(alternative Evaluation)단계는 소비자가 수집된 정보를 바탕으로 여러 가지 대안에 대하여 비교·평가하는 단계이다. 이 단계에서 생산자는 광고나 인적판매 등의 활동을 통해 자신의 상품에 대한 장점을 알리고 구매하도록 설득하여야 한다.

넷째, 구매(Purchase)단계는 특정 상품의 구매를 결정한 소비자가 실제 계약을 체결하는 단계이다. 이 단계에서 생산자는 다양한 판매촉진활동을 수행하면서 계약조건을 협상하고 계약을 체결하도록 유도하여야 한다.

다섯째, 사후 행동(Post behavior)단계는 상품을 구매한 소비자가 상품을 평가하거나 고장·하자에 대한 수리를 요구하는 단계이다. 이 단계에서 생산자는 모니터링 (monitoring: 상품을 거래한 고객으로부터 상품에 대한 의견을 관찰하는 것)을 강화하고, 고객전담부서를 통해 불만족이나 고장·하자에 대해 신속히 처리하는 등 사후관리(post management)에 힘써야 한다.

부동산은 일반적으로 동산에 비해 고가(高價)이고, 영속성(건축물의 경우 동산에 비해 내

---

[59] 김재태 외(2017) 앞의 책, pp.219~228. 참조하여 재작성

용연수가 더 길다)의 특성으로 인해 오랜 기간 유용성이 있어 고객의 애착이 강하다. 또한, 개별성의 특성으로 상품에 하자가 있는 경우 교환이 불가능하므로 사후관리가 중요하다. 고객의 경우 부동산을 구매한 후 상품에 만족하지 못하거나 고장이나 하자에 대한 수리가 미흡한 경우 그 사실을 주변에 더 많이 전파하는 경향이 있다. 따라서 생산자의 입장에서 상품에 대한 고객의 불만이 생기지 않도록 사후에도 지속적으로 관리할 필요가 있다.

5) 관계 마케팅전략

이는 종전의 생산자 중심 또는 소비자 중심의 한쪽으로 편중된 시각에서 벗어나 생산자와 소비자의 지속적인 관계를 통하여 win-win하는 장기적 관점의 마케팅전략이다. 따라서 관계 마케팅전략은 생산자와 고객의 인간적인 관계에 중점을 두는 전략으로, 생산자가 고객과 지속적으로 대화하면서 관계를 강화하고, 원하는 상품을 정확히 파악해 상품에 반영함으로써 고객의 만족도를 높일 수 있다.

표 5.3.8 **마케팅 전략의 비교**

구분	시장점유 마케팅전략	관계 마케팅전략
관점	단기적 관점	장기적 관점
특징	일방향 소통 중심	쌍방향 소통
목표	신규고객 확보 중시	기존고객 유지 중시
사후 관리	중시하지 않음	중시함

③ 부동산마케팅의 사례

1) 분양시장

(1) 개요

부동산의 분양시장은 부동산에 대한 분양이 이루어지는 장소라 할 수 있다. 여기서 부동산의 분양이란 부동산의 전부 또는 일부를 2인 이상에게 판매하는 것을 말한다. 따라서 분양에 있어 계약의 유형은 매매이다. 매매는 당사자의 일방(즉, 매도인)이 어떤 재산권을 상대방에게 이전할 것을 약정하고, 상대방(즉, 매수인)이 이에 대하여 그 대금을 지급할 것을 약정함으로써 성립하는 계약이다.

(2) 부동산마케팅의 사례

모델하우스(model house) 운영, 분양가격의 할인, 중도금 분할 납부, 중도금 무이자 대출, 입주 후 잔금 납부, 일정기간 사용 후 매매여부 선택, 발코니 무료 확장, 우량 임차인 확보, 일정기간 확정임대료 지급(일정기간 소득수익률 보장), 입주민을 위한 식당·헬스장 운영 등이 있다.

2) 임대시장

(1) 개요

부동산의 임대시장은 부동산에 대한 임대차가 이루어지는 장소라 할 수 있다. 여기서 임대차란 당사자 일방(즉, 임대인)이 상대방(즉, 임차인)에게 목적물을 사용·수익하게 할 것을 약정하고 상대방이 이에 대하여 차임을 지급할 것을 약정함으로써 성립하는 계약을 말한다.

부동산의 소득수익은 임대료에 직접적으로 의존하므로 부동산관리에 있어 우량한 임차인과 유리한 계약조건으로 임대차계약을 체결하는 것이 매우 중요하다. 특히, 「상가건물 임대차보호법」에 의하면 임차인은 원칙적으로 10년 이하의 범위에서 계약갱신요구권을 행사할 수 있고(제10조), 보증금 또는 차임의 증액 청구는 청구당시의 5%를 초과하지 못하므로(제11조), 임대인의 입장에서 최초 임대차계약시 적정한 보증금과 차임을 받을 필요가 있다.

(2) 부동산마케팅의 사례

보증금 분할 납부, 인테리어 공사비 지원, 일정기간 임대료 면제(즉, rental free), 정기적 공연·행사 등이 있다.

한편, 임대시장이 불경기인 경우라도 「상가건물 임대차보호법」을 고려할 때 임대인은 부동산마케팅의 방법으로 보증금과 차임을 할인하는 것에 비해 적정한 임대료 면제기간을 주는 것이 유리할 수 있다.

제3절 | 부동산신탁

1 부동산신탁의 의의

1) 부동산신탁의 개념

신탁에 관한 사법적 법률관계는 「신탁법」에서 규정하고 있고, 신탁업을 영위하기 위해서는 「자본시장과 금융투자업에 관한 법률」(약어로 자본시장법이라 한다)에 의거 금융위원회의 인가를 받아야 한다.

신탁(信託)이란 신탁을 설정하는 자(위탁자: 委託者)가 신탁을 인수하는 자(수탁자: 受託者)에게 특정의 재산을 이전하거나 담보권의 설정 또는 그 밖의 처분을 하고 수탁자로 하여금 일정한 자(수익자: 受益者)의 이익 또는 특정의 목적을 위하여 그 재산을 관리·운용·처분 등을 하게 하는 법률관계를 말한다(신탁법 1 참조).

부동산신탁은 신탁재산이 부동산인 신탁이다. 신탁재산에는 금전·유가증권·금전채권·동산·부동산 등이 있다. 투자매매업·투자중개업·집합투자업·신탁업 등 금융투자업을 영위하기 위해서는 금융위원회의 인가를 받아야 한다(자본시장법 12).

2) 유사용어의 구별

유사용어로 투자신탁, 공익신탁, 국민신탁, 명의신탁에 대해 살펴본다. 먼저, 투자신탁은 집합투자기구의 한 형태이다. 집합투자기구의 형태에는 신탁형·회사형·조합형이 있다. 여기서 투자신탁은 집합투자업자인 위탁자가 신탁업자에게 신탁한 재산을 신탁업자로 하여금 그 집합투자업자의 지시에 따라 투자·운용하게 하는 신탁 형태의 집합투자기구를 말한다(자본시장법 9 ⑱). 투자신탁은 위탁대상이 금전이란 점에서 위탁대상이 부동산인 부동산신탁과 근본적인 차이가 있다.

둘째, 공익신탁은 공익사업을 목적으로 하는 「신탁법」에 따른 신탁으로서 법무부장관의 인가를 받은 신탁을 말한다(공익신탁법 2). 공익신탁은 학문·교육·문화·종교 등을 목적으로 하는 사업에 증여하는 것으로 자선신탁(慈善信託)이라고도 한다. 공익신탁에 출연하거나 기부한 재산에 대한 상속세·증여세·소득세·법인세 및 지방세는 관련 법률이 정하는 바에 따라 감면할 수 있다(공익신탁법 28).

셋째, 국민신탁[60](national trust)은 보전가치가 큰 문화유산·자연환경자산을 사들이는 시민운동으로 1895년 영국에서 시작되어 현재 미국·일본·호주 등 약 30개국에서 시행 중이다. 우리나라에는 1990년대 후반에 도입돼 한국내셔널트러스트 등의 단체가 활동하고 있으며, 강원도 동강 제장마을, 인천 강화군 매화마름 군락지 등을 매입한 바 있다. 환경부는 「문화유산과 자연환경자산에 관한 국민신탁법」을 2006. 3. 제정했다. 이 법에서 국민신탁이란 국민신탁법인 또는 국민신탁단체가 국민·기업·단체 등으로부터 기부·증여를 받거나 위탁받은 재산 및 회비 등을 활용하여 보전가치가 있는 문화유산과 자연환경자산을 취득하고 이를 보전·관리함으로써 현세대는 물론 미래세대의 삶의 질을 높이기 위하여 민간차원에서 자발적으로 추진하는 보전 및 관리 행위를 말한다.

넷째, 명의신탁은 당초 실정법상 근거 없이 판례에 의해 형성된 개념으로 대내적 관계에서는 신탁자가 소유권을 보유하고 이를 관리·수익하면서 공부상의 소유명의만을 수탁자로 하는 것을 말한다. 즉, 당사자의 신탁에 관한 채권계약에 의해 신탁자가 실질적으로는 그의 소유에 속하는 부동산의 등기명의를 실체적인 거래관계가 없는 수탁자에게 매매 등의 형식으로 이전하여 두는 것이다. 그동안 명의신탁이 부동산투기의 탈법적인 수단으로 이용되자 정부는 1995년 「부동산 실권리자 명의등기에 관한 법률」을 제정하여 명의신탁약정과 이에 기초한 등기를 무효로 하였다. 다만, 양도담보·상호명의신탁[61]·신탁등기(신탁법 또는 자본시장법에 의한 등기)의 3가지는 그 적용을 배제했다.

3) 부동산신탁의 특징

먼저, 신탁목적에 따라 행하는 법률행위의 공신력과 안전성을 위해 형식적으로 소유권이 이전된다. 실질적 소유권이전이 아닌 등기부상 형식적 소유권이 이전되므로 이전에 따른 취득세·등록면허세·양도소득세·채권매입의무 등이 면제된다.

둘째, 신탁기간 중 자금화가 가능하다. 신탁기간 중 소유자가 자금이 필요하면 일정한 조건하에서 신탁수익권을 양도하거나 담보하여 자금을 차입할 수 있다.

셋째, 신탁부동산의 독립성이 인정된다. 신탁부동산은 수탁자 개인재산으로부터 독립한 재산으로 취급되므로 상속재산에서 배제되며, 개인 채권자의 강제집행이 배제된다.

---

60 이를 자연신탁이라 부르는 학자도 있다.

61 부동산의 위치와 면적을 특정하여 2인 이상이 구분소유하기로 하는 약정을 하고 그 등기는 구분소유자의 공유로 로 하는 경우를 말한다.

ㄹ 부동산신탁의 내용

1) 부동산신탁의 관계인

(1) 위탁자

신탁설정자로서 부동산신탁을 맡기는 소유자를 말한다. 원칙적으로 위탁자의 자격요건은 없으나, 「민법」상 행위능력자이어야 한다. 또한, 위탁자의 지위는 신탁행위로 정한 방법에 따라 제3자에게 이전할 수 있다(법률 10).

(2) 수탁자

신탁재산을 신탁목적에 따라 관리하거나 처분하는 자를 말하며, 제한능력자[62]와 파산선고를 받은 자는 수탁자가 될 수 없다(법률 11). 신탁을 업으로 영위하기 위해서는 신탁회사로서 인가를 받아야 한다.

수탁자는 신탁재산에 대한 권리와 의무의 귀속주체로서 신탁재산의 관리, 처분 등을 하고 신탁 목적의 달성을 위하여 필요한 모든 행위를 할 권한이 있다(법률 31). 또한, 선량한 관리자의 주의(注意)로 신탁사무를 처리하여야 하며, 수익자의 이익을 위하여 신탁사무를 처리하여야 한다(법률 32 및 33).

(3) 수익자

위탁자와 수탁자 간 신탁계약에 따른 신탁수익을 받는 사람을 말한다. 수익자는 위탁자가 대부분이지만 제3자도 가능하다. 수익자는 신탁행위의 당사자는 아니지만 신탁재산의 관리·처분에 따른 수익을 받게 되기 때문에 신탁관계에서 중요한 위치에 있다.

수익자는 수익권을 양도할 수 있고, 질권의 목적으로 할 수 있다(법률 64 및 66).

(4) 신탁관리인

신탁관리인은 수익자의 권리에 관한 모든 행위를 할 수 있는 자(즉, 수익자를 갈음하는 자)를 말한다. 신탁에는 수익자가 있어야 하며 신탁행위 당시에 특정하는 것이 보통이다. 이때 수익자가 특정되어 있지 아니하거나 존재하지 아니하는 경우에 법원(法院)은 이해관계인의 청구에 의하여 또는 직권으로 신탁관리인을 선임할 수 있다.

---

62 제한능력자란 의사능력이 없거나 만약 있더라도 불완전하여 단독으로 권리를 행사하거나 의무를 부담하는 데 손해를 당할 우려가 있어 행위능력의 일부를 제한한 자를 말한다. 제한능력자에는 미성년자, 피성년후견인, 피한정후견인이 있다.

신탁관리인제도는 수익자가 미래에 자신의 권리를 행사할 자를 특정할 수 있는 제도이다. 즉, 수익자를 대신하여 신탁관리인이 권리를 행사함으로써 수익자의 권리를 보호할 수 있도록 하고 있다. 다만, 신탁관리인의 선임을 수탁자에게 통지하지 아니한 경우에는 수탁자에게 대항하지 못한다(법률 68).

(5) 신탁재산관리인

수탁자를 갈음하여 신탁재산을 관리하는 자를 말한다. 수탁자의 임무가 종료되거나 수탁자와 수익자 간의 이해가 상반되어 수탁자가 신탁사무를 수행하는 것이 적절하지 아니한 경우 법원은 이해관계인의 청구에 의하여 신탁재산관리인의 선임이나 그 밖의 필요한 처분을 명할 수 있다(법률 17).

2) 부동산신탁의 종류

(1) 관리신탁

위탁자가 맡긴 부동산을 관리·운용하여 그 수익을 수익자에게 교부하는 제도이다. 해외교포·미성년자·고령자 등 부동산을 직접 관리하기 곤란하거나 전문지식이 부족한 경우 주로 활용한다. 또한, 신탁재산의 권리보호를 위해 활용되기도 한다.

관리신탁은 갑종(또는 1종)관리신탁과 을종(또는 2종)관리신탁으로 구분된다. 갑종관리신탁은 유지관리·운용관리 등 부동산 관련 모든 업무를 신탁하는 것으로 종합관리형이며, 을종관리신탁은 소유권만을 관리하는 신탁으로 소유권관리형(명의신탁)에 속한다. 관리신탁기간은 1년 이상 30년 이내이다.

(2) 처분신탁

부동산의 소유권을 수탁자 명의로 등기한 후 수탁자가 대신 처분해 주고 처분대금을 수익자에게 교부하여 주는 제도이다. 이는 처분방법이나 절차에 어려움이 있거나 대형·고가의 부동산을 효율적으로 처분할 수 있는 제도이다. 또한, 부동산의 매매 시 특별조건이 있어 제3자의 확인 및 에스크로(Escrow) 역할이 필요한 경우 유용하다. 처분신탁기간은 처분 시까지 5년 이내이다.

(3) 개발신탁

개발신탁은 신탁재산인 토지에 수탁자의 자금을 투입하여 택지조성 또는 건축물을 건설한 후, 이를 분양·임대하여 그 수익을 수익자에게 배당해 주는 제도로서 토지신탁이라고도 한다. 이는 토지소유자가 부동산개발의 Know-How가 없거나 개발자금이 부족한 경우 등에 주로 활용되며, 신탁기간은 분양형의 경우 분양종료 시까지 5년 이내이고, 임대형의 경우 5년 이상 30년 이내이다.

토지소유자의 입장에서 개발신탁의 장점으로는 자금부담 없는 토지개발이 가능하고, 사업주체의 단일화로 사업운영의 안전성·일관성이 도모되며, 신탁회사 공신력의 도움으로 분양·임대가 용이하고, 신탁기간 중 신탁재산을 안전하게 보호할 수 있으며, 사업운영에 따른 위험부담과 번거로움이 감소되어 결국 토지개발의 수익을 극대화할 수 있다는 것이다.

개발신탁의 구조는 다음의 그림과 같다.

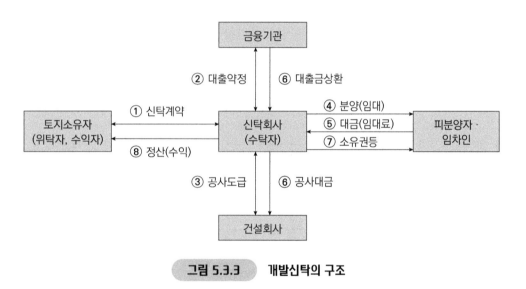

그림 5.3.3 **개발신탁의 구조**

(4) 담보신탁

담보신탁은 금융기관의 저당제도를 대신하는 것으로, 위탁자가 부동산의 관리와 처분을 신탁회사에 신탁한 후 수익권증서를 발급받아 이를 담보로 금융기관에서 대출받는 제도이다. 즉, 신탁회사는 신탁수수료를 받고 신탁재산을 담보력이 유지·보전되도록 관리하다가 금융기관에서 대출받은 사람이 대출금을 갚으면 신탁계약을 해지하고 대출금을 갚지 못하면 부동산을 처분하여 그 대금으로 금융기관에 채무를 대신 갚아주게 된다. 따라서 담보신탁에는 신탁회사와 금융기관 간의 협약 체결이 선행되어야 한다.

금융기관 입장에서 담보신탁은 근저당권 설정에 비해 비용이 절감되고, 부동산의 관리에서 자유로우며, 법원의 경매에 비해 환가절차가 간편한 장점이 있다.

(5) 분양관리신탁

피분양자를 보호하기 위해 「건축물의 분양에 관한 법률」(약어로 건축물분양법이라 한다)을 제정(2004. 10)하고 공동주택을 제외한 오피스텔·주상복합건물·상가건물 등을 선분양하기 위한 요건을 규정하고 있는데 그 중의 하나가 신탁회사와 분양관리신탁 및 자금관리대리사무계약을 체결하는 것이다. 따라서 분양관리신탁은 분양사업자가 분양사업의 선분양을 위하여 신탁회사에 부동산의 소유권 및 분양대금을 보전·관리하게 하는 제도이다. 분양사업자가 부담하는 채무를 이행하지 못하는 경우 신탁회사가 신탁된 부동산을 환가처분하여 정산한다. 분양관리신탁의 장점은 먼저, 분양사업자의 입장에서 선분양을 통해 사업자의 초기부담을 최소화할 수 있고, 신탁회사의 공신력을 바탕으로 분양성을 제고할 수 있으며, 금융기관으로부터 분양보증을 받는 경우보다 비용이 저렴하다는 것이다. 다음으로 피분양자의 입장에서 사업부지가 안전하게 보호되고, 자금관리가 투명하여 피분양자의 피해를 방지할 수 있다는 것이다.

분양관리신탁의 구조는 다음의 그림과 같다.

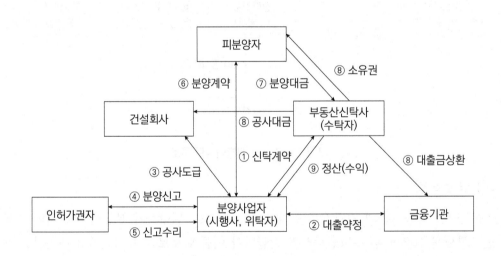

그림 5.3.4   분양관리신탁의 구조

3 신탁회사

1) 신탁회사의 구분

부동산신탁업을 영위하는 회사는 겸영사(겸업사)와 전업사로 구분할 수 있다. 겸영사(겸업사)는 은행·증권사·보험사와 같이 다른 금융업무와 신탁업무를 함께 운영하는 회사를 말한다. 은행은 1961년 「신탁법」 및 (구)「신탁업법」이 제정될 당시부터, 증권사는 2005년부터, 보험사는 2007년부터 신탁업을 겸영하기 시작했다.[63]

한편, 전업사는 부동산신탁만을 전문적으로 취급하는 회사를 말한다. 우리나라 최초의 전업사는 1991년 5월 설립된 한국부동산신탁[(구)한국감정원 출자]과 대한부동산신탁[(구)성업공사 출자]이었으나, 외환위기 이후 부실로 이어져 두 회사 모두 청산되었다.

2024년 말 현재 전업사로 14개 회사가 있다.

2) 신탁회사 유형별 업무범위

부동산신탁업을 영위하는 회사로서 겸영사(겸업사)와 전업사는 업무범위에 차이가 있다. 전업사는 모든 종류의 부동산신탁 업무를 수행할 수 있지만, 겸영사(겸업사)는 사업 위험도가 높은 개발신탁을 제외한 일부 업무만을 수행할 수 있다.

표 5.3.9 신탁회사 유형별 업무범위

구분		관리신탁	처분신탁	개발신탁	담보신탁	분양관리신탁
겸영사 (겸업사)	은행	○	○	×	○	○
	증권사	○	○	×	×	×
	보험사	○	×	×	×	×
전업사		○	○	○	○	○

자료: 손재영·김경환 편(2023), p.273.

---

63 손재영·김경환 편(2023), 앞의 책, p.272.

3) 전업 신탁회사의 성장

전업 신탁회사가 처음 설립될 당시(1991년 5월)에는 관리신탁과 처분신탁의 업무만 취급했으나, 1992년 11월과 1993년 2월에 각각 개발신탁과 담보신탁의 업무를 인가받아 그 영역이 확대되었다.

2005년 4월 「건축물분양법」이 시행되면서 분양관리신탁이 새로운 업무로 추가되었고, 2015년 9월 「도시정비법」 개정 시 일정한 동의요건 충족을 전제로 신탁회사에게 재개발사업·재건축사업에 있어 단독 사업시행자의 지위를 허용(시행일: 2016년 3월)함으로써 신탁회사 성장의 새로운 계기를 마련하였다.

제 4 장 부동산중개론

제1절 | 부동산중개의 의의

1 부동산중개의 의의

1) 부동산중개의 개념

부동산중개(real estate brokerage)란 간단히 말해 부동산에 대해 거래당사자를 찾는 서비스라 할 수 있다.[64] 부동산중개에 있어 중개는 한자로 仲介로 표기하는데 '중개할 仲' 자는 '亻'변에 있다. 즉 사람과 사람(예컨대 매도인과 매수인, 임대인과 임차인, 교환자와 또 다른 교환자) 사이에서 각자의 요구를 협상과 조정을 통해 합의점을 찾고 각자의 조건에 맞는 계약을 체결하도록 알선하는 것을 말한다.

「공인중개사법」에서는 중개를 '중개대상물에 대하여 거래당사자 간의 매매·교환·임대차 그 밖의 권리의 득실변경에 관한 행위를 알선하는 것'으로 정의하고 있다. 여기서 알선(斡旋)은 '남의 일이 잘 되도록 도와주는 것'이라 할 수 있다.

2) 부동산중개의 법적 성질

먼저, 부동산중개는 거래당사자 사이의 거래계약이 성립되도록 주선하고 보조하는 사실행위이다. 따라서 부동산중개 자체는 사실행위이며, 중개행위의 대상은 거래계약이라는 법률행위이다.

---

64 이태교·안정근(1999), 부동산마케팅, 법문사, p.120.

둘째, 부동산중개는 민사중개(民事仲介)에 속한다. 민사중개는 상행위 이외의 혼인·직업·부동산 매매 등의 행위를 중개하는 것을 말한다. 여기서 상행위란 영업활동에 관한 재산상의 행위를 말하는데, 영리목적으로 계속적·반복적으로 하는 행위뿐 아니라 영업을 위한 수단으로 하는 행위를 포함한다. 민사중개는 영업으로 할 필요는 없고 만일 영업으로 하는 경우에는 상인자격을 가질 뿐이다. 한편, 상사중개(商事仲介)는 타인 간의 상행위를 성립시키기 위하여 노력하는 사실행위를 말하며, 「상법」의 적용을 받는다. 상사중개에서 타인은 쌍방 또는 일방이 상인이어야 하고, 타인의 법률행위는 상행위이어야 한다.

3) 부동산중개의 필요성

부동산이 가진 자연적 특성으로 인해 부동산시장은 일반상품과는 다른 특성을 지닌다. 즉, 부동산은 부동성·개별성 등의 특성을 가져 시장이 국지적으로 형성되고, 부동산에 대한 완전한 정보의 수집과 유통이 곤란하다. 또한 부동산은 동산에 비해 고가(高價)로서 가치형성요인이 다양하여 거래 시 탐색·선택·계약체결 및 이행 등에 많은 노력과 시간이 걸리고, 철저한 물건분석과 권리분석이 필수적이다. 따라서 원활하고 안전한 부동산 거래를 위해서는 전문가인 제3자를 통한 조언과 조정이 필요하다.

중개업자는 자신의 지식과 경험을 파는 전문직업인이다. 따라서 부동산에 관한 전문적인 지식과 풍부한 경험을 바탕으로 중개의뢰인의 욕구를 충족시킬 수 있어야 한다.

4) 부동산중개의 3요소

부동산시장의 불완전성 등으로 인해 부동산의 원활한 거래를 위해서는 이를 중개하는 중개업자가 필요하다. 여기서 부동산중개는 중개업자가 중개의뢰인의 의뢰를 받아 중개대상물에 대한 거래계약을 알선하는 것이라 할 수 있다. 따라서 부동산중개에는 중개업자·중개의뢰인·중개대상물이 필요한데, 이를 부동산중개의 3요소라 한다.

2 부동산중개 대상물건

1) 토지

토지란 '땅'을 말하는 것으로 「민법」상 부동산의 대표적 예이다. 토지는 물리적으로 지표상에 무한하게 연속되어 있지만 부동산활동을 위해 인위적으로 지표를 구획하여 지적공부에 지번으로 구분하여 등록하고 있다. 하나의 지번이 붙은 토지의 등록단위인 필지는 독립성을 가지므로 물건의 요건을 갖추게 된다. 법적으로 토지는 지면(地面)뿐 아니라 정당한 이익이 있는 범위 내에서 공중(空中)이나 지하(地下)를 포함한다.

한편, 1필의 토지의 일부도 용익물권(즉, 지상권·지역권·전세권) 또는 임차권의 대상이 되므로 1필의 토지의 일부도 중개대상물이 된다.

2) 건축물 그 밖의 토지의 정착물

(1) 건축물

건축물이라 함은 토지에 정착하는 공작물(工作物) 중 지붕과 기둥 또는 벽이 있는 것과 이에 딸린 시설물, 지하나 고가(高架)의 공작물에 설치하는 사무소·공연장·점포·차고·창고, 그 밖에 대통령령으로 정하는 것을 말한다(건축법 2). 즉, 건축물이란 토지에 상당기간 동안 정착시킬 목적으로 설치한 공작물 중의 하나이므로 공사장의 가건물과 같이 일시적 목적으로 사용되는 것은 건축물로 간주하지 않는다. 건축물의 일부도 전세권 등 용익물권 또는 임차권의 대상이 되므로 중개대상물이 된다.

한편, 아파트분양권도 중개대상물에 해당한다.

▶ (구)「부동산중개업법」 제3조제3호에서 중개대상물로 규정한 "건물"에는 기존의 건축물뿐만 아니라 장래에 건축될 건물도 포함되어 있는 것이므로, 아파트의 특정 동·호수에 대한 피분양자로 선정되거나 분양계약이 체결된 후에 특정아파트에 대한 매매를 중개하는 행위 등은 중개대상물인 건물을 중개한 것으로 볼 것이지 이를 같은 법 제15조 제4호에 의하여 부동산 중개업자가 해서는 아니 될 부동산의 분양과 관련 있는 증서 등의 매매를 중개한 것으로 보아서는 안 된다(대판 1990. 2. 13. 선고 89도1885). 중개대상물로 (구)「부동산중개업법」(1983. 12. 제정)은 "건물"로 규정하였으나, 부동산거래신고제 도입을 위해 전부개정한 (구)「공인중개사의 업무 및 부동산 거래신고에 관한 법률」(2005. 7.)에서는 "건축물"로 규정하여 현재에 이르고 있다.

---

(2) 그 밖의 토지의 정착물

건축물 이외의 토지의 정착물이란 토지에 고정되어 사용되는 물건으로서 수목, 미분리 과실, 농작물, 교량, 터널, 담장, 제방 등을 말한다. 그러나 교량, 터널, 담장, 제방 등과 같이 토지에 정착되어 토지의 일부로 취급되는 것은 토지와 별도로 독립된 부동산이 될 수 없는데 이는 토지와 독립되어 거래능력이 없기 때문이다. 따라서 토지와는 독립된 거래능력이 있는 토지의 정착물로서 건물 이외는 수목, 미분리 과실, 농작물 등이 있다. 그러나 이들은 거래능력이 있는 독립된 부동산이지만, 그 자체로서 독립된 중개대상물이 될 수 있는가 하는 점은 별개의 문제이다. 이에 대해 명확한 언급은 없으나 「공인중개사법」의 입법목적이나 취지로 보아 독립된 중개대상물로 볼 수 없다고 본다.[65]

3) 그 밖에 대통령이 정하는 재산권 및 물건

「입목에 관한 법률」에 따른 입목, 「공장 및 광업재단저당법」에 따른 공장재단 및 광업재단이 있다.

이들의 집단 또는 집합물은 일물일권주의(一物一權主義) 원칙의 예외로서 특별법에 의하여 공시를 전제로 하나의 물권이 인정된다. 따라서 이들이 중개대상물이 되기 위해서는 집단 또는 집합물이지 이들을 구성하고 있는 객체가 중개대상물이 되는 것은 아니다.

제2절 | 부동산중개업

① 부동산중개업의 의의

1) 부동산중개업의 개념

부동산중개업이란 타인의 의뢰에 의하여 일정한 보수를 받고 중개를 업(業)으로 하는 것을 말한다. 따라서 부동산중개업이 성립되기 위해서는 ① 타인의 의뢰가 있을 것, ② 일정한 보수를 받을 것, ③ 중개를 업으로 할 것의 요건이 필요하다. '중개를 업으로 한다'는

---

65 토지의 정착물에 관한 자세한 내용은 제1편 제2장 제1절 참조(pp.26~29)

의미는 영리를 목적으로 계속적·반복적으로 중개행위를 하는 것을 말한다.

한편, 중개업을 영위하는 사무소(즉, 중개사무소)의 개설등록을 한 자를 개업공인중개사라 한다. 개업공인중개사는 중개업 이외에 「민사집행법」에 의한 경매 및 「국세징수법」 그 밖의 법령에 의한 공매대상 부동산에 대한 권리분석 및 취득의 알선과 매수신청 또는 입찰신청의 대리를 할 수 있다(법률 14).

2) 부동산중개업의 연혁

소개영업에 관해 근대화된 최초의 법령은 일제강점기인 1922년 경기도령 제10호로 제정된 「소개영업취체규칙」[66]이다. 이 법령에서는 소개영업을 경찰서장의 허가제로 규제하였다. 광복이후 1961. 9. (구)「소개영업법」을 제정하여 부동산의 매매·임대차뿐 아니라 혼인의 중매, 직업 소개를 포함하여 소개영업의 범위로 하였으며, 종전 경찰서장의 권한에 속하는 사항을 서울특별시장, 도지사, 구청장, 시·읍·면장의 권한으로 변경하고 신고제로 전환하였다. 그 후 1962. 10. 개정을 통해 혼인의 중매와 직업 소개업은 그 적용대상에서 제외되었다.

1960년대 이후 급속한 공업화와 도시화가 진행되면서 부동산소개업의 역할도 점차 증대되기 시작했다. 그러나 누구나 신고만으로 부동산소개업이 가능한 (구)「소개영업법」으로는 부동산거래사고의 빈발 및 부동산 투기유발 등의 문제점을 효과적으로 규율하지 못한다는 비판이 제기되었다.

이에 따라 정부는 1983. 12. 부동산중개업을 종전의 신고제에서 허가제로 전환하고, 공인중개사 자격을 취득한 사람만이 중개업을 할 수 있는 것을 골자로 한 (구)「부동산중개업법」을 제정하였고, 1999. 3. 개정을 통해 허가제를 등록제로 완화하였다.

한편, 2005. 7. 투명하고 공정한 부동산거래질서를 확립하기 위해 부동산거래신고제를 도입하고 종전의 법률제명을 (구)「공인중개사의 업무 및 부동산 거래신고에 관한 법률」(약어로 부동산중개법이라 한다)로 변경하였다. 2014. 1. 전문자격사인 공인중개사에 대한 별도의 근거법률 마련을 위해 (구)「부동산중개법」개정을 통해 법명을 「공인중개사법」으로 변경하고, 부동산 거래신고에 관한 내용은 별도로 (구)「부동산 거래신고에 관한 법률」을 제정하였다.

---

66 취체(取締)는 단속의 뜻이다.

3) 부동산중개업의 특징

부동산중개업의 특징은 다음과 같다.

먼저, 지역활동성이다. 부동산의 지역성으로 인해 부동산중개업무가 지역적으로 한정되는 경향이 있다.

둘째, 임장활동의 필수성이다. 부동산의 부동성으로 인해 중개업자의 조사활동은 현장방문을 통한 임장활동이 필수적이다.

셋째, 정보활동성이다. 중개업무의 중요한 부분 중의 하나가 많은 거래당사자와 중개대상물을 확보하는 것이다.

넷째, 개별활동성이다. 부동산의 개별성과 중개의뢰인의 개별성으로 인해 부동산중개업은 개별활동의 특성이 강하다. 특히 중개의뢰인의 거래 동기나 자금여력, 선호도 등이 각각 다른 것이 일반적이어서 대부분의 부동산중개활동은 각각의 중개의뢰인에 대한 개별적인 활동으로 귀착된다.

다섯째, 부동산경기 의존성이다. 중개업자의 수익은 부동산경기와 밀접한 관련이 있다.

여섯째, 규모의 영세성이다. 사업자의 형태가 대부분 개인사업자로서 규모가 영세한 편이다.

일곱째, 공공성이다. 중개업자는 공정한 부동산 거래질서 확립과 국민의 재산권 보호에 노력하여야 한다.

② 부동산중개업의 요건

1) 사무소의 개설등록

부동산중개활동을 시작할 수 있기 위해서는 먼저 국가에서 요구하고 있는 법적 요건을 구비하여야 한다. 이러한 법적 요건은 각국의 실정에 따라서 다르고 그 내용 또한 다르지만 현재 우리나라에서는 등록제를 시행하고 있다.

중개업(仲介業)을 영위하고자 하는 자는 중개사무소(법인의 경우에는 주된 중개사무소를 말한다)를 두려는 지역을 관할하는 시장(구가 설치되지 아니한 시의 시장과 특별자치도 행정시의 시장을 말한다)·군수 또는 구청장(이하 등록관청이라 한다)에게 중개사무소의 개설등록을 하여야 한다(공인중개사법 9). 따라서 중개사무소의 개설등록을 하고자 하는 자는 등록관청에게 개별적으로 신청서를 제출하여야 한다.

중개사무소 개설등록의 기준은 다음 각 호와 같다. 다만, 다른 법률의 규정에 의하여 부동산중개업을 할 수 있는 경우에는 그러하지 아니하다.

(1) 공인중개사가 중개사무소를 개설하고자 하는 경우

① 법 제34조 제1항의 규정에 따른 실무교육을 받았을 것
② 건축물대장에 기재된 건물(준공검사, 준공인가, 사용승인, 사용검사 등을 받은 건물로서 건축물대장에 기재되기 전의 건물을 포함한다)에 중개사무소를 확보(소유·전세·임대차 또는 사용대차 등의 방법에 의하여 사용권을 확보하여야 한다)할 것

(2) 법인이 중개사무소를 개설하고자 하는 경우

① 「상법」상 회사 또는 「협동조합기본법」상 협동조합으로서 자본금이 5천만원 이상일 것
② 법 제14조에 규정된 업무만을 영위할 목적으로 설립된 법인일 것
③ 대표자는 공인중개사이어야 하며, 대표자를 제외한 임원 또는 사원(합명회사 또는 합자회사의 무한책임사원을 말한다)의 3분의 1 이상은 공인중개사일 것
④ 대표자, 임원 또는 사원 전원 및 분사무소의 책임자(법 제13조 제3항의 규정에 따라 분사무소를 설치하고자 하는 경우에 한한다)가 법 제34조 제1항의 규정에 따른 실무교육을 받았을 것
⑤ 건축물대장에 기재된 건물에 중개사무소를 확보(소유·전세·임대차 또는 사용대차 등의 방법에 의하여 사용권을 확보하여야 한다)할 것

2) 사용인의 신고

개업공인중개사는 소속공인중개사 및 중개보조원을 둘 수 있다. 먼저, 소속공인중개사라 함은 개업공인중개사에 소속된 공인중개사(개업공인중개사인 법인의 사원 또는 임원으로서 공인중개사인 자를 포함한다)로서 중개업무를 수행하거나 개업공인중개사의 중개업무를 보조하는 자를 말한다. 둘째, 중개보조원이라 함은 공인중개사가 아닌 자로서 개업공인중개사에 소속되어 중개대상물에 대한 현장안내 및 일반서무 등 개업공인중개사의 중개업무와 관련된 단순한 업무를 보조하는 자를 말한다(법률 2).

개업공인중개사가 소속공인중개사 또는 중개보조원을 고용하거나 고용관계가 종료된 때에는 등록관청에 신고하여야 하며, 소속공인중개사 또는 중개보조원의 업무상 행위는 그를 고용한 개업공인중개사의 행위로 본다(법률 15).

3) 인장의 등록

개업공인중개사 및 소속공인중개사는 중개행위에 사용할 인장을 등록관청에 등록하여야 하며(등록한 인장을 변경한 경우에도 또한 같다), 중개행위를 함에 있어서는 등록한 인장을 사용하여야 한다(법률 16).

개업공인중개사 및 소속공인중개사의 인장을 등록하게 하는 이유는 공신력과 책임성을 보장하기 위함이다.

4) 사무소 이전과 휴업·폐업의 신고

첫째, 개업공인중개사는 중개사무소를 이전한 때에는 이전한 날부터 10일 이내에 국토교통부령으로 정하는 바에 따라 등록관청에 이전사실을 신고하여야 한다. 다만, 중개사무소를 등록관청의 관할 지역 외의 지역으로 이전한 경우에는 이전 후의 중개사무소를 관할하는 시장·군수 또는 구청장에게 신고하여야 한다.

둘째, 개업공인중개사는 3개월을 초과하는 휴업(중개사무소의 개설등록 후 업무를 개시하지 아니하는 경우를 포함한다), 폐업 또는 휴업한 중개업을 재개하고자 하는 때에는 등록관청에 그 사실을 신고하여야 한다. 휴업기간을 변경하고자 하는 때에도 또한 같다.

③ 개업공인중개사

1) 개업공인중개사의 유형

(1) 개인 사무소

공인중개사 자격을 갖고 있는 자가 관할 시·군·구청장에게 중개업 개설등록을 하고 영업을 행하는 자로 부동산중개업자 중 핵심적인 위치와 다수를 차지하고 있다. 업무의 범위는 전국이며, 등록관청의 관할구역 안에 1개의 중개사무소를 둘 수 있다.

(2) 중개인 사무소

1983. 11. 30. 이전에 (구)「소개영업법」에 의한 결격사유(법률 제7조)에 해당되지 아니한 자(법률 부칙 제3조제1항)와 (구)「부동산중개업법」의 시행 이후 허가관청으로부터 부동산중개업 허가를 받은 업소를 말한다. 업무의 범위는 당해 중개사무소가 있는 특별시·광역시·도의 관할구역으로 하며, 그 관할구역에 있는 중개대상물에 한하여 중개행위를 할

수 있다. 다만, 중개인이 부동산거래정보망에 가입하고 이를 이용하여 중개하는 경우에는 당해 정보망에 공개된 관할구역 외의 중개대상물에 대하여도 이를 중개할 수 있다[공인중개사법(법률 제7638호, 2005. 7. 29.) 부칙 제6조].

(3) 중개법인

「공인중개사법령」 제13조의 개설등록 요건을 갖추고 개설등록을 한 후 영업을 행하는 자이다. 업무의 범위는 전국이며, 법인인 개업공인중개사는 그 관할구역 외의 지역에 분사무소를 둘 수 있다. 또한, 중개업 이외에 추가로 ① 상업용 건축물 및 주택의 임대관리 등 부동산의 관리대행, ② 부동산의 이용·개발 및 거래에 관한 상담, ③ 개업공인중개사를 대상으로 한 중개업의 경영기법 및 경영정보의 제공, ④ 상업용 건축물 및 주택의 분양대행, ⑤ 중개의뢰인의 의뢰에 따른 도배·이사업체의 소개 등 주거이전에 부수되는 용역의 알선을 할 수 있다(법률 14).

(4) 특수법인

법인 설립이 중개업을 목적으로 하고 있지 않지만 법인의 업무 수행상 부동산중개 행위를 필요로 하기 때문에 중개활동을 할 수 있게 하는 법인으로 신탁회사나 신탁업무를 겸하는 은행, 지역농업협동조합 등이 이에 속한다.

표 5.4.1　　**개업공인중개사 현황**

년도	합계	개인		법인
		공인중개사	중개인	
2020	111,016	106,599	2,891	1,526
2015	91,130	85,474	4,909	747
2010	83,627	74,634	8,263	464
2005	76,164	62,432	13,203	529
2000	45,845	26,452	18,776	617
1995	41,189	14,373	26,523	293
1990	56,131	13,130	42,690	311
1985	45,923	4,173	41,721	29

자료: 국토교통통계누리

2) 개업공인중개사의 기본윤리

부동산은 인간생활에 있어서 가장 기본적이고 필수적인 자원일 뿐 아니라, 부증성의 특성을 가지고 있다. 따라서 부동산은 모든 개인에게 적절히 배분될 필요가 있고, 부동산의 거래는 투명하고 공정하게 이루어져야 할 것이다. 부동산 거래과정을 보면 부동산의 거래 여부와 가격(또는 임대료)수준 결정에 개업공인중개사의 태도나 의견이 영향을 미칠 수 있다.

「공인중개사법」에는 개업공인중개사의 윤리적인 면을 크게 강조하고 있고, 개업공인중개사의 감독 하에 있는 사용인의 위반행위에 대하여는 그 행위자를 벌하는 외에 개업공인중개사도 처벌하는 양벌규정을 두고 있다. 즉, 개업공인중개사 및 소속공인중개사는 전문직업인으로서의 품위를 유지하고 신의와 성실로써 공정하게 중개 관련 업무를 수행하여야 하며, 개업공인중개사 등은 법률에 특별한 규정이 있는 경우를 제외하고는 그 업무상 알게 된 비밀을 누설하여서는 아니된다(법률 29).

3) 개업공인중개사의 의무와 금지행위

(1) 개업공인중개사의 의무

개업공인중개사의 의무로는 중개대상물의 확인·설명의무, 계약서 작성·보존의무, 부동산거래의 신고의무 등이 있다.

① 중개대상물의 확인·설명의무: 개업공인중개사는 중개를 의뢰받은 경우에는 중개가 완성되기 전에 당해 중개대상물의 상태·입지 및 권리관계, 법령의 규정에 의한 거래 또는 이용제한사항 등을 확인하여 이를 당해 중개대상물에 관한 권리를 취득하고자 하는 중개의뢰인에게 성실·정확하게 설명하고, 토지대장·부동산종합증명서·등기사항증명서 등 설명의 근거자료를 제시하여야 한다(법률 25).

② 계약서 작성·보존의무: 개업공인중개사는 중개대상물에 관하여 중개가 완성된 때에는 거래계약서를 작성하여 거래당사자에게 교부하고 5년간 원본·사본 또는 전자문서를 보존하여야 한다.

③ 부동산거래의 신고의무: 거래당사자(매수인 및 매도인을 말한다)는 부동산 또는 부동산을 취득할 수 있는 권리에 관한 매매계약을 체결한 때에는 부동산 등의 실제 거래가격 등 대통령령이 정하는 사항을 거래계약의 체결일부터 30일 이내에 매매대상 부동산(권리에 관한 매매계약의 경우에는 그 권리의 대상인 부동산) 소재지의 관할 시장·군수 또는 구청장에게 공동으로 신고하여야 한다. 다만, 개업공인중개사가 거래

계약서를 작성·교부한 때에는 당해 개업공인중개사가 그 신고를 하여야 한다(부동산거래법 3 ③).

(2) 개업공인중개사의 금지행위

개업공인중개사 등은 다음의 행위를 하여서는 아니 된다(공인중개사법 33).

① 중개대상물의 매매를 업으로 하는 행위

② 중개사무소의 개설등록을 하지 아니하고 중개업을 영위하는 자인 사실을 알면서 그를 통하여 중개를 의뢰받거나 그에게 자기의 명의를 이용하게 하는 행위

③ 사례·증여 그 밖의 어떠한 명목으로도 법 제32조에 의한 보수 또는 실비를 초과하여 금품을 받는 행위

④ 당해 중개대상물의 거래상의 중요사항에 관하여 거짓된 언행 그 밖의 방법으로 중개의뢰인의 판단을 그르치게 하는 행위

⑤ 관계 법령에서 양도·알선 등이 금지된 부동산의 분양·임대 등과 관련 있는 증서 등의 매매·교환 등을 중개하거나 그 매매를 업으로 하는 행위: 본 조에서 금지하고 있는 분양·임대관련 증서란 특정인에게 일신전속적인 복지차원의 증서이거나, 미확정적인 부동산의 공급·분양가능 지위에 불과한 것 등으로서 관계법령에서 양도·알선 등이 금지된 것을 말한다. 예컨대 주택청약예금·부금·저축증서, 토지·주택상환채권, 철거민입주권[67], 주택조합원의 지위나 고용주가 건설한 주택을 공급받을 수 있는 지위, 분양계약이 체결되기 전의 아파트입주권, 이주대책대상 확인증 등이 있다.[68]

⑥ 중개의뢰인과 직접 거래를 하거나 거래당사자 쌍방을 대리하는 행위

⑦ 탈세 등 관계 법령을 위반할 목적으로 소유권보존등기 또는 이전등기를 하지 아니한 부동산이나 관계 법령의 규정에 의하여 전매 등 권리의 변동이 제한된 부동산의 매매를 중개하는 등 부동산투기를 조장하는 행위

⑧ 부당한 이익을 얻거나 제3자에게 부당한 이익을 얻게 할 목적으로 거짓으로 거래가 완료된 것처럼 꾸미는 등 중개대상물의 시세에 부당한 영향을 주거나 줄 우려가 있는 행위

---

67 서울특별시(서울주택도시공사와 자치구, 서울특별시교육청을 포함한다)가 시행하는 도시계획사업 등으로 인해 철거되는 주택의 소유자(즉, 철거민) 또는 세입자(즉, 철거세입자)가 일정한 요건을 갖춘 경우 전용면적 85㎡ 이하의 임대주택을 특별공급하고 있다(서울특별시 철거민 등에 대한 국민주택 특별공급규칙 참조).

68 서진형(2005), 부동산중개론, 부연사, p.183.

⑨ 단체를 구성하여 특정 중개대상물에 대하여 중개를 제한하거나 단체 구성원 이외의 자와 공동중개를 제한하는 행위

4) 개업공인중개사의 손해배상책임

먼저, 개업공인중개사가 중개행위를 함에 있어서 고의 또는 과실로 인하여 거래당사자에게 재산상의 손해를 발생하게 한 때에는 그 손해를 배상할 책임이 있다. 또한 개업공인중개사는 자기의 중개사무소를 다른 사람의 중개행위의 장소로 제공함으로써 거래당사자에게 재산상의 손해를 발생하게 한 때에는 그 손해를 배상할 책임이 있다. 따라서 개업공인중개사는 그 손해배상책임을 보장하기 위하여 업무를 개시하기 전에 보증보험 또는 공제에 가입하거나 공탁을 하여야 한다(공인중개사법 30).

④ 부동산중개의 과정

1) 개요

개업공인중개사에 의한 부동산중개는 일반적으로 ① 중개의뢰인으로부터 중개의 의뢰를 받으면, ② 중개대상물의 실체와 권리 상태에 대해 확인을 하고, ③ 목적 달성에 적합한 거래의 상대방을 찾아(즉, 중개마케팅), ④ 거래당사자간 협상과 조정을 통해 거래계약을 체결하게 한 후, ⑤ 거래계약이 완전하게 이행되도록 관리하고, 중개보수를 받는 과정을 거친다.

부동산중개의 과정을 그림으로 나타내면 다음과 같다.

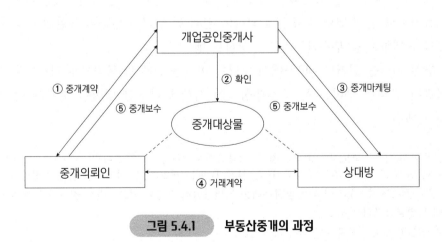

그림 5.4.1   부동산중개의 과정

2) 중개계약단계

중개계약(listing contract)은 부동산의 매도나 매수(또는 임대나 임차) 등을 희망하는 자가 개업공인중개사에게 이러한 목적 달성을 위해 중개를 해달라고 의뢰를 하고 맺는 계약을 말한다. 이 단계에서는 중개의뢰인의 상황과 중개의 목적을 파악하는 것이 중요하다 (즉, 고객분석).

중개계약은 보통 구두(口頭)로 하나 문서로 할 수도 있다. 중개의뢰내용을 명확하게 하고 분쟁을 예방하기 위해서는 문서로 하는 것이 좋다(단, 전속중개계약은 반드시 문서로 해야 한다). 중개계약은 일반중개계약·전속중개계약·순가중개계약 등으로 구분할 수 있다.

먼저, 일반중개계약은 중개의뢰인이 다수의 개업공인중개사에게 경쟁적으로 의뢰한 후 먼저 거래계약을 성사시킨 개업공인중개사에게 보수를 주는 유형이다. 따라서 전속중개계약보다 중개의뢰인이 자유로우며, 개업공인중개사의 입장에서는 일반적으로 전속중개계약보다 상대적으로 적은 노력과 비용을 투입한다. 우리나라의 대부분 중개계약은 구두로 하는 일반중개계약이다. 중개의뢰인은 필요한 경우 개업공인중개사에게 일반중개계약서의 작성을 요청할 수 있다(법률 22).

둘째, 전속중개계약은 중개의뢰인이 특정한 개업공인중개사를 정하여 그에 한하여 당해 중개대상물을 중개하도록 하는 계약을 말한다. 전속중개계약은 반드시 법령에서 정한 계약서로 해야 하며, 전속중개계약의 유효기간은 3개월이다. 개업공인중개사는 전속중개계약을 체결한 때에는 부동산거래정보망 또는 일간신문에 당해 중개대상물에 관한 정보를 공개하여야 한다(다만, 중개의뢰인이 비공개를 요청한 경우에는 제외).

셋째, 순가중개계약은 거래가격을 미리 정하고 그보다 높은(또는 낮은) 금액으로 거래가 이루어진 경우 그 초과액(또는 미달액)의 전부나 일부를 개업공인중개사에게 중개보수로서 지급하도록 한 계약을 말한다. 순가중개계약은 우리나라에서는 엄격하게 금지하고 있다(법 33).

3) 중개대상물 확인단계

(1) 중개대상물 확인의 의의

개업공인중개사가 중개의뢰를 받은 경우에는 당해 중개대상물에 대한 실체 및 권리관계를 확인하여야 한다. 이는 개업공인중개사의 의무이기도 하지만, 중개실무상 필수적 과정이다. 개업공인중개사는 확인한 사항에 대해 당해 중개대상물에 관한 권리를 취득하고자 하는 중개의뢰인에게 성실·정확하게 설명하여야 한다.

▶ 부동산중개업자와 중개의뢰인의 법률관계는 민법상의 위임관계와 유사하므로 중개의뢰를 받은 중개업자는 선량한 관리자의 주의로 중개대상물의 권리관계 등을 조사·확인하여 중개의뢰인에게 설명할 의무가 있다(대판2013. 6. 28. 선고 2013다14903).

(2) 중개대상물의 확인사항

중개대상물의 확인 사항은 크게 물건의 실체에 관한 사항, 권리 상태에 관한 사항 및 거래계약에 관한 사항으로 다음과 같다.

① 중개대상물의 표시: 중개대상물의 종류, 토지의 경우 소재지·지번·지목·면적, 건축물의 경우 용도·구조·면적·준공년도·내진능력 등을 확인한다. 특히 임야 등과 같이 경계확인이 곤란한 경우에는 나중에 분쟁의 소지가 있으므로 경계측량을 통해 명확하게 할 필요가 있다.

② 권리관계: 소유권에 관한 사항, 소유권 이외의 권리에 관한 사항

③ 토지이용계획, 공법상의 이용제한 및 거래규제에 관한 사항

④ 입지조건: 도로와의 관계, 대중교통·주차장·교육시설·판매 및 의료시설에 관한 사항, 비선호시설 유무

⑤ 건축물의 경우 관리에 관한 사항

⑥ 건축물의 경우 내부 및 외부 시설물의 상태: 수도·전기·가스·소방·난방방식·승강기 및 배수 등의 상태

⑦ 건축물의 경우 일조·소음·진동 등 환경조건

⑧ 거래예정금액, 개별공시지가, 주택공시가격 등

⑨ 중개대상물에 대한 권리를 취득함에 따라 부담하여야 할 조세의 종류 및 세율

(3) 중개대상물의 확인방법

① 중개의뢰인을 통한 확인: 중개대상물에 관한 기본적인 사항, 권리관계, 각종 시설물의 상태 등은 먼저 중개의뢰인에게 직접 확인한다. 중개대상물의 실체 및 권리관계는 1차적으로 소유자 등 중개의뢰인이 가장 잘 알고 있으며, 관련자료를 직접 보관하고 있는 경우가 많기 때문이다. 다만, 중개의뢰인은 이해당사자로서 허위로 응대하는 경우가 많으므로 직접 공부조사나 현장조사를 통해 반드시 재확인하여야 한다. 개업공인중개사는 중개대상물에 대한 확인·설명을 위하여 필요한 경우에는 중개대상물의 매도의뢰인·임대의뢰인 등에게 당해 중개대상물의 상태에 관한 자료를 요구할 수 있다(법 25 ②).

② 공부(公簿)조사를 통한 확인: 개업공인중개사는 중개대상물의 공부상 내용을 반드시 직접 확인하여야 한다. 공부에는 토지(임야)대장, 지적도(임야도), 건축물대장, 토지이용계획확인서, 지형도, 등기사항증명서 등이 있다. 중개의뢰인이 제출하는 공부는 진정성이 보장되지 않으므로 직접 발급받아 확인하여야 한다.

③ 현장(現場)조사를 통한 확인: 현장조사는 중개대상물인 부동산에 직접 가서 확인하는 임장활동으로, 중개의뢰인을 통한 확인내용과 공부조사를 통한 확인내용의 일치여부를 재확인하고, 그동안 확인되지 않은 중개대상물에 관한 중요한 사항도 현장에서 확인하여야 한다. 여기에는 공부상 내용과 실제 내용의 일치여부, 토지의 경우 경계·지형·지세·지질·도로 상태 등, 건축물의 경우 환경조건·비선호시설 유무·시설물의 상태 등, 등기사항증명서에 의해 확인되지 않는 권리관계(예: 유치권, 분묘기지권, 법정지상권 등) 등이 있다. 현장조사는 육안확인, 측량, 탐문 등의 방법에 의한다.

4) 마케팅단계

중개계약 이후 가능 매수자(또는 임차인)와 가능 매도자(임대인)를 찾아 거래계약체결을 시도하는 과정을 마케팅단계라 한다. 이는 매도 의뢰인 쪽에서 보면 판매활동이고, 매수의뢰인 쪽에서 보면 구매활동이다. 개업공인중개사는 마케팅단계에서 찾긴 거래의 상대방과도 중개계약을 한다.

판매활동의 경우 개업공인중개사와의 정보교환, 중개대상물에 대한 광고, 과거 고객의 관리 등을 통해 적절한 가망고객을 찾고, 이들에게 중개대상물을 보여준 후 거래내용에 대한 계속적인 협상을 통해 계약체결을 시도한다. 또한 구매활동의 경우에는 구매내용에 맞는 중개대상물을 찾아 소유자나 이해관계인에게 매도를 권유하고, 의뢰인에게 중개대상물을 보여준 후 거래내용에 대한 계속적인 협상을 통해 계약체결을 시도한다.

5) 거래계약단계

마케팅활동을 통해 중개의뢰인의 목적을 달성할 수 있는 상대방을 찾아 거래계약을 체결하는 단계이다. 이 단계에서는 거래내용에 대해 중개의뢰인과 상대방 간에 계속적인 협상과 조정을 통해 합의에 이르게 하고 거래계약(즉, 매매·교환·임대차계약 등)을 문서로 체결하게 한다. 거래내용에는 거래금액(매매대금, 보증금, 월세 등), 거래금액의 지급방법과 시기, 중개대상물의 인도일, 그 밖에 당사자가 요구하는 사항 등 다양하다.

6) 관리단계

거래계약이 체결된 이후 계약이 완전하게 이행될 때까지의 단계이다. 이 시기에는 거래대금의 지급과 중개대상물의 권리이전이 완전하게 이행되도록 관리하여야 한다. 대금의 지급과 권리의 이전은 원칙적으로 동시이행의 관계에 있다.

한편, 중개보수의 지급시기에 관한 약정이 없는 경우가 대부분이며, 이 경우에는 중개대상물의 거래대금 지급이 완료된 날에 중개보수를 받을 수 있다(법령 27-2).

⑤ 중개보수와 실비

1) 개념

중개보수(報酬)는 거래를 완성한 개업공인중개사가 중개행위에 대한 대가로서 중개당사자 쌍방으로부터 각각 받는 금전적 보답을 말한다. 중개보수 이외에 개업공인중개사는 중개의뢰인으로부터 중개대상물의 권리관계 등의 확인 또는 계약금 등의 반환채무이행 보장에 소요되는 실비를 받을 수 있다(법률 31).

중개보수의 지급시기는 개업공인중개사와 중개의뢰인간의 약정에 따르되, 약정이 없을 때에는 중개대상물의 거래대금 지급이 완료된 날로 한다(법령 27-2).

한편, 주택(부속토지를 포함한다)의 중개에 대한 보수와 실비의 한도 등에 관하여 필요한 사항은 국토교통부령이 정하는 범위 안에서 특별시·광역시·도 또는 특별자치도의 조례로 정하고, 주택 외의 중개대상물의 중개에 대한 보수는 국토교통부령으로 정한다.

2) 중개보수

(1) 주택의 중개보수

주택의 중개보수에 대해 「공인중개사법규칙」에서는 중개의뢰인 쌍방으로부터 각각 받되, 그 일방으로부터 받을 수 있는 한도는 매매·교환의 경우에는 거래금액의 1천분의 7 이내로 하고, 임대차 등의 경우에는 거래금액의 1천분의 6 이내로 하도록 규정하고 있다. 이 규정의 범위 안에서 각 시·도의 조례로 정하고 있으며, 중개대상물의 소재지와 중개사무소의 소재지가 다른 경우에는 중개사무소의 소재지를 관할하는 시·도의 조례에서 정한 기준에 따라 보수를 받아야 한다. 참고적으로 서울특별시의 조례에 의한 기준은 다음과 같다(서울특별시 주택 중개보수 등에 관한 조례).

표 5.4.2　주택의 중개보수

거래내용	거래금액	상한요율(%)	한도액(원)
매매·교환	5천만원 미만	0.6	250,000
	5천만원 이상 2억원 미만	0.5	800,000
	2억원 이상 9억원 미만	0.4	-
	9억원 이상 12억원 미만	0.5	-
	12억원 이상 15억원 미만	0.6	-
	15억원 이상	0.7	-
임대차 등 (매매·교환 이외의 거래)	5천만원 미만	0.5	200,000
	5천만원 이상 1억원 미만	0.4	300,000
	1억원 이상 6억원 미만	0.3	-
	6억원 이상 12억원 미만	0.4	-
	12억원 이상 15억원 미만	0.5	-
	15억원 이상	0.6	-

주: 비고

1) 중개보수의 한도는 거래금액에 상한요율을 곱한 금액으로 하되, 그 금액이 한도액보다 큰 경우에는 한도액으로 한다.

➡ 중개보수 산출예시 1

• 매매대금 1억8천만원인 주택을 중개한 경우 거래당사자의 일방으로부터 받을 수 있는 중개보수의 한도는?

• 1억8천만원 × 0.5%(상한요율) = 900,000원. 그런데 한도액(800,000원)을 초과하므로 중개보수의 한도는 800,000원

(2) 주택 외의 중개보수

주택 외의 중개대상물로는 토지, 건축물 중 용도가 주택이 아닌 것(예: 상가, 공장 등), 건축물 이외의 토지의 정착물, 「입목에 관한 법률」에 따른 입목, 「공장 및 광업재단저당법」에 따른 공장재단 및 광업재단이 있다.

주택 외의 중개대상물에 대한 중개보수는 중개의뢰인 쌍방으로부터 각각 받되, 다음의 구분에 따른다(공인중개사법규칙 20 ④).

① 「건축법시행령」 별표 1 제14호 나목 2)에 따른 오피스텔(다음 각 목의 요건을 모두

갖춘 경우에 한정한다): 매매·교환의 경우는 거래금액의 1천분의 5(즉, 0.5%) 이내, 임대차 등은 거래금액의 1천분의 4(즉, 0.4%) 이내에서 결정한다.

- 전용면적이 85㎡ 이하일 것
- 상·하수도 시설이 갖추어진 전용입식 부엌, 전용수세식 화장실 및 목욕시설(전용 수세식 화장실에 목욕시설을 갖춘 경우를 포함한다)을 갖출 것

② 제1호 외의 경우: 거래금액의 1천분의 9(즉, 0.9%) 이내에서 중개의뢰인과 개업공인 중개사가 서로 협의하여 결정한다.

중개대상물인 건축물 중 주택의 면적이 2분의 1 이상인 경우에는 주택의 규정을 적용하고, 주택의 면적이 2분의 1 미만인 경우에는 주택 외의 규정을 적용한다.

▶ 중개보수 산출예시 2
- 매매대금 3억원인 토지를 중개한 경우 거래당사자의 일방으로부터 받을 수 있는 중개보수의 한도는?
- 3억원 × 0.9%(법령에서 정한 한도) = 270만원

---

(3) 중개보수의 산출방법

중개보수는 거래금액에 보수요율을 곱하여 산출한 금액과 한도액을 비교하여 산출한다. 이 경우 거래금액의 계산은 다음 각 호에 따른다.

① 임대차 중 보증금 외에 차임이 있는 경우에는 월 단위의 차임액에 100을 곱한 금액을 보증금에 합산한 금액을 거래금액으로 한다. 따라서 이 경우 거래금액은 임대보증금 + (월차임 × 100)이다. 다만, 본문의 규정에 따라 합산한 금액이 5천만원 미만인 경우에는 본문의 규정에 불구하고 월 단위의 차임액에 70을 곱한 금액과 보증금을 합산한 금액을 거래금액으로 한다.

▶ 중개보수 산출예시 3
- 임차보증금: 2천만원, 월세: 20만원, 계약기간: 2년으로 주택임대차를 중개한 경우 임대인으로부터 받을 수 있는 중개보수의 한도는?
- 2,000만원 + (20만원 × 100) = 4,000만원. 보증금과 월차임 환산액의 합계가 5천만원 미만이므로 2,000만 원 + (20만원 × 70) = 3,400만원이 거래금액이다. 3,400만원 × 0.5%(상한요율) = 170,000원

---

② 교환계약의 경우에는 교환대상 중개대상물 중 거래금액이 큰 중개대상물의 가액을 거래금액으로 한다.

③ 동일한 중개대상물에 대하여 동일 당사자간에 매매를 포함한 둘 이상의 거래가 동일 기회에 이루어지는 경우에는 매매계약에 관한 거래금액만을 적용한다.

3) 실비

개업공인중개사는 「공인중개사법」 제25조 제1항의 규정에 의한 중개대상물의 권리관계 등의 확인 또는 제31조의 규정에 의한 계약금 등의 반환채무이행 보장에 소요되는 실비를 받을 수 있다. 이는 일종의 비용상환적 성격을 가지는 것이다. 실비의 한도 역시 시·도의 조례로 정하며, 서울특별시의 조례에 의한 기준은 다음과 같다.

표 5.4.3   실비의 한도

구분	산출 내역
1. 중개대상물의 권리관계 등의 확인에 소요되는 실비	가. 제 증명서·공부의 발급·열람 수수료 나. 교통비·숙박비 등의 여비 다. 제 증명서·공부의 발급·열람 대행비: 발급·열람 건당 1천원
2. 계약금 등의 반환채무이행 보장에 소요되는 실비	가. 계약금 등의 금융기관 등에의 예치수수료 나. 계약금 등의 반환의 보증을 위한 보험·공제가입비 다. 제 증명서·공부의 발급·열람 수수료 라. 교통비·숙박비 등의 여비

한편, 실비의 지급시기는 다음 각 호의 구분에 따른다.

(1) 중개대상물의 권리관계 등의 확인에 소요되는 실비: 중개대상물에 대한 확인·설명을 마친 때

(2) 계약금 등의 반환채무이행 보장에 소요되는 실비: 계약금 등을 지급하거나 반환하는 때

제6편 부동산감정평가

제1장 ▸ 감정평가의 기초

제2장 ▸ 부동산감정평가의 이해

제3장 ▸ 감정평가방식

제4장 ▸ 부동산가격공시제도

제1장

감정평가의 기초

제1절 | 감정평가의 개요

1 감정평가의 의의

1) 감정평가의 개념

「감정평가 및 감정평가사에 관한 법률」(약어로 감정평가법이라 한다)에 의하면 감정평가는 ① 토지 등의 ② 경제적 가치를 판정하여 ③ 그 결과를 가액으로 표시하는 것을 말한다. 감정평가의 개념을 세분하여 설명하면 다음과 같다.

먼저, 감정평가의 대상은 토지 등이다. 토지 등에는 토지 및 그 정착물(즉, 부동산), 동산, 기타재산 등이 포함된다.

둘째, 감정평가의 근거(根據)는 경제적 가치이다. 경제적 가치는 재화나 서비스가 가진 사람의 욕구를 만족시키는 능력(즉, 유용성)을 말한다. 경제적 가치는 기준가치가 무엇이냐에 따라 달라질 수 있다. 왜냐하면 경제적 가치는 그 유형이 매우 다양하며(가치의 다원론), 경제주체의 목적에 따라 이를 판정한 후 가액으로 표시하여 활용하기 때문이다. 예컨대 시장가치는 통상적인 시장에서의 거래를 상정하여 판정한 가치로서 객관적이며, 투자가치는 투자자의 입장에서 판정한 가치로서 주관적이다. 따라서 감정평가에 있어서는 먼저 기준가치를 확정하여야 한다.

셋째, 감정평가의 본질(本質)은 판정(判定)이다. 판정은 판별하여 결정하는 것으로 내심적 정신작용이다. 판정이 내심적 정신작용이므로 그 결과는 판정의 주체에 따라 다를 수 있다. 따라서 감정평가액에 대해 이해관계의 상충이 큰 경우 복수(複數)감정평가를 하는 것이 합리적이다. 복수감정평가는 감정평가액의 정확성과 공정성을 제고하는데 기여한다. 경제적 가치의 판정을 위해 비교방식, 원가방식, 수익방식의 3방식이 활용된다.

넷째, 감정평가의 결과는 가액(價額)으로 표시된다. 여기서 가액((價額, estimated amount)은 화폐액을 말하는데, 금액이라고 할 수도 있다. 가액의 표시는 내심적 정신작용인 판정의 결과를 외부적으로 표시하는 행위이다.

한편, 감정(Appraisal)은 사실의 규명, 진부 등을 판별하는 가치판정의 과정이고 평가(Va- luation)는 가치판정 결과를 화폐액으로 표시하는 작업이라고 하여 이를 구별하여 해석하는 견해도 있으나 우리나라 현행법상이나 실무상에서는 이를 구별하지 않고 있다. 물건의 경제적 가치를 판정함에 있어서 과정이나 결과를 용어상 구별해야 할 실익이 없다. 미국의 Appraisal Institute(약어로 AI라 한다)에서는 경제적 가치에 대한 판정을 valuation으로 표현하고 있다. 또한, 판정의 결과인 최종가치의견은 통상 하나의 수치로 표시되지만, 가치의 범위(예: $1,000,000에서 $1,200,000사이) 또는 기준액(예: $1,000,000 이상 또는 $1,000,000 이하)으로 표시되기도 한다.[1]

2) 감정평가의 필요성

우리는 원활한 경제활동을 위해 대상물건의 경제적 가치에 관한 정보를 활용해야 하는 경우가 많다. 예컨대 정부가 세금을 부과하거나, 공익사업을 위해 보상을 하는 경우 또는 금융회사가 부동산에 근저당권을 설정하는 경우 등 매우 다양하다. 여기서 감정평가의 필요성을 한마디로 요약하면 물건의 경제적 가치에 관한 정보제공이라 할 수 있다. 세금부과, (손실)보상, 담보설정, 물건거래, 경매·공매, 부동산개발·투자 등 다양한 경제활동에서 대상물건의 경제적 가치에 관한 정보를 활용하고 있다.

한편, 물건의 경제적 가치에 관한 정보는 대부분 전문자격자인 감정평가사를 통해 제공되고 있는데, 전문자격자에 의한 감정평가의 필요성은 다음과 같다. 먼저, 각 경제주체가 대상물건에 대해 느끼는 경제적 가치는 다르므로 이를 객관적으로 판정할 필요가 있다. 이때 감정평가에 관한 전문지식과 경험을 갖춘 자격자만이 이를 객관적으로 공정하게 판정할 수 있다. 둘째, 대상물건의 가치형성요인은 매우 다양할 뿐 아니라 다수 요인이 유기적으로 관련을 맺고 상호작용하거나 끊임없이 변화하는 경향이 있으므로 이를 정확하게 판정하기 위해서는 전문가가 필요하다. 셋째, 시장에서 거래된 가격이라도 시장의 불합리성이나 당사자의 사정 등으로 인해 경제적 가치가 정확하게 반영되지 못하는 경우가

---

[1] Appraisal Institute(2001),The Appraisal of Real Estate(12th ed.), p.602. 참조

많다. 따라서 이를 정보로 활용하기 위해서는 반드시 전문가에 의한 보정이나 수정작업이 필요하다.

3) 감정평가의 대상

감정평가의 대상은 동산, 부동산 및 기타재산으로 구분할 수 있다.

(1) 동산

① 일반동산: 상품, 원재료, 반제품, 제품 및 기타 동산
② 유가증권: 주식, 채권[2]

(2) 부동산

① 토지
② 토지의 정착물: 건물, 공작물
③ 준부동산: 공장재단, 광업재단, 입목, 자동차, 건설기계, 선박, 항공기

(3) 기타재산(권리, 무형고정자산)

영업권, 어업권, 광업권, 산업재산권(특허권, 실용신안권, 디자인권, 상표권), 저작권 등

표 6.1.1 **주식과 채권의 비교**

구분	주식(株式)	채권(債券)
성질	유가증권(자본증권에 속함)	유가증권(자본증권에 속함)
발행 주체	주식회사	국가·지방자치단체·특수법인·주식회사 등
자금조달 형태	출자(출자증권)	대부(대부증권)
자본의 성격	자기자본(→ 자본)	타인자본(→ 부채)
만기 여부	없음(무기한부 증권)	있음(기한부 증권)
상환 여부	상환하지 않음(비상환증권)	만기 일시상환(상환증권)
소유자의 지위	주주	채권자

---

2 채권은 국가·지방자치단체·특수법인·주식회사 등이 투자자로부터 자금을 일시에 집단적으로 조달하기 위하여 부담하는 채무를 표시하는 유가증권으로서 일종의 차용증서이다.

구분	주식(株式)	채권(債券)
소유자의 권리	배당	이자
권리의 보장	불확정(지급여부와 비율이 불확정)	확정(반드시 일정한 비율을 지급)
경영권 참가	가능	불가능
종류	권리의 내용에 따라 보통주·우선주 등으로 구분	발행주체에 따라 국채·지방채·특수채·회사채 등으로 구분

② 감정평가의 분류

1) 감정평가 분류의 개요

감정평가는 제도나 내용에 따라 다양하게 분류할 수 있다. 감정평가의 분류에 따라 감정평가활동의 근거법령과 감정평가기준이 달라질 수 있다. 따라서 체계적인 감정평가의 분류는 감정평가제도에 관한 분석 및 개선뿐 아니라 감정평가활동의 능률성·신뢰성 제고에 기여할 수 있다.

2) 제도상 분류

(1) 공적감정평가 · 공인감정평가

감정평가의 주체에 따라 공적감정평가와 공인감정평가로 구분할 수 있다. 공적감정평가는 국가나 지방자치단체 등 공적기관이 감정평가의 주체가 되는 것으로 독일이 대표적이다. 공인감정평가는 국가 또는 공공단체 등으로부터 일정한 자격을 받은 자가 감정평가를 수행하는 것으로 우리나라를 비롯해 미국, 일본 등이 대표적이다.

(2) 필수적 감정평가 · 임의적 감정평가

감정평가의 강제성 유무에 따라 필수적 감정평가와 임의적 감정평가로 구분할 수 있다. 필수적 감정평가는 법령에 따라 일정한 사유가 발생하면 의무적으로 감정평가를 하도록 강제한 것으로 보상목적의 감정평가가 대표적이다. 임의적 감정평가는 의뢰인의 자유의사에 따라 감정평가 의뢰여부가 결정되는 것으로 담보목적의 감정평가가 대표적이다.

(3) 단수감정평가·복수감정평가

감정평가주체의 수에 따라 단수감정평가와 복수감정평가로 구분할 수 있다. 단수감정평가는 감정평가의 주체가 하나인 경우로서 담보목적의 감정평가가 대표적이다. 복수감정평가는 감정평가의 주체가 둘 이상인 경우로서 보상목적의 감정평가가 대표적이다. 복수감정평가는 감정평가의 목적이 공공성이 강하거나 감정평가액에 따라 당사자 간 갈등이 큰 경우에 유용하다.

(4) 법정감정평가·일반감정평가

감정평가기준에 대한 특별법의 유무에 따라 법정감정평가와 일반감정평가로 구분할 수 있다. 법정감정평가는 특별법으로 감정평가기준을 정한 경우를 말하며, 일반감정평가는 감정평가에 관한 일반법인 「감정평가법」에 따라 하는 경우를 말한다. 법정감정평가는 특정 목적을 위해 감정평가기준을 따로 정하므로 감정평가액이 시장가치와 괴리될 수도 있다. 보상목적의 감정평가(나지상정 감정평가, 개발이익의 배제 등), 지가공시목적의 감정평가(나지상정 감정평가 등) 등이 법정감정평가의 예이다.

3) 내용상의 분류

(1) 감정평가의 목적에 따른 분류

감정평가의 목적에 따라 분류할 수 있다. 의뢰인이 감정평가를 의뢰하는 목적은 매우 다양하며, 이를 요약하면 다음의 표와 같다.

표 6.1.2　감정평가의 목적(예시)

감정평가 목적	의뢰인(예시)	내용
보상	사업시행자	공익사업의 시행에 따른 보상액 산정
지가공시	국토교통부장관	표준지의 적정가격 공시
택지비	시장·군수·구청장	공동주택의 분양가격 산정
과세(조세)	국세청·지방자치단체	과세물건의 과세표준 결정
소송	법원	계쟁물에 대한 시장가치 등 참고
경매	법원	경매물건의 최저매각가격 결정
공매	한국자산관리공사	공매물건의 최저매각가격 결정

감정평가 목적	의뢰인(예시)	내용
담보	채권자	담보물건에 대한 가액 산정
관리처분	정비사업조합	관리처분방식의 정비사업에서 종전자산·종후자산의 가액 산정
취득(매수)	물건의 취득자	취득할 물건의 가액 결정
처분(매각)	물건의 처분자	처분할 물건의 가액 결정
교환	교환의 당사자	교환물건의 가액을 비교하여 차액 결정
시가참고	이해관계인	특정 목적을 위해 물건의 가액을 참고
현물출자	현물출자자	현물출자재산의 가액 결정
자산재평가	사업자	재평가자산의 재평가액 결정
임대차	임대인·임차인	임대물건의 임대료 결정

(2) 현재감정평가 · 소급감정평가 · 기한부감정평가

기준시점에 따라 현재감정평가·소급감정평가·기한부(장래)감정평가로 구분할 수 있다. 현재감정평가는 조사시점과 기준시점이 현재인 경우로서 대부분이 여기에 해당한다. 소급감정평가는 조사시점보다 과거를 기준시점으로 하는 경우로서 소송목적의 감정평가가 대표적이다. 기한부감정평가는 조사시점보다 미래를 기준시점으로 하는 경우로서 감정평가실무에서 실제사례는 거의 없다. 기한부감정평가는 대부분 조건부감정평가로 처리되고 있다.

(3) 현황감정평가 · 조건부감정평가

감정평가조건의 유무에 따라 현황감정평가와 조건부감정평가로 구분할 수 있다. 현황감정평가는 감정평가대상에 대해 기준시점 당시의 상황을 기준으로 감정평가하는 것을 말한다. 여기서 현황에는 이용상황과 공법상 제한이 포함된다. 「감정평가규칙」에서는 현황감정평가를 원칙으로 한다(감정평가규칙 6). 조건부감정평가는 기준시점의 현황을 실제와 다르게 가정하여 감정평가하는 것을 말한다. 조건부감정평가는 ① 법령에 다른 규정이 있는 경우, ② 의뢰인이 요청하는 경우, ③ 감정평가의 목적이나 대상물건의 특성에 비추어 사회통념상 필요하다고 인정되는 경우에 가능하다.

(4) 개별감정평가 · 일괄감정평가 · 구분감정평가 · 부분감정평가

경제적 가치를 판정하는 단위에 따라 개별감정평가·일괄감정평가·구분감정평가·부분감정평가로 구분할 수 있다. ① 개별감정평가는 감정평가대상인 물건과 권리별로 각각 감정평가액을 결정하는 것으로, 「감정평가규칙」에서는 개별감정평가를 원칙으로 한다(감정평가규칙 7). ② 일괄감정평가는 둘 이상의 대상물건이 일체로 거래되거나 대상물건 상호간에 용도상 불가분의 관계가 있는 경우에는 일괄하여 감정평가하는 것으로, 구분건물은 토지와 건물을 일괄감정평가하는 것이 원칙이다(감정평가규칙 16). ③ 구분감정평가는 하나의 대상물건이라도 가치를 달리하는 부분은 이를 구분하여 감정평가하는 것으로, 하나의 필지라도 용도지역이 다른 경우 각 용도지역별로 구분하여 감정평가하는 것이 예이다. ④ 부분감정평가는 일체로 이용되고 있는 대상물건의 일부분에 대하여 감정평가하여야 할 특수한 목적이나 합리적인 이유가 있는 경우에는 그 부분에 대하여 감정평가하는 것으로, 건물의 일부분만 임대하는 경우 그 부분의 임료를 감정평가하는 것이 예이다.

표 6.1.3 유사용어의 비교

구분	개별감정평가	일괄감정평가	구분감정평가	부분감정평가
적용조건	독립된 물건	일체로 거래 또는 용도상 불가분의 관계	부분별 가치의 상이	물건의 일부에 대해 감정평가
대상물건의 개수(통상)	1개	2개 이상	1개	1개의 일부
감정평가액 개수	1개	1개	2개 이상	1개
적용사례	• 단독주택을 토지·건물로 각각 감정평가 • 산림을 산지·입목으로 각각 감정평가	• 구분건물을 토지·건물 일괄하여 감정평가 • 2필지 이상의 토지를 일단지로 감정평가	• 하나의 필지를 용도지역별로 각각 감정평가 • 하나의 건물을 기존부분과 증축부분으로 구분하여 감정평가	• 하나의 필지 중 일부에 대해 보상 감정평가 • 하나의 건물 중 일부분만 임대료 감정평가

자료: 경응수(2020), 감정평가론, p.26. 참고 재작성

제2절 | 경제적 가치의 판정

① 경제적 가치의 의의

1) 경제적 가치의 개념

(1) 가치의 개념

가치의 사전적 의미는 '어떤 물건·행동·현상 등이 사람에게 바람직하거나 의미가 있는 것'을 말하므로 매우 넓은 개념이다. 일반적으로 쓸모 있는 것, 바람직한 것, 추구하는 것 등에 대한 개념이다. 철학적으로는 사람의 정신적 노력의 목표가 되는 진·선·미 등의 당위(當爲)를 뜻하고, 경제학적으로는 사람의 욕구를 만족시키는 재화나 서비스의 쓸모를 뜻한다. 사람의 욕구가 다양한 것처럼 가치의 종류도 다양한데, 분야에 따라 경제적 가치, 도덕적 가치, 사회적 가치 등으로 불린다.

감정평가는 경제적 가치를 추구하는 분야이다. 일반적으로 경제는 '재화와 서비스를 생산·교환·분배·소비하는 것'을 말하므로, 경제적 가치는 '생산·교환·분배·소비와 관련된 사람의 욕구를 만족시키는 능력[즉, 유용성(有用性: usefulness)]'이라 할 수 있다. 일반적으로 가치라고 하면 경제적 가치를 의미한다.[3]

한편, 재화나 서비스를 소비함으로써 주관적으로 느끼는 만족을 효용(效用: utility)이라고 한다. 유용성은 재화나 서비스에 내재하는 고유한 성질이나, 효용은 이를 소비하는 사람이 느끼는 주관적인 만족이다. 효용은 주관적인 개념이므로 사람에 따라 동일한 재화에 대한 효용은 달라지고, 또한 같은 사람이라도 그의 사정에 따라 효용이 달라진다. 예컨대 물은 사람의 갈증을 해소하는 성질이 있는데, 동일한 사람이 물을 마시더라도 더운 여름과 추운 겨울의 효용은 다르다. 또한, 목이 마를 때 마시는 물이라도 첫 번째 잔과 두 번째 이후의 잔은 그 효용이 다르다. 그런데 각 경제주체들이 물건의 경제적 가치를 판정할 때에는 효용을 참작하며, 그 이외에 가격, 원가, 수익 등도 참작한다.

---

[3] 일상생활에서 경제적 가치라는 용어는 자주 쓴다. 예컨대 토지의 경제적 가치, 산림의 경제적 가치, 문화유산의 경제적 가치, 축제의 경제적 가치 등이 있다.

(2) 경제적 가치의 유형

「민법」에 의하면 소유자는 법률의 범위 내에서 그 소유물을 사용, 수익, 처분할 수 있으므로(제211조), 소유권에는 사용권능, 수익권능, 처분권능이 있다. ① 사용은 물건을 그 용도에 따라 사용하는 것이고, ② 수익은 물건의 과실(천연과실·법정과실)을 수취하는 것을 말하며, ③ 처분은 물건의 개조·변형·개발 등의 사실적 처분과 매매·담보물권 설정 등의 법적 처분으로 구성된다. 여기서 권능을 기준으로 가치를 구분하면 사용가치, 수익가치, 처분가치로 구분할 수 있다.[4]

① 사용가치는 물건을 사용할 때의 가치를 말하며, 사용자가 느끼는 만족인 효용을 기준으로 판정한다. 따라서 수요자 측면의 주관적 가치이다. ② 수익가치는 물건에서 수익을 얻을 때의 가치를 말한다. 여기에는 천연과실로 인한 수익(예: 과수원의 과수)과 법정과실로 인한 수익(예: 임료)이 있다. ③ 처분가치는 물건의 처분과 관련된 가치로서 개발가치, 매매가치 등이 있다. 여기서 개발가치는 토지에 특유한 가치로서 개발 후의 가치가 개발비용을 공제하고도 남을 때의 가치이다. 매매가치는 소유권을 처분할 때의 가치로서 사용가치나 수익가치가 반영되어 형성된다. 처분가치는 시장에서의 거래를 전제로 한 가치로서 객관적 가치라 할 수 있다. 한편, 처분가치를 대표하는 것은 매매가치이므로 권능을 기준으로 가치를 사용가치, 수익가치, 매매가치로 구분할 수도 있다. 여기서 사용가치와 수익가치를 합하여 용익가치라고도 한다.

2) 경제적 가치와 가격

가격(價格)의 사전적 의미는 '시장에서 재화나 서비스를 구입하는 데 지불되는 금액'이다. 즉, 시장에서 매도자와 매수자가 매매의 대가로 수수(授受)되는 값을 말한다. 시장은 재화나 서비스가 거래되는 장소 또는 기구(mechanism)를 말하며, 장소로서의 시장은 대가를 지불하고 권리가 이전되는 곳이다. 따라서 가격은 반드시 시장에서 권리(즉, 소유권)의 이전을 전제로 하는 개념이다. 즉, 어떤 재화의 권리가 이전될 수 없다면 가치는 있어도 가격은 발생할 수 없다.

여기서 경제적 가치와 가격과의 관계를 설명하면 다음과 같다. 먼저, 가격은 경제적 가치를 전제로 한다. 가치를 구체적으로 표현한 것이 가격이라 할 수 있다. 즉, 가격은 시장에서 가치의 대가로 수수되는 값이라 할 수 있다. 그러므로 어떤 재화의 가치가 변동하면 가격도 같은 방향으로 변동한다. 둘째, 가격과 경제적 가치 간에는 오차가 있을 수 있다.

---

4 이선영(2006), 토지가치권론, 법원사, p.19.

예컨대 수요자와 공급자 간에 가격의 동의가 있어 거래가 되더라도 각자 느끼는 가치는 다를 수 있다. 일반적으로 재화의 가격은 경제적 가치에 수렴하는 경향이 있으며, 수요가 적을 때는 가격이 가치보다 낮게 형성되고 수요가 많을 때는 가격이 가치보다 높게 형성된다.

표 6.1.4 경제적 가치와 가격의 비교

구분		경제적 가치	가 격
개념		재화나 서비스의 유용성	시장에서 경제적 가치의 대가로 수수되는 값
성격		재화나 서비스 자체의 유용성: 주관적 또는 객관적	권리이전의 대가: 합의된 주관적 가치
유형	권능기준	사용가치, 수익가치, 처분가치(예: 매매가치)	매매가치의 표현 [참고: 수익가치의 표현은 임료]
	목적기준	시장가치, 과세가치, 담보가치 등 다양	시장가격: 오직 하나
구조		사람과 대상과의 관계	사람(수요자)과 사람(공급자)과의 관계
발생요인		욕구, 유용성	욕구, 유용성, 양도성
형성요인		욕구, 구매력, 유용성, 희소성	욕구, 구매력, 유용성, 공급력, 양도성
결정		• 주관적: 당사자의 판정(의견)으로 결정 • 객관적: 전문가의 판정(의견)으로 결정	수요자와 공급자의 합의로 결정 [결정요인: 수요, 공급]
결정시 참작		가격, 생산원가(비용), 수익, 효용	수요자와 공급자가 느끼는 경제적 가치, 유사물건의 가격
표현		하나의 값 이외에 범위로도 표현 (→ 의견)	구체적인 하나의 값으로 표현 (→ 사실)
시장 관련성		시장을 전제하지 않음	반드시 시장을 전제
		모든 재화나 서비스에서 발생	권리이전이 불가능하면 발생 않음
관계		가격 = 경제적 가치 ± 오차	

어떤 재화나 서비스에 대해 각 경제주체가 느끼는 경제적 가치는 다르다. 왜냐하면 경제주체 마다 욕구·구매력 등이 다르기 때문이다.

시장에서 어떤 재화가 매매되는 과정은 ① 매도자가 자신이 느끼는 경제적 가치를 기준으로 팔고 싶은 가격(즉, 매도호가)으로 내놓고, ② 매수자는 자신이 느끼는 경제적 가치를 기준으로 사고 싶은 가격(즉, 매수호가)을 제시하면, ③ 당사자가 직접 조정하거나 또는 제 3자의 알선과정을 거쳐, ④ 합의가 되면 거래가 성립되어 가격이 지불되고 소유권이 이전 되며, ⑤ 합의에 이르지 못하는 경우에는 매매가 성립되지 않는다. 가격이 합의되어 매매 가 되더라도 서로 가 느끼는 경제적 가치는 다를 수 있다. 예컨대 부동산매매의 경우 매도 자는 자신이 느끼는 경제적 가치에 비해 가격이 낮더라도 사정상 팔아야 하는 경우가 있 고, 매수자는 자신이 느끼는 경제적 가치에 비해 매도호가가 낮으면 적극적으로 매수하려 한다. 이때 매수가 되면 좋은 부동산을 싼 가격에 샀다고 만족한다.

3) 경제적 가치의 종류

경제적 가치는 그 용도(또는 목적)에 따라 개념이 다양한데 이를 가치의 다원적 개념 또 는 가치 다원론이라고 한다. 여기에는 시장가치, 공정가치, 투자가치, 과세가치, 계속기업 가치, 사용가치 등이 있다.

한편, 감정평가의 기준이 되는 가치를 기준가치라 한다. 「감정평가규칙」에서는 기준 가치를 시장가치와 시장가치 외의 가치로 구분하고 있으며, 원칙적으로 시장가치를 기준 가치로 결정하도록 하고 있다. 감정평가 관련 법령이 다양하고 감정평가 의뢰인의 요구 나 대상물건의 특성도 다양하므로 감정평가를 할 때에는 기준가치를 명확히 하여야 한다. 「감정평가규칙」에서는 시장가치에 대해서는 용어의 정의가 있으나, 시장가치 외의 가치 에 대해서는 용어의 정의가 없어 외국의 감정평가기준상 용어의 정의를 참고할 필요가 있다.

(1) 시장가치(market value)

시장가치란 토지등(즉, 대상물건)이 통상적인 시장에서 충분한 기간 동안 거래를 위하여 공개된 후 그 대상물건의 내용에 정통한 당사자 사이에 신중하고 자발적인 거래가 있을 경우 성립될 가능성이 가장 높다고 인정되는 대상물건의 가액(價額)을 말한다(감정평가규 칙 2). 여기서 시장가치의 조건은 ① 통상적인 시장, ② 충분한 기간 공개, ③ 통상의 능력 을 가진 당사자, ④ 대상물건의 내용에 정통, ⑤ 신중하고 자발적인 거래, ⑥ 성립될 가능 성이 가장 높다고 인정되는 가액이다. 여기서 ①과 ②는 시장조건, ③과 ④는 당사자조건, ⑤와 ⑥은 거래조건에 속한다.

먼저, 시장가치는 통상적인 시장을 전제로 한다. 통상적인 시장은 현실에 존재하지 않 는 완전경쟁시장을 말하는 것이 아니라 공정한 거래가 이루어질 수 있는 합리적인 경쟁시 장을 말한다. 즉, 시장참여자가 합리적 사고로 경제원칙에 입각하여 행동하는 공개된 경쟁시장을 의미한다.

둘째, 충분한 기간 동안 거래를 위하여 공개되어야 한다. 충분한 기간의 정도는 대상물건의 유형, 시장의 상황 등에 따라 다르나 일반적으로 거래당사자가 대상물건을 충분히 인지할 수 있는 정도의 시간을 말한다. 국제평가기준위원회(IVSC: International Valuation Standards Council) 등은 방매(exposure: 물건을 거래하기 위해 내놓는 것) 대신에 보다 적극적인 의미인 마케팅의 용어를 담아 적정한 마케팅을 요구하고 있다. 따라서 대상물건이 충분한 기간 동안 통상적인 마케팅활동을 수반하며 시장에 공개되어야 한다.[5] 여기서 통상적인 마케팅활동은 거래의 성립을 위한 통상의 노력과 비용이 수반되어야 함을 의미한다.

셋째, 통상의 능력을 가진 당사자를 가정한다. 당사자는 객관적으로 보아 통상의 능력을 가진 사람을 전제로 한다. 따라서 천재에 의한 발군의 능력은 고려하지 않는다.[6] 또한, 당사자는 통상의 구매력을 가진 사람을 전제로 하며, 여기서 구매력은 자기자금뿐 아니라 타인자금을 이용하여 구매할 수 있는 능력을 말한다. 한편, 당사자는 자신의 최선의 이익을 위해 행동한다. 즉, 합리적인 경제인(經濟人)이다. 따라서 구매자(수요자)는 시장이 요구하는 가격 이상을 지불하지 않으며, 판매자(공급자)는 시장에서 형성된 합리적인 가격 이상을 기대하지 않는다. 여기서 구매자와 판매자는 가상(hypothetical)의 당사자로서 특정 당사자의 사실적 상황은 고려하지 않는다.[7]

넷째, 당사자가 대상물건의 내용에 정통하여야 한다. 이는 당사자가 시장상황 등 대상물건의 유용성이나 희소성 등에 대해 잘 알고 있어야 한다는 것이다. 이때 대상물건의 유용성은 최유효이용을 전제로 한다. 예컨대 토지이용계획의 변경에 대해 내용을 모르고 거래한 경우이거나 최유효이용이 아닌 상태에서의 유용성을 판단한 경우라면 시장가치의 조건을 충족하지 못한 것이다.

다섯째, 거래는 신중하고 자발적으로 이루어져야 한다. 당사자는 서로 독립적으로 행동하며, 깊게 생각하고 외부의 부당한 자극에 영향을 받지 않고 거래하여야 한다. 이 점에서 즉흥적인 거래·강요된 거래·특수관계인 사이의 거래 등은 시장가치의 조건을 충족하지 못한 것이다.

여섯째, 성립될 가능성이 가장 높다고 인정되는 가액이다. 즉, 성립될 수 있는 최고(最

---

5 한국감정평가협회·한국감정원(2014a), 감정평가 실무기준 해설서(Ⅰ), pp.12~13.

6 한국감정평가협회·한국감정원(2014a), 위의 책, p.22.

7 International Valuation Standards Council(2017), International Valuation Standards 2017, pp.18~20.

高)가액이 아닌 성립될 빈도수가 가장 많다고 인정되는 가액(즉, 최빈거래가능가액)이다. 이는 통계학적인 확률개념(즉, 거래될 수 있는 가액 중 확률이 가장 높은 것)이라 할 수 있으며, 경제적 가치를 최빈(最頻)거래가능가액으로 판정하는 이유는 객관화를 위함이다.

　시장가치는 엄격한 조건을 가정한 감정평가사의 의견이라 할 수 있다. 시장에서의 가격은 시장가치의 강한 근거(evidence)가 될 수는 있지만, 그 자체로는 시장가치가 될 수 없다.[8] 참고적으로 경매·공매의 사례는 ① 판매자가 배제된 상태에서 제3자(즉, 법원이나 한국자산관리공사)가 주관하고, ② 대상물건이 제한된 시간만 노출되고 특별한 마케팅활동이 없으며, ③ 판매자에 의한 신중하고 자발적인 거래가 아니고, ④ 최빈거래가액이 아닌 최고가액으로 결정하므로 시장가치라 할 수 없다. 따라서 이들 사례를 거래사례로 선정하여 거래사례비교법을 적용하는 경우에는 특수한 사정을 사정보정에 반영하여야 한다. 여기서 시장가치와 거래가격을 비교하면 다음과 같다.

표 6.1.5　시장가치와 시장가격(거래가격)의 비교

구분	시장가치	시장가격(거래가격)
성격	판정된 객관적 가치	합의된 주관적 가치
목적	경제적 가치에 대한 정보 제공	물건의 거래
당사자	전문가	수요자와 공급자
기본 전제	거래	거래
조건	통상적인 시장 + 물건의 내용에 정통한 당사자 + 정상적인 거래 + 최빈거래가능가액	거래의 성립
최유효이용	전제	전제하지 않음
관계	시장가치 = 거래가격 ± 오차	
적정성 제고방안 (사전적)	• 가격정보의 제공, 감정평가정보의 제공 • 복수의 감정평가	• 가격정보의 제공 • 적정성 검증결과 제공
적정성 확보방안 (사후적)	타당성 조사	적정성 검증
신뢰성 확보	감정평가만으로 신뢰성 확보 (복수의 감정평가로 신뢰성 제고)	적정성이 검증되어야 신뢰성 확보

---

[8]　정수연(2012), "부동산공시제도의 가치와 가격개념 재정립에 관한 연구", 주거환경 10(1), 한국주거환경학회, p.250.

(2) 공정가치(fair value)

한국회계기준원에서 제정한 「한국채택국제회계기준」(약어로 K-IFRS라 한다)에서는 공정가치를 '측정일에 시장참여자 사이의 정상거래에서 자산을 매도할 때 받거나 부채를 이전할 때 지급하게 될 가격'으로 정의하고 있다. 이때 공정가치의 측정은 자산이나 부채가 주된 시장(주된 시장이 없는 경우 가장 유리한 시장)에서 거래가 이루어지는 것으로 가정하는데, 통상적으로 거래하는 시장을 주된 시장이나 가장 유리한 시장(주된 시장이 없는 경우)으로 본다. 여기서 주된 시장이란 해당 자산이나 부채를 거래하는 규모가 가장 크고 빈도가 가장 잦은 시장을 말한다. 이는 시장가치의 조건인 통상적인 시장과는 다른 개념으로 경우에 따라 당사자가 한정될 수도 있다.[9]

또한, 시장참여자는 경제적으로 최선의 행동을 한다고 가정한다. 합리적인 판단력이 있고, 서로 독립적이며(즉, 서로 특수관계자가 아니다), 거래하도록 강제되거나 강요받지 않는다(기업회계기준서 제1113호, 공정가치의 측정 참조).

따라서 공정가치를 달리 표현하면 주된 시장에서 합리적인 판단력과 거래의사가 있는 독립된 당사자 사이에 자산을 매도하거나 부채를 이전한다고 가정할 경우 수수(收受)될 수 있는 금액이라 할 수 있다.

K-IFRS에서 사용하는 공정가치는 자산 이외에 부채에도 적용하는 개념으로 시장가치보다 그 적용범위가 넓다. 또한, 공정가치를 측정하는 경우 K-IFRS에서 정한 조건을 충족해야 하는데 시장가치와 비교하여 ① 통상적인 시장, ② 공개기간의 충분성, ③ 성립될 빈도수가 가장 많은 가액 등의 조건은 특별히 요구하지 않고 있다. 따라서 공정가치는 자산이 거래되는 주된 시장이 통상적인 시장인 경우에는 시장가치와 유사하나, 특수한 자산으로 인해 주된 시장이 없는 경우에는 시장가치 외의 가치로 측정되므로 시장가치 보다 넓은 개념이라 할 수 있다. 즉, 공정가치에는 시장가치와 시장가치 외의 가치가 모두 포함된다.[10]

표 6.1.6　　시장가치와 공정가치의 비교

구분	시장가치	공정가치
목적	경제적 가치에 대한 정보 제공	자산이나 부채의 가치정보 공시
개념	시장에 근거한 추산액	시장에 근거한 추산액

9　한국감정평가협회·한국감정원(2014a), 앞의 책, pp.106~107.

10　한국감정원 역(2008), 국제평가기준 2007, p.38.

구분		시장가치	공정가치
적용대상		자산	자산, 부채
기본 전제		거래	거래
성립 조건		매우 엄격	비교적 유연
조건	시장	통상적인 시장	주된 시장(또는 가장 유리한 시장)
	당사자	통상의 능력, 합리적인 경제인	합리적인 경제인
	거래	신중하고 자발적인 거래	자발적인 거래
최유효이용		전제	전제(비금융자산의 경우)

(3) 투자가치와 담보가치

투자가치(investment value)는 특정 투자자의 투자조건에 따라 투자자산이 가진 가치를 말한다. 따라서 투자가치는 투자자가 개인의 욕구나 투자목적을 고려하여 투자에 대해 지불하려는 가액으로서 주관적 가치이며, 거래를 전제로 하지 않는다.

한편, 담보가치(mortgage value)는 금융기관에서 물건을 담보로 대출을 실행하기 위하여 해당 물건에 대해 분석한 가치를 말한다. 부동산의 경우 통상 시장가치에서 선순위 담보액이나 보증금 및 「주택임대차보호법」·「상가건물 임대차보호법」상 최우선변제보증금을 공제하여 산정한다.

(4) 계속기업가치와 청산가치

계속기업가치(goingconcern value)는 유형·무형의 자산을 포함한 계속기업의 총체적인 시장가치를 말하며, 그냥 기업가치라고도 한다. 계속기업이란 수명이 한정되지 않고 영업 중인 기업을 말한다.

한편, 청산가치(liquidation value)는 기업이 영업을 중단하고 청산할 경우 자산을 각각 매각할 때 회수 가능한 가치를 말한다.

(5) 과세가치와 공익가치

과세가치는 국가나 지방자치단체에서 국세나 지방세를 부과하는 기준으로 사용되는 가치를 말한다. 과세가치는 종가세(從價稅)의 과세를 위한 가치로서, 관련 법령에 의거 산정된다. 여기서 종가세는 과세표준이 물건의 가치인 조세로서 과세표준이 수량·면적·부피 등인 종량세(從量稅)와 구분된다.

한편, 공익가치(public interest value)는 최유효이용이 사적 목적의 경제적 이용에 있는 것이 아니라 보존·안전 등과 같은 공적 목적의 비경제적 이용에 있을 때 토지 등이 가지는 가치를 말한다. 예컨대 문화유산, 자연경관 등이 가지는 가치로서 유형·무형의 가치가 포함된다.

(6) 장부가치와 잔존가치

장부가치는 재무상태표상의 잔액을 말한다. 즉, 자산의 취득가격에서 감가상각액을 제외한 금액을 말한다. 여기서 재무상태표는 일정한 시점에 기업이 보유하고 있는 자산·부채·자본의 상태를 나타내는 회계보고서를 말하며, 종전의 대차대조표가 명칭 변경된 것이다.

한편, 잔존가치는 고정자산의 내용연수가 만료된 시점에 남아있는 가치를 말한다. 이러한 자산도 대체용도 또는 재활용 용도로서의 가치가 있을 수 있다.

(7) 사용가치와 한정가치

용도에 따른 구분으로서 사용가치(use value)는 특정 부동산이 특정 용도에 대해 갖고 있는 가치이다[11]. 사용가치는 최유효이용이나 매매로 실현될 금액과는 무관하며, 부동산의 기여가치에 중점을 두는 개념이다. 부동산은 매매가치와 사용가치를 모두 갖는데 그 유형과 시장에 따라 같을 수도 있고 다를 수도 있다. 예컨대 특정 업종의 공장이 그 회사에 대해서는 큰 사용가치를 가지지만, 다른 용도로 사용시에는 매매가치가 작은 경우가 있다.

한편, 사용가치는 한정가치를 포함한다. 한정가치는 부동산의 합병이나 분할에 따른 거래처럼 수요자가 상대적으로 한정되는 경우의 가치를 말한다. 한정가치를 판정하는 경우에는 특히 대상물건의 기여가치를 충분히 고려하여야 한다. 예컨대 간선도로변의 어떤 토지가 인접한 후면 토지를 합병하는 경우 후면 토지의 사용가치는 시장가치를 초과하는 경우가 많고, 반대로 장기간 점유하고 있는 국유지의 일부를 점유자가 매수하는 경우 국유지의 사용가치는 시장가치를 하회하는 경우가 많다.

② 경제적 가치의 판정

1) 가치발생요인

경제적 가치는 '재화나 서비스의 유용성'이라 할 수 있으며, 이는 재화나 서비스가 얼마

---

11 권능에 따른 구분으로서 사용가치와 개념을 구별하여야 한다.

만큼 사람의 욕구를 만족시킬 수 있는가에 의해 결정된다. 여기서 경제적 가치의 발생요인은 크게 욕구와 유용성이라 할 수 있다. 욕구는 사람 측면의 요인이고, 유용성은 대상(對象) 측면의 요인이다. 먼저, 욕구(desire)는 재화나 서비스에 대한 사람의 바람을 말하며, 필요(needs)와 요구(wants)로 구성된다. 각 경제주체 마다 필요와 요구는 다를 수 있다. 둘째, 유용성(usefulness)은 사람의 욕구를 만족시키는 재화나 서비스의 능력을 말한다.

미국의 Al에서는 가치발생요인으로 효용(utility: 유용성으로 번역가능), 희소성(scarcity), 욕구(desire), 유효구매력(effective purchasing power)의 4가지로 구분한다.[12] 이 책에서는 사람 측면의 용어인 효용과 대상 측면의 용어인 유용성을 구별하고 utility를 효용 대신 유용성으로 번역한다. 여기서 희소성은 사람의 욕구에 비하여 그것을 만족시키는 물적 대상의 공급이 부족한 것을 말한다. 유용성이 질(質)의 문제라면 희소성은 양(量)의 문제이다. 유효구매력은 시장에 참여하는 각 경제주체의 재력(즉, 경제적 능력)을 말하며 지불능력이라고도 한다(이 책에서는 유효구매력을 그냥 구매력으로 부르기로 한다). 그러나 엄격히 말하면 구매력이나 희소성은 가치발생요인이 아니고 가치형성요인이다. 왜냐하면 사람의 욕구와 물적 대상의 유용성에 의해 가치는 발생하고, 그 정도(또는 수준)는 희소성이나 구매력에 의해서도 영향을 받기 때문이다. 예컨대 공기나 물의 경우 일반적으로 풍부하므로 경제적 가치가 작지만 고산(高山)을 등산하는 사람에게 공기와 물은 경제적 가치가 크다. 한편, 가치발생요인으로 이전성(또는 양도성)을 추가하는 학자도 있으나, 해(the sun)와 달(the moon)과 같이 권리를 이전할 수 없지만 가치를 지니는 경우가 있으므로 불필요하다. 이전성(또는 양도성)은 가격발생요인이라 할 수 있다.

이 책에서는 욕구와 유용성을 가치발생요인으로 보며, 그 외에 구매력과 희소성을 추가하여 이를 가치형성요인이라고 본다. 여기서 욕구와 구매력은 사람 측면의 요인이고, 유용성과 희소성은 대상 측면의 요인이다.

표 6.1.7 **가치발생요인과 가치형성요인**

구분	가치발생요인	가치형성요인
사람(주체) 측면	욕구	욕구, 구매력
대상(객체) 측면	유용성	유용성, 희소성

---

[12] 미국의 Al는 과거 가치발생요인으로 효용, 희소성, 유효수요(effective demand)의 3가지로 규정했으나, 2002년 발행한 'The Appraisal of Real Estate' 12판에서는 유효수요를 욕구와 유효구매력으로 나누어 4가지로 규정했다.

(2) 경제적 가치의 판정

앞의 <표 6.1.4>에서처럼 경제적 가치와 가격은 다른 개념이다. 경제적 가치는 재화나 서비스의 유용성으로서 시장을 전제로 하지 않는 개념인데 비해 가격은 시장에서 결정된 권리이전의 대가이다. 여기서 시장은 재화나 서비스가 거래되는 장소 또는 기구(mechanism)를 말한다. 그런데 시장참여자는 자신이 느끼는 경제적 가치를 기준으로 가격을 결정하므로 가격은 경제적 가치를 바탕으로 한다.

감정평가는 경제적 가치를 판정하는 활동이다. 여기서 경제적 가치의 판정을 위해 원칙적으로 시장을 전제로 한다. 즉, 시장에서의 거래를 전제로 적정한 가격을 추산하여 이를 경제적 가치로 판정한다.

(3) 가격의 형성과 결정

경제적 가치는 권리의 이전을 전제로 하지 않으므로 사람과 대상(對象) 간의 관계에서 형성되나, 가격은 권리의 이전을 전제로 하므로 수요자와 공급자 간의 관계에서 형성된다. 즉, 사람과 사람의 관계에서 형성된다. 한편, 시장에서 가격은 수요자와 공급자의 합의로 결정된다. 이때 수요자와 공급자는 자신이 느끼는 경제적 가치를 기준으로 협상을 하며, 협상이 성공하면 대가가 지불되고 권리가 이전되며, 협상이 실패하면 거래가 성립되지 않는다.

가치의 발생요인과는 달리 가격의 발생요인에는 양도성(讓渡性)이 추가된다. 양도성(transferability)은 일정한 편익을 얻을 수 있는 권리를 양도할 수 있는 성질을 말한다. 즉, 권리가 시장에서 거래될 수 있는 성질을 말하며, 이전성을 대체한 용어이다. 예컨대 하늘에 있는 해(the sun)는 욕구와 유용성이 있어 가치는 있지만 양도성이 없어(즉, 시장에서 거래될 수 없어) 가격은 없다. 따라서 가격이 발생하려면 수요자의 입장에서 욕구와 유용성이 있어야 하고, 공급자의 입장에서 욕구와 양도성이 있어야 한다.

수요자와 공급자의 욕구·유용성·양도성에 의해 가격은 발생하고, 그 정도(또는 수준)는 다시 욕구·구매력·유용성·공급력·양도성[13]의 상호작용에 의해 형성된다. 이를 가격형성요인이라 한다. 여기서 공급력(供給力)은 가치형성요인인 희소성을 대체하는 용어이다. 즉, 가치의 형성에서는 대상의 희소성이 작용하지만, 권리의 이전이 필요한 가격의 형성에서는 대상의 권리자인 공급자의 능력이 작용한다. 이 경우 대상을 공급할 수 있는 능력이 공급력이다. 따라서 공급력은 수요자의 능력인 구매력에 대응하는 개념이라 할 수 있다.

---

13 예컨대 토지거래허가구역의 지정은 양도성을 약화시키므로 가격에 부정적 영향을 미친다.

가치형성요인의 분류에서와 같이 가격형성요인도 ① 가격형성의 근원(根源)에 따라 욕구·구매력·유용성·공급력·양도성으로 구분할 수 있고, ② 가격형성의 주체에 따라 수요요인·공급요인으로 구분할 수 있으며, ③ 가격형성의 공간적 범위에 따라 일반요인·지역요인·개별요인으로 구분할 수 있고, ④ 가격형성요인의 내용에 따라 자연적 요인·사회적 요인·경제적 요인·정책적 요인으로 구분할 수 있다. 가격형성에 있어서도 ② ~ ④ 분류의 경우 가격영향요인이라고도 할 수 있다. 왜냐하면 이들 요인은 먼저 욕구·구매력·유용성·공급력·양도성에 영향을 미치고 그 결과 재화의 가격이 형성되기 때문이다. 예컨대 주택시장에서 다른 요인들이 일정할 경우 소득이 증가하면 구매력이 커지므로 주택에 대한 수요가 증가하고 이는 주택가격의 상승요인으로 작용한다.

표 6.1.8 가격발생요인과 가격형성요인

구분	가격발생요인	가격형성요인
수요 측면	욕구, 유용성	욕구, 유용성, 구매력
공급 측면	욕구, 양도성	욕구, 양도성, 공급력

제3절 | 감정평가의 절차와 기준

1 감정평가의 절차

1) 감정평가의 절차

「감정평가규칙」에서는 감정평가의 절차를 7단계로 규정하고 있다.

(1) 기본적 사항의 확정

의뢰인·대상물건·감정평가목적·기준시점·감정평가조건·기준가치 등을 확정한다. ① 의뢰인의 확정: 의뢰인은 감정평가계약의 당사자로서 보수지급의무가 있다. ② 대상물건의 확정: 감정평가의 대상이 되는 물건을 구체적으로 확정한다. ③ 감정평가목적의 확정: 감정평가를 어떠한 목적으로 의뢰하였는가에 따라 적용 법령과 감정평가기준이 달라질 수 있으므로 미리 확정하여야 한다. ④ 기준시점의 확정: 일반적으로 물건의 가치는 시간의 경과에 따라 변동하므로 감정평가에 있어서는 언제의 가치인가를 명확하게 하여야 한다. 여기서 대상물건의 감정평가액을 결정하는 기준이 되는 날짜를 기준시점이라 한다. 종전 가격시점이란 용어를 「감정평가규칙」의 전부 개정을 계기로 기준시점으로 변경했다. ⑤ 감정평가조건의 확정: 감정평가조건에 따라 감정평가액이 크게 달라질 수 있으므로 「감정평가규칙」에서는 그 요건을 엄격하게 제한하고 있다. 감정평가조건을 붙이는 경우에는 감정평가조건의 합리성·적법성 및 실현가능성을 검토하여야 한다(단, 법령에 다른 규정이 있어 조건을 붙이는 경우는 제외, 감정평가규칙 6 ③). ⑥ 기준가치의 확정: 기준가치의 유형에 따라 감정평가액이 달라질 수 있으므로 미리 확정하여야 한다. 「감정평가규칙」에서는 기준가치로 시장가치를 원칙으로 하고 있다. ⑦ 추가적으로 관련 전문가에 대한 자문 또는 용역에 관한 사항과 수수료 및 실비에 관한 사항도 의뢰인과 협의하여 확정하여야 한다.

(2) 처리계획의 수립

기본적 사항이 확정되면 감정평가사는 대상물건의 내용과 규모에 따른 자료수집의 범위와 일정 등 구체적 처리계획을 수립하여야 한다.

(3) 대상물건의 확인

감정평가업자가 감정평가를 할 때에는 실지조사에 의하여 대상물건을 확인하여야 한다. 다만, ① 천재지변, 전시·사변, 법령에 따른 제한 및 물리적인 접근 곤란 등으로 실지조사가 불가능하거나 매우 곤란한 경우, ② 유가증권 등 대상물건의 특성상 실지조사가 불가능하거나 불필요한 경우로서 실지조사를 하지 아니하고도 객관적이고 신뢰할 수 있는 자료를 충분히 확보할 수 있는 경우에는 실지조사를 생략할 수 있다.

실지조사는 물건이 소재하고 있는 현지에 감정평가업자가 직접 임하여 물건을 확인하는 과정으로 감정평가의 절차에 있어 가장 중요한 과정이라 할 수 있다. 물건의 확인사항은 크게 물적사항의 확인과 권리상태의 확인으로 구분된다.

(4) 자료의 수집 및 정리

감정평가의 성과는 자료의 존부에 의해 좌우된다고 할 정도로 자료의 수집 및 정리 작업은 감정평가의 과정에서 중요한 비중을 차지한다. 감정평가에 필요한 자료는 ① 대상물건의 물적사항의 확인 및 권리상태의 확인에 필요한 확인자료, ② 대상물건의 가치형성요인에 관계되는 요인자료, ③ 감정평가액에 비교 및 참고가 될 수 있는 사례자료로 구분된다.

(5) 자료의 검토 및 가치형성요인의 분석

수집된 자료가 감정평가활동에 필요하고 충분한 자료인가 또는 자료의 신빙성이 있는가 등 자료의 적격성을 검토하여야 한다. 가치형성요인의 분석에서는 수집된 자료에 의해 지역분석 및 개별분석을 행해야 한다.

(6) 감정평가방법의 선정 및 적용

대상물건의 감정평가액 산출을 위한 적합한 감정평가방법을 선정하여야 한다. 이때 비교방식·원가방식·수익방식을 적용하여 산정된 가액을 상호 관련시켜 재검토하는 시산가액의 조정이 필요하다.

(7) 감정평가액의 결정 및 표시

마지막으로 감정평가액을 결정하고 감정평가서에 명확히 표시한다.

2) 감정평가서의 기재사항

「감정평가규칙」에서 감정평가서에 기재해야 할 필수적 기재사항으로 ① 감정평가업자의 명칭, ② 의뢰인의 성명 또는 명칭, ③ 대상물건(소재지, 종류, 수량, 그 밖에 필요한 사항), ④ 대상물건 목록의 표시근거, ⑤ 감정평가 목적, ⑥ 기준시점·조사기간 및 감정평가서 작성일, ⑦ 실지조사를 하지 아니한 경우에는 그 이유, ⑧ 시장가치 외의 가치를 기준으로 감정평가한 경우에는 「감정평가규칙」 제5조제3항 각 호의 검토 사항, ⑨ 감정평가조건을 붙인 경우에는 그 이유 및 「감정평가규칙」 제6조제3항의 검토 사항, ⑩ 감정평가액, ⑪ 감정평가액의 산출근거 및 결정의견, ⑫ 전문가의 자문 또는 용역을 거쳐 감정평가한 경우 그 자문 등의 내용, ⑬ 그 밖에 「감정평가규칙」이나 다른 법령에 따른 기재사항 등을 정하고 있다.

ㄹ 감정평가의 기준

1) 시장가치기준

감정평가는 시장가치로 결정함을 원칙으로 한다. 종전 정상가격이란 용어를 「감정평가규칙」의 전부개정(2012. 8)을 계기로 시장가치로 변경했다. 시장가치란 대상물건이 통상적인 시장에서 충분한 기간 동안 거래를 위하여 공개된 후 그 대상물건의 내용에 정통한 당사자 사이에 신중하고 자발적인 거래가 있을 경우 성립될 가능성이 가장 높다고 인정되는 가액(價額)을 말한다.

시장가치가 「K-IFRS」에서 규정한 공정가치와 같은 개념인지에 대한 논란이 있다. 여기서는 공정가치를 '합리적인 판단력과 거래의사가 있는 독립된 당사자 사이의 거래에서 자산이 교환되거나 부채가 결제될 수 있는 금액'으로 정의하고 있다(제1016호 6, 제1039조 9). 따라서 공정가치는 자산 이외에 부채에도 적용되는 개념으로 「감정평가규칙」에서의 시장가치 보다 넓은 개념이라 할 수 있다. 다만, 재평가모형에서 유형자산의 공정가치는 일반적으로 감정평가에 의한 시장가치이므로(제1016호 32), 이 경우에는 공정가치와 시장가치가 같은 개념이라 할 수 있다.

한편, 예외적으로 시장가치 외의 가치를 기준으로 결정할 수 있는 경우는 ① 법령에 다른 규정이 있는 경우, ② 의뢰인이 요청하는 경우, ③ 감정평가의 목적이나 대상물건의 특성에 비추어 사회통념상 필요하다고 인정되는 때이다. 시장가치 외의 가치를 기준으로 감정평가할 때에는 반드시 ① 해당 시장가치 외의 가치의 성격과 특징, ② 시장가치 외의 가치를 기준으로 하는 감정평가의 합리성 및 적법성을 검토하여야 한다.

2) 현황기준

감정평가는 기준시점에서의 대상물건의 이용상황(불법적이거나 일시적인 이용은 제외한다) 및 공법상 제한을 받는 상태를 기준으로 한다. 먼저, 불법적인 이용인 경우에는 합법적인 이용을 기준으로 하되, 합법적인 이용으로 전환하기 위해 수반되는 비용을 고려한다. 둘째, 일시적인 이용 등 최유효이용에 미달하는 경우에는 최유효이용을 기준으로 하되, 최유효이용으로 전환하기 위해 수반되는 비용을 고려한다(감정평가기준 400: 2.2 참조).

한편, ① 법령에 다른 규정이 있는 경우, ② 의뢰인이 요청하는 경우, ③ 감정평가의 목적이나 대상물건의 특성에 비추어 사회통념상 필요하다고 인정되는 경우에는 현황기준원칙에도 불구하고 기준시점의 가치형성요인 등을 실제와 다르게 가정하거나 특수한 경우로 한정하는 조건(즉, 감정평가조건)을 붙여 감정평가할 수 있다. 감정평가업자는 감정평가조건을 붙일 때에는 감정평가조건의 합리성, 적법성 및 실현가능성을 검토하여야 한다(법령에 다른 규정이 있는 경우는 제외).

3) 개별물건기준

감정평가는 대상물건마다 개별로 하여야 한다(감정평가규칙 7). 보상감정평가에 있어서도 취득할 토지에 건축물·입목·공작물 그 밖에 토지에 정착한 물건이 있는 경우에는 토지와 그 건축물 등을 각각 평가하여야 한다(공익사업법규칙 20). 독립된 물건별로 감정평가액을 결정·표시하도록 한 것은 각각의 권리자를 보호하고 감정평가의 정확성을 도모하려는 취지이다. 개별물건기준 감정평가원칙에는 다음의 예외가 있다. ① 일괄감정평가: 둘 이상의 대상물건이 일체로 거래되거나 대상물건 상호 간에 용도상 불가분의 관계가 있는 경우에는 일괄하여 감정평가할 수 있다. ② 구분감정평가: 하나의 대상물건이라도 가치를 달리하는 부분은 이를 구분하여 감정평가할 수 있다. ③ 부분감정평가: 일체로 이용되고 있는 대상물건의 일부분에 대하여 감정평가하여야 할 특수한 목적이나 합리적인 이유가 있는 경우에는 그 부분에 대하여 감정평가할 수 있다.

제2장

부동산감정평가의 이해

 제1절 | 부동산의 지역성

① 지역의 체계

1) 지역의 개념

우리는 일상생활에서 유럽연합(EU), 도시지역, 지방자치, 지역계획 등 다양한 지역의 개념을 사용하고 있다. 감정평가분야에 있어서도 용도지역, 지역요인, 인근지역, 동일수급 권 등 지역과 관련된 다양한 용어가 활용되고 있다.

지역(地域)이란 매우 넓고 다의적인 개념이다. 따라서 통일적인 정의를 하는 것이 어렵 고 학문적 분야와 관심에 따라 달리 사용한다. 국립국어원의 표준국어대사전에서는 지역 을 '일정하게 구획된 어느 범위의 토지'라고 규정한다. 사회과학에서는 일반적으로 지역을 '동질적인 특성을 가진 일정한 지표면의 범위'로 정의한다.

우리가 어떤 곳을 지역이라 부를 때에는 선험적으로 일정한 넓이와 경계를 예상하며 동시에 그 지역이 갖는 여러 가지 특성을 고려한다.[14] 따라서 지역의 개념에는 다음과 같 은 속성을 지니고 있다. 첫째, 지리적으로 연속된 일정한 장소가 필요하다. 둘째, 다른 지 역과 구별되는 경계가 있어야 한다. 셋째, 지역 내 공간들은 동일한 특성을 지니고 있어야 한다. 따라서 이 책에서는 지역을 '동일한 특성을 지닌 지리적으로 연속된 일정한 장소의 집단'으로 정의한다.

지역은 산맥, 구릉, 하천 등과 같은 자연환경에 의하여 구분되는 자연적 지역과 정치

---

[14] 한국지역개발학회 편(1998), 지역개발학원론, 법문사, p.42.

적·행정적·역사적 영역, 동일한 인종이나 종교, 경제지역 등으로 구분되는 인문적 지역으로 대별된다. 그러나 참다운 지리학적 지역이란 이들 자연·인문의 양 현상이 혼연히 조화된 지역적 유기체로서의 성격을 가진 것이어야 한다.

2) 지역의 체계

지역은 그 범위에 따라 여러 가지로 분류할 수 있다. 이 책에서는 공간적 크기에 따라 세계, 국가, 지방, 지역사회 그리고 인근지역의 체계로 분류한다.

지방(locality)은 어느 방면의 땅을 말한다. 수도(首都)에 대비되는 개념으로서가 아니라 수도도 또한 지방이다.[15] 이 책에서는 추상적으로 국가보다는 작고 지역사회보다는 큰 공간범위를 의미하는 것으로 정의한다. 행정구역과 비교하여 표현하면 2개 이상의 특별시·광역시·도(道)로 구성되거나 또는 하나의 특별시·광역시·도(道)의 권역을 지칭하는 범위로 나타낼 수 있다. 따라서 중부지방, 수도권, 제주지방 등으로 표현할 수 있다.

지역사회(community)는 지역과 사회의 합성어로 일정한 장소 내의 생활공동체를 말한다. 봉건사회에서 지역사회는 영주(領主)의 토지소유 아래에서 토지의 공동이용을 단위로 하여 자연스럽게 형성된 폐쇄적인 자급자족적 생활공동체였다. 그러나 자본주의사회의 등장으로 자본의 단일지배에 의해 지역성은 급속히 상실되어 갔으며, 지역은 정치적 지배의 단위로서만 의미를 가지게 되었다. 따라서 현재의 지역사회는 예전과 같은 자생적·자연적 단위가 아니고 인위적·행정적 단위로 성립되어 있다. 이 책에서는 지역사회를 '지방의 범위 안에서 인문적으로 구분된 생활공동체'라 칭한다. 도시에서 행정구역을 범위로 하는 지역사회가 생활공동체로서의 의미를 잃었다는 비판이 있지만[16], 지방자치제가 실시된 이후 행정구역에 따라 각종 시설의 정비수준, 행정서비스의 수준 및 자치법규의 상태 등에 차이가 있으며, 이에 따라 부동산수요에 영향을 미치고 있다. 따라서 지역사회의 공간적 범위를 행정구역상 시·군·구(자치구를 말한다)와 동일한 범위로 본다.

인근지역이라 함은 감정평가의 대상이 된 부동산이 속한 지역으로서 부동산의 이용이 동질적이고 가치형성요인(가치영향요인) 중 지역요인을 공유하는 지역을 말한다.

---

15 예컨대 열대지방, 영동지방 등으로 쓰이며, 수도가 지방의 의미로 사용되는 예로는 서울지방국토관리청, 서울 지방경찰청 등이 있다.

16 계기석·천현숙(2000), 커뮤니티 중심의 주거환경정비 연구, 국토연구원, p.30.

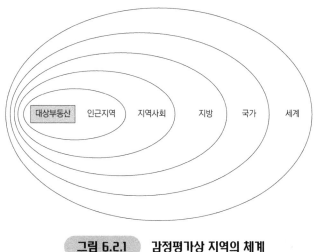

그림 6.2.1 감정평가상 지역의 체계

3) 시장분석의 의의

수요자와 공급자의 상호작용이 시장을 구성하며, 감정평가사는 대상물건에 대한 수요와 공급의 관계를 확인하기 위하여 시장의 행동을 분석해야 한다. 왜냐하면 감정평가는 원칙적으로 시장에서 거래될 때 가장 가능성이 많은 가격을 추정하는 활동이기 때문이다.

시장분석(market analysis)은 넓은 의미에서 일정한 시장에서 특정의 재화에 대한 수요, 공급 및 가격을 분석하고, 수요의 흡수가능성(이를 시장성이라 한다)을 분석하는 것을 말한다. 시장분석에서는 가격형성요인(즉, 욕구·구매력·유용성·공급력·양도성)의 추이와 동향을 조사·분석하여 수요와 공급을 분석한 후 가격 및 시장성을 분석하는 것이 중요하다. 시장분석의 절차는 대체로 ① 일반현황분석, ② 시장의 범위 판정, ③ 수요분석, ④ 공급분석, ⑤ 가격분석, ⑥ 시장성분석의 순이다. 한편, 부동산감정평가에 있어서 시장분석에서는 추가로 경제성분석과 최유효이용분석이 필요하다. 경제성분석과 최유효이용분석은 시장분석을 토대로 대상부동산에 가장 적합하고 경쟁력 있는 이용을 확인하기 위해 수행한다. 여기서 경제성분석은 특정 부동산이 충분한 수익성이 있는지를 분석하는 것이고, 최유효이용분석은 경제성이 있는 것 중에서 수익성이 가장 높은 이용을 찾아 최유효이용을 결정하는 것이다.

한편, 거시변수가 부동산가격에 미치는 영향을 요약하면 다음의 표와 같다.

표 6.2.1	거시변수의 부동산가격에 대한 영향		
거시변수	방향	영향	부동산가격
성장률	저성장	부동산경기 위축	하락요인
재정지출	축소	SOC투자 감소	하락요인
조세	증대	민간수요 위축	하락요인
내수	위축	민간수요 위축	하락요인
통화증가율	감소	물가안정	하락요인
금리	고금리	민간투자 위축·(건설비용 증가)	하락·(상승요인)
환율	상승	수입재 가격 상승	상승요인
물가	상승	환물심리 발생	상승요인
실업	증가	민간수요 위축	하락요인

자료: 한국감정원 외(1998), 부동산컨설팅이론, p.116.

② 부동산의 종별

1) 부동산 종별의 의의

부동산의 가치는 지역특성에 의해 그 수준이 결정되고, 그 수준 내에서 개별특성에 의해 구체적인 가치가 결정된다. 따라서 지역특성이 어떠하냐에 따라 부동산가치는 크게 좌우된다. 여기서 부동산의 용도에 따라 구분되는 부동산의 분류를 부동산의 종별이라 한다. 즉, 부동산의 종별은 부동산을 용도적 관점에서 분류한 것으로 지역의 종별과 개별토지의 종별로 구분할 수 있다.

지역의 종별은 지역의 용도에 따른 구분으로서 용도지대라고도 한다. 용도지대는 토지의 실제용도에 따른 구분으로서 토지의 지역적 특성이 동일하거나 유사한 지역의 일단[17]을 말한다. 한편, 개별토지의 종별은 용도지대의 제약하에서 이루어진 개별토지의 용도에 따른 구분이다.

부동산의 종별에 따라 부동산의 가치형성요인이 다르므로 부동산의 종별 판정에 유의하여야 한다. 한편, 감정평가실무의 혼란을 방지하고 감정평가의 신뢰성을 제고하기 위해서는 부동산 종별 판정에 관한 합리적이고 객관적인 기준이 필요하다.

---

17 「표준지의 선정 및 관리지침」 제2조 참조.

2) 용도지대의 구분

현재 법령에서 용도지대에 관한 개념이 불명확하며 그 구분이 비현실적이고 판정에 관한 구체적 기준이 없는 등 많은 문제가 있다. 또한, 세분된 용도지대별로 가치형성요인을 제시하지 않아 감정평가실무에서 그 판정을 소홀히 하고 있다. 따라서 용도지대의 개념을 명확히 하고 합리적으로 세분하여 구체적인 판정기준을 제시할 필요가 있다. 또한, 용도지대는 지역의 종별로서 개별토지의 종별과 동일한 관점에서 세분함으로써 논리적 일관성을 유지할 필요가 있다.

용도지대를 합리적으로 구분하면 크게 택지지대·농지지대·산지지대·후보지지대·기타지대로 구분할 수 있다.

첫째, 택지지대는 건축물의 부지로 이용 중이거나 이용 가능한 지역을 말하며, 다시 상업지대·주거지대·공업지대로 세분된다.

둘째, 농지지대는 농작물 경작이나 농축산시설부지로 이용되는 것이 합리적이라고 판단되는 지역을 말한다.

셋째, 산지지대는 수목이 집단적으로 생육하고 있거나 원야(原野)로 형성된 지역을 말한다. 여기서 원야는 수목이 없거나 개간되지 않은 토지로 정의하며, 암석지·황무지·묘지 등이 예이다.

넷째, 후보지지대는 택지지대·농지지대·산지지대 상호간에 다른 지대로 전환되고 있는 지역을 말한다.

다섯째, 기타지대는 택지지대·농지지대·산지지대·후보지지대로 분류하기 어려운 지역에 대한 분류이다.

용도지대는 자연적·인문적 요인의 전부 또는 일부를 공통하는 지역 중에서 용도적 기능성을 중심으로 파악하는 것으로서 그 규모는 지역사회보다 소규모일 것이다.[18] 여기서 용도지대를 합리적으로 세분하여 제시하면 다음의 표와 같다.

---

18 이창석 외(2002), 부동산감정평가론, 형설출판사, p.141.

표 6.2.2   **용도지대의 구분**

대분류(중분류)		소분류	지역의 내용
택지지대	상업지대	사무용지대	주로 사무용 건축물로 형성된 상업지대
		매장용지대	주로 매장용 건축물로 형성된 상업지대
		준상업지대	상업용과 다른 용도의 건축물이 혼재된 지역으로서 상업용이 강한 지역
	주거지대	단독주택지대	주로 단독주택으로 형성된 주거지대
		공동주택지대	주로 공동주택으로 형성된 주거지대
		준주거지대	주거용과 다른 용도의 건축물이 혼재된 지역으로서 주거용이 강한 지역
	공업지대	공장지대	주로 공장(창고 포함)으로 형성된 공업지대
		준공업지대	공업용과 다른 용도의 건축물이 혼재된 지역으로서 공업용이 강한 지역
농지지대		전작지대	주로 전(과수원 포함)으로 이용 중인 농지지대
		답작지대	주로 답으로 이용 중인 농지지대
		농축산시설지대	주로 농축산시설(예: 고정식온실, 축사 등)의 부지로 이용 중인 지역
산지지대		산림지대	주로 수목이 집단적으로 생육하는 지역
		원야지대	주로 수목이 없거나 개간되지 않은 토지로 형성된 지역
후보지지대		택지후보지지대	농지지대·산지지대 등이 택지지대로 전환되고 있는 지역
		농지후보지지대	산지지대 등이 농지지대로 전환되고 있는 지역
기타지대		–	택지지대·농지지대·산지지대·후보지지대로 분류하기 어려운 지역 (예: 골프장, 스키장, 경마장, 하천, 운동장 등)

3) 개별토지의 종별

개별토지의 종별은 용도지대의 제약 하에서 이루어진 개별토지의 용도에 따른 구분으로서 택지(상업용·주거용·공업용으로 세분)·농지·산지·특수토지 및 공공용지 등이 있다.

상업용은 사무실부동산(office property)과 매장용부동산(retail property)으로 세분되며[19], 준상업용도 포함된다. 주거용은 거주를 목적으로 하는 부동산으로 단독주택·공동주택·준주거용으로 세분되며, 공업용은 제조·가공을 목적으로 하는 부동산으로 공장용(창고용 포함)과 준공업용으로 세분된다. 농지는 전(과수원 포함), 답, 농축산시설부지로 세

---

[19] 국토교통부에서 전국 7대 도시에 소재한 상업용빌딩의 투자수익률을 발표할 때, 사무실빌딩과 매장용빌딩으로 구분하여 발표하고 있다.

분되며, 산지는 산림과 원야로 세분된다. 특수토지는 온천·골프장·스키장·경마장 등과 같이 비교적 사례가 희소한 용도로 이용 중인 토지를 말하며, 공공용지는 도로·하천·공원·운동장·주차장 등의 부지로서 도시·군계획시설로 결정·고시되어 공공성이 강한 토지를 말한다.

표 6.2.3 개별토지의 종별

종 별		종별의 세분	토지의 내용
택지	상업용	사무용지	사무용 건축물의 부지
		매장용지	매장용 건축물의 부지
		준상업용지	상업용과 다른 용도가 혼용되나 상업용이 강한 토지
	주거용	단독주택지	단독주택의 부지
		공동주택지	공동주택의 부지로 다세대주택용지·연립주택용지·아파트용지로 세분
		준주거용지	주거용과 다른 용도가 혼용되나 주거용이 강한 토지
	공업용	공장용지	공장(창고 포함)의 부지
		준공업용지	공업용과 다른 용도가 혼용되나 공업용이 강한 토지
농지		전	전(과수원 포함)으로 이용 중인 토지
		답	답으로 이용 중인 토지
		농축산시설 부지	농축산시설(예: 고정식온실, 축사 등)의 부지로 이용 중인 토지
산지		산림	수목이 생육하는 토지
		원야	원야(예: 암석지·황무지·묘지 등)
특수토지		–	온천·골프장·스키장·경마장 등 비교적 사례가 희소한 용도로 이용 중인 토지
공공용지		–	도로·하천·공원·운동장·주차장 등의 부지로서 도시·군계획시설로 결정·고시되어 공공성이 강한 토지

③ 인근지역 · 유사지역 · 동일수급권

1) 인근지역

인근지역은 감정평가의 대상이 된 부동산(즉, 대상부동산)이 속한 지역으로서 부동산의 이용이 동질적이고 가치형성요인 중 지역요인을 공유하는 지역을 말한다. 따라서 동일한 용도지대와 지역사회의 일부로서 지역적 특성이 동일한 대상부동산이 속한 지역이다.

한편, 인근지역은 가치수준이 동일한 지역이므로 비교방식의 감정평가에 있어 지역요인을 비교해야 하는 경우는 인근지역에 비교사례가 존재하지 않는 경우에 한정된다. 따라서 대부분의 감정평가에서 중요한 것은 먼저 인근지역의 범위를 판정하는 것이다. 감정평가의 적정성과 신뢰성을 높이기 위해서는 부동산시장의 지역성과 감정평가의 전문성을 고려할 때 인근지역의 범위판정에 대한 최소한의 기준을 설정할 필요가 있다.[20]

인근지역의 판정기준으로는 동질성(homogeneity)과 인접성(contiguity)을 들 수 있다. 「감정평가기준」에서는 그 판정기준으로 동질성만 들고 있으나(기준 600: 1.3 참조), 인접성도 추가하는 것이 합리적이다.

먼저, 동질성에 관한 기준은 자연적·인문적으로 지역특성이 동질적이어야 한다는 것을 말한다. ① 지역사회의 내부에 존재할 것. 즉 동일한 시·군·구(자치구에 한한다) 내에 있어야 한다. ② 용도지대가 동일할 것. 토지의 실제용도에 따른 구분인 용도지대가 동일해야 한다. ③ 용도지역이 동일할 것. 용도지역제의 21개 세부 용도지역과 서로 동일한 지역이어야 한다. 또한 용도구역 중 개발제한구역은 용도지역이 아니나 그 규제내용이 엄격하므로 인근지역의 판정에 있어서는 용도지역과 동일하게 취급한다. ④ 가치수준이 동일할 것. 인근지역 내 표준적인 획지의 가치와 비교하여 개별토지의 가치가 30% 범위 내에 있어야 한다.

둘째, 인접성에 관한 기준은 대상부동산이 속한 지역으로 자연적·인문적으로 절단이 없어야 하는 것을 말한다. ① 자연적 절단이 없어야 한다. 따라서 하천·산악 등에 의한 절단 여부를 확인하여야 한다. ② 인문적 절단이 없어야 한다. 따라서 철도·도로·광장 등의 인공지물에 의한 절단 여부를 확인하여야 한다. 도로의 경우 고속도로, 자동차전용도로, 중로이상의 도로[21]에 의한 절단여부를 확인하여야 한다.

---

20 자세한 내용은 서경규(2011), "부동산감정평가의 인근지역 분석", 감정평가학논집 10(2), 한국감정평가학회 참조.

21 감정평가에 있어 도로는 그 폭을 기준으로 세로(폭 8m 미만), 소로(폭 8m 이상 12m 미만), 중로(폭 12m 이상 25m 미만), 광대로(폭 25m 이상) 등으로 구분하고 있다.

결국 인근지역의 범위는 객관적인 지역구분으로서 독립해서 존재하는 것이 아니라 대상부동산과 그 가치형성요인의 분석에 의해 상대적으로 결정된다.[22]

2) 유사지역

인근지역과 구별되는 개념으로 유사지역이 있다. 유사지역은 대상부동산이 속하지 아니하는 지역으로서 인근지역과 유사한 특성을 갖는 지역을 말한다. 즉, 유사지역은 인근지역의 판정기준 중 동질성은 있으나, 인접성을 갖추지 못한 지역이다.

비교방식의 감정평가에 있어 인근지역에 비교사례가 존재하지 않는 경우에는 동일수급권 내 유사지역에서 비교사례를 구해야 한다.

3) 동일수급권

동일수급권은 대상부동산과 대체·경쟁관계가 성립하고 가치형성에 서로 영향을 미치는 관계에 있는 다른 부동산이 존재하는 권역을 말하며, 인근지역과 유사지역을 포함한다. 따라서 대상 부동산과 대체·경쟁관계가 성립하는 부동산의 지리적 범위의 한계를 나타내는 것이다.

미국에서는 대상부동산이 속한 지역으로서 대상부동산과 경쟁관계에 있는 다른 부동산이 존재하는 일정한 지리적 범위를 시장지역(market area)[23]이라 칭하며, 시장지역의 범위를 세계, 국가, 지역, 지역사회, 근린 그리고 지구로 구분한다. 근린(neighborhood)은 상호보완적인 토지이용이 이루어지고 있는 지리적 범위를 말하며, 지구(district)는 동질적인 토지이용을 특징으로 하는 시장지역을 말한다.

한편, 부동산의 종별이나 성격, 규모 등에 따라 수요자의 선호성이 달라지므로 동일수급권의 범위는 이들에 따라 달라진다. 따라서 동일수급권은 이들에 따라 수요자의 선호성을 정확하게 파악한 후 적절하게 판정해야 한다. 일반적으로 주거용부동산의 동일수급권은 통근가능한 지역의 범위와 일치하는 경향이 있으며, 교통시설의 확충·발달에 따라 그 범위가 확대되고 있다. 또한, 지역의 명성에 따른 강한 선호성에 의해 그 범위가 협소해지는 경향도 있으므로 유의해야 한다. 서울 강남지역의 강한 선호성이 그 예이다.

---

22 日本不動産鑑定協会(1997), 不動産鑑定実務論, 住宅新報社, p.14.

23 우리나라와 일본에서는 시장지역을 수급권이라 번역하고, 대상부동산과 동일한 시장지역을 동일수급권으로 정의하고 있다.

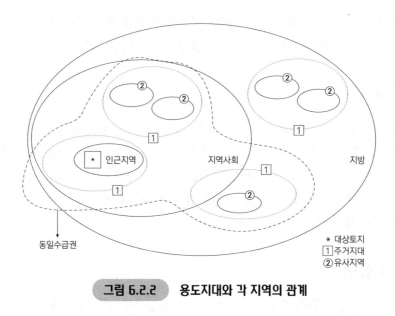

※ 대상토지
1 주거지대
2 유사지역

동일수급권

인근지역   지역사회   지방

그림 6.2.2   용도지대와 각 지역의 관계

제2절 | 부동산의 가치형성

① 부동산가치의 의의

1) 부동산가치의 의의

부동산은 영속성의 특성이 있어 내구재(耐久財: durable goods)[24]로서 그 편익이 장기간 나타난다. 따라서 부동산의 가치란 부동산의 소유에서 비롯되는 장래 편익에 대한 현재가치라 할 수 있다. 즉, 소유하고 있는 부동산은 장래 일정기간까지 이용함으로써 얻는 편익이 바로 부동산가치의 원천이 된다. 따라서 부동산가치는 ① 장래 편익이 그 바탕이 되고, ② 그것을 현재가치로 환원한 것이며, ③ 소유권과 불가분의 관계에 있다.[25]

---

[24] 내구재란 사전적으로는 장기간 사용할 수 있는 재화를 말한다. 내용연수가 1년 이상으로서 거래단위별로 취득가액이 100만원을 초과하는 물건은 유형고정자산으로 분류되며, 내용연수가 1년 미만이거나(소모품비로 처리) 내용연수가 1년 이상으로서 거래단위별 취득가액이 100만원 이하인 물건(비품비로 처리)은 경비로 분류된다(소득세법시행령 제67조 등 참조).

[25] 방경식·장희순(2002), 부동산학개론, 부연사, pp.302~303.

부동산의 가치는 부동산의 특성 때문에 일반재화와는 다른 특징이 있다.

먼저, 부동산의 경제적 가치는 소유(또는 교환)의 대가인 가격과 용익의 대가인 임료로 표시된다. 여기서 가격은 일정시점에서 소유의 대가이며, 임료는 일정기간 용익의 대가이다. 한편, 가격과 임료는 원본과 과실의 상관관계에 있다. 둘째, 부동산은 영속성의 특성이 있으므로 편익은 장기간에 걸쳐 나타나고, 그 가치는 과거·현재·미래의 장기적 배려 하에 형성된다. 또한, 부동산의 가치형성요인과 최유효이용은 부단히 변화하므로 일정시점에서 이를 정확하게 분석하여야 한다. 셋째, 부동산은 개별성의 특성이 있고, 각 경제주체도 욕구·구매력 등에서 개별성이 있으므로 부동산에 대해 느끼는 가치는 각 경제주체마다 다르다. 따라서 부동산의 가치를 판정하는 것은 매우 어려운 작업이다.

2) 토지가치의 구조

자산으로서 토지의 가치는 토지로부터 발생하는 장래 수익을 현재가치로 환원한 값이다. 장래 수익에는 첫째, 일정기간의 토지사용에 대한 대가로서 매기 발생하는 지대(임대료)가 있다. 이는 '지대의 자본환원액'인 소득수익(income gain)으로서 유량(flow)가치이다. 둘째, 일정시점(보유기간 말)에 매각함으로써 발생하는 매매가격이 있다. 이는 장래 지가상승을 예상하여 보유하다가 일정시점에 이를 매각함으로써 얻는 수익으로 '토지의 자본으로서의 수익'인 자본이득(capital gain)으로서 저량(stock)가치이다.

$$V = r + q \quad\cdots\cdots\cdots\cdots\cdots\cdots\cdots\cdots\cdots\cdots\cdots\cdots \text{(식 6.2.1)}$$

여기서 V = 지가
   r = 소득수익의 현재가치
   q = 자본이득의 현재가치

또한, r 과 q 는 각각 t년 후의 지대 Rt와 n년 후의 지가인 Pn에 따라 다음과 같이 정의할 수 있다.[26]

$$V = \sum_{t=1}^{n} \frac{Rt}{(1+i)^t} + \frac{Pn}{(1+i)^n} \quad\cdots\cdots\cdots\cdots\cdots\cdots\cdots \text{(식 6.2.2)}$$

---

26 尹昌九(1992), "韓國 都市地域 地價變動에 관한 實證的 研究", 仁川大學校 大學院 博士學位論文, p.9.

여기서 V = 지가
 Rt = t 시점의 지대
 Pn = n 시점의 지가
 i = 이자율

따라서 현재의 토지가치는 현재 및 장래의 지대뿐 아니라 장래의 지가에도 영향을 받는다[27]. 특히 우리나라와 같이 급속한 산업화와 도시화과정에서 지가가 큰 폭으로 상승한 나라는 유량가치보다 저량가치의 변동률이 더 크기 때문에 자본이득의 유용성이 보다 중요시된다. 이는 가치형성요인의 분석에 있어 장래의 동향이 중요함을 의미한다.

② 부동산의 가치형성요인

1) 부동산 가치형성요인의 개요

(1) 가치형성요인의 분류

「감정평가에 관한 규칙」(약어로 감정평가규칙이라 한다)에서는 대상물건의 경제적 가치에 영향을 미치는 일반요인·지역요인·개별요인을 가치형성요인이라고 한다. 그러나 가치형성요인은 다양한 기준에 의해 분류할 수 있다. 여기서 감정평가에 있어 원칙적인 기준가치인 시장가치의 형성요인을 소개하면 다음과 같다.

먼저, 앞에서 가치형성요인으로 제시한 욕구·구매력·유용성·희소성은 가치형성의 근원(根源)에 따른 분류에 속한다.

둘째, 가치형성의 주체에 따라 분류하면 수요요인과 공급요인으로 구분할 수 있다. 시장가치는 시장에서의 거래를 전제로 하므로 수요측면과 공급측면을 함께 고려하여야 한다.

셋째, 「감정평가규칙」에서처럼 가치형성의 공간적 범위에 따라 일반요인·지역요인·개별요인으로 구분할 수 있다. 각 용어의 의미에 대해서는 뒤에서 설명한다.

넷째, 가치형성요인의 내용에 따라 분류하면 자연적 요인·사회적 요인·경제적 요인·정책적 요인으로 구분할 수 있다.

---

27 (식 6.2.2)는 수익방식의 하나인 할인현금흐름분석법(discounted cash flow analysis: DCF법)의 산식과 구조가 같다. 이는 매기의 순수익을 현재가치로 할인한 값에다 보유기간말의 복귀가액을 현재가치로 할인한 값을 더한 것이다.

표 6.2.4 가치형성요인의 분류	
분류 기준	분류 내용
(가치형성의) 근원	욕구·구매력·유용성·희소성
(가치형성의) 주체	수요요인·공급요인
(가치형성의) 공간적 범위	일반요인·지역요인·개별요인
(가치형성요인의) 내용	자연적 요인·사회적 요인·경제적 요인·정책적 요인

여기서 둘째부터 넷째까지 분류의 경우 엄밀하게 말하면 가치영향요인이라고도 할 수 있다. 왜냐하면 이들 요인은 먼저 욕구·구매력·유용성·희소성에 영향을 미치고 그 결과 재화의 가치가 형성되기 때문이다. 예컨대 다른 요인들이 일정할 경우 인구가 증가(→ 욕구가 증가)하면 주택의 희소성이 상대적으로 커져 주택의 가치가 증가하며, 단독주택에 대한 기호(嗜好)가 증가(→ 욕구가 증가)하면 단독주택의 희소성이 상대적으로 커져 단독주택의 가치가 증가한다. 또한, 용도지역이 녹지지역에서 주거지역으로 변경되거나 도시철도가 신설되면 당해 부동산의 유용성이 증가하므로 당해 부동산의 가치가 증가한다.

(2) 부동산가치형성요인의 의의

「감정평가규칙」에서는 대상물건의 가치형성요인을 일반요인, 지역요인, 개별요인으로 구분한다. 여기서 일반요인, 지역요인 및 개별요인은 가치형성의 공간적 범위를 기준으로 한 구분으로서 실제 그 식별이 어려운 경우가 많다. 동산은 이동성이 있으므로 지역요인의 영향이 미미한 경우가 많으나, 부동산은 부동성의 특성으로 인해 지역요인의 영향이 동산에 비해 큰 편이다.

먼저, 일반요인이란 대상물건이 속한 전체 사회에서 대상물건의 이용과 가치수준 형성에 전반적으로 영향을 미치는 일반적인 요인을 말한다(감정평가기준 400).[28] 부동산은 지역성의 특성으로 인해 지역사회나 인근지역마다 표준적 이용과 가치수준이 다르므로 실제 감정평가활동에서 일반요인을 분석하는 경우는 거의 없다.

둘째, 지역요인은 대상물건이 속한 지역의 가치수준 형성에 영향을 미치는 자연적·사회적·경제적·정책적 요인을 말한다. 지역요인은 감정평가활동에서 지역의 표준적 이

---

28 「감정평가기준」에서는 가격과 가치를 혼용하고 있어 문제가 있다. 예컨대 일반요인과 지역요인의 개념을 설명하면서 '가격수준 형성'이라고 표현하고 있으나 '가치수준 형성'이라고 표현하는 것이 옳다.

용·가치수준·인근지역의 범위 판정 등을 위해 세밀하게 분석해야 하므로 그 파악이 매우 중요하다.

셋째, 개별요인은 대상물건의 구체적 가치에 영향을 미치는 대상물건의 고유한 개별적 요인을 말한다.

한편, 지역의 의미를 '동일한 특성을 지닌 지리적으로 연속된 일정한 장소의 집단'으로 정의하고, 지역의 체계를 공간적 크기에 따라 세계, 국가, 지방, 지역사회, 인근지역으로 분류하는 경우 일반요인과 지역요인은 통합하는 것이 바람직하다. 이때의 지역요인에는 세계 수준, 국가 수준, 지방 수준, 지역사회 수준, 인근지역 수준의 지역요인이 있다. 따라서 이 책에서는 일반요인과 지역요인을 통합하여 설명하고자 한다.

(3) 부동산가치형성요인의 특성

부동산의 가치형성요인은 각각 독립하여 작용하는 것이 아니라 다수 요인이 유기적으로 관련을 맺고 상호작용하므로(관련성의 특성) 각각의 요인간의 상호관계를 충분히 고려하여야 한다. 또한 가치형성요인은 끊임없이 변화하는 경향(유동성의 특성)이 있으므로 기준시점을 명확히 하고 가치형성요인의 변화에 유의하여야 한다.

먼저, 가치형성요인이 상호 관련되어 있거나 중복되는 경우가 있어 이중으로 작용하여 과대평가나 과소평가될 우려가 있다. 따라서 가치형성요인을 분류할 때에는 요인간의 복합과 중첩관계가 있는지를 검토하여야 하며, 이를 통계처리하는 경우에는 다중공선성(多重共線性, multi-collinearity)의 문제를 조사하여야 한다.

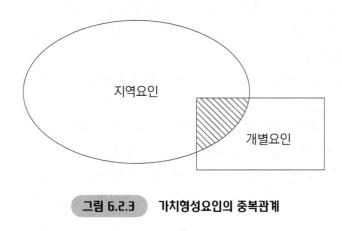

그림 6.2.3 **가치형성요인의 중복관계**

둘째, 가치형성요인은 시간의 경과에 따라 변화하므로 항상 동태적으로 이를 파악하여야 하며, 장래의 동향에 특히 유의하여야 한다. 따라서 과거에서 기준시점까지의 변화를 받아들이고, 가까운 장래에 일어날 수 있는 변화를 생각하면서 가치형성요인을 파악할 필요가 있다[29].

자료: 한국감정원 역(1996), p.69. 참조

그림 6.2.4 가치형성요인의 추이와 동향

2) 지역요인

(1) 지역요인의 의의

지역요인은 각 지역의 특성을 형성하고 그 지역에 속하는 부동산의 가치수준형성에 전반적으로 영향을 주는 요인을 말한다. 지역요인의 작용은 반드시 공간적으로 일률적인 것이 아니고, 또 모든 종류의 부동산에 동질적이고 균등하게 작용하는 것도 아니다.

감정평가에 있어 가치형성요인은 국가나 지방 수준에서 영향을 미치는 요인보다 동일수급권 수준에서 영향을 미치는 요인이 더 중시된다. 비교방식의 감정평가에 있어서는 동일수급권 내의 사례와 대상물건의 가치수준 판단이 중요하기 때문이다.

지역요인은 크게 자연적 요인과 인문적 요인으로 구분되며, 인문적 요인은 다시 사회적 요인, 경제적 요인, 행정적 요인으로 세분된다. 자연적 요인은 쉽게 변하지 않는 특성이 있는 반면, 인문적 요인은 쉽게 변하는 특성이 있다.

---

[29] 지가변동률이 대상토지 가치형성요인의 변화를 모두 반영하는데 한계가 있다. 이는 지가변동률은 당해 지역사회인 시·군·구 전체에 분포된 지가변동률 표본지의 평균지가 변동 상황에 대한 자료이지 대상토지 가치형성요인의 변동 상황에 대한 자료가 아니기 때문이다. 따라서 감정평가 시 시점수정(지가변동률에 의한 수정)과 지역요인 및 개별요인 비교에 의해서도 반영되지 않는 사항이 있을 때 이를 그 밖의 요인으로 보정한다.

한편, 미국의 AI에서는 부동산 가치영향요인을 사회적 요인·경제적 요인·행정적 요인·환경적 요인으로 구분하고 환경적 요인에 자연환경과 인문환경을 포함하고 있다.

(2) 지역요인의 내용

① 자연적 요인: 토지가 갖는 본원적인 기능(즉, 생산기능)과 관계된 요인으로서 지리적 위치관계, 지질·지반 등의 상태, 기상상태(일조·기온·강우량 등), 경관 등의 자연적 환경, 재해발생의 위험성 등이 포함된다.

▶ 대지진·쓰나미 공포, 일본 땅값 뒤흔들었다: 대지진과 쓰나미의 공포가 일본 땅값 판도에 지각 변동을 초래했다. 일본 국토교통성이 2012. 01. 01. 기준으로 공시지가를 조사한 결과 해안지역은 땅값이 급락했지만, 고지대는 급등했다. 특히 쓰나미와 원전사고의 피해가 집중된 미야기(宮城), 이와테(岩手), 후쿠시마(福島)의 해안지역은 땅값이 평균 7.5% 추락했다. 하지만 재해지역도 쓰나미에 안전한 고지대 땅값은 급등했다. 쓰나미 피해를 집중적으로 입은 미야기현 이시노마키(石卷)시의 경우 해안지역은 폭락했지만 고지대 택지가격은 전년보다 60.7% 급등해 상승률 전국 1위를 기록했다(조선일보, 2012. 03. 24. 참조).

---

② 사회적 요인: 인간이 사회활동을 하는 장소에서 발생하는 사회적 현상은 부동산가치에 영향을 미친다. 여기에는 인구의 상태, 가족구성 및 가구분리의 상태, 도시형성의 상태, 공공시설(또는 사회간접자본)의 정비상태, 생활양식의 상태, 기호(또는 선호도) 등이 있다.

▶ 대구성벽 허물기: 영조 12년(1736년)에 축성된 대구성은 높이 약 5.1~5.4m, 총길이 약 2,680m의 석성이었다. 그동안 관리부실로 군데군데 허물어진 곳도 있었으나, 성내 사람들에게는 자부심의 원천이었다. 주로 왜구의 침략에 대비해 축조된 평지의 성곽이었던 만큼 임금의 윤허 없는 인위적인 파손행위는 안보차원의 중벌로 다스려져 온 것이 전통이었다. 그런데 1906년 10월 하순 당시 대구군수이자 경상북도관찰사서리였던 박중양과 대구의 일인(日人)들이 한통속이 되어 몇 년간 은밀하게 추진해 오던 땅투기 작전의 일환으로 성벽을 부수었다. 이 무렵 대구성내의 땅값은 당시 일화(日貨)로 평당 23원 꼴이었고, 성밖은 불과 6원, 좀 비싸야 10원 꼴이었다. 삿포로 맥주 한 병이 12원50전 하던 시절이다. 이들은 값싼 성 밖의 임야며 전답에 눈독을 들여 매물이 나오는 대로 싹쓸이 해 놓고 하루빨리 성벽을 허무는 공작을 해왔다. 절차상 관찰사가 올린 상소에 임금의 허락이 떨어져야 가능한 일이었다. 그러나 구한말의 경북관찰사들은 누구도 선뜻 총대를 메려하지 않았다. 이때 마침 관찰사서리직을 잠시 겸하게 된 박중양이 일인들의 모의에 동조해 이를 기습 철거한 것이다. 성이 헐리고 길이나자 성밖의 땅값은 평당 60원, 성안은 230원으로, 불과 반년 만에 열배나 폭등했다(매일신문, 2006. 01. 10. 정영진의 대구이야기 참조).

---

③ 경제적 요인: 부동산도 경제재이기 때문에 경제활동의 대상이며, 전반적인 경제구조와 경제정세의 변화는 부동산가치에 영향을 미친다. 경제적 요인으로는 성장률 및 재정지출의 상태, 금리 및 환율의 상태, 고용·소득 및 물가의 수준, 기술혁신 및 산업구조 상태, 부동산의 가격수준 등이 있다.

▶ 기준금리: 중앙은행인 한국은행 안에 설치된 금융통화위원회에서 결정하는 금리이다. 2008년 2월까지 한국은행은 금융통화위원회에서 콜금리 운용 목표치(정책금리)를 결정하였다. 콜금리 목표치를 낮춘다는 것은 콜시장에 자금을 공급한다는 것이고, 이것은 통화량이 증가하는 것으로 해석할 수 있다. 그러나 2008년 3월부터 정책금리를 기준금리로 바꾸었다. 기준금리는 한국은행의 환매조건부채권 매매, 대기성 여·수신 등 금융기관 간 거래의 기준이 되는 금리를 의미한다. 한국은행은 채권의 매매나 금융기관의 지급준비율 또는 재할인율 등의 통화정책으로 통화량이나 물가, 나아가 금리에 영향을 준다. 따라서 한국은행에서 기준금리를 발표하면 시중 은행을 포함한 금융기관들은 이를 기준으로 하여 각각 금리를 책정하게 된다. 따라서 한국은행이 기준금리를 올리면 시중 금리도 상승하게 되고, 기준금리를 낮추면 시중 금리도 떨어지게 된다(NAVER 지식사전 참조). 2008. 3. 이후 기준금리 최고는 5.25%(2008. 8. 7.~2008. 10. 8.), 최저는 0.50%(2020. 5. 28.~2021. 8. 25.)이었다.

---

④ 정책적 요인: 부동산에 대한 공적 규제 또는 조장은 부동산가치에 영향을 미친다. 여기에는 부동산제도, 토지이용계획, 부동산정책, 부동산조세의 상태, 지역개발정책의 상태, 행정구역 등이 있다.

(3) 용도지대별 지역요인

지역요인은 각 용도지대마다 영향을 미치는 요인이 각각 다르다. 한편, 용도지대의 구분에 따른 용어와 관련하여 통일되지 못해 혼란이 있으나 이 책에서는 부동산활동의 편의를 도모하고 관련 법령의 명칭 등을 고려하여 택지지대·농지지대·산지지대·후보지지대·기타지대로 구분하기로 한다.

① 택지지대
- 상업지대: 매장용지대는 수익성에 중점을 두고, 사무용지대는 효율성에 중점을 둔다. 따라서 상업시설의 배치상태, 번화성의 정도, 교통수단 및 공공시설과의 접근성 등에 크게 영향을 받는다.
- 주거지대: 쾌적성에 중점을 둔다. 따라서 생활환경의 양부, 도심과의 거리 및 교통시설 상태, 공공시설의 배치상태 등에 크게 영향을 받는다.
- 공업지대: 수익성에 중점을 둔다. 따라서 판매 및 원료구입시장과의 위치관계, 노

동력 확보의 난이, 동력자원·공업용수·공장배수 등의 정비상태, 관련산업과의 관계 등에 크게 영향을 받는다.

② 농지지대: 생산성에 중점을 두며, 택지후보지의 가능성도 중요하다. 따라서 일조·기온·강우량 등의 기상상태, 토양 및 토질, 재해의 위험성, 취락 및 출하집하장과의 접근성 등에 크게 영향을 받는다.

③ 산지지대: 생산성에 중점을 두며, 택지후보지의 가능성도 중요하다. 따라서 일조·온도·강우량 등의 기상상태, 토양 및 토질, 표고 및 지세, 임도의 정비상태, 취락과의 접근성 등에 크게 영향을 받는다.

④ 후보지지대: 종별 전환의 시기와 전환후의 종별에 중점을 둔다. 따라서 도심과의 거리 및 교통시설 상태, 시가화의 정도, 택지조성의 난이, 전환 후의 종별 등에 크게 영향을 받는다. 특히 택지후보지지대 중에서도 상업후보지지대·주거후보지지대·공업후보지지대의 종별에 따라 가치수준이 달라지므로 유의한다.

3) 개별요인

(1) 개별요인의 의의

개별요인은 부동산이 개별성을 발휘하여 그 가치를 개별적으로 형성하게 하는 요인, 즉 대상 부동산의 구체적인 가치를 결정해 주는 요인을 말한다.

개별부동산의 가치는 그가 속한 지역특성에서 파생되는 지역요인과 동일한 지역특성의 영향권 내라 하더라도 각 부동산의 특성에서 파생되는 개별요인에 의해 각각 영향을 받는다. 따라서 감정평가 시에는 대상부동산이 속한 지역 내 지역요인 분석을 통해 당해 지역의 지역특성, 장래의 동향을 명백히 하여 그 지역 내 부동산의 가치수준을 판정한 후 이를 전제로 대상부동산의 개별요인을 분석하여 구체적인 가치를 판정하는 것이 필요하다.

(2) 개별요인의 구성

개별요인을 내용에 따라 구분하면 다음과 같은 요인으로 구성된다.

① 접근요인: 가로의 폭, 구조 등의 상태, 상가 및 교통시설과의 접근성, 공공 및 편익시설과의 접근성 등

② 환경요인: 자연환경(일조, 조망 등), 사회환경(인근토지 용도와의 적합성 등), 경제환경(고객의 유동성 등), 공급 및 처리시설의 상태, 위험 및 혐오시설, 관개 및 배수의 양부(良否) 등

③ 획지요인: 면적, 형상, 고저, 방위, 토양 및 토질 등

④ 제도요인: 용도지역·지구·구역, 기타 공법 및 사법상의 규제 등

한편, 개별요인은 그 부동산과 외부 특성과의 관계 속에서 나타나는 외부성 요인과 부동산 그 자체에 관한 요인인 내부성 요인으로 구분할 수도 있다. 일반적으로 부동산가치는 개별요인에 있어 내부성 요인보다는 외부성 요인에 더 크게 의존한다.

(3) 용도별 개별요인

개별요인도 부동산의 용도마다 영향을 미치는 요인에 차이가 있다.

① 택지
- 상업용지: 매장용지는 수익성에 영향을 크게 미치는 환경요인(경제환경)이나 접근요인의 비중이 크며, 사무용지는 효율성에 중점을 두므로 접근요인의 비중이 크다.
- 주거용지: 쾌적성에 중점을 두므로 환경요인(자연환경, 사회환경)과 접근요인의 비중이 크다.
- 공업용지: 수익성에 영향을 크게 미치는 접근요인의 비중이 크다.

② 농지: 생산성에 중점이 있으므로 환경요인(자연환경)과 획지요인(토양 및 토질 등)의 비중이 크다.

③ 산지: 생산성에 중점이 있으므로 환경요인(자연환경)과 획지요인(토양 및 토질 등)의 비중이 크다.

④ 후보지: 종별 전환의 시기와 전환 후의 종별에 중점이 있으므로 접근요인과 환경요인(자연환경, 사회환경, 경제환경)의 비중이 크다.

표 6.2.5 지역요인과 개별요인의 비교

구분	지역요인	개별요인
내용	지역특성	개별특성
구분	• 자연적 요인 • 인문적 요인(사회적·경제적·정책적 요인)	• 외부성 요인 • 내부성 요인
분석	지역분석	개별분석
특징	포괄적, 추상적	한정적, 구체적

제3절 | 부동산의 감정평가

1 부동산감정평가의 원리

1) 개요

부동산시장에서 부동산가격이 발생·형성·결정되는 과정에서 작용하는 근본적인 이치를 부동산가격의 원리(原理)[30]라 한다. 그런데 부동산시장에서 부동산가격은 그 가치를 반영하여 형성되며, 반대로 시장참여자는 부동산가격을 참고하여 그 가치를 판단한다. 따라서 시장에서 작용하는 부동산가격의 원리를 찾아 반대로 부동산의 가치를 감정평가할 때 이를 활용할 필요가 있다. 즉, 감정평가는 가치형성과정을 분석하는 것이 본질인 활동이므로 부동산의 감정평가에 있어 적정한 가치판정을 위해서는 부동산가격의 원리를 충분히 이해하고 이를 활용할 필요가 있다. 여기서 부동산가격의 원리를 응용하여 부동산의 경제적 가치를 판정할 때 활용해야 할 원리가 바로 부동산감정평가의 원리이다.

부동산감정평가의 원리는 부동산가격의 원리를 응용한 것으로 '부동산가격의 응용원리'라 할 수 있으며, 그 명칭과 내용은 시대나 국가 또는 학자에 따라 다양하게 제시되고 있다.

표 6.2.6   부동산감정평가의 원리 비교

구분	미국 (Appraisal Institute)	일본 (부동산감정평가기준)	우리나라	
			안정근	경응수
명칭	없음	부동산가격의 제원칙	부동산평가원리	부동산 경제원칙
내용	예상의 원리, 변동의 원리, 수요·공급(경쟁 포함)의 원리, 대체의 원리, 균형(기여, 잉여생산성, 적합성 포함)의 원리, 외부성의 원리(6개)	수요·공급의 원칙, 변동의 원칙, 대체의 원칙, 최유효이용의 원칙, 균형의 원칙, 수익체증 및 체감의 원칙, 수익배분의 원칙, 기여의 원칙, 적합의 원칙, 경쟁의 원칙, 예측의 원칙(11개)	예상의 원리, 변동의 원리, 수요·공급의 원리, 경쟁의 원리, 대체의 원리, 기회비용의 원리, 균형의 원리, 기여의 원리, 잉여생산성의 원리, 적합의 원리, 외부성의 원리 (11개)	수요·공급의 원칙, 변동의 원칙, 대체의 원칙, 최유효이용의 원칙, 균형의 원칙, 수익체증 및 체감의 원칙, 수익배분의 원칙, 기여의 원칙, 적합의 원칙, 경쟁의 원칙, 예측의 원칙, 기회비용의 원칙, 외부성의 원칙(13개)

---

30 부동산학은 부동산현상과 부동산활동을 연구하여 일반적인 원리(原理)를 도출하고, 그에 따라 부동산문제를 해결하는 방법을 찾고자 하는 학문이다. 따라서 부동산시장을 분석하여 도출된 가격에 관한 일반적인 법칙성을 부동산가격의 원리라 칭하기로 한다.

이 책에서는 <표 6.2.6>를 참고하여 부동산감정평가의 원리로 10개를 선정하되 이를 기본원리, 내부원리, 외부원리로 구분하고자 한다.

2) 기본원리

(1) 최유효이용의 원리

최유효이용(hight and best use)은 학문적·이론적 용어로서 감정평가의 기본적 전제가 되어 왔다. 시장가치는 최유효이용을 전제로 한 가치이다. 그동안 최유효이용에 대한 법적 정의가 없었으나, 경제적 가치를 판정하는 과정에서 매우 중요한 개념이므로 2013. 10. 「감정평가 실무기준」(국토교통부 고시, 약어로 감정평가기준이라 한다) 제정시 그 정의를 두었다.

최유효이용이란 객관적으로 보아 양식과 통상의 이용능력을 가진 사람이 부동산을 합법적이고 합리적이며 최고·최선의 방법으로 이용하는 것을 말하며, 최유효이용의 원리란 부동산의 가치는 최유효이용을 전제로 형성된다는 원리이다. 여기서 최유효이용은 용도이외에 규모도 함께 고려하여야 한다.

최유효이용의 판정기준은 ① 법적 허용성, ② 물리적 가능성, ③ 경제적 타당성, ④ 최대 수익성의 4가지이다.[31] 먼저, 법적 허용성은 당해 이용이 각종 법령에 적합하여야 한다는 것이다. 여기에는 공법 뿐 아니라 사법도 포함된다. 둘째, 물리적 가능성은 당해 이용이 토양·지형·지세 등에 적합하고 기술적으로 가능해야 한다는 것이다. 또한, 전기·상수도 등과 같은 공공편익시설의 상태도 고려하여야 한다. 셋째, 경제적 타당성은 개발 후의 가치증가(또는 수익)가 개발비용(또는 비용) 보다 커야 한다는 것이다. 넷째, 최대 수익성은 앞의 3조건을 충족하는 여러 대안 중에서 최고의 수익을 창출하는 이용이어야 한다는 것이다.

(2) 수요·공급의 원리

부동산의 가치형성에 영향을 주는 자연적·사회적·경제적·정책적 요인이 변화하면 욕구·구매력·유용성 등을 통해 부동산시장의 수요와 공급에 영향을 미친다. 일반적으로 부동산의 수요가 공급을 초과하면 가격이 상승하고, 반대로 공급이 수요를 초과하면 가격이 하락한다.

수요는 일정기간 동안 정해진 시장에서 다양한 가격으로 구매하려는 욕구를 말하며, 공

---

[31] 한국감정평가협회·한국감정원(2014a), 앞의 책, pp.22~24. 참조

급은 일정기간 동안 정해진 시장에서 다양한 가격으로 판매하려는 욕구를 말한다. 일반적으로 재화의 수요와 공급은 균형을 향해 움직이는 경향이 있다. 여기서 재화의 가격이 상승하면 공급은 늘고 수요는 감소하며, 가격이 하락하면 공급이 줄고 수요가 증가한다. 다만, 일반재화와는 달리 부동산의 수요와 공급은 비탄력적인 편이다. 부동산의 수요가 비탄력적인 것은 부동산이 가진 기반성과 소유권의 특수성 등에 기인하며, 부동산의 공급이 비탄력적인 것은 부증성 등에 기인한다.

수요자와 공급자의 상호작용이 시장을 구성하며, 감정평가사는 대상물건에 대한 수요와 공급의 관계를 확인하기 위하여 시장의 행동을 분석해야 한다. 왜냐하면 감정평가는 원칙적으로 시장에서 거래될 때 가장 가능성이 많은 가격을 추정하는 활동이기 때문이다.

(3) 대체의 원리

여러 개의 유사한 재화나 용역이 있는 경우 가장 가격이 낮은 것이 가장 큰 수요를 유발한다는 원리이다. 이는 부동산의 매수자(또는 임차인)가 유용성이 비슷한 다른 부동산을 선택할 수 있다는 것을 의미하며, 이때 부동산의 가치는 동일한 유용성을 갖는 대체 부동산의 가격에 영향을 받는다.

대체의 원리는 감정평가 3방식의 성립근거가 된다. 먼저, 거래사례비교법은 유사성이 있는 물건의 거래사례와 비교하여 대상물건의 가액을 산정하는 방법으로 대체의 원리를 기본으로 하고 있다. 둘째, 원가법에서 재조달원가를 구하는 경우 대체가능한 물건의 사례를 기준으로 구할 수 있다. 셋째, 수익환원법에서 환원율이나 할인율을 부동산시장에서 도출하는 것은 대체의 원리에 근거하고 있다.

(4) 변동의 원리

부동산의 가치는 여러 가지 가치형성요인이 부단히 변화하는 과정에서 형성된다. 즉, 부동산의 사회적·경제적·정책적 위치는 가변적이므로 그 가치도 부단히 변동한다. 따라서 가치형성요인을 분석하는 경우 현재의 상황뿐 아니라 미래의 동향도 반영하여야 한다.

가치형성요인은 늘 변화하는데 그 변화를 모두 예측하는 것은 불가능하다. 따라서 대상물건의 경제적 가치를 판정하는 것은 특정시점에서만 타당할 수 있다. 따라서 감정평가에서는 기준시점이 필요하다. 기준시점은 대상물건의 감정평가액을 결정하는 기준이 되는 날짜를 말한다.

(5) 예측의 원리

부동산의 가치는 일반적으로 장래에 발생할 것으로 기대되는 편익의 현재가치로 정의한다. 즉, 부동산의 현재가치는 예측되는 미래의 편익에 의존한다. 그런데 부동산에 대한 욕구가 다양하고 그 용도도 다양하며 부동산의 사회적·경제적·정책적 위치는 가변적이므로 장래에 발생할 것으로 기대되는 편익을 예측하는 것은 매우 어려운 작업이다. 따라서 부동산의 가치를 정확하게 판정하기 위해서는 과거의 추이를 파악한 후 미래의 동향을 예측하는 것이 필요하다.

3) 내부원리

(1) 균형의 원리

부동산의 가치가 최고로 되기 위해서는 부동산의 구성요소들이 상호 균형을 이루어야 한다는 원리이다. 토지의 경우 면적·형상·접면너비·획지의 깊이 등의 관계에 균형이 있어야 하고, 건축물의 경우에는 구조·층수·건축면적·연면적 등의 관계에 균형이 있어야 한다. 또한, 복합부동산의 경우 건축물의 규모·형상·배치상태 등에서 토지와 건축물 간에 균형을 이루어야 한다.

부동산의 구성요소 간에 균형을 이루지 못하면 기능적 감가의 원인이 된다.

(2) 기여의 원리

부동산의 가치는 각 구성요소가 전체에 기여하는 정도에 따라 결정된다는 원리이다. 따라서 특정 구성요소의 가치는 전체의 가치에 그가 기여하는 금액이나 그것이 없을 때 전체의 가치가 떨어지는 금액으로 정해진다. 기여의 원리는 추가 투자의 적정성을 판단하는 데 도움을 준다. 예컨대 설치에 3천만원이 들어간 승강기의 경우 단독주택의 가치를 반드시 3천만원 상승시키는 것은 아니다. ① 만일 시장에서 승강기가 딸린 주택의 수요가 많은 경우 비용보다 더 많이 상승시킬 수 있다. ② 투입된 비용과 상승된 가치가 동일할 수 있다. ③ 가치에 긍정적으로 기여하지만 비용보다 상승된 가치가 더 낮을 수 있다. ④ 가치에 어떤 기여도 하지 않을 수 있다. ⑤ 가치에 도리어 부정적인 기여를 할 수 있다. 편익보다 운영비용이 더 큰 경우로서 이때는 추가비용을 들여 승강기를 철거할 필요가 있다.

또한, 기여의 원리는 인접한 다른 토지를 구입하여 합병함으로써 전체 가치의 증가를 기대하는 경우에 유용하다. 한정가치를 판정하는 경우에는 특히 대상물건의 기여가치를 충분히 고려하여야 한다.

(3) 수익배분의 원리

부동산의 가치는 부동산의 전체 수익에서 노동·자본과 같은 다른 생산요소의 비용을 다 지불한 후 남은 순수익이라는 원리이다. 여러 생산요소들 비용을 지불한 후 남은 순수익을 잉여생산성이라고 하므로, 수익배분의 원리는 잉여생산성의 원리라고도 한다.

수익배분의 원리는 토지수익의 잔여개념과 잔여법에 대한 기초를 제공한다. 잔여법에는 토지잔여법·건물잔여법·부동산잔여법이 있다. ① 토지잔여법은 부동산에서 발생하는 전체 순수익에서 건물에 귀속되는 순수익을 공제한 후 남은 토지분 순수익을 토지환원율로 환원하여 토지의 가액을 구하는 방법이다. ② 건물잔여법은 부동산에서 발생하는 전체 순수익에서 토지에 귀속되는 순수익을 공제한 후 남은 건물분 순수익을 건물환원율로 환원하여 건물의 가액을 구하는 방법이다. ③ 부동산잔여법은 수익이 건물의 경제적 내용연수 동안 나오는 것으로 간주하고 전체 순수익을 잔존내용연수 동안 현가화한 값과 기간말 토지가치를 현가화한 값을 합산하여 대상부동산의 가액을 구하는 방법이다.

4) 외부원리

(1) 적합의 원리

부동산의 가치가 최고로 되기 위해서는 부동산이 주위환경이나 시장의 수요에 적합하여야 한다는 원리이다. 먼저, 부동산은 주위환경에 적합하여야 한다. 부동산은 그가 가진 부동성의 특성으로 인해 부동산시장은 지역마다 고유한 시장을 형성하는데 이를 지역성이라 한다. 부동산시장의 지역성으로 인해 그 지역 내의 부동산은 용도나 가치수준 등이 유사해지는 경향이 있다. 여기서 토지이용계획은 일정 지역의 부동산의 이용을 유사하게 유도하는 기능을 한다. 다음으로 부동산은 시장의 수요에 적합하여야 한다. 수요자의 기호(嗜好)는 환경의 변화에 따라 달라진다. 도시화되면서 아파트의 선호도가 높아졌으며, 소득의 증가로 고급주택의 선호도가 높아졌다. 반면, 세대원 수의 감소는 대형면적의 주택수요를 감소시키고 있다.

적합의 여부는 대상부동산이 속한 부동산시장에서 정해지므로 지역적 상황(즉, 지역성)과 시장상황에 따라 달라질 수 있다. 부동산이 주위환경이나 시장의 수요에 적합하지 못하면 경제적 감가의 원인이 된다.

(2) 외부성의 원리

부동산의 가치는 부동산을 둘러싸고 있는 외부환경에 의해 영향을 받는다는 원리이다. 즉, 부동산의 외부요인은 부동산 가치에 정(+)의 영향 또는 부(-)의 영향을 미칠 수 있다. 부동산의 가치에 긍정적인 영향을 미칠 경우 외부경제라 하고, 반대로 부정적인 영향을 미칠 경우 외부불경제라고 한다. 부동산의 가치는 내부특성(즉, 개별요인)보다 외부특성(즉, 지역요인)에 더 많은 영향을 받으므로 외부환경의 파악과 분석에 많은 노력을 하여야 한다.

적합의 원리는 부동산과 외부환경과의 양 방향적인 영향관계뿐 아니라 수요자와의 영향관계도 반영한 원리인 반면, 외부성의 원리는 외부환경이 부동산에 영향을 미치는 일방적인 관계를 반영한 원리로 차이가 있다.

표 6.2.7 **부동산감정평가의 원리 요약**

구분		감정평가 적용	관련 원리	관련된 부동산 특성
기본	최유효이용의 원리	시장가치의 전제	모두 관련	영속성, 용도의 다양성, 상대적 위치의 가변성
	수요·공급의 원리	가치형성요인의 분석	대체의 원리, 적합의 원리	부증성, 기반성, 부동산물권의 탁월성
	대체의 원리	감정평가 3방식의 성립근거	수요·공급의 원리	개별성, 용도의 다양성
	변동의 원리	기준시점의 근거, 시점수정 필요	예측의 원리, 외부성의 원리	영속성, 용도의 다양성, 상대적 위치의 가변성
	예측의 원리	장래의 동향 분석, 수익환원법의 근거	변동의 원리	영속성, 용도의 다양성, 상대적 위치의 가변성
내부	균형의 원리	개별분석의 필요, 기능적 감가의 근거	기여의 원리	개별성, 용도의 다양성, 상대적 위치의 가변성
	기여의 원리	한정가치의 판단	균형의 원리, 수익배분의 원리	용도의 다양성, 부동산물권의 탁월성
	수익배분의 원리	잔여법의 근거	기여의 원리	영속성, 상대적 위치의 가변성, 부동산물권의 탁월성

구분		감정평가 적용	관련 원리	관련된 부동산 특성
외부	적합의 원리	경제적 감가의 근거	외부성의 원리, 수요·공급의 원리, 변동의 원리	부동성, 용도의 다양성, 상대적 위치의 가변성
	외부성의 원리	지역분석의 필요	적합의 원리, 변동의 원리	부동성, 인접성, 상대적 위치의 가변성

② 지역분석과 개별분석

1) 지역분석과 개별분석의 의의

감정평가에 있어서는 대상부동산에 미치는 가치형성요인의 작용을 파악하고 분석하여 대상 부동산의 최유효이용을 판정한 후 구체적인 가치를 결정해야 한다.

지역분석은 가치형성요인 중 지역요인의 분석을 통해 대상부동산이 속한 지역의 범위를 확정하고, 지역 내 부동산의 표준적 이용(표준적 획지 포함)과 가치수준을 판정하는 것을 말한다. 즉, 지역분석에서는 ① 대상부동산이 어떤 지역에 속해 있고, 그 지역특성은 무엇인가? ② 지역요인의 변동추이와 동향은 어떠한가? ③ 지역의 표준적 이용과 획지, 가치수준은 어떠한가? 등을 분석하는 것이다.

한편, 개별분석은 지역분석에 의해 파악된 지역의 표준적 획지와 가치수준을 기준으로 대상부동산의 개별요인을 분석하여 그 최유효이용과 구체적 가치를 판정하는 것을 말한다.

표 6.2.8 지역분석과 개별분석의 비교

구분	지역분석	개별분석
의의	지역요인의 분석	개별요인의 분석
	지역의 표준적 이용(표준적 획지 포함)· 가치수준 및 인근지역 판정	대상부동산의 최유효이용과 구체적 가치 판정
공간적 범위	동일수급권	대상부동산
시간적 범위	현재뿐 아니라 과거와 미래 포함	현재 중심
특징	포괄적(전체적), 추상적	한정적(부분적), 구체적

구분	지역분석	개별분석
순서	개별분석 전	지역분석 후
강조되는 부동산가격의 원리	적합의 원리, 외부성의 원리	균형의 원리
관련 부동산 특성	부동성, 인접성	개별성

2) 지역분석

(1) 지역분석의 필요성과 중요성

먼저, 부동산이 속한 지역은 다른 지역과 구별되는 그 지역만의 특성이 있는데 이러한 지역특성을 분석하기 위해서는 지역분석이 필요하다.

둘째, 지역의 특성은 주로 그 지역의 일반적이고 평균적인 이용에 의해 나타나는데, 이러한 표준적 이용의 파악은 지역의 용도지대를 판정하는데 필수적인 과정이다. 용도지대는 토지의 실제 용도에 따른 구분으로서 주변의 토지이용상황을 구획화(집단화)할 때 동종 또는 유사한 용도로 이용되고 있거나 이용될 가능성이 큰 경우 주용도에 따라 구분한 것을 말한다.

셋째, 인근지역의 범위를 판정하기 위해서는 지역분석이 꼭 필요하다. 인근지역의 범위는 대상부동산과 그 가치형성요인의 분석에 의해 상대적으로 결정된다. 인근지역은 감정평가에 필요한 사례수집의 1차적 대상지역으로 매우 중요한 의미가 있으며, 인근지역의 범위를 정확하게 판정하는 것은 감정평가의 정확성·신뢰성을 높이는 지름길이다.

넷째, 개별부동산의 가치는 지역 내 다른 부동산과의 상관관계 속에서 형성된다. 즉, 개별부동산의 가치는 지역 내 부동산의 가치수준 범위 내에서 형성된다. 따라서 개별부동산의 가치를 판정하기 위해서는 먼저 지역분석이 필요하다.

다섯째, 부동산의 가치는 지역요인에 의해 그 수준이 형성되고, 개별요인에 의해 지역의 수준 범위 내에서 구체적으로 형성된다. 따라서 개별부동산의 가치는 대부분 지역요인에 영향을 받으므로 정확한 지역분석이 중요하다. 예컨대 서울 강남구에 소재하는 주택부지는 아무리 개별요인이 불량하더라도 경북 영양군에 소재하는 주택부지 보다 가치가 더 높다. 이는 지역요인이 부동산의 가치형성에 개별요인보다 더 많은 영향을 미치기 때문이다.

(2) 지역분석의 순서

먼저, 대상부동산이 속한 지역의 실제 용도를 분석하여 용도지대를 판정한다. 이때 용도지대는 앞의 <표 6.2.2>의 소분류를 참고하여 판정한다.

둘째, 인근지역의 판정기준인 동질성(homogeneity)과 인접성(contiguity)을 적용하여 인근지역의 범위를 정한다.

셋째, 인근지역의 지역요인을 분석하여 표준적 이용(표준적 획지 포함)과 가치수준을 판정한다. 이때 지역요인 분석의 시간적 범위는 현재 뿐 아니라 과거와 미래를 포함한다. 부동산의 가치는 장래 편익에 대한 현재가치라 할 수 있으므로 특히 지역분석에서는 장래의 동향에 유의하여야 한다.

넷째, 인근지역에 대상부동산의 감정평가에 필요한 적정한 사례자료(예: 공시지가기준법에서의 비교표준지, 거래사례비교법에서의 거래사례 등)가 없는 경우에는 동일수급권 내 유사지역도 분석하여야 한다.

다섯째, 유사지역을 분석하는 경우 동일수급권이나 유사지역의 범위를 신중하게 설정한 후, 동일수급권 내 유사지역의 표준적 획지와 가치수준을 판정하여야 한다.

여섯째, 비교방식에 의한 감정평가의 경우 대상부동산과 비교사례의 지역요인을 비교·분석하여 격차율을 구한다. 인근지역에 비교사례가 있는 경우에는 지역요인이 동일하므로 격차율이 없으며(즉, 1.00으로 산정), 동일수급권 내 유사지역에 비교사례가 있는 경우에는 인근지역의 표준적 획지의 최유효이용과 유사지역의 표준적 획지의 최유효이용을 판정·비교하여 격차율을 산정한다(감정평가기준 600: 1.5.2.4.1 참조).

3) 개별분석

개별요인을 분석할 때는 대상부동산에 작용하는 각종의 개별요인이 대상부동산의 가치형성에 작용하는 정도를 판단해야 한다. 이 경우에 각각의 개별요인의 작용 정도는 용도지대별로 다르기 때문에 지역분석에 의한 용도지대별로 지역특성을 고려한 후 그 최유효이용을 판정해야 한다. 최유효이용을 분석하는 것은 대상부동산에 대한 표준적인 가치수준의 기준이 되는 용도를 밝히고, 이를 바탕으로 대상부동산의 적정한 경제적 가치를 판단하기 위함이다.

비교방식에 의한 감정평가의 경우 개별요인 비교는 비교사례의 최유효이용과 대상부동산의 최유효이용을 판정·비교하여 격차율을 산정한다(감정평가기준 600: 1.5.2.4.2 참조).

4) 최유효이용의 판정

(1) 최유효이용의 의의

최유효이용은 통상의 이용능력을 가진 사람에 의한 최고의 가치를 나타낼 수 있는 합법적이고 물리적으로 가능한 이용을 말한다. 따라서 최유효이용은 법적으로 허용되는 이용방법으로서 물리적으로 가능하여야 하며 재정적인 타당성을 갖춘 최고의 수익을 주는 이용이어야 한다.

부동산은 용도의 다양성이라는 특성이 있어 항상 어떤 이용이 가장 효율적인가라는 문제가 제기되므로 최유효이용이 강조된다. 또한, 부동산의 가격은 최유효이용을 전제로 하여 파악되는 가치를 표준으로 하여 형성되므로 감정평가를 할 때에는 항상 최유효이용을 판정하여야 한다.

(2) 최유효이용의 판정

부동산의 최유효이용은 고정된 개념이 아니고 동적인 개념이다. 따라서 한번 최유효이용이라는 판정을 받았다고 해서 계속 최유효이용 상태에 머물러 있는 것이 아니고 환경의 변화나 시간의 경과에 의해 항상 변화할 수 있다. 따라서 최유효이용의 판정은 내부구성요소에 의한 내부판정과 외부적 요소에 의한 외부판정을 통해 다음의 순서로 신중히 하여야 한다.

① 대상물건의 최유효이용은 무엇인가?
② 현재는 최유효이용상태인가?
③ 최유효로 이용된다면 앞으로도 계속될 것인가?
④ 그렇지 않다면 최유효이용상태로의 전환은 가능한가?
⑤ 전환에 소요되는 비용과 시간은 얼마인가?

(3) 최유효이용 판정의 방법

최유효이용을 판정하는 순서는 다음과 같다. ① 대상부동산에 대해 법적으로 허용되는 이용을 열거하고, ② 각각의 이용에 대해 물리적 가능성을 판단한다. ③ 물리적으로 가능한 여러 이용에 대해 경제적 타당성을 분석한 후, ④ 그 중에서 수익성이 가장 높은 이용을 최유효이용으로 판정한다.

최유효이용 판정 시 유의사항은 다음과 같다. 먼저, 통상의 이용능력을 가지고 있는 사람이 채택할 것으로 생각되는 이용이어야 한다. 따라서 특별한 능력을 가진 사람에 의한 이용은 고려하지 않는다. 둘째, 편익이 장래 상당기간동안 지속될 수 있는 이용이어야 한다. 일시적으로 초과수익을 얻는 상황에 대해 장래 지속될 것이라고 판단해서는 안된다.

셋째, 특히 경제적 타당성 분석 시 당해 이용에 대한 충분한 수요가 있는지 여부를 검토하여야 한다. 만약 기준시점에서 당해 이용에 대한 충분한 수요가 없다면 그 이용은 잠정적으로 연기될 수밖에 없다.

(4) 최유효이용 판정을 위한 경제적 타당성분석

최유효이용을 판정하기 위해서는 경제적 타당성을 분석하는 것이 필수적이다. 여기서 경제적 타당성분석은 나지상태의 최유효이용과 복합부동산 상태의 최유효이용으로 구분하여 분석할 필요가 있다.

첫째, 나지상태의 최유효이용분석은 지상물이 있더라도 없는 것으로 간주하여 토지의 수익이 최대가 되는 이용을 분석하는 것이다. 이 경우는 나지상태로 둘 것인지 아니면 개발할 것인지를 분석할 필요가 있다. 먼저, 개발을 가정하여 각 잠재적 이용별로 개발 후의 부동산가치에서 개발비용을 공제하여 토지가치를 구한다.[32] 그 다음 나지상태의 토지가치와 비교하여 최유효이용을 판정한다. 이때 개발 후의 토지가치가 나지상태의 토지가치보다 작다면 나지상태로 두는 것이 최유효이용이 된다.

둘째, 복합부동산 상태의 최유효이용분석은 지상물이 있는 복합부동산의 수익이 최대가 되는 것을 분석하는 것이다. 즉, 토지와 지상물이 결합하여 최대의 수익을 창출하는 이용을 최유효이용으로 보는 것이다. 이 경우에는 ① 현재의 상태로 두는 방안, ② 용도를 변경하는 방안, ③ 대수선이나 증축하는 방안, ④ 개축이나 신축하는 방안 등에 대한 분석이 필요하다. 따라서 ② ~ ④ 방안에 대해 개발(또는 행위) 후의 부동산가치에서 개발(또는 행위)비용을 공제하여 부동산가치를 구한다. 그 다음 현재상태의 부동산가치와 비교하여 최유효이용을 판정한다.

③ 부동산의 법정감정평가

1) 법정감정평가의 개요

법정감정평가는 특정 목적을 위해 특별법으로 감정평가기준을 따로 정한 경우를 말한다. 따라서 법정감정평가는 감정평가에 관한 일반법인 「감정평가법」에서 정한 감정평가기준을 따르지 않으므로 감정평가액이 시장가치와 괴리될 수도 있다. 보상목적의 감정평

---

32 개발으로 생기는 순수익의 전부가 토지에 귀속한다는 전제가 필요하다.

가(나지상정 감정평가, 개발이익의 배제 등), 지가공시목적의 감정평가(나지상정 감정평가 등) 등이 법정감정평가의 예이다.

2) 법정감정평가의 사례

(1) 나지상정 감정평가

관계법령에서 다음의 경우에는 나지상정 감정평가를 하도록 규정하고 있다. 첫째, 지가 공시목적의 감정평가에서 표준지에 건물이나 그 밖의 정착물이 있거나 지상권 등 토지의 사용·수익을 제한하는 사법상의 권리가 설정되어 있는 경우에는 그 정착물 등이 없는 나 지상태를 상정하여 감정평가한다(표준지 조사·평가기준 17). 특징적으로 이 경우에는 사 법상의 제한도 반영하지 않도록 규정하고 있다. 표준지공시지가는 토지시장에 지가정보 를 제공하고 일반적인 토지거래의 지표가 되며, 국가·지방자치단체 등이 그 업무와 관련 하여 지가를 산정하거나 감정평가업자가 개별적으로 토지를 감정평가하는 경우에 기준이 된다(부동산공시법 9). 따라서 일정한 지역(즉, 표준지선정단위구역)에서 토지특성빈도가 가장 높은 표준적인 토지로서 지가수준을 대표할 수 있는 토지를 표준지로 선정하여[33] 표 준지의 나지를 상정한 적정가격을 공시지가로 공시하고 있다.

둘째, 보상목적의 감정평가에서 토지에 건축물·입목·공작물과 그 밖에 토지에 정착한 물건(이하 건축물등이라 한다)이 있는 경우에는 그 건축물등이 없는 상태를 상정하여 토지 를 감정평가한다(공익사업법규칙 22). 이는 토지의 최유효이용이 나지라는 것을 전제로 하 는 것으로 공익사업의 시행계획으로 행위제한을 받아 건부감가요인이 발생하는 경우 등 에도 토지소유자에게 정당한 보상을 하기 위함이다. 다만, ① 건축물등이 토지와 함께 거 래되는 사례나 관행이 있는 경우(예: 구분소유 부동산, 산림 등), ② 건부지 증가요인이 있 는 경우(예: 개발제한구역의 건부지) 등은 나지상정 감정평가가 적용되지 않는다.[34]

(2) 개발이익(손실)의 배제

보상목적의 감정평가에서 개발이익의 사유화를 방지하기 위해(또는 개발손실을 배제하 고 정당한 보상을 위해) 해당 공익사업으로 인하여 토지 등의 가치가 변동된 경우 보상액 산정시 이를 고려하지 않도록 규정하고 있다(공익사업법 67 ② 참조)[35]. 따라서 이 경우 감

---

33 표준지의 선정기준에 대해서는 「표준지의 선정 및 관리지침」 제10조 참조

34 한국감정평가협회·한국감정원(2014b), 감정평가 실무기준 해설서(Ⅱ), p.43.

35 「공익사업법」 제67조 ② 보상액을 산정할 경우에 해당 공익사업으로 인하여 토지등의 가격이 변동

정평가액은 시장가치와 괴리될 수 있다. 개발이익(손실)을 배제하는 방법은 크게 3가지이다. 첫째, 공시지가 적용에 의한 방법이다. 공익사업의 계획 또는 시행이 공고되거나 고시됨으로 인하여 취득하여야 할 토지의 가격이 변동되었다고 인정되는 경우에는 해당 공고일 또는 고시일 전의 시점을 공시기준일로 하는 공시지가로서 가격시점 당시 공시된 공시지가 중 그 공익사업의 공고일 또는 고시일과 가장 가까운 시점에 공시된 공시지가를 적용하여야 한다(공익사업법 70 ⑤). 둘째, 지가변동률 적용에 의한 방법이다. 적용 공시지가의 공시기준일부터 가격시점까지 해당 공익사업으로 인한 지가의 영향을 받지 아니하는 지역의 지가변동률을 적용하여 시점수정을 하여야 한다(공익사업법 70 ①). 셋째, 토지이용계획 적용에 의한 방법이다. 해당 공익사업의 시행을 직접 목적으로 하여 용도지역 또는 용도지구 등이 변경된 토지에 대하여는 변경되기 전의 용도지역 또는 용도지구 등을 기준으로 감정평가하여야 한다(공익사업법규칙 23 ②).

되었을 때에는 이를 고려하지 아니한다.

제3장

감정평가방식

제1절 | 감정평가방식의 개요

1 가치의 3면성

1) 개념

일반적으로 경제주체는 대상물건의 경제적 가치를 판정할 때 시장에서의 가격(즉, 시장성), 대상물건의 생산원가(즉, 비용성), 대상물건에서 얻는 수익(즉, 수익성), 욕구 만족을 위해 지불할 용의가 있는 금액 등 다양한 측면을 고려할 수 있다. 여기서 경제적 가치를 판정할 때 시장성·비용성·수익성의 3가지 측면을 고려하는 것을 가치의 3면성이라 한다.

먼저, 시장성은 대상물건이 시장에서 어느 정도의 가격으로 거래 되는가? 라는 측면을 고려하는 것이다. 시장성은 수요측면과 공급측면을 모두 고려하는 것으로 비교방식의 근거가 된다.

둘째, 비용성은 대상물건을 만드는 데 어느 정도의 비용이 드는가? 라는 측면을 고려하는 것이다. 비용성은 공급측면을 강조한 것으로 원가방식의 근거가 된다.

셋째, 수익성은 대상물건을 통해 어느 정도의 수익을 얻을 수 있는가? 라는 측면을 고려하는 것이다. 수익성은 수요측면을 강조한 것으로 수익방식의 근거가 된다.

2) 가치의 3면성과 감정평가방식

감정평가방식이란 대상물건의 경제적 가치를 판정하기 위해 적용하는 방식(方式)을 말하는데, 감정평가방식은 기본적으로 가치의 3면성에 근거하고 있다.

제3장 감정평가방식 **673**

한편, 대상물건의 경제적 가치는 시장에서 매매가치의 대가인 가격(협의의 가격)과 임대가치의 대가인 임료(또는 임대료)로 표시된다. 따라서 감정평가에서 구하는 경제적 가치는 크게 매매가치와 임대가치로 구분할 수 있으며, 각각 가치의 3면성에 근거한 감정평가방식이 있다.

「감정평가규칙」에서는 감정평가방식을 <표 6.3.1>과 같이 규정하고 있다. 여기서 공시지가기준법은 우리나라에 특유한 방법으로서, 강학(講學)상[36] 별도의 감정평가방법으로 인정하지 않고 있다. 따라서 일반적으로 감정평가방식의 분류에 있어 3방식 6방법이라 한다. 여기서 비교방식, 원가방식, 수익방식을 감정평가방식이라 하며, 각 방식을 적용한 구체적인 방법을 감정평가방법이라 한다.

표 6.3.1 **지역분석과 개별분석의 비교**

감정평가 방식의 원리	3방식	감정평가방법		시산가액	
		매매가치	임대가치	가액[37]	임료
시장성	비교방식	거래사례비교법	임대사례비교법	비준가액	비준임료
		공시지가기준법	–	(비준지가)	–
비용성	원가방식	원가법	적산법	적산가액	적산임료
수익성	수익방식	수익환원법	수익분석법	수익가액	수익임료

② 감정평가방식의 내용

1) 감정평가 3방식

(1) 비교방식

비교방식은 시장성 즉, 시장에서의 거래사례, 임대사례에 착안하여 대상물건의 매매가치나 임대가치를 구하는 방식으로, 이 중에서 매매가치를 구하는 방식을 거래사례비교법이라 하고, 임대가치를 구하는 방식을 임대사례비교법이라 한다.

---

36 '강학상'이란 '학문상'의 뜻이다. 이는 '실정법상'에 대비되는 용어이다.

37 이 책에서는 혼란을 방지하고자 '가액'을 광의의 가액(화폐액 또는 금액의 의미)과 협의의 가액(매매가치의 대가)으로 구분하고자 한다. 따라서 여기에서의 가액은 협의의 가액을 의미한다.

한편, 토지의 감정평가방식인 공시지가기준법도 표준지와 대상토지를 비교하여 매매가치를 구하므로 비교방식의 일종이다.

(2) 원가방식

원가방식은 비용성 즉, 대상물건의 재조달(재생산)에 소요되는 원가에 착안하여 매매가치나 임대가치를 구하는 방식으로, 이 중에서 매매가치를 구하는 방식을 원가법이라 하고, 임대가치를 구하는 방식을 적산법이라 한다.

(3) 수익방식

수익방식은 수익성 즉, 대상물건의 수익에 착안하여 매매가치나 임대가치를 구하는 방식으로, 이 중에서 매매가치를 구하는 방식을 수익환원법이라 하고, 임대가치를 구하는 방식을 수익분석법이라 한다. 수익방식에서 유의할 것은 순수익의 산정은 과거의 순수익이 아니고 장래 산출할 것으로 기대되는 순수익이므로, 과거의 순수익을 기초로 장래의 예상 순수익을 산정하여야 한다는 것이다.

2) 감정평가 3방식의 비교

먼저, 비교방식은 감정평가의 3방식 중 가장 객관적이고 설득력이 높아 많은 물건의 감정평가에 활용하고 있다. 다만, 시장에서 거래사례를 구할 수 없는 경우 적용할 수 없으며, 사정보정의 내용을 확인하기가 매우 어렵다는 것이 단점이다.

둘째, 원가방식은 시장성이 없는 물건의 경우에도 적용할 수 있다는 것이 장점이다. 다만, 생산에 투입된 비용과 경제적 가치가 비례한다는 전제가 성립되어야 하는 방식으로 한계가 있다. 즉, 공급자 측면의 가치로서 시장성이나 수익성을 반영할 수 없는 것이 단점이다.

셋째, 수익방식은 논리적이고 과학적이라는 것이 장점이다. 그러나 수익이 없는 물건에 적용할 수 없고, 순수익과 환원이율의 파악과 예측이 어렵다는 것이 단점이다. 또한, 소득수익보다 자본수익이 높은 경우 비교방식에 의한 시산가액과 괴리되는 경우가 많다는 점에 유의하여야 한다. 예컨대 대도시 인근의 농지는 임료는 낮지만 시장가격은 높은 경우가 많다.

표 6.3.2	감정평가방식의 비교	
구분	장점	단점
비교방식	• 시장가격이 있는 경우 적용 가능 • 현실성과 설득력이 높음 • 시장가치의 개념에 가장 적합 • 복합부동산의 경우 일괄감정평가 용이	• 시장가격이 없는 경우 적용 불가능 • 거래당사자의 거래사정 파악이 곤란 • 사정보정이나 가치형성요인 비교에 주관 개입 • 복합부동산의 경우 구성요소별 가치구분 곤란

원가방식	• 시장가격이 없는 경우에도 적용 가능
	  (재생산이 가능한 모든 물건에 적용 가능)
	• 상각자산의 감정평가에 유용
	• 감정평가사의 주관 개입 여지가 적음
		• 시산가액이 시장가격과 괴리될 가능성
		  (시장성·수익성을 반영할 수 없어 설득력 낮음)
		• 재조달이 불가능한 자산(예: 토지)에 적용 불가
		• 복합부동산의 경우 일괄감정평가 곤란

수익방식	• 논리적이고 과학적임 • 수익용 자산의 감정평가에 유용 • 복합부동산의 경우 일괄감정평가 용이	• 비수익용 자산에는 적용 불가 • 순수익과 환원이율의 파악이 곤란 • 시장이 불안정한 경우 적용 곤란 • 복합부동산의 경우 구성요소별 가치구분 곤란

3) 그 밖의 감정평가방식

(1) 회귀분석법

회귀분석법은 서로 간에 관련성을 가진 여러 변수들 간에 있어서 독립변수가 종속변수에 미치는 영향력의 크기를 측정하여 독립변수의 일정한 값에 대응되는 종속변수의 값을 예측 또는 추산하기 위한 방법이다. 이는 거래사례비교법의 과학화의 일환으로 감정평가방식의 공정성과 합리성을 제고시키기 위해 등장했다.[38]

(2) 노선가식평가법

노선가식평가법은 접근성이 유사한 가로별로 획지의 표준깊이에 따른 평균단가를 구해 노선가(가로계수 + 접근계수 + 획지계수)로 설정하고, 노선가에 대상부동산의 깊이, 접면너비, 형상 등에 따른 보정을 가하여 대상 부동산의 가액을 구하는 방법이다. 이는 택지의 가액은 가로에서 멀어짐에 따라, 즉 깊이가 깊어짐에 따라 체감한다는 것을 전제로 하고 있으며, 환지방식의 도시개발사업에 있어 환지처분가액의 평가 등에 적용가능하다.

(3) 조건부가치평가법

조건부가치평가법(CVM; Contingent Valuation Method)은 특정 재화나 서비스의 구

---

38 강해규 외(2003), 부동산감정평가실무, 형설출판사, p.134.

매(또는 소비)를 위해 지불할 용의가 있는 금액(WTP; Willingness To Pay)을 조사하여 가치를 평가하는 방법이다. 이 방법은 시장에서 거래되지 않는 재화나 서비스의 가치를 추산할 수 있는 기법으로, 자연경관·문화유산·교통서비스 등 뿐 아니라 개발 중에 있는 상품에도 적용할 수 있다.

③ 시산가액의 조정

1) 시산가액의 개념

시산가액(試算價額)이란 대상물건의 감정평가액을 결정하기 위하여 감정평가방법의 어느 하나를 적용하여 산정(算定)한 가액을 말한다. 즉, 감정평가액 결정에 참고하기 위하여 산정한 가액이다.

「감정평가규칙」에서는 대상물건별로 감정평가에 적용할 감정평가방법을 구체적으로 규정하고 있다. 따라서 감정평가 시에는 먼저 대상물건별로 정한 감정평가방법(즉, 주된 방법)을 적용하여 시산가액을 산정하여야 한다. 다만, 주된 방법을 적용하는 것이 곤란하거나 부적절한 경우에는 다른 감정평가방법을 적용할 수 있다(제12조).

2) 시산가액의 조정

감정평가 3방식을 적용한 시산가액은 이론상 서로 일치하여야 한다. 그러나 현실적으로 불완전경쟁시장으로서의 특성, 각 감정평가방식의 한계 등으로 인해 각 시산가액이 불일치하고 있다. 여기서 과연 어느 방법으로 산정한 시산가액을 기준으로 감정평가액을 결정하여야 하는 지의 문제가 대두된다. 예컨대 최근 신축된 3층 건물인 상가를 감정평가할 때 비준가액은 30억원, 적산가액은 25억원, 수익가액은 20억원으로 각각 시산가액이 산정되었다고 하자. 이 경우 각 시산가액 간 차이가 커 어느 것이 시장가치를 정확하게 반영한 것인지 판단하기 어렵다.

시산가액의 조정이란 각 시산가액을 비교하여 그 합리성을 검토한 후 시산가액을 조정하여 감정평가액을 결정하는 것을 말한다. 시산가액을 조정하는 이유는 보다 정확하고 객관적인 감정평가액을 결정하기 위함이다. 「감정평가규칙」에서는 원칙적으로 둘 이상의 감정평가방법을 적용하여 시산가액을 산정한 후 그 합리성을 검토하도록 규정하고 있으며, 합리성이 없다고 판단되는 경우에는 시산가액을 조정하여 감정평가액을 결정할 수 있도록 규정하고 있다(제12조).

3) 시산가액 조정의 절차

(1) 주된 감정평가방법의 적용

감정평가업자는「감정평가규칙」제14조부터 제26조까지의 규정에서 대상물건별로 정한 감정평가방법(즉, 주된 방법)을 적용하여 감정평가하여야 한다. 다만, 주된 방법을 적용하는 것이 곤란하거나 부적절한 경우에는 다른 감정평가방법을 적용할 수 있다(제12조제1항). 제12조제1항 단서에 해당하는 경우에는 그 이유를 감정평가서에 기재하여야 한다.

(2) 합리성 검토

감정평가업자는 대상물건의 감정평가액을 결정하기 위하여「감정평가규칙」제12조제1항에 따라 산정한 시산가액을「감정평가규칙」제11조 각 호의 감정평가방식 중 다른 감정평가방식에 속하는 하나 이상의 감정평가방법(이 경우 공시지가기준법과 그 밖의 비교방식에 속한 감정평가방법은 서로 다른 감정평가방식에 속한 것으로 본다)으로 산출한 시산가액과 비교하여 합리성을 검토하여야 한다. 다만, 대상물건의 특성 등으로 인하여 다른 감정평가방법을 적용하는 것이 곤란하거나 불필요한 경우에는 그러하지 아니하다(제12조제2항). 제12조제2항 단서에 해당하는 경우에도 그 이유를 감정평가서에 기재하여야 한다.

(3) 시산가액의 조정

감정평가업자는「감정평가규칙」제12조제2항에 따른 검토 결과 제12조제1항에 따라 산출한 시산가액의 합리성이 없다고 판단되는 경우에는 주된 방법 및 다른 감정평가방법으로 산출한 시산가액을 조정하여 감정평가액을 결정할 수 있다(제12조제3항).

한편, 적용한 감정평가방법 및 시산가액의 조정 등 감정평가액 결정과정은 감정평가서에 필수적으로 기재하여야 한다. 다만, 부득이한 경우에는 그 이유를 적고 일부를 포함하지 아니할 수 있다(제13조제3항).

4) 시산가액 조정의 방법

시산가액을 조정하는 경우 단순히 산술평균으로 적용해서는 안 된다. 감정평가목적, 대상물건의 특성, 수집한 자료의 신뢰성, 시장상황 등을 판단의 기준으로 삼아야 한다. 즉, 대상물건의 특성이나 시장상황을 기초로 감정평가목적에 부합하는 감정평가방법은 어떤 것인지, 수집한 자료 중 어떠한 것이 더 신뢰성이 높은지 등을 세밀하게 검토하여야 한다.

최종적으로 감정평가액을 결정하는 방법은 정량적인 방법, 정성적인 방법 등 다양한 방법이 있으나, 행정규칙인 「감정평가 실무기준」(약어로 감정평가기준이라 한다)에서는 정량적인 방법 중 각 시산가액에 적절한 가중치를 부여하는 방법을 채택하고 있다. 그러나 가중치의 결정은 전문가적인 경험과 지식에 근거한 판단이 중요하게 작용하므로 정성적인 방법 또한 중요한 고려사항이다.[39]

 제2절 │ 비교방식

① 비교방식의 의의

1) 비교방식의 내용

비교방식은 시장성의 원리에 기초한 감정평가방식으로서 대상물건의 매매가치를 구하는 거래사례비교법, 공시지가기준법과 대상물건의 임대가치를 구하는 임대사례비교법으로 구분할 수 있다.

비교방식은 수요와 공급의 상호작용에 따른 재화의 가치를 파악한 신고전학파의 균형가치설과도 관련된다.

2) 적용대상

비교방식은 충분한 거래사례(또는 임대사례)가 있는 경우 모든 종류의 물건에 적용할 수 있다. 「감정평가규칙」에서 비교방식의 적용을 규정한 경우는 다음과 같다.

표 6.3.3   비교방식을 적용하는 경우

대상물건	가치의 유형	감정평가방법	비고
토지	매매가치	공시지가기준법	주된 방법
	매매가치	거래사례비교법	(적정한 실거래가가 있는 경우)
구분건물	매매가치	거래사례비교법	주된 방법, 일괄감정평가

---

39 한국감정평가협회·한국감정원(2014a), 앞의 책, p.187.

대상물건	가치의 유형	감정평가방법	비고
산림 중 입목	매매가치	거래사례비교법	주된 방법, 소경목림[40]은 원가법 가능
산림	매매가치	거래사례비교법	주된 방법, 일괄감정평가
과수원	매매가치	거래사례비교법	주된 방법
자동차	매매가치	거래사례비교법	주된 방법
동산	매매가치	거래사례비교법	주된 방법, 효용가치가 없는 물건은 해체처분가액 가능
상장주식	매매가치	거래사례비교법	주된 방법
상장채권	매매가치	거래사례비교법	주된 방법
(모든 대상물건)	임대가치	임대사례비교법	주된 방법

ㄹ 거래사례비교법

1) 의의

대상물건과 가치형성요인이 같거나 비슷한 물건의 거래사례와 비교하여 대상물건의 현황에 맞게 사정보정(事情補正), 시점수정, 가치형성요인 비교 등의 과정을 거쳐 대상물건의 매매가치를 산정하는 감정평가방법을 말한다.

거래사례비교법에 따라 산정된 가액을 비준가액이라 한다.

2) 적용과정 및 산식

(1) 거래사례의 선정

위치(지역요인)의 유사성, 물적(개별요인) 유사성, 사정보정 가능성, 시점수정 가능성 여부를 검토하여 비교가능성이 높은 다수의 거래사례를 수집하여 분석한다.

「감정평가기준」에서는 거래사례비교법의 항목에서 거래사례의 요건으로 ① 거래사정이 정상이라고 인정되는 사례나 정상적인 것으로 보정이 가능한 사례, ② 기준시점으로 시점수정이 가능한 사례, ③ 대상물건과 위치적 유사성이나 물적 유사성이 있어 지역요인·개별요인 등 가치형성요인의 비교가 가능한 사례로 규정하고 있다(400-3.3.1.2). 즉, 사정보정 가능성, 시점수정 가능성, 지역요인비교 가능성, 개별요인비교 가능성의 요건을

---

40 소경목림(小徑木林)은 지름이 작은 나무·숲을 말한다.

모두 충족하여야 한다.

첫째, 사정보정 가능성이다. 사정보정은 거래사례가 시장가치의 요건을 충족하지 못한 경우 이를 정상화하는 것을 말한다. 따라서 사정보정이 가능하려면 거래의 구체적 내용뿐 아니라 당사자의 사정에 대해서도 알 수 있어야 한다.

둘째, 시점수정 가능성이다. 시점수정이 가능하려면 거래시점이 분명하여야 하며, 시점수정에 필요한 정보(예: 지가변동률, 물가변동률, 매매가격지수 등)를 구할 수 있어야 한다.

셋째, 지역요인비교 가능성이다. 이는 인근지역 또는 동일수급권 내의 유사지역에서 거래사례를 수립하여야 한다는 것이다. 특히, 유사지역에서 거래사례를 수집하는 경우 지역요인의 격차를 계량화할 수 있어야 한다.

넷째, 개별요인비교 가능성이다. 이는 거래사례와 대상물건이 그 유형, 용도, 상태 등이 유사하여야 한다는 것이다. 예컨대 대상물건이 나지인 경우 거래사례도 가급적 나지를 수집하여야 할 것이다.

한편, 토지를 거래사례비교법으로 감정평가하는 경우에는 「부동산 거래신고에 관한 법률」에 따라 신고된 실제 거래가격으로서 거래시점이 도시지역(「국토의 계획 및 이용에 관한 법률」 제36조제1항제1호에 따른 도시지역을 말한다)은 3년 이내, 그 밖의 지역은 5년 이내인 거래가격 중에서 감정평가업자가 인근지역의 지가수준 등을 고려하여 감정평가의 기준으로 적용하기에 적정하다고 판단하는 거래가격을 기준으로 하여야 한다(감정평가규칙 제2조 12의2).

(2) 사정보정

각각의 거래사례에 내재하는 거래당사자의 특수한 사정이나 개별적인 동기 등의 특수성을 정상화하는 작업을 말한다.

사정보정치 산정은 감정평가사의 풍부한 전문지식과 경험을 바탕으로 정확한 판단이 요구되는 작업이다. 사정보정은 거래사례가격을 시장가치 수준으로 보정하는 과정이므로 사정보정치는 시장가치 수준을 거래사례가격으로 나누어 산정한다. 한편, 사정의 정도를 나타내는 비율(즉, 고가 또는 저가의 정도를 나타내는 비율)을 추계하여 구할 수도 있다. 이 경우 분자(分子)는 항상 100이고 보정요인에 따라 분모(分母)만 증감된다. 예컨대 분모의 수치는 거래사례가격이 시장가치 수준 보다 5% 고가인 경우는 105를 적용하고, 10% 저가인 경우는 90을 적용한다. 이를 산식으로 표시하면 다음과 같다.

- 사정보정치 $= \dfrac{\text{시장가치 수준}}{\text{거래사례가격}} = \dfrac{100}{\text{사정의 정도를 나타내는 비율}}$

(3) 시점수정

시점수정은 거래사례의 시점과 기준시점간의 가격변동 정도를 반영하는 것으로 사례물건의 가격변동률로 한다. 다만, 사례물건의 가격변동률을 구할 수 없거나 사례물건의 가격변동률로 시점수정하는 것이 적절하지 않은 경우에는 지가변동률·건축비지수·임대료지수·생산자물가지수·주택가격동향지수 등을 고려하여 가격변동률을 구할 수 있다(감정평가기준 400- 3.3.1.4).

시점수정은 원칙적으로 사례물건의 가격변동률로 하여야 하나 현실적으로 사례물건의 가격변동률을 파악하는 것이 매우 어려워 실무적으로 공식적인 각종 통계자료를 활용하고 있다.

한편, 시점수정치를 산정하는 방법으로 변동률법과 지수법이 있다. ① 변동률법은 거래시점과 기준시점 사이의 가격변동률을 산출하는 방법이고, ② 지수법은 기준시점의 지수를 거래시점의 지수로 나누어 산출하는 방법이다. 시점수정치를 적용하여 거래사례가격을 수정하는 산식은 다음과 같다.

- 거래사례가격 × 가격변동률 = 수정된(즉, 기준시점의) 거래사례가격

- 거래사례가격 × $\dfrac{기준시점의\ 지수}{거래시점의\ 지수}$ = 수정된(즉, 기준시점의) 거래사례가격

▶ 변동률과 지수

1) 변동률: 어떤 수치의 기준시점(즉, 변화 전의 시점)에 대한 비교시점(즉, 변화 후의 시점)에서의 증감률을 의미한다. 즉, 시간의 경과에 따라 변하는 정도를 나타내는 비율로서, 단위는 %이다. 따라서 변동률은 일정기간의 값이다. 한편, 변동률은 지수를 활용하여 산정할 수 있으며 그 산식은 [(비교시점 지수 / 기준시점 지수) −1] × 100이다. 예컨대 월별 지가변동률은 [(당월의 지가지수 / 전월의 지가지수) −1] × 100으로 산정한다.

2) 지수(指數): 어떤 현상에 대한 추이를 분석하기 위해 기준이 되는 특정시점(이를 여기서는 기준시점이라 함)의 수치를 100으로 하여 비교시점을 나타낸 수치를 말한다. 따라서 지수는 일정시점의 값이다. 참고적으로 지가지수(표본지의 가격을 기준으로 산정)의 기준시점은 2020년 9월 1일이고, 종합주가지수(시가총액을 기준으로 산정)의 기준시점은 1980년 1월 4일이다.

---

(4) 지역요인 비교

지역요인은 그 지역에 속한 부동산의 가치수준에 영향을 미치는 자연적·사회적·경제적·정책적 요인으로서, 그 지역에 속한 부동산의 가치형성에 전반적인 영향을 미치므로 이를 분석하여 비교해야 한다.

부동산의 감정평가에 있어 인근지역에서 거래사례를 구하는 경우에는 지역요인이 동일하므로 지역요인비교치를 따로 구하지 않고 1.00으로 적용하면 된다.

(5) 개별요인 비교

개별요인은 당해 부동산의 가치에 직접 영향을 미치는 개별적인 요인을 말하며, 부동산의 개별성으로 인해 그 가치를 개별적으로 형성하는 가치형성요인이다. 따라서 거래사례와 대상부동산의 개별요인을 분석하여 비교해야 한다.

(6) 비준가액의 산정

앞에서 설명한 각 과정에서 선정·산정된 수치를 적용하여 최종적으로 비준가액을 산정한다. 비준가액을 산정하는 산식은 각 과정의 수치를 곱하는 상승식에 의한다.

- 비준가액 = 거래사례 × 사정보정치 × 시점수정치 × 지역요인 비교치 × 개별요인 비교치

③ 공시지가기준법

1) 의의

대상토지와 가치형성요인이 같거나 비슷하여 유사한 이용가치를 지닌다고 인정되는 표준지의 공시지가를 기준으로 대상토지의 현황에 맞게 시점수정, 지역요인 및 개별요인 비교, 그 밖의 요인의 보정을 거쳐 대상토지의 매매가치를 산정하는 감정평가방법을 말한다. 따라서 공시지가기준법은 비교방식의 일종이다. 다만, 여기에서는 사정보정이 필요없다. 왜냐하면 표준지공시지가 자체가 이미 사정보정을 거친 적정가격이기 때문이다.

한편, 공시지가기준법은 토지의 감정평가방법으로 관계 법령에서 그 적용을 강제하고 있다. 따라서 우리나라 특유한 법정감정평가방법이다. 1989년 4월 제정된 (구)「지가공시 및 토지 등의 평가에 관한 법률」에서는 토지의 감정평가방법으로 공시지가기준법 만을 규정하였으나, 2000년 1월 개정시에 경매·담보 등의 목적으로 토지를 평가하는 경우에

는 공시지가를 주된 평가기준으로 하되, 당해 토지의 임대료·조성비용 등을 고려하여 평가할 수 있도록 완화하였고, 2016년 1월 「감정평가 및 감정평가사에 관한 법률」을 제정하면서(시행일: 2016. 9. 1) 적정한 실거래가가 있는 경우에는 이를 기준으로 할 수 있도록 더욱 완화하였다. 하지만 여전히 공시지가기준법은 우리나라 토지의 감정평가에 있어 주된 방법으로서 널리 활용되고 있다.

2) 적용과정 및 산식

(1) 비교표준지의 선정

비교표준지는 선정기준을 충족하는 표준지 중에서 대상토지의 감정평가에 가장 적절하다고 인정되는 표준지를 선정한다. 다만, 한 필지의 토지가 둘 이상의 용도로 이용되고 있거나 적절한 감정평가액의 산정을 위하여 필요하다고 인정되는 경우에는 둘 이상의 비교표준지를 선정할 수 있다(감정평가기준 610-1.5.2.1). 선정기준은 다음과 같다. ① 용도지역·지구·구역 등 공법상 제한사항이 같거나 비슷할 것, ② 이용상황이 같거나 비슷할 것, ③ 주변환경 등이 같거나 비슷할 것, ④ 인근지역에 위치하여 지리적으로 가능한 한 가까이 있을 것.

한편, 선정기준을 충족하는 표준지가 없는 경우에는 인근지역과 유사한 지역적 특성을 갖는 동일수급권 안의 유사지역에 위치하고 선정기준에서 ①부터 ③까지를 충족하는 표준지 중 가장 적절하다고 인정되는 표준지를 비교표준지로 선정할 수 있다.

(2) 시점수정

시점수정은 표준지공시지가의 공시기준일(즉, 매년 1월 1일)과 대상물건의 기준시점이 불일치하여 가치수준의 변동이 있을 경우에 공시지가를 기준시점의 가치수준으로 수정하는 것을 말한다.

시점수정치를 산정할 경우 비교표준지 자체의 가치변동률을 기준으로 하는 것이 원칙이나 현실적으로 이를 구하는 것이 곤란하여 그 대안으로 비교표준지가 소재하는 지역의 지가변동률을 활용하고 있다(감정평가기준 610-1.5.2.3).

지가변동률의 산정은 기준시점 직전 월까지의 지가변동률 누계에 기준시점 해당 월의 경과일수(해당 월의 첫날과 기준시점일을 포함한다) 상당의 지가변동률을 곱하는 방법으로 구하되, 백분율로서 소수점 이하 셋째 자리까지 표시하고 넷째 자리 이하는 반올림한다. 또한, 조사·발표되지 아니한 월의 지가변동률 추정은 조사·발표된 월별 지가변동률 중 기준시점에 가장 가까운 월의 지가변동률을 기준으로 하되, 월 단위로 구분하지 아니하고 일괄 추정방식에 따른다(감정평가기준 610-1.5.2.3.1).

(3) 지역요인 비교

비교표준지를 인근지역 내에서 선정하는 경우에는 지역요인이 동일하므로 격차가 없다. 인근지역에 적정한 비교표준지가 없어 동일수급권 안의 유사지역에서 비교표준지를 선정하는 경우에는 상호 지역요인을 비교하여야 한다.

(4) 개별요인 비교

개별요인 비교는 비교표준지의 최유효이용과 대상토지의 최유효이용을 판정·비교하여 산정한 격차율을 적용하되, 비교표준지의 개별요인은 공시기준일을 기준으로 하고 대상토지의 개별요인은 기준시점을 기준으로 한다.

한편, 공시지가기준법에서의 가치형성요인 비교에 대해 요약하면 다음과 같다.

표 6.3.4 **공시지가기준법에서 가치형성요인의 비교**

구분	지역요인의 비교	개별요인의 비교
비교 대상	비교표준지가 있는 지역의 표준적인 획지 vs[41] 대상토지가 있는 지역의 표준적인 획지	비교표준지 vs 대상토지
비교 시점	• 비교표준지가 있는 지역: 기준시점 기준 • 대상토지가 있는 지역: 기준시점 기준	• 비교표준지: 공시기준일 기준 • 대상토지: 기준시점 기준
최유효이용	최유효이용 기준	최유효이용 기준

(5) 그 밖의 요인보정

공시지가기준법에 따라 토지를 감정평가할 때 시점수정, 지역요인 및 개별요인 비교 과정을 거쳤음에도 불구하고 시장가치와 괴리되는 경우가 있을 수 있다. 이를 보정하는 과정이 그 밖의 요인보정이다. 감정평가실무에서 공시지가가 시장가치를 적정하게 반영하지 못하고 공시된 경우가 많고, 시점수정 시 적용하는 지가변동률이 비교표준지가 있는 시·군·구 전체의 용도지역별 지가변동률을 적용하므로 대상토지가 소재하는 지역의 지가변동상황을 적정하게 반영하지 못하는 경우가 많아 그 밖의 요인보정이 자주 활용되고 있다.

「감정평가기준」에서는 "그 밖의 요인을 보정하는 경우에는 대상토지의 인근지역 또는

---

41 vs는 versus의 약어로 "~ 대(對)"의 뜻이다.

동일수급권 안의 유사지역의 정상적인 거래사례나 평가사례 등을 참작할 수 있다"고 규정하고 있다. 따라서 일반적으로 그 밖의 요인보정치의 산정에 있어서는 거래사례 또는 평가사례를 활용하고 있다. 이를 산식으로 표시하면 다음과 같다.

- 그 밖의 요인보정치 $= \dfrac{\text{사례기준 대상토지의 감정평가액}}{\text{표준지기준 대상토지의 감정평가액}}$

  $= \dfrac{\text{사례가격} \times \text{시점수정} \times \text{지역요인비교} \times \text{개별요인비교}}{\text{공시지가} \times \text{시점수정} \times \text{지역요인비교} \times \text{개별요인비교}}$

(6) 비준지가의 산정

앞에서 설명한 각 과정에서 선정·산정된 수치를 적용하여 최종적으로 비준지가를 산정한다. 비준지가를 산정하는 산식은 각 과정의 수치를 곱하는 상승식에 의한다.

- 비준지가 = 표준지공시지가 × 시점수정치 × 지역요인 비교치 × 개별요인 비교치 ×
  그 밖의 요인보정치

▶ 예시문제

[문제] 다음의 자료를 활용하여 공시지가기준법으로 감정평가한 대상토지의 단위면적당 시산가액은 얼마인가?(단, 주어진 자료에 한함)

- 대상토지의 현황: A광역시 B구 C동 10번지, 준주거지역, 상업용, 330㎡
- 기준시점: 2025. 07. 07.
- 표준지공시지가(공시기준일: 2025. 01. 01.)
  ⓐ A광역시 B구 C동 33번지, 준주거지역, 업무용, 5,000,000원/㎡
  ⓑ A광역시 B구 C동 77번지, 일반상업지역, 상업용, 7,000,000원/㎡
- 지가변동률
  ① A광역시 B구 주거지역: 2025. 01. 01.~ 2025. 07. 07.(2.00% 하락)
  ② A광역시 B구 상업지역: 2025. 01. 01.~ 2025. 07. 07.(2.00% 상승)
- 지역요인
  ⓐ 표준지와 대상토지는 인근지역에 위치함
  ⓑ 표준지와 대상토지는 동일수급권 내 유사지역에 위치하며, 지역요인은 ⓑ 표준지 지역이 20% 우세함
- 개별요인
  ⓐ 표준지에 비해 대상토지는 획지조건에서 10% 우세하며, 다른 조건은 유사함
  ⓑ 표준지에 비해 대상토지는 환경조건에서 15% 열세하며, 다른 조건은 유사함

- 그 밖의 요인: 표준지공시지가가 시장가치 보다 낮게 공시되어 ⓐ와 ⓑ 모두 각각 30% 상향 보정 필요함
- 각 과정을 상승식으로 계산하되, 시산가액의 천원미만은 버릴 것

[해설] 비교표준지는 제시된 표준지 중에서 용도지역이 동일하고 인근지역에 위치하는 ⓐ를 선정해야 하고, 시점수정은 비교표준지가 있는 시·군·구의 같은 용도지역의 지가변동률을 적용해야 함.

∴ 5,000,000 × (1- 0.02) × 1.0 × 1.10 × 1.30 = 7,007,000원/㎡

④ 임대사례비교법

1) 의의

임대사례비교법은 대상물건과 가치형성요인이 같거나 비슷한 물건의 임대사례와 비교하여 대상물건의 현황에 맞게 사정보정, 시점수정, 가치형성요인 비교 등의 과정을 거쳐 대상물건의 임대가치를 산정하는 감정평가방법을 말한다. 이 방법은 인근지역 또는 동일수급권 내의 유사지역에서 대상부동산과 유사한 임대차가 이루어지는 경우에 유효하며, 임대차 등의 사례가 적은 종교용 건물 등 특수목적 부동산인 경우에는 적용이 곤란하다.

임대사례비교법에 따라 산정된 임료를 비준임료라 한다.

2) 적용과정 및 산식

(1) 임대사례의 선정

임대사례비교법으로 감정평가할 때에는 임대사례를 수집하여 적정성 여부를 검토한 후 다음 각 호의 요건을 모두 갖춘 하나 또는 둘 이상의 적절한 임대사례를 선택하여야 한다(감정평가기준 400-3.3.2.2). ① 임대차 등의 계약내용이 같거나 비슷한 사례, ② 임대차 사정이 정상이라고 인정되는 사례나 정상적인 것으로 보정이 가능한 사례, ③ 기준시점으로 시점수정이 가능한 사례, ④ 대상물건과 위치적 유사성이나 물적 유사성이 있어 지역요인·개별요인 등 가치형성요인의 비교가 가능한 사례. 임대사례의 요건을 구체적으로 설명하면 다음과 같다.[42]

첫째, 임대차 등의 계약내용이 같거나 비슷하여야 한다. 임대사례는 대상부동산과 사례

---

[42] 한국감정평가협회·한국감정원(2014a), 앞의 책, pp.151~155.

부동산의 임대차 계약내용이나 조건이 유사하여야 하는데, 이는 임대차계약의 내용이나 조건이 임대차기간 동안 계약임료 수준에 계속적으로 영향을 미치기 때문이다. 임대차계약의 내용이 나 조건이 다른 사례는 대상부동산의 임료와 근본적으로 차이가 발생한다.

둘째, 임대차 사정이 정상이라고 인정되거나 정상적인 것으로 보정이 가능하여야 한다. 부동산의 임대차에서 거래의 자연성을 해치는 특수한 사정 또는 동기가 개입된 사례는 임대사례로 선정하기 어렵다. 여기서 정상적인 것으로 보정이 가능하다는 것은 사정이 개입된 임료가 정상적인 임료로부터 괴리된 정도에 대한 계량적인 파악이 가능하다는 것을 의미한다.

셋째, 기준시점으로 시점수정이 가능하여야 한다. 부동산의 가치는 가치형성요인에 따라 늘 변동하므로 임대시점과 기준시점의 임료가 차이가 나는 것이 일반적이다. 따라서 임대시점의 임료를 기준시점의 임료로 수정할 수 있어야 임대사례로 선정할 수 있다. 여기서 시점수정이 가능한 임대사례란 임대시점과 기준시점의 임료에 대한 임료지수 또는 임료변동률의 파악이 가능한 사례를 말한다.

넷째, 가치형성요인의 비교가 가능하여야 한다. 여기서 가치형성요인의 비교가 가능한 요건으로 위치적 유사성과 물적 유사성을 들고 있다. 위치적 유사성은 인근지역과 동일수급권 내의 유사지역에 위치하여 비교가능성 있는 것을 의미하며, 물적 유사성은 부동산의 물리적·기능적 상태, 용도·구조, 경과연수, 설비·규모 등의 유사성을 의미한다.

(2) 사정보정

임대사례비교법에서도 거래사례비교법에서와 같이 수집된 임대사례에 관계자의 특수한 사정이나 개별적인 동기 등이 개재되어 있는 경우에는 이를 정상화하는 과정을 거쳐야 한다. 즉, 임대사례에 특수한 사정이나 개별적 동기가 반영되어 있거나 임대차 당사자가 시장에 정통하지 않은 등 수집된 임대사례의 임료가 적절하지 못한 경우에는 사정보정을 통해 그러한 사정이 없었을 경우의 적절한 임료 수준으로 정상화하여야 한다.

(3) 시점수정

임대사례의 임대시점과 대상물건의 기준시점이 불일치하여 임대료 수준의 변동이 있을 경우에는 임대사례의 임료를 기준시점의 임료 수준으로 시점수정하여야 한다. 이때 시점수정은 사례물건의 임료 변동률로 한다. 다만, 사례물건의 임료 변동률을 구할 수 없거나 사례물건의 임료 변동률로 시점수정하는 것이 적절하지 않은 경우에는 사례물건의 가격변동률·임료지수·생산자물가지수 등을 고려하여 임료 변동률을 구할 수 있다.

(4) 지역요인의 비교

부동산의 임대료는 지역성이라는 고유한 특성으로 인해 우선적으로 지역차원에서 임료 수준이 형성되고, 그에 영향을 받아 개개 부동산의 임료가 구체화되는 특성을 가진다. 임대사례비교법에서는 이러한 지역적 격차에 의한 임료 수준의 차이를 지역요인 비교를 통해 수정해야 한다. 임대사례를 인근지역에서 구했을 경우에는 대상부동산과 같은 지역이므로 지역요인의 비교가 필요하지 않다. 그러나 사례를 동일수급권 내의 유사지역에서 구한 경우에는 대상지역과 인근지역의 지역요인을 비교하여 지역격차를 수정해야 한다.

(5) 개별요인의 비교

임대사례비교 시 토지의 개별요인 비교는 거래사례비교법에 준용하여 비교가 가능하다. 건물의 개별요인 비교 시에는 건물의 구조, 부대설비, 경제적 잔존 내용연수, 관리상태 등에 의해서도 임료의 차이가 발생하므로, 대상건물과 임대사례 건물의 차이가 있는 경우에는 이에 대한 비교를 하여야 한다.

(6) 비준임료의 산정

앞에서 설명한 각 과정에서 선정·산정된 수치를 적용하여 최종적으로 비준임료를 산정한다. 비준임료를 산정하는 산식은 각 과정의 수치를 곱하는 상승식에 의한다.

- 비준임료 = 임대사례 × 사정보정치 × 시점수정치 × 지역요인 비교치 × 개별요인 비교치

제3절 | 원가방식

1 원가방식의 의의

1) 원가방식의 개념

원가방식은 비용성의 원리에 기초한 감정평가방식으로서 기본적으로 가치의 본질을 원가의 집합(pool)으로 보고 있다. 즉, 원가방식은 비용과 가치간의 상관관계를 파악하는

것으로 비용에서 재화의 가치를 파악한 고전학파의 비용가치설과도 관련된다.

원가방식에는 대상물건의 매매가치를 구하는 원가법과 대상물건의 임대가치를 구하는 적산법이 있다.

2) 적용대상

원가방식은 재생산이 가능한 모든 종류의 물건에 적용할 수 있으며, 일반적으로 상각자산의 감정평가에 적용된다. 「감정평가규칙」에서 원가방식의 적용을 규정한 경우는 다음과 같다.

표 6.3.6 **감가수정과 감가상각의 비교**

대상물건	가치의 유형	감정평가방법	비고
토지	매매가치	원가법	대통령령으로 정하는 감정평가를 할 때
건물	매매가치	원가법	주된 방법
산림 중 입목	매매가치	원가법	소경목림인 경우
건설기계	매매가치	원가법	주된 방법
선박	매매가치	원가법	주된 방법, 선체·기관·의장별로 구분하여 각각 적용
항공기	매매가치	원가법	주된 방법

② 원가법

1) 의의

원가법은 대상물건의 기준시점 당시 재조달원가에서 감가수정액을 공제하여 대상물건의 매매가치를 산정하는 방법으로 재생산이 가능한 건물, 기계기구 등의 상각자산에 널리 적용된다.

원가법에 의해 산정된 가액은 대상물건의 구성부분의 가치를 합산하여 구한 가액이라는 의미로 '적산가액(積算價額)'이라고 한다.

한편, 감정평가에 있어 감가수정은 원래 회계학에서 활용하는 수익과 비용의 적절한 대응을 위한 방법인 감가상각에서 도출된 개념이라 할 수 있으며, 이를 비교하면 다음의 표와 같다.

표 6.3.7	감가수정과 감가상각의 비교	
구분	감가수정	감가상각
적용	감정평가	회계
목적	적정한 적산가액 산정을 위한 감가액 공제	적정한 손익을 산출하기 위한 비용의 배분
감가요인	물리적 감가, 기능적 감가, 경제적 감가	물리적 감가, 기능적 감가
대상	상각자산 및 비상각자산(예: 토지) 포함	상각자산만 가능
기초금액	재조달원가	취득가격
산정 방법	내용연수법, 관찰감가법 인정	내용연수법 (관찰감가법 미인정)
특징	• 경제적 내용연수 중점 • 장래보존연수 중점	• 법정내용연수 기준 • 경과연수 중점

2) 적용과정 및 산식

(1) 재조달원가의 산정

재조달원가는 대상물건을 기준시점에서 원시적으로 재생산 또는 재취득할 것을 상정할 경우 필요한 적정원가의 총액이다. 따라서 재조달원가는 기준시점을 기준으로 산정한다.

재조달원가는 대상물건을 일반적인 방법으로 생산하거나 취득하는데 드는 비용으로 하되, 세금·공과금[43] 등과 같은 일반적인 부대비용을 포함한다. 재조달원가는 생산개념에 입각한 재생산원가와 취득개념에 입각한 재취득원가로 구분된다. 전자(前者)는 건축물과 같이 생산(건축)이 가능한 경우에 적용되며, 후자(後者)는 도입기계 등과 같이 현실적으로 직접 생산이 불가능한 경우에 구매하여 취득하는 경우에 적용된다.

한편, 재조달원가는 복제원가(Reproduction Cost)[44]와 대체원가(Replacement Cost)[45]로 구분할 수도 있다. ① 복제원가는 대상물건과 같은 모양, 구조, 노동의 질, 원자재를 가지고 있는 복제품(replica)을 기준시점 현재 만드는 데 소요되는 원가로서 일반적으로 재조달원가는 복제원가로 구한다. ② 대체원가는 대상물건과 같은 유용성을 가진 물건을 기준시점 현재 만드는 데 소요되는 원가이다. 즉, 대체원가란 대상물건과 같은 유용

---

43 세금·공과금은 여러 세금과 공과금을 합쳐서 부르는 말이다. 제세공과금, 세금과공과, 조세공과금 이라고도 한다.

44 복조원가라고도 한다.

45 대치원가라고도 한다.

성을 가지고 있는 물건을 현재의 원자재, 기준, 배치계획, 디자인 등에 따라 현재 제작할 때 소요되는 원가를 말한다. 대체원가는 건설자재, 공법, 기술 등의 변천으로 대상물건의 복제원가를 구하는 것이 곤란한 경우에 기능적으로 동일성을 갖는 것으로 치환하여 구한 원가이다. 대체원가 개념 자체에 기능적 퇴화에 따른 가치손실을 내포하고 있으므로 따로 기능적 감가수정을 할 필요가 거의 없다.[46]

(2) 감가수정

감가수정은 대상물건에 대한 재조달원가를 감액하여야 할 요인이 있는 경우에 물리적 감가, 기능적 감가 또는 경제적(외부적) 감가 등을 고려하여 그에 해당하는 금액을 재조달 원가에서 공제하여 기준시점에 있어서의 대상물건의 가액을 적정화하는 작업을 말한다 (감정평가규칙 제2조). 적산가액은 기준시점에서의 정상적인 시장을 전제로 한 물건의 현존가치이므로, 재조달원가로부터 어느 정도 감가되었는지 판단하여야 한다.

감가요인은 크게 물리적·기능적·경제적(외부적) 감가요인으로 구분한다. ① 물리적 감가: 대상물건의 물리적 상태 변화에 따른 감가를 말한다. 마모·훼손·시간의 경과에 따른 노후화 등이 예이다. ② 기능적 감가: 대상물건의 기능적 유용성의 변화에 따른 감가를 말한다. 기술진보 및 시대적 감각의 변화에 따른 구식화, 설계불량, 건물과 부지의 부적합, 설비의 과소·과잉 등이 예이다. ③ 경제적(외부적) 감가: 외부환경의 변화에 따른 감가를 말한다. 시장성의 감퇴(예: 인근지역에 혐오시설 신설), 인근지역의 쇠퇴, 주위환경과의 부적합 등이 예이다. 경제적 감가의 경우 외부환경에 의한 감가이므로 용어의 혼동을 피하기 위해 외부적 감가로 표현하는 것이 합리적일 것이다.

표 6.3.7 감가수정의 구분

구분	물리적 감가	기능적 감가	경제적 감가 (외부적 감가)
발생원인	내부요인	내부요인	외부요인
	시간의 경과	기능적 유용성의 변화	외부환경의 변화
부동산가치의 원리	변동의 원리	균형의 원리	적합의 원리
치유가능여부	치유가능한 감가 있음	치유가능한 감가 있음	모두 치유 불가능한 감가
감가수정방법	주로 내용연수법	주로 관찰감가법	주로 관찰감가법

---

46 안정근(2009), 부동산평가이론(제5판), 양현사, p.296.

「감정평가 실무기준」에 의하면 감가수정을 할 때에는 경제적 내용연수를 기준으로 한 정액법, 정률법 또는 상환기금법 중에서 대상물건에 가장 적합한 방법을 적용하여야 하며, 이 방법에 의한 감가수정이 적절하지 아니한 경우에는 물리적·기능적·경제적(외부적) 감가요인을 고려하여 관찰감가 등으로 조정하거나 다른 방법에 따라 감가수정할 수 있다. 따라서 감가수정방법은 크게 내용연수법, 관찰감가법, 그 밖의 방법으로 구분할 수 있으며, 그 밖의 방법에는 구체적으로 분해법, 시장추출법, 임료손실환원법 등이 있다.

표 6.3.8   감가수정방법의 구분

감가의 근거	감가의 방법		내용	주요 적용대상
직접법	내용연수법	정액법	매년 일정액씩 감가	건축물, 구축물
		정률법	매년 일정률로 감가	기계기구, 건설기계
		상환기금법	상환기금계수를 이용하여 매년 감가액 (매년 일정액) 산정	광산
	관찰감가법		직접 관찰하여 감가액 산정	제한 없음
간접법	그 밖의 방법	분해법	물리적·기능적·경제적(외부적) 요인으로 구분하여 감가액 산정 후 합산	(거의 활용하지 않음)
		시장추출법	유사물건의 매매사례에서 감가율 추계	(거의 활용하지 않음)
		임료손실 환원법	감가요인으로 발생한 임료손실분을 환원하여 감가액 산정	(거의 활용하지 않음)

내용연수법에 있어 내용연수(耐用年數, life)란 일반적으로 감가상각자산의 수명을 말한다. 즉, 감가상각자산이 그 본래의 용도·용법에 따라 예정된 효과를 올릴 수 있는 연수를 말한다. 내용연수는 보통 물리적 내용연수(physical life)와 경제적 내용연수(economic life)로 구분한다. 물리적 내용연수는 정상적인 관리하에서 물리적으로 존속 가능할 것으로 기대되는 기간을 말하며, 경제적 내용연수는 자산의 유용성이 지속되어 다른 경쟁 자산과 동등한 유용성을 창출할 것으로 기대되는 기간을 말한다. 감정평가에 있어 내용연수는 경제적 내용연수를 의미한다(감정평가규칙 15).

한편, 내용연수법은 감가액을 구하는 산식에 따라 정액법·정률법·상환기금법으로 세분된다.

① 정액법: 대상물건이 경제적 내용연수 기간 동안 매년 일정액의 가치가 감소한다는 논리하에 대상물건의 감가상당액$(C - S)$을 경제적 내용연수(N)으로 평분하여 매년

의 감가액*(D)*으로 정하는 방법으로 주로 건축물·구축물 감정평가에 적용한다. 감정평가실무에서는 일반적으로 내용연수 말 잔존가치를 0(zero)으로 본다.

- 연간감가액*(D) = (C - S)/N = C(1 - R)/N*
- 감가누계액*(Dn) = C[(1 - R) × n/N]*
- 적산가액*(Pn) = C[1 - (1 - R)] × n/N = C × (N - n)/N*

C: 재조달원가   *S*: 내용연수 말 잔존가치
R: 내용연수 만료시의 잔가율*(S/C)*   *N*: 경제적 내용연수
n: 경과연수   *N - n*: 잔존연수

② 정률법: 매년 감소하는 대상물건의 잔존가액에 일정한 감가율*(k)*을 곱하여 매년의 감가액을 정하는 방법이다. 즉, 매년 말의 상각잔고에 대하여 정률*(k)*을 곱하여 연간 감가액을 산출하는 것이므로 감가가 진행됨에 따라 잔고는 감소하고 감가율은 일정한데도 감가액은 점차 감소한다. 정률법은 주로 기계기구·건설기계·선박·항공기의 감정평가에 적용한다. 감정평가실무에서는 일반적으로 내용연수 말 잔존가치를 10%로 본다.

- 1차연도 감가액$(D_1) = C \times k$
- 감가누계액$(Dn) = C[1 - (1 - k)^n] = C(1 - r^n)$
- 적산가액$(Pn) = C - C[1 - (1 - k)^n] = C(1 - k)^n = C \times r^n$

C: 재조달원가 k : 감가율 $= 1 - \sqrt[N]{\dfrac{S}{C}}$

n : 경과연수   *r*: 전년대비 잔가율*(1 - k)*

③ 상환기금법: 감가액에 해당하는 금액을 내부에 유보하지 않고 예금 등의 방식으로 외부에 투자한다고 가정한다. 즉, 매년의 감가액이 복리로 이자를 발생한다는 것을 전제로 하여 계산된 원리금의 합계를 내용연수 만료시의 총감가액과 일치시키는 방식으로 감가수정하는 방법이다. 감가액이 정액법보다 적고 따라서 적산가액은 정액법보다 크다. 감채기금법이라고도 하며, 광산의 감정평가에 적용한다.

- 연간감가액$(D) = C(1-R) \times \dfrac{i}{(1+i)^N - 1}$

- 감가누계액$(Dn) = n \cdot C(1-R) \times \dfrac{i}{(1+i)^N - 1}$

- 적산가액$(Pn) = C\left\{1- n(1-R) \times \dfrac{i}{(1+i)^N - 1}\right\}$

C: 재조달원가 R: 잔가율 $= \dfrac{S}{C}$

i : 축적이율 N: 내용연수 n : 경과연수

한편, 관찰감가법은 감정평가 주체가 대상물건의 전체 또는 구성부분을 면밀히 관찰하여 물리적·기능적·경제적 감가요인을 분석하여 감가액을 직접 구하는 방법이다. 즉, 감가의 기준을 직접적으로 경과연수에 두지 않고, 대상건물의 전체 또는 구성부분별로 물리적·기능적·경제적(외부적) 감가요인에 의한 감가액을 직접 관찰함으로써 감가액을 구하는 방법이다.[47]

(3) 적산가액의 산정

앞에서 설명한 각 과정에서 산정된 금액을 적용하여 최종적으로 적산가액을 산정한다. 원가법의 산식은 다음과 같다.

- 적산가액 = 재조달원가 − 감가수정액

③ 적산법

1) 의의

적산법은 기준시점에 있어서 대상물건의 기초가액에 기대이율을 곱하여 산정한 기대수익에 대상물건을 계속하여 임대차하는데 필요한 경비를 더하여 임대가치를 산정하는 방법이다. 즉, 적산법은 임대인이 재산을 취득하여 임대하는 경우 투자에 대한 보수로서의 임대수익과 임대를 위한 관리에 필요한 제경비로 구성되어 있다.

적산법은 임대사례가 적거나 수익분석법의 적용이 곤란한 경우에 유용하게 활용할 수

---

47 한국감정평가협회·한국감정원(2014a), 앞의 책, p.129.

있다. 감정평가실무에서는 주로 토지의 부당이득금 산정에 활용하고 있다. 즉, 적정한 임대사례를 구하기 어려운 토지의 임료를 감정평가할 때 주로 활용하고 있다.

적산법에 의해 산정된 임료를 적산임료라 한다.

2) 적용과정 및 산식

(1) 기초가액의 산정

기초가액은 적산법을 적용하여 적산임료를 구할 때 기초가 되는 대상물건의 원본가치를 말한다. 적산법은 대상물건의 임료를 소요된 원가를 통해 간접적으로 추계할 수 있다는 논리에 따른 것으로, 그 투하된 가치인 기초가액이 중요한 의미를 갖는다.

기초가액은 비교방식이나 원가방식으로 산정한다. 따라서 거래사례비교법, 공시지가기준법, 원가법 등을 적용한다. 기초가액은 수익방식으로 산정할 수 없는데, 이는 순환논리상 임료 개념을 기초로 구한 가액으로 다시 임료를 구하는 모순에 빠지게 되기 때문이다.

한편, 기초가액은 임료의 기준시점인 임료산정기간의 기수(期首, 개시일)를 기준으로 산정한다.

(2) 기대이율의 결정

기대이율이란 임대차에 제공되는 대상물건을 취득하는 데에 투입된 자본에 대하여 기대되는 임대수익의 비율을 말한다. 즉, 투자자의 입장에서 대상물건이 아닌 다른 투자대상에 투자하였을 경우의 기회비용을 포함하여 대상물건으로부터 얻고자 하는 요구수익률의 성격을 가진다.

기대이율은 기초가액과 밀접하게 연관된 개념으로, 기초가액의 성격을 무엇으로 보느냐에 따라 그 적용 형태가 달라질 수가 있다. 이 책에서는 기초가액의 성격을 시장가치로 보는 입장에서 서술하고자 한다.

한편, 기대이율은 시장추출법, 요소구성법, 투자결합법, CAPM을 활용한 방법, 그 밖의 대체·경쟁 자산의 수익률 등을 고려한 방법 등으로 결정한다. 기대이율에서 투자자가 요구하는 소득수익률을 반영하기 위해서는 대상물건의 상황, 국공채이율, 은행의 장기대출금리, 일반시중금리, 정상적인 부동산거래이윤율, 「국유재산법」과 「공유재산 및 물품관리법」이 정하는 대부료율 등을 종합참작하여 결정하여야 할 것이다.

(3) 필요제경비의 산정

필요제경비는 임차인이 사용·수익할 수 있도록 임대인이 대상물건을 적절하게 유지·관리하는데 필요한 비용을 말한다. 적산임료 산정에 있어 필요제경비를 가산하는 것은 임대인 부담인 경비를 모두 임차인에게 전가시킨다는 것을 전제로 한 것이라 할 수 있다.

필요제경비에는 공실손실상당액, 대손충당금, 감가상각비, 인건비, 수선유지비, 세금·공과금, 보험료 등이 포함된다. ① 공실손실상당액은 공실로 인하여 발생하는 손실분을 계상하는 것으로, 공실(空室)은 부동산이 임차인 없이 비어있는 것을 말한다. 공실은 경기 침체로 인한 미임대, 임대차계약의 중도해지나 계약만료 후 공백 등의 사유로 발생한다. 기준시점 현재 공실이 없더라도 최소한의 공실률은 계상하여야 한다. 왜냐하면 기존 임차인의 계약해지나 계약만료 후 새로운 임차인이 사용·수익할 때까지 공백이 있을 수 있기 때문이다. ② 대손충당금은 임대료를 받지 못할 것을 예상하여 장부상으로 처리하는 추산액을 말한다. 대손충당금은 일반 경제상황, 임차인의 신용, 과거의 경험 등을 참작하여 일정액을 계상하여야 한다. 그러나 보증금 등 일시금을 받는 경우에는 대손(貸損)의 위험이 없거나 낮으므로 이를 반영하여야 한다.

▶ 용어의 구별

1) 대손충당금: 자산에 해당하는 채권에 대해 받지 못할 것을 예상하여 장부상으로 처리하는 추산액을 말한다. 재무상태표상 자산 중 각 채권의 차감계정에 속한다.

2) 대손준비금: 한국채택국제회계기준(K-IFRS)에 의해 적립한 대손충당금이 금융업감독규정에 따른 대손충당금에 미달하는 경우 그 차액 이상을 추가로 적립하는 것을 말한다. 재무상태표상 자본 중 이익잉여금의 차감계정에 속한다.

3) 대손상각비: 채권의 회수 불능이 발생함에 따라 인식하는 비용을 말한다. 손익계산서상 비용계정에 속한다. 영업활동에서 발생한 매출채권에 대한 대손의 경우 판매비와 관리비에 속하고, 그 밖의 채권(예: 미수금, 대여금)에 대해 발생한 대손의 경우 영업외 비용에 속한다.

한편, 적산법상 필요제경비의 항목 또는 수익환원법상 가능총수익의 공제 항목으로서 대손준비금과 대손충당금의 용어가 혼용되어 혼란이 있다. 제도의 취지와 회계학적 용어의 의미 등을 참작할 때 대손충당금이 더 적합하다고 본다. 따라서 이 책에서는 이를 대손충당금으로 표현하고자 한다.

---

③ 감가상각비는 대상물건이 물리적·기능적 원인에 의해 가치가 감소하는 정도를 비용으로 산정한 것을 말한다. 일반적으로 감가상각비는 대상물건의 유형에 따라 정액법, 정률법, 상환기금법 등을 이용하여 구한다. 한편, 감가상각비를 기대이율과 관련하여 생각할 때 감가상각비가 필요제경비에 포함되므로 기대이율은 '상각후 기대이율'을 적용해야 한다. ④ 인건비는 대상물건의 관리업무에 종사하는 직원의 근로제공에 대하여 지급하는 일체의 대가를 말한다. 명목에 관계없이 근로의 대가로 지급하는 것은 모두 인건비가

될 수 있다. 예컨대 월 급여, 상여금, 퇴직급여, 국민연금부담금, 건강보험료, 고용보험료, 산재보험료, 휴가비, 그 밖의 복리후생비 등이 해당된다. ⑤ 수선유지비는 대상물건을 사용·수익할 수 있도록 수선하고 유지하는데 드는 비용을 말한다. 대상물건의 보유 중에 지출된 비용은 자본적 지출과 수익적 지출로 구분하여 회계처리 한다. 먼저, 자본적 지출은 대상물건의 내용연수를 연장시키거나 가치를 실질적으로 증가시키는 지출을 말하며, 대상물건의 취득원가에 가산한다. 다음으로 수익적 지출은 원상을 회복시키거나 현상 유지를 위한 지출(예: 승강기 수리비)을 말하며, 지출한 연도의 비용으로 처리한다. 따라서 수선유지비는 수익적 지출에 해당하는 비용이며, 자본적 지출에 해당하는 비용은 포함되지 않는다. ⑥ 세금·공과금은 대상물건의 보유와 관련된 각종 세금과 공과금을 통틀어서 말한다. 세금으로는 재산세, 종합부동산세, 지역자원시설세, 지방교육세 등이 있으며, 공과금으로는 도로점용료, 교통유발부담금 등이 있다. 세금·공과금과 관련하여 유의할 점은 대상물건의 취득이나 양도와 관련하여 부과되거나 대상물건의 임대차에 따른 소득에 부과되는 것은 제외된다는 것이다. ⑦ 보험료는 각종 위험에 대비하여 미리 보험에 가입하면서 지불하는 돈을 말한다. 보험료의 예로는 화재보험료, 승강기보험료 등이 있다. 보험료는 계약조건에 따라 소멸성과 비소멸성으로 구분할 수 있으며, 필요제경비에는 원칙적으로 소멸성보험의 보험료만 계상하여야 한다. 그러나 만기일에 원금을 회수하는 비소멸성 보험일 경우에도 연간불입액 중 회수금을 현가화하여 그 차액(소멸성) 만큼만을 경비로 계상해야 한다.

(4) 적산임료의 산정

앞에서 설명한 각 과정에서 산정·결정된 수치를 적용하여 최종적으로 적산임료를 산정한다. 적산법의 산식은 다음과 같다.

- 적산임료 = 기초가액 × 기대이율 + 필요제경비

제4절 | 수익방식

1 수익방식의 의의

1) 수익방식의 개념

수익방식은 수익성의 원리에 기초한 감정평가방식으로서 대상물건의 매매가치를 구하는 수익환원법과 대상물건의 임대가치를 구하는 수익분석법으로 구분할 수 있다.

첫째, 수익환원법은 대상물건이 장래 산출할 것으로 기대되는 순수익이나 미래의 현금흐름을 환원하거나 할인하여 대상물건의 매매가치를 산정하는 방법이다. 수익환원법에서 환원방법에는 직접환원법과 할인현금흐름분석법이 있으며, 둘 중에서 감정평가목적이나 대상물건에 적절한 방법을 선택하여 적용한다. ① 직접환원법은 한 해를 기준으로 한 안정소득(→ 순수익)을 환원하는 방법으로 전통적 수익환원방식이며, 대상 부동산의 복귀가치를 고려하지 못한다. 또한, 보유기간 동안의 순수익의 변화를 반영하지 못한다는 비판이 있다. ② 할인현금흐름분석법(DCF법)은 여러 해의 미래소득을 현가화하여 부동산의 가치를 구하는 방법이며, 대상부동산의 복귀가치를 명시적으로 고려한다. 그러나 여러 해의 순수익을 산정하거나 할인율 또는 복귀가액을 산정할 때 예측과 추정에 크게 의존하는 문제가 있다.

한편, 수익방식에서 사용하는 자본환원율은 크게 환원율(Capitzalization Rate)과 할인율(Discount Rate)로 구분할 수 있는데, 환원율은 순수익을 기준시점의 경제적 가치로 환산하기 위하여 적용하는 적정한 율이고, 할인율이란 미래의 현금흐름을 현재가치로 환산하기 위하여 적용하는 수익률로 투자자가 어떤 투자안에 투자를 하기 위한 최소한의 요구수익률이다.

표 6.3.9 직접환원법과 할인현금흐름분석법의 비교

구분		직접환원법	할인현금흐름분석법
개념		1년 동안의 순수익을 환원율로 환원하여 대상물건의 수익가액을 구하는 방법	보유기간(여러 해) 동안의 현금흐름(현금수지)을 할인한 값과 보유기간 말의 복귀가액을 할인한 값을 합하여 대상물건의 수익가액을 구하는 방법
		한 해의 안정된 순수익만을 고려	여러 해의 순수익과 보유기간 말의 복귀가액을 고려
가정		상각자산(예: 건물)의 가치가 시간이 지남에 따라 하락한다고 가정	상각자산의 가치가 시간이 지남에 따라 하락한다고 가정하지 않음
		부동산을 경제적 내용연수 동안 보유한다고 가정	일정기간 보유하다가 처분한다고 가정
		경제적 내용연수 동안 자본을 회수한다고 가정 (환원율에 자본회수율을 반영)	보유기간 말에 부동산을 처분하여 자본을 회수한다고 가정(할인율이나 최종환원율에 자본회수율 미반영)
내용		환원율은 소득률	할인율은 수익률
		저당대출이나 세금(영업소득세, 자본이득세)을 고려하지 않음	저당대출이나 세금을 고려하는 경우도 있음 (→ 세전현금흐름모형, 세후현금흐름모형)
		순수익의 변화가 일정할 때 적합	순수익의 변화가 불규칙일 때도 사용 가능
		수익가액이 조사된 시장결과에 크게 의존	수익가액이 예측과 추정에 크게 의존

둘째, 수익분석법은 일반기업경영에 의해 산출된 총수익을 분석하여 대상물건이 일정한 기간에 산출할 것으로 기대되는 순수익을 구한 후 대상물건을 계속하여 임대차하는데 필요한 경비를 가산하여 임대가치를 산정하는 방법이다.

수익방식은 수익과 가치간의 상관관계를 고려하는 것으로 재화의 가치는 수요자의 주관적 효용에 의해 결정된다는 한계효용학파의 효용가치설과도 관련된다.

2) 적용대상

수익방식은 수익을 발생시키는 물건이면 부동산이나 동산에 상관없이 적용할 수 있다. 그러나 수익분석법은 주거용 부동산과 같은 비기업용 부동산에는 적용할 수 없다. 「감정평가규칙」에서 수익방식의 적용을 규정한 경우는 다음과 같다.

표 6.3.10 수익방식을 적용하는 경우

대상물건	가치의 유형	감정평가방법	비고
토지	매매가치	수익환원법	대통령령으로 정하는 감정평가를 할 때
공장재단	매매가치	수익환원법	단, 일괄감정평가하는 경우
광업재단	매매가치	수익환원법	주된 방법
어업권	매매가치	(수익환원법)	어장 전체 수익환원법을 적용한 감정평가액 − 어장의 현존시설가액
영업권, 특허권, 실용신안권, 디자인권, 상표권, 저작권, 전용측선이용권, 그 밖의 무형자산	매매가치	수익환원법	주된 방법
비상장채권	매매가치	수익환원법	주된 방법
기업가치	매매가치	수익환원법	주된 방법

② 수익환원법 1: 직접환원법

1) 의의

수익환원법은 환원방법에 따라 직접환원법과 할인현금흐름분석법(DCF법)으로 세분되므로 수익환원법을 적용하기 위해서는 먼저 직접환원법과 할인현금흐름분석법(DCF법) 중에서 감정평가목적이나 대상물건의 특성을 고려하여 적절한 방법을 선택하여야 한다.

직접환원법은 단일 기간의 순수익을 적절한 환원율로 환원하는 방법으로 전통적 직접환원법과 잔여환원법으로 구분한다.

2) 적용과정 및 산식

(1) 환원방법의 선정

직접환원법의 환원방법에는 크게 전통적 직접환원법과 잔여환원법이 있다. 전통적 직접환원법은 다시 직접법, 직선법, 연금법, 상환기금법으로 세분되며, 잔여환원법은 다시 토지잔여법, 건물잔여법, 부동산잔여법 등으로 세분된다.

① 직접법: 토지와 같이 순수익이 영속적인 경우는 내용연수가 무한하여 투하자본에 대

한 회수도 불필요하므로 순수익을 환원율로 직접 환원하여 수익가액을 구한다. 이 경우 상각률은 고려되지 않는다. 즉, 직접법은 일정한 순수익이 영속적으로 발생하거나 투하자본에 대한 회수가 불필요한 자산에 적용할 수 있는 방법이다.

- $P = \dfrac{a}{r}$

  P: 수익가액　　　r: 환원율　　　a: 순수익

② 직선법: 직선법은 상각전 순수익을 상각후 환원율에 상각률을 가산한 상각전 환원율로 환원하여 수익가액을 구하는 방법이다. 직선법은 순수익과 상각자산의 가치가 동일한 비율로 일정액씩 감소하고 투자자는 내용연수 말까지 자산을 보유하며, 회수자본은 재투자하지 않는다는 것을 전제한다. 따라서 직선법은 건물·구축물·기계기구 등과 같이 내용연수가 유한하여 투하자본 회수가 고려되어야 하는 경우에 적용한다.

- $P = \dfrac{a'}{r + \dfrac{1}{n}}$

  P: 수익가액　　　a': 상각전 순수익　　　r: 상각후 환원율

  n: 잔존내용연수　　$\dfrac{1}{n}$: 상각률(d)　　$r + \dfrac{1}{n}$: 상각전 환원율

③ 상환기금법(Hoskold 방식): 상환기금법은 상각전 순수익을 상각후 환원율에 상환기금계수를 가산한 상각전 환원율로 환원하여 수익가액을 구하는 방법이다. 여기서 상환기금계수에는 상각후 환원율보다 낮은 축적이율을 적용한다. 상환기금계수에서의 축적이율은 투하된 자본총액을 확실하게 회수하는 것을 목적으로 하기 때문에 안전성이 높은 이율을 채택하는 것이 합리적이기 때문이다. 한편, 상환기금법은 매기간마다 순수익이 일정하고 매년 회수되는 상각액은 재투자되는 것으로 가정한다. 매년 회수되는 상각액은 본래의 투자사업에 재투자하지 않고 원금을 안전하게 회수할 수 있는 곳에 투자해야 한다. 따라서 매년 회수되는 상각액(= 자본회수액)에 대한 재투자율(= 축적이율)은 투기율이 아니라 안전율이 되어야 한다. 따라서 상환기금법은 내용연수 만료 시 재투자로 대상부동산의 수익을 연장시킬 수 없는 광산, 산림 등의 소모성 자산에 유용하다.

$$\bullet \quad P = \dfrac{a'}{r + \dfrac{i}{(1+i)^n-1}}$$

P: 수익가액 　　a': 상각전 순수익 　　r: 상각후 종합환원율

i: 축적이율 　　n: 잔존내용연수 　　$\dfrac{i}{(1+i)^n-1}$: 상환기금계수

④ 연금법(Inwood 방식): 연금법은 상각전 순수익을 상각후 환원율에 상환기금계수를 가산한 상각전 환원율로 환원하여 수익가액을 구하는 방법이다. 여기서 상환기금계수에는 상각후 환원율과 동일한 이율을 적용한다. 즉, 매년의 상각액을 상각후 환원율과 동일한 이율로 적립하는 것으로 가정한다. 한편, 상각후 환원율(즉, 자본수익률)에 상각후 환원율과 동일한 이율을 적용한 상환기금계수를 가산하면 이는 저당상수가 된다. 즉, 연금법에서의 환원율은 잔존 내용연수를 저당기간으로 하고 자본수익률을 이율로 하는 저당상수가 된다. 여기서 저당상수는 연금의 현가계수(=복리연금현가율)의 역수이므로 상각전 순수익에 연금의 현가계수(=복리연금현가율)를 곱하면 바로 수익가액이 산정된다. 따라서 연금법은 상각전 순수익에 상각후 환원율과 잔존 내용연수를 기초로 한 복리연금현가율을 곱하여 수익가액을 구하는 방법이라 할 수 있다. 연금법은 매년의 순수익이 일정하거나 상대적으로 안정적일 것으로 예측되는 물건의 평가에 적용하는 것이 합리적이다. 임대용 부동산 중 장기임대차에 제공되고 있는 부동산이나 어업권 등이 연금법으로 평가하는 대표적인 예이다.

$$\bullet \quad P = \dfrac{a'}{r + \dfrac{r}{(1+r)^n-1}} = \dfrac{a'}{\dfrac{r(1+r)^n}{(1+r)^n-1}} = a' \times \dfrac{(1+r)^n-1}{r(1+r)^n}$$

P: 수익가액 　　r: 상각후 종합환원율 　　a': 상각전 순수익 　　n: 잔존내용연수

여기서 전통적 직접환원법을 비교하면 다음의 표와 같다.

표 6.3.11 　전통적 직접환원법의 비교

구분	직선법	상환기금법	연금법
건물가치	시간의 경과에 따라 감가	좌동	좌동
순수익	시간의 경과에 따라 감소	매년 일정	매년 일정

구분	직선법	상환기금법	연금법
자본회수액	경제적 내용연수 동안 회수	좌동	좌동
	재투자 않음 (즉, 이자 발생 없음)	안전율(즉, 축적이율)로 재투자	상각 후 환원율과 동일한 이율로 재투자
적용사례	건물	광산, 산림	어업권
	단기임대차에 제공되는 복합부동산	고정임료로 장기임대차에 제공되는 복합부동산	장기임대차에 제공되는 복합부동산
비고	시간의 경과에 따라 순수익이 감소할 것으로 예상되는 경우에 적합	재투자로 수익성을 연장시킬 수 없는 경우에 적합	재투자로 수익성을 연장시킬 수 있는 경우에 적합

한편, 잔여환원법은 전체 순수익에서 알고 있는 투자요소의 순수익을 공제하여 모르고 있는 투자요소에 배분될 순수익을 구한 후, 이를 환원율로 나누어 수익가액을 산정하는 방식이다. 즉, 부동산을 물리적 구성요소와 금융적 구성요소 등으로 구분하여 수익가액을 산정하는 방식이다. 잔여환원법은 물리적 측면의 잔여환원법과 금융적 측면의 잔여환원법으로 구분할 수 있다.

① 물리적 측면의 잔여환원법에는 토지잔여법, 건물잔여법, 부동산잔여법이 있다. 물리적 측면의 잔여환원법은 부동산가치는 시간이 경과함에 따라 언제나 감소한다는 것과 대상부동산을 경제적 수명까지 보유한다는 가정을 전제로 한다.[48] 여기서는 부동산잔여법에 대해서만 설명하기로 한다. 부동산잔여법은 토지·건물잔여법이 수익과 환원율을 분리하여 적용한다는 단점을 극복하기 위하여 개량된 방법이다. 따라서 수익은 토지·건물이 복합적으로 작용하여 창출하는 것을 보고 부동산의 가액을 구한다. 부동산잔여법은 수익이 건물의 경제적 잔존내용연수 동안 전체부동산으로부터 나오는 것으로 간주하고 기간 말 건물가치는 없다고 보며, 토지가치는 일정하다고 전제한다.

- 대상부동산의 가액 = 대상부동산의 순수익 $\times \dfrac{(1+r)^n-1}{r(1+r)^n} + \dfrac{\text{기간 말 토지가치}}{(1+r)^n}$

② 금융적 측면의 잔여환원법에는 지분잔여법, 저당잔여법이 있다. 금융적 측면의 잔여환원법은 부동산의 가치를 금융적 구성요소인 지분과 저당으로 구분한 방법이다. 즉, 금융적 측면의 잔여환원법은 전체 순수익을 지분투자자에게 귀속되는 순수익과

---

48 이하 내용은 한국감정평가협회·한국감정원(2014a), 앞의 책, pp.162~163.

저당투자자에게 귀속되는 순수익으로 구분한다.

(2) 순수익의 산정

순수익은 대상물건을 통하여 일정기간에 얻을 수 있는 총수익에서 그 수익을 발생시키는데 소요되는 총비용을 공제한 금액을 의미한다. 이때 순수익 산정기간은 일반적으로 1년으로 한다.

대상물건이 부동산인 경우 순수익(NOI: Net Operating Income)은 유효총수익에서 운영경비를 공제하여 산정한다. 유효총수익(EGI: Effective Gross Income)은 가능총수익(PGI: Potential Gross Income)에서 공실손실상당액 및 대손충당금을 공제하여 산정한다. 즉, 임대되지 않은 공간·임차인 변경시 준비기간 등의 임대료상당액과 임대료 미지급 위험에 따른 일정액을 공제한다. 유효총수익에 대상부동산을 운영하는 데 필요한 운영경비를 공제하면 순수익이 산정된다.

① 가능총수익: 가능총수익은 대상부동산이 100% 임대되는 경우 얻을 수 있는 잠재적 총수익을 말한다. 가능총수익은 보증금(전세금) 운용수익, 차임 수입, 관리비 수입과 그 밖의 수입(예: 주차수입, 광고시설수입 등)을 합산하여 구한다.

② 유효총수익: 유효총수익은 가능총수익에서 공실손실상당액 및 대손충당금을 공제하여 산정한다. 여기서 공실손실상당액은 공실로 인하여 발생하는 손실분을 계상하는 것으로, 공실(空室)은 부동산이 임차인 없이 비어있는 것을 말한다. 또한, 대손충당금은 임대료를 받지 못할 것을 예상하여 장부상으로 처리하는 추산액을 말한다. 대손충당금은 일반 경제상황, 임차인의 신용, 과거의 경험 등을 참작하여 일정액을 계상하여야 한다.

③ 운영경비(OE: Operating Expenses)는 부동산의 유지 또는 가능총수익의 창출을 위하여 지출되는 경비를 말한다. 대상물건이 부동산인 경우 운영경비로는 인건비, 용역비, 수선유지비, 수도광열비, 세금·공과금, 보험료, 광고선전비 등이 있다. 운영경비와 관련하여 유의할 점은 감가상각비는 고려하지 않는다는 것이다. 감가상각비는 고정경비이지만, 수익방식을 적용할 경우에는 실제 경비의 지출이 아니기 때문에 운영경비에 포함시키지 않는다. 이는 시간의 경과에 따라 감가상각의 정도가 심한 부동산의 경우, 총수익이 감소하게 되는데 이에 감가상각비를 운영경비에 포함시켜 다시 총수익에서 공제하게 되면 이중계산이 되기 때문이다.

- 가능총수익 = 보증금(전세금) 운용수익 + 차임 수입 + 관리비 수입 + 그 밖의 수입
- 유효총수익 = 가능총수익 - (공실손실상당액 + 대손충당금)

- 운영경비 = 인건비 + 용역비 + 수선유지비 + 수도광열비 + 세금·공과금 + 보험료 + 광고선전비 등
- 순수익 = 유효총수익 - 운영경비

한편, 수익환원법의 운영경비와 적산법의 필요제경비를 비교하면 다음과 같다.

표 6.3.12 운영경비와 필요제경비의 비교

구분	운영경비	필요제경비
적용 분야	수익환원법	적산법
산정 목적	순수익 산정	적산임료 산정
이론적 근거	순수익 = 총수익 - 총비용	임대차에 수반되는 모든 비용의 전가
범위	현금유출을 수반하는 비용만 계상	현금유출과 상관없는 비용도 포함
	공실손실상당액, 대손충당금, 감가상각비 제외	공실손실상당액, 대손충당금, 감가상각비 포함

(3) 환원율의 결정

환원율은 대상물건의 내용연수 동안 최유효이용을 전제로 한 장기적인 활동에 대한 이율이며, 투자에 대한 일종의 수익률이다. 즉, 환원율은 대상물건이 창출하는 순수익을 대상물건의 가액으로 변환시키는 비율이라 할 수 있으며, 자본수익률과 자본회수율로 구성되어 있다.

- 상각전 환원율 = 자본수익률 + 자본회수율
- 상각후 환원율 = 자본수익률

한편, 환원율과 기대이율을 비교하면 다음의 표와 같다.

표 6.3.13 환원율과 기대이율의 비교

구분	환원율	기대이율
적용	수익환원법에 적용	적산법에 적용
의미	대상물건의 가액에 대한 순수익의 비율	투하자본(기초가액)에 대한 수익의 비율
특징	내용연수 만료시까지 적용되는 장기적인 이율	임대차기간에만 적용되는 단기적인 이율

구분		환원율	기대이율
특징		상각전·후, 세공제전·후의 구별이 있다.	항상 상각후 세공제전이다.[49]
		복합부동산에 대해 종합환원율을 적용할 수 있다.	종합기대이율이라는 개념이 없다.
내용		가격상승에 따른 매매차익을 고려한다.	임대차기간의 사용 또는 수익으로 인한 가치만 고려한다.
		부동산의 최유효이용을 전제로 한다.	부동산 임대차 등의 계약조건을 전제로 한다.
		물건의 종별에 따라 상이하다.	차이가 거의 없다.
		시장의 거래사례에서 추출하거나 무위험률 + 위험할증률로 산출	금융기관의 정기예금이율 등이 기초

한편, 직접환원법에서 사용할 환원율은 시장추출법으로 구하는 것을 원칙으로 한다. 다만, 시장추출법의 적용이 적절하지 않은 때에는 요소구성법, 투자결합법, 유효총수익승수에 의한 결정방법, 시장에서 발표된 환원율 등을 검토하여 조정할 수 있다(감정평가기준 400 -3.4.1.4).[50]

(4) 수익가액의 산정

직접환원법의 적용과정을 요약하면 다음과 같다. ① 환원방법 선정: 대상물건에 적절한 환원방법을 선정한다. ② 순수익 산정: 대상물건이 산출할 것으로 기대되는 순수익을 산정한다. ③ 환원율 결정: 대상물건에 적절한 환원율을 결정한다. ④ 수익가액 산정: 최종적으로 환원방법에 따른 산식을 적용하여 수익가액을 산정한다.

③ 수익환원법 2: 할인현금흐름분석법

1) 의의

감정평가방법으로서 할인현금흐름분석법(DCF: Discounted Cash Flow Analysis)은 매기간 기대되는 현금흐름을 현재가치로 할인하여 대상물건의 시장가치를 구하는 방법이다. 대상물건의 경제적 가치를 그 수익성에 근거하여 구하는 경우 장래에 얻을 수 있다고

---

49 기대이율의 경우 감가상각비는 필요제경비에 반드시 포함되지만, 세금·공과금에는 법인세·소득세 등 임대인의 소득에 부과되는 세액은 포함될 수 없기 때문이다.

50 이하 내용은 한국감정평가협회·한국감정원(2014a), 앞의 책, pp.178~180.

기대되는 매기간의 순수익을 합산하여 파악하여야 한다. 이때 순수익이 산출되는 시점이 각각 다르므로 기준시점의 현재가치로 할인하여 합산하여야 한다. 즉, 여러 해에 걸쳐 순수익을 산출하는 부동산의 현재가치는 이러한 시점이 다른 매 해의 순수익을 현재가치로 할인한 값의 합계가 된다.

한편, 할인현금흐름분석법은 할인의 대상이 되는 현금흐름의 유형에 따라 ① 순수익모형, ② 세전현금흐름모형, ③ 세후현금흐름모형으로 구분할 수 있다. 여기서 ②와 ③의 경우 시장가치는 지분가치와 저당가치의 합으로 표시된다는 논리이며, 저당대출이나 세금을 반영하여 수익가액을 산정한다.

첫째, 순수익모형은 매 기간의 순수익과 보유기간 말의 복귀가액을 현재가치로 할인하여 대상물건의 수익가액을 산정한다. 순수익모형의 경우 저당대출이나 세금(영업소득세, 자본이득세)이 부동산의 가치에 미치는 영향을 간과하고 있다는 비판이 있다.

둘째, 세전현금흐름모형은 매 기간의 세전현금흐름과 기간 말의 세전지분복귀액을 현재가치로 할인하여 지분가치를 구하고, 여기에 저당가치를 더하여 대상물건의 수익가액을 산정한다. 매 기간의 세전현금흐름은 매 기간의 순수익에서 부채서비스액을 공제하여 구하고, 기간 말의 세전지분복귀액은 대상물건의 복귀가액에서 미상환저당잔금을 공제하여 구한다. 세전현금흐름모형의 경우 세금이 부동산의 가치에 미치는 영향을 간과하고 있다는 비판이 있다.

셋째, 세후현금흐름모형은 매 기간의 세후현금흐름과 기간 말의 세후지분복귀액을 현재가치로 할인하여 지분가치를 구하고, 여기에 저당가치를 더하여 대상물건의 수익가액을 산정한다. 매 기간의 세후현금흐름은 매 기간의 세전현금흐름에서 영업소득세를 공제하여 구하고, 기간 말의 세후지분복귀액은 세전지분복귀액에서 자본이득세를 공제하여 구한다.

일반적으로 할인현금흐름분석법이라고 하면 세후현금흐름모형을 말한다. 그러나 미국과 달리 우리나라에서는 주로 순수익모형을 적용하고 있다. 이는 저당대출이나 세금에 관한 정보를 구하기 어렵고 특히, 투자자산의 구성내용에 따라 부동산의 가치가 달라지는 문제가 있기 때문으로 풀이된다.

2) 적용과정 및 산식

(1) 개요

할인현금흐름분석법의 적용절차를 요약하면 다음과 같다. ① 보유기간의 결정: 투자자의 일반적인 보유기간을 참작하여 결정한다. ② 현금흐름의 추계: 모형에 따라 매기 순수익, 세전현금흐름, 세후현금흐름, 기간 말의 복귀가액을 추계한다. ③ 할인율 및 최종환원율의 결정: 매기 현금흐름을 현재가치로 환산하기 위한 할인율과 복귀가액의 환산을 위한 최종환원율을 결정한다. ④ 수익가액의 산정: 모형에 따라 부채서비스액(저당지불액), 보유기간 말의 복귀가액 (즉, 재매도가치 - 매도비용), 보유기간 말의 지분복귀액 (즉, 복귀가액 - 미상환저당잔금), 영업소득세·자본이득세 등을 추가로 추계한 후 최종적으로 수익가액을 산정한다.

이 책에서는 순수익모형을 중심으로 산정과정을 설명하고자 한다.

(2) 현금흐름의 추계

먼저, 순수익모형에서 순수익을 구하는 방법은 앞의 직접환원법에서 설명한 내용과 같다. 다만, 매기 순수익을 추계하여야 한다.

둘째, 기간 말의 복귀가액을 추계하여야 한다. 기간 말의 복귀가액은 대상물건의 보유기간 말 재매도가치에서 매도비용을 공제하여 산정하는데, 「감정평가기준」에서는 보유기간 경과 후 초년도(즉, n + 1)의 순수익을 추정하여 최종환원율로 환원한 후 매도비용을 공제하여 산정하도록 규정하고 있다(400-3.4.1.3). 매도비용(예: 중개수수료)은 통상 재매도가치의 일정비율(예: 3.0%)로 산정한다. 한편, 복귀가액은 보유기간이 길수록 위험이 커지므로 최종환원율은 할인율보다 일반적으로 높게 결정한다. 「감정평가기준」에서는 최종환원율을 환원율에 장기위험프리미엄·성장률·소비자물가상승률 등을 고려하여 산출하도록 규정하고 있다(400-3.4.1.4).

- 복귀가액 = 재매도가치 - 매도비용 $= \dfrac{(n+1)\text{의 순수익}}{\text{최종환원율}} -$ 매도비용

(3) 할인율 및 최종환원율의 결정

먼저, 할인율을 결정하여야 한다. 할인율은 미래가치를 현재가치로 환산하기 위하여 적용하는 율로서 수익률(yield rate)에 속하며, 투자자가 어떤 투자를 하기 위한 최소한의 요구수익률이다. 반면, 환원율(capitalization rate)은 순수익을 기준시점의 경제적 가치로 환산하기 위하여 적용하는 적정한 율로서 소득률(income rate)에 속한다.

「감정평가기준」에서는 할인율을 투자자조사법(지분할인율), 투자결합법(종합할인율), 시장에서 발표된 할인율 등을 고려하여 대상물건의 위험이 적절히 반영되도록 결정하되 추정된 현금흐름에 맞는 할인율을 적용하도록 규정하고 있다(400-3.4.1.4).

둘째, 최종환원율을 결정하여야 한다. 최종환원율의 산출에 대해서는 앞의 기간 말의 복귀가액 추계에서 설명하였다.

(4) 수익가액의 산정

순수익모형에서 수익가액은 보유기간 동안 매기 순수익의 현재가치와 보유기간 말 복귀가액의 현재가치를 합산하여 구한다.

- $$P = \sum_{t=1}^{n} \frac{NOI_t}{(1+Y)^t} + \frac{복귀가액}{(1+R)^n}$$

P: 수익가액 NOI_t: t년도의 순수익 Y: 할인율 R: 최종환원율 n: 보유기간

④ 수익분석법

1) 의의

수익분석법은 일반기업경영에 의해 산출된 총수익을 분석하여 대상물건이 일정한 기간에 산출할 것으로 기대되는 순수익을 구한 후 대상물건을 계속하여 임대차하는데 필요한 경비를 가산하여 임대가치를 산정하는 방법이다. 수익분석법에 의해 산정한 임료를 수익임료라 한다.

수익분석법은 부동산에서 발생하는 수익이 그 기업수익의 대부분을 차지하는 경우와

---

[51] 안정근(2007), 부동산평가 강의, 법문사, pp.330~331.

경영주체의 능력 등이 기업수익에 미치는 영향이 적은 경우 등에 유효하며, 순수익을 발생시키는 부동산의 상태가 반드시 최유효이용일 필요는 없다.

한편, 부동산의 순수익은 ① 부동산 임대사업에 기초한 것, ② 임대 이외의 사업 즉 일반기업경영에 기초한 것이 있다. 전자는 바로 감정평가로 구하려는 임료인데 부동산임료를 기초로 한 순수익에서 임료를 구하는 식이 되어 이른바 순환논법에 빠진다. 따라서 수익분석법 적용에 있어 기초가 되는 순수익은 부동산임대 순수익이 아니라 일반기업경영에 기초한 순수익을 구해야 한다. 여기서 수익분석법은 부동산에서 발생하는 수익이 그 기업수익의 대부분을 차지하는 경우 등 대상부동산에 귀속하는 순수익과 필요제경비를 적절하게 구할 수 있는 경우에 유효하다.

수익분석법의 적용이 가능한 경우가 매우 제한되어 감정평가실무에서 수익분석법은 잘 활용되지 않고 있다. 임대사례가 많은 부동산의 경우 주로 임대사례비교법을 적용한다. 따라서 수익분석법은 국·공유의 수익부동산(예: 주차장)을 민간에 임대하기 위해 시장임료 외의 임료를 결정하고자 할 때 등에 적용할 수 있다.

1) 적용과정 및 산식

(1) 순수익 산정

순수익은 먼저, 일반기업경영에 의해 산출된 총수익에서 그 수익을 발생시키는데 드는 총비용(예: 매출원가, 판매비 및 일반관리비)을 차감하여 기업전체의 순수익을 산정한 후, 다음으로 수익배분의 원칙에 따라 노동, 자본, 경영의 생산요소에 귀속하는 순수익을 차감하여 대상부동산에 귀속하는 순수익을 산정한다.

(2) 필요제경비 산정

적산법의 필요제경비와 내용이 같다.

(3) 수익임료의 산정

앞에서 설명한 각 과정에서 산정된 수치를 가산하여 최종적으로 수익임료를 산정한다. 수익분석법의 산식은 다음과 같다.

- 수익임료 = 순수익 + 필요제경비

제4장

부동산가격공시제도

제1절 | 부동산가격공시제도의 이해

1 부동산가격공시제도의 의의

1) 개념 및 필요성

부동산가격공시제도는 한마디로 정부가 매년 부동산의 적정가격을 산정·평가하여 공시하는 제도를 말한다. 제도의 근거법률은 「부동산 가격공시에 관한 법률」(약어로 부동산공시법이라 한다)이며, 적정가격은 '통상적인 시장에서 정상적인 거래가 이루어지는 경우 성립될 가능성이 가장 높다고 인정되는 가격'을 말한다.

「부동산공시법」은 가격공시의 대상을 토지, 주택, 비주거용 부동산으로 구분하고 있는데, 현재(2025. 2) 토지와 주택에 대해서만 공시하고 있다. 부동산가격공시제도에 따라 공시된 가격을 통틀어서 부동산공시가격이라 하는데 부동산공시가격에는 구체적으로 공시지가와 공시주택가격이 있다.

부동산가격을 정부가 공시하는 이유는 ① 각종 조세·부담금 등의 부과기준으로 활용, ② 부동산의 적정가격정보를 제공하여 적정한 가격형성 유도, ③ 토지를 감정평가 하는 기준으로 활용하기 위함 등 다양하다. 현재 부동산공시가격은 조세·부담금 분야, 감정평가·가치산정 분야, 일반행정 분야, 복지 분야 등 다양한 분야에서 각종 목적에 따라 활용되고 있다.

표 6.4.1	부동산공시가격의 활용 현황
분야	활용 목적
조세 · 부담금	재산세 · 취득세 · 종합부동산세 · 양도소득세 · 상속세 · 증여세 · 등록면허세 등의 부과
	개발부담금 · 재건축부담금 · 농지보전부담금 · 개발제한구역보전부담금 부과
감정평가 · 가치산정	보상 · 담보 · 경매 등 각종 목적의 감정평가
	일반거래지표, 국부추계, 선매 및 불허처분 토지 매수가격 산정, 실거래신고가격 검증, 공직자 재산공개시 기준 등
일반행정	국 · 공유재산 사용료 산정, 도로점용료 산정, 농지전용 심사기준, 청약가점제 무주택자 분류, 국민주택채권 매입기준, 허가구역 내 토지거래허가가준, 이행강제금 · 과태료 부과 기준 등
복지	지역 건강보험료 부과기준, 건강보험료 피부양자 자격 인정기준, 기초생활보장 대상자 판단기준, 장애인연금 대상자 판단기준, 공공주택 입주자자격 기준 등

2) 제도의 연혁

우리나라에서 전문가 조사에 의한 지가공시제도의 효시는 1972년 12월 (구)「국토이용 관리법」을 제정하면서 도입된 기준지가제도라 할 수 있다. 당시에는 공공사업과 관련하 여 지가가 상승하는 경우 이를 손실보상에서 제외하기 위해 일정한 지역에 대해 상승하 기 전의 지가를 고시하고 이를 기준으로 손실보상액을 산정토록 했다. 여기서 기준지가 의 조사 · 평가와 기준지가가 고시된 지역에서 매수 또는 수용할 토지 등을 평가할 전문자 격자로 토지평가사제도를 도입했다.[52] 그 후 지가의 급격한 상승과 부동산투기가 성행하 자 1978년 (구)「국토이용관리법」을 개정하여 기준지가고시 대상지역을 전국으로 확대하 고, 공공용지 취득시 보상기준만이 아니라 토지거래허가나 신고가격의 기준이 되며 유휴

---

[52] (구)「국토이용관리법」 제29조(기준지가등) ① 건설부장관은 지가의 부당한 변동을 억제하고 토지 이용계획의 원활한 수행을 도모하기 위하여 지가가 현저히 변동될 우려가 있는 대통령령으로 정하 는 일정한 지역안의 토지의 지가를 조사 · 평가하여 중앙토지수용위원회의 확인을 받아 이를 기준지 가로 고시할 수 있다.

② 전항의 규정에 의하여 대통령령으로 정한 지역안에서는 공공시설용지를 매수하거나 토지를 수용 하는 경우에는 전항의 기준지가를 그 지가 또는 보상액의 기준으로 하되, 기준지가고시일로부터 매 수 또는 보상액의 재결시까지의 당해 토지이용계획 또는 제1항의 대통령령으로 정하는 지역과 관계 없는 인근토지의 지가변동률과 도매물가상 승률을 참작하여야 한다. 이 경우에는 토지수용법 제46 조의 규정을 적용하지 아니한다.

③ 제1항의 기준지가의 조사 · 평가와 기준지가가 고시된 지역안에서 매수 또는 수용할 토지 기타 권 리를 평가하게 하기 위하여 건설부장관의 면허를 받은 토지평가사를 둔다.

지 매수청구토지의 가격심사기준으로도 활용되는 등 부동산투기억제제도의 일환으로 확대·시행하였다.

한편, 종래 건설부(국토교통부)의 기준지가, 내무부(행정안전부)의 과세시가표준액, 국세청의 기준시가 등으로 다원화되어 운영되어 오던 공적지가에 대한 문제점을 해소하기 위해 1989년 (구)「지가공시 및 토지 등의 평가에 관한 법률」을 제정하여 공시지가로 일원화하였다. 이때 토지평가사와 공인감정사로 이원화된 감정평가활동에 관한 자격제도도 감정평가사로 일원화하였다.

또한, 2005년 주택에 대한 토지·건물 통합 과세를 내용으로 하는 부동산 보유세제 개편에 따라 공시지가제도 외에 토지와 건물의 적정가격을 통합평가하여 공시하는 주택가격공시제도를 도입하고 종전 (구)「지가공시 및 토지 등의 평가에 관한 법률」을 (구)「부동산 가격공시 및 감정평가에 관한 법률」로 법명을 변경하였다(2005. 1). 2016년에는 기존의 공시대상인 지가와 주택가격 이외에 비주거용 부동산가격에 대한 공시제도를 도입하고 법명을 다시 「부동산 가격공시에 관한 법률」(약어로 부동산공시법이라 한다)로 변경하였다(2016. 1).

표 6.4.2   **부동산가격공시제도의 연혁**

입법 연혁	주요 내용
1972. 12.	(구)「국토이용관리법」 제정: 기준지가제도·토지평가사제도 도입(시행일: 1973. 03.)
1978. 12.	• 기준지가제도 확대·시행 • 규제지역 지정, 토지 등의 거래계약허가제·신고제 도입, 개발부담금·개발이익금제 도입
1989. 04.	(구)「지가공시 및 토지 등의 평가에 관한 법률」 제정: 공시지가제도·감정평가사제도 도입
2005. 01.	주택가격공시제도 도입: (구)「부동산 가격공시 및 감정평가에 관한 법률」
2016. 01.	비주거용 부동산가격공시제도 도입: 「부동산 가격공시에 관한 법률」

2 부동산가격공시제도의 개요

1) 제도의 구분

부동산가격공시제도는 크게 지가공시제도, 주택가격공시제도, 비주거용 부동산가격공시제도로 구분할 수 있다.

첫째, 지가공시제도는 1989년 (구)「지가공시 및 토지 등의 평가에 관한 법률」이 제정되면서 도입되었다. 당시 개발이익환수제도, 택지소유상한제도, 토지초과이득세제도 등 토지공개념관련 제도를 시행하기 위해 지가정보가 필요하였는데 지가에 대한 공신력을 제고하고 행정·재정적인 효율성을 높이고자 지가공시제도를 도입하였다. 지가공시제도는 전국의 토지에 대한 ㎡당 단가를 공시하는 제도로, 먼저 국토교통부장관이 전국의 모든 필지(약 3,881만여 필지) 중 대표성이 있는 60만필지[53]를 표준지로 선정하고, 그 가격을 조사·평가하여 표준지공시지가를 공시한 후, 나머지 토지는 시장·군수·구청장이 표준지공시지가를 기준으로 토지가격비준표를 활용하여 관할구역의 토지에 대한 개별공시지가를 조사·산정하여 공시하는 체계이다.

둘째, 주택가격공시제도는 2000년 이후 급격한 부동산가격 상승을 계기로 부동산시장 안정화를 위해 보유세 강화 차원에서 주택에 대해 토지·건물 통합과세를 결정하면서 도입되었다. 주택가격공시제도는 단독주택과 공동주택으로 구분하여 절차를 달리하고 있다. ① 단독주택은 우선 국토교통부장관이 단독주택 중 대표성이 인정되는 일정 호수를 표준주택으로 선정[54]하여 적정가격을 조사·산정하여 공시하고, 표준주택 이외의 주택은 시장·군수·구청장이 표준주택가격을 기준으로 주택가격비준표를 활용하여 개별주택가격을 조사·산정하여 공시한다. ② 공동주택은 아파트, 연립주택, 다세대주택에 대해 한국부동산원에서 전수조사하여 국토교통부장관이 가격을 공시한다.

셋째, 비주거용 부동산가격공시제도는 2016년 1월 (구)「부동산가격공시 및 감정평가에 관한 법률」을 부동산 가격공시에 관한 규정과 감정평가에 관한 규정으로 분리하여 「부동산공시법」과 「감정평가 및 감정평가사에 관한 법률」로 각각 제정하면서 도입되었다. 비주거용 부동산가격공시제도는 일반부동산과 집합부동산으로 구분하여 절차를 달리하고 있다. ① 일반부동산의 절차는 다음과 같다. 국토교통부장관이 매년 전체 비주거용 일반부동산 중에서 선정한 비주거용 표준부동산의 적정가격을 조사·산정하여 공시하면 시장·군수·구청장은 관할구역안의 비주거용 개별부동산의 가격(이를 비주거용 개별부동산가격이라 한다)을 결정·공시한다. ② 집합부동산의 경우에는 국토교통부장관이 비주거용 집합부동산에 대하여 매년 공시기준일 현재의 적정가격(이를 비주거용 집합부동산가격이라 한다)을 조사·산정하여 공시한다. 한편, 비주거용 부동산가격공시제도는 현재(2025. 2) 임의규정으로서 실제 공시는 이루어지지 않고 있다.

---

[53] 표준지의 수는 개별공시지가의 적정성 제고를 위해 지속적으로 증설되었으며, 2025년도의 경우 60만필지였다. 그 중에서 42만필지는 복수감정평가를 하고, 18만필지는 단수감정평가를 하였다.

[54] 표준주택의 수 역시 개별주택가격의 적정성 제고를 위해 지속적으로 증설되었으며, 2025년도의 경우 25만호였다.

2) 제도의 비교

부동산가격공시제도를 요약하여 비교하면 다음의 표와 같다.

표 6.4.3 부동산가격공시제도의 비교

구분	공시지가	공시주택가격	비주거용 부동산공시가격
개념	토지에 대한 ㎡당 단가	주택(단독주택, 공동주택)에 대한 토지 + 건물의 총액	비주거용 부동산(상가, 공장 등)에 대한 토지 + 건물의 총액
공시대상	토지	주택	비주거용 부동산
가격	㎡당 단가	토지 + 건물의 총액	토지 + 건물의 총액
도입취지	지가체계의 일원화 (토지공개념제도 지원)	과세의 형평성 제고(주택에 대한 토지·건물 통합과세 지원)	과세의 형평성 제고
도입시기	1989년	2005년	2016년
시행시기	1989년	2005년	미시행
공시 기준일	1월 1일(예외: 7월 1일)	1월 1일(예외: 6월 1일)	미시행
종류	• 표준지공시지가, 개별공시지가	• 단독주택가격 (표준주택가격, 개별주택가격) • 공동주택가격	• 비주거용 일반부동산가격 (표준부동산가격, 개별부동산가격) • 비주거용 집합부동산가격
공시시기	• 표준지공시지가: 2월 하순 • 개별공시지가: 5월 하순	• 표준주택가격: 1월 하순 • 개별주택가격, 공동주택가격: 4월 하순	미시행
공시권자	• 표준지공시지가: 국토부장관 • 개별공시지가: 시·군·구청장	• 표준주택가격, 공동주택가격: 국토부장관 • 개별주택가격: 시·군·구청장	• 표준부동산가격, 집합부동산가격: 국토부장관 • 개별부동산가격: 시·군·구청장
업무 담당자	• 표준지공시지가: 감정평가사 • 개별공시지가: 공무원	• 표준주택가격: 한국부동산원 직원 • 개별주택가격: 공무원 • 공동주택가격: 한국부동산원 직원	미시행

제2절 | 지가공시제도

1 지가공시제도의 의의

1) 표준지공시지가

표준지공시지가는 표준지로 선정된 필지의 매년 1월 1일 현재의 ㎡당 적정가격을 감정평가사가 평가한 후 그 산술평균가격으로 국토교통부장관이 고시한 가격을 말한다. 여기서 표준지란 공시지가를 평가하기 위하여 전국의 개별 필지 중에서 선정된 토지를 말한다. 표준지는 용도지대, 용도지역, 이용상황 등 다양한 토지 유형별로 균형 있게 분포되도록 선정하며, 지가분포가 다양하고 변화가 많은 지역(예: 도심의 상업지역 등)은 상대적으로 많은 표준지를 선정하고 있다.

「표준지의 선정 및 관리지침」에 의하면 표준지를 선정하기 위한 일반적인 기준은 4가지이다. ① 지가의 대표성: 표준지선정단위구역 내에서 지가수준을 대표할 수 있는 토지 중 인근지역 내 가격의 층화를 반영할 수 있는 표준적인 토지, ② 토지특성의 중용성: 표준지선정단위구역 내에서 개별토지의 토지이용상황·면적·지형지세·도로조건·주위환경 및 공적규제 등이 동일 또는 유사한 토지 중 토지특성빈도가 가장 높은 표준적인 토지, ③ 토지용도의 안정성: 표준지선정단위구역 내에서 개별토지의 주변이용상황으로 보아 그 이용상황이 안정적이고 장래 상당기간 동일 용도로 활용될 수 있는 표준적인 토지, ④ 토지구별의 확정성: 표준지선정단위구역 내에서 다른 토지와 구분이 용이하고 위치를 쉽게 확인할 수 있는 표준적인 토지.

한편, 표준지공시지가는 일반적인 토지거래의 지표가 되며, 국가·지방자치단체 등의 기관이 그 업무와 관련하여 지가를 산정하거나 감정평가업자가 개별적으로 지가를 감정평가 하는 경우 그 기준이 된다.

2) 개별공시지가

개별공시지가는 표준지공시지가와 토지가격비준표를 기초로 컴퓨터에 의한 지가자동산정방법에 따라 공무원이 산정하여 시·군·구청장이 고시한 ㎡당 가격을 말한다. 여기서 토지가격비준표는 표준지에 관한 토지특성 조사자료 중 용도지역·토지면적·토지이용상황·도로조건 등 개별공시지가 토지특성 조사항목과 동일한 23개 항목의 특성과 지가와의 상관관계를 전산분석하고, 분석대상 지역별로 대표적인 지가형성요인을 찾아 지가평가모형을 개발한 다음 다중회귀분석방식으로 통계처리하여 작성한다.

개별공시지가의 산정방식을 그림으로 표시하면 다음과 같다. 그림에서 숫자는 개별공시지가의 산정순서를 표시한 것이다.

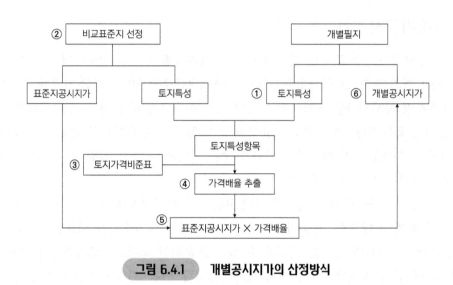

그림 6.4.1 **개별공시지가의 산정방식**

한편, 개별공시지가는 토지관련 조세·부담금·사용료 등의 부과기준으로 활용된다.

3) 표준지공시지가와 개별공시지가의 비교

표준지공시지가와 개별공시지가를 비교하여 요약하면 다음의 표와 같다.

표 6.4.4 **표준지공시지가와 개별공시지가의 비교**

구분	표준지공시지가	개별공시지가
공시권자	국토교통부장관	시·군·구청장
방법	감정평가사가 정상거래가격 등을 근거로 적정 가격을 평가(복수감정평가와 단수감정평가 병행)	공무원이 표준지공시지가와 토지가격비준표를 근거로 자동 산정
업무 담당자	감정평가사	공무원

구분	표준지공시지가	개별공시지가
공시 기준일	1월 1일	1월 1일(예외적으로 7월 1일: 분할·합병· 지목변경 등 토지)
공시일	2월 28일까지	5월 31일까지(예외적으로 10월 31일: 분할·합병·지목변경 등 토지)
공시절차	감정평가사의 평가 → 소유자 등의 의견청취 → 지방부동산평가위원회 심의(시·군·구청장의 의견청취) → 중앙부동산 평가위원회 심의 → 국토교통부장관의 공시	공무원의 산정 → (감정평가사의 검증) → 소유자 등의 의견청취 → 지방부동산평가 위원회 심의 → 시·군·구청장의 공시
권리구제 절차	• 심의 전 의견청취(우편통지) → 당초 담당 감정 평가사가 반영 여부 결정 • 공시 후 이의신청 → 제3의 감정평가사 재감정 → 중앙부동산평가위원회 심의 • 불복시 행정소송	• 공람기간 중 의견청취 → 당초 담당 평가사 검증 → 지방부동산평가위원회 심의 • 공시 후 이의신청 → 제3의 감정평가사 검증 → 지방부동산평가위원회 심의 • 불복시 행정소송
적용범위	• 일반 토지거래의 지표 • 국가 및 지방자치단체 등의 지가산정 시 기준 • 감정평가업자의 토지평가기준	• 각종 조세의 과세표준 • 각종 부담금의 부과기준 • 국·공유재산의 사용료 결정 기준

2 지가공시제도의 내용

1) 관련 용어의 이해

지가공시제도에서는 공시기준일 당시 토지가격형성에 영향을 미치는 요인을 토지특성으로 조사하여 활용한다. 표준지의 경우 담당 감정평가사가 이를 조사하여 토지특성조사표에 전산입력하며, 표준지공시지가를 공시할 때 그 중에서 용도지역, 이용상황, 주위환경, 지리적 위치, 도로교통, 형상지세 등의 특성은 공시하고 있다. 개별공시지가의 경우 개별 필지의 토지특성을 담당 공무원이 조사하여 전산입력하고 있다. 따라서 주요 토지특성에 대해서는 그 용어의 뜻을 이해할 필요가 있다. 여기서는 도로교통(도로접면), 형상, 지세(고저)에 대해 다음의 표로 각각 설명하고자 한다.

표 6.4.5 **지가공시제도상 도로교통(도로접면)의 내용**

구분	내용	기재방법
광대로한면	폭 25m 이상의 도로에 한면이 접하고 있는 토지	광대한면
광대로-광대로 광대로-중로 광대로-소로	광대로에 한면이 접하고 소로(폭 8m 이상 12m 미만)이상의 도로에 한면 이상 접하고 있는 토지	광대소각
광대로-세로(가)	광대로에 한면이 접하면서 자동차 통행이 가능한 세로(가)에 한면 이상 접하고 있는 토지	광대세각
중로한면	폭 12m 이상 25m 미만 도로에 한면이 접하고 있는 토지	중로한면
중로-중로 중로-소로 중로-세로(가)	중로에 한면이 접하면서 중로, 소로, 자동차 통행이 가능한 세로(가)에 한면 이상 접하고 있는 토지	중로각지
소로한면	폭 8m 이상 12m 미만의 도로에 한면이 접하고 있는 토지	소로한면
소로-소로 소로-세로(가)	소로에 한면이 접하면서 소로, 자동차통행이 가능한 세로(가)에 한면 이상 접하고 있는 토지	소로각지
세로한면(가)	자동차 통행이 가능한 폭 8m 미만의 도로에 한면이 접하고 있는 토지	세로(가)
세로(가)-세로(가)	자동차 통행이 가능한 세로에 두면 이상이 접하고 있는 토지	세각(가)
세로한면(불)	자동차 통행이 불가능하나 이륜자동차의 통행이 가능한 세로에 한면이 접하고 있는 토지	세로(불)
세로(불)-세로(불)	자동차 통행이 불가능하나 이륜자동차의 통행이 가능한 세로에 두면 이상 접하고 있는 토지	세각(불)
맹지	이륜자동차의 통행이 불가능한 도로에 접한 토지와 도로에 접하지 아니한 토지	맹지

표 6.4.6 지가공시제도상 형상의 내용

구분	내용	기재방법
정방형	정사각형 모양의 토지로서 양변의 길이 비율이 1:1.1 내외의 토지	장방형
가로장방형	장방형의 토지로 넓은 면이 도로에 접하거나 도로를 향하고 있는 토지	가장형
세로장방형	장방형의 토지로 좁은 면이 도로에 접하거나 도로를 향하고 있는 토지	세장형
사다리형	사다리꼴(변형사다리형 포함) 모양의 토지	사다리
부정형	불규칙한 형상의 토지 또는 삼각형 모양의 토지 중 최소외접직사각형 기준 1/3 이상의 면적손실이 발생한 토지	부정형
자루형	출입구가 자루처럼 좁게 생겼거나 역삼각형의 토지(역사다리형을 포함)로 꼭지점 부분이 도로에 접하거나 도로를 향하고 있는 토지	자루형

표 6.4.7 지가공시제도상 지세(고저)의 내용

구분	내용	기재방법
저지	간선도로 또는 주위의 지형지세보다 현저히 낮은 지대의 토지	저지
평지	간선도로 또는 주위의 지형지세와 높이가 비슷하거나 경사도가 미미한 토지	평지
완경사지	간선도로 또는 주위의 지형지세보다 높고 경사도가 15˚ 이하인 지대의 토지	완경사
급경사지	간선도로 또는 주위의 지형지세보다 높고 경사도가 15˚를 초과하는 지대의 토지	급경사
고지	간선도로 또는 주위의 지형지세보다 현저히 높은 지대의 토지	고지

2) 최고 개별공시지가

우리나라 최고 개별공시지가의 현황을 5년 단위로 정리하면 다음의 표와 같다.

표 6.4.8 최고 개별공시지가의 현황

연도	최고 개별공시지가		공시기준일 이용상황 (상호)
	소재지 및 지번	개별공시지가	
2020년	서울특별시 중구 충무로1가 24-2	199,000,000원	NATURE REPUBLIC
2015년	서울특별시 중구 충무로1가 24-2	80,700,000원	NATURE REPUBLIC

| 연도 | 최고 개별공시지가 | | 공시기준일 이용상황 (상호) |
	소재지 및 지번	개별공시지가	
2010년	서울특별시 중구 충무로1가 24-2	62,300,000원	NATURE REPUBLIC
2005년	서울특별시 중구 충무로1가 24-2	42,000,000원	스타벅스
2000년	서울특별시 중구 명동2가 33-2	33,800,000원	한빛은행 명동지점
1995년	서울특별시 중구 명동2가 33-2	40,000,000원	상업은행 명동지점
1990년	서울특별시 중구 명동2가 33-2	36,300,000원	상업은행 명동지점

자료: 국토교통부(각 연도), 부동산 가격공시에 관한 연차보고서 참고 재작성.

▶ 가장 비싼 땅(개별공시지가 최고 토지): 1989년 공시지가제가 도입된 이후 15년 만에 전국에서 가장 비싼 땅의 위치가 바뀌었다. 2004년 개별공시지가 공시 결과 그 동안 수위를 지켰던 서울시 중구 명동2가 33-2 우리은행 명동지점 땅은 ㎡당 3,800만원으로 5위로 밀려났다. 대신 서울시 중구 충무로1가 24-2 명동빌딩(당시: 스타벅스) 땅이 ㎡당 4,190만원으로 지난해 4위에서 1위로 뛰어 올랐다. 이는 명동역 주변에 밀리오레와 유투존 등이 들어서면서 명동 근처 상권 중심이 명동길(아바타~우리은행~명동성당)에서 명동역 주변 밀리오레~유투존 사이로 이동됐기 때문이다(조선일보, 2004. 6. 1. 참조).

한편, 이 빌딩은 대지면적 169.3㎡, 건물연면적 551.86㎡의 5층 빌딩으로 외환위기 때인 1999. 2. 2. 감정가(51억 7,597만원)의 80%인 41억 8,000만원에 낙찰받았다. 경매진행비, 리모델링 비용 및 증축(3층 → 5층)비용이 추가되었지만 부동산투자의 대표적 성공사례이다. 리모델링 이후 2000년 스타벅스 커피전문점(당시 임대료: 보증금 30억원, 월세 1억원 수준) → 2005년 파스쿠찌 커피전문점(당시 임대료: 보증금 30억원, 월세 1억원, 3년 후 월세 1억 1,500만원으로 인상)을 거쳐 2009년 네이쳐 리퍼블릭 화장품전문점이 임차하였다(한국경제신문, 2008. 6. 2. 및 조선일보, 2009. 7. 11. 참조). 네이쳐 리퍼블릭은 2009. 7. 보증금 35억원, 월세 1억 4,500만으로 3년간 임대차계약을 했으며, 2012. 7. 계약을 갱신하면서는 보증금 50억원, 월세 2억 5,000만원으로 대폭 인상해 주었다. 2012. 계약시에는 임대료가 비싼 만큼 투자 효과가 뛰어나다고 판단하여 국내외 기업들이 치열한 입점 경쟁을 벌였다. 이 매장의 월매출액은 약 13억원 수준이며, 하루 평균 방문객 2,700명(이 중 외국인 고객이 80% 수준), 객단가는 약 5만원으로 전국 매장 평균(1만5천원)의 3배를 넘는다. 네이쳐 리퍼블릭은 이곳을 해외시장 개척을 위한 전초기지로 활용한다는 전략이다(매일경제신문, 2012. 7. 4. 참조).

제3절 | 주택가격 공시제도

1 주택가격 공시제도의 의의

1) 단독주택가격의 공시

단독주택가격의 공시는 단독주택 중에서 선정한 표준주택에 대해 먼저 국토교통부장관이 조사·산정하여 공시하면 이를 기준으로 시장·군수·구청장이 개별주택의 가격을 조사·산정하여 공시하는 2원적 체계로 시행하고 있다. 따라서 단독주택가격 공시에 있어 2원적 체계는 지가의 공시에서와 같다.

먼저, 국토교통부장관은 매년 용도지역·건물구조 등이 일반적으로 유사하다고 인정되는 일단의 단독주택 중에서 선정한 표준주택의 적정가격(이를 표준주택가격이라 한다)을 조사·산정하고 이를 공시하여야 한다. 다음으로 시장·군수·구청장은 매년 개별주택에 대해 비교표준주택을 선정한 후 주택가격비준표에 의거 주택특성차이에 따른 가격배율을 산출하고 이를 표준주택가격에 곱하여 개별주택가격을 결정·공시하여야 한다. 현행 주택가격비준표는 한국부동산원이 조사·산정하여 국토교통부장관이 공시한 표준주택을 표본으로 개발한 것으로서, 표준주택의 가격과 주택특성을 다중회귀분석하여 추출된 주택특성별 가격배율을 행렬표(matrix)형태로 재구성한 것이다.

한편, 단독주택가격의 공시절차는 『한국부동산원의 표준주택 가격조사 → 소유자 의견청취 → 지방부동산평가위원회 심의 → 중앙부동산평가위원회 심의 → 국토교통부장관의 표준주택가격 공시 → 시·군·구 공무원의 개별주택가격 산정 → 한국부동산원의 검증 → 소유자 의견청취 → 지방부동산평가위원회 심의 → 시장·군수·구청장의 개별주택가격 공시』의 순이다.

2) 공동주택가격의 공시

국토교통부장관은 공동주택에 대해여 매년 공시기준일 현재의 적정가격(이를 공동주택가격이라 한다)을 조사·산정하여 공시하여야 하다. 이 경우 인근 유사 공동주택의 거래가격·임대료 및 당해 공동주택과 유사한 이용가치를 지닌다고 인정되는 공동주택의 건설에 필요한 비용추정액 등을 종합적으로 참작하여야 한다.

공동주택가격 공시제도는「주택법」제2조제3호에 따른 공동주택 중 아파트, 연립주택, 다세대주택을 그 공시대상으로 하고 있으며, 그 조사·산정은 한국부동산원에서 수행하고 있다.

한편, 공동주택가격의 공시절차는 『한국부동산원의 가격조사 → 소유자 의견청취 → 중앙부동산평가위원회 심의 → 국토교통부장관의 공시』의 순이다.

2 주택가격 공시제도의 내용

1) 공시대상의 현황

2024년 1월 1일 기준으로 가격을 공시한 개별주택의 수는 3,834,291호였다. 한편, 공시대상 공동주택의 수는 461,448동 15,233,703호였는데 이를 세부적으로 나타내면 다음의 표와 같다.

표 6.4.8 **공시대상 공동주택의 현황(기준일: 2024. 01. 01.)**

합 계		아파트		연립주택		다세대주택	
동수(동)	호수(호)	동수	호수	동수	호수	동수	호수
461,448	15,233,703	163,422	12,401,431	35,596	541,052	262,430	2,291,220
비율(%)		35.4	81.4	7.7	3.6	56.9	15.0

자료: 국토교통부(2024), 부동산 가격공시에 관한 연차보고서.

2) 최고 공시주택가격

우리나라 최고 공시주택가격의 현황을 5년 단위로 정리하면 다음의 표와 같다. 과거 20년 동안 최고 공시주택가격을 나타낸 주택의 소재지는 변동이 없었다.

표 6.4.9　최고 공시주택가격의 현황

구분	단독주택			공동주택			
	가격 (백만원)	대지면적 (㎡)	소재지	가격 (백만원)	전용면적 (㎡)	소재지 (단지명)	유형
2020	34,200	2,142.6	서울 용산구 이태원동	6,992	273.6 (230평형)	서울 서초구 서초동 (트라움하우스 5차)	연립 주택
2015	15,600	2,142.6	서울 용산구 이태원동	6,112	273.6 (230평형)	서울 서초구 서초동 (트라움하우스 5차)	연립 주택
2010	9,520	2,142.6	서울 용산구 이태원동	5,088	273.6 (230평형)	서울 서초구 서초동 (트라움하우스 5차)	연립 주택
2005	7,440	2,142.6	서울 용산구 이태원동	3,280	273.6 (230평형)	서울 서초구 서초동 (트라움하우스 5차)	연립 주택

자료: 국토교통부(각 연도), 부동산 가격공시에 관한 연차보고서 및 보도자료 참고 재작성.

참고문헌

1. 국내문헌

감정평가연구회(방경식 역)(1998), 요설부동산감정평가기준, 부동산연구사.

강원철 외(2004), 부동산학개론, 부동산114.

강정규 외(2007), 부동산조세, 부연사.

강태성(2018), 민법총칙, 대명출판사.

강해규 외(2003), 부동산감정평가실무, 형설출판사.

경응수(2017), 감정평가론(전정5판), 나무미디어.

_____(2023), 감정평가론(제7판), 나무미디어.

계기석·천현숙(2000), 커뮤니티 중심의 주거환경정비 연구, 국토연구원.

국세청(2014), 세금절약가이드(II).

국토교통부(각 연도), 부동산 가격공시에 관한 연차보고서.

_____(2015), 입지규제최소구역 계획·입안 등에 관한 매뉴얼.

국토교통부·한국부동산원(2024), 2025 표준지공시지가 조사·평가 업무요령.

국토연구원(2021), 토지에 관한 국민의식조사(2020년).

권형신 외(2001), 한국의 지방재정, 도서출판 해남.

김경환·손재영(2020), 부동산경제학(제3판), 건국대학교출판부.

김대식 외(2003), 현대 경제학원론(제4전정판), 박영사.

김병두(2000), 부동산조세법, 부연사.

김병우·이동훈(2014), 부동산금융론, 두남.

김상용·정우형(2004), 토지법, 법원사.

김승희 외(2017), 부동산학개론, 이루.

_____(2019), 부동산학개론(개정증보판), 이루.

김영현(2001), 부동산등기법, 수림.

김용창(2001), "부동산시장 및 타당성분석체계에 관한 연구", 감정평가논집 제11집, 한국감정
    평가협회.

김재태·김기홍(2017), 부동산개발론 - 이론과 실무-, 부연사.

김재태 외(2007), 부동산금융, 부연사.

_____ (2017), 부동산마케팅론, 부연사.

김정호·김근용(1998), 주택정책의 회고와 전망, 국토연구원.

김준형·Lewis(2011), "주택시장의 손실회피 행태와 기준점 설정에 관한 연구", 국토연구 제
　　69권.

김준호(2014), 민법강의, 법문사.

김지현(2010), 부동산경제학의 이해(제3판), 부연사.

김 진(2017), "주택 후분양제 전환을 위한 개발금융의 개선방안", 주택도시연구 7(3), SH도시
　　연구원.

김형국(1997), 한국공간구조론, 서울대학교출판부.

나상수 외(2003), 감정평가실무강의 Ⅰ, 리북스.

남영우(2007), 도시공간구조론, 법문사.

노상범·고동원(2010), 부동산금융법, 박영사.

노용호 외(2003), 감정평가론, 부연사.

노태욱(2002), 부동산개발론, 부연사.

대한국토·도시계획학회(2000), 국토·지역계획론, 보성각.

＿＿＿＿＿＿＿＿＿＿＿＿＿＿(2008), 도시계획론, 보성각.

＿＿＿＿＿＿＿＿＿＿＿＿＿＿(2014), 도시개발이익의 합리적 공유방안 마련연구.

＿＿＿＿＿＿＿＿＿＿＿＿＿＿(2019), 토지이용계획론(4정판), 보성각.

류해웅(2006), 토지공법론, 삼영사.

박광욱(2010), "한국정부의 주택정책과 이념성향에 관한 연구", 인천대학교 대학원 박사학위
　　논문.

박균성(2011), 행정법 강의, 박영사.

박원석(2013), 부동산투자론, 양현사.

＿＿＿＿(2014), 부동산입지론, 양현사.

방경식·장희순(2002), 부동산학개론, 부연사.

법원행정처(2003), 민사집행(Ⅱ): 부동산집행.

산림청(2022), 입목등록 및 입목등기 안내.

서경규(2007), "비교방식에 의한 주거지대의 지가평가요인과 지가평가방법에 관한 연구", 영
　　남대학교 대학원 박사학위논문.

＿＿＿＿(2011), "부동산감정평가의 인근지역 분석", 감정평가학논집 10(2), 한국감정평가학회.

＿＿＿＿(2019), "부동산감정평가에 있어 부합물과 종물의 판정기준", 대한부동산학회지 37(1).

＿＿＿＿(2022), 감정평가론, 교육과학사.

서울특별시(2017), 집합건물 관리업무 매뉴얼.

서진형(2005), 부동산중개론, 부연사.

손수용 외 공역(2007), 미국 부동산의 이해, 부연사.

손재영·김경환 편(2023), 한국의 부동산금융: 성과와 과제, 주택도시보증공사.

송순근(2012), 실전 부동산경매개론, 도서출판 좋은땅.

송완영(2021), "블록체인 활용 부동산자산 유동화 개요 및 시사점", 주택금융리서치 제23호, 한국주택금융공사.

신정엽·김감영(2014), "도시공간구조에서 젠트리피케이션의 비판적 재고찰과 향후 연구방향 모색", 한국지리학회지 3(1), 한국지리학회.

안정근(2007), 부동산평가 강의, 법문사.

_____(2009), 부동산평가이론(제5판), 양현사.

_____(2019), 현대부동산학(제6판), 양현사.

양승철·이재우(2001), 투자용 부동산의 분석과 평가, 한국감정평가연구원.

유선종(2020), 부동산학원론, 박영사.

유해웅(2000), 토지법제론, 부연사.

유해웅·김승종(2002), 토지의 공익과 사익의 조정에 관한 연구(Ⅱ), 국토연구원.

윤 경(2000), 부동산 경매(입찰)의 실무(하), 법률정보센타.

윤영식(2016), 부동산개발론 −이론과 실무−, 교육과학사.

尹昌九(1992), "韓國 都市地域 地價變動에 관한 實證的 硏究", 仁川大學校 大學院 博士學位論文.

이계연 외(2002), 부동산 권리보험과 권리분석, 부연사.

이계형(2011), 알기쉬운 담보감정평가실무, 한국금융연수원.

이래영(2000), 부동산학개론, 법문사.

이선영(2006), 토지가치권론, 법원사.

_____(2018), 신감정평가법, 리북스.

이성근 외(2013), 최신 지역개발론, 집현재.

_____(2014), 최신 부동산학, 부연사.

이우진(2005), 부동산세제의 이론과 실무해설, 삼일인포마인.

이정전(1999), 토지경제학, 박영사.

_____(2015), 토지경제학(전면재정판), 박영사.

이준구·이창용(2020), 경제학원론, 문우사.

이지영(2017), "벌집순환모형에 의한 주택가격과 거래량과의 관계", 한성대학교 대학원 박사학위논문.

이태교·김형선(2006), 부동산중개론, 부연사.

이태교·안정근(1999), 부동산마케팅, 법문사.

이창석(2004), 부동산학개론, 형설출판사.

이창석 외(2002), 부동산감정평가론, 형설출판사.

장희순·방경식 공역(2007), 해설 부동산감정평가기준, 부연사.

전세정(2008), 민사집행법, 박영사.

전용수·이창석(2004), 부동산자산관리론, 형설출판사.

정수연(2012), "부동산공시제도의 가치와 가격개념 재정립에 관한 연구", 주거환경 10(1), 한
　　국주거환경학회.

정정길(2000), 정책학원론, 대명출판사.

정희남 외(2003), 토지에 대한 개발이익환수제도의 개편방안, 국토연구원.

조주현(2002), 부동산학원론, 건국대학교출판부.

조주현 역(2009), 부동산시장분석론(Urban Economics and Real Estate Markets), 부연사.

한국감정원 역(2008), 국제평가기준 2007.

한국감정원 외(1998), 부동산컨설팅이론.

한국감정평가협회(2006), 부동산용어대사전, 한국감정평가협회.

＿＿＿＿＿＿＿＿＿＿＿(2011), 2012년 표준지 공시지가 조사·평가 참고자료집.

한국감정평가협회·한국감정원(2014a), 감정평가 실무기준 해설서(Ⅰ).

＿＿＿＿＿＿＿＿＿＿＿＿＿＿＿ (2014b), 감정평가 실무기준 해설서(Ⅱ).

한국도시지리학회(2020), 도시지리학개론, 법문사.

한국지역개발학회 편(1998), 지역개발학원론, 법문사.

홍정선(2008), 행정법특강(제7판), 박영사.

2. 외국문헌

日本不動産鑑定協会(1997), 不動産鑑定実務論, 住宅新報社.

脇田武光(1978), 大都市の地価形成, 大明堂.

脇田武光 저 / 공대식 외 역(1987), 都市土地經濟論, 경영문화원.

Appraisal Institute(2001), The Appraisal of Real Estate(12th ed.).

_____(2020), The Appraisal of Real Estate(15th ed.).

Appraisal Institute(코리넷 역)(2013), The Appraisal of Real Estate(13th ed.), 부연사.

DiPasquale, Denise and William C. Wheaton(1996), Urban Economics and Real Estate Markets, Prentice-Hall.

Friedman, Jack P. et al.(2004), Dictionary of Real Estate Terms, Barron's Educational Series, Inc.

Genesove, David and Mayer, Christopher J.(2001). "Loss Aversion and Seller Behavior: Evidence from the Housing Market", The Quarterly Journal of Economics, 116(4), pp.1233~1260.

International Valuation Standards Council(2017), International Valuation Standards 2017.

Mike E. Miles. et al.(2000), Real Estate Development, Urban Land Institute.

3. 누리집

구글(대한민국), https://www.google.co.kr/

구글(미국), https://www.google.com/

국가법령정보센터, https://www.law.go.kr/

국가통계포털, https://kosis.kr/index/index.do

국립국어원 표준국어대사전, https://stdict.korean.go.kr/main/main.do

네이버, https://www.naver.com/

부동산통계정보시스템 R-ONE, https://www.reb.or.kr/r-one/main.do

한국감정평가사협회, https://www.kapanet.or.kr/

색인

A

AIDA원리　586

B

BIS 자기자본비율　409

C

CD　469
CP　469

D

DSR　391
DTI　391

L

LTV　390

N

NIMBY　162

P

PF-ABCP　402
PF-ABS　402
PIMFY　162
PIR　234

R

REITs　425
RIR　234

S

STP전략　582
SWOT분석　581

기타

3C분석　581
4P Mix전략　583

ㄱ

가격수용자　　327

가격탄력성　　303

가구　　14

가등기　　105

가등기담보대출　　383

가로주택정비사업　　540

가수요　　299

가스공급시설 분담금　　521

가압류　　103

가처분　　104

가치형성요인　　652

각하　　121

간접관리　　570

간접세　　241

간접투자　　454

간접투자기구　　414

간주　　257

간주취득세　　253

감가상각비　　462

감가수정　　692

감정평가　　618

강제경매　　117, 119

강제경매개시결정　　125

강제관리　　117

강제집행　　117

개발권양도제　　84

개발부담금　　177, 198, 520

개발손실　　201

개발신탁　　592

개발제한구역 보전부담금　　524

개발행위허가제　　195

개별감정평가　　624

개별공시지가　　717

개별분석　　666

개축　　21

갱신임대차　　332

갱지　　18

거대도시　　369

거래과세　　249

거래사례비교법　　680

거미집이론　　334

건물　　27

건부지　　16

건설기계　　34

건축　　20

건축규제　　58

건축면적　　531

건축물　　27, 599

건축물대장　　60

건축물대장의 전환　　21

건축물대장의 합병　　21

건축물 안전영향평가　　519

건축허가　　535

건폐율　　530

결합건축제　　84

경계점좌표등록부　　55

경기변동　　316

경매　　118

경매개시결정　　106

경제성분석　　514

경제적 가치　　625

계속기업가치　　632

계속임대차　　332

계약면적　　92

계획제한　　95

고가주택　292

고급주택　252

고수부지　15

고정금리방식　385

고층 건축물　39

고트만(J. Gottmann)　369

공공기관　555

공공기여제도　199

공공분양주택　208

공공시설　201

공공임대주택　208, 223

공공재　160

공공주택　207

공급면적　91

공급분석　514

공급의 탄력성　311

공기업　555

공동소유　89

공동주택　62, 205

공동주택가격　724

공동주택관리제도　572

공매(公賣)　118

공매(空賣)　330

공무수탁사인　76

공물제한　95

공법상 계약　76

공분산　474

공사감리　536

공시지가기준법　683

공업입지　357

공용부분　91

공용사용　95

공용수용　95

공용제한　95

공용징수　95

공용환권　96

공용환지　96

공유　89

공유자의 우선매수권　133

공유지　36

공익가치　633

공익신탁　258, 589

공장재단　32

공정가치　631

공정시장가액비율　288

공중권　92

공지　17

과밀부담금　522

과밀억제권역　78

과세가치　632

관계 마케팅전략　587

관광·휴양시설 투자이민제도　495

관리신탁　592

관리처분　96

관리처분계획인가　544, 551

관습법　71

관찰감가법　695

광업권　29

광업재단　32

광역교통시설 부담금　522

교외화　368

교육환경평가　518

교차탄력성　306

교통영향평가　518

교통유발부담금　522

교환　88

구분감정평가　624
구분건물　90
구분소유　90
구분소유적 공유　90
구분지상권　85
국가유산 영향진단　519
국민신탁　590
국민임대주택　224
국민주택　206
국민주택규모　231
국민주택채권　229
국세　240
국유지　36
국토계획　180
국토종합계획　180
군유지　37
권리　80
권리능력　73
권리정보　48
권리질권　99
권원보험　109
권장재　161
규모의 경제　160
균형가격　312
근저당권　87
금융　377
금융감독원　390
금융위원회　390
금융투자소득세　278
기각　122
기대수익률　467, 470
기대이율　696
기반시설　201

기반시설설치비용　521
기본택지비　227
기본형건축비　228
기부채납　199
기속행위　76
기업구조조정REITs　430
기업어음　403
기준금리　657
기준시점　637
기초가액　696
기타공공기관　555
기한　130
기한의 이익　384

ㄴ

나대지　16
나지　18
낙찰기일　122
내구재　650
내부수익률　481
내용연수법　693
노선가식평가법　676
노스(D. S. Knos)　366
농경지　16
농어촌정비사업　543
농어촌특별세　266
농지　16
농지보전부담금　525
농지소유상한제　186
농지연금대출　395
농지취득자격증명제　186
누진세　242
니담(B. Needham)　321

ㄷ

다가구주택　63
다계층저당채권　407
다세대주택　63
다소(J. Dasso)　10
다중생활시설　64
다중주택　63
다차원이론　376
다핵심이론　375
단독주택　62, 205
단독주택가격　723
단지　14
담보가등기　105
담보가치　632
담보물권　86
담보신탁　593
담보신탁대출　383
담보인정비율　390
당연배당채권자　126
대손상각비　697
대손준비금　697
대손충당금　697
대수선　21
대위변제　132
대지　17
대지면적　531
대지사용권　91
대체산림자원조성비　525
대체수요　322
대체원가　691
대체초지조성비　525
대체충당금　463
대출자(貸出者)　382

대항력　111, 113
델파이기법　511
도덕적 해이　160
도시개발구역　554
도시·군계획　182
도시·군계획시설　58, 201
도시·군계획시설사업　59
도시·군관리계획　58, 184
도시·군관리계획의 변경　20
도시·군기본계획　183
도시 스프롤 현상　369
도시재생　370
도시재생사업　542
도시재생현상　371
도시지역　79
도시형 생활주택　208
도시화　368
도시화율　368
도시회랑　369
도유지　36
도종합계획　181
도회권　369
독립세　241
독립정착물　26
동산　30
동심원이론　372
동일수급권　513, 649
듀이　586
등기부　98
등기사항증명서　100
등기필정보　100
등록면허세　253, 296
디지털 자산유동화증권　411

디파스퀠리(D. DiPasquale)   340

ㄹ

래티클리프(R. U. Ratcliff)   365
레버리지효과   455
레일리(W. J. Reilly)   351
리모델링   21, 563
리치(U. Ricci)   334
리카도(D. Ricardo)   361
링(A. A. Ring)   10

ㅁ

마르크스(K. Marx)   362
마샬(A. Marshall)   362, 363
마케팅   580
말소기준등기   141
매매   87
매매시장   331
매수방식   506
머디(R. A. Murdie)   376
메자닌금융   381
명도소송   132
명령   70
명의신탁   590
명인방법   28
목적세   241
무상귀속   199
무차별곡선   476
물건   29
물건정보   47
물권   80
물세   242
미상환저당잔금   465

민간임대주택   223, 492
민간투자사업   445
민감도분석   471
민관공동개발   502
민사집행   117
민영주택   206
민유지   37

ㅂ

바닥면적   531
바닷가   15
반독립정착물   28
발코니   532
배당   130
배후지   350
버제스(E. W. Burgess)   364, 372
벌집순환모형   321
법   68
법규명령   70
법률   69
법인   74
법정감정평가   670
법정과실   127
법정매각조건   122
법정상속분   255
법정지상권   135
법지   15
베란다   532
베버(A. Weber)   358
벨(W. Bell)   376
변동계수   471
변동금리방식   385
변동률   682

별도합산과세대상 286
보금자리론 387
보류지 18, 555
보완재 306
보유과세 249
보전제한 96
보통세 241
복제원가 691
본원적 수요 299
부가가치세 284
부가세 241
부과징수방식 242
부담금 239
부동산 25
부동산가격공시제도 712
부동산가격의 원리 660
부동산감정평가의 원리 660
부동산개발 497
부동산개발업 498
부동산경기변동 316
부동산공급 307
부동산공시가격 712
부동산관리 566
부동산권리분석 134
부동산금융 377
부동산담보대출 383
부동산등기 98
부동산마케팅 580
부동산문제 152
부동산물권 46
부동산분양제도 526
부동산소유권 88
부동산수요 298

부동산시장 325
부동산 신디케이트 381
부동산신탁 589
부동산업 9
부동산유동화 397
부동산의 종별 36
부동산잔여법 704
부동산정책 163
부동산조세 239
부동산중개 597
부동산중개업 600
부동산집합투자기구 420
부동산투기억제세 269
부동산투자 451
부동산 투자이민제도 495
부동산투자회사 425
부동산펀드 420, 421
부동산현상 5
부동산활동 5
부분감정평가 624
부외금융 439
부지 16
부지분석 514
부채감당률 486
부채금융 381
부채비율 485
부채서비스액 463, 464
부합물 143
분리과세대상 286
분산 470
분양 526
분양가상한제 225
분양관리신탁 594

분양승인　219
분양신청　550
분양처분　552
분할　20, 56
불문법　69
불완전경쟁　159
브레인스토밍　511
블록　14
블록체인　411
비례세　242
비례율　551
비소구금융　439
비율임대차　333
비주거용 부동산가격공시제도　715
비체계적 위험　457
빈지　15
빈집정비사업　542

ㅅ

사업계획승인　219
사업소득세　280
사업시행계획인가　544
사업제한　95
사용가치(use value)　633
사용대차　88
사용승인　537
사용제한　95
사유재　161
사유지　36
사전결정　534
사전승인　534
사회규범　68
사회기반시설펀드　446

산림　16
산지　16
상관계수　474
상권　351
상린관계　97
상속세　255
상속포기　258
상수도원인자부담금　523
상업용저당증권　410
상업입지　350
상품　25
상환기금법　694, 702
상환우선주　382
샌드위치 패널　39
생산요소　24
생태계보전부담금　524
생활숙박시설　65
선매제도　188
선매품　351
선박　32
선박투자회사　435
선분양제도　528
선하지　15
선형이론　374
설비관리　568
성년자　74
성문법　69
성장관리권역　78
세전지분복귀액　466
세전지분수익률　484
세전현금흐름　463
세전현금흐름승수　483
세후지분복귀액　466

세후지분수익률　484
세후현금흐름　464
세후현금흐름승수　483
소규모재개발사업　540
소규모재건축사업　540
소규모주택정비사업　540
소급감정평가　623
소득　453
소득수익　452
소득수익률　468
소득탄력성　306
소득효과　300
소비세　242
소유권　83
소지　18
소형선박　33
손실회피가설　346
수도권　78
수요곡선　300
수요분석　514
수요의 법칙　300
수용방식　505
수의계약　510
수익(受益)　453
수익(收益)　453
수익분석법　710
수익성지수　482
수익자　591
수익자부담금　198
수익적 지출　271
수익환원법　699
수치지적부　55
수탁자　591

순가중개계약　609
순매도액　465
순수익　463, 705
순수익률　484
순수익승수　483
순수지대　362
순임대차　333
순현가　481
쉐브키(E. Shevky)　376
슈바베지수　234
슐츠(H. Schultz)　334
스트레스 DSR 제도　392
슬래브　39
승계취득　250
시가(市價)　259
시가(時價)　259
시공사　508
시·군종합계획　182
시산가액　677
시장가치　628
시장균형　312
시장분석　513, 643
시장성분석　514
시장실패　159
시장의 국지성　328
시장정보　48
시장정비사업　542
시장지역　41, 513, 649
시행사　508
신개발　504
신고　78
신고납부방식　242
신규수요　322

신규임대차   332
신용공여   399
신용보강   399
신주인수권부 사채   381
신축   21
신탁개발   503
실현수익률   468

ㅎ

아스팔트 싱글   39
아파트   63
안목치수   233
안전진단   545
안정기   318
알론소(W. Alonso)   365
압류   103
야경국가   165
얀센(J. Janssen)   321
양도담보대출   383
양도소득세   267
어림셈법   482
어음   403
업종코드   278
에스크로   106
에제키엘(M. Ezekiel)   334
역도시화   370
역모지기론   392
역선택   160
역세권   541
연금법   703
연립주택   63
영구임대주택   224
예고등기   102

오피스텔   65
완전경쟁시장   327
외부효과   41
요구수익률   467
용도변경   21
용도지대   36, 644
용도지역   191
용도폐지   22
용익물권   85
용적률   531
용적률거래제   84
용지   17
우선공급   220
우선변제권   112, 114
운영경비   462, 705
운영경비비율   486
운용관리   569
울만(E. L. Ullman)   375
원가법   690
원가연동제   226
원리금상환액   464
원시취득   250
원지   18
원형지   18
위탁관리   570
위탁관리REITs   430
위탁자   591
위튼(W. C. Wheaton)   340
위헌결정   178
위험관리   459
윙고(L. Wingo)   366
유가증권   86, 403
유동화중개기관   405

유량 299

유사지역 649

유지관리 568

유치권 86

유통세 242

유한회사 423

유효수요 299

유효총수익 705

의제부동산 31

이자감당률 486

이전 21

이전고시 552

이축권 84

이행강제금 186

이행지 19

익명조합 423

인가 77

인근지역 648

인도명령 132

인세 242

인지세 266

일괄감정평가 624

일단지 14

일물일권주의 30

일반건축물대장 60

일반경쟁입찰 509

일반공급 220

임대사례비교법 687

임대시장 331

임대차 88, 110

임시사용승인 537

임의경매 119

임차권등기명령 113, 114

입목 31

입주자저축 447

입지선정 347

입지조건 349

입찰기일 122

입체공간 24

입체환지 96, 556

ㅈ

자금출처조사 265

자기관리 570

자기관리REITs 429

자기자본투자 455

자동차 34

자본수익률 468

자본이득 278, 452, 465

자본적 지출 271

자산관리 569

자산유동화증권 398

자연보전권역 78

자연인 74

자율주택정비사업 540

자체개발 502

자치법규 70

잔여환원법 704

잔존가치 633

잠재수요 299

장기보유특별공제 273

장기수선충당금 463

장기전세주택 224

장부가치 633

재개발 505

재개발사업 538

재건축부담금　520
재건축부담금제　235
재건축사업　538
재건축진단　545
재도시화　370
재량행위　76
재산세　285
재임대차　332
재정비촉진사업　542
재조달원가　691
재축　21
재해영향평가　518
재화　25
저당권　87
저당담보채권　407
저당대출　383
저당수익률　484
저당이체증권　406
저당지불액　464
저량　299
저층 건축물　39
적격대출　408
적격심사제　510
적산법　695
전문품　351
전세권　85
전속중개계약　609
전유부분　91
전환사채　381
점유권　83
정률법　694
정률세　242
정보의 비대칭　160

정부의 실패　165
정비기반시설　201
정비사업　537
정상가격　639
정액법　693
정액세　242
제3섹터방식　502
제내지　15
제외지　15
제한경쟁입찰　509
제한특약　97
젠트리피케이션　370
조건부가치평가법　676
조건부감정평가　623
조광권　29
조기상환　384
조리　72
조세　238
조세부담률　243
조인트 벤처　381
조정대상지역　213
조합　423
조합설립인가　544
종가세　241
종량세　241
종물　143
종속정착물　28
종합부동산세　290
종합합산과세대상　286
주거권　211
주거급여　234
주거입지　356
주거정책　211

주거환경개선사업　537

주민세　295

주식회사　423

주택　276

주택거래신고제　218

주택건설사업　559

주택관리업　574

주택담보노후연금　394

주택도시기금　237

주택상환사채　381

주택연금대출　394

주택임대관리업　577

주택임대관리업자　578

주택저당증권　403

주택정책　210

주택조합　561

주택채권입찰제　229

주택청약종합저축　447

준공인가　544

준부동산　31

준정부기관　555

준주택　205

준지대　362

중개계약　609

중개법인　605

중심선치수　232

중심지　350

증권　403

증여　87

증여세　261

증축　21

지가변동률　19

지명경쟁입찰　509

지목　55

지목변경　19

지방　642

지방공기업　555

지방공사　555

지방교육세　267

지방세　240

지방소득세　282

지분금융　381

지불이체채권　407

지상권　85

지수　682

지역계획　182

지역권　85

지역분석　666

지역분석의 순서　668

지역사회　642

지역자원시설세　295

지역주택조합　561

지역지구제　57, 190

지적공부　15

지정개발자　547

지정지역　217

지주공동개발　502

지중권　92

지하수　29

직선법　702

직장주택조합　561

직접관리　570

직접세　241

직접투자　454

직접환원법　701

집단환지　556

집합건물   90
집합건축물대장   60
집합투자기구   419
집행권원   104

ㅊ

차순위매수신고제도   133
착공신고   536
채굴권   29
채권   403, 620
채권(債券)   81
채권(債權)   80
채권담보권   99
채권적 전세   85
채무불이행률   486
처분신탁   592
천연과실   127
철거신고   535
청산가치   632
청산금   552
청약가점제   221
체계적 위험   457
체비지   18
초고층 건축물   39
초과배당   433
초광역권계획   181
초지   17
총부채상환비율   391
총부채원리금상환비율   391
총수익승수   483
총유   89
총임대차   333
총자산회전율   487

최고가매수신고인   128
최고낙찰제   510
최우선변제권   112, 114
최유효이용   661
최저낙찰제   510
최저주거기준   233
추정   257
축척   52
취득세   249
취소   121
취하   121

ㅋ

카너먼(D. Kahneman)   345
칼도어(N. Kaldor)   334
커버드본드   408
컨버스(P. D. Converse)   354
콜방어   406
크루이트(B. Kruijt)   321
크리스탈러(Christaller)   350
클럽재   161

ㅌ

타당성분석   513
타성기간   316
타인자본투자   455
탄력성   303
탈도시화   370
탐사권   29
택지   16
택지초과소유부담금   177
테라스   532
토지거래허가제   186

토지공개념　174
토지대장　54
토지부담률　556
토지비축제도　203
토지신탁　592
토지이용계획　57, 189
토지이용계획확인서　57
토지임대부 분양주택　210
토지정책　178
토지초과이득세　176
통상소득　278
투기지역　217
투자가치　632
투자수익률　468
투자신탁　589
튀넨(J. H. von Thünen)　361
트버스키(A. Tversky)　345
특별공급　220
특별매각조건　122
특수목적법인　502
특정승계　250
특허　77
틴버겐(J. Tinbergen)　334

ㅍ

파생수요　299
파크(R. E. Park)　364
판례법　71
패널　39
펀드　420
편의품　351
편차　470
평균-분산 지배원리　470

포괄승계　250
포락지　15
포트폴리오이론　472
표본지　19
표준지　19
표준지공시지가　717
표준편차　470
프로젝트 사업주　440
프로젝트투자금융회사　435, 441
프로젝트 파이낸싱　439
프로젝트회사　440
필지　13

ㅎ

하수도원인자부담금　524
학교용지부담금　523
한계심도　93
한국표준산업분류　11
한정가치　633
한정승인　258
할당 효율적 시장　338
할인율　699, 709
할인현금흐름분석법　480, 707
합병　20, 56
합유　89
합자조합　423
합자회사　423
항공기　33
해리스(C. D. Harris)　375
행동경제학　346
행복주택　224
행정계획　75
행정규칙　70

행정상 사실행위   76

행정입법   75

행정지도   76

행정행위   75

허가   77

허드(R. M. Hurd)   363

허프(D. L. Huff)   354

헌법불합치결정   178

헤벨(C. F. J. Whebell)   369

헤이그(R. M. Haig)   364

현가회수기간법   480

현황감정평가   623

형질변경   19

호이트(H. Hoyt)   374

혼합관리   571

확정일자   112

환매등기   105

환원율   699, 706

환지   96

환지방식   506

환지처분   552

회사채   381

획지   13

효용   625

효율적 시장   337

효율적 전선   476

효율적 투자선   475

후보지   19

후분양제도   529

후순위채권   381

흡수율분석   514

저자 소개

서경규

[학력 및 경력]

- 경북대학교 사법학과 졸업(법학사)
- 영남대학교 환경대학원 졸업(도시계획학석사, 도시 및 지역계획전공)
- 영남대학교 일반대학원 졸업(행정학박사, 지역개발전공)
- 대구가톨릭대학교 부동산학과 · 부동산경영학과 교수(현)
- 감정평가사(제3회), 공인중개사(제1회)
- 한국감정원(한국부동산원) 감정역, 나라감정평가법인 이사
- 국토교통부 공인중개사정책심의위원회 위원
- 국방부 군공항이전사업단 자문위원
- 법제처 국민법제관
- 대구광역시 지방재정계획심의위원회 위원(현)
- 대구광역시 공유재산심의회 위원
- 대구광역시 지방세심의위원회 위원
- 경상북도 지방토지수용위원회 위원(현)
- 경상북도 지적재조사위원회 위원(현)
- 울산광역시 도시계획위원회 위원
- 대구경북경제자유구역청 분양가심사위원회 위원(현)
- 대구경북부동산분석학회 회장
- 한국감정평가학회 부회장(현)
- 한국부동산원 ESG경영위원회 위원(현)
- 한국토지주택공사 기술자문위원회 위원(현)
- 대구도시개발공사 사외이사
- 감정평가사 자격시험 출제위원(부동산학원론, 감정평가이론, 감정평가실무)
- 공인중개사 자격시험 출제위원(부동산학개론)

[저서 및 논문]

- 감정평가론(교육과학사, 2022)
- 최신 부동산학(공저, 부연사, 2014)
- 최신 지역개발론(공저, 집현재, 2013)
- 녹색성장과 지역경영(공저, 열린시선, 2011)
- 현대 부동산의 이해(공저, 부연사, 2005)
- "부동산활동에 있어 적정가격제도의 재검토"(감정평가학논집, 2021) 외 다수

부동산학원론

초판발행	2025년 3월 10일
지은이	서경규
펴낸이	안종만·안상준
편 집	조영은
기획/마케팅	장규식
표지디자인	BEN STORY
제 작	고철민·김원표
펴낸곳	(주) **박영사**
	서울특별시 금천구 가산디지털2로 53, 210호(가산동, 한라시그마밸리)
	등록 1959.3.11. 제300-1959-1호(倫)
전 화	02)733-6771
f a x	02)736-4818
e-mail	pys@pybook.co.kr
homepage	www.pybook.co.kr
ISBN	979-11-303-2243-8 93320

정 가	58,000원